Verdi
und die Interpreten seiner Zeit

HOLZHAUSEN

Dieses Buch entstand mit Unterstützung des
Bundesministeriums für Bildung, Wissenschaft und Kultur

DAS ZUKUNFTSMINISTERIUM   bm:bwk

Die Deutsche Bibliothek–CIP Einheitsaufnahme
Ein Titelsatz dieser Publikation ist bei
der Deutschen Bibliothek erhältlich

Verlag Holzhausen
Alle Rechte vorbehalten
© Adolf Holzhausens Nfg.GmbH
Wien 2000
Umschlag und graphische Gestaltung: Róbert Kaitán
Vorsatz: Innenaufnahme: Teatro alla Scala, Scala-Archiv
Druck: Adolf Holzhausens Nfg., Wien
Printed in Austria
ISBN 3-85493-029-1

Christian Springer

VERDI

und die Interpreten seiner Zeit

Verlag Holzhausen · Wien 2000

Für Christine

Inhalt

V

Zu den Dokumenten und Übersetzungen

Die Briefe Verdis, die bei weitem noch nicht alle bekannt sind oder gar aufgearbeitet oder veröffentlicht wurden, gehen in die Tausende (allein Verdis Korrespondenz mit Vertretern von drei Generationen des Verlagshauses Ricordi beläuft sich auf über 3.500 Briefe). Sie wurden und werden, nach Themen, Werken, Schaffensperioden usw. geordnet und mit musikwissenschaftlichen Kommentaren versehen, als Auswahlen immer wieder veröffentlicht. Während vorwiegend in Italien, aber auch im englischen Sprachraum gewichtige Bände erscheinen, die Dokumente von und über Verdi präsentieren und aufarbeiten, ist ein beträchtlicher Teil seiner Korrespondenz, trotz mancher verdienstvoller Bemühungen, im deutschen Sprachraum wenig bekannt: Dokumentensammlungen wie *Copialettere, Verdi intimo, Carteggi verdiani, Giuseppe Verdi nelle lettere di Emanuele Muzio ad Antonio Barezzi, Carteggio Verdi-Ricordi* oder Oberdorfers *Autobiografia dalle lettere* sind hier allenfalls aus Bibliographien bekannt.

Es war mein Bestreben, Dokumente auszuwählen und vorzulegen, die nicht jedem Leser, der sich für Verdi interessiert, bereits bekannt sind. Aus der Überfülle des verfügbaren Materials mußte eine Auswahl getroffen werden, die einerseits den zur Verfügung stehenden Platz nicht sprengte und andererseits eine angemessene Behandlung des Themas gewährleistete. Damit der Verzicht nicht zu schmerzlich wurde, zeigte der Verlag Holzhausen großzügiges Entgegenkommen, wofür ich an dieser Stelle herzlich danke.

Wie in seinen Werken zeigt Verdi auch in seiner Korrespondenz eine Geradlinigkeit der Aussage, die in ihrer Schnörkellosigkeit kaum zu überbieten ist. Man kann also getrost die Dokumente für sich selbst sprechen lassen, ohne sich erläuternd oder gar interpretierend allzusehr einmischen zu müssen.

Bei der Übersetzung der im Text zitierten Dokumente habe ich größtes Augenmerk auf Genauigkeit und Vollständigkeit gelegt. Weggelassene, da für das Thema nicht relevante Textpassagen sind mit [...] gekennzeichnet. Ergänzungen, die dem Sinn nach vorzunehmen waren (z.B. aufgrund von Auslassungen im Original, sprachlicher Gegebenheiten oder Flüchtigkeit), sind in [] kenntlichgemacht. Passagen in () stammen von den Autoren der Dokumente. In den Autographen unterstrichene Passagen werden *kursiv* wiedergegeben.

Stil und Sprachebene der Dokumente wurden beibehalten, unbeholfene Formulierungen nicht geglättet, Interpunktionseigenheiten,

Wort- und Gedankenwiederholungen, Fehler bei der (z.T. phonetischen) Schreibweise von Eigennamen („Shaspeare", „Shachespeare", „Shespeare", „Vagner", „De Restke", „Rotschild", „Loeve", „Tamberlich", „Quichly" usw.), Werktiteln (*Macbet*, *Nabuco*, *Dame aux Camelia*) u.dgl. beibehalten. (Solche Fehler und gelegentliche orthographische Eigenheiten sind kein Indiz für Bildungslücken, sondern waren – auch im deutschen Sprachraum – zu einer Zeit, in der es noch keine streng formalistischen orthographischen Regelwerke wie heute gab, auch bei Hochgebildeten durchaus an der Tagesordnung.) In italienischen Briefen enthaltene fremdsprachige Zitate wurden samt Fehlern („bietifol", „Ledys") übernommen und ggf. in [] oder in Fußnoten übersetzt bzw. erklärt. Auch offensichtliche Irrtümer der Autoren der Dokumente (wenn Muzio beispielsweise die Cordelia im *Macbeth* ansiedelt) wurden im Text belassen und ggf. in Fußnoten kenntlichgemacht. Auf die Kennzeichnungen mit [!], [sic!] oder [sic] wurde dabei bewußt verzichtet. Die Orthographie und Zeichensetzung deutschsprachiger Texte der Zeit wurde unverändert übernommen.

Die von den Verfassern der verschiedenen Briefe und Dokumente sehr differenziert verwendeten Anreden „Voi", „Ella" oder „Lei" (Verdi sprach Boito mit „Voi" an, während Boito „Lei" verwendete; Verdi duzte Morelli, dieser blieb hingegen beim respektvollen „Voi") wurden im Deutschen entsprechend wiedergegeben. Verdi unterschrieb alle seine Briefe, auch die an die (wenigen) Duz-Freunde gerichteten, unterschiedslos und psychologisch aufschlußreich mit „G. Verdi", mit einem den Namen schützend umschließenden Schnörkel. Datumsangaben werden in den zitierten Briefen immer vollständig wiedergegeben, auch wenn sie im Original abgekürzt aufscheinen. Fehlende oder falsche Datierungen bei Briefen wurden auf der Grundlage des letzten Wissensstandes der Verdi-Forschung ergänzt bzw. richtiggestellt. Auch unleserliche Passagen in Verdis oft schwer leserlicher Handschrift (er schrieb „wie ein Riese, für den das Schreibwerkzeug zu klein war", wurde einmal gesagt), die manchmal nicht korrekt transkribiert sind, wurden derart richtiggestellt. Dank gebührt dafür den im Quellennachweis und Bibliographischen Abkürzungsverzeichnis genannten Autoren und Herausgebern, deren aufwendige Forschungstätigkeit bei der Aufarbeitung der zahlreichen Dokumente gar nicht hoch genug geschätzt werden kann.

Werktitel werden, der jeweiligen Fassung bzw. Aufführung entsprechend, immer in ihrer Originalsprache wiedergegeben: z.B. *Jérusalem* oder *Les Vêpres siciliennes* in ihrer französischen Originalfassung, *Gerusalemme* oder *I vespri siciliani* in ihrer italienischen Version usw. Bei *Otello* weist die italienische Schreibweise auf die Oper Verdis oder Rossinis oder auf die italienische Textfassung von Shakespeares Theaterstück hin, *Othello* auf die englische, deutsche oder französische Version der Oper oder des Theaterstücks. Die Schreibweise *Don Carlos* findet nur für die französische Originalfassung der Oper Verwendung; die italienische Übersetzung trägt den Titel *Don Carlo*.

Dasselbe gilt für die Opern anderer Komponisten. Die Sprache des zitierten Titels weist immer auf die Sprache der jeweiligen Produktion hin: *Guglielmo Tell, Il profeta, Il re di Lahore, L'africana, Gli ugonotti* etc. für Aufführungen in italienischer Sprache, *Guillaume Tell, Le prophète, L'Africaine, Le roi de Lahore, Les Huguenots* etc. für Aufführungen in französischer Sprache usw. Auch die erwähnten Rollennamen in den Sängerportraits folgen diesem System (z.B. Hélène in *Jérusalem* oder *Les Vêpres siciliennes*, Elena in *Gerusalemme* oder *I vespri siciliani*). In den verschiedenen Quellen scheint das Pariser Théâtre Italien auch als Théâtre-Italien und Théâtre des Italiens auf. Alle Bezeichnungen sind üblich.

Eigennamen von Personen werden immer in der Schreibweise wiedergegeben, in der sie von ihren Trägern verwendet wurden: z.B. Gioachino (nicht: Gioacchino[1]) Rossini, Salvadore (nicht: Salvatore) Cammarano usw.

Irrtümer und fehlende Textpassagen in der Sekundärliteratur, die auf fehlerhafte oder unvollständige Transkription von Dokumenten zurückzuführen sind, wurden nach bestem Wissen und Gewissen berichtigt, ergänzt und gekennzeichnet.

Generell wurden die in der Musikwissenschaft üblichen Zitierregeln angewandt.

Die Kaufkraft der in Italien im 19. Jahrhundert gebräuchlichen und im Text bei Honoraren und Gagen angegebenen Währungen (bis zur Einigung Italiens Dukaten, Francs, österreichische Lire und Napoleondor, ab 1862 die italienische Lira) und ihre Beträge sind z.T. nur kaum in der Kaufkraft heutiger Währungen wiederzugeben. Grund dafür ist unter anderem der Umstand, daß zwar für manche Währungen Goldparitäten bekannt sind, für andere wiederum nur Silberparitäten, was eine auch nur annähernd genaue Umrechnung unmöglich macht. Bei der Angabe der nur als ungefähre Richtwerte zu verstehenden Umrechnungen in österreichische Schilling (Stand: April 2000) habe ich mich unter Berücksichtigung der amtlicherseits angegebenen Inflation außer auf die Angaben der Oesterreichischen Nationalbank (Abteilung für Veranlagungsstrategie und –risiko) auch auf die von Herbert Weinstock[2] im Jahre 1967 errechneten Berechnungsgrundlagen, auf die von John Rosselli[3] in mehreren Währungen erstellten Gagentabellen, sowie auf den Katalog der Ausstellung *Il titanico oricalco. Francesco Tamagno* (Teatro Regio di Torino1997, S. 51) gestützt.

Währung	ATS (Stand: April 2000)
Dukat (Königreich beider Sizilien)	220,00
Franc (Norditalien)	47,00
Italienische Lira (nach der Einigung Italiens, ab 1862)	37,00
Napoleondor (= 20 frz. Franc)	1.044,00
Österreichische Lira (Norditalien)	44,00

Wien, im April 2000   Christian Springer

---

[1] Bei Rossini wäre selbst *Gioacchino* falsch, da in seiner Geburtsurkunde *Giovacchino* steht.

[2] H. WEINSTOCK, *Rossini*, Edition Kunzelmann 1981, S. 421.

[3] J. ROSSELLI, *L'impresario d'opera. Arte e affari nel teatro musicale italiano dell'Ottocento*, EDT 1985, S. 60 ff.

Quellennachweis und Bibliographische Abkürzungen

Abbiati
Franco Abbiati, *Verdi*, voll. I–IV, Milano 1959

Alberti
Annibale Alberti, *Verdi intimo* (1861–1886), A. Mondadori – Editore
1931

Basevi
Abramo Basevi, *Studio sulle opere di Giuseppe Verdi*, Firenze 1859,
Reprint Bologna 1978

Bollettino (gefolgt von Jahrgang, Band, Nummer und Datum)
Bollettino dell'Istituto di Studi Verdiani

Budden
Julian Budden, *The Operas of Verdi* (3 volumes), London 1978–81

Carteggi
Carteggi verdiani, a cura di Alessandro Luzio, Roma, Reale Accademia
d'Italia, 1935 (voll. I e II); Roma, Accademia Nazionale dei Lincei,
1947 (voll. III e IV)

Checchi
Eugenio Checchi, *G. Verdi (1813 – 1901)*, Firenze, G. Barbèra Editore
1901

Conati, Fenice
Marcello Conati, *La bottega della musica. Verdi e la Fenice*, Il Saggia-
tore, Milano 1983

Conati, Interviste
Marcello Conati, *Interviste e incontri con Verdi*, Edizioni il Formi-
chiere, Milano 1980

Conati, Rigoletto
Marcello Conati, *Rigoletto di Giuseppe Verdi. Guida all'opera*, Arnoldo
Mondadori, Milano 1983

Conati, Verdi
Verdi 2001. Vita e opere narrate ai giovani. A cura di Marcello Conati,
Parma 1999
Copialettere
G. Cesari-A. Luzio, *I copialettere di Giuseppe Verdi*, Milano 1913

Gatti
Carlo Gatti, *Verdi*, Arnoldo Mondadori Editore, Milano 1951

Garibaldi
Luigi Garibaldi, *Giuseppe Verdi nelle lettere di Emanuele Muzio ad
Antonio Barezzi*, Milano 1931

Lessona
Michele Lessona, *Volere è potere*, Firenze 1869, Faksimile-Nachdruck,
Pordenone 1990

Morazzoni
Giuseppe Morazzoni, *Verdi. Lettere inedite*, raccolte ed ordinate da G.
Morazzoni, Milano 1929

Oberdorfer
Giuseppe Verdi: Autobiografia dalle lettere, a cura di Aldo Oberdorfer.
Nuova edizione, interamente riveduta con annotazioni e aggiunte a
cura di Marcello Conati, Biblioteca Universale Rizzoli, Milano 1981

Osborne
Charles Osborne, *The Complete Operas of Verdi, A Cricital Guide*, Victor Gollancz, London 1969

Phillips-Matz
Mary Jane Phillips-Matz, *Verdi. A Biography*, Oxford University Press,
1993

Pougin
Arthur Pougin, *Vita aneddotica di Giuseppe Verdi con note ed aggiunte
di Folchetto*, Mailand 1881, Nachdruck Firenze 1989

Quaderni (gefolgt von Nummer und Detailangaben)
Quaderni dell'Istituto di Studi Verdiani

Rescigno
Eduardo Rescigno, *Macbeth di Giuseppe Verdi*, Milano 1983

Verdi-Boito
Carteggio Verdi-Boito, a cura di Mario Medici e Marcello Conati, con la collaborazione di Marisa Casati, Istituto di Studi Verdiani, Parma 1978 (2 voll.)

Verdi-Ricordi I
Carteggio Verdi-Ricordi 1880–1881, a cura di Pierluigi Petrobelli, Marisa Di Gregorio Casati, Carlo Matteo Mossa, Istituto di Studi Verdiani, Parma 1988

Verdi-Ricordi II
Carteggio Verdi-Ricordi 1882–1885, a cura di Franca Cella, Madina Ricordi, Marisa Di Gregorio Casati, Istituto Nazionale di Studi Verdiani, Parma 1994

Walker
Frank Walker, *L'uomo Verdi*, Mursia, Milano 1964

Weaver
William Weaver, *Verdi*, Henschelverlag, Berlin 1980

Zavadini
Guido Zavadini, *Donizetti – vita, musica, epistolario*, Bergamo 1948

In allen Opernhäusern der Welt fehlt ein
Raum. Dieser Raum müßte ein beträcht-
liches Fassungsvermögen besitzen und allen
Besuchern vor Beginn, vor allem aber nach
Ende der Vorstellungen zugänglich sein.
Der Raum, den ich meine, ist der *Klage-
raum*.

Ch. S.

Prolog

Wer sich für Gesang in seiner speziellen Ausformung als Operngesang interessiert und zu diesem Thema einschlägige Äußerungen von
Komponisten, Sängern, Impresari, Gesangspädagogen, Dirigenten und
sonstigen Experten aus den Jahrhunderten seit Erfindung der Kunstform
Oper nachliest, wird zwei Dinge bald bemerken. Erstens: Der Begriff
„Gesangskunst" ist seit jeher untrennbar mit dem Wort „Niedergang"
verbunden. Und zweitens: Wirklich gut gesungen wurde anscheinend
weniger in der jeweiligen Gegenwart, als vorwiegend in lange zurücklie-
genden „Goldenen Zeitaltern".

Wie der folgende kleine Zitatenquerschnitt zeigt, setzte der Niedergang der Gesangskunst bald nach der Etablierung der Kunstform Oper
ein. Schon 1723 beklagte Pier Francesco Tosi dies in einem Werk[1], das
auch heute noch immer wieder neu aufgelegt wird: „Meine Herren Mae-
stri, in Italien hört man nicht mehr die Stimmen der vergangenen Zeiten!" Fünfzig Jahre später schlug Giovanni Battista Mancini in dieselbe
Kerbe: „Viele meiner Leser werden sich fragen, weshalb nach einer so
großen Anzahl von tüchtigen Sängern seit einiger Zeit nicht nur bei den
Italienern selbst, sondern sogar bei den Menschen jenseits der Alpen die
Meinung entstanden ist, daß unsere Musik völlig in Verfall geraten ist
und daß es an guten Schulen und guten Sängern mangelt. […] Man muß
jedoch zugeben, daß diese Meinung hinsichtlich der Sänger leider der
Wahrheit entspricht, bei denen man fast niemanden nachkommen sieht,
der die Leere, die [das Abtreten der] alten Künstler hinterlassen hat, auf-
füllt."[2] Man sieht, daß es selbst zur Zeit der vermeintlichen Hochblüte
der Gesangskunst – die Oper wurde damals von virtuosen Kastraten und
Primadonnen dominiert – Anlaß zu nostalgischen Klagen gab.

Apropos Kastraten: Sie und ihre unversehrten Sängerkollegen
waren im 18. Jahrhundert die geradezu mythischen Vertreter des *bel
canto*[3]. Gesangsexperten wie Pacini[4], der in seiner Jugend noch den
Kastraten Pacchiarotti[5] gehört hatte, erinnerte sich nostalgisch: „Ach,
wo sind nur die Sänger geblieben, die mit einem einfachen Rezitativ

[dem Publikum] einen allgemeinen Aufschrei der Bewunderung entlockten? Wo sind die Töne geblieben, die einem zu Herzen gingen?"

Auch Rossini, in seiner Jugend selbst sängerisch aktiv, schloß sich dem Chor der Gesangspessimisten an. An Florimo[6] schrieb er: „Heutzutage ist die Kunst auf die Straße gegangen; das alte Genre mit seinen Verzierungen wird durch Hektik ersetzt, der getragene Vortrag durch Gebrüll [...] und schließlich das lieblich Empfindsame durch geifernde Tollwut. Wie Ihr seht, lieber Florimo, wird die Sache heute gänzlich von den Lungen bestimmt; der Gesang, der einem zu Herzen geht[7], und die Pracht des Gesanges stehen auf dem Index."[8]

1826 arbeitete Rossini seinen *Maometto II* für die Pariser Opéra zu *Le Siège de Corinthe* um, im Jahr darauf den *Mosè in Egitto* zu *Moïse et Pharaon, ou Le passage de la Mer Rouge*. Bei der Ausgestaltung der Gesangspartien nahm er auf die Virtuositätsfeindlichkeit des an die Gluck-Interpreten gewöhnten Pariser Publikums Rücksicht: Die Rollen sind in den französischen Neufassungen weit weniger ausgeziert als in den italienischen Fassungen. Die französischen Kritiker reagierten darauf begeistert: „Endlich", so der Tenor einiger Besprechungen, „hat sich jemand [nämlich Rossini] gefunden, der die *aboyements* [Gekeife, Geschrei] der Gluck-Interpreten aus der Opéra verbannt und die Sänger zu stimmlichem Wohlverhalten erzieht". Gemeint waren jene Sänger, die der sogenannten *école du cri* (Schule des Schreiens) der Gluck-Tradition angehörten. Nicht einmal Napoleon Bonaparte höchstderoselbst war es gelungen, den ihm verhaßten *cri* der Gluckisten auszurotten, obwohl er einmal einige Sängerinnen ebenso unverblümt wie vergeblich aufgefordert hatte: „Meine Damen, würden Sie heute abend etwas weniger schreien als sonst?"

Einem spanischen Musiker, der Rossini 1845 in Bologna besucht hatte und bei dieser Gelegenheit über den Niedergang des Musiktheaters geklagt hatte, schrieb der Meister: „Ihr habt recht, heute geht es nicht mehr darum, wer besser singt, sondern wer mehr schreit. In ein paar Jahren werden wir in Italien keinen einzigen Sänger mehr haben."[9] Diese Äußerung trifft aus Rossinis Sicht insofern zu, als der kultivierte *falsettone*-Gesang[10], den Rossini über alles liebte und in seiner Jugend selbst erlernt und betrieben hatte, ausstarb. Auf Rossinis hypersensibles Gehör wirkten die mit Vollstimme gesungenen hohen Töne wie der „Schrei eines Kapauns, dem die Gurgel durchgeschnitten wird". Als der (mit einer ausgezeichneten Höhe gesegnete) Tenor Enrico Tamberlick einmal zu Rossini auf Besuch kam, sagte letzterer zu seinem Diener: „Er soll eintreten, aber sein Cis in der Garderobe ablegen. Er kann es dann wieder mitnehmen, wenn er geht."

1858 hatte sich die Situation für Rossinis Ohren nicht gebessert, im Gegenteil. Bei einem Essen in seiner Villa in Passy, zu dem auch Edmond Michotte[11] eingeladen war, äußerte Rossini zu dem leidigen Thema folgendes:

> Leider ist der bel canto nun vollkommen verloren: Es besteht keine Hoffnung mehr auf seine Wiederkehr. Für die Künstler unserer Tage besteht der Gesang in einer konvulsivischen Verzerrung der Lippen, aus denen, besonders bei den Baritonen, tremolierende Töne herauskommen, die dem Dröhnen sehr ähnlich sind, das in meinen Ohren das Schwanken des Fußbodens beim Eintreffen des Karrens meines Bierlieferanten verursacht; gleichzeitig ergehen sich die Tenöre in lautem Geschrei und die Primadonnen in gurgelnden Geräuschen, die mit der wahren Stimmgebung und den Roulades außer den Reimen[12] nichts gemein haben. Ich spreche gar nicht von den Portamenti der Stimme, von dieser Art Eselsgeschrei, das von der Höhe in die Tiefe gleitet, und von dem Trompeten der Elefanten, das von der Tiefe in die Höhe fährt. Die Natur erschafft bedauerlicherweise kein ganz vollkommenes Organ, es ist deshalb erforderlich, daß der künftige Sänger das Instrument, dessen er sich bedienen muß, selbst aufbaut. Und wie lang und schwierig ist diese Arbeit! In vergangenen Zeiten half man dem Fehler der Natur dadurch ab, daß man Kastraten herstellte. Diese Methode erforderte zwar Heldenmut, aber die Ergebnisse waren wunderbar. Ich erinnere mich, den einen oder anderen in meiner Jugend gehört zu haben: Die Reinheit, die ans Wunderbare grenzende Flexibilität dieser Stimmen, und vor allem die zu Herzen gehenden Töne bewegten und faszinierten mich so sehr, daß ich es gar nicht auszudrücken vermag.[13]

Beinahe zur gleichen Zeit meldete sich Giuseppe Verdi zu dem Thema zu Wort: „Die Frauen wie die Männer sollen singen und nicht schreien: Sie sollen daran denken, daß vortragen nicht brüllen bedeutet! Wenn man in meiner Musik nicht viele Vokalisen findet, darf man sich deswegen nicht die Haare raufen und wie Besessene toben."[14]

Außer den Beschwerden über schreiende Sänger gab es teilweise recht deftig formulierte Klagen über andere Sängermankos, geäußert von unbezweifelbar kompetenten Experten wie zum Beispiel Gaetano Donizetti. Als er im Juni 1844 am Wiener Kärntnertortheater die Generalprobe seines *Roberto Devereux* besuchte, mußte er nolens volens das Weite suchen: „Ich habe mir bei der letzten Probe zwei Akte in einer Loge angehört, den dritten hielt ich nicht mehr aus – es gab zu viele falsche Noten, Rollenunkenntnis, mangelndes Spiel etc. Man sagt mir, daß gestern alles noch schlimmer gewesen sein soll." Und über die Premiere: „Die Montenegro[15] hatte jedes nur erdenkliche Pech: Sie begann sogar eine Phrase eine Terz zu tief, unterbrach sich in der Mitte und setzte eine Terz höher wieder ein. Die falschen Noten, die gestern von ihr, von Ronconi und von Varesi produziert wurden, sind unbeschreibbar."[16] Und, im selben Brief: „Es tut mir leid wegen der Montenegro. [...] Aber, bei Gott!, wenn diese arme Frau beim Singen nicht richtiger intoniert und dabei einen weniger schiefen Mund macht, wird es schwer sein, daß sie gefällt. Sie hat kein Solfège studiert und hat kein gutes Gedächtnis; sie hat Gefühl, aber ihr Gefühl kann sich keinem Rhythmus anpassen." Ähnliche Probleme hatte offenbar die berühmte Eugenia Tadolini[17], die gegen Verdis Willen 1848 in Neapel die Lady Macbeth sang. Über sie wußte Donizetti zu berichten: „Sie hatte eine Stimme wie eine alte Zikade, machte Fehler, unterbrach sich und war schrecklich." Auch der gefeierte Tenor Napoleone Moriani[18], der in Italien als „tenore della bella morte" – der Tenor mit den schönen Sterbeszenen – bekannt war, blieb nicht verschont. Dieser hätte nach Donizettis Wunsch bei seinen Auftritten öfter „gut bei Stimme sein und den guten Willen haben [müssen], nicht immer, aber wenigstens manchmal *allegro* zu singen. Was die Seele anlangt, so haben er und die Primadonna davon soviel wie ein Spatz."[19]

Derlei Zitate könnte man beinahe beliebig fortsetzen. Sie finden sich auch bei nicht-italienischen Komponisten wie zum Beispiel bei Franz Liszt, der 1838 oft die Mailänder Scala besuchte und sich danach abfällig über Berühmtheiten wie die Schoberlechner[20] oder die Brambilla[21] äußerte. Eines wird aus all diesen Klagen sofort klar: daß keinerlei Anlaß zu der bei Opernliebhabern (einer Species, die mit der der Musikliebhaber nur weitläufig verwandt ist) weit verbreiteten Annahme besteht, daß es einmal ein „Goldenes Zeitalter" des Gesanges gegeben habe, dessen unwiederbringlicher Verlust zu beklagen sei. Die bis heute gerne mit dem Epitheton „legendär" ausgestatteten Sänger dieser obskuren mythischen Epoche hätten dieser Annahme nach Wunder an überwältigender Stimmschönheit, vollendeter Gesangstechnik, raffiniertester Eloquenz der Interpretation, höchster Musikalität, ausgeprägtem Stilgefühl, erlesenstem Geschmack, raumfüllender Bühnenpräsenz, überbordendem schauspielerischen Talent und derlei Qualitäten mehr gewesen sein müssen. Mit einem Wort, sie müssen in jeder Hinsicht besser als alles gewesen sein, was in späteren Jahren zu hören war.

Wenn man derlei Äußerungen allerdings näher betrachtet, stellt sich zumeist heraus, daß das jeweilige Goldene Zeitalter entweder in die Prägephase der ersten jugendlichen Begeisterung des Betreffenden für die Oper (Abteilung: Verklärte Jugenderinnerungen) fällt, oder aber eine oder zwei Generationen zurückliegt, je nachdem, ob das Hörensagen von der Generation der opernbegeisterten Eltern oder Großeltern des Verherrlichers verlorener Größe herstammt. Es ist Aufgabe der Psychologen und Soziologen, zu erklären, was es mit dem verbreiteten Phänomen der Schaffung von Mythen, Helden und Göttern und deren Anbetung auf sich hat. Und weshalb „früher" vieles oder sogar alles „besser" war.

Seit jeher waren natürlich auch große Teile des Publikums, genau wie die oben zitierten Musiker, mit dem „Früher war alles besser"-Bazillus infiziert. Als beispielsweise der später allseits vergötterte Tenor Enrico Caruso seine ersten Auftritte an der New Yorker Met absolvierte, wurde er von Publikum und Kritik mit dem abschätzigen Vorwurf konfrontiert, er könne seinem Vorgänger Jean de Reszke nicht das Wasser reichen. Auch das ist ein Phänomen der Opernwelt: Erfolgreiche Sänger werden seit Orpheus' Zeiten mit gekrönten, regierenden Häuptern gleichgesetzt und müssen derohalber zwangsweise „Nachfolger" haben oder sein, und zwar indem sie „ein(e) neue(r)..." sind. An die Stelle der Punkte kann man in der Musikgeschichte beliebige Namen setzen, von Farinelli bis Rubini, Duprez, Fraschini, Bonci, Patti, Caruso, Ruffo, Schaljapin oder Callas.

Die Erforschung und Dokumentation der historischen Realität dieser sagenhaften Goldenen Zeitalter, in denen Publikum und Autoren aus der Sicht mancher heutiger Opernbegeisterter sich wohl gleichermaßen in einem ständigen Begeisterungsrausch befunden haben müssen, erscheint nicht nur aus den genannten Gründen von Interesse, sondern auch, wenn man liest, wie Giuseppe Verdi, jener italienische Komponist, der wie kein anderer den Höhepunkt der italienischen Opernkunst im 19. Jahrhundert (wiederum ein Goldenes Zeitalter) personifiziert, die Opernhäuser seiner Zeit und deren Personal beurteilte:

> Verdi an Opprandino Arrivabene; Genua, 5. Februar 1876
> Das Repertoiretheater wäre eine ausgezeichnete Sache, aber ich halte es nicht für realisierbar. Die Beispiele der Opéra und Deutschlands[22] haben für mich sehr wenig Wert, weil die Aufführungen in all diesen Theatern beklagenswert sind. In der Opéra ist die mise en scène hervorragend, an sorgfältiger Ausstattung und gutem Geschmack ist sie allen Theatern überlegen, aber der musikalische Teil ist miserabel. Immer höchst mittelmäßige Sänger (seit ein paar Jahren mit Ausnahme von Faure[23]), Orchester und Chor lustlos und ohne Disziplin. Ich habe in dem Opernhaus Hunderte von Vorstellungen gehört, kein einziges Mal eine musikalisch gute. Aber in einer Stadt mit 3.000.000 Einwohnern finden sich immer zweitausend Personen, die den Zuschauerraum auch bei einer schlechten Vorstellung füllen.
> In Deutschland sind die Orchester und Chöre aufmerksamer und gewissenhafter; sie spielen genau und gut; dennoch habe ich in Berlin kläglichste Vorstellungen gesehen. Das Orchester ist grob und klingt grob. Der Chor nicht gut, die mise en scène ohne Charakter und ohne Geschmack. Die Sänger... oh, die Sänger schlecht, absolut schlecht. Ich habe dieses Jahr

in Wien die Meslinger[24] (ich weiß nicht, ob ich den Namen richtig schreibe) gehört, die als die Malibran Deutschlands gilt. Gott im Himmel! Eine jämmerliche und ausgesungene Stimme; geschmackloser und unziemlicher Gesang, annehmbares Spiel. Unsere drei oder vier Primadonnen von Ruf sind ihr, was Stimme und Gesangsstil anbelangt, unendlich überlegen und spielen mindestens ebenso gut.

In Wien (das ist heute das erste Theater Deutschlands) liegen die Dinge besser, was Chor und Orchester (beides hervorragend) anbelangt. Ich habe mehrere Vorstellungen gehört und die Leistungen von Chor und Orchester sehr gut gefunden, die mise en scène aber mittelmäßig, und Sänger, die unter dem Mittelmaß waren; die Vorstellungen kosten aber gewöhnlich wenig; das Publikum (man läßt es während der Vorstellung im Dunkeln sitzen[25]) schläft und langweilt sich, applaudiert am Ende jedes Aktes ein bißchen und geht nach Schluß der Vorstellung nach Hause, ohne Unbehagen und ohne Begeisterung. Und das mag für diese nordischen Naturen ausreichen; aber bringe mal eine ähnliche Vorstellung in eins von unseren Opernhäusern, und Du wirst sehen, was Dir das Publikum für Symphonien komponiert! Unser Publikum ist zu erregbar und würde sich nie mit einer Primadonna wie in Deutschland zufriedengeben, die achtzehn- oder zwanzigtausend Gulden im Jahr bekommt. Wir brauchen Primadonnen, die nach Kairo, Petersburg, Lissabon, London usw. für 25000 bis 30000 Francs im Monat gehen, aber wie soll man die bezahlen? An der Scala haben sie dieses Jahr eine Truppe, wie man sie besser nicht finden kann. Eine Primadonna, die eine schöne Stimme hat, gut singt, äußerst lebendig ist, jung, schön, und noch dazu eine der Unseren. Einen Tenor, der vielleicht der erste ist, bestimmt aber unter den allerersten. Einen Bariton, der nur einen einzigen Rivalen, Pandolfini, hat. Einen Baß, der keinen Rivalen hat. Und trotzdem macht das Theater nur magere Geschäfte. Letztes Jahr sprach man sehr gut von der Mariani! Dieses Jahr begann man zu sagen, daß sie ein bißchen müde sei (notabene das ist nicht wahr).

Jetzt sagt man, daß sie gut singt, aber das Publikum nicht anzieht etc. ... etc. ... wenn sie nächstes Jahr zurückkäme, würden alle sagen... oh, immer dasselbe etc. etc. Ich erinnere mich, in Mailand einen gewissen Villa gekannt zu haben, einen alten Impresario aus der Zeit, in der Lalande, Rubini, Tamburini und Lablache[26] an der Scala waren, der mir sagte, daß das Publikum nach [anfänglich] großer Begeisterung Rubini schließlich auspfiff und nicht mehr ins Theater ging, so daß die Impresa[27] eines Abends ganze sechs Billette verkaufte!! Unglaublich!! Jetzt frage ich Dich, ob bei unserem Publikum eine ständige Truppe wenigstens drei Jahre lang möglich ist! Und weißt Du, was eine Truppe, wie sie jetzt an der Scala ist, jährlich kosten würde? Der Mariani kann es wohl Vergnügen machen, an der Scala eine Saison lang für 45000 oder 50000 Francs zu singen, aber wenn man ihr einen Jahresvertrag böte, würde sie natürlich eine Monatsgage von 15000 Francs verlangen, wie sie im Ausland 25 oder 30 verdienen kann. Ebenso ein Tenor... etc. etc. Oh, mein Gott, was für ein langer Brief! Ich hätte Dir viele, viele andere Sachen zu sagen, aber zu dem, was ich Dir gesagt habe, wirst Du den Rest stillschweigend ergänzen.

Alberti, S. 185 ff.

1875 interviewt eine Musikzeitschrift Verdi anläßlich der Aufführungen der *Messa da requiem* und der *Aida* in Wien zweimal zu Fragen des Gesanges:

> Ueber Sänger hat Verdi seine eigenen Ansichten. „An Stimmen fehlt
> es gewiß nicht in Deutschland", sagt er, „sie sind beinahe klangvoller als
> die italienischen, die Sänger aber betrachten den Gesang als eine Gymna-
> stik, befassen sich wenig mit der Ausbildung der Stimme und trachten nur
> in der kürzesten Zeit ein großes Repertoire zu erhalten. Sie geben sich
> keine Mühe, eine schöne Schattirung in den Gesang zu bringen, ihr ganzes
> Bestreben ist dahin gerichtet, diese oder jene Note mit großer Kraft her-
> vorzustoßen. Daher ist ihr Gesang kein poetischer Audruck der Seele, son-
> dern ein physischer Kampf ihres Körpers.
>
> „Signale für die Musikalische Welt",
> XXXIII. Jahrgang, Nr. 30, Juni 1875

> Ein Wiener Reporter, welcher Verdi heimsuchte, erzählt Folgendes:
> Der Maestro sprach voll Lobes vom Chor und Orchester unserer Oper.
> „Ich habe selten so viele jugendkräftige Stimmen zusammen gehört. Der
> Chor ist bewunderungswürdig, der beste, der mir noch vorgekommen."
> Wir sprachen von den Sängern, die dem Requiem zu so glänzender Auf-
> nahme verholfen haben. „Einen Theil der Ehre", sagte Verdi, „kann
> Oesterreich für sich in Anspruch nehmen, die Damen gehören ja zu
> Euch.[28] Indessen", corrigirte er sich fein lächelnd, „ganz können wir sie
> Euch doch nicht überlassen, die Art, wie sie singen, ist italienisch. Das
> haben sie bei uns gelernt." Ich stimmte bei. „Sehen Sie", fuhr Verdi fort,
> „man ist gegen die italienischen Sänger manchmal ungerecht, wenn man
> ihnen vorwirft, daß sie dem bel canto, dem Gesang zuliebe, das Spielen
> vernachlässigen. Wie viele Sänger giebt es denn, die beides vereinigen,
> spielen und singen können? In der komischen Oper ist beides leicht ver-
> eint. Aber in der tragischen! Ein Sänger, der von der dramatischen Action
> ergriffen ist, dem jede Fiber seines Körpers bebt, der ganz aufgeht in der
> Rolle, die er schafft, der wird den rechten Ton nicht finden. Vielleicht eine
> Minute lang, in der nächsten halben Minute singt er schon falsch oder die
> Stimme versagt. Für Action und Gesang ist selten eine Lunge stark genug.
> Und doch bin ich der Meinung, daß in der Oper die Stimme vor Allem ein
> Recht hat, gehört zu werden. Ohne Stimme giebt es keinen rechten
> Gesang."   „Signale für die Musikalische Welt",
> XXXIII. Jahrgang, Nr. 33, Juli 1875, S. 521

Bei der Beurteilung der Sänger, der von ihnen verursachten Krisen
der Gesangskunst und deren anscheinend irreversiblem Verfall ist ein
Faktum von herausragender Bedeutung: Bis in die zweite Hälfte des 19.
Jahrhunderts sangen die Sänger überwiegend zeitgenössische Musik. Sie
sind in diesem Sinne also als Spezialisten zu betrachten. Viele Klagen
über Sänger sind deshalb primär unter dem Gesichtspunkt eines sich ver-
ändernden Kompositions- und Vortragsstils zu verstehen, dem sich diese
anzupassen hatten. Ein Extremfall für Anpassungsprobleme an einen

neuen Stil war Adolphe Nourrit (Paris 1802 – Neapel 1839). Er war fünfzehn Jahre lang der erste Tenor der Pariser Opéra, ein kultivierter *falsettone*-Sänger, der nach dem Auftauchen von Gilbert-Louis Duprez (Paris 1806 – Poissy 1896), einem Tenor, der zu seiner Zeit als Brachialsänger empfunden wurde und der – gesangshistorisch nicht ganz korrekt – als der Erfinder des mit Bruststimme gesungenen hohen C bezeichnet wird, nach Italien ging, um seine Gesangsmethode auf diesen vom Publikum bejubelten neuen Stil umzustellen. Angesichts der Erfolglosigkeit seiner Versuche beging Nourrit Selbstmord.[29]

Als Beispiel für das Repertoire eines berühmten Sängers der ersten Hälfte des 19. Jahrhunderts möge der Tenor Giovanni Battista Rubini (Romano Bergamasco 1794 – 1854) dienen. Der mit einem formidablen musikalischen Gedächtnis ausgestattete Sänger trat im Laufe seiner Karriere in 156 Rollen in Opern von 59 Komponisten auf. Darunter befanden sich zahlreiche Uraufführungen von Werken, deren Hauptrollen eigens für ihn komponiert worden waren. Die in seinem Repertoire meistvertretenen Komponisten sind Bellini (8 Opern), Donizetti (14), Fioravanti (5), Generali (4), Mayr (11), Mercadante (6), Mosca (5), Pacini (9), Paër (4), Raimondi (4), Rossini (20 Opern, 2 Kantaten)[30], allesamt Musiker, die zum Zeitpunkt des erstmaligen Auftretens Rubinis in der jeweiligen Rolle noch am Leben waren, also zeitgenössische, „moderne" Autoren. Als Rubini 1815 den Ferrando in Mozarts *Così fan tutte*, 1831 den Don Ottavio in *Don Giovanni* oder 1821 den Uriel in Haydns *Schöpfung* sang, Werke „alter" Autoren, war dies eher ungewöhnlich.[31] Selbstverständlich differierten auch die Kompositionsstile und die vokalen Anforderungen der Werke, die Rubini im Repertoire hatte, doch schrieben ihre Komponisten sie alle in Kenntnis und unter Berücksichtigung der stimmlichen Konstitution und technischen Möglichkeiten ihres Interpreten (so schrieb Bellini „seinem" Tenor Rubini viele Partien „in die Kehle").

Im Gegensatz dazu sehen sich heutige Sänger mit der beinahe unlösbaren Aufgabe konfrontiert, Gesangsstilen von Monteverdi bis Berio zu entsprechen. Die Folge davon können zwei Phänomene sein: einerseits Sänger, die mehr oder minder die ganze Palette des Repertoires abdecken (müssen) und dabei nicht allen Interpretationsstilen wirklich gerecht werden können, und andererseits Sänger, die sich auf eine Epoche oder einen Kompositionsstil spezialisieren und deshalb bewußt auf Musik mehrerer Jahrhunderte verzichten.

Daß Klagen über stilistische Unzulänglichkeiten zutreffend nur über die erste Gruppe von Interpreten geäußert werden können, versteht sich von selbst. Wenn Rossini, Bellini, Donizetti, Pacini oder Mercadante mit dem gesangstechnischen und stilistischen Rüstzeug eines Mascagni-Interpreten gesungen wird, oder Verdi mit jenem eines Purcell- oder Händel-Sängers – all dies möglicherweise noch mit Aussprache-, Betonungs- oder Phrasierungsfehlern garniert, die aus Unkenntnis der gesungenen Sprache gemacht werden –, mag das von unerfahrenen und ahnungslosen Zuhörern hingenommen werden, ist aber im Sinne der betroffenen Komponisten inakzeptabel. Die in diesen Fällen gerne ins Treffen geführte „Universalität" und „Internationalität" der Musik, mit der solche Mängel kaschiert werden sollen, führt sich bei der Lektüre des Briefwechsels zwischen Komponisten und Librettisten ad absurdum und entlarvt sich dabei rasch als Festrednergeschwätz. Es wird nämlich ersichtlich, daß die Mühe und skrupulöse Gewissenhaftigkeit, die die Autoren – im vorliegenden Fall Verdi und seine Textdichter – auf ihre Arbeit verwandten, selbstredend für ein Publikum unternommen wurde, das demselben Kulturkreis wie sie selbst angehörte, wie Verdi im Gespräch mit dem Orientalisten Italo Pizzi selbst formulierte:

> Die Kunst muß nationalen Charakter haben; die Wissenschaft nicht. Aber die Italiener sind Italiener und die Musik für die Italiener muß italienisch sein. Wir sind anders als die Deutschen, und noch mehr als die Franzosen (und er betonte diese Worte) und die Russen, und wir haben eine andere Weise zu fühlen.[32]

Libretto- und Musiksprache sowie szenische Realisation der Werke waren im 19. Jahrhundert – im Gegensatz zu heute – auf allgemeines Publikumsverständnis ausgerichtet und setzten eine gewisse Bildung und die Kenntnis der Sprache, in der gesungen wurde, voraus. Daran ändert auch die Tatsache nichts, daß 1869 auf die rund 21 Millionen zählende Bevölkerung Italiens 17 Millionen Analphabeten[33] entfielen: Verdis Werke waren in einer Weise populär, die heute kaum mehr vorstellbar ist (selbst in den 1950er Jahren konnte man in Italien noch Bauarbeiter bei der Arbeit Verdi-Arien singen hören). Darüber hinaus wurde das Publikum, dem eine Vorbereitung auf das Stück ermöglicht werden sollte, über das zur Aufführung gelangende Werk informiert: Zu diesem Zweck wurden bei den Vorstellungen die Libretti der Opern in der jeweils gespielten Fassung verkauft. Diese jeweils aktuellen Textbücher berücksichtigten alle musikalischen und/oder textlichen Änderungen, Kürzungen, Striche oder Hinzufügungen der jeweiligen Aufführungsserie; sie stellen daher für die Musikwissenschaft wichtige aufführungsgeschichtliche Dokumente dar.

Da die Oper nicht nur in Italien erfunden, sondern dort auch zur Hochblüte gebracht wurde und in ihrer Breitenwirkung am erfolgreichsten war[34], erscheint es zielführend, die Wechselwirkungen zwischen Komponisten und Interpreten anhand eines italienischen Komponisten darzustellen. Die ausführlichsten Äußerungen über Gesangssolisten und sonstige Interpreten sowie über Fragen der Theaterpraxis finden sich in der Korrespondenz Giuseppe Verdis mit seinen zahlreichen Briefpartnern. Diese Dokumente decken einen Zeitraum von rund sechzig Jahren ab und sind als völlig unbeschönigte Aussagen zu werten, da Verdi beim Verfassen seiner Briefe nicht mit deren Veröffentlichung liebäugelte, im Gegenteil. Doch auch gegen seinen Willen greift die Musikforschung zwangsläufig auf diese Dokumente zurück und hält es mit Johann Wolfgang von Goethe: „Von bedeutenden Männern nachgelassene Briefe haben immer einen großen Reiz für die Nachwelt, sie sind gleichsam die einzelnen Belege der großen Lebensrechnung, wovon Thaten und Schriften die vollen Hauptsummen darstellen"[35], ein Gedanke, dem sich auch Arnold Schönberg anschloß: „Erstens ist bei einem großen Menschen nichts Nebensache. Eigentlich ist jede seiner Tätigkeiten irgendwie produktiv. In diesem Sinne hätte ich sogar Mahler zusehen wollen, wie er eine Krawatte bindet, und hätte das interessanter gefunden und lehrreicher, als wie irgendeiner unserer Musikhofräte einen „heiligen Stoff" komponiert."[36]

Ein weiterer unschätzbarer Vorteil bei Verdis Äußerungen über seine Interpreten liegt in dem Umstand, daß Tondokumente etlicher von ihm geschätzter Sänger, darunter solche von Uraufführungen, vorliegen, anhand derer man die Urteile des Komponisten und seiner Mitarbeiter mit der akustischen Realität vergleichen kann.

Vorwegnehmend kann ganz allgemein gesagt werden, daß sich bei den Sängern über die Jahrhunderte hinweg kaum etwas geändert hat: Überragendes Talent, höchste Interpretationsintelligenz, fabelhaftes gesangstechnisches Können, grandiose stimmliche Voraussetzungen, wunderbare Musikalität, aber auch Eitelkeit, gepaart mit pomadiger Selbstgefälligkeit und dreister Selbstüberschatzung, intellektuelles und bildungsmäßiges Elend, musikalische und gesangstechnische Inkompetenz, dumpfes Unverständnis dem Beruf gegenüber, die Gesangsleistung beeinträchtigende Geldgier, alles ist schon dagewesen und war und ist wohl auch zum Teil als Reaktion der Betroffenen auf die Haltung der Gesellschaft ihnen gegenüber zu verstehen, von welcher sie entweder als Zieraffen vorgeführt oder als Götter angebetet wurden und werden. Kurz gesagt: Gut und schlecht gesungen wurde zu allen Zeiten.[37] Aber auch: Darstellungs-, Interpretations- und Gesangstalent hängt mit Intellekt und Bildung nur lose zusammen. Und eines darf man nicht vergessen: Singen kann man nicht wollen, singen muß man müssen. Soll heißen: Eine Sängerkarriere kann man nicht wie eine Beamtenkarriere anstreben und durchlaufen, sondern man muß, im Besitz der erforderlichen physischen Voraussetzungen, den ausgeprägten Drang, ja den unwiderstehlichen Zwang verspüren, sich auf diese Weise mitzuteilen und die beträchtlichen Risiken dieses Berufs auf sich zu nehmen. Der Anteil des Phonationsorgans an einer erfolgreichen Sängerkarriere ist relativ gering. Den überwiegenden Anteil haben Gesangstechnik, Musikalität, Rhythmusgefühl, Stil- und Sprachkenntnis, Sensibilität, Eloquenz, Phantasie, Interpretations- und Kommunikationstalent (Singen hat vor allem mit Kommunikation zu tun), Fleiß, Intelligenz, ständig weitergeführtes Studium (nicht nur reines Rollenstudium), Selbstkritik, hohe physische und psychische Belastbarkeit, gutes Gedächtnis, Reiselust inklusive der Bereitschaft, Wochen und Monate auch fern der Familie (in zumeist lauten Hotels) aus dem Koffer zu leben, die Fähigkeit zur richtigen Rollenauswahl, die Stärke, zu Angeboten auch öfter nein zu sagen, Konfliktbereitschaft[38], auch Glück. Kurzum: Ein Stimmbesitzer ist noch lange kein Sänger.

Nicht verschwiegen darf werden, daß den seit Jahrhunderten beschworenen Krisen der Gesangskunst in der Gegenwart eine Krise des Publikums gegenübersteht. Immer öfter wird auf diese reale Krise mit drastischen Worten in Fachpublikationen hingewiesen, wobei die zunehmend undifferenzierte Zustimmung des Publikums zu qualitativ stark schwankenden musikalischen und gesanglichen Darbietungen auf gesellschaftspolitische Faktoren zurückgeführt wird. Der Tenor dieser Aussagen ist, daß die in vielen westlichen Gesellschaften verbreitete Leistungsfeindlichkeit, das schwindende Bildungsniveau und die immer schlechtere Ausbildung der Studenten an Massenuniversitäten, der immer stärker zurückgedrängte Musik- und Kunstunterricht an Schulen sowie die willfährige Anpassung vieler Bereiche an wenig gebildete bis bildungsfeindliche Bevölkerungsschichten (das letzte eklatante Beispiel: die deutsche Rechtschreibreform) zur unkritischen Akzeptanz eines objektiv inakzeptablen künstlerischen Niveaus[39] und, parallel dazu, zum Aufkommen rein kommerziell orientierter, dubioser, musikalisch völlig wertloser Erscheinungen wie *Crossover* führen, eine Art verlogen-verkitschter Schunkel-Klassik-Pop, dargeboten von exzellent gemanagten Instrumentalisten, denen bestenfalls ein Platz an einem hinteren Pult eines Provinzorchesters zustände, oder Sängern, die bei manchem Vorsingen für eine Choristenstelle abgewiesen würden. Das Begriffspaar „Qualität" und „Erfolg" sollte, wie man naiverweise anzunehmen geneigt ist, im Idealfall in einer untrennbaren Verbindung leben. In der Praxis ist dies allerdings immer seltener der Fall: Die Partner folgen der allgemeinen gesellschaftlichen Entwicklung, denn es kommt immer öfter zu Trennungen und Scheidungen, wonach die beiden als unabhängige Singles auftreten. Während das Single „Qualität" oft ein Mauer-blümchendasein fristet und aggressiv beworben werden muß, um über-haupt wahrgenommen zu werden und überleben zu können, feiert das Single „Erfolg" fröhliche Urständ, indem es ein luxuriöses Dasein viel-fach ohne jeglichen nachvollziehbaren Anlaß führt. Die Folgen dieses Phänomens sind jedenfalls geeignet, die Situation nachhaltig zu ver-schlimmern[40], denn wer wollte es strikt wirtschaftlich agierenden Operndirektoren verübeln, daß sie folgerichtig reagieren und zweitklas-sige Künstler engagieren (die wesentlich billiger einzukaufen sind als ihre erstklassigen Kollegen), da sie doch die gleiche ungeteilte Zustimmung finden?

All das sind Phänomene der zweiten Hälfte des 20. Jahrhunderts. Wie zu sehen sein wird, war auch im 19. Jahrhundert – eine der interes-santesten Epochen, was Musik in ihren verschiedensten Erscheinungs-formen anlangt, und gleichzeitig eine Endzeit – auf diesem Gebiet nicht alles Gold, was da glänzte, doch stand, auch abseits herausragender Erscheinungen wie Verdi, das handwerkliche Können bei produzieren-den wie reproduzierenden Künstlern auf hohem Niveau. Aus diesem Grund schien es mir gerechtfertigt, den Protagonisten des vorliegenden Buches, wie auch seine Mitarbeiter und Interpreten so oft wie möglich in erster Person zu Wort kommen zu lassen.

Wie zu sehen sein wird, war Verdi kein Theoretiker der Musik-ästhetik, sondern ein genialer Theaterpraktiker („Im Theater ist *lang* ein Synonym für langweilig, und Langeweile ist das schlimmste aller Übel"[41]), der es vorzog, Musik zu schreiben und sie für sich selbst spre-chen zu lassen anstatt sich verbal über sie zu verbreitern. Er gehörte dar-über hinaus zu den wenigen Komponisten, die die eigenen Arbeiten nicht für die besten von allen hielten und die imstande waren, ihre Werke zumeist richtig einzuschätzen, und nicht zu jener großen Gruppe, die von Musik nicht mehr verstehen als ein Vogel von der Ornithologie.[42] Um Verdis Größe zu verdeutlichen, wurde darauf hingewiesen, daß der Komponist, wäre er aus irgendeinem Grund nicht Musiker geworden, dem Italien des neunzehnten Jahrhunderts wohl auf einem anderen Gebiet seinen Stempel aufgedrückt hätte: Im Falle eines (von Verdis Vater ursprünglich gewünschten) Jusstudiums möglicherweise als Politi-ker, vielleicht als fortschrittlicher Agronom oder als Kunstkritiker.[43]

[1] P.F. Tosı, *Opinioni de' cantori antichi e moderni, o sieno osservazioni sopra il canto figurato* (Bologna 1723), von J.F. Agricola ins Deutsche übersetzt und ergänzt.

[2] G.B. Mancini, *Pensieri, e Riflessioni prattiche sopra il Canto Figurato*, Wien 1774.

[3] Mit diesem Begriff werden Gesangsstil und -technik der virtuosen Interpreten (Primadonnen und Kastraten) der Komponisten des 18. Jahrhunderts bis zu den italienischen Opern Rossinis bezeichnet. Die Anwendung des Begriffs auf Sänger und Komponisten des 19. und sogar 20. Jahrhunderts – allen voran Bellini und Donizetti, manchmal sogar Verdi, Puccini oder sogar Mascagni – ist, obwohl weit verbreitet, unrichtig. Die sogenannte „wörtliche" Übersetzung von „bel canto" mit „Schöngesang" (was immer darunter zu verstehen sein mag) ist unsinnig. Zutreffend ist die Übersetzung mit „virtuoser Ziergesang". Eine Vorstellung von Belcanto-Virtuosität vermittelt die Arie „Agitata da due venti" aus *La Griselda* von Antonio Vivaldi. Das manchen Sängern von Kritikern und den PR-Abteilungen der Plattenindustrie gerne verliehene Adelsprädikat „Belkantist" hat ungefähr soviel Wert wie die Bezeichnung „Star", die einem Popsongs plärrenden Teenager oder einem Model verpaßt wird.

[4] Giovanni Pacini (Catania 1796 – Pescia, Pistoia, 1867). Erlangte als Komponist von ca. 90 Opern (Opere serie und Opere buffe) internationale Berühmtheit, die der Rossinis oder Verdis kaum nachstand. Zu seinen erfolgreichsten Opern zählen *L'ultimo giorno di Pompei* (1825), *Il corsaro* (1831), *Saffo* (1840), *Medea* (1843).

[5] Gaspare Pacchiarotti (auch: Pacchierotti) (1740–1821). Sopranist, von 1766–1792 aktiv, Interpret der Opern von Galuppi, Piccinni, Paisiello, Salieri, Gluck. Er war weniger wegen seiner Stimmschönheit, als wegen seines überaus ausdrucksvollen und eloquenten Vortragsstils beliebt. Stendhal, der ihn 1817 in privatem Rahmen hörte, bezeichnete seine Vortragskunst als „sublim".

[6] Francesco Florimo (1800–88), Musikhistoriker und Komponist. Freund und Biograph Vincenzo Bellinis. Direktor der Bibliothek des Konservatoriums in Neapel. Seine Hauptwerke sind die bedeutende *Metodo di canto* (1825) und die vierbändige *La scuola musicale di Napoli e i suoi conservatori* (1880–82). Er veröffentlichte auch einen Band über Richard Wagner und seine Musik.

[7] „il cantare che nell'anima si sente" – eine stehende Floskel, wörtlich „der Gesang, den man in der Seele fühlt".

[8] G. Radiciotti, *Gioacchino Rossini*, vol. III, Tivoli 1929, S. 119 ff.

[9] G. Radiciotti, a.a.O.

[10] Die Tenöre sangen bis ca. 1840 nur bis zum g[1] mit Bruststimme und wechselten dann in das *falsettone*, ein der *voix mixte* ähnliches verstärktes Falsett, das Timbre und Süße besaß, nie gekreischt oder gefistelt klang, und bis eine Sext über das mit Bruststimme gesungene hohe C (c[2]) des Tenors hinausgeführt wurde.

[11] Edmond Michotte (Saint-Troud 1830 – Leuven 1914). Wohlhabender belgischer Amateurkomponist und -pianist, der mit Rossini von 1856 bis 1868 befreundet war und ihn fast täglich besuchte. Ihm verdanken wir wertvolle Aufzeichnungen, darunter Rossinis Begegnungen mit Beethoven und Wagner. Nach Rossinis Tod kehrte er nach Brüssel zurück und wurde Vorsitzender des Verwaltungsrates des dortigen Konservatoriums, dem er seine Rossini-Erinnerungen und seine wertvolle Rossini-Sammlung vermachte.

[12] Rossini spielt auf die Klangähnlichkeit zwischen *vociferazioni* (lautes Geschrei) und *vocalizzazioni* (Vokalisen) bzw. *gargouillades* (gurgelndes Geräusch) und *roulades* (Läufe) an.

[13] E. Michotte, *Souvenirs personnels – Une soirée chez Rossini à Beau-Séjour (Passy) 1858*, Bruxelles, o.D.

[14] Verdi an den Bariton Leone Giraldoni, Frühjahr 1857. In: „Gazzetta Musicale di Milano", XVIII/25, 17. Juni 1860, S. 199. Zit. in: M. Conati, *Il cantante in scena*, in: *La realizzazione scenica dello spettacolo verdiano*, Atti del Congresso internazionale di studi verdiani, Parma 1996, S. 272.

[15] Antonietta Montenegro (Cadiz ca. 1815 – ?), Sopran. Sie trat zu Beginn ihrer Karriere in mehreren Uraufführungen auf: 1839 in Donizettis *Gianni di Parigi* und Giacomo Panizzas *I ciarlatani*, 1840 in Otto Nicolais *Il Templario* und *Odoardo e Gildippe* sowie in Alessandro Ninis *Cristina di Svezia*. Am 7. Jänner 1843 debütierte sie an der Mailänder Scala als Norma, am 27. Februar sang sie in der Uraufführung von Pacinis *L'ebrea* die Rachele. 1857 kehrte sie an das Haus als Semiramide zurück. Ihre Karriere führte sie nach Venedig, Rom und Wien, 1846 machte sie eine große Deutschland-Tournée und sang in England (Erstaufführung von *I due Foscari*), Frankreich, Belgien und Holland. Ihre Glanzrollen waren die Elvira in Bellinis *I puritani*, sowie von Donizetti die *Lucia di Lammermoor*, die Lucrezia Borgia, die Anna Bolena und sogar die Leonora in *La favorita* (eine Mezzosopranpartie).

[16] Donizetti an Giacomo Pedroni, anläßlich der Aufführung des *Robert Devereux* in Wien; 23. Juni 1844 (Donizetti berichtet von einem *piramidale fiasco*, einem Riesenfiasko). In: G. ZAVADINI, *Donizetti*, S. 754 f.

[17] S. Kapitel III.

[18] S. Kapitel IV.

[19] ZAVADINI, a.a.O.

[20] Sophie Schoberlechner (eigentl. Sofia dall'Occa) (St. Petersburg 1807 – Florenz 1864). Sopran, Tochter eines italienischen Gesangslehrers, verheiratet mit dem Wiener Pianisten Franz Schoberlechner. 1827–1831 Karriere in Rußland, von 1831–40 in Italien (Mailänder Scala, Bologna, Rom, Parma, Turin), 1833 auch in Wien. Sie sang in zahlreichen Uraufführungen von Opern von Luigi Ricci, Mercadante, Hiller.

[21] Marietta Brambilla (Cassano d'Adda 1807 – Mailand 1875). Altistin. Sie hatte eine große Karriere an der Scala und am Wiener Kärntnertortheater in Rollen von L. Ricci, Mercadante, Meyerbeer, Zingarelli, Rossini, Donizetti, danach Lehrerin in Mailand.

[22] Verdi subsumiert unter *Deutschland* den gesamten deutschen Sprachraum.

[23] Der Bariton Jean-Baptiste Faure. S. Kapitel X.

[24] Die Sopranistin Mathilde Mallinger (Zagreb 1847 – Berlin 1920). Sie war 1868 in München die erste Eva in Wagners *Die Meistersinger von Nürnberg*. Von 1869 bis 1882 war sie als erste Sopranistin an der Berliner Oper engagiert, Gastspiele führten sie nach Wien und St. Petersburg sowie nach Amerika. 1874 sang sie die Titelpartie in der deutschen Erstaufführung der *Aida*.

[25] In den italienischen Opernhäusern war der Zuschauerraum während der Vorstellungen hell beleuchtet, eine Usance, der erst Arturo Toscanini bei seinem Debut an der Mailänder Scala am 26. Dezember 1898 ein Ende setzte.

[26] Henriette-Clémentine (Méric-)Lalande (Sopran), Giovanni Battista Rubini (Tenor), Antonio Tamburini (Bariton), Luigi Lablache (Baß), die berühmtesten Vertreter ihrer Fächer im ersten Drittel des 19. Jahrhunderts, eine Epoche, die Verdi offenbar als „Goldenes Zeitalter" empfand.

[27] Die *impresa* (Theaterunternehmen) und, davon abgeleitet, der *impresario* (Theaterunternehmer) sind ein wesentlicher Bestandteil des Opernbetriebs in Italien vom 17. bis zum 19. Jahrhundert. Der Impresario, ein künstlerisch wie wirtschaftlich möglichst erfahrener Unternehmer, pachtete ein Theater, engagierte Sänger, vergab an Dichter die Aufträge zur Herstellung von Libretti, beauftragte Komponisten mit der Vertonung dieser Texte und sorgte für die szenische Realisierung der Werke. Die Finanzierung dieses Risikogeschäfts erfolgte durch die Vermietung der Logen an finanzkräftige Interessenten und durch öffentlichen Kartenverkauf. Aufgrund verschiedener Meriten berühmte Impresari sind u.a. Domenico Barbaja, Bartolomeo Merelli, Vincenzo Jacovacci, Alessandro Lanari, die zum Teil mehrere Theater in Italien und im Ausland gleichzeitig betrieben und auch Einnahmen aus Glücksspielen im Theater lukrierten. Schon zu Verdis Lebzeiten übernahmen andere Sparten – wie z.B. Verleger – einen Teil der Aufgaben der Impresari. In der Folge entstand nach der Hochblüte der Oper im 19. Jahrhundert aus dem Impresario der am jeweiligen Theater verpflichtete *direttore artistico*, der künstlerische Leiter, der einen Teil von dessen Tätigkeitsbereich übernahm.

28 Gemeint sind die böhmische Sopranistin Teresina Stolz und die Wiener Mezzosopranistin Maria Waldmann.

29 Vgl. hiezu Ch. SPRINGER, *Würden Sie heute abend etwas weniger schreien als sonst? oder Die Revolution der Gesangsgeschichte, Anmerkungen zu den ersten Sängern des Guillaume Tell.* In: Programmheft der Wiener Staatsoper zu *Guillaume Tell*, 1998, S. 38–50.

30 Zit. nach der Zusammenstellung in: B. CASSINELLI, A. MALTEMPI, M. POZZONI, *Rubini – l'uomo e l'artista*, 2 volumi, Cassa Rurale ed Artigiana di Calcio e di Covo, 1993, vol. I, S. 187 ff., die nach Aussage der Autoren allerdings keinen Anspruch auf Vollständigkeit erhebt.

31 1833 schrieb Hector Berlioz anläßlich der Aufführung eines Satzes (Allegro) des *Konzerts d-Moll für drei Klaviere* von J.S. Bach durch Hiller, Chopin und Liszt in Paris in einer Kritik: „Es war erschütternd, ich beschwöre es, drei erstaunliche Talente gesehen zu haben, voller Energie, Jugend und Leben überbordend, die sich versammelten, um diese dumme und lächerliche Psalmodie aufzuführen. Hiller, selbst ein großer Bach-Liebhaber, würde heute diese Bezeichnungen nicht verleugnen, die ich frech seinem Idol ins Gesicht zu werfen beabsichtige." In: „Le Rénovateur", 29. Dezember 1833. Berlioz verabscheute „alte" Musik wie die von Bach mehr als seine Zeitgenossen, lag aber durchaus im Trend der Zeit. Von der durch Mendelssohn in Deutschland eingeleiteten Bach-Renaissance wußte man in Frankreich noch nichts.

32 In: I. PIZZI, *Ricordi verdiani inediti*, Torino 1901.

33 In: M. LESSONA, *Volere è potere*, Firenze 1869, Faksimile-Nachdruck, Pordenone 1990, Einleitung, S. XVIII.

34 „Oper kann man nur in italienischer Sprache komponieren, alle anderen Lösungen sind interessante Entgleisungen", hat Nikolaus Harnoncourt einmal geäußert.

35 In der Besprechung der ungedruckten Winckelmannschen Briefe, 1804.

36 A. SCHÖNBERG, *Mahler* (verfaßt 1912) in *„Stil und Gedanke"*, Frankfurt am Main, Fischer, 1992, S. 31.

37 Die de facto immer wieder auftauchenden Krisen der Gesangskunst sind als Krisen in Teilbereichen zu bewerten, die in anderen Bereichen wieder kompensiert werden. Während es heute beispielsweise fast unmöglich ist, populäre Opern wie *Trovatore* oder *Tosca* (das kam bei den zahlreichen Festaufführungen zum 100. Geburtstag dieser Oper deutlich zum Ausdruck) adäquat zu besetzen, hat es in den letzten Jahrzehnten eine Renaissance auf dem Gebiet der Koloraturstimmen gegeben (von Koloraturmezzos über die Tenöre dieses Fachs bis hin zu Koloraturbässen), die davor unvorstellbar war.

38 Die in Sängerkreisen weithin verbreitete Abneigung gegen die Exzesse von für Opernarbeiten z.T. unqualifizierten Moderegisseuren führt neuerdings immer wieder dazu, daß Sänger ihre Bühnenkarriere vorzeitig beenden.

39 Vgl. hiezu G. GUALERZI, in: *Opera*, February 2000, S. 222: „That the second condition – the ability of audiences to form a judgement on the singers they hear – is not being fulfilled is clear from audiences' increasing tolerance. Performances that are mediocre, or worse, are not just indulgently accepted, but actually applauded by listeners who now seem unable to separate, in the words of the Gospel, the wheat from the tares. This is doubly damaging. Those singers, the majority, who are not up to scratch, are comforted by this applause, and carry on on the wrong path: the very few who sing well are not encouraged to improve, because they are aware of getting the same response as their mediocre colleagues. Such are the damaging consequences of the anti-meritocratic politics which operate in all areas, at least in Italy."

40 „Ich glaube, die ganze Welt geht nach unten. [...] Ganz bestimmt geht der geistige Teil des Menschen nach unten. Das färbt auch auf die musikalische Entwicklung ab. Wenn man nicht über die geistige Entwicklung nachdenkt, inkludiert dies auch die Musik." So der Dirigent Mariss Jansons in der Monatsschrift der Gesellschaft der Musikfreunde in Wien, Jahrgang 12, Nr. 7, April 2000.

41 Verdi an Antonio Somma; Paris, 31. März 1854. In Conati, Verdi, S. 140.

[42] Nach einem Ausspruch von Marcel Reich-Ranicki. Der Literaturkritiker führt dazu ein beredtes Beispiel an: „In den sechziger Jahren erzählte mir Ernst Bloch, was ihm widerfahren sei, als er im November 1911 bei Richard Strauss in Garmisch zum Abendessen eingeladen war. Strauss habe auf ihn den Eindruck eines gewöhnlichen und betriebsamen Menschen gemacht, eines eher simplen Lebensgenießers. Man sprach über die „Elektra", aber es redete wohl nur der junge Bloch, während Strauss, der Klöße aß und Bier trank, sich aufs Schweigen verlegte. Nur ab und zu brummte er etwas, was der Gast als Zustimmung verstehen konnte. Es sei, sagte Bloch, ein „entsetzlicher" Abend gewesen. Plötzlich wurde er von einem schrecklichen Gedanken heimgesucht: Dieser Strauss, dieser bajuwarische Biertrinker, er hat von der subtilen, der erlesen, der delikaten, der wundervollen Musik der „Elektra" rein gar nichts verstanden. Als Bloch dies feststellte, lachte er fröhlich, gewiß über sich selbst." In: M. REICH-RANICKI, *Mein Leben*, DVA, Stuttgart 1999, S. 342.

[43] Vgl. Weaver, Vorwort.

Jugend und Studienzeit – *Rocester* – *Sei romanze* – *Oberto conte di San Bonifacio* – Ignazio Marini – Lorenzo Salvi – Mary Shaw – Antonietta Rainieri-Marini – Luigia Abbadia – *Un giorno di regno* – Bartolomeo Merelli

> Wenn wir wissen wollen, was dieser Mensch in seinem Kopf dachte, sieht es schlecht aus. [...] Es ist wesentlich leichter, in die militärischen Geheimnisse des Pentagons oder des Kremls oder in die Klausur eines Trappistenklosters einzudringen als in die Seele Verdis.[1]

Wenngleich es gilt, diese Aussage des eminenten Verdikenners Massimo Mila im Zeitalter gewitzter jugendlicher Computerhacker zu relativieren, trifft sie in ihrem Kern nach wie vor zu, denn es „ist Verdi immer gelungen, sich seinen Biographen zu entziehen. Die bekannten Fakten seiner langen, arbeitsreichen Karriere wurden unzählige Male erzählt, als Mensch aber bleibt er immer auf Distanz, bis heute geschützt durch seine ihm eigene Reserviertheit und sein Mißtrauen." Damit hat der Verdi-Biograph Frank Walker[2] das Problem auf den Punkt gebracht, dem man bei dem Versuch begegnet, sich Verdi biographisch zu nähern. Doch auch die vermeintlichen Fakten besitzen einen erst in den letzten Jahrzehnten langsam schwindenden Unsicherheitsfaktor, denn unzählige Legenden und nicht fundierte Interpretationen durchwucherten Verdis Biographie schon zu seinen Lebzeiten, von ihm unerwünscht oder unwidersprochen, zum Teil aber auch bewußt oder unbewußt gefördert. So liebte Verdi in späteren Jahren nicht nur die Legendenbildung um sich selbst als Kind analphabetischer Bauern aus allerärmsten Verhältnissen, das sich gegen widrigste Umstände aus eigener Kraft hochgearbeitet und autodidaktisch zum Komponisten ausgebildet hatte und niemandem etwas schuldete, sondern auch die Darstellung seiner Person als jemand, dem es völlig gleichgültig war, was Dritte über ihn denken mochten. Über seinen ausgeprägten Sinn für soziale Verantwortung, über die von ihm gestifteten Stipendien, Krankenhäuser und Altersheime oder die anonyme Unterstützung von in Not geratenen Mitarbeitern oder deren Familien äußerte er sich nicht oder höchstens widerwillig.[3]

Gewisse Episoden seiner Biographie, wie beispielsweise das Zustandekommen des *Nabucco*, wurden mit seinem Wissen und Zutun geradezu auf Groschenromanebene trivialisiert und hierauf unüberprüft von einer Biographengeneration zur nächsten übernommen.

Doch auch der Griff zu Dokumenten, die solche Unsicherheiten beseitigen sollten, erweist sich manchmal als tückisch: In einem „Autobiographischen Bericht", den er am 19. Oktober 1879 seinem Verleger Giulio Ricordi diktierte, der zur Richtigstellung verschiedener Anwürfe, die Uraufführung des *Oberto* betreffend, dienen sollte, der aber eher als subjektivistisches Selbstportrait denn als Chronologie von Fakten und Daten zu werten ist und als Ergänzung einer Biographie[4] gedacht war, komprimiert Verdi beispielsweise den Zeitablauf des Todes seiner ersten Frau und seiner beiden Kinder – „Innerhalb eines *Zeitraums von nur zwei Monaten*[5] hatte ich drei geliebte Wesen verloren. Meine ganze Familie war dahin!" – und vertauscht auch die Reihenfolge der Todesfälle, die sich in den Jahren 1838, 1839 und 1840 ereigneten.

Zeitlebens legte der Komponist jeglicher Art von Publicity sowie unqualifizierter Lobhudelei gegenüber eine heftige Abneigung an den Tag und liebäugelte auch nicht wie viele seiner ihm nachfolgenden Komponistenkollegen mit der Veröffentlichung seiner Korrespondenz :

> Verdi an Arrivabene[6]; Busseto, Sant'Agata, 18. Oktober 1880
> Wozu ist es nötig, die Briefe eines Komponisten hervorzuholen? Briefe, die immer in Eile geschrieben wurden, ohne Sorgfalt und ohne ihnen Bedeutung beizumessen, weil der Musiker weiß, daß er keinen literarischen Ruf wahren muß. Reicht es nicht, daß man ihn wegen seiner Musik auspfeift? Nein, mein Herr! Jetzt auch noch die Briefe! Ach! Die Berühmtheit ist eine große Plage! Die armen kleinen großen Männer bezahlen teuer für ihre Popularität! Nie ist ihnen eine Stunde der Ruhe vergönnt, weder im Leben noch im Tod!   Alberti, S. 261

Bei dieser auf die Veröffentlichung von Briefen Vincenzo Bellinis gemünzten Aussage dachte Verdi wohl auch an seine eigenen, in die Tausende gehenden Briefe, die für den Biographen auch gegen den Willen des Betroffenen die wichtigsten Quellen darstellen. Sie sind nach wie vor über die ganze Welt verstreut und bei weitem nicht zur Gänze erfaßt und musikwissenschaftlich aufgearbeitet.

Jugend und Studienzeit

Hier die gesicherten Fakten der Biographie Verdis bis zum Entstehen seiner ersten Oper: Giuseppe Fortunino Francesco Verdi, im Geburtenregister als Joseph Fortunin François und im Taufregister als Joseph Fortuninus Franciscus eingetragen, wird am 9. oder 10.[7] Oktober 1813 nahe Busseto in dem Flecken Le Roncole im damals unter der Herrschaft Napoleons I. stehenden Herzogtum Parma geboren. Er ist das erste Kind des Schankwirtes und Kleinkrämers Carlo Verdi (1785–1867) und dessen Frau Luigia Uttini (1787–1851). Die Vorfahren beider Elternteile waren Landbesitzer und Handelstreibende, jedenfalls nicht die analphabetischen Bauern, als die Verdi seine Vorfahren gerne darstellt. Seine 1816 geborene Schwester Giuseppa Francesca ist geistig behindert und stirbt 1833. 1815 zeigt Verdi erstes Interesse für musikalische Eindrücke: für die Glocken der Kirche seines Geburtsortes und das Geigenspiel eines wandernden Spielmanns namens Bagassèt. Ab 1818 erhält er von Don Pietro Baistrocchi ersten Unterricht in Orgelspiel und Gesang, Don Carlo Arcari, der Pfarrer von Le Roncole, unterweist ihn im Lesen und Schreiben. 1820 vertritt er, als Siebenjähriger, Baistrocchi als Organist in der heimatlichen Dorfkirche und wird nach dessen Tod 1822 dessen Nachfolger in dieser Funktion, was aber weniger etwas über etwaige Wunderkindqualitäten Verdis als über den musikalischen Standard der Kirche aussagt. In diese Zeit fällt die Episode, als Verdi beim Ministrieren in der Kirche von Le Roncole, abgelenkt vom Orgelspiel, dem er fasziniert lauscht, seiner Pflicht des Einschenkens des Meßweins nicht rechtzeitig nachkommt und von dem Priester Don Giacomo Masini daraufhin einen solchen Stoß bekommt, daß er die Altarstufen hinunterstürzt. Verdi soll dem Priester im Zorn den Tod durch Blitzschlag gewünscht haben. Am 14. September 1828 schlägt während einer religiösen Zeremonie in der Kirche der Madonna Prati, bei der Verdi singt, ein Blitz in die Kirche ein und tötet vier Priester und zwei Laien. Einer der Priester ist Don Giacomo Masini. Verdi ist von dem Erlebnis so geschockt, daß er vier Wochen lang das Bett hüten muß.

Zur Befriedigung seines früh erwachten Interesses für Musik schenkt ihm sein Vater ein (von Verdi bis zu seinem Tode sorgfältig gehütetes, erhalten gebliebenes) gebrauchtes Spinett, das von Stefano Cavaletti unentgeltlich repariert wird, da er das musikalische Talent des kleinen Peppino erkennt. Giovanni Fulcini, ein Priester aus Roncole, erinnert sich an Verdis frühe Musikbegeisterung:

> Der kleine Giuseppe wuchs als ein stilles, ganz in sich gekehrtes, in Worten und Taten zurückhaltendes Kind heran. Er ging ungebärdigen Gesellen und lärmenden Kumpanen aus dem Weg. Lieber blieb er bei seiner Mutter oder allein zu Hause. An Spielen beteiligte er sich nie, sondern sah ihnen bloß zu, als wären sie nichts für ihn. [...] Zudem war er brav, gehorsam, hilfsbereit und wurde nie gescholten oder bestraft. Er half seinen Eltern im Laden. Nur eins übte eine seltsame Macht auf ihn aus: die Musik. Wenn irgendwelche Drehorgelspieler oder Fiedler vorbeikamen, dann trat Giuseppe sogleich vor die Ladentür und genoß, ganz Ohr, die Melodien. Seine Aufmerksamkeit war derart, daß sie auf etwas Besonderes schließen ließ. Und als ein fahrender Fiedler das merkte, riet er den Eltern, den Knaben Musik studieren zu lassen.[8]

Ab 1823 wohnt Verdi in Busseto bei dem Schuster Pietro Michiara, genannt Pugnatta, zur Untermiete, im Herbst dieses Jahres tritt er in das von dem Geistlichen Don Pietro Seletti geleitete *Ginnasio* ein. Die Organistenstelle in Le Roncole behält er. Ab 1824 dürfte Verdi Musikunterricht von dem Organisten Don Pietro Arquati erhalten haben. Im Herbst 1825 beginnt er, Unterricht in Komposition und Kontrapunkt bei dem Musikdirektor von Busseto, Ferdinando Provesi, zu nehmen. Es kommt zu ersten Kompositionsversuchen: 1825 komponiert er eine Symphonie mit dem Titel *La Capricciosa*, die am 15. August 1868 zur Einweihung des Theaters in Busseto zur Aufführung gelangen wird. 1828 schreibt er eine Ouverture zu Rossinis *Il barbiere di Siviglia* sowie eine Kantate für Bariton und Orchester, *I deliri di Saul,* nach einer Dichtung von Vittorio Alfieri. Im Herbst 1829 avanciert er zum Assistenten Provesis und versucht sich an der Komposition von Sakralwerken, Märschen, Ouverturen, Serenaden, Konzerten und verschiedener Vokalmusik. 1830 schließt Verdi seine Schulausbildung ab. In diesem Jahr kommt es zur öffentlichen Aufführung einiger Erstlingswerke, anläßlich derer ihm Provesi eine große Zukunft prophezeit. 1831 zieht Verdi in das Haus von Antonio Barezzi ein. Dieser ist nicht nur ein angesehener, wohlhabender Kolonialwarengroßhändler, der das Geschäft der Eltern Verdis beliefert, sondern auch ein dilettierender Musikenthusiast in Busseto (als solcher ist er Präsident und Mäzen der örtlichen *Società filarmonica*, der Philharmonischen Gesellschaft, in der er auch als Instrumentalist tätig ist). Dessen ältester Tochter Margherita gibt Verdi seit dem Vorjahr Klavier- und Gesangsunterricht. Barezzi wird rasch zum väterlichen Freund und tatkräftigen Förderer Verdis, der ihm ein Leben lang in Dankbarkeit verbunden bleibt. Da sich Verdis Vater außerstande erklärt, ihm ein Studium an der Universität Parma zu ermöglichen, erhält Verdi 1832 auf Betreiben Barezzis und seines Vaters, der sich zur Erreichung dieses Zieles an die Herzogin Marie Louise wendet, vom *Monte di Pietà e d'Abbondanza di Busseto* (Leihhaus und Bankinstitut) ein Vierjahresstipendium von monatlich 25 Francs und bewirbt sich um Aufnahme am Mailänder Konservatorium. Die kommissionelle Prüfung aus Komposition besteht Verdi, er wird aber als Ausländer, aus Altersgründen (er hatte das Höchstalter von 14 Jahren längst überschritten) und wegen schlechter Handhaltung beim Klavierspiel abgewiesen. (Dasselbe Konservatorium besaß später genug schlechten Geschmack, sich trotz Verdis Weigerung: „Jung wollten Sie mich nicht haben, alt können Sie mich nicht haben", nach dem berühmten Komponisten zu benennen.) Da die erstmalige Auszahlung des Stipendiums ein Jahr auf sich warten läßt, wird Verdi der Betrag von Barezzi vorgestreckt.

Antonio Barezzi,
Verdis Förderer und
Schwiegervater.

Er verläßt Busseto und nimmt, von Barezzi, dem er freilich alles wieder zurückzahlen wird, finanziell unterstützt, in Mailand privat Kompositionsunterricht bei Vincenzo Lavigna, einem ausgezeichneten Kontrapunktisten und Dirigenten an der Scala. Neben den Kontrapunktstudien läßt Lavigna seinen Schüler alte und moderne Partituren (darunter Werke von Corelli, Haydn, Mozart usw.) studieren und analysieren und empfiehlt ihm den Besuch von Opernvorstellungen: Im Mai 1833 hört Verdi an der Scala Maria Malibran als Norma und als Desdemona in Rossinis *Otello*. (1871 wird sich Verdi, nicht ganz gerecht, darüber beklagen, er habe bei Lavigna drei Jahre lang nur Kanons und Fugen zu schreiben gelernt, nicht aber Orchestration oder operndramatische Technik – dies ist einer von Verdis Versuchen, sich den Nimbus eines Autodidakten zu geben.) Während seiner Studienzeit in Mailand lernt Verdi W.A. Mozarts Sohn Karl Thomas kennen, der als Beamter der lombardischen Regierung arbeitet. Er spielt ihm mehrmals auf dem Klavier den *Don Giovanni* vor.

29

Im Dezember 1833 bewirbt Verdi sich erfolglos um die Nachfolge des am 26. Juli 1833 verstorbenen Provesi in Busseto. Wegen der Vergabe des Postens kommt es in Busseto zu einem Streit zwischen der Geistlichkeit und dem örtlichen Philharmonischen Orchester. 1834 springt Verdi auf Empfehlung seines Lehrers in Mailand bei zwei Aufführungen von Haydns *Schöpfung* erfolgreich als Dirigent ein, was ihm einen – allerdings nicht honorierten – Kompositionsauftrag für eine Kantate durch den Grafen Borromeo einträgt. Während eines kurzen Urlaubs in Busseto erhält Verdi die Gelegenheit, mehrmals das Orchester der Società Filarmonica zu dirigieren. Am 12. Oktober findet in Busseto eine Akademie statt, bei der mehrere Kompositionen Verdis zur Aufführung gelangen. Am 14. November hört er in Parma Niccolò Paganini spielen. Er wird sich Jahre später noch daran erinnern, wie der Klang von Paganinis Instrument das Orchester übertönte.

Im April 1835 dirigiert Verdi im Mailänder Teatro Filodrammatico Rossinis *La cenerentola*. Im Juli beendet er seine Kompositionsstudien in Mailand und kehrt nach Busseto zurück. In Erwartung der Entscheidung in Busseto bewirbt er sich vergeblich um den Posten eines *Maestro di cappella* in Monza. Am 6. Jänner 1836 spielt er unter enormem Publikumszulauf zum ersten Mal die Orgel in der Franziskaner-Kirche in Busseto. Am 5. März wird er als Nachfolger Provesis zum Städtischen Musikdirektor ernannt, was auch die Tätigkeit als Organist und Dirigent des Philharmonischen Orchester umfaßt. Seit Jänner des Jahres arbeitet er an seiner ersten Oper, von der später abwechselnd als *Lord Hamilton* oder *Rocester* (nach einem Libretto von Antonio Piazza) die Rede sein wird und von der bis heute nicht restlos geklärt ist, ob es sich dabei um ein und dasselbe Werk handelt und ob oder wie weit es in *Oberto* verwendet wurde. Am 4. Mai 1836 heiratet er seine Schülerin Margherita Barezzi. In diesem Jahr komponiert Verdi eine Ode, *Il cinque maggio*, auf einen Text von Alessandro Manzoni, sowie ein *Tantum ergo* für Singstimme und Orchester. Am 26. Mai 1837 wird die Tochter Virginia geboren. In diesem Jahr bietet Verdi seinen Opernerstling erfolglos der Oper in Parma und der Mailänder Scala an. Im Februar 1838 dirigiert Verdi drei Akademien in Busseto, jedes Mal bringt er eigene Kompositionen zur Aufführung. Am 11. Juli 1838 kommt der Sohn Icilio Romano zur Welt, einen Monat später stirbt die Tochter Virginia. Nochmals versucht Verdi ergebnislos, den *Rocester* an der Scala aufführen zu lassen. Es kommt zur Veröffentlichung seiner ersten überlieferten Komposition. Es ist dies ein Liederzyklus, *Sei romanze*, für Singstimme und Klavier, der heute zusammen mit weiteren, später entstandenen Romanzen gedruckt und in verschiedenen Einspielungen vorliegt. Die bis zu diesem Zeitpunkt entstandenen Werke sind verschollen. Er beendet im Oktober seine Tätigkeit als Musikdirektor in Busseto und übersiedelt im Februar 1839 mit Margherita und dem kleinen Icilio in die Musikmetropole Mailand, wo dieser im Oktober stirbt. In dieser psychisch belasteten Zeit arbeitet Verdi an *Oberto conte di San Bonifacio*.

Oberto conte di San Bonifacio

Die Enstehungsgeschichte dieser Oper, anhand derer erstmals die starke Wechselwirkung zwischen Komponist und Sängern ersichtlich wird, beschreibt Verdi im Detail so:

> Massini[9], der anscheinend Zutrauen zu dem jungen Maestro [Verdi] hatte, schlug mir damals vor, eine Oper für das von ihm geleitete Teatro Filodrammatico zu schreiben und übergab mir ein Libretto, aus welchem dann, zum Teil von Solera[10] abgeändert, der *Oberto di San Bonifacio*[11] wurde.
>
> Ich nahm das Angebot mit Freuden an und kehrte nach Busseto zurück, wo ich als Organist angestellt war. Ich blieb etwa drei Jahre in Busseto; sobald die Oper fertiggestellt war, unternahm ich abermals die Reise nach Mailand und brachte die ganze Partitur schon fix und fertig mit, da ich mir die Mühe gemacht hatte, alle Gesangspartien selbst herauszuziehen und abzuschreiben.[12]
>
> Doch hier begannen die Schwierigkeiten: Massini war nicht mehr Direktor des [Teatro] Filodrammatico: es war daher nicht mehr möglich, meine Oper dort aufzuführen. Doch entweder hatte Massini wirklich Vertrauen zu mir, oder er wollte mir gegenüber auf irgendeine Art seine Dankbarkeit beweisen, weil ich ihm nach der Schöpfung noch mehrmals geholfen hatte, indem ich mehrere Opernaufführungen (darunter *La cenerentola*) für ihn einstudiert und dirigiert hatte, ohne jemals ein Honorar dafür zu verlangen, er ließ wegen dieses Zwischenfalls den Kopf nicht hängen, sondern sagte mir, er würde alles nur Erdenkliche versuchen, um meine Oper anläßlich des Benefizkonzerts des Pio Istituto [Filarmonico] an der Scala aufführen zu lassen. Graf Borromeo und der Rechtsanwalt Pasetti versprachen Massini ihre Unterstützung, der Wahrheit zuliebe muß ich aber sagen, daß es mir in keiner Weise festzustehen scheint, daß diese Unterstützung aus mehr als ein paar Empfehlungsworten bestand. Im Gegensatz dazu gab sich Maestro Massini große Mühe; er wurde dabei tatkräftig vom Cellisten Merighi unterstützt, der mich kennengelernt hatte, als er noch Mitglied des Orchesters des Teatro Filodrammatico war, und anscheinend Vertrauen in den jungen Maestro hatte.
>
> Schließlich kam es so weit, daß alles für das Frühjahr 1839 arrangiert wurde: bei dieser Gelegenheit hatte ich das doppelte Glück, meine Arbeit im Teatro alla Scala anläßlich der Benefizvorstellungen zugunsten des Pio Istituto in Szene zu setzen und vier wirklich außergewöhnliche Interpreten zu haben: die Strepponi[13], den Tenor Moriani[14], den Bariton Giorgio Ronconi[15] und den Baß Marini.[16]

Kaum waren die Rollen verteilt und einige Gesangsproben abgehalten worden, da erkrankt Moriani so schwer!... daß alles abgebrochen wird und nicht mehr daran zu denken ist, meine Oper aufzuführen!... Nun saß ich da und trug mich mit dem Gedanken, nach Busseto zurückzukehren, als eines Morgens ein Theaterdiener der Scala zu mir kam und mich ganz brüsk fragte: „Sind Sie der Maestro aus Parma, der eine Oper für das Pio Istituto aufführen sollte?... Kommen Sie mit ins Theater, der Impresario möchte Sie sehen." – „Ist das möglich?. . .", sagte ich, darauf der andere: „Ja, er hat mir befohlen, den Maestro aus Parma zu holen, der eine Oper geben sollte: Wenn Sie es sind, kommen Sie mit." – Und ich ging mit.

Der Impresario war damals Bartolomeo Merelli; eines Abends hatte er auf der Bühne des Opernhauses ein Gespräch zwischen Frau Strepponi und Giorgio Ronconi mitangehört, in welchem die erstere sich sehr vorteilhaft über die Musik des *Oberto* äußerte; dieser Eindruck wurde auch von Ronconi geteilt.

Ich stellte mich also Merelli vor, der gleich zur Sache kam und mir sagte, daß er auf Grund der günstigen Informationen, die er über meine Musik habe, sie in der kommenden Saison aufführen wolle; wenn ich einverstanden wäre, müßte ich jedoch einige Anpassungen der Tessitura[17] vornehmen, da nicht mehr alle vier Künstler vom letzten Mal zur Verfügung stünden. Das war ein schönes Angebot: als junger, unbekannter Komponist traf ich auf einen Impresario, der das Risiko auf sich nahm, ein neues Werk aufzuführen, ohne irgendeine Sicherstellung von mir zu verlangen, eine Sicherstellung, die ich im übrigen nicht in der Lage gewesen wäre zu geben: Merelli riskierte, die gesamten Kosten für die Inszenierung aus eigener Tasche bezahlen zu müssen; er schlug mir lediglich vor, die Summe, die ich bekommen würde, wenn ich im Falle eines Erfolges die Oper verkaufte, zur Hälfte mit ihm zu teilen. Man darf nicht glauben, daß sein Vorschlag für mich belastend gewesen wäre: schließlich war es die Oper eines Anfängers!... Fest steht, daß nach dem günstigen Erfolg der Verleger Giovanni Ricordi die Rechte für zweitausend österreichische Lire erwarb.

Oberto di San Bonifacio hatte zwar keinen riesigen, aber doch recht guten Erfolg; er brachte es auf eine ansehnliche Anzahl von Aufführungen[18], die zu verlängern Merelli für angemessen hielt, indem er einige mehr gab, als im Abonnement vorgesehen waren. Die Oper wurde gesungen von der Marini[19], Mezzosopran, von Salvi, Tenor, und vom Baß Marini; wie bereits erwähnt, mußte ich die Musik aus Gründen der Tessitura teilweise abändern und eine neue Nummer schreiben, das Quartett, dessen Anordnung im Drama von Merelli vorgeschlagen wurde und das ich von Solera in Verse setzen ließ: Es ergab sich, daß dieses Quartett zu einer der besten Nummern der ganzen Oper wurde.

Pougin, S. 40 ff.

Während der Probenzeit zu *Oberto*, nur wenige Tage nach Verdis sechsundzwanzigstem Geburtstag (aufgrund dieses Debut-Alters wurde er nach damaligen Begriffen als Spätstarter empfunden), setzt sich die Familientragödie mit dem Tod seines kleinen Sohnes Icilio Romano am

22. Oktober 1939 fort. Am 17. November 1839 wird der Opernerstling des Komponisten an der Mailänder Scala uraufgeführt. Trotz der großen Publikumszustimmung ist die Aufnahme bei der Kritik gemischt: Zwar bescheinigt „La Moda" dem Komponisten, daß er von den marktbeherrschenden Kollegen Donizetti, Bellini, Mercadante und Rossini abgerückt sei und eigene Wege beschreite, der Korrespondent des „Il Figaro" aber empfiehlt Verdi, doch die Klassiker zu studieren, und die „Gazzetta Privilegiata" geht so weit, ihn vor der Überschätzung des Publikumserfolges zu warnen. Die „Allgemeine Musikalische Zeitung" berichtet unter Abdruck der Noten des Quartetts Eleonora-Cuniza-Riccardo-Oberto aus dem 2. Akt („des besten Stückes der Oper") ausführlich über die Neuheit.

> Wiewohl aus diesem A quattro (das ebenfalls leicht zu vermeidende Oktavengänge enthält) wenig Neues und Künstliches hervorblickt, so ist es doch im ganzen hübsch, und von den beiden benannten Künstlern, von der löblich mitwirkenden Shaw, und der Scala-Stimme (ein sehr wichtiges Wort!) des Herrn Marini vorgetragen, von ungemein guter Wirkung. [...]
> Hierauf folgt eine alltägliche Kabalette mit dem gewöhnlichen Schlussschlendrian, welches gegen das Uebrige so grell absticht, dass die Zuhörer in den folgenden Vorstellungen schon nach dem langsamen Tempo das Theater verliessen.
> Diese ursprünglich für das Pio Istituto des Orchesters alla Scala bestimmte Oper hat nun das Glück ihres Verfassers gemacht. [...] Die Mailänder Zeitschrift Moda machte Verse, welche auf die Namen Verdi (grün) und Speranza[20] (Hoffnung) anspielen, bekannt; wobei sie Ersterem das Rührende (*commovere*), Letzterem das Brillante (*brio*) beilegt. Mercadante's Nichtverehrer gingen so weit, zu sagen, er möchte um Gotteswillen bei Herrn Verdi in die Schule gehen!!... Vielleicht könnte man die jetzigen aktiven Maestri so ordnen: Donizetti, Mercadante, Ricci, Verdi. u.s.w. Donizetti singt mehr als Mercadante und kennt die Komposition so gut als er. Ricci ist origineller als Verdi. Ob Letzterer sich höher schwingt, steht zu erwarten; zu wünschen ist es sehr, dann könnte er all seine Kollegen übertreffen.
> „Allgemeine Musikalische Zeitung", Leipzig, XLII, Nr. 6, vom 5. Februar 1840, Spalten 102–110.

Die Mailänder Zeitung „La Fama" berichtet über die Interpreten der Opernneuheit:

> Die Kavatine der Marini und die von Salvi im ersten Akt, die Arie der Marini, die von Salvi sowie das Quartett des zweiten Aktes sind meisterhafte Nummern, die viel musikalisches Wissen zeigen und den Stempel der Inspiration tragen. Die Aufführung trug, ehrlich gesagt, nicht gerade dazu bei, uns deren Schönheiten auskosten zu lassen; denn mit Ausnahme der Marini, die vortrefflich sang, schienen die anderen im Falschsingen zu wetteifern. Salvi, ermüdet von einer langen Aufführungsserie, konnte die

schöne Stimme, die er besitzt, nicht in ihrer ganzen Fülle zur Entfaltung bringen und traf oft nicht die gewünschte Note. Die Marini schien Blindekuh zu spielen und glücklich zu sein, wenn sie die Töne traf. Die Shaw, die zum ersten Mal auf der Bühne auftrat, hat zwar Stimme und eine gute Aussprache, doch als Anfängerin, sowohl im Gesang wie in der Bühnenpraxis, ist sie für ein so bedeutendes Theater wie das unsere noch nicht geeignet. Wenn die Sänger an den kommenden Abenden neuen Mut schöpfen und sich besser aufeinander abstimmen sollten, wird diese Oper gewiß in der Publikumsgunst steigen, die sich am Ende der Introduktion so deutlich kundtat. Wenn schließlich Ausstattung und Kostüme besser und entsprechender wären, dann wäre die Unterhaltung perfekt.

„Teatri Arte e Letteratura", Bologna, 28. November 1839

Etliches Kurioses enthält diese Rezension: Der wohl auffälligste Umstand ist das Fehlen der Besprechung der Leistung des Protagonisten, ja selbst das Fehlen seines Namens: Die Titelrolle wurde von **Ignazio Marini** (Tagliuno bei Bergamo 1811 – Mailand 1873), einem der bedeutendsten Bassisten dieser Zeit, verkörpert, der sogar als Nachfolger des berühmten Luigi Lablache[21] bezeichnet wurde. Marini war von seinen Eltern ursprünglich für eine geistliche Karriere bestimmt, zog es aber vor, sich seiner Berufung als Sänger zu widmen. Er debütierte 1832 in Brescia und kam bereits 1833 an die Mailänder Scala, an der er bis 1847 engagiert war. Dort sang er u.a. 1834 den Cedrico in Pacinis *Ivanhoe*, den Fernando in Rossinis *La gazza ladra*, den Guido in der Uraufführung von Donizettis *Gemma di Vergy*, den Elmiro in Rossinis *Otello* sowie den Oroveso in Bellinis *Norma*, die beiden letzteren Rollen an der Seite von Maria Malibran. 1835 trat er mit ihr in Donizettis *Maria Stuarda* auf. 1839 war er in der Mailänder Erstaufführung von Donizettis *Roberto Devereux* und *Gianni di Parigi* besetzt. Sein Spezialgebiet war anfänglich das Rossini-Repertoire, und zwar sowohl seriöse Rollen wie die Titelrolle in *Mosè in Egitto*, als auch komische Rollen wie der Mustafà in *L'italiana in Algeri*. Obwohl Marini mit Verdi immer in freundschaftlichem Kontakt blieb, kam es nach *Oberto* erst 1846 wieder zu einer Zusammenarbeit, und zwar in der Uraufführung des *Attila*. 1844 war er der Silva in der Wiener Erstaufführung des *Ernani*, für ihn komponierte Verdi die Cabaletta des Silva (Infin che un brando vindice[22]) nach. 1847–49 sang Marini in den Sommerspielzeiten an der Covent Garden Opera in London. Seine Rollen an diesem Haus inkludierten den Silva (*Ernani*), den Marcel (*Les Huguenots*), den Bertram (*Robert le diable*), den Figaro (*Le nozze di Figaro*) und den Leporello (*Don Giovanni*). 1850 wurde er in New York und St. Petersburg gefeiert. In der Spielzeit 1850–51 trat er in Havanna auf, 1852 in London in der englischen Erstaufführung von Donizettis *Poliuto*. Zu den Uraufführungen, in denen er mitwirkte, zählen neben Verdis *Oberto* und *Attila* (1846) Lillos *Rosmunda* (1839), Donizettis *Adelia* (1841) und Pacinis *Ebrea* (1844). In der Uraufführung von *La forza del destino* (1862) übernahm er die Rolle des Alkalden. 1870 wurde er am Opernhaus von Kairo zum *direttore di scena* (eine Art Spielleiter) ernannt, mußte diesen Posten aber aus gesundheitlichen Gründen bald aufgeben und kehrte nach Italien zurück.

Der Tenor **Lorenzo Salvi** (Ancona 1810 – Bologna 1879) war der Interpret des Riccardo. Er debutierte 1830 in Neapel als Comprimario und sang bereits 1831–32 in Rom, u.a. an der Seite von Maria Malibran in Rossinis *Otello*. Donizetti schätzte ihn sehr; er besetzte ihn in der Uraufführung von *Il furioso all'isola di San Domingo* und in drei weiteren Uraufführungen: *Betly* (1836), *Gianni di Parigi* (1839) und *Adelia* (1841). Er trat an den großen italienischen Bühnen auf, sang 1840 in Turin den Arnoldo in Rossinis *Guglielmo Tell* und war zwischen 1839 und 1842 an der Mailänder Scala engagiert, wo er nach dem *Oberto* noch in der Uraufführung von *Un giorno di regno* zum Einsatz kommen sollte. An diesem Haus sang er noch andere Ur- und Erstaufführungen, darunter den Tonio in Donizettis *La figlia del reggimento*. 1839 sang er in Wien, 1843 debutierte er in Paris mit *Lucia di Lammermoor* und trat in *Maria di Rohan* auf. Zwischen 1845 und 1848 gastierte er in St. Petersburg, 1847 und 1850 in London, auch hier konzentrierte er sich auf Opern von Bellini (*Il pirata*, *La straniera*) und Donizetti. 1850 war er in New York und Havanna zu hören. Nach einer Konzerttournée durch Nordamerika an der Seite von Jenny Lind (1851) trat er von der Bühne ab und war als Gesangslehrer in Bologna tätig.

Salvis Repertoire zeigt nicht nur, daß er den Anforderungen von Spezialistenrollen wie Arnoldo und Tonio mit ihrer hohen Tessitura und extremen Höhen gewachsen war, sondern daß seine vokalen Stärken in Partien wie dem Edgardo (*Lucia di Lammermoor*), der allgemein als seine Paraderolle bezeichnet wurde, am besten zur Geltung kamen. An Verdi-Partien hatte er nur den Riccardo im *Oberto* und den Edoardo in *Un giorno di regno* im Repertoire. Der Umstand, daß er bis zu seinem (frühen) Karriereende keine anderen Rollen von Verdi übernahm, scheint darauf hinzuweisen, daß er sich im Rossini- und Donizetti-Fach stimmlich wohler fühlte.

Die Interpretin der Cuniza war die Altistin **Mary Shaw**[23] (Lea i.d. Grafschaft Kent 1814 – Hadleigh Hall, Suffolk 1876). **Antonietta Rainieri-Marini**[24] (keine Lebensdaten bekannt) war, betrachtet man die an ihre stimmlichen Mittel angepaßte Tessitura ihrer Rolle im *Oberto*, ein „kurzer" (das heißt: in der Höhe eingeschränkter) Sopran oder sogar ein lyrischer Mezzosopran (der höchste Ton ihrer Partie ist ein a², weshalb Verdi sie in seinen Erinnerungen auch als Mezzosopran bezeichnet).

Man bemerkt, daß der *Oberto*-Rezensent offenbar über die Intonationssicherheit dieser Sängerin mit sich selbst nicht im reinen war: Während er zuerst befand, daß die Sängerin „vortrefflich sang" und nur die Kollegen *„mit Ausnahme der Marini* im Falschsingen zu wetteifern" schienen, urteilte er nur wenige Zeilen später, daß sie „Blindekuh zu spielen" und „glücklich zu sein" schien, „wenn sie die Töne traf". Man sieht, daß auch damals Kritiken Anlaß zu Ärger geben konnten, wie Presseberichte im allgemeinen: Eine andere Zeitung behauptete Jahre später, *Oberto* sei nur gegen Bezahlung aufgeführt worden. Dazu der Komponist lapidar: „Was mich betrifft, so ist nichts Wahres an dem, was *Il Monitore* schreibt. Ich habe nie und niemand hat je einen Groschen ausgegeben, um meine Opern aufzuführen."[25]

In der Karnevalssaison 1840 wird *Oberto* in Turin aufgeführt, wahrscheinlich auf Betreiben der Rainieri-Marini, der die Leonora besonders gut liegt. Die Cuniza wird hier von **Luigia Abbadia** (Genua 1821 – Rom 1896) gesungen, einer Mezzosopranistin, die eine Kavatine für sich beansprucht, die, wie das Libretto zeigt, tatsächlich hinzugefügt wird. Allerdings stammt die Musik dazu nicht von Verdi, sondern von Saverio Mercadante. Er wiederum hat sie für eine andere Sängerin anstelle einer Romanze in seiner Oper *Elena da Feltre* komponiert. Der für die Situation passende neue Text wird der Musik (Andante und Cabaletta) einfach untergelegt. Die Sängerin debütierte 1836, wurde von Merelli unter Vertrag genommen und unternahm hierauf ausgedehnte Auslandstournéen. Donizetti schrieb für sie die Mezzo-Partie in *Maria Padilla* (1841). Sie trat hauptsächlich in Opern von Mercadante, Pacini, Rossini, Donizetti und Verdi, hier vereinzelt auch als Sopran (*Nabucco, Attila, Ernani*) auf. Ab 1870 war sie als gesuchte Gesangslehrerin in Mailand tätig.

Der *Oberto* wird in Genua, Neapel, Barcelona und Malta nachgespielt, hält sich aber nicht im Repertoire.

Un giorno di regno

An seinen nächsten Karriereschritt erinnert sich Verdi in seinem Autobiographischen Bericht wie folgt:

> Merelli machte mir dann [nach dem Erfolg des *Oberto*] ein für jene Zeit glänzendes Angebot: nämlich einen Vertrag für drei Opern, die im Abstand von acht Monaten zu schreiben waren und an der Scala oder am Theater in Wien, wo er ebenfalls Impresario war, aufgeführt werden soll-

ten: dafür wollte er mir 4000 österreichische Lire pro Oper bezahlen und dann den Erlös aus dem Verkauf der Partituren zur Hälfte mit mir teilen. Ich nahm den Vertrag sofort an und kurz darauf reiste Merelli nach Wien ab; er beauftragte den Dichter Rossi damit, mir das Libretto zu liefern, und das war der *Proscritto*: ich war aber damit nicht gänzlich zufrieden und hatte auch noch nicht mit der Komposition begonnen, als Merelli Anfang 1840 nach Mailand zurückkam und mir sagte, daß er für den Herbst unbedingt eine komische Oper benötige, und zwar aus besonderen Repertoiregründen: er würde mir sofort ein Libretto suchen und danach würde ich den *Proscritto* in Musik setzen. Ich lehnte die Einladung nicht ab und Merelli gab mir verschiedene Libretti von Romani[26] zu lesen, die wegen Mißerfolgen oder aus anderen Gründen in Vergessenheit geraten waren. Ich las sie wieder und wieder, keines gefiel mir, aber da man mich so drängte, wählte ich jenes Libretto aus, das mir am wenigsten mißfiel, und das war *Il finto Stanislao*, der dann auf *Un giorno di Regno* umgetauft wurde.   Pougin, S. 42

Am 18. Juni 1840 stirbt Verdis Gattin Margherita Barezzi[27] an Enzephalitis. Verdi kehrt mit seinem Schwiegervater nach Busseto zurück und verlangt in seinem Schmerz von Merelli die Auflösung des Vertrages, doch lehnt dieser das Ansinnen ab. Nach zwei Monaten kehrt Verdi nach Mailand zurück:

> In diesem furchtbaren Kummer mußte ich, um die eingegangene Verpflichtung zu erfüllen, eine komische Oper schreiben und fertigstellen!!... *Un giorno di Regno* gefiel nicht: sicher war die Musik zum Teil daran schuld, zum Teil aber war es die Aufführung.   Pougin, S. 43

Verdi schreibt die Oper also aus Pflichtbewußtsein. Obwohl er es vorgezogen hätte, eine *opera seria* zu schreiben, wie ursprünglich geplant, beugt er sich Merellis Willen, der aus Spielplangründen eine *buffa* benötigt und nimmt eine Arbeit in Angriff, die aufgrund der Form und des Inhalts des alten Romani-Librettos bereits veraltet ist.[28] Er schreibt sie trotz der widrigen Umstände nicht unwillig, aber er schreibt sie im Schatten des übermächtigen Genies für komische Opern, Gioachino Rossini, und im Wissen um die Präsenz eines anderen großen Könners dieses Genres, Gaetano Donizetti, der 1832 das Meisterwerk *L'elisir d'amore*, ebenfalls auf ein Libretto Romanis, vorgelegt hat. Er schreibt sie mit ersten Ansätzen jener einflußnehmenden Sorgfalt, für die er später berühmt werden sollte: Er verändert, möglicherweise unter Mitarbeit Soleras, die Struktur des Textbuches und setzt Striche und Änderungen durch. Auch die Änderung des Titels von *Il finto Stanislao*[29] zu *Un giorno di regno* stammt von ihm.[30]

Die Uraufführung am 5. September 1840 erleidet einen glatten Durchfall. Das Publikum johlt und pfeift, zischt und miaut, obwohl es die Umstände, unter denen die Oper entstanden ist, kennt, und geht nach Hause, offenbar zutiefst von dem befriedigenden Bewußtsein durchdrungen, Gerechtigkeit geübt zu haben. Die Ursachen für die Publikumsreaktion, über die man sich aus heutiger Sicht nur wundern kann, sind zwei: einerseits die Lustlosigkeit der Sänger, andererseits starke Konkurrenzopern auf dem Spielplan (allein von Donizetti in dieser Saison: *Belisario, Lucrezia Borgia, Marino Faliero, Anna Bolena, La figlia del reggimento* sowie die Erfolgsoper der Saison, Nicolais *Templario* mit 46 Aufführungen.

Un giorno di regno ist kompositonstechnisch ein Fortschritt gegenüber *Oberto*, und wesentlich besser als ihr Ruf. Man kann an ihr nur eines bemängeln: sie ist zu lang. Die Sänger der einzigen Vorstellung dieser Oper, die von Merelli sofort vom Spielplan abgesetzt wird, sind der Bariton Raffaele Ferlotti[31], die Mezzosopranistin Luigia Abbadia sowie die Sopranistin Antonietta Rainieri-Marini und der Tenor Lorenzo Salvi, beide mit *Oberto*-Erfahrung. Sie tragen eindeutig Mitschuld an dem Mißerfolg:

> Mailand, Teatro alla Scala. – *Un giorno di regno* – neue Opera buffa[32] von Maestro Verdi (5. Sept.) – Maestro Verdi, dem Verfasser des *Oberto di San Bonifazio*, dem so gefeierten, mit Beifall bedachten jungen Debutanten des vergangenen Jahres, ließen die Zuschauer unseres großen Theaters vorgestern abend eine eindringliche Warnung zukommen. Seine neue Opera buffa *Un giorno di regno* wurde ganz anders aufgenommen als seine erste. Das Publikum schwieg oder mißbilligte das Urteil derer, die Applaus für angebracht hielten. Die Ouverture, zwei Duette zwischen zwei Bässen im ersten und im zweiten Akt und die Arie der Abbadia wurden gelobt; alles andere fiel durch, und es besteht wenig Hoffnung, daß sich an den folgenden Abenden an diesem harten Urteil etwas ändern wird, es sei denn, die Sänger wären bereit, mit einer korrekteren Aufführung einige der Schönheiten hervorzuheben, die Experten in den Musiknummern erkannt haben.
>
> Das ist natürlich Pech für *Verdi*, doch darf es ihn nicht verbittern; er soll sich vielmehr von dem neuen Weg, den er beschritten hat, verabschieden und wieder zu den leidenschaftlichen Inspirationen des ernsten Dramas zurückkehren; der Komponist des *Oberto* möge sich nicht selbst aus der Welt der Zuneigung, der Liebe, der ergreifenden und zarten Kantilenen verbannen, die ihm seine erste Schlacht gewannen, um sich in dieses Labyrinth veralteter Formen, abgedroschener Phrasen, einer kalten und knechtischen Nachahmung allzu willfähriger Motive zu wagen. Die Zukunft steht ihm noch offen, die Zukunft betrügt niemand, der sich nicht selbst betrügt.
>
> Die Aufführung dieser Oper gibt uns Gelegenheit, einige der derzeitigen Sänger unseres Theaters darauf aufmerksam zu machen, daß sie, gleich welche Aufnahme sie bei den Zuschauern finden werden, gleich welcher Dämon der Rivalität oder des Neids an ihrer Künstlerseele nagen

mag, die öffentliche Meinung weder herausfordern noch verachten dürfen, daß ihre Verhaltensweise stets dem strengsten Respekt und jenem Anstand untertan sein muß, der jeden Gedanken an Ungebührlichkeit ausschließen müßte, um keine härteren Worte zu wagen. Außerdem kann man noch hinzufügen, daß selbst dann, wenn die Oper nicht gefällt, die Darsteller sie dennoch dem Publikum mit unverändert gutem Willen darbieten müssen, denn aufzuhören zu singen oder nur die Lippen bei den Musiknummern zu bewegen, beweist eine schuldhafte Unkenntnis der eigenen Pflicht; denn das Publikum gibt kein Geld für die Bühnenhelden aus, damit sie nur nach Lust und Laune in den von ihnen bevorzugten Augenblicken singen; und schließlich kann die Gleichgültigkeit und die Lässigkeit eines Sängers auch in einer nicht genehmen Oper als eine Hauptursache für deren Durchfall angesehen werden.

> „La Moda", Mailand; September 1840;
> in: „Teatro Arte e Letteratura", Bologna, 17. September 1840.
> Zit. in Weaver, S. 150

Wie sich wenige Jahre später herausstellen wird, ist das Urteil des Publikums aber keineswegs endgültig:

> Verdi an Vincenzo Luccardi; [undatiert]
> Möchtest Du etwas zum Lachen haben? Die Opera buffa, die ich vor vier Jahren für die Scala geschrieben habe und die durchgefallen ist, hat in Venedig einen aufsehenerregenden Erfolg erlebt. Das Theater ist doch wirklich etwas Komisches.　　　　　　　　　Abbiati I, S. 596

In seinem Autobiographischen Bericht erinnert sich Verdi an eine lange Phase, in der er das Komponieren aufgeben und von Musik partout nichts mehr wissen wollte. Auch hier überwiegt die subjektive Erinnerung vor der objektiven Realität: Zu den für *Un giorno di regno* geplanten Terminen setzt Merelli *Oberto*-Vorstellungen an, die Verdi selbst dirigiert. Da statt des Bassisten Marini nur der Bariton Raffaele Ferlotti zur Verfügung steht, der für die abgesetzte Oper engagiert worden ist, sieht sich Verdi vor die Aufgabe gestellt, die Partie des Oberto an dessen stimmliche Mittel anzupassen. Außerdem schreibt er zwei neue Stücke, eine Kavatine für Cuniza und ein Duett Cuniza-Riccardo.

In der Karnevalssaion 1841 wird *Oberto* in Neapel gespielt. Verdi ist nicht anwesend, wieder singt die Rainieri-Marini die Leonora, die Cuniza ist diesmal ein echter Alt, weshalb wieder die Partitur der Uraufführung herangezogen wird. Dem Werk ist in Neapel kein besonderer Erfolg beschieden.

Ebenfalls in der Karnevalssaison wird die Oper in Genua aufgeführt. Hier betreut Verdi die Produktion selbst, wiederum komponiert er neue Musik:

Verdi an Pietro Massini; Genua, 11. Januar 1841

Der *Oberto* ging Samstag in Szene und wurde kühl aufgenommen. Beifall gab es für die Ouverture, für die Introduktion sogar heftigen Applaus mit Herausrufen für Catone und auch für mich und Applaus für die Kavatine der Marini. Das Duett zwischen Ferlotti und der Marini kühl aufgenommen (es ist ein neues Stück). Bei dem darauffolgenden Chor, der ebenfalls neu ist, kühle Aufnahme (anzumerken ist, daß ich bei dieser Oper eine Bühnenmusik hinzugefügt habe). Wenig Beifall für das darauffolgende Duett. Das Terzett kühl. Das Finale ebenfalls. Im zweiten Akt Applaus für alle Nummern, doch sehr zurückhaltend. [...] Die Marini hat [gestern abend] mit soviel Einsatz und so gut gesungen wie nie zuvor und im Schlußrondò verdiente sie sicher viel Applaus. Das ist die wahre Geschichte. Ich muß Dich jedoch darauf aufmerksam machen, daß sich das hiesige Publikum zur Hälfte aus Genuesern und zur anderen Hälfte aus Turiner Soldaten zusammensetzt, die seit eh und je in Opposition zueinander stehen.

M. Conati, *L'Oberto conte di San Bonifacio
in due recensioni straniere poco note e in una lettera
inedita di Verdi*. In: Atti I, S. 92

Kurz nach der Aufführung des *Oberto* in Genua – nur etwas mehr als ein Jahr nach der Uraufführung in Mailand – ist die Rede davon, diese Oper in Parma aufzuführen.

Verdi an Lorenzo Molossi[33]; Mailand, 20. Jänner 1841

Ich höre mit Freude, daß man im Frühjahr den Oberto in Parma geben will; aber ich weiß nicht, ob es ratsam ist, diese Oper in dieser Stagione aufzuführen, weil sie, obgleich sie keines großen Aufwandes an Dekoration und Kostümen bedarf, dennoch vier Sänger erfordert, die vorzüglich singen können, denn alle haben Arien, um Vorteil für sich daraus zu ziehen; es gibt Duette, da ist ein Terzett und ein Quartett, das die beste Nummer der Oper ist. Dann bedarf es eines Männerchores und eines Frauenchores. Im übrigen kann die Baßpartie jetzt von jedem Bariton gesungen werden, denn sie wurde im vergangenen Herbst für Ferlotti umgeschrieben. Ich werde mit Vergnügen hören, wofür man sich entscheiden wird, und zeichne als Ihr aufrichtiger Freund. Abbiati I, S. 368

1859 wird die Oper unter dem Titel *Il finto Stanislao* in Neapel aufgeführt, verschwindet dann aber bald von den Spielplänen.

Die bestimmende Figur bei den beiden ersten Opernaufträgen Verdis ist der Impresario **Bartolomeo Merelli** (Bergamo 1794 – Mailand 1879). Er kam als Sohn des Verwalters der Grafen Moroni zur Welt und wuchs in Bergamo auf, wo er auch die Schule besuchte. Dort fing er an, Rechtswissenschaften zu studieren. Gleichzeitig studierte er Komposition bei Simon Mayr, wo Gaetano Donizetti sein Studienkollege war. Für einige frühe Donizetti-Werke verfaßte Merelli die Libretti, darunter *Enrico di Borgogna* und *Una follia* (beide 1818), *Piccioli virtuosi ambulanti* (1819), *Le nozze in villa* (1820–21), *Zoraide di Granata* (1822; später von Jacopo Ferretti überarbeitet). Er setzte seine Karriere vorerst als Librettist fort und arbeitete für Vaccaj (vier Libretti zwischen 1818 und 1824), für seinen Lehrer Mayr (zwei Libretti) und für Morlacchi. Er bearbeitete auch Texte anderer Autoren, darunter Rossinis *Il viaggio a Reims* für die Aufführung in Wien.

Seine Biographie weist bis 1830 – das Jahr, in welchem er erstmals als Impresario in Varese in Erscheinung trat – weiße Flecken auf. 1812 wurde der Achtzehnjährige wegen eines vermuteten versuchten Diebstahls bei einer Adeligen verhaftet, nach sechs Monaten wurde die Anklage allerdings mangels an Beweisen fallengelassen. Er blieb bis zum Abschluß der Untersuchungen weitere drei Monate in Haft und wurde dann vorläufig auf freien Fuß gesetzt, blieb aber unter Polizeibeobachtung.

In den Folgejahren organisierte er kleinere Opernspielzeiten in Cremona und Como. Nachdem er sich mit dem Impresario des Wiener Kärntnertortheaters Carlo Balocchio (1770–1851) zusammengetan hatte, war er von 1836 bis 1848 Direktor dieses Opernhauses. Gleichzeitig gelang ihm die Verwirklichung seines Lebensziels: die Übernahme des Monopols für die Aufführungen an der Mailänder Scala von 1836 bis 1850, was ihn aber nicht daran hinderte, neben den beiden angeführten Verpflichtungen auch anderswo Produktionen auf die Bühne zu bringen, wie beispielsweise Pacinis *Saffo* im Teatro S. Carlo in Neapel (1840).

Er führte ein fürstliches Leben, besaß Villen, Pferde, Kutschen, sammelte Gemälde und unternahm alles, um seinen Vorgänger Domenico Barbaja zu übertrumpfen. Er wurde auch in Paris, St. Petersburg, Berlin und London aktiv. Merelli, der sich wegen seines diplomatischen Geschicks und seiner geschäftlichen Skrupellosigkeit gerne als „Napoleon der Impresari" titulieren ließ, hielt sich bei seinen Unternehmungen gerne an bereits etablierte Komponisten und populäre Interpreten: Diese „gehörten" dem Impresario geradezu, waren ihm in vieler Hinsicht ausgeliefert und wurden an andere Impresari verliehen, wobei die Machtposition des Impresario dazu führte, daß er in Fragen der Besetzungs- und Auftragspolitik konsultiert wurde. Gerade bei Verdi zeigte Merelli eine glückliche Hand, denn der große Erfolg von *Nabucco* und *Lombardi* wäre ohne Merellis Vertrauensvorschuß dem unbeschriebenen Blatt Verdi gegenüber nicht möglich gewesen. Dieser äußerte sich jedoch bald polemisch über Merelli, was zu jener Zeit vorwiegend auf die vermutete intime Beziehung zwischen dem Impresario und Giuseppina Strepponi zurückgeführt wurde.

Den hohen Ausgaben, die Merelli in seinen Budgets für Komponisten und Interpreten vorsah, stand ein ausgeprägter Sparkurs bei den

Ausgaben für Orchester und Inszenierungen gegenüber, was ihm immer wieder Kritik[34] eintrug. Es sollte nicht lange dauern, bis es aus diesem Grund zum Bruch Verdis mit Merelli kam, was dazu führte, daß Verdi ein Vierteljahrhundert die Scala nicht mehr betrat. Nachdem Merelli, wie andere Impresari, in der Zeit der Revolutionen und Kriege 1848–49 große Verluste erlitten hatte, übernahm er von 1853 bis 1859 nochmals die Leitung der Spielzeiten am Kärntnertortheater. Er wurde verdächtigt, für Österreich zu spionieren, was aber niemals bewiesen wurde. Er war mit Sicherheit österreichfreundlich, eine für die Welt der Oper vor 1848 typische Haltung: man gab sich apolitisch und regierungsfreundlich, um ungehindert seinen Geschäften nachgehen zu können..

1859 leitete er eine Stagione am Teatro Regio in Turin, 1861 kehrte er als Direktor an die Scala zurück, wo er allerdings binnen zwei Jahren in ein finanzielles Debakel schlitterte und den Großteil seines Vermögens verlor. Sein Ruf in der Branche war alles andere als gut: Als die Verlegerin Giovannina Lucca dem Komponisten De Giosa[35] vorschlug, er solle eine Oper für Merelli komponieren, antwortete dieser: „Ich hoffe, mit diesem Impresario nie etwas zu tun zu haben, ich weiß, was für eine Sorte Mensch er ist, ich möchte lieber in Armut verfaulen, als in seine Fänge zu geraten."[36] Merelli beendete nach diesem Finanzdebakel seine Karriere und zog sich in der Nähe von Bergamo ins Privatleben zurück. Von dort nahm er noch am Rande am Musikleben der Donizetti-Stadt Bergamo teil und wurde in eine beratende Kommission der örtlichen Musikschule berufen. Er veröffentlichte seine Memoiren anonym unter dem Titel *Cenni biografici di Donizetti e Mayr raccolti dalle memorie di un vecchio ottuagenario dilettante di musica* (Biographische Notizen zu Donizetti und Mayr nach den Erinnerungen eines alten achtzigjährigen Musikdilettanten[37]) (Bergamo, 1875), dem Anschein nach den frühen Jahren Donizettis und seinem Lehrer Simone Mayr gewidmet, zum Teil aber die Glorifizierung der eigenen „gigantischen Theaterunternehmungen, mit denen zahlreiche wichtige und für die Musikkunst Italiens gloriose Ereignisse verbunden waren".[38] Sein ältester Sohn Eugenio (1825–1882) versuchte sich nach dem Vorbild seines Vaters als Impresario und richtete Opernspielzeiten in Wien (1864) und St. Petersburg (1868) aus. Sein zweiter Sohn Luigi (1828–1879), ein Rechtsanwalt, verübte, zusammen mit seiner einunddreißigjährigen Tochter Cristina, wenige Tage nach dem Tod seines Vaters in Mailand unter merkwürdigen Umständen Selbstmord.

In die Musikgeschichte eingegangen ist Merelli wegen des Vertrauens, das er in Verdi setzte und das zur Komposition des *Nabucco* führen sollte, ein Umstand, auf den er zeitlebens stolz war.

1 M. MILA, *La giovinezza di Verdi*, Torino 1974, S. 105.

2 F. WALKER, *L'uomo Verdi*, Milano 1964, S. 3.

3 Verdis gleichaltriger deutscher Antipode Richard „Wagner baute sich, hauptsächlich mit dem Geld anderer Leute, ein Heiligtum, um sein Gedächtnis zu verherrlichen und zu verewigen. Verdi verwendete sein Geld und einen Teil seiner Ersparnisse, um seinen armen, lieben Lebensgefährten zu helfen." In: J. WECHSBERG, *Verdi*, List Verlag, München 1975, S. 241.

4 A. POUGIN, *Vita aneddotica di Giuseppe Verdi con note ed aggiunte di Folchetto,* Mailand 1881, Reprint Firenze 1989. Diese grundlegende, von Verdi autorisierte Biographie von Arthur Pougin (1834–1921) wurde zwischen 1878 und 1879 in Fortsetzungen in der Pariser Zeitschrift „Le Ménestrel" veröffentlicht und im Auftrag des Verlegers Ricordi von dem italienischen Journalisten Jacopo (Giacomo) Caponi ins Italienische übersetzt. Caponi, der wie Pougin mit Verdi persönlichen Umgang pflegte, trat unter dem Pseudonym Folchetto auf und fügte, als er auf Lücken in der Biographie stieß, der Übersetzung eigene, äußerst wertvolle Anmerkungen und Ergänzungen hinzu.

5 Kursivsatz vom Autor.

6 Graf Opprandino Arrivabene (Mantua 1807 – Rom 1887), Journalist, Patriot, Freiheitskämpfer, Gesinnungsgenosse Mazzinis und Cavours. Der aus einer der vornehmsten Adelsfamilien Mantuas stammende Arrivabene gehörte dem Intellektuellenkreis im Salon von Clara Maffei an. Er war als Redakteur verschiedener Kunst-, Literatur- und Musikpublikationen (darunter Ricordis „Gazzetta musicale" und die Tageszeitung „L'Opinione") in Neapel, Florenz und Turin tätig. Er war jahrzehntelang mit Verdi befreundet, und mit ihm zusammen Abgeordneter im Turiner Parlament. Der Briefwechsel der beiden wurde von Alberti (s. Quellennachweis und Bibliographische Abkürzungen) veröffentlicht.

7 In der Taufurkunde vom 11. Oktober wird als Geburtstag „gestern" angegeben. Verdi selbst feierte seinen Geburtstag am 9. Oktober, was insofern plausibel ist, als es in Italien früher weit verbreitet war, den Beginn eines neuen Tages mit Sonnenuntergang anzusetzen. Verdis Mutter hatte ihrem Sohn gesagt, er sei am 9. Oktober 1814 geboren. Das Geburtsjahr 1813 erfuhr Verdi erst 1876, in seinem 63. Lebensjahr.

8 A. ROSSI, *Roncole Verdi, guida storica,* Firenze 1969, S. 57–58. Zit in: Weaver, S. 141.

9 Pietro Massini, Dirigent der Società Filarmonica in Mailand.

10 S. Kapitel II.

11 Verdi verkürzt den Werktitel *Oberto, conte di San Bonifacio*, wie auch in zeitgenössischen Rezensionen immer wieder üblich.

12 Verdi hatte, wohl aus Geldmangel, keinen Kopisten mit dieser Arbeit betraut.

13 Giuseppina Strepponi, Sopran, Verdis zweite Gattin (s. Kapitel V).

14 Napoleone Moriani (s. Kapitel IV).

15 S. Kapitel II.

16 Ignazio Marini, s. unten.

17 Bis in die zweite Hälfte des 19. Jahrhunderts bestand seitens der Komponisten die Gepflogenheit, die Gesangspartien an die stimmlichen Möglichkeiten der engagierten Sänger anzupassen, und zwar nicht nur, was etwaige Spitzentöne anlangte, sondern die gesamte Lage (Tessitura) der Rolle, die für den einen Sänger bequem, für den anderen hingegen unbequem liegen mochte.

18 In der ersten Saison fanden vierzehn Aufführungen statt.

19 Antonietta Rainieri-Marini, Interpretin der Leonora. Gattin des Bassisten Ignazio Marini.

20 Eine Oper des Komponisten Speranza aus Parma hatte im Herbst 1839 in Turin Furore gemacht.

21 S. Kapitel IV.

22 Bis vor kurzem glaubte die Musikwissenschaft, auch weil kein Autograph überliefert ist, diese Cabaletta sei nicht von Verdi. An der Mailänder Scala wurde sie aus diesem Grund 1982 von Riccardo Muti nicht aufgeführt.

23 Die Sängerin war weder, wie behauptet wird, eine Anfängerin, noch trat sie zum ersten Mal auf einer Bühne auf. Sie hatte 1834 in London als Konzert- und Oratoriensängerin debutiert und war in den darauffolgenden Jahren in verschiedenen englischen Städten, bei Festivals usw. aufgetreten. 1838 trat sie bei Leipziger Gewandhauskonzerten als Solistin unter der Leitung von Felix Mendelssohn Bartholdy auf. In Italien hatte sie vor ihrem Scala-Debut bereits mit großem Erfolg zwei große Rossini-Rollen verkörpert: den Arsace in *Semiramide* und den Malcolm in *La donna del lago*. Sie war nach den Maßstäben der heute gebräuchlichen Stimmkategorien eine echte Altistin (contralto), die sich in ihrer (wegen familiärer Umstände nur bis 1847 dauernden) Karriere auf Opern von Rossini und Cimarosa spezialisierte

24 Von ihrer Karriere weiß man nur, daß sie in mehreren Uraufführungen auftrat: 1839 in Donizettis *Gianni di Parigi* und Giacomo Panizzas *I ciarlatani*, 1840 in Otto Nicolais *Il Templario* und in *Odoardo e Gildippe* sowie in Alessandro Ninis *Cristina di Svezia*. 1841 sang sie in Neapel in der Uraufführung von Mercadantes *Il proscritto* und ging später ins Mezzosopranfach.

25 Verdi an Arrivabene; Genua, 7. März 1874. In: Alberti, S. 170 ff.

26 Felice Romani (Genua 1788 – Moneglia, La Spezia 1865), Librettist, Journalist und Schriftsteller. Als einer der gesuchtesten und erfolgreichsten Textdichter der ersten Hälfte des 19. Jahrhunderts belieferte er u.a. Rossini, Bellini, Donizetti mit z.T. literarisch anspruchsvollen Texten.

27 In Italien ist es bis heute Usus, daß Frauen nach der Eheschließung ihren Mädchennamen weiterführen. Im Oktober 1868 läßt Verdi übrigens das Grab mit den Überresten Margheritas und der Kinder suchen; es ist verschwunden.

28 *Un giorno di regno* ist die einzige Verdi-Oper, in der der Komponist *secco*-Rezitative schreibt.

29 Das Libretto von *Un giorno di regno*, das Romani ursprünglich 1818 unter dem Titel *Il finto Stanislao* für den österreichischen Komponisten Adalbert Gyrowetz geschrieben hatte, beruht auf dem Theaterstück *Le Faux Stanislas* von Alexandre Vincent Pineux-Duval (Paris 1808).

30 Vgl. hiezu R. PARKER, *„Un giorno di regno". From Romani's Libretto to Verdi's Opera*, Studi Verdiani, 2, 1984, S. 38 ff.

31 Raffaele Ferlotti (Bologna 1819–1891), Bariton. Ab 1840 sang er drei Spielzeiten lang an der Scala, dann trat er in Wien, Madrid, Barcelona, Paris und London auf. Sein Repertoire umfaßte hauptsächlich Opern von Verdi, Bellini und Pacini.

32 Die korrekte Bezeichnung lautet: *Melodramma giocoso*.

33 Lorenzo Molossi, Sekretär der Società Filarmonica in Parma, hoher Beamter der Regierung in Parma, ein Bekannter Verdis.

34 Gaetano Donizetti führte im Laufe der Jahre wiederholt Beschwerde darüber, was für ein schlechter Impresario Merelli sei.

35 Nicola De Giosa (Bari 1819–1885), Komponist und Dirigent. Ein Lieblingsschüler Donizettis. Er komponierte 28 Opern sowie Kantaten, Kirchenmusik, Kammermusik.

36 F. SCHLITZER, *Mondo teatrale dell'Ottocento*, Napoli 1954. Zit. in: Walker, S. 60.

37 Der Terminus *dilettante* wurde nicht im heutigen pejorativen Sinn verwendet, sondern bezeichnete eine Person, die sich *per diletto*, zum Vergnügen, mit etwas beschäftigte.

38 B. MERELLI, *Cenni biografici*, op.cit., S. 8. Zit. in: J. ROSSELLI, *L'impresario d'opera*, E.D.T. Torino 1985.

Nabucco – Otto Nicolai – Giorgio Ronconi – Prosper Dérivis –
Verdi, ein politischer Komponist? – Temistocle Solera –
I Lombardi alla prima crociata– Erminia Frezzolini –
Carlo Guasco – *Ernani* – Sofia Loewe

Die – in Italien vorwiegend auf Oper konzentrierten – Musik-
konsumenten von 1841 erwarten vom Musikbetrieb nicht beständige
Wiederholungen von seit Generationen allgemein anerkannten Meisterwerken, wie dies heute der Fall ist, sondern Neuheiten. Sie ähneln darin
dem heutigen Publikum der Pop- und Rockszene, das schnellebige Pro-
dukte konsumiert und bis auf wenige Ausnahmen rasch wieder vergißt.
Auch wird Oper primär als Unterhaltungstheater und nicht als Bildungs-
oder Erbauungstheater erlebt.

Die Welt der Lieferanten italienischer Opernneuheiten und deren
Ästhetik befindet sich 1841 im Umbruch – ein Generationenwechsel ist
im Gange: Bellini ist 1835 gestorben, Rossini sitzt in Paris und komponiert seit *Guillaume Tell* (1829) keine Opern mehr, allein Donizetti, der
nur mehr sieben Jahre zu leben hat, ist noch aktiv: Er wird 1842 in Wien
Beifallsstürme für seine *Linda di Chamounix* einheimsen und mit Ehrungen und Titeln überhäuft werden. Verdis Kollegen Pacini, Mercadante
und Ricci erfreuen sich zwar großer Popularität, doch wird die Wirkung
ihrer Werke nicht so nachhaltig sein wie die Verdis, der sich mit dem
Nabucco als führender italienischer Opernkomponist etablieren und
diese Position unangefochten bis zum Ende seines Jahrhunderts, ja bis
heute innehaben wird.

Nabucco

Zu abgenützt ist die von Verdi 1879 Ricordi erzählte Anekdote, wie
der Impresario Merelli dem nach dem Verlust seiner Familie und nach
dem Desaster von *Un giorno di regno* schwer depressiven, kompositions-
unwilligen Komponisten im Winter 1840–41 in Mailand den *Nabucco*-
Text aufnötigt und wie dieser zu Hause mürrisch das Libretto hinwirft,
das sich wie durch eine Schicksalsfügung auf dem Gefangenenchor („Va,
pensiero, sull'ali dorate") öffnet, er nach einem Blick auf diesen Chor in
einer einzigen Nacht das ganze Libretto auswendig lernt und sich sofort
in die Komposition stürzt, als daß sie hier ausführlich zitiert werden
müßte.

Ganz anders und realitätsnäher klingt die Version, die Verdi 1869 – also zehn Jahre *vor* dem Autobiographischen Bericht – Michele Lessona erzählt, der sie in seinem Buch *Volere è potere* (Wo ein Wille ist, dort ist auch ein Weg) veröffentlicht:

> Der junge Maestro ging mit seinem Drama [das ihm Merelli aufgedrängt hatte] nach Hause, warf das Libretto in eine Ecke, ohne es eines Blickes zu würdigen und fuhr die nächsten fünf Monate fort, Groschenromane[1] zu lesen.
>
> Eines schönen Tages, gegen Ende Mai [1841], kam ihm das vermaledeite Drama wieder in die Hände: Er überflog die letzte Szene, die Todesszene der Abigaille (die später gestrichen wurde), setzte sich fast mechanisch ans Klavier, das so lange stumm geblieben war, und komponierte die Szene.
>
> Das Eis war gebrochen.
>
> Wie jemand, der aus einem schwülen, dunklen Gefängnis kommt und wieder die reine Luft der Felder atmet, befand sich Verdi plötzlich wieder in seinem Element. Innerhalb von drei Monaten war *Nabucco* fertig komponiert und in jeder Hinsicht so, wie wir ihn heute kennen.
>
> Lessona, 297 f.

Verdi selbst bestätigt diese Version seinem Freund Arrivabene gegenüber, als Lessonas Buch erscheint: „Eccoti la storia mia vera vera vera" (Hier hast Du die hundertprozentig wahre Geschichte meines Lebens)[2], auch wenn das Klavier nicht „so lange stumm geblieben" sein kann, wie Verdi erzählt, hatte er doch in der Zwischenzeit für *Oberto* etliche Nummern nachkomponiert und die Hauptrolle für einen Bariton adaptiert.

Das *Nabucco*-Libretto von Temistocle Solera ist kein für Verdi oder in dessen Auftrag geschriebener Operntext. Merelli hat es zuerst dem Preußen **Otto Nicolai** (Königsberg 1810 – Berlin 1849) angeboten, der sich mit seiner italienischen Erfolgsoper *Il templario* [3](nach Walter Scotts Roman *Ivanhoe*; Turin 1840) neben den Erfolgskomponisten des Tages behaupten konnte. Nicolai lehnt das Buch ab und entscheidet sich für *Il proscritto*, der ursprünglich Verdi angeboten worden war und den dieser nicht komponierte. Diese Oper fällt im März 1841 genauso durch wie Verdis Melodramma giocoso, allerdings mit gravierenderen Konsequenzen: Nicolais Karriere in Italien erfährt durch den Mißerfolg ein abruptes Ende (die Oper wird in Wien 1844 unter dem Titel *Die Heimkehr des Verbannten* aufgeführt). Wie Verdi verlangt er von Merelli die Auflösung seines Vertrages. Seinem Wunsch wird entsprochen und er geht nach Wien. Dort hört er zähneknirschend vom Erfolg des *Nabucco*. Zu seinen italienischen Kollegen und zu Verdi fällt ihm nichts besseres ein als:

Wie sehr ist aber auch Italien in den letzten fünf Jahren gesunken?! Donizetti lebt fast immer in Paris oder Wien, in welch letzterer Stadt er jetzt als k.k. Kammerkapellmeister und Hofkompositeur mit 4000 fl. Gehalt auf Lebenszeit engagiert ist – und thut nichts mehr für Italien. Rossini ist ganz verstummt. Wer jetzt in Italien Opern schreibt ist Verdi. Er hat auch den von mir verworfenen Operntext *Nabucodonosor* komponiert und damit großes Glück gemacht. Seine Opern sind aber wahrhaft scheußlich und bringen Italien völlig ganz herunter. – Ich denke unter diese Leistungen kann Italien nicht mehr sinken – und jetzt möchte ich dort keine Opern schreiben.[4]

Über Verdi soll Otto Nicolai auch geäußert haben: „Seine Instrumentation ist die eines Wahnsinnigen – seine Technik ist nicht einmal professionell – und er muß das Feingefühl eines Esels haben. In meinen Augen ist er ein miserabler, verabscheuenswürdiger Musiker."[5] Diese immer wieder durch die Literatur geisternde Äußerung, die, liest man Nicolais Tagebücher und Briefe, durchaus glaubhaft ist, hat nur einen Fehler: Sie ist nicht belegbar. Was sich jedenfalls wie bösartige Kritikerinkompetenz liest, ist der Ärger über den Erfolg der Oper des fast gleichaltrigen Kollegen. Es scheint aber weniger Erfolgsneid zu sein als vielmehr die Einsicht über die Beschränktheit der eigenen musikdramatischen Mittel:

> Das für Mailand bestimmte neue Buch von Temistocle Solera „Nabuco" war durchaus unmöglich in Musik zu setzen – ich mußte es refüsieren, überzeugt, daß ein einziges Wüten, Blutvergießen, Schimpfen, Schlagen und Morden kein Sujet für mich sei. – Der Nabuco taugte nicht. Der Proscritto taugte nicht.[6]

Seinen einzigen bleibenden Erfolg kann Nicolai erst wenige Monate vor seinem frühen Tod mit *Die lustigen Weiber von Windsor* (Berlin 1849) erzielen. Diese nette, musikalisch biedere Vertonung des Shakespeare-Stoffes ist – Ironie des Schicksals – nach demselben Stoff komponiert, aus dem Verdi, jener „miserable und verabscheuenswürdige Musiker", zum Abschluß seiner unvergleichlichen Karriere 1893 den *Falstaff* formen wird.

Über die Aufführungspraxis an italienischen Opernhäusern weiß Nicolai im März 1834 Interessantes zu berichten:

> Empörend, niederträchtig finde ich die Art, wie das italienische Publikum seine Opern anhört! Sie unterhalten sich dabei; die Logen werden immer von einer Gesellschaft zusammen genommen, so daß man nie einzelne Billetts zu Logen bekommt, und die Familie, die nun eine Loge für den Abend genommen hat, betrachtet diese wie ein Zimmer, nimmt Visiten darin an usw. und hört nur dann und wann en passant ein bischen Musik an. Nun kann ich begreifen, warum der *Rossini* es über sich gewin-

nen kann, diesen Säuen etwas anders als nur Perlen vorzuwerfen! Es ist ein Spektakel in der Oper, daß man nur mit Mühe die Musik hören kann. Das ist Stil in ganz Italien! – Hier in Rom aber etwas weniger! – An diesem Abend nun also hörte ich eine Signora *Manzocchi* als Anna Bolena, welche ganz vortrefflich sang! überhaupt italienische Gesangschule; ist etwas Göttliches! und dies der einzige Zweig in der Musik, worin dies faule Volk etwas leistet! [...]

Das Orchester spielt ohne Direktor, nur der Vorgeiger gibt zuweilen den Takt an; das geschieht aber in den meisten Theatern auf eine wahrhaft empörende Weise; denn so ein Tölpel von Vorgeiger stampft alsdann mit den Füßen aufs lauteste den Boden, sodaß man den Taktschlag desselben wie bei uns die große Pauke vernimmt! Er ist gewöhnlich lauter als die ganze übrige Musik. [...] Der Souffleur sitzt in der Regel ohne Kasten mit der Mütze auf dem Kopfe in seinem Loche und schreit lauter als die Sänger, wobei auch er den Takt schlägt, sich aus seinem Loche so weit als möglich heraushebt und den Sängern auf so auffallende Weise als möglich die Worte zuruft. – Am liebsten würde er gleich aus seinem Loche herausspringen und die Hauptrolle selbst agieren. [...] Kurz alles ist empörend! was äußere Einrichtung anbetrifft. – Die Sänger aber singen herrlich! Welche Stimmen! welche Fertigkeit! welche Schule! Die Italiener werden schon als Sänger geboren! In den Kaffeehäusern hört man von herumvagabondierenden mauvais sujets Rossinische Arien viel geläufiger singen, als unsere Sänger es möglich machen können. [...]

Das Theater dauert daher 4 bis 5 Stunden, fängt um 8 an und schließt nach Mitternacht. Oft führt man einen Akt aus *der* Oper auf und einen aus einer anderen und macht so ein Mischmasch aus allem zusammen: denn dem Italiener liegt ja nicht daran, einen Eindruck mit nach Hause zu nehmen; er will nur Töne hören, Menschen sich bewegen und Kulissen sehen, die Zeit totschlagen und sich unterhalten. Das ist der Zustand des Theaters.[7]

Bevor der im Frühherbst 1841 fertiggestellte *Nabucodonosor,* wie die Oper damals noch heißt (die Abkürzung zu *Nabucco* kommt erst 1844 anläßlich einer Aufführung in Korfu zustande), uraufgeführt werden kann, gilt es noch einige Schwierigkeiten zu überwinden, denn Merelli will die Oper vorderhand zurückstellen. Er kann sich nicht zu einer Uraufführung in der Karnevals-Stagione 1842 entschließen. Von seinem Standpunkt aus ist dies verständlich, weil er bereits drei andere neue Opern von erfolgreichen Komponisten im Programm hat. Eine weitere Neuheit eines bereits einmal durchgefallenen Komponisten scheint ihm ein unnötiges Risiko zu sein. Als Verdis neue Oper im Dezember nicht auf dem Spielplan der Scala aufscheint, stellt der jugendlich-hitzköpfige Verdi Merelli ein Ultimatum: *Nabucco* entweder in der Karnevals-Stagione oder gar nicht.

Inneres einer Loge in der Mailänder Scala während einer Vorstellung.

Giovannino Barezzi an seinen Vater Antonio Barezzi in Busseto; Mailand, 26. Dezember 1841

Und dann beschloß er [Verdi], Merelli einen etwas scharfen Brief zu schreiben. Merellis ist darob erbost und zeigt den Brief Pasetti[8] mit den Worten: „Schau Dir nur an, wie Verdi das mißverstanden hat, aber das ist gar nicht meine Absicht[9]: Ich habe es nur getan, weil ich am Ende des Karnevals einen anderen Spielplan aushängen wollte, auf dem ich seine Oper angekündigt und so den Abonnenten einen Gefallen getan hätte; sag jedoch Verdi, er solle der Strepponi ihre Rolle zeigen, und wenn sie sie singen will, dann werde ich sie ihr gern geben."

Pasetti läßt Verdi rufen, und beide gehen zur Strepponi. Sie berichten über das Vorgefallene; sie ist gern bereit, die Oper zu singen und fügt hinzu: „Kommt morgen um halb zwei, damit ich mir die Rolle durchsehen kann." Tags darauf, am 23. Oktober 1841, gehen Verdi und Pasetti zur vereinbarten Zeit zur Strepponi; sie geht die Partie mit Verdi am Klavier durch und sagt dann zu ihm: „Diese Musik gefällt mir sehr, ich will sie als mein Debut[10] singen" und fügt ohne zu zögern hinzu: „Gehen wir zu Ronconi." Sie steigen in Pasettis Wagen, der vor der Tür wartet, und fahren zu Ronconi. Die Strepponi weist ihn auf die Schönheiten der Oper hin, und

Verdi erzählt ihm die Handlung. Nachdem sich Ronconi alles angehört hat, antwortet er: „Gut, heute abend werde ich mit dem Impresario reden und ihm sagen, daß ich nicht in Ninis[11] Oper auftreten will, sondern daß ich die Eure singen will."

Walker, 205 f.

Gemeinsam überreden die Strepponi und Ronconi, der der glänzende Interpret der Titelrolle sein wird, Merelli dazu, sich zur Uraufführung des *Nabucco* unter Einschränkungen durchzuringen. Es soll keine neue Inszenierung geschaffen werden, man greift vielmehr auf Bühnenbilder und Kostüme eines *Nabucodonosor*-Balletts von Antonio Cortesi aus dem Jahre 1838 zurück. Diese Notlösung erweist sich aber nach Verdis eigenen Worten als mehr als zufriedenstellend. Ohne Merellis Verdienste schmälern zu wollen: Die Überzeugungskraft der Strepponi kann gar nicht hoch genug eingeschätzt werden. Verdi scheint es ihr vorerst nicht zu danken. Aus einem Brief Donizettis an seinen Schwager erfahren wir, daß er die Strepponi nach einigen Proben – wohl wegen ihrer überforderungsbedingten Stimmprobleme – nicht mehr in der Besetzung des *Nabucco* haben will:

> Donizetti an Vasselli; Mailand, 4. März 1842
> Nun zur Strepponi. Sag ihm, daß diese Sängerin hier im *Belisario* derart Furore gemacht hat, daß sie die einzige ist, die nie Applaus bekommen hat, daß ihr Verdi[12] sie nicht in seiner Oper haben wollte, daß die Impresa ihn jedoch dazu gezwungen hat.
> Zavadini, S. 579 f.

Am 9. März 1842 findet die Premiere von *Nabucco* in der Mailänder Scala statt. Die Oper ist ein solch beispielloser Erfolg, daß sie nach der ersten acht Vorstellungen umfassenden Serie ab 13. August siebenundfünfzig Mal wiederholt werden muß, ein absoluter Aufführungsrekord. Giorgio Ronconi (Nabucco) und Prosper Dérivis (Zaccaria) sind an dem Erfolg maßgeblich beteiligt.

Der Bariton **Giorgio Ronconi** (Mailand 1810 – Madrid 1890) wurde von seinem Vater, dem Tenor und Gesangslehrer Domenico Ronconi (1772–1839) ausgebildet. Er debütierte 1831 in Pavia in Bellinis *La straniera*. Donizetti erfuhr von der außergewöhnlichen stimmlichen Begabung des jungen Sängers: Ronconi wurde zwar dem Fach des *basso cantante* zugeordnet, doch verfügte er über eine ausgezeichnete, fast tenorale Höhe und fühlte sich auch in einer hohen Tessitura wohl. Diese Qualitäten kamen Donizettis Vorstellungen entgegen und er komponierte für Ronconi den Cardenio, die Titelrolle in *Il furioso all'isola di San Domingo* (Rom 1833), eine Rolle, die hinsichtlich der Tessitura dem Rigoletto vergleichbar und eineinhalb Mal so lang wie diese Partie, wenn auch weniger dramatisch ist.[13]

Ab 1839 singt Ronconi an der Mailänder Scala[14], wo Giuseppe Verdi seine Stimme schätzen lernt und für ihn den *Nabucco* schreibt (nach den ersten acht *Nabucco*-Vorstellungen wird Ronconi übrigens nicht mehr an die Scala zurückkkehren). Im Jahr des *Nabucco* (1842) debütiert Ronconi in London: Er singt zuerst am Her Majesty's Theatre (*Lucia di Lammermoor* und Belcore in *L'elisir d'amore*), von 1847 bis 1866 ist er ein gern gesehener Gast an Covent Garden, wo er in den englischen Erstaufführungen von Donizettis *Maria di Rohan* (1847) und *Poliuto* (1852) sowie von *Rigoletto* (1853) auftritt.

Verdi, von dessen Baritonpartien Ronconi auch die Hauptrollen in *Ernani* und *I due Foscari* singt, beschreibt den Sänger nicht nur als ausdrucksstark[15], sondern auch als „Baritono artista"[16], als Bariton und Künstler. Man kann ihn als den ersten echten Bariton der Geschichte der italienischen Oper bezeichnen.

Ronconi, der auch Opern von Rossini sang (*La gazza ladra, Il barbiere di Siviglia*), gastierte in Wien und Budapest, Barcelona und Paris, St. Petersburg und New York. Nach dem Ende seiner Karriere war er ab 1874 als Gesangspädagoge in Madrid tätig.

Der Bassist **Prosper Dérivis** (Paris 1808 – 1880) debutierte 1831 als Protagonist in Rossinis *Moïse* an der Pariser Opéra, an der er in den ersten zehn Jahren seiner Karriere in zahlreichen Uraufführungen[17] mitwirkte. Ab 1842 ist er im Ausland tätig, u.a. an der Mailänder Scala in den Uraufführungen von *Nabucco* (er ist der einzige Premierensänger, der auch in der zweiten Aufführungsserie des *Nabucco* auftritt) und *I lombardi*, sowie am Wiener Kärntnertortheater in der Uraufführung von Donizettis *Linda di Chamounix* (1842). Er gastiert in Genua, Triest, Turin, Parma und Rom und ist auf Spaniens Bühnen sehr präsent. 1854 kehrt er an die Pariser Opéra zurück, 1857 beendet er seine Karriere und ist danach am Pariser Conservatoire als Gesangslehrer tätig. Er wird von zeitgenössischen Kritikern als der bedeutendste Bassist neben Nicolas Levasseur eingestuft.

Man hat sich Dérivis als hohen Baß mit guter Tiefe, Koloraturfähigkeit, Legato- und Pianokultur vorzustellen: In der Vorschau[18] der an den Impresario Alessandro Lanari in Pacht vergebenen Aufführungen des Teatro La Fenice in der Stagione 1845–46 wird Dérivis für das Fach des *Primo Basso Baritono* neben Sängern wie Colini, De Bassini[19] und Varesi[20] namhaft gemacht. Dies erklärt auch einen Ausflug Dérivis' ins reine Baritonfach (in Mercadantes *Il reggente*).

Giuseppina Strepponi.
Dieses Gemälde eines
unbekannten Malers hängt
wie zu Verdis Lebzeiten
in seinem Schlafzimmer
in Sant'Agata.

Giuseppina Strepponi[21], von der noch ausführlich die Rede sein wird, hat mit der Rolle der Abigaille redliche Mühe und erzielt nur einen Achtungserfolg. In einigen Zeitungen erntet sie deutliche Verrisse. Es wurde vielfach die Frage erhoben, wieso diese lyrische Sängerin in der hochdramatischen Partie der Abigaille besetzt werden konnte: Eine der denkbaren Antworten ist, daß Verdi ursprünglich die in dieser Saison an der Scala engagierte Sofia Loewe für die Partie im Sinne hatte und die Strepponi aus unbekannten Gründen im letzten Moment eine Notlösung für die Rolle ist. Allerdings scheint sie im Macht- und Intrigengefüge der Scala ein Wörtchen mitzureden zu haben, nicht nur aufgrund ihrer sängerischen Erfolge in ihrem angestammten Repertoire, sondern auch wegen ihrer ausgewogenen Urteilsfähigkeit und Intelligenz. *Nabucco* mit oder trotz der für ihre Stimme ungeeigneten Rolle der Abigaille ist für die Strepponi und ihre private Zukunft jedenfalls so etwas wie eine Schicksalsoper. Sie singt die Abigaille an der Scala in nur acht Vorstellungen.

Bei der Wiederaufnahme der Oper im August wird sie von Teresa De Giuli ersetzt. Sie singt die Rolle allerdings später noch in Bologna, Verona, Alessandria und Modena. 1843 wird der *Nabucco* in Parma aufgeführt, wieder mit der Strepponi als Abigaille, diesmal mit Verdi als Dirigent.

Der Tenor **Corrado Miraglia,** der die Rolle des Ismaele singt, die zwar klein, aber keineswegs eine Nebenrolle ist, scheint in den Chroniken als „tenore comprimario" auf; über ihn ist nichts überliefert.

Die in unmittelbarer zeitlicher Nachbarschaft zu *Nabucco* entstandenen Opern anderer italienischer Komponisten sind Donizettis *La fille du régiment* (Uraufführung 1840), *La Favorite* (1840), *Linda di Chamounix* (1842) und *Don Pasquale* (1843), Pacinis *Saffo* (1840) und *Medea* (1843), Mercadantes *Il proscritto* (1841) und *Il reggente* (1843), Luigi Riccis *Le nozze di Figaro* (1838) und Federico Riccis *Luigi Rolla e Michelangelo* (1841), *Corrado da Altamura* (1841) und *Vallombra* (1842).

Außerhalb Italiens entstehen Werke, die das italienische Publikum, wenn überhaupt, erst Jahrzehnte später kennenlernen wird: Auber triumphiert mit *Les Diamants de la Couronne* (1841), Thomas bleibt mit seiner Oper *Le comte de Carmagnola* (1841) vorläufig unbeachtet, Wagner bringt seine geschwätzige Grand-Opéra *Rienzi* auf die Bühne (1842) und bekommt sein Talent erst mit *Der fliegende Holländer* (1843) in den Griff, Glinka setzt sich mit *Ruslan und Ludmilla* (1842) endgültig durch, Flotow behauptet sich mit *Alessandro Stradella* (1844), Lortzing komponiert nach *Zar und Zimmermann* (1837) und *Hans Sachs* (1840) seine *Undine* (1845).

Stellt man den *Nabucco* neben die in diesem Zeitraum entstandenen Opern der italienischen Komponistenkollegen Verdis, so ist leicht zu erkennen, weshalb dieses Werk – das nicht *Verdis erste Oper*, aber die *erste Verdi-Oper* ist – so eingeschlagen hat (es mußte nach der ersten Aufführungsserie von acht Vorstellungen binnen weniger Monate nach seiner Uraufführung in der Herbstsaison der Mailänder Scala siebenundfünfzig Mal wiederholt werden). Der Erfolg liegt nicht so sehr im Interesse der katholischen Italiener an einem alttestamentarischen Stoff begründet[22], als vielmehr in der Neuartigkeit der kompositorischen Konzeption und der Gestaltung der Vokalpartien und in dem Umstand, daß die Zuhörerschaft in das Werk die Haltung eines Volkes gegenüber der herrschenden politischen Situation wunderbar hineinprojizieren konnte.

Verdi, ein politischer Komponist?

Der seit der Uraufführung in zahllosen Vorstellungen wiederholte Gefangenenchor war Anlaß, Verdi als Komponisten zu sehen, der mit seinen frühen Opern politische Agitation betrieb. Verdi glaubte an die – 1842 noch in ferner Zukunft liegende – Einheit Italiens und befürwortete sie, es gibt allerdings keinen Anhaltspunkt dafür, daß er mit seinen Opern politisch etwas bewirken wollte. Auch die Aufführung von Aubers *La muette de Portici* (Die Stumme von Portici) in Brüssel am 25. August 1830, nach welcher das Publikum der Vorstellung auf die Barrikaden ging, war nicht der Anlaß für die Revolution, die in weiterer Folge zur Unabhängigkeit Belgiens von Holland führte, sondern nur ihr Auslöser.

Verdi hatte, wie aus seinen Briefen ersichtlich ist, als Privatmann eine politische Meinung, wollte aber seine Kunst oder sich selbst keineswegs in den Dienst der Durchsetzung irgendwelcher politischer Ideen stellen. Wohl wurde er – wer kennt nicht das aus „*Vittorio Emanuele Re D'Italia*" hergeleitete Akronym – als Symbolfigur für die Freiheit und Einigung Italiens[23] herangezogen, doch war er, was seine Person betraf, politischem Tun durchaus abgeneigt. Seine Tätigkeit als Abgeordneter übte er ab 1859 nur widerstrebend und so kurz wie irgend möglich auf Wunsch idealistischer Einigungspolitiker aus, wobei aber die von diesen angestrebte Wirkung in dem gewünschten Ausmaß ausblieb.

Daß er mit seinen Opern oft den Nerv der damaligen politischen Situation Italiens im Sinne der Befreiungsbewegung traf, war nicht Absicht, sondern unbeabsichtigte Nebenwirkung – Norditalien war ja von den Österreichern und den Franzosen besetzt. Niemand hätte abschätzen können, daß sich das Publikum der ersten Aufführungsserie des *Nabucco*, der von Solera für den politisch völlig unverdächtigen und an den italienischen Verhältnissen uninteressierten Otto Nicolai verfaßt worden war, mit den von den Babyloniern unterjochten Juden identifizieren würde, und der Va pensiero-Chor im Zuge der Befreiungsbewegung zur geheimen Nationalhymne des Risorgimento würde.

Bewußt als politisches Bekenntnis schrieb Verdi einzig und allein im Revolutionsjahr 1848 *La battaglia di Legnano*. Die übrigen seiner bisweilen als volksaufwiegelnd mißverstandenen Opern – *I lombardi alla prima crociata* (1843), *Ernani* (1844) und *Attila* (1846) – dienten ungewollt als Projektionsflächen für patriotische Gefühle der Zuhörerschaft. Daß diese frühen Opern vorwiegend Einzelschicksale behandeln und nicht, wie zum Beispiel bei Mussorgskis *Boris Godunow*, das Schicksal des Hauptdarstellers „Volk", belegt Verdis Ablehnung der Vermittlung politischer Inhalte auf der Opernbühne. Ob und inwieweit Verdis politische Wirkung den „nationalistischen" Opern Glinkas, Smetanas oder Mussorgskis, dem als gefährlich eingestuften Spiel Mozarts und Da Pontes mit der Beaumarchais-Vorlage bei *Le nozze di Figaro*, Beethovens *Fidelio*[24], Rossinis *Guillaume Tell* oder dem Unterschichten-Realismus des Verismo verwandt ist, wäre Gegenstand weiterer Untersuchungen.

Der *Nabucco*-Librettist **Temistocle Solera** (Ferrara 1816, nach manchen Quellen 1815 oder 1817 – Mailand 1878) wurde als Sohn eines patriotischen Beamten geboren, der 1821 wegen anti-österreichischer Umtriebe zu 20 Jahren Festungshaft im Brünner Spielberg verurteilt wurde. Quasi als Wiedergutmachung für die Verurteilung des Vaters durfte der kleine Temistocle in Wien unentgeltlich ein k.u.k. Kollegium besuchen, aus dem er 1826 – als Zehnjähriger! – floh. Er verkaufte seine Uniform, schloß sich einer Gruppe fahrender Zigeuner an, für die er Pantomimen schrieb (in denen er auch selbst auftrat) und mit denen er durch Österreich und Ungarn zog, wurde von der Polizei gefangengenommen und nach Wien zurückgebracht. Wieder nach Italien zurückgekehrt, schloß er seine Schulausbildung in Mailand ab. Sein Vater wurde 1827 begnadigt.

1837 gibt er eine erste Verssammlung (*I miei primi canti*) heraus, der 1838 eine zweite (*Lettere giocose*) folgt. Bartolomeo Merelli nimmt von diesen Versuchen Notiz und vertraut dem Jungliteraten die Überarbeitung des nicht recht geglückten Librettos von *Oberto Conte di San Bonifacio* aus der Feder des Journalisten Antonio Piazza an.

In den nächsten fünf Jahren wird Solera nicht nur Verdis Librettist für *Nabucco, I lombardi alla prima crociata, Giovanna d'Arco* und *Attila*, sondern komponiert auch selbst Opern auf eigene Libretti, die – allerdings mit geringem Echo – sogar an der Scala aufgeführt wurden: Es sind dies *La melodia* (1839), *Ildegonda* (1840), *Il contadino d'Agliate* (1841). Mitten in der Arbeit am *Attila*-Libretto, das von Francesco Maria Piave fertiggestellt werden muß, überkommt ihn unvermittelt der Wunsch, nach Spanien zu reisen, wo er als Opernimpresario und, neben zahlreichen anderen Tätigkeiten, als Geheimberater der Königin Isabella (und wahrscheinlich als deren Liebhaber) aktiv wird. Nach seiner (aus unbekannten Gründen) überstürzten Rückkehr nach Mailand 1856 schreibt er Libretti für zweitrangige Komponisten.

Ab 1859 betätigt er sich als Geheimkurier zwischen Cavour und Napoleon III., um den Kontakt der italienischen Irredentisten[25] mit den französischen Behörden aufrechtzuerhalten, später als Sicherheitsbeauftragter des Innenministeriums gegen das Räuberunwesen in Italien. Er wird Polizeichef in Florenz, damals Hauptstadt des Königreiches Italien, und in verschiedenen anderen italienischen Städten, auch versucht er sich als Antiquitätenhändler in Florenz, wobei er allerdings von der mit Verdi befreundeten Gräfin Clarina Maffei[26] und von Verdi selbst (anonym) finanziell unterstützt werden muß. Seine Wohnorte wechseln zwischen Potenza, Florenz, Bologna und Venedig. Er wird vom Khediven von Ägypten zur Reorganisation der ägyptischen Polizei angeworben, kehrt nach getaner Arbeit nach Europa zurück und läßt sich wieder als Antiquitätenhändler nieder, zuerst in Paris, dann in Florenz und schließlich in Mailand, wo er 1878 – dem Stil seines schillernden Bohémien-Daseins gerecht werdend – in völliger Verarmung, aber keineswegs in Vergessenheit verstirbt. In allen wichtigen Zeitungen erscheinen umfangreiche Nachrufe, am Begräbnis nehmen „zahlreiche Literaten und Künstler und nicht wenige Sänger und Musiker usw." teil. Verdi erinnert sich auch in hohem Alter noch gerne an ihn und spricht von ihm als dem „kraftvollsten meiner Opernlibrettisten".

Solera hat für das *Nabucco*-Libretto die Geschichte des Nebukadnezar einer unergiebigen Quelle (Altes Testament, 2. Könige 24, 25) entnommen und die übrigen Bühnenfiguren dazu frei erfunden. Dies wurde zumindest angenommen: Als *Nabucco* in Paris zum ersten Mal aufgeführt wird, melden sich Auguste Anicet-Bourgeois und Francis Cornue, die Autoren eines erfolgreichen Theaterstücks mit dem Titel *Nabuchodonosor*, das 1836 am Pariser Théâtre l'Ambigu-Comique gespielt worden war, und reklamieren, daß Teile des Opernlibrettos ihrem Stück entnommen worden waren. Der Vorwurf besteht zu Recht und Verdis Verleger Ricordi zahlt zähneknirschend 1.000 Francs an Tantiemen aus. Außerdem hat sich Solera auch von Antonio Cortesis *Nabucodonosor*-Ballett (Scala 1838) inspirieren lassen.

In die vorliegende definitive Form hat Solera das Libretto aber doch primär aus eigener Phantasie und nur zu ganz geringem Teil unter Verdis Einflußnahme gebracht: Das französische, formal sehr konventionelle Theaterstück war noch in routinierter Scribe-Manier verfaßt und hat mit dem Solera-Text nicht viel gemein. Unter den gegebenen Umständen kann Verdi Solera seinen Gestaltungswillen noch nicht so tyrannisch aufzwingen wie später dem nachgiebigen Francesco Maria Piave. Immerhin bewirkt er Änderungen wie z.B. den Austausch eines bereits komponierten Liebesduetts zwischen Fenena und Ismaele, das ihn selbst nicht überzeugt, gegen die berühmte Prophezeiung des Zaccaria.

Verdi ist mit dem *Nabucco* über Nacht zur gefeierten Komponistenzelebrität geworden. Er beginnt, im kultivierten literarischen Salon der Gräfin Clarina Maffei zu verkehren, die ihm eine Freundin auf

Lebenszeit werden soll, ebenso in jenem von Giuseppina Appiani, und wird trotz seiner noch harschen Umgangsformen rasch von der im Musikmilieu tonangebenden Mailänder Aristokratie akzeptiert. Die vielzitierten *anni di galera*[27], die von Verdi so bezeichneten Jahre seiner Karriere bis 1858, in denen er wie ein Galeerensträfling bis zum Umfallen arbeitete[28], konnten beginnen.

I lombardi alla prima crociata

Nach dem in diesem Ausmaß unerwarteten Uraufführungserfolg des *Nabucco* läßt sich Merelli unverzüglich zu einer Geste hinreißen, die man bei einem als hartgesotten und skrupellos beschriebenen Geschäftsmann nicht erwarten würde:

> Verdi an Arrivabene; 7. März 1874
> Nach dem *Nabucco* habe ich stets so viele Anfragen bekommen, wie ich nur wollte; bei seiner zweiten Aufführung kam Merelli während des Balletts in die Garderobe der Peppina [Strepponi] mit einem von ihm bereits unterschriebenen Vertrag, in welchem nur noch die Höhe der Gage fehlte, die ich selbst einsetzte. Die Oper war *I lombardi*.
>
> Alberti, 175 f.

Zum ersten Mal nimmt Verdi Zuflucht zu Giuseppina Strepponis diplomatischem Geschick: Der in Honorarfragen bislang wenig erfahrene Maestro bittet sie um ihr Urteil, welches Honorar ihr auf dem Blankovertrag passend erscheine. Giuseppina berät ihn gut, indem sie ihm empfiehlt, nicht mehr als den (beträchtlichen) Betrag zu fordern, den Bellini elf Jahre zuvor für seine *Norma* verlangt und erhalten hat: achttausend österreichische Lire.

Wieder wird Solera als Librettist verpflichtet. Die Stoffwahl fällt auf *I lombardi alla prima crociata* von Tommaso Grossi (1790 – 1853), ein Versepos, das 1826 in Mailand veröffentlicht wurde. Grossi hatte als Vorlage *Gerusalemme Liberata* des Torquato Tasso herangezogen, wobei er sich an dem Text nicht nur inspirierte, sondern ihn passagenweise sogar übernahm. Die Handlung spielt zur Zeit der Eroberung (= Befreiung) Jerusalems, also 1099, und schildert die Abenteuer und Wirrnisse einer lombardischen Familie auf dem ersten Kreuzzug. Nach langwierigem Tauziehen zwischen dem Mailänder Erzbischof Gaisruck, der die Aufführung verbieten lassen will, weil es ihm als Sakrileg erscheint, das Sakrament der Taufe auf der Bühne darzustellen, dem Polizeichef Torresani und dem unnachgiebigen Komponisten wird ein Kompromiß gefunden, der allen Beteiligten einen Gesichtsverlust erspart („Ave

Der Tenor Carlo Guasco.

Maria" wurde auf „Salve Maria" abgeändert), und die Premiere kann am 11. Februar 1843 in der Mailänder Scala stattfinden.

Für die Uraufführung der *Lombardi* verfügt Verdi über hervorragende Künstler: die Sopranistin Erminia Frezzolini-Poggi (Giselda), den Tenor Carlo Guasco (Oronte) und den Bassisten Prosper Dérivis (Pagano).

Der Tenor **Carlo Guasco** (Solero 1813 – 1876) wurde aufgrund seines Talents für Mathematik ursprünglich zum Ingenieur ausgebildet. Obwohl er schon als Kind große musikalische Begabung gezeigt hatte und verschiedene Instrumente spielte, wurde seine Stimme erst relativ spät entdeckt und bei dem Komponisten, Dirigenten und Gesangslehrer Giacomo Panizza ausgebildet. Er debutierte 1836 an der Mailänder Scala als Ruodi in *Guglielmo Tell*, und machte in der Folge eine große Karriere an den wichtigen italienischen Opernhäusern, sowie in Wien (1843),

London (1842), St. Petersburg (1846–48) und Paris (*Ernani* 1852). Er sang in zahlreichen Uraufführungen, u.a. in *Corrado d'Altamura* von Federico Ricci (Mailand 1841), in Donizettis *Maria di Rohan* (Wien 1843) oder in Poniatowskis *La sposa d'Abido* (Venedig 1846). Er wirkte bei den Uraufführungen von Verdis *Lombardi*, *Ernani* (1844) und *Attila* (1846) mit. Zwischen 1848 und 1850 unterbrach der Tenor seine Karriere, offenbar wegen stimmlicher Probleme, und beendete sie 1853 endgültig. Sein großes Vermögen hinterließ er sozialen und universitären Einrichtungen. – Guascos Stimme ist nicht genau einzuschätzen. Es dürfte sich um einen Zwischenfachtenor mit anfänglich guter Höhe gehandelt haben (seine kurze, jedoch mit etlichen hohen Cs durchsetzte Debutrolle weist darauf hin), der durch quantitative Überforderung (s. Premiere des *Ernani*) Schaden genommen haben dürfte.

Die Sopranistin **Erminia Frezzolini** (Orvieto 1818 – Paris 1884) wurde von ihrem Vater, dem Bassisten Giuseppe Frezzolini (dem Dulcamara der Uraufführung von *L'elisir d'amore*), von Domenico Ronconi, dem Vater des Baritons Giorgio Ronconi, und von Manuel García jr. ausgebildet. Sie debutierte 1837 als Bellinis *Beatrice di Tenda* in Florenz und wurde in kurzer Zeit zum führenden Bellini- und Donizetti-Sopran ihrer Zeit. Bald sang sie an den mittleren italienischen Bühnen, ab 1840 auch an der Mailänder Scala, wo sie in Mercadantes *Le due illustri rivali* debutierte und ihren Ruf in Donizettis *Lucrezia Borgia* und *Belisario* konsolidierte. Ab 1840 war sie bei europaweiten Gastspielen, darunter am Wiener Kärntnertortheater, in London, Madrid, Paris (1853–57), St. Petersburg (1847–1850), ab 1858 auch in Nordamerika zu hören.

Sie sang in zwei Verdi-Uraufführungen: außer in den *Lombardi* noch in der *Giovanna d'Arco* (1845). In Paris kreierte sie in den französischen Erstaufführungen 1857 die Gilda in *Rigoletto* und die Léonore in *Le trouvère*. Sie trat 1863 von der Bühne ab, setzte aber ihre Konzertkarriere bis 1871 fort. 1840 war sie kurz mit Otto Nicolai verlobt und von 1841 bis 1845 mit dem Tenor Antonio Poggi (1806–1875) verheiratet, der in der *Giovanna d'Arco* auch ihr Bühnenpartner war.

Sie war eine temperamentvolle, koloraturgewandte, äußerst ausdrucksstarke Sängerin, die in ihrer Glanzzeit nur die Konkurrenz der berühmten Henriette Sontag zu fürchten hatte. Ihre Stimmkategorie – wie die von Sängerinnen wie Giuseppina Strepponi, oder Sofia Loewe – wurde als „soprano sfogato"[29] (kraftvoller, klangvoller Sopran) bezeichnet. Nach Ende ihrer Karriere 1868 ließ sie sich in Paris nieder, ehelichte einen Dr. Vigoureux und eröffnete eine Gesangsschule. Sie hatte im Laufe ihrer Karriere ein enormes Vermögen verdient, das sie aber mit gedankenloser Leichtigkeit ausgab. Ihr Leben endete in trister Armut.

Die Frezzolini ist von dem Ehrgeiz durchdrungen, alle an der Scala engagierten Kolleginnen zu übertreffen. In jugendlichem Überschwang verkündet sie Verdi gegenüber: „Die Oper muß den Sieg davontragen, und wenn ich auf der Bühne dafür sterben müßte." Sie wird recht behalten: Die Begeisterung des Publikums ist am Abend der Uraufführung mit dem Erfolg des *Nabucco* durchaus vergleichbar. Das polizeiliche Verbot von *encores* wird mehrfach übertreten, und das Publikum frönt wiederum patriotischen Gefühlen: Es identifiziert nicht nur sich selbst mit den Lombarden (in Mailand, der Hauptstadt der Lombardei, eine Selbstverständlichkeit), sondern das Heilige Land, das es zu verteidigen gilt, mit Italien, und die feindlichen Sarazenen mit den verhaßten österreichischen Besetzern. An der Stelle im vierten Akt, an der der Schlachtruf „La Santa Terra oggi nostra sarà" (Das Heilige Land wird heute uns gehören) erschallt, springen zahlreiche Zuschauer begeistert von ihren Sitzen auf und brechen in begeisterte Zustimmung aus, was zu tumultartigen Szenen führt. Ungewollt haben Verdi und Solera zum zweiten Mal den Finger auf eine politische Wunde gelegt. In dieser Oper werden die Hauptelemente der künstlerisch-moralischen Grundhaltung Verdis evident: Gott, Vaterland, Volk, Gerechtigkeit, Freiheit.

Die Kritiken sind für Verdi günstig, wenngleich nicht ganz dem Publikumserfolg entsprechend. Die „Gazzetta musicale di Milano" veröffentlicht eine detaillierte Werkkritik, die in zwei Fortsetzungen am 19. und 26. Februar 1843 erscheint und Verdi als einen „der wenigen Ruhmesbringer der italienischen Musik" bezeichnet. Die Interpreten werden nur kurz gestreift:

> Hier [im 2. Akt] wird von Oronte (Guasco) eine Arie [La mia letizia infondere] gesungen, die voll von lieblichen Weisen ist und dem Sänger nicht weniger als dem Komponisten eine Fülle an Applaus beschert. [...] Diese ganze Szene [das Finale II] ist so feurig inspiriert, und wird von der Frezzolini so energisch und leidenschaftlich vorgetragen, daß sie eine wunderbare Wirkung erzielt und die gesamte Zuhörerschaft eines Sinnes ist, sich von der schönen Musik berauschen und hinreißen zu lassen und der phänomenalen Leistung der ausgezeichneten Schauspielerin zu applaudieren. [...] Und auch hier [im 4. Akt] zeigt die Frezzolini soviel Sicherheit und Beherrschung der Gesangskunst, daß man es wirklich als überraschend bezeichnen muß. Quaderni 2, S. 93 ff.

Siebenundzwanzig Mal wird die Oper in dieser Saison an der Scala aufgeführt. Ricordi kauft die Partitur und druckt sie sofort, ein untrügliches Zeichen für den Erfolg. Anfänglich werden die *Lombardi* mit wechselndem Erfolg in Italien (Venedig, Florenz) nachgespielt, zwei Jahre später ist die Oper bis Odessa, Barcelona, Berlin, Bukarest, St. Petersburg vorgedrungen. 1846 hört man sie in in London und Wien, im Jahr darauf in New York, danach in Kuba, Südamerika usw. Im letzten Drittel des 19. Jahrhunderts nehmen ihre Aufführungen ab und bleiben vorwiegend auf Italien beschränkt, im 20. Jahrhundert erlebt das Werk eine weltweite Renaissance.

Ernani

Nach den ersten Aufführungen der *Lombardi*, denen Verdi traditions- und vertragsgemäß beiwohnt, unternimmt der neunundzwanzigjährige Komponist seine erste Auslandsreise. Sie führt ihn nach Wien, wo er Anfang April 1843 im Kärntnerthortheater zur Eröffnung der Fastenspielzeit drei Vorstellungen seines *Nabucco* mit Teresa De Giuli Borsi und Giorgio Ronconi dirigiert

Hier erreicht ihn ein Brief des Grafen Alvise Francesco Mocenigo, des Präsidenten des Direktoriums des Teatro La Fenice in Venedig. An diesem Opernhaus war 1842 der *Nabucco* unter allgemeinem Jubel nachgespielt worden, es wird in Verdis Karriere bis 1857 eine bedeutende Rolle spielen. Von den in diesem Zeitraum komponierten siebzehn Opern (die Revisionen nicht eingerechnet) werden drei Meisterwerke – *Ernani*, *Rigoletto* und *La traviata* – für das Teatro La Fenice komponiert und dort uraufgeführt werden; der düstere *Simon Boccanegra* wird erst nach seiner Umarbeitung 1881 als anerkanntes Meisterwerk in die Musikgeschichte eingehen. Der Verdi-Forscher Marcello Conati stellt die These auf, daß Verdi Venedig – dessen Kultur jahrhundertelang den Mittelmeerraum und Europa beeinflußt hat und das Mittlerin zwischen Osten und Westen gewesen ist – als jene Stadt betrachtet, in der er seine an zeitgenössischen Theaterstücken (Hugo, Dumas) inspirierten Opern mit ihren für die damalige Zeit und Musikwelt gewagten Themen (die Geschichten eines Banditen, eines Hofnarren und einer Prostituierten) quasi experimentell aufführen kann.[30]

In seinem Brief schlägt Mocenigo Verdi die Komposition einer neuen Oper eigens für Venedig vor. Verdi weiß glücklicherweise nicht, daß ein solches Angebot gleichzeitig auch an Mercadante, Donizetti, Pacini und Nini (in dieser Reihenfolge, mit Verdi an letzter Stelle) ergangen ist. Während Mercadante als einziger auf das Angebot nicht reagiert, stellt Donizetti eine irrwitzige Forderung (30.000 Francs), das Sechsfache des von Nini begehrten Honorars. Die Wahl wird letztendlich auf Verdi fallen, weil der Bürgermeister von Venedig, Giovanni Correr, der gemäß den Statuten des Teatro La Fenice die Entscheidungen des Direktoriums des Opernhauses absegnen muß, sich für ihn ausspricht.

Verdi beantwortet das Schreiben auf der Rückreise nach Italien und leitet damit einen umfangreichen Briefwechsel ein, der als faszinierendes Dokument des italienischen Musiklebens jener Zeit überliefert ist. Verdi – in künstlerischen und finanziellen Angelegenheiten ein gleichermaßen harter Verhandler – hat schon zu Beginn der Verhandlungen präzise Vorstellungen über den Arbeitsablauf:

> Verdi an Mocenigo; Udine, 9. April 1843
> Ich könnte die komplett fertiggestellte Partitur nicht bis zum 15. Dezember abliefern: ich könnte allerdings die fertige Komposition abliefern, und zwar so, daß ich alle Gesangspartien und Chöre herausschreiben könnte, doch was die Instrumentation anlangt, so mache ich sie gewöhnlich erst, wenn die Klavierproben begonnen haben.
>
> Conati, Fenice, S. 39

Das ist deshalb von Interesse, weil sich zeigt, daß Verdi die in Italien seit langem geübte Praxis beibehält, die Komposition erst im letzten Moment an Ort und Stelle zu instrumentieren. Das vor allem deshalb, weil der dramatische Ausdruck bei den Klavierproben erarbeitet und die Instrumentation oft den stimmlichen und ausdrucksmäßigen Fähigkeiten der Solisten angepaßt wird, wobei auch Qualität und Stärke von Orchester und Chor sowie akustische Gegebenheiten berücksichtigt werden.

Ende April 1843 – Verdi hält sich in Parma auf, wo *Nabucco* mit Giuseppina Strepponi in der Rolle der Abigaille aufgeführt wird – scheinen die Fronten beinahe geklärt. Verdi soll bei seinem Venedig-Aufenthalt auch seine *Lombardi* inszenieren: „Für mich, um die neue Oper zu schreiben und *I lombardi* zu inszenieren: zwölftausend österreichische Lire"[31] – ein hohes Honorar, das der überaus sparsame Mocenigo nach anfänglichem Zögern aber akzeptiert. Und Bedingungen stellt Verdi: Die Instrumentation wird erst bei der Hauptprobe abgeliefert (wie hat das Orchester bei der Premiere wohl geklungen?), zwischen der Aufführung der *Lombardi* und der Uraufführung der neuen Oper muß mindestens ein Monat liegen, die Honorarauszahlung hat bei der Generalprobe zu erfolgen (und nicht, wie sonst üblich, erst bei der dritten Vorstellung: Zu gut erinnert sich Verdi, daß *Un giorno di regno* nicht einmal die zweite Aufführung erlebte), der Komponist wird die Sänger selbst unter jenen auswählen, die am Fenice unter Vertrag stehen.[32] Am 28. Mai – zwei Wochen, nachdem Verdi zum zweiten Mal mit Rossini zusammengetroffen ist, den er sehr bewundert – wird der leicht modifizierte Vertrag verfaßt und Verdis Bedingungen im großen und ganzen akzeptiert. Nun kann die Suche nach einem geeigneten Sujet beginnen:

> Verdi an Mocenigo, 6. Juni 1843
> Ich bitte Ew. Hochwohlgeboren, mich, sobald Sie können, die Namen der Mitglieder der Truppe wissen zu lassen.
> So bald als möglich werde ich dem Direktorium das Sujet der Oper mitteilen, das auch von den Sängern, die mir zur Verfügung stehen, abhängig ist. Hätte ich zum Beispiel einen Künstler mit der [Ausdrucks-] Kraft eines Ronconi, dann würde ich *Re Lear*[33] oder *Il corsaro*[34] wählen, doch da es wahrscheinlich vorteilhaft sein wird, sich auf die Primadonna zu stützen, könnte ich mich vielleicht entweder für die *Fidanzata d'Abido*[35] oder für etwas anderes entscheiden, bei dem die Primadonna die Hauptperson ist. Conati, Fenice, S. 52 f.

Fünf Tage nach diesem Brief nimmt Verdi Kontakt mit seinem Freund Ignazio Marini auf, der den *Oberto* bei der Uraufführung gesungen hat und sich im Moment in Barcelona aufhält:

> Verdi an Marini; Mailand, 11. Juni 1843
> Ich höre mit größtem Vergnügen, daß Du zu uns zurückkehrst; die Mailänder werden ihren Lieblingsbaß mit Begeisterung aufnehmen. Ich habe zuletzt zwei Opern geschrieben: den *Nabucco* und die *Lombardi*, in welchen Du eine Rolle hast, in der Du sicher brillieren wirst. Im *Nabucco* die Partie des Propheten und in den *Lombardi* die Rolle des *Pagano*; beide scheinen wie für Dich geschrieben, ja, ich sage Dir, daß ich sie am liebsten von Dir hören würde. Ich werde im Karneval in Venedig schreiben, weil ich nicht das Risiko eingehen wollte, jetzt eine weitere Oper in Mailand zu schreiben, und ich war gezwungen, all die freundlichen Angebote, die mir Merelli gemacht hat, abzulehnen. Wir werden ein anderes Mal zusammenkommen und ich werde mich sehr glücklich schätzen, eine Oper für einen Künstler wie Dich schreiben zu können, und glaub' mir, ich werde Dir eine Rolle geben, die Deiner würdig ist. Copialettere, 423 f.

Falls Verdi Ideen von Marini erwartet haben sollte, kommt es nicht dazu. Das *Lear*-Projekt wird Verdi viele Jahre begleiten, es wird bis zu einem fertigen Libretto und Kompositionsskizzen gedeihen, letztendlich aber doch nicht zustandekommen. Selbst Verdi scheut vor dem monumentalen Stoff zurück. Den *Corsaro* wird er 1848 für Triest komponieren, ein nicht restlos geglücktes Werk. Von einer Oper über *Caterina Howard* (der fünften, 1542 wegen angeblicher ehelicher Untreue enthaupteten Gattin Heinrichs VIII.) ist die Rede – Verdi stellt Anfang Juli sogar eine Szenenabfolge zusammen –, von einem *Cola di Rienzi* (hier befürchtet man Zensurschwierigkeiten), von *La caduta dei Longobardi*, von *I due Foscari* (Byrons *The Two Foscari*) – dieses Werk wird Verdi 1844 für das Teatro Argentina in Rom komponieren. Doch es kommt vorläufig zu keiner Entscheidung. Schließlich taucht ein *Cromvello* (*Cromwell*)-Projekt auf, wohl in Erinnerung an den Erfolg von Victor Hugos gleichnamigem Drama (1827). Ein gewisser Francesco Maria Piave, ein Dichter aus Murano und Freund des Sekretärs des Teatro La Fenice, Guglielmo Brenna, hat ihn dem Opernhaus vorgeschlagen. Verdi, der nach Cammarano, Solera und Bancalari, von denen er abschlägige Antworten bekommen hat, weiterhin Kontakte zu arrivierten Librettisten sucht, mißtraut zwar einem Anfänger, kann aber den Vorschlag des Fenice nicht gut übergehen. Er prüft den Text, dessen Titel alsbald von *Cromvello* in *Allan Cameron* abgeändert wird (Forschungen haben ergeben, daß es sich um ein und dasselbe Libretto handelt, und nicht um zwei verschiedene, wie ursprünglich angenommen wurde) und akzeptiert ihn. Mitte August erhält Verdi den ersten Akt des *Cameron*-Librettos. Er findet Piaves Arbeit akzeptabel, lehnt es aber ab, in Tranchen zu komponieren: „Ich halte diesen ersten Akt unter Verschluß, denn ich will nicht zu arbeiten beginnen, bevor mir das Libretto nicht zur Gänze vorliegt."[36] Am 27. August ist das Libretto fertiggestellt, Verdi trifft mit Mocenigo in Mailand zusammen, um es zu begutachten: Beide beurteilen es übereinstimmend als schwach, und das, obwohl es in der Zwischenzeit die Zensur passiert hatte. Mocenigo stimmt wohl oder übel weiterer Sujetsuche zu und läßt in einem Brief an Verdi (2. September 1843) den Namen *Hernani* fallen. Zwar stellt man praktische Überlegungen an: Piave hat seine Arbeit abgeliefert und somit Anspruch auf sein Honorar, auch die Zensurklippe hat man überwunden, sollte man also nicht doch den *Cameron* in Angriff nehmen und ihn wieder in *Cromvello* umbenennen? Doch Verdi erkennt, daß die Situation endgültig verfahren ist:

> Verdi an Mocenigo; Mailand, 5. September 1843
> Dieser *Cromvello* ist gewiß nicht von großem Interesse, wenn man die Anforderungen des Theaters bedenkt. Die Anlage [des Stückes] ist ordentlich, klar und alles in allem gut gemacht, es fehlt aber an Handlung: schuld daran ist mehr das Sujet als der Dichter. [...]
> Oh, wenn man den *Hernani* machen könnte, das wäre etwas Schönes! Es ist schon richtig, daß es für den Dichter eine große Anstrengung bedeuten würde, aber ich würde alles daran setzen, ihn dafür zu entschädigen, und wir könnten mit Sicherheit beim Publikum große Wirkung erzielen.
> Herr Piave hat eine leichte Hand beim Verseschmieden, und beim *Hernani* wäre nur zu ordnen und zu straffen: die Handlung ist fertig: und das Interesse ist riesig!   Conati, Fenice, S. 74

Noch gibt es hinsichtlich des Umstiegs von *Cromvello* auf *Hernani* – immerhin ist es inzwischen Mitte September geworden – offene Fragen: Piaves Honorarforderung von 400 österreichischen Lire zusätzlich zu den für das fertige *Cameron/Cromvello*-Libretto geschuldeten 600 scheint Verdi zu hoch zu sein; er wird von ihm eine Reduzierung auf 300 österreichische Lire erreichen. Graf Mocenigo behält bei dem ganzen Hin und Her die Übersicht: Er favorisiert den *Hernani* und erhält vom Direktorium des Fenice die Zustimmung für dieses Projekt. Verdi gibt am 25. September seinen Segen, der *Allan Cameron/Cromvello* wird allerdings als Reserve in Bereitschaft gehalten, sollte die Zensur den *Ernani* (der Titel ist inzwischen italienisiert worden) ablehnen: Immerhin kommt in der Oper eine Verschwörung gegen einen König vor, und die Zensur in Venedig geht noch strenger vor als die in Mailand.

Kaum ist Piaves Widerstreben, den *Cameron* ad acta zu legen, überwunden – die daraus entstehende Verstimmung zwischen Verdi und dem Librettisten muß von Brenna geschlichtet werden –, konstruieren Mocenigo und Piave ein Rohgerüst der Handlung der Hugo-Oper: Die ersten beiden Akte des Dramas werden zu einem zusammengefaßt, dabei wird die Tradition der *arie di sortita*, der Auftrittsarien der einzelnen Figuren, beachtet. Auf Rezitativ, Kavatine und Cabaletta des Tenors folgen Rezitativ, Kavatine und Cabaletta des Soprans, hierauf Rezitativ und Duett Sopran-Bariton, Szene und Terzett Sopran-Tenor-Bariton, und schließlich Rezitativ und Kavatine des Basses, die das Finale I einleiten. Doch diese Abfolge macht Verdi Sorgen:

> Verdi an Brenna; Mailand, 15. November 1843
> Herr Piave hat noch nie [ein Opernlibretto] geschrieben, und daher ist es natürlich, daß er sich in diesen Dingen nicht auskennt. Denn wer wird die Primadonna sein, die hintereinander eine große Kavatine, ein Duett, das in einem Terzett endet und ein ganzes Finale singen könnte, wie dies im ersten Akt des *Ernani* der Fall ist? Herr Piave wird mir gute Gründe dafür vorbringen können, ich jedoch habe andere und antworte ihm, daß die Lunge dieser Anstrengung nicht standhält.
> Conati, Fenice, S. 102

Piave arbeitet unbeirrt weiter, Verdi stellt seine Zweifel hintan und ist mit seiner Arbeit zufrieden. Am 19. Oktober urgiert er bei Mocenigo die Vorlage des *Don Gomez de Silva* – so heißt die Oper inzwischen, der Zensur soll wohl Sand in die Augen gestreut werden – bei der Polizei. Deren Zustimmung läßt aber auf sich warten.

Verdi beschäftigt sich in der Zwischenzeit mit Besetzungsfragen. Schon bevor das *Ernani*-Projekt beschlossen war, war ihm die Altistin Carolina Vietti, zu dieser Zeit am Fenice unter Vertrag, ans Herz gelegt worden. Der Gedanke, eine Hosenrolle für diese Sängerin zu schreiben, liegt auf der Hand. Obwohl Verdi ein „eingeschworener Feind der Praxis [ist], daß eine als Mann verkleidete Frau eine Männerrolle darstellt", scheint er anfänglich dem Drängen Brennas[37] nachzugeben: Ernani sollte demnach von einem Alt gesungen werden, Don Carlo von einem Tenor und Silva von einem Bariton. Eine nicht ganz so merkwürdige Lösung, wie man heute zu vermuten geneigt ist, wenn man an die Hosenrollen bei Rossini, Bellini, Donizetti und sogar Wagner (*Rienzi*) denkt. Trotz Verdis heftiger Abneigung gegen Frauen in Männerrollen sang 1848 die Altistin Marietta Alboni in der *Ernani*-Premiere der Londoner Covent Garden Oper (die englische Erstaufführung hatte 1845 an Her Majesty's Theatre stattgefunden) die Partie des Don Carlo, nachdem diese von den zwei berühmten Baritonen Giorgio Ronconi und Antonio Tamburini abgelehnt worden war.

Als Ende Oktober die einschränkende Zustimmung der Zensur zum Entwurf der Oper vorliegt (die Bedingungen: In der Verschwörungsszene dürfen keine Schwerter gezogen werden, Ernani muß sich in der Aussprache mit Don Carlo als ergebener Untertan wohlverhalten, die Worte „Blut" und „Rache" müssen ausgemerzt werden, die Milde des Kaisers gegenüber den Verschwörern muß besonders hervorgehoben werden), ist die Frage der Stimmfächer nach wie vor ungeklärt. Nachdem ventiliert wurde, ob nicht Ernani besser von einem Tenor, dafür aber Don Carlo von einem Alt gesungen werden sollte, schlägt Mocenigo eine andere Lösung vor: Ernani Tenor, Don Carlo Tenor, Silva Bariton. Erst im November kommt es zu jener Lösung, die sich dann als die endgültige erwies.

Mitte November tritt eine Unterbrechung der Korrespondenz ein. Wir wissen nur, daß die Oper inzwischen *L'onore castigliano* heißt und daß Ricordi sie exklusiv erwirbt. Am 29. November wird das Libretto der Polizeidirektion in Venedig vorgelegt, am 3. Dezember trifft Verdi in Venedig ein. Die Proben zu *I lombardi* beginnen, am 6. Dezember stimmt die Zensur dem Libretto der neuen Oper, die jetzt endgültig *Ernani* heißt, zu, und Verdi vertieft sich ins Komponieren. Gleichzeitig ist Verdi mit den Proben für die *Lombardi* beschäftigt. Die Bemerkungen über die Sopranistin Sofia Loewe, die Verdi als schwierig beschrieben worden ist, werden sich erst zu einem späteren Zeitpunkt als zutreffend erweisen.

> Verdi an Giuseppe Cavalieri; Venedig, 12. Dezember 1843
> Venedig ist schön, es ist poetisch, es ist göttlich… ich würde aber nicht gerne hier leben wollen. Mein *Ernani* kommt voran, und der Dichter macht alles, was ich will. Ich halte täglich zwei Proben für die *Lombardi* ab und alle geben sich größte Mühe, allen voran die Loewe.
> Das erste Mal, als wir einander gesehen haben, war bei der ersten Probe zu den *Lombardi*: wir haben einige wenige Höflichkeitsfloskeln gewechselt, und das war alles; ich habe sie nie besucht und hoffe auch, dies

nicht tun zu müssen, außer wenn es unbedingt sein muß. Was den Rest anlangt, kann ich nur Gutes sagen, denn sie erfüllt ihre Pflicht äußerst gewissenhaft, ohne auch nur den leistesten Anschein von Kapricen zu zeigen.   Copialettere, S. 424

Die Saison wird am 26. Dezember (S. Stefano ist an italienischen Opernhäusern das traditionelle Eröffnungsdatum der Stagione, bis 1950 auch an der Mailänder Scala) feierlich mit den *Lombardi* eröffnet. Die Kassa verzeichnet eine Rekordeinnahme (4.345,33 österreichische Lire), und dennoch tritt das Unvorhersehbare ein:

> Verdi an die Gräfin Giuseppina Appiani; Venedig, 26. Dezember 1843, eine Stunde nach Mitternacht.
>
> Sie sind ungeduldig, die Nachrichten über die *Lombardi* zu erfahren und ich schicke sie Ihnen ganz frisch: es ist keine Viertelstunde her, daß der Vorhang gefallen ist.
>
> Die *Lombardi* haben ein großes Fiasko erlebt: eines dieser wahrhaft klassischen Fiaski. Alles wurde mißbilligt oder hingenommen, mit Ausnahme der Cabaletta der Vision. Das ist die einfache, aber wahre Geschichte, die ich Ihnen weder mit Vergnügen, noch mit Schmerz erzähle.
>
>   Copialettere, S. 424 f.

Übertreibt Verdi? Gewiß, denn die Publikumsproteste wenden sich gegen den Tenor Conti, der für den Ernani vorgesehen ist, und nicht gegen seine Musik. Aus „guten Versen" bestehe das Libretto und um ein „abwechslungsreiches und grandioses musikalisches Werk" handle es sich, bescheinigt der Kritiker der „Gazzetta Privilegiata" in Venedig.

Drei Monate später ist bei Aufführungen der *Lombardi* in Venedig keine Rede mehr von einem Fiasko. Die „tausend Grüße", die Verdi von einem gemeinsamen Bekannten „dem Ehepaar Poggi-Frezzolini" von Mailand brieflich[38] nach Venedig ausrichten läßt, sind ein Dank für den Erfolg, den das Sängerehepaar in den *Lombardi* erzielt hat.

Mitte Jänner soll der *Ernani* in Szene gehen, der wegen der Leistung Contis empörte Verdi stellt der Direktion des Fenice ein Ultimatum: entweder ein anderer Tenor für den *Ernani* oder Vertragsbruch. Der von Verdi seit der Mailänder *Lombardi*–Premiere geschätzte Tenor Carlo Guasco soll den Ernani verkörpern, da dieser Sänger aber in Turin engagiert und nicht früher frei ist, wird nach langem Hin und Her, nach notariell beglaubigten Erklärungen (Conti gibt seine schlechte Verfassung zu Protokoll und ersucht, aus dem *Ernani*-Vertrag entlassen zu werden), nach gegenseitigen Beschuldigungen und Streitigkeiten die Premiere des *Ernani* auf März 1844 verschoben.

Inzwischen erlebt Pacinis *La fidanzata corsa* einen tumultuösen Durchfall: Die Vorstellung muß unter Johlen und Pfeifen des Publikums abgebrochen werden. Präsident Mocenigo bietet seinen Rücktritt an, kann aber zum Verbleib überredet werden, Verdi ist besorgt über den Empfang, den man seinem *Ernani* möglicherweise bereiten wird und versucht, aus dem Vertrag freizukommen, freilich vergeblich.

Mitte Februar 1844 beginnen die *Ernani*-Proben. Guasco ist – es spricht sich schnell herum – in miserabler stimmlicher Verfassung, da er in Turin allein in der Karnevals-Saison mehr als dreißig *Lombardi*-Vorstellungen gesungen hat. Er will von seinem Vertrag zurücktreten und muß unter Androhung von Schadenersatzklagen und Gewaltanwendung an der Abreise gehindert werden. Kaum sind diese Aufregungen überwunden, macht der Bassist Vincenzo Meini Schwierigkeiten: Drei Tage nach Probenbeginn gibt er der Theaterdirektion bekannt, daß er „die Rolle des Rui di Silva in der neuen Oper des Maestro Verdi, *Hernani*" nicht singen wolle, sie liegt wohl zu tief für seinen Baßbariton.[39] In der Not schlägt Verdi den erst zwanzigjährigen Baß Antonio Selva[40] vor, den er in *Il diavolo innamorato* von Luigi Ricci in Venedig gehört hat. Nun ist es am Sopran, unliebsam aufzufallen: Sofia Loewe läßt wissen, daß das Finale der Oper nicht nach ihrem Geschmack ausgefallen sei; sie wünsche ein Schlußrondo, um ihre Virtuosität unter Beweis stellen zu können. Piave schließt sich unvorsichtigerweise ihrer Meinung an, meint, den *Ernani* wie Rossinis *Cenerentola* enden lassen zu können, und verfaßt – seiner Meinung nach – passende Verse: „Voci di gioia, Voci di giubilo", die ihm aber nichts als einen scharfen Verweis Verdis eintragen.

Wer ist **Sofia Loewe,** vor deren Kapricen Verdi gewarnt wurde? Sophie Johanna Christine Loewe wurde 1812 als Tochter des Schauspielers Ferdinand Loewe (auch Löwe) in Oldenburg geboren. Ihr Onkel ist der Komponist Carl Loewe. Sie erhielt den Grundstock ihrer Gesangsausbildung in Frankfurt a.M., wo ihr Vater am Theater engagiert war, studierte dann in Wien bei Giuseppe Ciccimarra, in Mailand bei dem berühmten Francesco Lamperti und debütierte 1832 am Wiener Kärntnertortheater in Donizettis *Otto mesi in due ore*[41]. 1837 trat sie in Berlin auf, wo sie in Meyerbeers *Robert le Diable* und Bellinis *La sonnambula* Aufsehen erregte. 1838 sang sie in Frankfurt die Norma. Es entwickelte sich eine große Karriere an den führenden Opernhäusern des deutschen Sprachraums, in italienischen und französischen Rollen (u.a. in Opern von Meyerbeer, Rossini, Bellini und Donizetti). 1841 debütierte sie in London in Bellinis *La straniera* und in Paris. Dort rühmte kein geringerer als Heinrich Heine ihr Talent. Im selben Jahr wurde sie an die Mailänder Scala engagiert, wo sie zur Saisoneröffnung in der Uraufführung von Donizettis *Maria Padilla* an der Seite von Domenico

Die Sopranistin
Sofia Loewe.

Donzelli und Giorgio Ronconi ihr erfolgreiches Debut gab.[42] Bellinis *La straniera* mit der Loewe hatte wenig Erfolg.

Verdi wird auf die Sängerin aufmerksam und denkt bei der Komposition des *Nabucco* möglicherweise an ihre Stimme für die Rolle der Abigaille. In der Saison 1843–44 ist sie in Venedig engagiert, wo sie u.a. die Elvira in der *Ernani*-Uraufführung singt. Genau zwei Jahre später wird Verdi sie als Odabella in *Attila* einsetzen. Verdis Äußerung wird kolportiert, er sei erstaunt darüber gewesen, daß eine Deutsche beim Publikum ein derartiges patriotisches Feuer habe entfachen können. 1846 versetzt sie das Publikum in Parma als Abigaille im *Nabucco* und Giselda in *I lombardi* in Begeisterungstaumel.

1847 machen sich erste stimmliche Ermüdungserscheinigungen bemerkbar, 1848 heiratet sie den Fürsten Ferdinand von Liechtenstein und beendet ihre Karriere. Sie lebt sodann auf den Liechtensteinschen Gütern, abwechselnd auch in Wien und Budapest, wo sie 1866 stirbt.

Auch im Fall von Sofia Loewe ist das Bild, das sich aus ihren Erfolgsrollen ergibt, zu unscharf, um sich eine präzise Vorstellung von ihren stimmlichen Fähigkeiten zu machen. Während die meisten ihrer

Bellini-, Rossini- und Donizetti-Partien auf einen lyrischen, koloratur-
fähigen Sopran mit guter extremer Höhe (bis es^3 oder e^3) schließen lassen, deuten Partien wie die Norma und die Odabella, aber auch die
Giselda und die *Ernani*-Elvira auf eine dramatische Komponente in der
Stimmanlage und im Vortrag hin. Dafür spricht auch Verdis Wunsch, die
Loewe, wenn schon nicht als Abigaille, so doch 1847 als Lady Macbeth
zu besetzen.

> Muzio[43] an Barezzi; Mailand, 2. November 1846
> Die Loewe zieht sich von der Bühne zurück. Sie ist in Florenz im
> *Ernani* aufgetreten und hat ein Fiasko erlitten. Sie war schwanger und hat
> abgetrieben, und man sagt, daß dies der Grund dafür war, daß sie fast die
> Stimme verloren hat. Seit sie in Livorno war, ging es ihr nicht sehr gut. Der
> *signor Maestro*[44] bedauert das sehr, weil von den heutigen Sängerinnen
> keine die Lady im *Macbeth* mit derselben Wirkung wie die Loewe darstel-
> len kann. An ihrer Stelle wird die Barbieri singen.
>
> Garibaldi, S. 289 f.

So indiskret diese Äußerungen des Verdi-Vertrauten Emanuele
Muzio auch sein mögen, so sehr weisen sie darauf hin, daß die Stimme
der Loewe durch physische Ursachen und weniger durch Forcieren oder
Singen aus der Stimmsubstanz Schaden genommen hatte (die Sängerin
war ja, als sie ihre Karriere beendete, erst 36 Jahre alt). Wenn Verdi nur
ihr die Lady Macbeth zutraute, spricht das für ihr dramatisches Talent
und die tauglichen stimmlichen Mittel für diese Rolle.

Verdi beendet in den letzten Februartagen die Instrumentation des
Ernani und registriert besorgt das Fiasko einer weiteren Oper: *Giuditta*
von Samuele Levi.

Am 28. Februar wird die *Ernani*-Partitur den Kopisten übergeben,
am 6. März soll Premiere sein. Eine weitere Verschiebung erweist sich als
notwendig, da Kostüme und Bühnenbilder nicht zeitgerecht fertig werden. Verdis Musik begeistert Sänger, Chor und Orchester schon bei den
Proben, die Erwartungseuphorie bei den Venezianern und den aus Mailand, Verona und der näheren Umgebung angereisten Verdianern der
ersten Stunde ist groß.

Am 9. März 1844 ist es endlich so weit. Mit Sofia Loewe (Elvira),
Carlo Guasco (Ernani), Antonio Superchi[45] (Don Carlo) und Antonio
Selva (Silva) findet die Premiere statt, die von einem kleinen Schönheits-
fehler getrübt ist: Auf dem Theaterzettel wird angekündigt, daß man die
Bühnenbilder zweier Szenen nicht rechtzeitig habe fertigstellen können.
Um die Uraufführung nicht weiterhin zu verzögern, behelfe man sich mit
Provisorien. Trocken und distanziert berichtet Verdi am Tag darauf über
die Premiere an die Gräfin Appiani:

Verdi an die Gräfin Appiani; Venedig, 10. März 1844

Der *Ernani* hatte bei der gestrigen Aufführung einen recht erfreulichen Erfolg. Wenn ich über Sänger verfügt hätte, die, ich will nicht sagen: sublim, aber doch wenigstens intonationssicher gewesen wären, hätte *Ernani* den Erfolg gehabt, den in Mailand der *Nabucco* und die *Lombardi* hatten. Guasco war stimmlos und von erschreckender Heiserkeit. Falscher singen, als es gestern abend die Loewe gemacht hat, ist unmöglich.

Alle Stücke wurden mehr oder weniger beklatscht, mit Ausnahme der Kavatine Guascos; die Stücke, die am stärksten Aufsehen erregten, waren die Cabaletta der Loewe, die Cabaletta eines Duetts, das in ein Terzett übergeht, das ganze Finale des ersten Aktes, der ganze Verschwörungsakt und das Terzett des vierten Aktes. Es gab drei Hervorrufe nach dem ersten Akt, einen nach dem zweiten, drei nach dem dritten und drei oder vier am Ende der Oper. Das ist die wahre Geschichte. Abbiati I, S. 500

Der Sohn von Antonio Barezzi berichtet über die Aufführung an seinen Vater. Er hat mit Verdi gesprochen, denn er verwendet dieselben Formulierungen:

Giovannino Barezzi an A. Barezzi; Venedig, 10. März 1844

Gestern abend haben wir den *Ernani* mit Guasco ohne Stimme und erschreckender Heiserkeit gehört sowie mit der Loewe, die nie zuvor so falsch gesungen hat wie gestern abend. Der Ausgang ist jedoch überaus glücklich gewesen. Alle Stücke haben Beifall bekommen, außer der Kavatine von Guasco.

Dies ist der Grund, warum Guasco keine Stimme hatte: Es war acht Uhr und Zeit, anzufangen, doch nichts funktionierte. Guasco hatte eine Stunde lang pausenlos gebrüllt, daher die Heiserkeit. Es fehlten zwei Bühnenbilder, es fehlten Kostüme, einige, die vorhanden waren, waren lächerlich. Zwischen dem zweiten und dem dritten Akt sowie zwischen dem dritten und dem vierten mußten wir jeweils eine Dreiviertelstunde warten, weil nichts klappte. Ich schwöre, wäre die Musik nicht so gewesen, wie ich Ihnen gestern schrieb, wir wären nicht zu Ende gekommen.

Abbiati I, S. 498

Weshalb Guasco vor einer Premiere eine Stunde pausenlos brüllte, ist nicht überliefert.

Die örtliche Presse scheint in ihrer blumigen Rezension all diese Umstände nicht wahrzunehmen:

„Il Gondoliere", Venedig; 10. März 1844

An den Mauern unseres größten Theaters weht eine Fahne, auf der in goldenen Lettern *Ernani* geschrieben steht. Volk und Senatoren applaudierten diesem spanischen Banditen mit hundert Stimmen. Der Stoff des Dramas ist von Hugo, die italienische Fassung von F. Piave, die Harmonien von Verdi, dem liebenswerten Schöpfer der *Lombardi* und des *Nabucco*. Seine letzten Noten berauschten gut vier Mal die Gemüter sogar der kleinlichsten Kritiker und der gestrengen Matronen.

In den Foyers, auf den Straßen, in den Sälen, bei den fröhlichen Zusammenkünften sind die neuen Gesänge auf aller Lippen. Auf dem Triumphwagen hatte der Maestro den Dichter als Begleiter, den Dichter und die Sänger. Es gab Kränze, Blumen, Zurufe, Lorbeer für alle.

Die Musik ist reich an süßen Melodien, an erlesenen Akkorden, an wundervoller Instrumentation. Das glänzendste Juwel des Diadems, die duftendste Blume im randvollen Korb ist ein Terzett im letzten Teil des Dramas.

Sofia Loewe, Guasco, Superchi, Selva waren die Hauptdarsteller der neuen Oper. Die erste durch ihre erlesene Kunst, der zweite durch seltene Anmut, der dritte durch meisterhaften Gesang, der letzte, noch nicht vier Lustren[46] zählende junge Mann durch das Verdienst seines Gesanges – alle waren sie unserer Zuhörerschaft würdig.

Musiker, Choristen, Bühnenmaler trugen das ihre zu der Aufführung bei.

Die Fama verkündete mit klingenden Trompeten den Ruhm Verdis und wir armseligen und niedrigsten der Bläser können den Unwissenden in der Ferne nur unzulänglich über den neuen Triumph berichten..

Abbiati I, S. 499 f.

Bei der nächsten Vorstellung geht die neue Oper ohne Schwierigkeiten über die Bühne.

Giovannino Barezzi an A. Barezzi; Venedig, 11. März 1844
Gestern abend waren die Sänger passabel, und es war ein wahres Fest vom Anfang bis zum Ende, eine Begeisterung von der ersten bis zur letzten Nummer; zwanzig Hervorrufe, mehr als vierzig oder fünfzig zwischen den Akten. Nun hat sich bewahrheitet, was ich Ihnen schrieb.

Abbiati I, S. 498

Verdi kann zufrieden sein. Bis zum 24. März, dem Ende der Stagione, wird *Ernani* zehnmal aufgeführt, bei steigender Begeisterung des Publikums und, für Verdi zeitlebens ein Erfolgsindikator, steigenden Einnahmen. In Verhandlungen mit Wien ist von der Besetzung die Rede:

Verdi an Leo Herz[47]; Mailand, 18. April 1844
Ich wüßte nicht zu sagen, welchem Tenor die Partie des Ernani anstehen würde, weil ich Ivanoff[48] nicht kenne. Die Tadolini[49] wäre geeignet, und das umso mehr, als es eine Kavatine gibt. Die Montenegro[50] könnte jene Partie unter gar keinen Umständen singen.

Sehr gut würde sich Ronconi für die Partie des Carlo eignen, ebenso wie Selva für seine Partie, aber Selva wird nicht kommen, weil er zur Zeit in Venedig singt, und zwar mit immensem Erfolg.

Die Tempi sind alle, soweit möglich, klar in der Partitur angegeben. Man muß nur auf die dramatische Situation und den Text achten, dann wird man schwerlich ein falsches Tempo anschlagen. Ich weise nur darauf hin, daß ich keine breiten Tempi liebe; es ist besser, in Lebhaftigkeit zu schwelgen als zu langsam zu sein. Ich danke Ihnen nochmals für Ihre Bemühungen, und da man partout den Ernani aufführen will, bitte ich Sie, die Partien denjenigen Künstlern anzuvertrauen, die das Publikum am liebsten hat, und das Werk sorgfältig aufzuführen. [...]

P.S.: Ich bitte Sie, keine Kürzungen zuzulassen. Es gibt nichts zu streichen, und man könnte nicht die kleinste Phrase streichen, ohne dem Ganzen zu schaden. Ich bemerke noch, daß die Verschwörung im dritten Akt weder zu langsam noch zu schnell sein darf. Das Tempo ist genauso wie das der Prophezeiung im *Nabucco* bei den Worten *pietra ove sorge l'altra* etc. Außerdem bitte ich, das Tempo gegen Ende ein wenig anzuziehen. Teilen Sie mir bitte mit, wann die Proben beginnen, wem die Partien anvertraut werden sowie den Ausgang der Premiere. Ich wäre Ihnen dafür überaus dankbar.   Morazzoni, S. 26 f.

Zuvor wird *Ernani* im Mai am Teatro San Benedetto in Venedig nachgespielt, am 29. Mai ist Premiere am Teatro Argentina in Rom, und bereits am 30. Mai wird das von Gaetano Donizetti einstudierte Werk den Wienern vorgestellt. Bis November wird *Ernani* an rund zwanzig italienischen Opernhäusern, darunter die Mailänder Scala, gespielt. Entweder in Wien oder in Mailand wird erstmals die Cabaletta des Silva „Infin che un brando vindice" aufgeführt. Bei beiden Gelegenheiten ist der Bassist Ignazio Marini. Obwohl der Text dazu im Libretto der Mailänder Aufführung aufscheint, ist kein Autograph dieses Stücks überliefert, wes-

Giuseppe Verdi.
Photographie, ca. 1844.

halb Verdis Urheberschaft angezweifelt wird. Zwar erscheint die Cabaletta zu Verdis Lebzeiten in Druckform in Klavierauszügen, ohne daß der Komponist dagegen protestiert hätte, doch sprechen auch einige Gründe dagegen, daß sie wirklich aus Verdis Feder stammt.[51]

Eine weitere Ergänzung erfährt die Oper, als Verdi für eine Aufführung in Parma im Herbst 1844 für den Startenor Nicola Ivanoff eine Arie samt Cabaletta komponiert, die im 2. Akt eingefügt wird. Obwohl sie im musikalischen Ablauf einen Fremdkörper darstellt, ist sie, wie auch die (von Budden als „experimentell"[52] bezeichnete) Cabaletta von beträchtlichem Interesse. Verdi erhielt für seine Arbeit 1.500 österreichische Lire, die ihm der mit Ivanoff befreundete Rossini in Form eines Wechsels per Brief[53] zusendet.

Irgendwie gelingt es dem berühmten Tenor Gaetano Fraschini[54], der nachkomponierten Arie habhaft zu werden. Er singt sie im Sommer 1846 unautorisiert in Sinigaglia (Senigallia) und wird daraufhin von Ivanoff, der die Rechte daran von Verdi erworben hat, verklagt. Offiziell ist nicht bekannt, wie Fraschini in den Besitz der Arie gekommen ist, Muzio weiß es: Man hat sie in Parma für Fraschini kopiert.[55]

Am 26. Dezember 1844 eröffnen elf Häuser die Karnevalsaison mit *Ernani*, am 1. Jänner 1845 wird die Oper in Lissabon, kurz darauf in Madrid und London gespielt. Bei ihrer Pariser Aufführung am Théâtre Italien muß die Oper samt ihren Figuren wegen heftiger Proteste Hugos, der sie als „plumpe Travestie" seines Stücks bezeichnet, umbenannt werden: Zu *Il proscritto* wird der Titel, Ernani heißt Oldrado di Venezia, Don Carlo wird zu Andrea Gritti (eine historische Figur, die Doge von Venedig war), Don Ruy Gomez de Silva heißt einfach Zeno. In wenigen Jahren genießt *Ernani* internationale Reputation, von New York über Havanna bis Kopenhagen, Stockholm und St. Petersburg, auch wenn er bisweilen unter anderem Titel gespielt werden muß: *Elvira d'Aragona* oder *Il corsaro di Venezia* heißt dann das Werk.

Auch diese Oper bekommt eine politische Dimension: Als 1846 Papst Pius IX. zum Nachfolger des reaktionären Gregor XVI. gewählt wird, ist dies Wasser auf die Mühlen der italienischen Patrioten. Verdis *Ernani* ist alsbald bei einer Amnestie politischer Gefangener im Spiel, die der neue Papst erläßt, wie Emanuele Muzio berichtet:

> Muzio an Barezzi; Mailand, 13. August 1846
> Anläßlich des Amnestie-Erlasses spielte man in der Oper in Bologna das Finale [des 3. Aktes] *Ernani*, („O sommo Carlo!") – dabei wurde der Name *Carlo* durch *Pio* ersetzt – worauf die Begeisterung so groß war, daß es dreimal wiederholt wurde. Als man zu den Worten „Perdono a tutti" [Ich vergebe allen] kam, wurden von allen Seiten Hochrufe laut.
> Garibaldi, S. 259

1 Eine Angewohnheit, die Verdi zur Ablenkung nach dem Tod seiner Familie angenommen hatte.

2 Verdi an Arrivabene; Genua, 7. März 1874. In: Alberti, S. 176.

3 *Il templario* verzeichnete in den 1840er Jahren allein in Italien ungefähr fünfzig Produktionen, in den 1850er Jahren immerhin noch zehn.

4 O. NICOLAI, *Tagebücher, nebst biographischen Ergänzungen von D. Schröder*, Leipzig 1892, S. 130.

5 Budden I, S. 93. Die Quellenangabe lautet dort (wie auch bei anderen Autoren): O. NICOLAI, a.a.O., S. 130. Das Zitat scheint allerdings weder hier noch an anderer Stelle auf.

6 O. NICOLAI, a.a.O., S. 121.

7 O. NICOLAI, *Briefe an seinen Vater*, hsg. von W. Altmann, Regensburg 1924, S. 58 ff.

8 Ein gemeinsamer Bekannter.

9 Verdi glaubte, Merelli wolle die neue Oper überhaupt nicht aufführen.

10 Gemeint ist das Debut in dieser Stagione.

11 Alessandro Nini (Fano 1805 – Bergamo 1880). An Donizetti orientierter Opernkomponist, der 1847 angesichts der Erfolge Verdis das Komponieren von Opern aufgab und sich der Kirchenmusik und dem Unterricht widmete.

12 Die Formulierung „ihr Verdi" wurde oft irrigerweise als der Beginn der Beziehung Verdis zur Strepponi gedeutet.

13 Dieser Oper ließ Donizetti für Ronconi die Titelrolle in *Torquato Tasso* (Rom, ebenfalls 1833) folgen, sowie die Baritonrollen in *Il campanello* (Neapel 1836), *Pia de' Tolomei* (Venedig 1837), *Maria de Rudenz* (Venedig 1838), *Maria Padilla* (Mailand 1841) und *Maria di Rohan* (Wien 1843).

14 *Lucia di Lammermoor, I puritani, L'elisir d'amore, Pia de' Tolomei, Maria Padilla, La straniera, Belisario*

15 Vgl. hiezu den in diesem Kapitel zitierten Brief Verdis an Mocenigo vom 6. Juni 1843.

16 Brief an Torelli, Busseto, 16. Mai 1856. In: Copialettere, S. 192.

17 So in Halévys *La Tentation* (1831) und *La Juive* (1835), in Cherubinis *Alì Baba* (1833), in Meyerbeers *Les Huguenots* (1836), in Berlioz' *Benvenuto Cellini* (1838) und in Donizettis *Les Martyrs* (1840).

18 Florenz, 14. Mai 1844. In: Conati, Fenice, S. 145 f.

19 Zu den beiden Sängern s. Kapitel III.

20 S. Kapitel IV.

21 S. Kapitel V.

22 Biblische Sujets waren bis dahin nur selten für Opern verwendet worden: Erwähnenswert sind nur Rossinis *Moïse et Pharaon* und Méhuls *Joseph en Egypte*.

23 Das Königreich Italien unter König Vittorio Emanuele II. wird am 17. März 1861 proklamiert.

24 *Fidelio* wurde in Wien immer wieder als „Befreiungsoper" überinterpretiert und anlaßentsprechend aufgeführt (z.B. bei der Wiedereröffnung der Wiener Staatsoper 1955 mit Reminiszenz an die Unterzeichnung des Staatsvertrages und den Abzug der alliierten Besatzungsmächte im selben Jahr). Unerwähnt mußte 1955 allerdings bleiben, daß die Wiener Staatsoper *Fidelio* als „Befreiungsoper" beim „Anschluß" Österreichs an Nazi-Deutschland (Festvorstellung im Beisein Görings am 27. März 1938) und in einer geschlossenen Vorstellung zu „Führers Geburtstag" am 20. April 1940 angesetzt hatte. Wünschenswert wäre es, diese Oper nur als das zu sehen, was sie – ihrem Text („Wer ein holdes Weib errungen") wie auch der Etymologie des Namens der Titelfigur entsprechend – neben ihren Humanitätsidealen vorwiegend ist: ein Hohelied auf treue Gattenliebe.

25 Irredentismus (*Italia irredenta*: unerlöstes Italien): Italienische Bewegung im 19. Jahrhundert, die die Rückgewinnung von Gebieten anstrebte, die früher unter italienischer Herrschaft gestanden waren, u.a. Teile Österreich-Ungarns.

[26] Clara (von ihren Freunden Clarina genannt) Maffei (Bergamo 1814 – Mailand 1886). Die Tochter des Grafen G.B. Carrara Spinelli heiratete 1832 den um sechzehn Jahre älteren Dichter Andrea Maffei. Ihre feinsinnige Bildung, ihr Kunstverstand und ihr Patriotismus zog Größen aus Politik und Kunst an, darunter neben Verdi (mit dem sie vierundvierzig Jahre lang eng befreundet war) Antonio Ghislanzoni, Giulio Carcano, Opprandino Arrivabene, Alessandro Manzoni (sie war es, die 1868 das Zusammentreffen zwischen dem von Verdi bewunderten Dichter und dem Komponisten vermittelte, der ihm 1875 die *Messa da requiem* widmete), Giuseppe Mazzini, Camillo Benso di Cavour, die Brüder Arrigo und Camillo Boito, Franco Faccio, Honoré de Balzac, Giacomo Puccini und Carlo Tenca, mit dem sie nach ihrer Trennung von Maffei 1846 eine Lebensgemeinschaft einging. Ihr Mailänder Salon war wegen ihrer politischen Haltung ein bedeutendes Zentrum des politischen und geistigen Risorgimento.

[27] „Man kann sagen, daß ich vom Nabucco an keine Stunde Ruhe gehabt habe. Sechzehn Galeerenjahre!" So Verdi an Clarina Maffei; Busseto, 12. Mai 1858. In: Oberdorfer, S. 230.

[28] „Es gibt Menschen, die prädestiniert sind: der eine, sein Leben lang ein Esel zu sein; der andere gehörnt; ein anderer reich und verzweifelt. Ich, mit heraushängender Zunge wie ein tollwütiger Hund, bin dazu bestimmt, stets arbeiten zu müssen, bis es mich schließlich umhaut." Verdi am 4. Mai 1876 an den Dirigenten Edoardo Mascheroni.

[29] Im 20. Jahrhundert bürgerte sich (anlaßbezogen auf Maria Callas) die Bezeichnung „soprano drammatico d'agilità" (dramatischer Koloratursopran) ein. Sie wurde in der Folge auch für Sängerinnen des 19. Jahrhunderts angewendet, obwohl sie in diesem Fall pleonastisch ist, da die Fähigkeit des Koloraturgesanges bei Sängerinnen und Sängern des 19. Jahrhunderts eine selbstverständliche Grundvoraussetzung der Berufsausübung war.

[30] Vgl. hiezu Conati, Fenice, S. 9.

[31] Conati, Fenice, S. 42.

[32] Conati, Fenice, S. 49 ff.

[33] Shakespeares *King Lear*. Verdi erwähnt hier zum ersten Mal den *Lear*. Er wird das Projekt mit Piave und in späteren Jahren mit Salvadore Cammarano und mit Antonio Somma weiterführen, es aber nie komponieren.

[34] Lord Byrons *The Corsair* (1814).

[35] Lord Byrons *The Bride of Abydos. A Turkish Tale* (1813). Dieser Stoff wird mehrmals vertont, u.a. von G. Poniatowski (1846), A. Fell (1853) und F. Sandi (1858).

[36] Verdi an Piave; 19. August 1843.

[37] Brenna war neben seiner Tätigkeit als Sekretär des Fenice auch als Theateragent tätig. Daher sein Drängen auf eine – von ihm vertretene – Altistin.

[38] 23. März 1844. In: Copialettere, S. 4.

[39] Meini war ein *basso cantante*, der auch Baritonpartien wie den Don Carlo im *Ernani* sang. Nach seinem Rückzug von der Bühne widmete er sich dem Komponieren und dem Journalismus. Ab 1870 war er fixer Florentiner Korrespondent der „Gazzetta musicale di Milano".

[40] Antonio Selva (1824–1889), Baß. S. Kapitel V.

[41] Die Oper (1827) ist auch bekannt unter dem Titel *Gli esiliati in Siberia* – unter diesem Titel wurde sie 1999 in Montpellier aufgeführt – oder in der posthumen Umarbeitung von 1853 als *Elisabetta o La figlia del proscritto*.

[42] „Ausgezeichnete Sänger: die Loewe, in der Blüte ihrer Jugend und Schönheit, gewohnt, all ihre Kapricen durchzusetzen (man wird ihr vorwerfen, der Hauptgrund für die Krankheit gewesen zu sein, der Donizetti erlag)." In: Gatti, S. 154.

[43] Zu Emanuele Muzio s. Kapitel III.

[44] Diese (unübersetzbare) devote Anrede behält Muzio über die Jahre bei und deklariert sich mit ihr als Schüler, der ehrfurchtsvoll zu seinem Meister aufblickt. In späteren Jahren reduziert er sie auf *Maestro*.

[45] ANTONIO SUPERCHI (Parma 1816 – 1898) debutierte 1838 in Venedig (Enrico in *Lucia di Lammermoor*). Er sang, vorwiegend in Italien und Spanien, zahlreiche Verdi-Rollen (*Attila, Nabucco, I lombardi, I due Foscari, Luisa Miller, I masnadieri, Rigoletto, Il trovatore* usw.) Sein Repertoire umfaßte auch Opern von Rossini, Bellini, Donizetti, F. Ricci, Mercadante, Pacini. 1854 schrieb er in Barcelona „Tre lupi della società", eine Komödie, die in spanischer Übersetzung großen Erfolg hatte. Nach seinem Rückzug von der Bühne wurde er 1856 Inspizient am Teatro Regio in Parma.

[46] Lustrum = Zeitraum von fünf Jahren.

[47] Oberspielleiter am Kärntnertortheater in Wien.

[48] NIKOLAJ IVANOV (Ivanoff) (1810–1880). Russischer Tenor. Er war zuerst Chorsänger in St. Petersburg, wurde dann in Italien ausgebildet. Er debutierte 1832 in Neapel, spezialisierte sich auf Rossini- und Pacini-Rollen und hatte eine erfolgreiche Karriere, großteils in Italien. Er gastierte auch in Wien, Paris und London und zog sich 1852 von der Bühne zurück.

[49] S. Kapitel III.

[50] S. Prolog.

[51] Vgl. hiezu Budden I, S. 168 f.

[52] Budden I, S. 170.

[53] Rossini an Verdi; Bologna, 28. Jänner 1845. In: Carteggi II, S. 346.

[54] S. Kapitel III.

[55] Muzio an Barezzi; Mailand, 3. August 1846. In: Garibaldi, S. 258.

I due Foscari – Francesco Maria Piave – Emanuele Muzio –
Marianna Barbieri Nini – Achille De Bassini – Giacomo Roppa
– Mario – *Giovanna d'Arco* – Antonio Poggi – Filippo Colini
– *Alzira* – Salvadore Cammarano – Eugenia Tadolini –
Gaetano Fraschini – Filippo Coletti

I due Foscari

Nach der erfolgreichen *Ernani*-Produktion kehrt Verdi nach Mailand zurück. Wie zur Bestätigung seiner Position als Komponist der Zukunft, als Nachfolger des noch aktiven Donizetti, beginnt die Crème de la crème der Mailänder High-Society ihn zu hofieren. Doch Verdi ist nicht zum Salonlöwen geschaffen. Ihn interessieren in diesem Stadium seiner Karriere nur die Arbeit und der Erfolg. Er setzt sich mit den zahlreich hereinkommenden Angeboten auseinander, sucht und prüft in Betracht kommende Stoffe und beginnt eine ausführliche Korrespondenz mit Opernhäusern, Impresari und Librettisten. Dabei erkennt er, daß die sich vor ihm auftürmende Menge von Geschäftskontakten organisiert werden muß, und legt im März 1844 die sogenannten *Copialettere* an, jene Sammlung von Briefentwürfen und Aufzeichnungen verschiedenster Art, die 1913 in einer kommentierten Ausgabe veröffentlicht werden wird und für die Verdi-Forschung unendlich wertvoll ist. Im Anhang der *Copialettere* findet sich eine Aufstellung von *Argomenti d'opera*[1], von Opernstoffen, die Verdi für die Komposition geeignet scheinen. Unter ihnen finden sich neben anderen Werken Shakespeares *King Lear, Hamlet* und *The Tempest*, Byrons *Cain. A Mystery*, Hugos *Le Roi s'amuse, Marion Delorme* und *Ruy Blas*, Grillparzers *Die Ahnfrau*, Dumas' *Kean*, Racines *Phèdre* sowie *Attala*[2]. Einige davon werden verwirklicht, einige bleiben im Planungsstadium stecken, einige werden nie in Angriff genommen.

Zuerst tritt Verdi mit dem Teatro San Carlo in Neapel in Verhandlungen über zwei neue Opern ein, die im Juni 1845 und im Juni 1847 gegeben werden sollen. Die erste wird *Alzira* sein. Zur selben Zeit nimmt er das *Attila*-Sujet auf, verfaßt einen Libretto-Entwurf des Stoffes und schickt diesen an Piave zur Ausarbeitung der Versfassung. Auch Alessandro Lanari[3], der Impresario des Teatro Argentina in Rom, will den aufsteigenden Erfolgskomponisten für eine neue Oper für die kommende Winter-Stagione gewinnen. Verdi nimmt die Einladung an, doch die zur Verfügung stehende Zeit ist äußerst knapp – nur vier Monate für Auswahl des Stoffes, Verfassen des Librettos, Komponieren und Orchestrieren der Musik, Zusammenstellen einer geeigneten Besetzung und Abhaltung der Proben. Er läßt deshalb alle anderen Projekte, auch den *Attila*, liegen und widmet sich dem neuen Auftrag. Piave wird mit der Zusammenfassung eines *Lorenzino de' Medici*-Stoffes[4] beauftragt, der, wie Verdi richtig voraussieht, von der päpstlichen Zensur abgelehnt werden wird. Als Alternative schlägt er Piave im selben Atemzug Byrons *The Two Foscari* vor, ein Stück, das er schon in Venedig in die engere Wahl gezogen hat und von dem er glaubt, es rascher als den *Attila* fertigstellen zu können. Am 14. Mai hält er das von Piave ausgearbeitete Szenario in Händen und setzt dem Librettisten noch am selben Tag in einem Brief[5] seine Wünsche auseinander, ein Dokument, das zeigt, wie präzise die Vorstellungen des Komponisten sind, ein Muster an Wissen um die Dramaturgie der Oper und um Bühnenwirksamkeit. Die *Foscari* finden die Zustimmung der römischen Behörden, Verdi und Piave können mit der Arbeit beginnen. Unter dem Zeitdruck und dem Wissen um das in nächster Zukunft zu bewältigende Arbeitspensum treten bei Verdi erstmals jene psychosomatischen Beschwerden auf, die ihn fast sein ganzes Leben lang bei der Arbeit begleiten werden: Kopf-, Magen- und Halsschmerzen.

Verdis Galeerenjahre haben begonnen, Piave wird ihm als Leidensgenosse zur Seite stehen.

Francesco Maria Piave (Murano 1810 – Mailand 1876) wird als Sohn eines Glasherstellers geboren. Er wird in einem Priesterseminar erzogen und studiert zunächst Theologie. 1827 zieht er mit seiner Familie zuerst nach Pesaro, dann nach Rom, wo er der Theologie den Rücken kehrt und sich den Studien der Philosophie und Rhetorik zuwendet. In Rom beginnt er, Artikel und Novellen (sein Vorbild ist Walter Scott) zu verfassen, was zu einer Mitarbeit bei der „Revue des Deux Mondes" führt. Nach dem Tod des Vaters (1838) kehrt Piave nach Venedig zurück und findet dort bei der Druckerei Antonelli eine Beschäftigung als Korrektor. Gleichzeitig setzt er seine literarische Tätigkeit fort (unter anderem verfaßt er Gedichte in venezianischem Dialekt), die bald die Aufmerksamkeit der intellektuellen Kreise Venedigs auf sich zieht.

Graf Mocenigo, der Präsident des Direktoriums des Teatro La Fenice, bietet ihm 1842 die Mitarbeit als Hauslibrettist an diesem Opernhaus an. Vor seiner Arbeit an *Ernani* hat Piave nur ein einziges Mal mit einem Opernlibretto zu tun gehabt: bei der Mitautorschaft (zusammen mit Peruzzini) am Textbuch zu Pacinis *Il duca d'Alba*. Im Laufe seiner Karriere wird Piave rund siebzig Libretti verfassen (elf davon bleiben unvollendet), darunter Texte für Komponisten wie die Brüder Ricci, Balfe, Mercadante, Ponchielli und heute weniger bekannte Komponisten.

Piave kann seine Stärken am besten bei großen dramatischen Stoffen ausspielen, bei denen er tiefes psychologisches Einfühlungs- und Gestaltungsvermögen sowie großes Geschick beim operngerechten Vereinfachen und Raffen der umfangreichen Vorlagen Shakespeares, Byrons, Hugos usw. unter Beweis stellt (über ihn wurde einmal geschrieben: „Piave ist ein Meister im Verkürzen und Verkleinern. Er versteht es, das Meer in einem Löffel einzufangen."). Das leichte, heitere Genre ist ihm nicht kongenial. Er kennt die Erfordernisse der Opernbühne genau und ist sich bewußt, daß die romantische Oper nach großem rhetorischen Gestus verlangt. Dennoch versucht er immer wieder, seinen Libretti einen sprachlich „normalen" Tonfall zu geben. Wenn ihm von manchen italienischen Kritikern bisweilen ausgefallene Wortwahl und gespreizte Formulierungen vorgeworfen wurden, so steckt oft nur sein geschicktes Bestreben dahinter, die Zensur hinters Licht zu führen.

Verdi ahnt wohl schon bei der ersten Zusammenarbeit mit Piave, daß dieser in seinen Händen ein williges Instrument sein würde, ein „literarischer Sekretär", dessen Libretti er selbst als Co-Autor hätte firmieren können. Während er einen Romani, Cammarano oder Maffei zuvorkommend und respektvoll behandelte, entstand zwischen ihm und Piave ein Verhältnis, das, wie es einmal formuliert wurde, jenem zwischen Herrn und Hund ähnelte. Wie essentiell für Verdi die Begegnung mit Piave allerdings wirklich ist, wird anhand einer Theorie deutlich, die der Herr-Hund-Formulierung diametral entgegengesetzt ist: Gabriele Baldini[6] vertritt die Meinung, daß die Zusammenarbeit mit Piave Verdis erste Begegnung mit sich selbst bedeutete. Die Librettisten vor 1843 hatte Verdi höflich erduldet, nun ging es ihm darum, initiativ zu werden, Kreativität auch im Bereich des Librettos zu entwickeln. Baldini meint sogar, daß Verdis Zusammenarbeit mit Piave bedeutender sei als die mit Boito. Im ersten Fall handelt es sich um zwei junge, beinahe gleichaltrige Künstler am Anfang ihrer Karriere, im zweiten um die Arbeit mit einem Librettisten (der auch Schriftsteller und Komponist ist), der fast dreißig Jahre jünger ist als Verdi und ihn aufgrund des Altersunterschiedes und einer respektbedingten Distanz vielleicht nie so gut wie Piave versteht. „Piaves Libretti sind", so Baldini, „die schönsten für die Musik Verdis – auch vom literarischen Standpunkt aus zweifellos viel schöner, da sie besser gemacht sind als die Boitos – und zwar einfach deshalb, weil es Verdi selbst war, der die Substanz und sogar Details geschaffen hat: Sie sind auch deshalb die schönsten, weil Piave von Kunst mehr versteht als Boito. Boito ist ein Künstler und ein Literat; er hat aber Verdi nie bis ins Letzte verstanden, er hat darüber hinaus immer versucht, ihn ein wenig nach seinem Ebenbild zurechtzubiegen. Piave hat mit tiefer kritischer

Francesco Maria Piave,
Verdis meistbeschäftigter
Librettist. Photographie,
ca. 1860.

Intuition auf den ersten Blick erfaßt, worum es ging und hat einfach zugelassen, daß ihm die Libretti in den Schoß fielen."[7] Eine höchst überraschende, diskussionswürdige, aber auch mit Vorsicht zu genießende Analyse, die Baldini durch die Bemerkung untermauert, daß Boitos Prosa im Vergleich zu anderen zeitgenössischen Autoren heute kaum mehr lesbar ist. Dem ist hinzuzufügen, daß die Libretti des souveränen Sprachvirtuosen Boito sich einer originellen, überaus interessanten, geistreichen, aber, wie manche Kritiker anmerken, auch hochgestochenen, gestelzten Kunstsprache bedienen, die stellenweise nur Höhergebildeten unmittelbar zugänglich ist (wenn auch nicht so krass wie im Fall Wagner). Dieses bewußt gewählte preziöse Vokabular setzt Boito, besonders im letzten Bild des *Falstaff*, gekonnt als Stilmittel ein. Die Piave gegenüber manchmal herablassende Kritik im deutschen Sprachraum vergißt nur allzu gerne, daß Boitos Libretto zu *La Gioconda* Piaves Texte in keinem Moment übertrifft; zudem stehen viele Kommentatoren vor einem sprachlichen Problem: profunde Kenntnisse der italienischen Sprache und Literatur sind zur Beurteilung italienischer Libretti (nicht nur derer von Piave) vonnöten, die (oft grauenhaften) Übersetzungen seiner Texte sind hierfür nicht zweckdienlich.

Piave legt dem Genie Verdi gegenüber eine gewisse unterwürfige Nachgiebigkeit an den Tag, eine Haltung, die er auch im Umgang mit anderen einnimmt. Und weil er sein Licht unter den Scheffel stellt, kann er sich beruflich nur schwer durchsetzen. Mit neun Libretti ist er der meistbeschäftigte Librettist Verdis. Aus seiner Feder stammen neben *Ernani* die Texte zu *I due Foscari, Macbeth, Il corsaro, Stiffelio/Aroldo, Rigoletto, La traviata, Simon Boccanegra* und *La forza del destino*. Obwohl unter diesen Titeln ausgesprochene Kassenschlager sind, bleibt Piave zeitlebens arm: Es gibt noch keine Urheberrechte und somit keine Tantiemen, denn der *poeta* (das Wort allein suggeriert schon triste Mittellosigkeit), der Librettist also, verkauft seine Arbeit an den Komponisten oder die Impresa, und damit ist das Geschäft beendet.

Von 1848 bis 1859 ist Piave „direttore degli spettacoli", eine Mischung aus Spielleiter und Dramaturg, am Teatro La Fenice in Venedig. 1859 wird er, auch dank Verdis Einfluß, in derselben Funktion an die Mailänder Scala berufen. Diese Tätigkeit übt er bis 1867 aus. Als er im Dezember dieses Jahres einen Schlaganfall erleidet, gelähmt bleibt und acht Jahre bettlägerig dahinvegetiert, unterstützt Verdi die Familie großzügig. Piave erkennt zwar seine Umgebung, kann aber weder sprechen noch schreiben oder lesen. Verdi organisiert 1869 zugunsten des Kranken die Herausgabe eines Albums mit Liedern von Auber, Thomas, Cagnoni, Mercadante, Federico Ricci und einer eigenen Komposition (*Stornello*). In etwas naiver Weise glaubt er anfänglich, man könne auch Richard Wagner für eine Mitarbeit an dem Projekt gewinnen… Piaves Tod im Jahre 1876 trifft ihn zutiefst, er richtet einen Fonds zur Unterstützung der Tochter Piaves ein und übernimmt die Begräbniskosten.

Im April 1844 kommt **Emanuele Muzio** nach Mailand, um bei Verdi Unterricht zu nehmen. Verdi hilft ihm, in seiner Nähe eine Wohnung zu finden, damit Muzio rasch zu ihm kommen kann, nicht nur in seiner Eigenschaft als Schüler, sondern auch als hilfreiches Faktotum. Muzio (Zibello, Parma, 1825 – Paris 1890) stammt aus derselben Gegend und aus ähnlichen Verhältnissen wie Verdi und hat auch ein ähnliches musikalisches Curriculum. Er wurde als Sohn eines Schuhmachers, der sich 1826 in Busseto ansiedelte, geboren, und erhielt wie Verdi Musikunterricht bei Ferdinando Provesi. In dieser Zeit tritt er als Gesangssolist in den Kirchen von Busseto und Umgebung auf. Von 1840 bis 1843 ist er „organista provvisorio" in der Kirche in Busseto. Am 28. Oktober 1843 bewilligt ihm die Gemeinde Busseto ein Stipendium für ein Musikstudium in Mailand. Als das dortige Konservatorium ihn wie Verdi abweist, wird er auf Empfehlung Antonio Barezzis von Verdi unentgeltlich in Harmonie, Kontrapunkt und Komposition unterrichtet.

Er ist und bleibt sein einziger Schüler. Verdi freundet sich mit Muzio an, nicht nur wegen der gemeinsamen Wurzeln, sondern wohl auch wegen einer gewissen Charakteraffinität. Muzio lebt bis 1847 sogar teilweise in Verdis Haushalt. Dieser setzt ihn in diesem Jahr in Florenz und London bei den Uraufführungen von *Macbeth* und *I masnadieri* als Assistenten ein. Auch in Zukunft wird Muzio in geschäftlichen Angelegenheiten oft als Verdis Vertrauter auftreten. Verdi kann Muzio, der in ihm zeitlebens den *signor Maestro* sieht, in jeder Hinsicht blind vertrauen. Das Verlagshaus Ricordi wird auf Muzio aufmerksam und beauftragt ihn mit der Herstellung von Klavierauszügen (für Klavier zu zwei oder vier Händen, oder auch für Gesang und Klavier) von Opern Verdis, Rossinis, Mercadantes und Donizettis. 1848 nimmt Muzio in Mailand aktiv an den „Cinque giornate", dem fünf Tage dauernden Aufstand der Mailänder gegen die Österreicher, teil. Bei der Rückkehr der Österreicher muß er in die Schweiz fliehen, wo ihn Barezzi und Verdi unterstützen.

1849 kehrt er nach Mailand zurück und widmet sich dem Musikunterricht und dem Komponieren: er schreibt die Opern *Giovanna la pazza* (1852), *Le due regine* (1856) und *La Sorrentina* (1857). Danach gibt er das Komponieren auf. 1850 debütiert er als Dirigent anläßlich der Eröffnung der italienischen Oper in Brüssel, danach tritt er in London auf und unternimmt eine lange Tournée durch Nordamerika (es ist die Zeit des Sezessionskrieges). Er vertieft seine musikalischen Kenntnisse und entwickelt eine eigenständige künstlerische Persönlichkeit.

1867 kehrt er nach Italien zurück und erzielt dort solche Erfolge, daß ihm von 1870 bis 1876 die künstlerische Leitung des Théâtre Italien in Paris anvertraut wird. Dort betreut er die französische Erstaufführung von Verdis *La forza del destino* (1876). Aufgrund der in Paris eingegangenen Verpflichtungen ist es ihm zu seinem eigenen und Verdis größtem Bedauern unmöglich, 1871 die Leitung der Uraufführung der *Aida* in Kairo zu übernehmen (1869 dirigiert er in Kairo *Rigoletto* zur Eröffnung des neuen Opernhauses und in Ismailia ein Konzert zur Eröffnung des Suez-Kanals). Zwischen 1875 und 1877 bereist er zahlreiche europäische Länder mit Aufführungen von Verdis *Messa da requiem*. Er verlebt seine letzten Jahre als höchst erfolgreicher Gesangslehrer in Paris. Dort stirbt er an einer chronischen Vergiftung, die er sich durch jahrelanges regelmäßiges Färben seines Schnauzbartes zugezogen hat. Er hat Verdi als seinen Testamentsvollstrecker eingesetzt. Seine Frau vernichtet seinem letzten Willen entsprechend große Teile des Briefwechsels mit Verdi.

Emanuele Muzio,
Verdis Schüler, Freund
und Vertrauter.
Gemälde von
Giovanni Boldini.

Am 22. April 1844 schreibt Emanuele Muzio den ersten aus einer langen Serie von Briefen an seinen Förderer Antonio Barezzi[8], dem er sich zu Dank verpflichtet fühlt. Aus diesen Briefen entnehmen wir zahlreiche, zum Teil recht kuriose Details, die von musikhistorisch erhellenden Informationen über die Entstehung von Opern (*I due Foscari, Giovanna d'Arco, Alzira, Attila, Macbeth* und *I masnadieri*) bis hin zu banalem Theatertratsch reichen. Am 24. Juni[9] berichtet Muzio beispielsweise, daß eine nicht näher bezeichnete Altistin bei Verdi erschien, ihn insistent um eine Rolle mit einer Soloszene, Arie oder Cabaletta in der neuen Oper bat und nur mühsam hinauskomplimentiert werden konnte, und daß ein Komponist – „ich kann mich an seinen Familiennamen nicht erinnern" – dem *signor Maestro* geschrieben habe, er möge doch *I due Foscari* nicht komponieren, denn auch er habe sie vertont und befürchte, sich gegen Verdi nicht durchsetzen zu können.

Die Arbeit an *I due Foscari* geht im Sommer 1844 zügig voran. Verdi nimmt starken Einfluß auf die Gestaltung des Librettos, Piave ist ein willfähriges Werkzeug in seiner Hand. Die Komposition kann termingerecht fertiggestellt werden. Ihr herausragendes Novum ist die Verwendung von Erinnerungsmotiven für bestimmte Charaktere. Ende September reist Verdi nach Rom, um den Oktober für die Orchestration und die Probenarbeit zu nutzen. Er dirigiert die Premiere am 3. November 1844 und die ersten beiden Folgevorstellungen selbst. Der Erfolg ist gut, wenn auch nicht triumphal, obwohl Verdi am Ende des Premierenabends sieben Mal hervorgerufen wird. Der Grund für die ungewohnte Zurückhaltung des Publikums ist die Irritation über die von der neuen Direktion erhöhten Kartenpreise. Bei den Folgevorstellungen werden die Preise auf das ursprüngliche Niveau gesenkt, umgekehrt proportional dazu steigt die Begeisterung des Publikums für die neue Oper. Bei der zweiten Vorstellung wird Verdi dreißig Mal hervorgerufen. Die Sänger sind Marianna Barbieri Nini (Lucrezia Contarini), Giacomo Roppa[10] (Jacopo Foscari) und Achille De Bassini (Francesco Foscari). Zwei dieser Sänger nehmen einen bedeutenden Platz in der italienischen Musikgeschichte ein:

Die Sopranistin **Marianna Barbieri Nini** (Florenz 1818 – 1887) war ein *soprano drammatico d'agilità*, d.h. ein dramatischer Sopran mit Koloraturfähigkeit. Sie hatte bei Pietro Romani (dem *Maestro concertatore*[11] bei der Uraufführung des *Macbeth*), bei dem Komponisten Nicola Vaccaj und schließlich bei der berühmten Sopranistin Giuditta Pasta (der ersten Norma) studiert. Bei Carlotta Marchionni erhielt sie Schauspielunterricht. Sie debütierte 1840 an der Mailänder Scala in Donizettis *Belisario*, wurde aber ihrer bedauernswerten Häßlichkeit wegen vom Publikum abgelehnt. „Sie war klein und dick, verbaut, mit einem riesigen Kopf, der zweimal so groß wie normal war, und hatte ein Gesicht, das alles anders als geeignet war, beim ersten Betrachten Sympathie zu erwecken." So geschmacklos beschrieb G. Gabardi die Sängerin in einem Nachruf in der „Gazzetta Musicale di Milano". Erst bei ihrem Auftreten in Florenz in Donizettis *Lucrezia Borgia*, wo sie im ersten Akt eine Maske trug, wurde sie vom Publikum begeistert aufgenommen. Verdi schätzte sowohl ihre stimmliche und szenische Gestaltung, als auch die Durchschlagskraft und den Umfang ihres dramatischen Soprans.

An Verdi-Uraufführungen sang sie außer der Lucrezia in *I due Foscari* die Lady Macbeth[12] (1847) und die Gulnara in *Il corsaro* (1848). Aus diesen Rollen und ihrem sonstigen Verdi-Repertoire (die Sopranhauptrollen in *Nabucco, Ernani, I masnadieri, Luisa Miller* und *Il trovatore*) sind die Charakteristika ihrer Stimme abzulesen. Sie trat bei mehreren Uraufführungen auf: so in Pacinis *Lorenzino de' Medici* (Venedig 1845) und *Merope* (Neapel 1847), in Campanas *Mazeppa* (Bologna 1850) und in Apollonis *L'ebrea* (Venedig 1855). Weitere wichtige Partien

Die Sopranistin
Marianna Barbieri Nini.

ihres Repertoires waren die Titelrollen in Donizettis *Anna Bolena* und Rossinis *Semiramide*.

Außerhalb Italiens gastierte sie mit großem Erfolg in Wien, Barcelona und Madrid. Der Großherzog von Toskana verlieh ihr den Titel „virtuosa onoraria di camera e cappella", sie wurde auch Mitglied der Accademia Filarmonica in Florenz und der Accademia di Santa Cecilia in Rom. 1856 trat sie von der Bühne ab und war dann als gesuchte Gesangspädagogin tätig. 1887 trat sie noch einmal öffentlich auf: in Rossinis *Stabat mater*, das anläßlich der Überführung und Beisetzung des Komponisten in Santa Croce in Florenz[13] aufgeführt wurde.

Nach dem Tod ihres ersten Mannes, des Grafen Antonio Nini, heiratete sie den Wiener Pianisten und Komponisten Leopold Hackensöllner. Er verfaßte eine Biographie[14] seiner Gattin, hatte aber ansonsten keine guten Absichten: Er machte nicht nur Schulden, sondern verschwand eines Tages mit den Ersparnissen der Sängerin, sodaß diese gezwungen war, ihren Palazzo in Florenz zu verkaufen, ab sofort in einer möblierten Mietwohnung zu leben und ihren ärmlichen Lebensunterhalt durch Privatstunden zu verdienen.

Der Bariton **Achille De Bassini** (Mailand 1819 – Cava dei Tirreni 1881) ist in jenen Jahren, was Feuer und Energie des Vortrags anlangt, der wohl bedeutendste Vertreter des im Entstehen begriffenen Faches des Verdi-Baritons. Er hieß in Wirklichkeit Achille Bassi. Ein Tenor dieses Namens sang 1837 in Voghera in Bellinis *Norma* und in Donizettis *Belisario*, es ist aber nicht sicher, ob es sich dabei um De Bassini handelte. Sicher hingegen ist, daß der Sänger 1838 in Padua unter seinem Künstlernamen De Bassini die Baßrollen in Donizettis *La favorita*, *Lucia di Lammermoor* und *Roberto Devereux* sowie in Nicolais *Il templario* sang.

Nach einigen Karrierejahren in der italienischen Provinz debütierte er, jetzt als Bariton, Ende 1842 in der Uraufführung der *Vallombra* von Federico Ricci an der Mailänder Scala. Er war so erfolgreich, daß er für das ganze Jahr 1843 an der Scala engagiert wurde und dort in Opern von Donizetti und etlichen Neuheiten auftrat.

Verdi schätzte den mit einer durchschlagskräftigen, tenoralen Höhe ausgestatteten Sänger sehr und setzte ihn nach der Uraufführung von *I due Foscari* auch bei der Erstaufführung dieser Oper an der Scala (1845) sowie bei den Uraufführungen von *Il corsaro* (Triest 1848) und *Luisa Miller* (Neapel 1849) ein. Ein Blick auf die Partie des Miller, besonders auf die hohe Tessitura von dessen Auftrittsarie „Sacra la scelta", gibt einen Eindruck von De Bassinis vokalen Stärken. Bereits 1846 übernahm er die Baritonpartie in *Attila*, 1847 jene in *Alzira*. 1851 wollte ihn Verdi für die Uraufführung des *Rigoletto*, doch kam das Engagement nicht zustande. 1862 war er in St. Petersburg der erste Fra' Melitone in *La forza del destino*. Neben dem üblichen Repertoire wie z.B. Guglielmo Tell oder Figaro in *Il barbiere di Siviglia* sang De Bassini die Baritonpartien in *Ernani*, *La traviata* und *Il trovatore*. Seine Karriere führte ihn auch ins Ausland (Wien, Madrid). 1865 zog er sich von der Bühne zurück, trat aber ab 1869 wieder auf, um seinem Sohn Alberto bei seinem Debut zur Seite zu stehen (dieser begann 1869 seine Karriere als Tenor und wechselte 1890 ins Baritonfach). Familiäre Probleme und Fehlinvestitionen brachten De Bassini in finanzielle Schwierigkeiten: er war gezwungen, die Sängerkarriere bis zu seinem frühen Tod fortzusetzen.

Im Dezember 1846 werden die *Foscari* in Paris am Théâtre des Italiens aufgeführt. Der Jacopo wird von dem berühmten Tenor **Mario** gesungen. Er heißt mit bürgerlichem Namen **Giovanni Matteo de Candia** (Cagliari 1810 – Rom 1883). Der Sohn einer Adelsfamilie begann 1822 eine vorbereitende Ausbildung für die Militärlaufbahn. Nachdem seine Stimme in Paris von Meyerbeer entdeckt und von Ponchard und Bordogni ausgebildet worden war, debutierte er 1838 unter dem

Künstlernamen Mario in Meyerbeers *Robert le diable*. Seiner Karriere kam nicht nur seine allgemein als schön timbriert und technisch wie stilistisch gut geführt geschilderte Stimme, sondern auch sein für das romantische Repertoire hervorragend geeignetes äußerst gefälliges Äußeres (als „Rudolph Valentino der Tenöre" wurde er zu Beginn des 20. Jahrhunderts bezeichnet) sowie die Gewandtheit seines Auftretens zustatten. 1839 lernte er bei seinem London-Debut am Her Majesty's Theatre (Gennaro in Donizettis *Lucrezia Borgia*) die berühmte Sopranistin Giulia Grisi (Mailand 1811 – Berlin 1869) kennen, mit der er ab 1844 zusammenlebte. Die beiden sangen 1843 in Paris in der Uraufführung von Donizettis *Don Pasquale* und traten gemeinsam in zahlreichen Opern auf. Mario konzentrierte seine Auftritte auf Paris und London, wo er der Liebling des viktorianischen Opernpublikums wurde, trat aber auch in St. Petersburg, Madrid und New York auf.

Sein Repertoire umfaßte Rossinis *Il barbiere di Siviglia* und *La donna del lago*, Donizettis *Linda di Chamounix*, *Anna Bolena*, *La favorita*, Meyerbeers *Les Huguenots* und *Le Prophète*, Bellinis *I puritani*, *La sonnambula* und *Norma*, Halévys *La Juive*, Gounods *Roméo et Juliette*, Flotows *Martha*, Mozarts *Don Giovanni* (er sang nicht den Don Ottavio, sondern die Titelpartie, eine von einigen Tenören der Zeit geübte Praxis). Von Verdi sang er die Tenorhauptrollen in *I due Foscari*, *La traviata*, *Rigoletto*, *Il trovatore*. 1873 beendete er seine Karriere nach einer Tournée mit Adelina Patti.

Die Cabaletta des Jacopo im 1. Akt „Odio solo ed odio atroce" ist nicht nach seinem Geschmack. Verdi schlägt Mario in einem Anfall von Unwillen vor, doch einfach die Cabaletta des Oronte aus den *Lombardi* zu singen, ein für ihn völlig atypischer Vorschlag[15]. Er wird aber mit der Komposition einer neuen Cabaletta, „Sento Iddio che mi chiama", beauftragt, die Mario dann auch 1847 in London singen wird, zu Verdis Verärgerung, da die Eigentumsrechte an diesem Stück noch ungeklärt sind. Aus dem überlieferten Briefwechsel ist nicht zu entnehmen, wie die Affäre aus der Welt geschafft wurde. Das Autograph der Cabaletta ist verlorengegangen. Aus nicht von Verdis Hand stammendem Notenmaterial in der Pariser Bibliothèque Nationale ist zu entnehmen, daß der Charakter der Musik dem lyrisch-elegischen Tenor Marios angepaßt ist[16]. Am auffallendsten ist die Kadenz mit einem vorgeschriebenen hohen Es (es^2), ein Hinweis auf Marios Gesangsstil[17]. Die Notwendigkeit der Anpassung der im Original energischeren Cabaletta an Marios stimmliche Stärken scheint auf den robusten Stimmtypus des Tenors der Uraufführung hinzudeuten.

Erst seit wenigen Jahrzehnten ist die Verdi-Kritik davon abgegangen, *I due Foscari* als schwaches Werk einzustufen. Das Werk ist mit Verdis späteren Meisterwerken nicht zu vergleichen, es ist aber erkennbar ein Fortschritt in der Entwicklung des Komponisten: In keiner anderen seiner Opern hat er sich bis dahin so bemüht, die einzelnen Nummern miteinander zu verbinden, keine hat er so überlegt orchestriert, in keiner macht er vergleichbare Anstalten, von den bis dahin üblichen Kompositionsschablonen abzurücken.

Innerhalb weniger Jahre werden die *Foscari* in Wien, Barcelona, Konstantinopel, London, Kopenhagen und St. Petersburg aufgeführt. Es folgen New York, Boston, Santiago, Rio de Janeiro, Buenos Aires und Sydney. Dann gerät das Werk allmählich in Vergessenheit. Erst Mitte der 1950er Jahre kehrt es wieder auf die Bühnen der Opernhäuser zurück.

Giovanna d'Arco

Mitte November 1844 kehrt Verdi von Rom über Bologna, wo er einer *Ernani*-Aufführung beiwohnt, nach Mailand zurück. Er muß die Wiederaufnahme der *Lombardi* betreuen, mit der die Scala-Saison am 26. Dezember eröffnet werden soll. Für diese Saison hat er Merelli auch die Komposition einer neuen Oper zugesagt. Diese Oper, die Verdi möglicherweise[18] als Ausgleich dafür schreibt, daß er „gezwungen [war], all die freundlichen Angebote, die mir Merelli gemacht hat, abzulehnen"[19], ist *Giovanna d'Arco*. Merelli hat als Librettisten wieder Solera ausgewählt, der den Text nach Schillers *Die Jungfrau von Orleans* verfaßt. Es ist denkbar, daß vielleicht sogar Solera und nicht Verdi selbst die Sujetwahl getroffen hat. Als der Verleger Giovanni Ricordi von dem Projekt erfährt, erkundigt er sich bei Solera besorgt über allfällige Copyright-Probleme. Zu gut erinnert er sich der Zahlungen, die er, nicht ganz freiwillig, in Frankreich anläßlich des *Nabucco* hat leisten müssen: Solera versichert ihm stolz, daß sein Werk ein „italienisches Originaldrama"[20] sei. Manche Autoren beurteilen die Wahl des Stoffes als Notlösung: Schillers Drama scheint auf der Liste der in Frage kommenden Stoffe im *Copialettere* nicht auf und ist auch für die Opernbühne keine Neuheit, was ansonsten Verdis Ziel ist. In der Tat gibt es zahlreiche Vertonungen des Sujets, unter anderem von Vaccaj, Kreutzer, Pacini und Balfe.

Neben der Arbeit an der neuen Oper wird Verdi von den *Lombardi*-Proben in Anspruch genommen:

Muzio an Barezzi, Mailand, 22. Dezember 1844

Donnerstag abend werden wir die [erste Aufführung der] *Lombardi* haben. Ich gehe mit dem *signor Maestro* zu den Proben und ich bedaure es, sehen zu müssen, wie er sich abmüht; er schreit so, daß man ihn für einen Besessenen halten könnte; er stampft so sehr mit den Füßen auf, daß man glaubt, er trete das Orgelpedal; er schwitzt so, daß ihm die [Schweiß-]Tropfen in die Partitur fallen. Gestern abend gingen die ersten beiden Akte perfekt; heute abend wird der Rest gut gehen. Alle sagen, daß die *Lombardi* mehr Furore als letztes Mal machen werden, was aber mehr zählt ist, daß es auch der *signor Maestro* sagt. Er sagt, daß alles besser geht als damals: der Chor, das Orchester, bei dem er will, daß einige Violinen und einige Kontrabässe hinzugefügt werden (das sind die Worte des *signor Maestro*), die Sänger. Collini macht seine Sache hervorragend, und so wird man die großartige Partie des Pagano zu hören bekommen, die man das letzte Mal nicht hörte, weil Derivis nicht bei Stimme war. Poggi[21] gut; die Frezzolini ist unerreicht.   Garibaldi, S. 178

Verdi zeigt sich mit den Ergebnissen der Proben dann aber doch nicht zufrieden und nimmt an den Vorstellungen der *Lombardi* nicht teil. Muzio berichtet über die Premiere vom 26. Dezember:

Muzio an Barezzi, Mailand, 29. Dezember 1844

Der *signor Maestro* hat den ersten Vorstellungen der *Lombardi* nicht beigewohnt; wenn er dagewesen wäre, wären sie besser verlaufen, denn sie gefielen bei den Proben mehr als jetzt; das ist tatsächlich so, ich habe es heute morgen auch dem *signor Maestro* gesagt, daß auf einen Blick, auf ein Zeichen von ihm Sänger, Chor und Orchester wie von einem elektrischen Funken berührt werden, und dann geht alles gut. Die Frezzolini[22] singt nicht mehr mit jener Kraft und Energie wie früher; sie kränkt sich, weil sie nicht mehr so beklatscht wird, wie sie gerne möchte, und dann weint sie, weil sie nicht mehr die [stimmlichen] Mittel wie in früheren Jahren hat. Poggi gefällt nicht. Gestern abend hatte er in seiner Kavatine einen Frosch, wie wir so sagen, und die Zuhörer begannen zu zischen und unruhig zu werden. Collini ist in seinem Gesang zu süßlich; und in den Ensembles hört man ihn nicht, da er ein Bariton ist, und die Partie ist für einen tiefen Baß geschrieben. Das große Ballett gefällt halbwegs; am ersten Abend hat man das Ballett nicht fertig gespielt, weil der Esel[23] nicht weitergehen wollte. Mittwoch werden wir das neue Ballett haben.   Garibaldi, S. 179

Der in der Literatur oft mit Virgilio Collini, aber auch mit Filippo Coletti verwechselte Bariton **Filippo Col(l)ini** (Rom 1811 – Mai 1863) debütierte 1831 in Rom als Konzertsänger. Sein Bühnendebut erfolgte 1835 in Rossinis *Aureliano in Palmira*. Er sang zuerst in Italien Donizetti-Rollen (*Il furioso all'isola di San Domingo* und *Torquato Tasso*, Neapel 1840) und etablierte sich ab 1843 als Verdi-Interpret (*Nabucco* an der Seite Giuseppina Strepponis, *Ernani*, *Luisa Miller*). Er kreierte außer dem Giacomo in der *Giovanna d'Arco*-Uraufführung auch den Rolando in *La battaglia di Legnano* (1849) und den Stankar in *Stiffelio* (1850). Weitere Paraderollen waren Luigi XIV. in der Uraufführung von Fabio Campanas *Luisa di Francia* sowie der Inquaro in Eugenio Terzianis *Alfredo*. Seine Karriere führte ihn an die großen Theater in Rom, Palermo, Neapel, Genua, Mailand, sowie nach Wien, Paris, London und St. Petersburg. Obwohl Colini auch den Macbeth (mit Barbieri Nini) sang, war er doch noch ein ins Baritonfach tendierender *basso cantante*, der auch weiter die Rollen dieser Stimmkategorie wie den Severo in der Uraufführung von Donizettis *Poliuto* (1848) sang. Wenn Muzio ihn als Bariton bezeichnet, ist damit noch nicht der heutige hohe Bariton gemeint: Das Ansinnen, ein as^1 oder a^1 zu singen, hätte Colini entrüstet von sich gewiesen.

So kritisch Muzio die theaterpraktischen Aspekte wahrnimmt, so unkritisch steht er in seiner Begeisterung der gerade entstehenden *Giovanna d'Arco*-Musik gegenüber:

> Gestern habe ich das große Duett der Giovanna, zwischen ihr und Carlo, gehört, wie sie sich verlieben; das ist das größte und wunderbarste Stück der Oper; ich habe das Finale des dritten Aktes gehört, wo die wunderbarste Melodie vorkommt, die man je gehört hat. Ich kann es nicht erwarten, die Oper auf der Bühne zu sehen. Garibaldi, S. 179

Schon am 9. Dezember 1844 hat Verdi bereits große Teile der Oper komponiert:

> Muzio an Barezzi; Mailand, 9. Dezember 1844
> Wenn sie [Giovanna] nicht schon mit ihren Taten die Erinnerung an sich verewigt hätte, würde die Musik des *signor Maestro* sie unsterblich machen; keine Giovanna hat je eine philosophischere und schönere Musik gehabt. Die angsterregende Einleitung (die Inspiration dazu ist, wie Sie wohl wissen, inmitten von Felsenschluchten gekommen) [und] die wunderbare Nummer *Maledetti cui spinse rea voglia*, sind zwei Stücke, die jeden Menschen außer sich geraten lassen. Die Chöre der Dämonen sind originell, volkstümlich, echt italienisch. [...] In dieser Oper sind alle Musikgenres [vertreten]: das theatralische, das religiöse, das martialische usw. Alles, was ich gehört habe, gefällt mir unendlich gut; und es wird auch Ihnen gefallen. Garibaldi, S. 175

Am 12. Jänner 1845 vermeldet Muzio, daß Verdi mit der Instrumentation der *Giovanna d'Arco* begonnen hat, „jener Oper, die alle Mailänder begeistern wird." Aufgrund von Muzios Berichten scheint die Annahme gerechtfertigt, daß Verdi die Musik in nur 6 bis 8 Wochen komponiert hat. Die Premiere ist für den 15. Februar angesetzt, die Protagonisten werden dieselben wie bei der *Lombardi*-Neueinstudierung sein: Erminia Frezzolini (Giovanna), Antonio Poggi (Carlo VII.) und

Filippo Colini (Giacomo). Doch es treten Schwierigkeiten auf: Poggi will aus dem Vertrag aussteigen, weil ihm Mißfallenskundgebungen angedroht werden. Diese scheinen weniger mit seiner gesanglichen Leistung zu tun zu haben, als mit dem Verdacht, daß er mit den österreichischen Besatzern sympathisiert. Verdi ist von all den Anstrengungen und Ärgernissen so sichtbar erschöpft, daß sich im heimatlichen Busseto das Gerücht verbreitet, seine Feinde würden ihn „wie den armen Bellini" progressiv vergiften. In einem undatierten Brief von Ende 1844 oder Anfang 1845 dementiert Verdi die unsinnigen Gerüchte:

> Was zum Teufel fällt denen ein, von Gift zu reden… Bei Gott, in was für einem Jahrhundert leben wir!!.. Glauben Sie mir, in unserer Zeit verwendet man das nicht mehr. Bellini ist an Auszehrung gestorben, an nichts anderem als an Auszehrung.
> Carteggi IV, S. 80

Bellini ist allerdings ebensowenig an Auszehrung gestorben[24] wie Verdi vergiftet werden soll. Die Proben gehen wie geplant voran, die Premiere findet pünktlich statt. Sie ist ein großer Publikumserfolg, obwohl Poggi mit Schmährufen bedacht wird, einige Kritiker äußern sich skeptisch, Verdi selbst hält sein Werk kurz und bündig für gelungen:

> Verdi an Piave; Mailand, 16. Februar 1845
> Die Oper hat einen guten Erfolg gehabt trotz zahlreicher Gegner. Sie ist ohne Ausnahme und ohne Zweifel die beste meiner Opern. Adieu.
> Abbiati I, S. 538

Die neue Oper wird in dieser Saison siebzehn Mal aufgeführt. In Mailand dudeln bald straßauf, straßab Drehorgeln den Chor *Tu sei bella*. Doch die vermeintliche Erfolgsidylle wird schnell gestört: Merelli verhandelt hinter Verdis Rücken wegen des Verkaufs der Partitur mit Ricordi, welcher Verdi zwar korrekt, aber erst mit Verspätung von dem Vorgang in Kenntnis setzt. Der Komponist ist fuchsteufelswild und spricht mit Merelli und dem Personal kein Wort mehr. Der Impresario verschlimmert die Situation noch dadurch, daß er *I due Foscari* aufführt, wobei er allerdings den dritten Akt vor dem zweiten aufführen läßt. Verdi ist über Merellis Art, die Scala zu leiten, so erbost, daß er es nicht nur ablehnt, einen Fünfjahresvertrag (dessen Bedingungen Verdi diktieren hätte können!) mit Merelli zu unterschreiben und die geplante Neueinstudierung des *Ernani* zu leiten, sondern feierlich schwört, nie mehr einen Fuß in die Scala zu setzen.[25] Er wird dieses Versprechen bis 1869, also fast ein Vierteljahrhundert lang, halten. Die bis dahin komponierten Opern werden in Neapel, Venedig, Florenz, London, Paris, Triest, Rom und St. Petersburg uraufgeführt werden: Der führende Komponist Italiens boykottiert das führende Opernhaus Italiens.

Giovanna d'Arco wird in Italien und im Ausland (Madrid 1846, Lissabon 1847, St. Petersburg 1849, Wien 1857) nachgespielt. Zur Eröffnung der Karnevalssaison 1845–46 bringt das Teatro La Fenice am 24. Dezember 1845 die *Giovanna d'Arco* heraus. Hier ist die Protagonistin Sofia Loewe (ihre Partner sind Carlo Guasco und Natale Costantini). Sie bittet Verdi, der sich in Venedig aufhält, um den *Attila* fertigzustellen und die Aufführung zu überwachen, um eine eigens für sie komponierte Kavatine. Wie um sie für das entgangene *Ernani*-Rondo zu entschädigen, gibt Verdi ihrem Wunsch nach:

> Verdi an Sofia Loewe; Venedig, 19. Dezember 1845
> Hier ist die neue Kavatine. Ich überlasse es Euch, das Eigentum daran zu behalten oder mir zu überlassen. In letzterem Fall werdet Ihr es für billig finden, daß ich Euch bitte, mir zu garantieren, daß meine Rechte nicht verletzt werden, und daß also niemand eine Kopie davon anfertigt. Ihr könnt sie [die Kavatine] in der laufenden Saison verwenden, aber nur an den Abenden, an denen die *Giovanna* aufgeführt wird. Antwortet mir mit einer Zeile, damit ich mich danach richten kann: entschuldigt, daß ich nicht persönlich kommen kann.   Copialettere, S. 18

Die Musik dieser im Prolog einzufügenden Kavatine wurde bis heute nicht aufgefunden. Der Text „Potrei lasciare il margine" ist durch das für diese Gelegenheit gedruckte Libretto erhalten geblieben. Er stammt mit ziemlicher Sicherheit von Piave.

Giovanna d'Arco ist keine hingeschluderte Oper, wie manchmal zu lesen ist (sonst hätte Verdi sie nicht hochgeschätzt), es sind aber doch zwei Dinge in ihr spürbar: der Zeitdruck, der auf Verdi lastet, und die unbestreitbare Tatsache, daß das Libretto all jene Situationen vermissen läßt, die Verdi inspirieren. Dies ist wohl auch der Grund, weshalb er das klischeehafte Libretto unwidersprochen hinnimmt und auf Änderungsvorschläge verzichtet. Er weiß zu diesem Zeitpunkt, daß er zur Erfüllung seiner Verpflichtungen das Arbeitspensum weiterhin erhöhen muß: war es bis *Ernani* eine Oper pro Jahr, werden es in den noch bevorstehenden *anni di galera* zwei Opern sein, 1847 sogar zwei und eine Umarbeitung. Die *Giovanna d'Arco* wurde von Verdis nachfolgenden Opern übertroffen, weshalb sie nur mehr in den 1860er Jahren als Primadonnenvehikel ausgegraben wurde (für Teresina Stolz an der Scala 1865, und für Adelina Patti am Pariser Théâtre Italien 1868) und danach von den Spielplänen verschwand. Erst Mitte des 20. Jahrhunderts tauchte die Oper wieder auf den internationalen Opernbühnen auf.

Alzira

Verdis nächster Karriereschritt ist das mit Neapel bereits vorver-
handelte Projekt *Alzira* (nach Voltaires *Alzire ou les Américains,* 1736).
Das Teatro San Carlo ist zu dieser Zeit ein bedeutendes Opernhaus mit
einem hohen künstlerischen Standard, das auf eine glanzvolle Tradition
zurückblicken kann. Im 18. Jahrhundert hatte Neapel mit den am dortigen *Conservatorio* ausgebildeten Musikern die italienische (und europäische) Musikszene dominiert. Der letzte große Name, der Neapel geprägt
hatte, war Rossini. Jetzt sind Mercadante und Pacini die führenden
Komponisten in Neapel: beide sind älter als Verdi, beide sind ihm seiner
Erfolge wegen feindlich gesonnen.

Saverio Mercadante (Altamura 1795 – Neapel 1870) ist 1845 ein
Machtfaktor in Neapel, da er seit 1840 das *Conservatorio* leitet. Er
schreibt in einem eigenständigen Stil, der sich von Rossini, Bellini und
Donizetti absetzt, und verwendet auf die Instrumentation mehr Sorgfalt
als seine Kollegen. Er wird seine anfängliche Feindseligkeit Verdi gegenüber in späteren Jahren ablegen. Etliche seiner Opern überleben (*Il
bravo, Il reggente, Il giuramento*) und werden im 20. Jahrhundert gele-
gentlich aufgeführt.

Giovanni Pacini (Catania 1796 – Pescia, Pistoia 1867) erinnert in
seinem Stil bisweilen an Donizetti und Verdi, ist aber weniger an Orche-
strierungsraffinessen interessiert als Mercadante. Er schreibt über siebzig
Opern, die zu seiner Zeit ungeheuer populär sind (großen Erfolg hat
seine 1840 uraufgeführte *Saffo*), einigen von ihnen kann man heute hie
und da als hochwillkommenen Raritäten begegnen, wie z.B. *Maria,
regina d'Inghilterra*, London 1996, *Saffo*, Wien 1989 und Wexford 1995,
L'ultimo giorno di Pompei, Martina Franca 1996. Den von der römischen
Zensur abgelehnten *Lorenzino de' Medici*-Text Piaves komponiert Pacini
1845 für Venedig.

Einer der Gründe für Verdis Interesse an einer Arbeit für Neapel ist
neben dem, wie er weiß, schwer zu erringenden Prestigezuwachs im Falle
eines Erfolges[26], die Möglichkeit der Zusammenarbeit mit **Salvadore**[27]
Cammarano (Neapel 1801 –1852), dem Hausdichter des Teatro San
Carlo. Cammarano wurde zuerst als Maler ausgebildet, studierte dann
aber Literatur an der Accademia Poetica Delfica und widmete sich
ursprünglich erfolgreich dem Verfassen von Komödien und einer Tragödie. 1834 gab er die Tätigkeit als Bühnenschriftsteller auf, um sich nur
mehr dem Librettoverfassen zu widmen: sein Debut als Operndichter
gibt er mit dem Libretto zu *La sposa*, das von E. Vignozzi vertont wird.
Er schreibt acht Textbücher für Donizetti (darunter *Lucia di Lammer-*

moor, Roberto Devereux, Maria di Rohan, Poliuto, Belisario), zehn für Mercadante (darunter *La vestale, Il reggente, Medea*) und fünf für Pacini (darunter der Publikumserfolg *Saffo*). Seit Felice Romani nur mehr sporadisch als Textdichter tätig ist, gilt Cammarano als der führende italienische Librettist der Hochromantik. Er wird Verdi nach *Alzira* noch die Texte für *La battaglia di Legnano* und *Luisa Miller* liefern, während der Arbeit an *Il trovatore* wird er, erst einundfünfzigjährig, plötzlich versterben.

> Verdi an Cammarano; 23. Februar[28] 1845
> Ich habe den Entwurf der *Alzira* erhalten. Ich bin in jeder Hinsicht sehr zufrieden damit. Ich habe die Tragödie von Voltaire gelesen, die sich in den Händen eines Cammarano in ein ausgezeichnetes *melodramma* [= Libretto] verwandeln wird. Man beschuldigt mich, daß ich den Lärm [in der Musik] sehr liebe und den Gesang schlecht behandle: achten Sie nicht darauf; legen sie nur Leidenschaft hinein und Sie werden sehen, daß ich passabel schreiben werde.   Copialettere, S. 429

Auch das *Alzira*-Libretto hat Verdi nicht selbst ausgewählt. Es ist sehr wahrscheinlich, daß er Cammarano die Wahl überlassen hat. Er ist mit Kommentaren zu Cammaranos Arbeit äußerst zurückhaltend und nimmt kaum Einfluß auf das Libretto. In seinen Briefen an den Librettisten schlägt er einen ungewohnt zahmen Ton an:

> Verdi an Cammarano; Mailand, 10. Mai 1845
> Ich habe das Duett und die Arie aus dem zweiten Akt erhalten. Wie schön sind diese Stücke! Die Dichtung ist Euch hervorragend gelungen. Was werde ich in der Musik machen?... Ich bitte Euch um Nachsicht meinen Noten gegenüber. Ich werde tun, was in meiner Macht steht. Gesundheitlich geht es mir besser, aber ich kann noch nicht so viel arbeiten wie früher.
> Ungeduldig erwarte ich die Antwort der Impresa auf meinen Brief, dem ich die ärztlichen Bestätigungen beigelegt habe. Lebt wohl, mein Teuerster, bleibt mir gewogen und glaubt mir, daß ich einer Eurer größten Bewunderer bin.   Copialettere, S. 429 f.

Das klingt nicht nach Verdi. Klingt es so, weil er krank ist und gute Miene zum bösen Spiel macht, weil nicht er, sondern die Impresa das Librettistenhonorar bezahlen muß? Da er wieder von seinen Beschwerden gequält wird, muß er den Impresario des Teatro San Carlo, Don Vincenzio Flauto[29], um Verschiebung der für Juni geplanten Premiere um zwei Monate ersuchen. Flauto, erfahren im Umgang mit sensiblen Künstlern, glaubt Verdi nicht und versichert ihm höhnisch, daß seine Gesundheit sich im sonnigen Neapel gewiß rasch bessern würde. Verdi hat ärztliche Bestätigungen vorgelegt und ärgert sich über den Impresario:

Verdi an Cammarano; Mailand, 2. Juni 1845
Wir Künstler dürfen nie krank sein. Da nützt es nichts, wenn man sich immer wie ein Ehrenmann benommen hat!... Die Impresari glauben einem oder glauben einem nicht, je nachdem, wie es ihnen in den Kram paßt. Ich kann die Art, in der mir Herr Flauto geschrieben hat, nicht gutheißen. Auch in dem Gespräch mit Euch zweifelt er meine Krankheit und meine Bestätigungen wiederum an. Copialettere, S. 13.

Widerwillig stimmt Flauto der Verschiebung der Premiere zu. Verdi denkt inzwischen in Venedig, wo er sich mit Piave über zukünftige Projekte berät, über die Besetzung in Neapel nach:

Verdi an Cammarano, Venedig, 27. Mai 1945
Außergewöhnlich schön sind diese Verse der Kavatine der *Alzira*, besonders im Rezitativ und im ersten Teil. Seid so gut und sagt mir in Eurem nächsten Brief die Personen und in wieviele Akte Ihr das Drama einteilt. Es ist überflüssig, Euch Kürze und eine schöne Rolle für Coletti zu empfehlen.
Die Impresa schreibt mir, daß sie bis Juli keine andere *[prima] donna* als die Bishop hat. Wenn die Tadolini nicht singt, erübrigt es sich, darüber zu reden; aber wenn die Tadolini auf der [Besetzungs]liste der Truppe steht, wähle ich ohne jeden Zweifel sie. [...]
P.S. Verzeiht mir eine Bemerkung: Scheinen Euch drei Kavatinen in Folge nicht zu viele?... Verzeiht mir bitte. Abbiati I, S. 552 f.

Seine Krankheit[30] kommt Verdi wegen seiner Besetzungspräferenzen nicht ungelegen. Am 20. Juni melden die Mailänder Tageszeitungen Verdis Abreise nach Neapel. Er führt die bis auf das Finale fertiggestellte Oper mit sich. Drei Wochen später ist die Oper komplett fertiggestellt:

Verdi an Jacopo Ferretti; 12. Juli 1845
Obwohl die Oper (bis auf die Instrumentation) fertig ist, konnte ich noch nicht mit den Proben beginnen, da Coletti indisponiert war. Hier geht alles so wie ich es will, und mit Ausnahme der Journalisten genieße ich die Gunst der ganzen Öffentlichkeit, ich werde an dem fatalen Abend auch keine Kabalen und Intrigen zu fürchten haben, wie ich glaube.
Copialettere, S. 430 f.

Cammarano hat in seinem Libretto von Voltaires Vorlage all das weggelassen, was seiner Meinung nach nichts auf einer Opernbühne verloren hat: religiöse und politische Inhalte, die Hauptelemente in Voltaires Arbeit, die in der Oper nur am Rande gestreift werden. Was übrig bleibt, ist das austauschbare romantische Dreiecksverhältnis der Opernfiguren Alzira-Zamoro-Gusmano sowie eine zu kurze Oper. Um sie zu verlängern, beauftragt Flauto Verdi mit der Komposition einer Ouverture[31]. Verdi stellt alles fertig, Ende Juli beginnen die Klavierproben, über den Arbeitsfortschritt berichtet Verdi:

Verdi an Andrea Maffei; Neapel, 30. Juli 1845

Ich habe die Oper auch in der Instrumentierung fertiggestellt; wegen der Bühnenbilder wird sich die Aufführung bis ungefähr 9. August verzögern. Ich wüßte kein Urteil über diese meine Oper abzugeben, weil ich sie beinahe ohne es zu bemerken und ohne Anstrengung geschrieben habe: deshalb würde es mich auch wenig schmerzen, wenn sie durchfiele... Aber sei beruhigt, es wird kein Fiasko geben. Die Sänger singen sie gern, und etwas Erträgliches muß wohl darin sein. Ich werde gleich nach dem ersten Abend schreiben.

Copialettere, S. 431

Ostentative Bescheidenheit dringt aus diesem Brief, wie auch das Eingeständnis, für eine so wichtige Arbeit wenig Mühe aufgewendet zu haben. Verdi hofft selbstverständlich auf einen Erfolg, und er kann sich dabei auf ausgezeichnete Sänger stützen. Nicht auf die englische Sopranistin Ann Bishop, die in Neapel in *I due Foscari* erfolgreich war und für Eugenia Tadolini eingesprungen wäre, sondern auf die ursprünglich favorisierte Tadolini (Alzira), den Tenor Gaetano Fraschini (Zamoro) und den Bariton Filippo Coletti (Gusmano). Im ersten Brief des *Copialettere* war bereits von dieser Wunschbesetzung der *Alzira* die Rede (Punkt 4):

Verdi an Flauto, Mailand, 21. März 1844

[Ich habe das Recht,] aus dem [Sänger-]Verzeichnis der Truppe die Sänger meiner Wahl auszuwählen, vorausgesetzt, daß in diesem Verzeichnis die Tadolini, Fraschini und Coletti aufscheinen.

Copialettere, S. 3

Eugenia Tadolini (Forlì 1808 – Paris 1872) ist mehr durch Verdis berühmt gewordene Empfehlung, die Lady Macbeth mit „rauher, hohler, erstickter Stimme"[32] zu singen, als durch ihr anerkannt hervorragendes Können in die Musikgeschichte eingegangen. Es mutet merkwürdig an, daß die Siebenunddreißigjährige 1845 in der Literatur immer wieder als „nicht mehr jung" beschrieben wird. Möglicherweise wird damit auf ihre stimmliche Verfassung angespielt, obwohl sie zum Zeitpunkt der *Alzira*-Premiere noch auf der Höhe ihres Könnens ist.

Sie kam als Eugenia Savonari zur Welt und wurde u.a. von ihrem Mann, dem Komponisten Giovanni Tadolini (Bologna 1789 – 1872), von dem sie sich 1834 wieder trennte, ausgebildet. Ihr Debut erfolgte 1828 in Florenz. Sie trat in Venedig und Triest auf, sang 1829 in Parma (Giulietta in Vaccajs *Giulietta e Romeo*), ging 1830 nach Paris, wo sie am Théâtre Italien in Rossinis *Ricciardo e Zoraide*, 1831 in *Don Giovanni*, Cimarosas *Il matrimonio segreto* und Donizettis *Anna Bolena* auftrat. Nach ihrer Rückkehr nach Italien debütierte sie an der Mailänder Scala im September 1833 in Luigi Riccis *I due sergenti*. Im Oktober trat sie dort in Donizettis *Il furioso all'isola di San Domingo* auf. 1835 lernte das Wiener Publikum sie in Donizettis *L'elisir d'amore* im Kärntnertortheater kennen, 1837 war sie in Florenz als *Lucia di Lammermoor* zu hören. 1838–39 kehrte sie mit *Prigioni d'Edimburgo* von F. Ricci und *Il bravo* von Mercadante an die Scala zurück. Von 1839 bis 1843 sang sie in Genua, Bergamo, wiederum an der Scala, in Wien und Neapel. 1843 sang sie erstmals eine Verdi-Rolle: die Giselda in den *Lombardi* (im Oktober in Triest, im Dezember in Turin).

1844 lernt sie in Wien Verdi anläßlich ihrer Auftritte als Elvira in *Ernani* kennen. Sie ist als Donizetti-Spezialistin etabliert: der Komponist schreibt Rollen für sie (*Linda di Chamounix*, Wien 1842, *Maria di Rohan*, Wien 1843), sie singt die italienische Erstaufführung des *Poliuto* (Neapel 1848) und hat Donizetti-Opern wie *Don Pasquale, Maria Padilla* und *Lucrezia Borgia* im Repertoire. Donizettis böse Bemerkung über die Sängerin („Sie hat eine Stimme wie eine alte Zikade…"[33]) bezieht sich auf ihre letzten Bühnenjahre. Die *Alzira* singt sie neben *Attila* und *Don Pasquale* in der Saison 1846–47 auch an der Mailänder Scala. Von diesem Haus, an dem sie 223 Mal aufgetreten ist, nimmt sie 1848 Abschied. Im selben Jahr tritt sie – mit geringem Erfolg – in London auf. 1851 nimmt sie in Neapel von der Bühne Abschied. Ihre letzten Auftritte erfolgen in Donizettis *Maria di Rohan*, Mercadantes *La schiava saracena* und in der Uraufführung von De Giosas *Folco d'Arles*. Sie lebt bis 1861 in Neapel und übersiedelt dann nach Paris.

Die Sängerin, die neben den erwähnten Donizetti-Rollen auch virtuose Bellini-Partien wie *La sonnambula* und *I puritani* sang, dürfte wie manch andere ihrer Kolleginnen ihre Stimme mit zu dramatischen Partien überanstrengt haben. Der Umstand, daß Verdi sie unter Vorwänden 1848 nicht in der *Macbeth*-Produktion in Neapel haben will, weist auf stimmliche Verschleißerscheinungen der Vierzigjährigen hin.

Gaetano Fraschini (Pavia 1816 – Neapel 1887) wird sich nach der *Alzira*-Uraufführung als einer der besten Verdi-Tenöre im Sinne des Komponisten erweisen. Verdi wird ihm die Tenorpartien in den Uraufführungen von *La battaglia di Legnano, Il corsaro, Stiffelio* und *Un ballo in maschera* anvertrauen und ihn in den jeweiligen Erstaufführungen von *Simon Boccanegra* (Neapel), *I vespri siciliani* (Turin), *I due Foscari* (London) und *La forza del destino* (Madrid) sowie in Wiederaufnahmen von *Luisa Miller, Il trovatore, La forza del destino, Rigoletto, La traviata* einsetzen. Der Umstand, daß Fraschini 1847 für Florenz nicht frei ist, führt dazu, daß Verdi den *Macbeth* komponiert, eine Oper, in der er keinen ersten Tenor benötigt.[34] Unter Verdis Anleitung entwickelt sich Fraschini

Gaetano Fraschini,
der Lieblingstenor
Giuseppe Verdis.

im Laufe der Jahre von einem stentorischen Vokalisten[35] zu einem phantasievollen, nuancenreichen, den ganzen Dynamikbereich bewältigenden Interpreten, einem exemplarischen *tenore di forza*[36]. (Dieselbe Entwicklung wird, ebenfalls unter Verdis Anleitung, Francesco Tamagno, der erste Otello, durchmachen.)

Fraschini hatte als Kind im örtlichen Kirchenchor gesungen und debutierte 1837 in Pavia in Donizettis *Gemma di Vergy*. Über die Karrierestationen Bergamo, Lodi, Vicenza, Venedig, Piacenza und Turin gelangte er 1840 an die Mailänder Scala (Debut in Donizettis *Marin Faliero*, danach Auftritte in Cordellas *Gli avventurieri*) und danach an das Teatro San Carlo in Neapel (Faone in Pacinis *Saffo*), wo er bis 1848 regelmäßig engagiert war und auch nach 1852 wieder auftrat. Die erste Verdi-Oper, in der Fraschini auftrat, war *Ernani* im Teatro S. Benedetto in Venedig (Mai 1844), an der Seite von Filippo Coletti. Mit diesem Kollegen sang er 1845 auch die Erstaufführung der *Foscari* in Neapel. Fraschini sang im Ausland außer in London in Paris und in Wien, wohin er bis 1852 oft eingeladen wurde. Er trat auch in Uraufführungen von Opern von Pacini, Mercadante, Donizetti und Petrella auf. Sein Repertoire umfaßte 106 Hauptrollen. Er beendete seine Karriere 1873.

Das Notenbild der von Fraschini gesungenen Verdi-Partien gibt Aufschluß über seine stimmlichen Voraussetzungen. Seine Erfolge in den Tenorrollen in *La battaglia di Legnano, I vespri siciliani, Un ballo in maschera, La forza del destino, Ernani, Luisa Miller, Il trovatore, Simon Boccanegra* und *Stiffelio*, die den anspruchsvollen Verdi begeistern, bestätigen die Beschreibungen seines durchschlagskräftigen, jedoch auch zu Zwischentönen fähigen Tenors (den man sich – von der Stimmanlage, nicht jedoch vom Stil her – wie ein Mittelding zwischen Francesco Tamagno und Franco Corelli vorstellen kann). Es handelt sich fast durchwegs um sogenannte Zwischenfach-Partien, zu deren Bewältigung der Tenor eine robuste, technisch einwandfrei geführte Stimme mit ausgezeichneter Höhe[37] benötigt, Voraussetzungen, die Fraschini mit seiner leicht baritonalen Färbung voll erfüllt. Seine Stimme soll „wie ein großer Silberteller, der mit einem Hammer, ebenfalls aus Silber, angeschlagen wird"[38] geklungen haben. Sein Einsatz als *Rigoletto*-Herzog zeigt, daß die Rolle schon im 19. Jahrhundert von baritonalen Tenören mit heldischem Einschlag gesungen wurde. Der Umstand, daß Verdi den Riccardo im *Ballo* für Fraschini schrieb, ist ein Hinweis auf die vom Komponisten gewünschte Stimmcharakteristik. Erwähnenswert ist schließlich noch, daß der Stiffelio eine der stimmlich anspruchvollsten Verdi-Rollen ist. Er wird von vielen Tenören mit dem Radames und dem Otello verglichen bzw. als kaum weniger anstrengend als diese Partien empfunden.

Zu seinen erfolgreichen Rollen anderer Komponisten zählen die Tenorpartien in Donizettis *Lucia di Lammermoor, Caterina Cornaro, Lucrezia Borgia* und *Poliuto* (eine ausgesprochen heldische Partie), sowie in *Robert le diable* oder *Orazi e Curiazi* (Mercadante).

Der Bariton **Filippo Coletti** (Anagni, Frosinone 1811 – 1894) debütierte 1834 in Neapel als Prosdocimo in Rossinis *Il turco in Italia* und etablierte sich im ersten Jahrzehnt seiner Karriere als Bellini- und Donizetti-Spezialist. 1836 debütierte er in Lissabon, 1840 in London und Wien, 1841 an der Mailänder Scala. In Neapel wurde er 1844 von Donizetti in der Uraufführung der *Caterina Cornaro* eingesetzt. Nachdem er in diesem Jahr mit großem Erfolg in Venedig den Don Carlo in Verdis *Ernani* und den *Nabucco* gesungen hat, wird auch er zu einem der bevorzugten Interpreten Verdis. Nach der *Alzira* besetzt ihn Verdi 1846 in der Pariser Erstaufführung der *Foscari*, 1847 in der Uraufführung von *I masnadieri* in London, wo von der Kritik auch die darstellerische Leistung des Sängers anerkennend hervorgehoben wird, 1851 in der römischen Erstaufführung des *Rigoletto* (unter dem zensurbedingten Titel *Viscardello*), 1858 in der neapolitanischen Erstaufführung des *Simon Boccanegra*[39].

Gerühmt werden auch seine Interpretationen des Ezio in *Attila*, des Conte di Luna in *Il trovatore*, des Monforte in *I vespri siciliani*, des Simon Boccanegra und des Germont in *La traviata*. Die Überlegungen, den *Re Lear* zu komponieren, verbindet Verdi mit Coletti, den er sich in der Titelpartie vorstellen könnte.[40] 1869 beendet der Sänger seine Karriere in Neapel. Er veröffentlicht eine Abhandlung über die Gesangskunst.[41]

Coletti war, wie auch aus seiner Karriere abzulesen ist, ursprünglich ein *basso cantante*. Bei dem Versuch, sich ein Bild von seinen stimmlichen Möglichkeiten zu machen, darf man angesichts der von ihm interpretierten Verdi-Rollen allerdings nicht annehmen, daß diese Rollen damals mit den heute vielfach üblichen, eingelegten, d.h. nicht komponierten Spitzentönen gesungen wurden.

Die Oper geht am 12. August 1845 über die Bühne. Der Erfolg ist umstritten, auch weil die übergangene Sopranistin Ann Bishop nach Verdis Meinung Journalisten bestochen[42] und Protestaktionen organisiert hat. Die Zeitungen berichten von Applaus und Pfiffen, von Hervorrufen und Zischen. Einige Nummern finden lautstarke Zustimmung, andere werden mit eisigem Schweigen aufgenommen. Verdi wird im Verlauf des Abends fünf Mal hervorgerufen. Bei den Folgevorstellungen verwandelt sich die eingeschränkte Zustimmung in Ablehnung. Der Beweis für den Mißerfolg ist Verdis Versuch, aus einem Vertrag auszusteigen, der ihn zur Komposition einer weiteren Oper für Neapel verpflichtet (daraus wird mit zwei Jahren Verspätung 1849 die *Luisa Miller* werden). Diesmal irrt Verdi mit seinen Erfolgsprophezeiungen:

> Verdi an die Gräfin Appiani, Neapel, 13. August 1845
> Dem Himmel sei Dank, auch das ist vorbei. Die *Alzira* ist auf der Bühne. Diese Neapolitaner sind grausam, aber sie haben applaudiert. Die Bishop hat mir eine Claque vorbereitet, die diese arme Kreatur gewaltsam zu Fall bringen wollte. Trotz alledem wird die Oper im Repertoire bleiben und, was mehr zählt, sie wird wie ihre Schwestern auf die Reise gehen.
> A.M. Cornelio, *Per la storia*, Flori, Pistoia 1904, S. 29

Wahrscheinlich am selben Tag berichtet er an Piave:

> Verdi an Piave, Neapel, 13 (?). August 1845
> Meine Uraufführungen sind keine Vorstellungen, sondern Kämpfe. [...] *Alzira* hat so gefallen wie *Ernani* am ersten Abend in Venedig. Damit habe ich Dir alles gesagt. [...] Sie wird auch (wenn ich nicht irre) die übliche Reise antreten, und zwar bald, denn mir scheint, daß sie eine stärkere Wirkung als die *Foscari* hat. Abbiati, S. 566

Der letzte Satz ist eine glatte Taktlosigkeit, denn das Libretto der *Foscari* stammt von Piave.

Am 28. Oktober 1845 wird die *Alzira* im Teatro Argentina in Rom aufgeführt. Es kommt zu ungefähr zehn Vorstellungen. Die Interpreten in Rom sind die Sopranistin Augusta Boccabadati, der Tenor Luigi Ferretti und der Bariton Antonio d'Avila. Wenn die Oper hier einen gewissen Erfolg hat, ist es, wenn man den Zeitungen Glauben schenken darf, mehr das Verdienst der Interpretation und der luxuriösen Ausstattung als der Musik. Vier Monate später, am 17. Februar 1846 geht die *Alzira* in Parma über die Bühne. Die Interpreten heißen hier Adelaide Moltini, Giacomo Roppa (der Tenor der *Foscari*-Uraufführung) und Piero Balzar. Verdis Heimvorteil in Parma kommt nicht zum Tragen: „Bescheidener Erfolg" kommentiert die „Gazzetta di Parma", „Roppa ist der einzige, der Applaus erhalten hat." Für einen „historischen Erfolg" hält hingegen Ricordis „Gazzetta Musicale di Milano" die Aufführung, obwohl auch sie „Zeichen der Ablehnung" bei einigen Nummern ortet. Nach Aufführungen in Lugo erreicht die *Alzira* am 16. Jänner 1847 die Mailänder Scala. Die Besetzung mit Eugenia Tadolini und Achille de Bassini ist glanzvoll, der Tenor ist John Reeves. Doch die Vorstellung gerät zum Fiasko. So sehr, daß die Oper nach ihrer einzigen Aufführung abgesetzt werden muß. Wie selbst das Ricordi-Blatt zugeben muß, liegt es an der Musik: „*Alzira* hat nicht gefallen, weil bis auf wenige Nummern die Musik der *Alzira* nicht gefallen hat." Obwohl die Oper 1847 in Ferrara (mit Carolina Cuzzani, wiederum Giacomo Roppa – ihm scheint die Partie besonders gut zu liegen – und Giovanni Corsi) und im selben Jahr in Venedig, 1849 in Barcelona (Carlotta Gruitz, Roppa, Gaetano Ferri) und in Lissabon (Marietta Gresti, Ambrogio Volpini und Gaetano Fiori) aufgeführt wird, kommt das Verdikt der Scala einem Todesurteil für *Alzira* gleich: Versuche der Wiederaufführung in Turin 1854 (Giuseppina Brambilla, Vincenzo Sarti, Alessandro Olivari) und in Piacenza 1857 führen zu vernichtenden Urteilen über die Musik. Die letzte Aufführung im 19. Jahrhundert erlebt das Werk 1858 in Malta. Danach verschwindet die Oper 109 Jahre lang von den Spielplänen. Rom spielt sie erstmals wieder 1967 mit Virginia Zeani, Gianfranco Cecchele und Cornell MacNeil, in späteren Jahren folgen vereinzelte Aufführungen, die dem Werk aber kein dauerhaftes Leben einzuhauchen vermögen.

Der Arbeitsdruck der Galeerenjahre lastet schwer auf Verdi. Am 21. April 1845 hat er an seinen Freund Giuseppe Demaldé geschrieben: „Ich kann es kaum erwarten, daß diese drei Jahre vergehen. Ich muß sechs Opern schreiben und dann sage ich allem Adieu."[43] Und ein halbes Jahr später:

Verdi an Masi; 5. November 1845

Danke für die Nachrichten über die *Alzira*, noch mehr aber danke ich Dir dafür, daß Du Dich an Deinen armen Freund erinnerst, der ständig dazu verurteilt ist, Noten zu kritzeln, vor denen Gott die Ohren jedes guten Christenmenschen bewahren möge. Gottverdammte Noten! Wie es mir an Körper und Seele geht? Körperlich geht es mir gut, aber die Seele ist betrübt, immer betrübt, und es wird immer so sein, bis ich diese Karriere, die ich verabscheue, beendet haben werde. Und danach? Es ist unnütz, sich Illusionen zu machen. Sie wird immer so betrübt sein! Glück gibt es für mich nicht.   Walker, S. 222

---

[1] Copialettere, Tafel XI, Faksimile der handschriftlichen Aufstellung. Conati weist darauf hin, daß die Aufstellung aus dem Jahre 1849 (und nicht, wie oft zu lesen ist, 1844) datiert. Einige der aufgeführten Werke waren 1844 noch gar nicht geschrieben.

[2] Verdi schreibt nicht *Attila*, wie in der Literatur mehrfach zu lesen ist, sondern *Attala*, d.i. Chateaubriands *Atala*.

[3] S. Kapitel IV.

[4] Brief an Piave, 18. April 1844. In: Abbiati I, S. 513.

[5] Verdi an Piave, 14. Mai 1844, sowie ein weiterer, undatierter Brief. In: Abbiati I, S. 514 f.

[6] G. BALDINI, *Abitare la battaglia. La storia di Giuseppe Verdi*. Garzanti, Milano 1983, S. 77 f.

[7] Baldini, a.a.O., S. 78.

[8] Garibaldi, S. 157.

[9] Garibaldi, S. 167.

[10] Von dem Tenor GIACOMO ROPPA sind keine Lebensdaten überliefert, nur einige Karrieredaten: Er sang die Tenorpartien in Verdis *Lombardi* (Lugo 1845, Barcelona 1849–50), *Ernani* (Genua und Lucca 1844, Rom und Venedig 1846), *I due Foscari* (Reggio Emilia, Lugo, Barcelona 1945, Rom, Ferrara 1847, Barcelona 1849, Madrid 1852, Bologna 1856), *Alzira* (Parma, Lugo 1846, Ferrara 1847, Barcelona 1849), *Macbeth* (Genua 1848), *I masnadieri* (Parma 1848) und *Luisa Miller* (Madrid 1852, Bologna 1856). Zwischen 1834 und 1852 übernahm er die Tenorhauptrollen in insgesamt zehn Uraufführungen von Opern von Mercadante (*Emma d'Antiochia*), Torrigiani, Nini, Poniatowski, Taddei, Verdi (*I due Foscari*), Buzzi, Moscuzza und Battista. Im Jänner 1839 war er an der Mailänder Scala für die Uraufführung von Hillers *Romilda* und für Ferrettis *Monsieur de Chalumeaux* engagiert. Aus seinem Repertoire und der Tessitura und musikalischen Anlage der Rolle des Jacopo ist zu schließen, daß es sich um eine eher robuste Tenorstimme gehandelt haben dürfte.

[11] Unter *Maestro concertatore* (ital. *concertare* – aufeinander abstimmen, einstudieren) verstand man den *maestro di cappella* (Kapellmeister), der die vorbereitenden Probenarbeiten mit Chor und Orchester (ggf. auch mit der Bühnenmusik) durchführte, das Dirigat der Vorstellungen dann aber einem anderen Dirigenten überließ. Die Trennung dieser Funktionen wurde in Italien erstmals durch Angelo Mariani (vgl. Kapitel X) aufgehoben. (Auch Giulio Cesare Ferrarini vereinte die beiden Funktionen, allerdings ist nicht bekannt, ob vor, nach oder gleichzeitig mit Mariani.) Bis heute ist auf italienischen Theaterplakaten, in Programmheften, bei TV-Übertragungen usw. noch zu lesen: *Maestro concertatore e direttore d'orchestra: N.N.*

[12] Vgl. hiezu die Erinnerungen der Sängerin an die *Macbeth*-Uraufführung in Kapitel IV.

[13] Der 1868 in Paris verstorbene Rossini war ursprünglich am Pariser Friedhof Père Lachaise begraben worden. Am 30. April 1887 wurden seine sterblichen Überreste exhumiert und am 3. Mai in Florenz in Santa Croce feierlich beigesetzt.

[14] L. HACKENSÖLLNER, *Marianna Barbieri. Le memorie di una cantatrice*, o.D.

[15] Verdi hat – anders als viele seiner Kollegen, allen voran Rossini – niemals Teile eines veröffentlichten Werks in einem anderen verwendet.

[16] Vgl. Budden I, S. 198 f.

[17] Der Tenor bediente sich dazu der damals bereits langsam aus der Mode kommenden *falsettone*-Technik, die er auch in den Vorstellungen von *I puritani* verwendete, in denen er für Rubini einsprang (s. Prolog).

[18] Bei vielen Details rund um die *Giovanna d'Arco* ist die Forschung auf Vermutungen angewiesen, da nur wenige andere Verdi-Opern so lückenhaft dokumentiert sind wie diese.

[19] Vgl. hiezu Verdis Brief an Ignazio Marini vom 11. Juni 1843 in Kapitel II.

[20] Undatierter Brief Soleras an G. Ricordi. In: Abbiati I, S. 534.

[21] Der Tenor ANTONIO POGGI (Castel S. Pietro, Bologna 1806 – Bologna 1875) studierte u.a. bei dem berühmten Rossini-Tenor Andrea Nozzari. Nach zwei Debuts in Italien (ein erfolgloses und ein sehr erfolgreiches in Rossinis *La donna del lago* in Bologna) ging er 1827 nach Paris, wo er anfangs vorwiegend Rossini-Rollen sang. Nach seiner Rückkehr nach Italien machte er eine Karriere, deren Höhepunkte seine Tätigkeit am Wiener Kärntertortheater (1835, 1837, 1840) und in mehreren Spielzeiten (zwischen 1833 und 1845) an der Mailänder Scala war. Hier trat er 1833 in der Uraufführung von Donizettis *Torquato Tasso* auf, 1835 in der italienischen Erstaufführung von Bellinis *I puritani*. Sein Repertoire umfaßte Werke von Bellini, Donizetti, Verdi, Pacini und Mercadante, zu seinen Paraderollen zählten der Elvino in Bellinis *La sonnambula* und der Nemorino in Donizettis *L'elisir d'amore*, auch der Don Ottavio in *Don Giovanni*. Seine Ehe mit Erminia Frezzolini dauerte nur fünf Jahre.

[22] Vgl. Kapitel II.

[23] Das in dieser Inszenierung vorkommende Lasttier.

[24] Bellinis Todesursachen waren, wie die Autopsie ergab, ein Leberabszeß und Enteritis.

[25] Brief Muzios an Barezzi, Mailand, 27. Februar 1845. In: Garibaldi, S. 184.

[26] „Große Erfolge sind in Neapel schwierig [zu erzielen], besonders für mich", schreibt Verdi am 1. November 1849 im Wissen um die Situation an den Impresario Vincenzio Flauto.

[27] Cammarano unterschrieb, wohl als Tribut an die weiche Aussprache des Neapolitanischen, mit „Salvadore" statt mit dem orthographisch korrekten „Salvatore".

[28] Wie Conati herausgefunden hat, ist das korrekte Datum dieses allgemein mit dem Datum 23. Mai 1845 (bzw. 1844) veröffentlichten Briefes nach Einsichtnahme in das Autograph eindeutig der 23. Februar 1845. „Mai" war ein simpler Lesefehler, „1844" ein Irrtum Verdis, wie er ihm bei den Datierungen seiner Briefe öfter unterlief.

[29] Vincenzio (nicht Vincenzo) Flauto. Inhaber einer Druckerei, Kaufmann mit Investitionen in das Salzmonopol und andere Unternehmungen. 1836–40, 1844–50 Impresario des Teatro San Carlo zusammen mit Edoardo Guillaume. Donizetti nannte ihn scharfzüngig „Diable boiteux" (hinkender Teufel).

[30] „Die Krankheit des *signor Maestro* nennt sich *Anorexie und Dyspnoe*", berichtet Muzio am 25. April 1845 an Barezzi, also Appetitlosigkeit und Atemnot. Dazu gesellen sich später im Jahr rheumatische Fieberanfälle.

[31] Sie ist im Vertrag nicht vorgesehen und trägt Verdi zusätzliche 200 Dukaten ein. Vgl. Muzios Brief an Barezzi: Mailand, 18. September 1845. In: Garibaldi, S. 217.

[32] S. Kapitel IV.

[33] S. Prolog.

[34] S. Kapitel IV.

[35] Er war als „tenore della maledizione", als Tenor mit den wirkungsvollsten Verfluchungsszenen, bekannt.

[36] Der Terminus *tenore di forza* entstand in der ersten Hälfte des 19. Jahrhunderts. Man bezeichnete damit eine Stimme, die zwischen dem *tenore di grazia* (leichter Tenor mit Koloratur) oder dem *tenore lirico* (lyrischer Tenor) einerseits und dem *tenore robusto* (heldischer, dramatischer Tenor) andererseits angesiedelt war. Heute entspricht der *tenore di forza* dem sogenannten *tenore lirico spinto*, dem italienischen Zwischenfachtenor.

[37] In der Cabaletta des Faone in Pacinis *Saffo* ist ein e^2 (eine Terz über dem hohen Tenor-C) vorgeschrieben.

[38] G. MONALDI, *Cantanti celebri del secolo XIX*, Roma, Nuova Antologia, o.D., S. 120.

[39] „Wenn Ihr wirklich die Absicht habt, den *Boccanegra* zu geben, scheint mir [die Besetzung] mit Coletti, Fraschini und der Penco sowie einem Basso profondo, den man noch finden müßte, ausgezeichnet. Es wäre ein Fehler, diese Oper mit einer anderen Besetzung aufzuführen! Es gibt keinen besseren als Coletti für den Dogen." Verdi an den Impresario Torelli; Reggio, 14. Mai 1857. In: Copialettere S. 554.

[40] „Für die Hauptrolle [des *Lear*] würde ich einen Bariton benötigen, der ein *Künstler* im wahren Sinne des Wortes ist: ein Künstler, wie z.B. Giorgio Ronconi einer war. Wenn ich unbedingt zwischen Coletti und Colini wählen müßte, würde ich ersteren vorziehen." Verdi an Torelli; Busseto, 16. Mai 1856. In: Copialettere, S. 192.

[41] F. COLETTI, *La scuola di canto in Italia. Pensieri*, Roma 1880.

[42] Vgl. Verdis Brief vom 12. Juli 1845 an den Chefredakteur Tosi der „Rivista Teatrale".

[43] Walker, S. 222.

Attila – *Macbeth* – Napoleone Moriani – Felice Varesi –
Die Revision des *Macbeth* – *I masnadieri* – Jenny Lind –
Luigi Lablache – Italo Gardoni – *Jérusalem* –
Gilbert-Louis Duprez

Attila

Wenige Tage nach der Uraufführung der *Giovanna d'Arco* am 15. Februar 1845 und bevor Verdi die Arbeit an *Alzira* aufnimmt, stellt er Überlegungen hinsichtlich einer Oper für Venedig an:

> Verdi an Piave; Mailand, 24. Februar 1845
> Es ist Zeit, daß wir über die Oper für den kommenden Karneval reden. Ich brauche ein Sujet mit vier klar gezeichneten, kräftigen Figuren, alle mit kurzen Rollen. *Loeve* als prima donna, *Guasco, Costantini, Marini*. Alle sollen gleich lange Rollen erhalten.[1] Bereite das Sujet vor und schicke es mir sofort; oder veranlasse, daß es vorbereitet ist, wenn ich nach Venedig komme. Abbiati I, S. 553 f.

Aus diesem Brief entnehmen wir die von Lanari[2] für Venedig engagierte Truppe[3]: Anstelle der früher in Betracht gezogenen Berühmtheiten Varesi, De Bassini, Colini oder Dérivis jetzt also der Bariton Natale Costantini. Er ist zu diesem Zeitpunkt weniger bekannt als seine Kollegen, aber gerade im Begriff, sich als Verdi-Bariton einen Namen zu machen: Er hat 1844 den *Nabucco* in Mantua, Fermo und Rovigo gesungen, die *Lombardi* in Parma, den *Ernani* in Rovigo, Genua, Ravenna und Fermo und dort auch die *Foscari*.

Im März fährt Verdi auf einen Kurzbesuch nach Venedig, um die Proben der *Foscari* zu leiten, die am 30. März 1845 am Teatro San Benedetto aufgeführt werden.[4] Er kündigt Piave nach seiner Rückkehr nach Mailand brieflich Anfang April den Entwurf für die neue Oper an:

> Verdi an Piave; Mailand, undatiert [zwischen 2. und 6. April 1845]
> Maffei wird mir den Entwurf des *Attila* machen und ich werde Dir das deutsche Drama schicken und das Ballett, das, wie ich glaube, von Viganò ist. Abbiati I, S. 585

Es ist also wahrscheinlich Verdis Freund Maffei[5], der ihn auf das Sujet bringt, er könnte aber auch durch Madame de Staëls Text *De l'Allemagne* (1810) auf Zacharias Werner und dessen *Attila* gestoßen sein. Verdi schickt Piave die angesprochenen Unterlagen und widmet sich der Arbeit an *Alzira* und deren Aufführung in Neapel. Im August 1845 kehrt er aus Neapel nach Mailand zurück. Er versucht, die Erinnerung an das

Alzira-Erlebnis zu verdrängen und beschäftigt sich mit seinen nächsten Verpflichtungen. Schon seit einiger Zeit wird er von Giovannina Lucca bestürmt, der Gattin des Verlegers Francesco Lucca: Sie will für den Verlag ihres Gatten unbedingt eine Oper von Verdi. Muzio hat schon ein Jahr zuvor darüber berichtet.

> Muzio an Barezzi, Mailand, 30. Juni 1844
> Raten Sie ein wenig, mein Herr, an wieviele Theater Ricordi die Partitur des *Ernani* bereits geschickt hat?… an mehr als zwanzig. […] Der Verleger Lucca ist bisweilen völlig von Sinnen, weil er nicht das Eigentum an einer Oper des *signor Maestro* erwerben kann, denn er sieht, daß Ricordi groß daran verdient, weil er allein für die Kopien der Partitur des Ernani (nicht inbegriffen die zahlreichen Klavierauszüge) schon mehr als dreißigtausend österreichische Lire eingenommen hat; und wenn der *signor Maestro* ihm eine Partitur verspricht, wird er gleich gesund werden; ich glaube es aber nicht, daß er [Verdi] das tun wird. Die Gattin des besagten Verlegers ist zum *signor Maestro* gekommen, um ihn anzuflehen, um ihn zu beschwören, daß er ihm das Eigentum an einer seiner Opern gibt, es wird ihm jeder Preis, den er will, bezahlt. Er will es ihm aber nicht geben. Diese Frau sagte, daß er auch, wenn sie im Bett liegen, nichts anders tut als seufzen. Der *signor Maestro* sagte zu ihr, wenn er sonst nichts tut als seufzen…, zog so das Ganze ins Lächerliche und tat die Sache damit ab.
> Garibaldi, S. 170 f.

Anfang 1845 erreicht Lucca sein Ziel dennoch:

> Muzio an Barezzi, 12. Jänner 1845
> Der Verleger Lucca hat endlich das Eigentum an einer Oper des *signor Maestro* erhalten, und zwar an der, die für Venedig für den nächsten Karneval gedacht ist. Er hat sie von Lanari für dreizehntausend österreichische Lire gekauft und sie ihm dann gratis für 8 Theater überlassen; so werden es also mehr als zwanzigtausend Lire sein. Der besagte Lanari möchte den *signor Maestro* auch noch für Rom verpflichten; und heute hat ihm der *signor Maestro* geschrieben, daß er sie nicht für einen halben Pfennig weniger als 900 Napoleondor schreibt.   Garibaldi, S. 181

Verdi hat noch die Unstimmigkeiten mit Ricordi im Gedächtnis, dies ist die Gelegenheit, ihm deutlich zu machen, daß er auch Konkurrenten hat. Seine Auftragslage ist zu dieser Zeit komplex, er hat mehrere Angebote vorliegen, darunter solche aus Paris und London, und muß Prioritäten setzen – die Galeerenjahre sind voll im Gange. Verdi komponiert vorerst sechs Lieder für Singstimme und Klavier[6] und gibt sie Lucca zur Veröffentlichung, wohl um seinen guten Willen zu zeigen und den ungeduldigen Verleger ruhigzustellen, denn er nimmt jetzt nicht das Projekt für Lucca in Angriff, sondern den *Attila*. Leider ist diese Zeit schlecht dokumentiert: Der *Copialettere* weist zwischen Juli 1844 und April 1845 eine Lücke auf und auch das Archiv des Teatro La Fenice gibt kaum näheren Aufschluß über die Entstehung der neuen Oper. Der Grund dafür liegt darin, daß Verdi – zum Unterschied von den anderen für Venedig komponierten Opern – die Verhandlungen mit dem Fenice nicht direkt führt, sondern über den dazwischengeschalteten Lanari.

Die Vorlage für die neue Oper ist das Bühnenstück *Attila, König der Hunnen* von Zacharias Werner (1808), das Verdi 1844 in seine Liste in Frage kommender Stoffe aufgenommen hat (auch Beethoven hatte den Stoff für eine Oper in Betracht gezogen). Er zeigt sich von dem Stück, das „prächtige und effektvolle Szenen", „großartige Charaktere" und „wunderbare Chöre"[7] enthält, sehr beeindruckt, hat es aber zurückgestellt, um *I due Foscari* zu komponieren. Er legt Piave dringend und ausführlich ans Herz, sich mit dem Stück zu beschäftigen: „Mir scheint, daß man eine schöne Arbeit daraus machen kann, und wenn Du es ernsthaft studierst, wird Dein schönstes Libretto daraus werden." Doch dazu soll es nicht kommen. Warum Verdi im Sommer, vor seiner Abreise nach Neapel, Piave den Auftrag entzieht und ihn Solera überträgt, wissen wir nicht genau: Die Zeitschrift „Il Pirata" meldet ihren Lesern am 24. Juni: „Fr. M. Piave wird für den M° Verdi die Textbücher für den Frühling und Karneval 1846 anstelle von Herrn Solera schreiben. Im Gegenzug tritt er das Textbuch, das für den kommenden Karneval in Venedig vom genannten Maestro vertont werden soll, an Solera ab." Ebensowenig erhellend ist ein Brief Verdis aus Neapel an den Librettisten Jacopo Ferretti: „Ich glaube, daß Piave mir den *Attila* nicht mehr machen wird."[8] Welche Gründe dahinterstecken, ist auch Verdis Brief an Piave nicht zu entnehmen:

> Verdi an Piave, Neapel, 16. Juli 1845
> Ich sehe, daß Du ein guter Junge bist! Brav, brav: Du bist einsichtig, so ist es recht. Reden wir nicht mehr vom Textbuch für Venedig und denken wir an das [Libretto], das wir für Genua, oder für Wien, oder für… weiß der Teufel wo… wer weiß!… schreiben werden.
>
> Abbiati I, S. 563

Wer meint, leichte Herablassung aus diesem Brief zu entnehmen, täuscht sich nicht. Das angesprochene Libretto wird jedoch für keine der genannten Städte, sondern für Florenz sein. Es wird der *Macbeth* sein. Faktum ist, daß Solera im Sommer beginnen soll, das *Attila*-Libretto zu schreiben:

> Muzio an Barezzi, Mailand, 13. August 1845
> Der *signor Maestro* hat Solera geschrieben, daß er eigens nach Mailand kommt, um den *Attila* entgegenzunehmen, aus dem er seine schönste Oper machen will; aber dieser stinkfaule Dichter hat nichts gearbeitet; ich habe es Cav. Maffei und Toccagni gesagt, die werden ihn zur Arbeit anhal-

ten, und er hat versprochen, Tag und Nacht zu arbeiten, und er wird [das Libretto] fertigstellen, bevor der *signor Maestro* kommt. Heute morgen lag er um 11 noch im Bett; es scheint also, daß er nicht arbeitet.

Garibaldi, S. 215

Obwohl der Dichter „stinkfaul" ist, dürfte er in Verdis Augen besser geeignet für „grandiose Sujets" sein. Bald kann Muzio aufatmen:

> Muzio an Barezzi, Mailand, 18. August[9] 1845
> Solera hat das Libretto fast fertiggestellt und wird es Donnerstag vormittag schon ins Reine geschrieben haben; er ist sehr zufrieden und hat mir gesagt, daß es schön ist; und daß es denen, die es [vorgelesen] gehört haben, überaus gefällt; das ist eine gute Nachricht. So wird sich also die Reise des *signor Maestro* nicht verzögern und er kann [nach Busseto] fahren, wann er will. Garibaldi, S. 219

Ende August liegt das Libretto fertig vor (Verdi wird noch einige Änderungen im Finale des Prologs und des letzten Aktes anbringen lassen), Anfang September kündigt Verdi seinem französischen Verleger Escudier[10] an, er werde in wenigen Tagen mit der Komposition beginnen. Doch Verdi hält sich einen Monat in Busseto auf und frönt dem Müßiggang.

> Verdi an Andrea Maffei; Busseto, 12. September 1845
> Aus meinem ruhigen und friedlichen Busseto schreibe ich Dir, der Du in der lärmendsten Stadt der Welt bist. [...] Hier passiert ... nichts, nichts... man ißt, man trinkt, man schläft 25 Stunden pro Tag: und ich mache das auch so. [...]
> P.S. Gestern habe ich begonnen, den *Attila* zu schreiben und von da an werde ich statt 25 Stunden nur 24 Stunden pro Tag schlafen.[11]

Muzio widerspricht dem: „Er war von hier mit der Absicht zu schreiben weggefahren, er hat aber keine einzige Note gemacht."[12]

Inzwischen ist Solera nach Spanien gereist, zu seiner Gattin, der Sängerin Teresa Rusmini, die in Barcelona engagiert ist. Der Librettist, der nicht nur als „einer der seltsamsten Männer, die je auf Erden gewandelt sind", sondern auch als unzuverlässig beschrieben wird, hat Verdi zwar die Durchführung der ausstehenden Änderungen versprochen, doch beschränkt er sich darauf, aus Spanien, wo er sich jetzt als Impresario und Dirigent betätigt, Verdi zu ermächtigen, sich Piaves für die Änderungen zu bedienen. Dies ist das Ende der Zusammenarbeit mit Solera, ein verfrühtes Ende, da der Librettist an keinem Mißerfolg beteiligt war.

Im Oktober arbeitet Verdi am *Attila*. Er leidet an rheumatischen Fieberschüben und läßt sich von Muzio massieren. In den Momenten der Besserung seiner Gesundheit findet er zu seiner Begeisterung für den „schönen Stoff" zurück. Angesichts der zu erwartenden Karriere in Paris äußert er im November den Wunsch, einen Französischlehrer zu finden, der ihn in die Lage versetzt, „zu lesen, zu übersetzen und zu sprechen".

Der Jahresbeginn 1846 findet Verdi krank und ans Bett gefesselt vor. Er ist an einem gastrischen Fieber so schwer erkrankt, daß man um sein Leben fürchtet. Der übliche Theatertratsch wird verbreitet, jeder, der ihn weitererzählt, fügt etwas hinzu, bis die „Allgemeine musikalische Zeitung" in Leipzig schließlich folgerichtig Verdis Tod meldet. Am 21. Jänner kann er erstmals das Bett wieder verlassen, ist aber noch sehr schwach. Unterdessen ist Giuseppina Strepponi zum letzten Mal auf der Bühne aufgetreten (*Nabucco* in Modena, 11. Jänner). Die Uraufführung des *Attila* muß zwangsläufig verschoben werden. Verdi informiert auch Lucca von seiner Krankheit, durch dessen Vermittlung er einen Vertrag mit Benjamin Lumley, dem Impresario von Her Majesty's Theatre in London, für eine neue Oper abgeschlossen hat, deren Uraufführung nun auf 1847 verschoben werden muß.[13] Im Februar erleidet er einen Rückfall. Zu seinem Bedauern muß er auch den Vertrag, den ihm der Direktor der Pariser Opéra angeboten hat, vorläufig ablehnen und auf später verschieben. Irgendwie gelingt es ihm, den *Attila* fertigzustellen, um zu ermöglichen, daß noch einige Vorstellungen vor Ende der Stagione stattfinden können.

Inzwischen geht die Karnevalssaison in Venedig ihrem Ende zu. Als Eröffnung wurde *Giovanna d'Arco* (mit Loewe, Guasco, Costantini) gespielt, es folgte *Ernani* mit denselben Sängern und dem Baß Ignazio Marini, sowie Donizettis *Adelia* und Poniatowskis *La sposa d'Abido*. Am 16. März 1846 findet die Generalprobe zu *Attila* statt, tags darauf die Premiere. Es singen die angekündigten Sänger Loewe, Guasco, Costantini und Marini. Am selben Tag informiert Verdi Clara Maffei:

> Verdi an Clara Maffei; Venedig, 17. März 1846
> *Attila* hatte insgesamt einen sehr erfreulichen Erfolg. Für einen armen Kranken waren der Applaus und die Hervorrufe sogar zuviel. Vielleicht wurde nicht alles [gleich] verstanden und man wird es [erst] heute abend verstehen. – Meine Freunde meinen, dies sei die beste meiner Opern: das Publikum streitet sich darüber: ich sage, daß sie keiner meiner anderen Opern unterlegen ist: die Zeit wird entscheiden.
> Conati, Fenice, S. 172

Bei der zweiten Vorstellung tags darauf ist der Erfolg noch größer.

> Verdi an Arrivabene; Venedig, 18. März 1846
> *Attila* hat am ersten Abend einen überaus guten Erfolg gehabt, bei der zweiten Vorstellung hat er glühende Begeisterung geweckt. Es gab kein Stück, das nicht beklatscht wurde, und in der Folge zahllose Hervorrufe. [...] Alle Sänger haben mit maximalem Einsatz gesungen und alle haben sich ausgezeichnet.
> Alberti, S. XXVII

Die dritte Vorstellung, die letzte, an der der Komponist vertragsgemäß teilzunehmen hat, endet triumphal. Auch die Venezianer identifizieren sich wie seinerzeit die Mailänder mit dem Bühnengeschehen. Als Ezio im Duett mit Attila zu der Zeile „Avrai tu l'universo / resti l'Italia a me" kommt, bricht die Zuhörerschaft in tumultuöse Zustimmung aus: „A noi! L'Italia a noi!" wird gerufen. Aus heutiger Sicht wundern wir uns nicht über die Publikumsreaktion[14], sondern über die Unfähigkeit der österreichischen Zensur, die politische Sprengkraft dieser Zeilen zu erkennen. Verdi wird als Held gefeiert und

> mit brennenden Fackeln, zur Musik einer ausgewählten Militärkapelle, unter denselben Hochrufen und demselben Applaus, die ihm [das Publikum] im Theater zuteil werden ließen, [nach Hause geleitet]. – Unser guter Marini, den viele andere hervorragende Künstler umringten und begleiteten, reichte dem rekonvaleszenten Maestro den Arm und stützte ihn mit solcher Liebe, solcher Behutsamkeit, daß man ihn für einen Vater oder Bruder gehalten hätte.
> „La Fama", Mailand, Nr. 26, 30. März 1846, S. 103

Ein Bankett zu Verdis Ehren wird abgehalten, am 22. März reist der Komponist von Venedig nach Mailand. Es ist eine Tagesreise.

> Muzio an Barezzi; Mailand, 23. März 1846
> Gestern abend um sechs Uhr ist der *signor Maestro* aus Venedig kommend hier eingetroffen. Er hat unter der Reise gar nicht gelitten. Er hat von der Krankheit sehr abgenommen; aber seine Augen sind sehr lebhaft und seine Gesichtsfarbe eher gut. […] Die morgige Ausgabe des *Pirata* wird ankündigen, daß die Ärzte dem Maestro Verdi sechs Monate Ruhe verschrieben haben, weshalb er nicht nach London fahren wird.
> Garibaldi, S. 236

Am 24. März endet die Saison in Venedig. Die letzte *Attila*-Vorstellung verzeichnet eine Rekordeinnahme: 5428 österreichische Lire. Die Premiere hatte 3468 österreichische Lire eingebracht, genausoviel wie die *Giovanna d'Arco* zu S. Stefano. Zum Vergleich: Die Durchschnittseinnahmen in dieser Saison betragen zwischen 600 und 800 österreichische Lire pro Abend.[15] *Attila* tritt 1846 einen Triumphzug durch die Opernhäuser Italiens an: Florenz, Reggio Emilia, Lucca, Livorno, Bologna spielen das Werk. Für Triest schreibt Verdi nach Rossinis diesbezüglichen Interventionen eine neue Romanze für Nicolai Ivanoff („Sventurato! alla mia vita"), eine zweite für Napoleone Moriani („Oh dolore! ed io vivea"), der sie an der Scala singt. Parma, Genua, Rom, Neapel und Turin schließen sich an, ab 1847 ist der *Attila* in ganz Europa zu hören.

Macbeth

Nach *Attila* steht ein großes Arbeitspensum an: Verdi soll eine neue Oper für Neapel komponieren, eine für Paris schreiben oder adaptieren und ihre Aufführung jedenfalls selbst leiten, sowie zwei weitere für Francesco Lucca komponieren. Eine davon ist als Welturaufführung für den Impresario Benjamin Lumley gedacht, den er am 28. Oktober 1845 in Mailand empfangen und mit dem er einen Vertrag abgeschlossen hat; sie soll in London am Her Majesty's Theatre aufgeführt werden. Ins Auge gefaßt hat Verdi dafür entweder *King Lear* oder Byrons *The Corsair*. Beide Opern waren, wie erinnerlich, schon im Frühjahr 1843 im Gespräch, als Verdi für das Teatro La Fenice dann doch letzendlich den *Ernani* komponierte.

Doch Verdi ist nicht in der Lage, Reisen zu unternehmen. Er sagt seine Verpflichtungen ab, läßt sechs Monate lang tatsächlich alle Arbeit liegen, nimmt seine Arzneien, unternimmt lange Spaziergänge, macht im Sommer eine Trinkkur in Recoaro und geht seiner Umgebung, darunter dem treuen Muzio, mit abwechselnden Anfällen von Lethargie, Langeweile und Gereiztheit auf die Nerven.

Ende des Sommers kehren Verdis Lebensgeister langsam wieder zurück und er beginnt, sich mit Verträgen, Libretti, Impresari und Sängern zu beschäftigen. Da er keine langen und anstrengenden Reisen unternehmen will, ändert er seine Pläne: Neapel entläßt ihn auf seinen Wunsch aus dem Vertrag, London und Paris stimmen Verschiebungen der jeweiligen Projekte zu.

Im Frühjahr 1846 hatte Alessandro Lanari, der Impresario des Teatro della Pergola in Florenz, bei Verdi um eine neue Oper für die Karnevalssaison angefragt. Schon bei den ersten Kontakten kommt man überein, daß Verdi einen „phantastischen" Stoff[16] vertonen wird: Darunter versteht der Komponist etwas außerhalb der Norm der Opernstoffe Liegendes, etwas Seltsames, einen Stoff, der mehr Traumhaftes als Reales bietet. Sein Freund Andrea Maffei, der ihn nach Recoaro begleitet hat, und der seit 1827 an einer Übersetzung der Schillerschen Theaterstücke arbeitet, beschäftigt sich gerade mit den *Räubern* und spricht mit Verdi über diese Arbeit. Die Vorstellung, dieses Drama als Grundlage für ein Opernlibretto zu verwenden, fasziniert Verdi, doch wie immer zieht er mehrere Projekte in Erwägung.

Muzio an Barezzi; Mailand, 13. August 1846
Der *signor Maestro* beschäftigt sich mit dem Libretto für Florenz. Er hat drei Stoffe zur Wahl[17]: *L'avola*[18], *I masnadieri*[19] und *Macbeth*. – Wenn er Fraschini bekommt, dann macht er *L'avola*; gibt man ihm jedoch, wie es

aussieht, Moriani anstelle von Fraschini, dann macht er *Macbeth* und benötigt dann keinen stimmstarken Tenor mehr. Wenn Moriani noch über seine stimmlichen Mittel verfügte, dann könnte man ihm eine Hauptrolle anvertrauen, doch es heißt, er sei ausgesungen. Der Maestro wird ihn sich jedoch in Bergamo anhören und dann eine Entscheidung treffen.

Garibaldi, S. 258

Obwohl der Tenor **Napoleone Moriani** (Florenz 1806 – Florenz 1878) kein Uraufführungssänger einer Verdi-Oper war, erlangte er Bedeutung als Verdi-Interpret. Er debutierte nach einem Jusstudium 1832 in einem Konzert an der Mailänder Scala, 1833 in Pavia auf der Bühne (*Gli arabi nelle Gallie* von Pacini) und wurde rasch als Interpret von Opern von Donizetti berühmt, der für ihn den Enrico in *Maria de Rudenz* (1838) und den Carlo in *Linda di Chamounix* (1842) komponierte. Nach Lehrjahren in Padua, Parma, Genua, Turin, Neapel und Bologna wurde er bereits 1836 in Florenz in der italienischen Erstaufführung von Donizettis *Marin Faliero* besetzt. In der Stagione 1839–40 trat er an der Mailänder Scala auf (*Lucia di Lammermoor*). Er sang von 1840 bis 1844 häufig in Wien (wo er 1841 vom Kaiser zum Kammersänger ernannt wurde) und war zwischen 1844 und 1846 oft in London (wo er in der Erstaufführung des *Ernani* auftrat) und Madrid (hier wurde er mit dem Isabellenorden ausgezeichnet) zu Gast. 1843 sang er unter der Leitung von Richard Wagner an der Dresdener Hofoper. Felix Mendelssohn Bartholdy nannte ihn „mein Lieblingstenor Moriani".

Er hatte, auch als Verdi-Interpret, eine glanzvolle Karriere an den großen Opernhäusern in Mailand, Dresden, Prag, Budapest, Berlin, London, Paris, Lissabon, Barcelona. Für die Wiederaufnahme des *Attila* in Mailand 1847 komponierte Verdi für ihn eine alternative Arie („O dolore! ed io vivea") für den letzten Akt. Seine weiteren Verdi-Rollen waren der Oronte in *I lombardi*, der Jacopo Foscari in *I due Foscari* sowie der Ernani. Sein Repertoire bestand hauptsächlich aus Werken von Donizetti, Bellini, Mercadante, Pacini.

Morianis Stimme vereinte einen schönen, als „süß" beschriebenen Ton mit großer dramatischer Intensität. Er wurde in Italien als „tenore della bella morte" bezeichnet, als der Tenor mit den schönen Sterbeszenen, die besonders in Donizettis *Lucia di Lammermoor*[20] und *Pia de' Tolomei* beeindruckten und mehrere Komponisten dazu inspirierten, lange, effektvolle Sterbeszenen für ihn zu komponieren: so Nicola Vaccaj in *La sposa di Messina* (1839) und Federico Ricci in *Luigi Rolla* (1841). Er trat in mehreren Uraufführungen auf: in Mercadantes *Le due illustri rivali*, in Donizettis *Maria de Rudenz* (beide Venedig 1838), in Otto Nicolais *Enrico II* (Triest 1839), in Federico Riccis *Luigi Rolla*

(Florenz 1841, mit Giuseppina Strepponi), in Giovanni Pacinis *Il duca d'Alba* (Neapel 1842), in Donizettis *Linda di Chamounix* (Wien 1842) sowie in Achille Peris *Dirce* (Reggio Emilia 1843). 1847 stellten sich erste stimmliche Schwierigkeiten ein, seine letzten wichtigen Engagements waren in der Saison 1849–50 in Paris (Théâtre Italien) und in Madrid. Danach mußte er seine Karriere beenden. Der für seine exzessiven Urteile bekannte englische Kritiker Henry Chorley befand: „[...] his voice was superb and richly strong, with tones full of expression as well as force [...], but either he was led away by bad taste or fashion into drawling and bawling, or he had never been thoroughly trained." Ab 1851 war Moriani als Gesangspädagoge in Florenz tätig.

Während die *Avola* und *Macbeth* dem „phantastischen" Genre zugerechnet werden können, gehören die *Masnadieri* nicht dazu. Für die *Avola* wie für die *Masnadieri* würde Verdi einen guten Tenor (für die Partien des Jaromir bzw. Karl Moor) benötigen. Als sich herausstellt, daß Fraschini nicht frei und Moriani, den sich Verdi in Bergamo angehört hat, in miserabler stimmlicher Verfassung ist, verlagert Verdi seine Aufmerksamkeit von der *Avola*, die er bereits ad acta gelegt hat, und den *Masnadieri*, an denen er bereits zu arbeiten begonnen hat, auf *Macbeth*. Zwischen den Zeilen seiner Korrespondenz ist aber schon zu lesen, daß sein Interesse vor allem dem *Macbeth* gilt, auch wenn er es strikt vermeidet, den Titel der Oper zu nennen.

> Verdi an Lanari; Mailand, 19. August 1846
> Die Zeit drängt und man muß eine Entscheidung treffen: um eine Arbeit von einiger Bedeutung zu machen, genügen die verbleibenden Monate gerade noch. Nun, wenn Du den Vertrag mit Fraschini ausgehandelt und abgemacht hast, so ist das ausgezeichnet, und ich werde dann eines von den Sujets, die ich Dir angedeutet habe, machen. Falls Du Fraschini nicht fest engagiert hast, möchte ich kein Risiko mit anderen Tenören eingehen und mir ihretwegen Sorgen machen müssen: aus diesem Grund habe ich ein Sujet im Auge, bei dem man auf den Tenor verzichten kann. In diesem Fall würde ich unbedingt die zwei Künstler benötigen, die ich Dir hier nenne: die Loewe und Varesi. Varesi ist heute der einzige Künstler in Italien, der die Partie, die ich im Sinne habe, ausführen kann, und zwar wegen seiner Art zu singen, wegen seines Ausdrucks und auch wegen seiner Erscheinung. Alle anderen Künstler, auch die, die besser sind als er, könnten diese Rolle nicht so ausführen, wie ich es will, ohne Ferri[21] seine Meriten abzusprechen, der eine schönere Erscheinung und eine schönere Stimme hat, und, wenn Du so willst, auch der bessere Sänger ist, der aber in dieser Rolle mit Sicherheit nicht die Wirkung erzielen könnte wie Varesi. Versuche also, einen Tausch zu machen und Ferri abzutreten, und damit ist alles geregelt. Das Sujet ist weder politisch, noch religiös: es ist phantastisch. Entscheide also: entweder nimmst Du Fraschini (und in die-

sem Fall wäre mir die Barbieri[22] lieber) oder, wenn Du Fraschini nicht bekommen kannst, unternimm alles Menschenmögliche, um Varesi zu engagieren. Wenn Du meinst, werde ich, um die Dinge zu vereinfachen, diese Angelegenheit selbst mit Varesi aushandeln, sofern Du mich dazu ermächtigst. Der Rest der Truppe kann aus guten zweiten Sängern zusammengesetzt sein, aber ich brauche einen sehr guten Chor…; doch darüber reden wir später. Antworte mir sofort postwendend und sieh zu, daß alle meine Bemühungen und Vorarbeiten für diese vermaledeiten Sujets nicht fruchtlos bleiben.

Copialettere, S. 25 f.

Es liegt also auf der Hand, daß Verdis Präferenz dem Shakespeare-Stoff gilt, für den er vor allem eine erstklassige ausdrucksstarke Sopranistin und einen ihr ebenbürtigen Bariton benötigt. Zu diesem Zweck kontaktiert er – möglicherweise ohne die angesprochene Ermächtigung Lanaris – Felice Varesi:

> Verdi an Varesi; 25. August 1846
> Möchtest Du also zur Fastenzeit nach Florenz kommen? Wenn Du willst, werde ich für Dich den *Macbeth* schreiben!… Gib mir kurz und postwendend Antwort: laß mich wissen, wann Du in Florenz sein wirst und wann Du auftreten würdest: denk daran, daß du nur verpflichtet bist, in meiner eigens für Dich geschriebenen Oper zu singen. Kurz gesagt, schreibe mir Deine Bedingungen und Deine finanziellen Forderungen; ich bitte Dich, diese soweit als möglich einzuschränken, denn Du weißt, daß Lanari sicherlich keine großen Opfer auf sich nehmen will. Antworte mir postwendend, und vergiß auf nichts. Addio, addio, in Eile. Antworte schnellstens und halte die Angelegenheit geheim.
>
> Abbiati I, S. 642

Zwei Tage später, als noch keine Antwort von Varesi vorliegt, posaunt Muzio die noch keineswegs feststehende Neuigkeit bereits im kleinen Kreis aus.

> Muzio an Barezzi; Mailand, 27. August 1846
> Vielleicht werden in der Oper des *signor Maestro* in Florenz weder Moriani noch Ferri singen. Alles hängt jetzt von der Antwort von Varesi ab. Wenn Varesi bereit ist, während der Fastenzeit in Florenz zu singen, dann schreibt er [Verdi] den *Macbeth*, in dem es nur zwei Hauptrollen gibt: Cordelia[23] und Macbeth – die Loewe und Varesi; die anderen sind Nebenrollen. Kein Schauspieler kann derzeit den *Macbeth* besser darstellen als Varesi, sowohl wegen seiner Art zu singen als auch wegen seiner Intelligenz und auch wegen seiner kleinen, häßlichen Figur. Vielleicht werden Sie jetzt sagen, er singt ohne Stimme; aber das macht nichts, denn die Partie wird fast zur Gänze deklamiert, und das kann er sehr gut.
>
> Garibaldi, S. 261 f.

Varesi ist interessiert und gibt positive Nachricht. Verdi antwortet ihm umgehend. (Die Post funktionierte trotz der damaligen Beförderungsmittel nicht nur zuverlässiger, sondern merkwürdigerweise oft auch wesentlich rascher als heute.)

> Verdi an Varesi; Mailand, 2. September 1846
> Ich habe Deinen lieben Brief erhalten. Wenn die Angelegenheit hinsichtlich des Preises machbar ist, werde ich versuchen, Dir eine vorteilhafte Bezahlung zu verschaffen; vielleicht wird es Schwierigkeiten geben wegen der drei Vorstellungen, und mir scheint, daß es eigentlich notwendig wäre, vier[24] Vorstellungen zu machen etc. Wenn die anderen Schwierigkeiten überwunden werden können (davon mündlich), hoffe ich, daß wir uns wegen des übrigen einigen werden. Wenn Du nach Mailand kommst, laß mich sofort nach Deiner Ankunft wissen, wo ich Dich finden kann, denn bis dahin werde ich vielleicht die endgültige Antwort Lanaris erhalten haben...
> P.S. Ich lege Dir weiterhin Geheimhaltung ans Herz; sag mir auch, ob es Dir möglich wäre, über den 18. März hinaus in Florenz zu bleiben. Denn es stimmt zwar, daß er [Lanari] andere Bässe[25] hat, aber wenn die Oper mit Dir aufgeführt wird, muß man sie auch mit Dir weiterspielen.
> Copialettere, S. 451

Am 3. September ist anscheinend noch immer nichts entschieden.

> Muzio an Barezzi; Mailand, 3. September 1846
> Man weiß nichts Endgültiges wegen Florenz, innerhalb der nächsten Woche wird alles vorbei [d.h. entschieden] sein. Entweder wird Fraschini da sein und er [Verdi] wird deshalb die *Masnadieri* machen, oder er wird nicht da sein, dann wird er den *Macbeth* mit Varesi machen, was besser wäre, weil es ein Stoff ist, den die ganze Welt kennt. [...]
> Garibaldi, S 268

Die letztere Bemerkung Muzios über den *Macbeth* dürfte aus dem Munde des *signor Maestro* stammen, denn Muzio hat das Drama wohl kaum gekannt (vgl. seinen Brief vom 27. August 1846). Am Vortag hat Verdi Piave aber bereits ein Exposé des *Macbeth* angekündigt.

> Verdi an Piave, Mailand, 2. September 1846
> Morgen oder übermorgen schicke ich Dir das Exposé des Macbeth. Ich lege ihn Dir aus ganzer Seele ans Herz!...   Abbiati I, S. 643

Eine solche Formulierung ist für Verdi ungewöhnlich und weist darauf hin, daß er inzwischen – unabhängig von Lanaris Antwort – zum *Macbeth* tendiert.

Nachdem die Entscheidung aus Besetzungsgründen definitiv zugunsten des *Macbeth* ausgefallen ist und Lanari der Stoffwahl zugestimmt hat, läßt Verdi die bereits bis zur Hälfte gediehenen *Masnadieri*, die er im Folgejahr in London fertigstellen will, liegen und schickt den Prosaentwurf des *Macbeth* am 4. September 1846 mit der Anmerkung „Ich lege Dir Kürze und Erhabenheit ans Herz" zur Ausarbeitung an seinen Librettisten Francesco Maria Piave, der sich sofort an die Arbeit macht. Bereits fünf Wochen später kann Verdi dem Impresario nähere Angaben machen.

Verdi an Lanari; Mailand, 15. Oktober 1846
Hier hast Du das Exposé zu *Macbet*, und Du wirst begreifen, worum es geht. Wie Du siehst, benötige ich einen erstklassigen Chor: insbesondere der Frauenchor muß exzellent sein, denn es wird zwei Chöre der Hexen geben, die von größter Wichtigkeit sind. Achte auch auf die Bühnenmaschinerie. Kurzum, die Dinge, auf die bei dieser Oper besonderes Augenmerk zu legen ist, sind: *Chor und Maschinerie*.

Ich bin überzeugt, daß Du alles übrige mit der Großzügigkeit, die Dich so sehr auszeichnet, auf die Bühne bringen und dabei nicht knausrig sein wirst. Berücksichtige auch, daß ich Ballerinen brauche, die gegen Ende des dritten Aktes einen kleinen graziösen Tanz aufführen müssen. Scheue keine Kosten (ich sage es Dir noch einmal), Du wirst, so hoffe ich, dafür belohnt werden. Außerdem wirst Du täglich tausendmal von mir gesegnet werden, und merke Dir wohl, daß mein Segen fast ebensoviel wert ist wie der eines Papstes.

Scherz beiseite, aber ich bitte Dich aufrichtig, es so einzurichten, daß alles klappt und daß ich mir nicht um die anderen Dinge Sorgen zu machen brauche. Wenn Du übrigens möchtest, daß ich Dir Bühnenbildskizzen und die Figurinen für die Kostüme anfertigen lasse, dann werde ich sie anfertigen lassen, aber erst später, denn jetzt muß ich weitermachen mit dem Komponieren und darf keine Zeit verlieren.　　　Abbiati I, S. 650

Am selben Tag informiert Muzio wie üblich Barezzi.

Muzio an Barezzi; Mailand, 15. Oktober 1846
Für Florenz schreibt der *signor Maestro* den *Macbeth*. Die Sänger werden sein: die Löwe und Varesi, nicht Ferri, denn der *signor Maestro* hat ihn nicht gewollt: Ferri weiß nicht, daß Varesi engagiert worden ist, und er weiß auch nicht, daß er in den neuen Opern [d.h. in den Aufführungen der neuen Oper] nicht singen wird. Man wird das bis zur Fastenzeit [vor ihm] geheimhalten, und dann wird man ihm eröffnen, daß in der neuen Oper Varesi den Macbeth singen wird. Das Engagement Varesis wird in keiner Zeitung veröffentlicht, solange es Ferri noch nicht weiß.

Garibaldi, S. 283

Um die Idealbesetzung für den *Macbeth* zu engagieren, haben offenbar weder Verdi, noch Lanari oder sonstige Beteiligte bedacht, wie sehr man mit solchen kleinlichen Theaterintrigen der Reputation eines Sängers Schaden zufügen kann. Wie immer am Theater ist Geheimhaltung eine Illusion: Es werden keine zwei Monate vergehen, bis Varesi in halb Italien hörbar kundtut, daß er die Hauptrolle in der neuen Oper Verdis singen wird.

Muzio an Barezzi; Mailand, 19. Dezember 1846
Als Varesi nach Rom abreiste, hat er das *Convito* [Bankettszene, 2. Akt, Szenen 5–7] und die *Visione* [Erscheinungsszene, 3. Akt, 3. Szene]

mitgenommen und er hat in ganz Mailand ein ungeheures Getöse veranstaltet, indem er sagte, daß dies die schönste und dramatischeste Musik Verdis sei. In Piacenza hat er noch mehr gesagt. In allen Orten, durch die er kam – in Parma, Bologna, Florenz – trompetete er wie ein Irrer vor allen hinaus, daß er die erhabenste Musik Verdis mit sich führe.

Garibaldi, S. 302 f.

Unbeirrt von solchen Episoden arbeitet Verdi an der Komposition des *Macbeth* und läßt sich dabei – zum Unterschied von den vorhergegangenen Opern – Zeit. Er lehnt es während dieser Arbeit ab, andere Aufträge anzunehmen oder sich wegen künftiger Projekte auch nur Gedanken zu machen, was nochmals zeigt, daß ihm dieses Werk – seine erste Begegnung mit Shakespeare – mehr bedeutet als frühere Arbeiten.

Elf Tage nach der Uraufführung des *Macbeth*, als Verdi schon im Begriff ist, seine Zelte in Florenz abzubrechen, wird der Komponist, dem opportunistische Servilität und liebedienerische Unterwürfigkeit ein Greuel sind, einen Akt setzen, der nicht nur den Stellenwert seiner neuen Oper unterstreicht, sondern auch seine aufrichtigen Gefühle seinem Schwiegervater gegenüber unter Beweis stellt.

> Verdi an Barezzi; Florenz, 25. März 1847
> Schon seit langer Zeit hatte ich vor, Ihnen, der mir Vater, Wohltäter und Freund gewesen ist, eine Oper zu widmen. Das war eine Pflicht, der ich schon früher hätte nachkommen müssen, und ich hätte es auch getan, wenn nicht machtvolle Umtände es verhindert hätten. – Hier ist also dieser *Macbeth*, den ich mehr als meine anderen Opern liebe und den ich deshalb für würdiger erachte, Ihnen gewidmet zu werden. Er kommt von Herzen: und möge er von Herzen angenommen werden; er sei Ihnen Beweis für ewiges Gedenken, Dankbarkeit und Zuneigung, die Ihnen entgegenbringt Ihr Ihnen herzlichst zugetaner G. Verdi
>
> Copialettere, S. 451

Die Arbeit am *Macbeth* schreitet zügig voran. Verdis Mitarbeit an dem Libretto, das er unter Mithilfe Maffeis[26] zum Teil selbst verfaßt, ist intensiv wie nie zuvor. Im Oktober teilt Lanari Verdi korrekterweise mit, daß Sofia Loewe[27] in schlechter Verfassung ist. Doch es kommt noch schlimmer:

> Muzio an Barezzi; Mailand, 2. November 1846
> Die Loewe zieht sich von der Bühne zurück. Der *signor Maestro* bedauert das sehr, weil von den heutigen Sängerinnen kann keine die Lady im *Macbeth* mit derselben Wirkung wie die Loewe darstellen. An ihrer Stelle wird die Barbieri singen. Garibaldi, S. 289 f.

Der Ersatz, den Lanari für die Loewe ausgewählt hat, ist Marianna Barbieri Nini, die sogleich wissen möchte, wie ihre Rolle aussieht.

Verdi an Lanari; Mailand, 22. Dezember 1846

Gesundheitlich geht es mir gut; doch wie ich Dir in meinem letzten Brief schrieb, bin ich ein bißchen müde. Die Barbieri soll ein wenig Geduld haben; denn wenn ihr dieses Genre zusagt, ist sie recht gut bedient. Addio, Addio.

P.S.: Beachte, daß Bancos Geist aus dem Boden auftauchen muß; es muß derselbe Schauspieler sein, der den Banco im 1. Akt gespielt hat; er muß einen aschfarbenen, aber ziemlich durchsichtigen und feinen Schleier tragen, den man kaum sehen kann, und Banco muß das Haar zerrauft und verschiedene sichtbare Wunden am Hals haben. All diese Ideen habe ich aus London, wo man diese Tragödie seit 200 Jahren und mehr immerzu aufführt.   Abbiati I, S. 658

Eine Woche später wendet sich Verdi erstmals direkt an die für die weibliche Hauptrolle vorgesehene Sängerin:

Verdi an Barbieri Nini; 2. Jänner 1847

Ich habe versucht, [...] Musik zu machen, die, so gut ich es vermochte, an das Wort und die Situation gebunden ist; und ich wünsche, daß die Künstler diese meine Idee genau verstehen, ich wünsche also, daß die Künstler mehr dem Dichter als dem Komponisten dienen.

Zit. in: Marcello Conati, *Il cantante in scena*,
Atti del Congresso internazionale di Studi,
Parma, 1996, S. 266

Hier erscheint dieser Wunsch Verdis zum ersten Mal. Dieselben Worte richtet Verdi einige Tage später an den Darsteller des Macbeth.

Verdi an Felice Varesi; Mailand, 7. Jänner 1847

Es hat etwas gedauert, bis ich Dir die Musik geschickt habe, weil ich ein wenig Ruhe brauchte. Hier hast Du nun ein Duettino, ein großes Duett und ein Finale. Ich werde nie aufhören, Dich zu bitten, die Situation und die Worte gut zu studieren: die Musik kommt von selbst.

Mit einem Wort, mir ist es lieber, wenn Du mehr dem *Dichter* dienst als dem *Komponisten*. Aus dem ersten Duettino kannst Du viel herausholen (mehr, als wenn es eine Cavatina wäre). Achte gut auf die Darstellung, wenn er den Hexen begegnet, die ihm den Thron prophezeien. Bei dieser Weissagung bist Du erstaunt und bestürzt; doch im selben Augenblick regt sich in Dir der Ehrgeiz, den Thron zu besteigen. Darum wirst Du den Anfang des Duettinos *sotto voce* singen, und achte darauf, das ganze Gewicht auf die Worte „Ma perché sento rizzarsi il crine?" zu legen. Achte wohl auf die Bezeichnungen, auf die Akzente bei *pp* und *f...*, die in den Noten stehen. Denke daran, daß Du auch eine weitere Wirkung bei den Noten[28] [es folgt ein kurzes Notenbeispiel] erzielen mußt. [...]

Im großen Duett müssen die ersten Worte Verse des Rezitativs, wenn er dem Diener den Befehl erteilt, ohne Nachdruck gesprochen werden. Aber dann, wenn er allein ist, gerät er nach und nach in Erregung und glaubt, einen Dolch in seinen Händen zu sehen, der ihm den Weg zur Ermordung Duncans weist. Das ist dramatisch und poetisch ein wunderschöner Moment; Du mußt gut darauf achten!

Bedenke, daß es Nacht ist: alles schläft: das ganze Duett muß *sotto voce* vorgetragen werden, aber mit dumpfer, Schrecken einflößender Stimme. Nur Macbet allein sagt (wie in einem Augenblick der Erregung) einige Sätze laut und mit voller Stimme; aber das alles wirst Du in den Noten erklärt finden. Damit Du meine Ideen recht verstehst, sage ich Dir auch, daß die Instrumentation in diesem ganzen Rezitativ und Duett aus Streichinstrumenten mit Dämpfern, zwei Fagotten, zwei Hörnern und einer Pauke besteht. Du siehst also, daß das Orchester außerordentlich leise spielen wird, und Ihr müßt ebenfalls gedämpft singen. Ich empfehle Dir, die folgenden poetischen Stellen, die außerordentlich schön sind, besonders hervorzuheben:

> *„Ah questa mano!...*
> *Non potrebbe l'Oceano*
> *queste mani a me lavar!"*

Dann die andere:

> *„Vendetta tuonarmi come angeli d'ira*
> *Udrò di Duncano le sante virtù!"*

Das erste Tempo 6/8 des Duetts ist ziemlich schnell. Das zweite Tempo 3/8 ist *Andantino mosso* – das letzte Tempo [alla breve] ist *prestissimo, sotto voce,* und am Ende darf man den Text kaum verstehen, während Macbeth (fast außer sich) von der *Lady* weggezogen wird.[29]

Das erste Finale versteht sich von selbst. Achte lediglich darauf, daß es nach den ersten Takten eine Stelle für die Stimmen allein gibt, bei der Du und die Barbieri ganz sicher sein müßt, um die anderen zu stützen. Verzeih das Geschwätz. Bald schicke ich Dir den Rest.

Abbiati I, S. 661

Diesem Brief an Varesi läßt Verdi im Jänner und Februar 1847 zwei weitere mit genauen Erläuterungen folgen.

Verdi an Varesi; Mailand, [Ende] Jänner 1847

Hier ist der dritte Akt, der, wie Du sehen wirst, weniger anstrengend geworden ist, als ich annahm. Die Szene stellt eine Höhle dar, in der die Hexen ihre Hexereien im Chor betreiben; dann trittst Du auf und befragst sie in einem kurzen Rezitativ. Dann kommen die Erscheinungen, bei denen Du nur wenige Worte hast, doch schauspielerisch alles mit Gesten begleiten mußt. Dann hast Du das Cantabile, wenn sich Dir die acht Könige vorstellen: Am Anfang ist es abgehackt, um die Erscheinungen zu begleiten, doch dann folgt ein Cantabile *sui generis*, aus dem Du eine große Wirkung herausholen mußt: Ich brauche Dir nicht eigens zu sagen, daß Nachdruck auf die Worte *Morrai fatal progenie*[30] sowie am Ende auf die Worte *Ah che tu non hai vita!*[31] zu legen ist. Diese Stelle gibt es in zwei Versionen: wähle die, die Dir besser liegt, und schreib mir, welche ich instrumentieren soll.

Ich lege Dir die Cabaletta ans Herz: gibt gut acht: sie hat nicht die gewöhnliche Form, denn nach all dem vorherigen hätte sich eine Cabaletta mit den üblichen Formen und den üblichen *ritornelli* trivial ausgemacht. Ich hatte eine andere [Cabaletta] gemacht, die mir gefiel, wenn ich sie für sich allein probierte, die mir aber unerträglich wurde, als ich sie der ganzen vorhergehenden [Musik] anfügte. Diese hier gefällt mir sehr und ich hoffe, daß sie auch Dir gefällt. Nach der Kadenz gibt es eine Phrase, die ich fast bebend und *sotto voce* [ausgeführt] wünsche, sodaß die Kraft für die Dur-Passage, die nachher kommt, aufgespart wird... und hier kann man das Tempo etwas anziehen.

Ich hoffe, Du hast auch den ersten Akt erhalten... Nach Erhalt dieses Briefes schreib mir sofort. Ich bin sicher, daß Dir die Tessitura liegt; doch vielleicht bereitet Dir die eine oder andere Note oder Passage Schwierigkeiten, dann schreib mir, bevor ich sie instrumentiere. Nun fehlt nur noch die letzte Szene, die für Dich aus einem ruhigen, sangbaren Adagio und aus einem [einer] sehr kurzen Tod[esszene] besteht: doch wird es nicht einer jener sonst üblichen, süßlichen etc. Tode sein.... Du begreifst wohl, daß Macbetto nicht so sterben darf wie Edgardo[32] und seinesgleichen. Kurzum, achte auf die Worte und auf das Sujet: etwas anderes will ich nicht. Das Sujet ist schön, die Worte sind es ebenfalls. Abbiati I, S. 661

Und zuletzt:

Verdi an Varesi; Mailand, [?.] Februar 1847
Hier hast Du das letzte Stück, das Du von einem Kopisten rein-schreiben lassen mußt, um es einstudieren zu können, und damit hast Du dann Deine ganze Rolle: ich lege Dir ans Herz, sie gut zu lernen, bevor Du nach Florenz kommst, um gleich mit den Bühnenproben beginnen zu können. Ich lege die Schlußszene in Deine Hände. Es ist ein Adagio in d-Moll, das man fein herausarbeiten muß, *cantabile ed affettuoso*. Ich rate Dir, in der Überleitung die Zeilen *La vita!... che importa! È il racconto di un povero idiota: Vento e suono che nulla dinota...* mit aller Ironie und aller Verachtung, die Dir zu Gebote stehen, zu sprechen.

Aus dem Tod kannst Du viel herausholen, wenn Du zum Gesang ent-sprechend agierst. Du weißt wohl, daß Macbet nicht wie Edgardo, Gennaro[33] etc. ... sterben darf, man muß [die Todesszene] also auf ganz neue Weise darstellen. Sie kann pathetisch sein; aber mehr noch als pathetisch soll sie beängstigend sein. Alles *sotto voce*, mit Ausnahme der letzten beiden Verse: die sollst Du auch durch Dein Spiel unterstreichen, indem Du die Worte *Vil corona...* und *Sol per te* mit aller Kraft hervorstößt. Du liegst (wie sich von selbst versteht) auf dem Boden, aber bei diesem letzten Vers richtest Du Dich fast völlig auf und kannst dadurch jede erdenkliche Wirkung erzielen... Sei bald in Florenz, mit der Partie im Kopf. Abbiati I, S. 662

Was Verdi seinen Sängern mit solchen Erklärungen abverlangt, ist nichts anderes als die uneingeschränkte gesangstechnische Beherrschung ihrer stimmlichen Mittel als Voraussetzung für die erfolgreiche Umsetzung der dynamischen Vorschriften ihrer Rollen und damit der musikdramatischen und expressiven Vorstellungen des Komponisten. Diese Forderung hat damals wie heute allgemeine Gültigkeit, denn nur ein Sänger, der seine Stimme über ihren gesamten Umfang modulieren kann und

Der Bariton Felice Varesi
im Rigoletto-Kostüm
(von Varesi handkolorierte
Photographie).

dynamische Vorschriften vom *pianissimo* bis zum *fortissimo*, vom *diminuendo* bis zum *rafforzando*, von der *messa di voce*[34] bis zum *sforzato* in allen Lagen auszuführen imstande ist, kann einer Komposition gerecht werden.[35]

Der Bariton **Felice Varesi** (Calais 1813 – Mailand 1889), an den sich Verdi beschwörend wendet, debutierte 1834 in der überaus schwierigen Partie des Cardenio in Donizettis *Il furioso all'isola di San Domingo* und danach sogleich als *Torquato Tasso*. Er spezialisierte sich vorerst im Bellini- und Donizetti-Fach und trat damit in Novara, Faenza, Florenz, Modena, Genua, Rom, Perugia und Parma auf, bevor er 1841 als Publio in Mercadantes *La vestale* an der Mailänder Scala debutierte. Dort sang er in Pacinis *Saffo*, in Luigi Riccis *Le nozze di Figaro* und in der Uraufführung von Federico Riccis *Corrado d'Altamura*. Zwischen

1842 und 1847 war er ein gern gesehener Gast am Wiener Kärntnertortheater. Für die dortige Uraufführung von Donizettis *Linda di Chamounix* schrieb dieser 1842 die Partie des Antonio für ihn. In Wien trat er darüber hinaus in Donizettis *Alina, regina di Golconda* (1843), *Roberto Devereux* (1844) und *Maria Padilla* (1847) auf.

Varesis erste Begegnungen mit Verdi-Rollen waren *Ernani* (Padua, 1844) und *I due Foscari* (Bergamo, 1845). Verdi, der den Sänger nicht nur wegen seiner stimmlichen und gestalterischen Ressourcen, sondern auch wegen seiner ungewöhnlichen Intelligenz schätzte, vertraute ihm die Baritonhauptrollen in den Uraufführungen von *Macbeth* (1847), *Rigoletto* (1851) und *La traviata* (1853) an. Für den anfänglichen Mißerfolg der *Traviata* machte Varesi Verdi insofern verantwortlich, als er sich darüber beklagte, daß er nur eine Arie hatte und das Publikum mehr von ihm erwartet hätte. In Neapel sang Varesi neben dem Alphonse in Donizettis *La favorite* den Francesco Moor in *I masnadieri*. 1856–57 war der Bariton in Madrid engagiert, 1860 kehrte er nach Wien zurück, trat in Budapest auf, 1864 debütierte er in London in *Rigoletto*, seiner wahrscheinlich besten Interpretation neben dem Macbeth.

Muzios sonderbar anmutender Hinweis auf die „kleine, häßliche Figur" und auf die Stimmlosigkeit Varesis[36] liegt darin begründet, daß der schlanke, fast zarte Varesi nicht pompös wie viele seiner Kollegen auftrat und sich als leidenschaftlicher Singschauspieler durch seinen situationsbezogenen Stimmeinsatz von den *bassi cantanti*, die sich weniger auf den dramatischen Ausdruck als auf die Schönheit der Tongebung konzentrierten, unterschied.

Nach den Anweisungen für die Sänger wendet sich Verdi der Theaterpraxis zu.

> Verdi an Lanari; Mailand, 21. Jänner 1847
> Wenn Du die Musik erhältst, wirst Du sehen, daß zwei Chöre von größter Bedeutung dabei sind: Spare nicht an den Choristen, und Du wirst zufrieden sein. Achte darauf, daß die Hexen immer in drei Gruppen aufgeteilt sein müssen, am besten wäre, wenn sie 6.6.6 wären, insgesamt also 18 etc. ... Ich lege Dir den Tenor ans Herz, der den Macduff singen soll; und dann müssen alle zweiten Partien gut besetzt sein, denn die Ensemblenummern erfordern gute Stimmen. An diesen Ensemblenummern ist mir sehr gelegen.
> Ich kann Dir nicht genau sagen, wann ich nach Florenz kommen werde, denn ich will die ganze Oper hier in Ruhe fertigstellen. Du kannst sicher sein, daß ich zeitgerecht eintreffen werde. Verteile die Partien der Chöre und [Solo-]Sänger einzeln, damit ich, wenn ich eintreffe, nach zwei oder drei Proben die Orchesterproben angehen kann, denn es werden viele Orchester- und Bühnenproben nötig sein.

Ich bedauere, daß der Darsteller, der die Rolle des Banco spielen soll, den Geist nicht spielen will! Und warum nicht?... Sänger müssen zum Singen und zum Spielen engagiert werden: außerdem ist es Zeit, diese Unsitten abzuschaffen. Es würde etwas Ungeheuerliches sein, wenn ein anderer den Geist spielte, denn Banco muß sein Aussehen genau beibehalten, auch wenn er ein Geist ist...   Abbiati I, S. 661

Über den Abschluß der Arbeit berichtet wie immer Muzio.

> Muzio an Barezzi; Mailand, 28. Jänner 1847
> Sonntag [31. Jänner] wird der *signor Maestro* die ganze Oper fertiggestellt haben und Montag wird er mit der Instrumentation beginnen.[37] Nach Fertigstellung der Instrumentation wird er nach Florenz fahren.
> Die Musik des *Macbeth* ist unendlich schön. Es gibt kein schwaches Stück, alle sind schön. [...] Ich glaube, daß niemand schönere Musik als die des *Macbeth* schreiben kann. Wenn die Wirkung der *mise en scène* schön ist, bietet mit Sicherheit kein modernes Werk ein derart grandioses und feierliches Schauspiel.   Garibaldi, S. 309

Nachdem Verdi am 31. Jänner in einem Brief an Barbieri Nini, die die Partie gerade studiert, auf die Feststellung Wert gelegt hat, daß *Macbeth* „ein Drama ist, das mit den anderen nichts gemein hat", reist er nach Florenz, wo er am 16. Februar 1847 abends[38] eintrifft. Bei ihm ist Muzio, der als Begleiter bei den Klavierproben vorgesehen ist. Verständlicherweise kommt jeglicher Briefverkehr mit Sängern, Theaterdirektoren, Librettisten usw. zum Erliegen, wenn sich der Komponist am Ort der Aufführung einfindet. Wir sind also auf andere Quellen angewiesen: Eugenio Checchi rückt einen Bericht über die Protagonistin der *Macbeth*-Uraufführung in seinem Verdi gewidmeten Buch[39] in den Brennpunkt des Kapitels über diese Oper.[40]

> Die einzigartige Sängerin, dank derer der *Macbeth* einen so aufsehenerregenden Erfolg hatte, lebt heute, nachdem sie sich vom Theater zurückgezogen hat, in Florenz; in ihrem Gedächtnis sind aber die alten Erinnerungen noch frisch: es ist jene Barbieri Nini, von der es damals hieß, daß sie die Rolle der schreckenerregenden Protagonistin im Drama Shakespeares besser als die größten und gefeiertsten Schauspielerinnen darstelle. Vor einigen Wochen rief ein lieber Freund auf mein Ersuchen im Gedächtnis der großen Künstlerin jene Erinnerungen wach, und sie hatten die Macht, ihre Phantasie in jene unvergeßliche Zeit zurückzuversetzen, in der man den *Macbeth* einstudierte und aufführte und dadurch in der Welt einen weiteren Strahl des göttlichen Lichtes des Genies verbreitete.
> Die Barbieri Nini erzählt, daß es eine Eigenheit Verdis war, bei den Proben fast nie ein Wort zu sprechen. Das bedeutete nicht, daß der Maestro zufrieden war, ganz im Gegenteil. Nach Ende eines Stücks gab er Romani[41] ein Zeichen (der alte Pietro Romani, der größte Opern-*Concertatore* unseres Jahrhunderts, der Freund Rossinis [...]); auf dieses Zeichen Verdis trat Romani zu ihm hin, sie gingen auf der Bühne ganz nach hinten,

und mit dem Klavierauszug vor Augen wies der Komponist mit dem Finger auf die Stellen hin, deren Ausführung nicht seinen Vorstellungen entsprochen hatte.

„Sag' Du mir, wie ich es machen soll", antwortete Romani mit großer Geduld.

Aber Verdi erklärte dieses verwünschte „wie" nur selten. Er behalf sich mit Gesten, mit heftigen Schlägen auf die Partitur, zeigte mit der Hand ein *rallentando* oder *rafforzando* an und dann ging Verdi zu seinem Platz zurück und sagte, so als ob zwischen den beiden nach langer Diskussion eine überzeugende Klärung zustandegekommen wäre:

„Jetzt hast Du es verstanden: so will ich es."

Und der arme Romani mußte sich sein brillantes Hirn zermartern, um zu verstehen, auch wenn er gar nichts verstanden hatte[42], und es dem Orchester und den Sängern zu vermitteln.

Die Klavier- und Orchesterproben zu *Macbeth* waren über hundert: Der unerbittliche Verdi kümmerte sich nicht darum, daß er die Sänger ermüdete, daß er sie Stunde um Stunde mit demselben Stück plagte. Und solange nicht jene Interpretation erreicht war, die sich nach seiner Auffassung am wenigsten schlecht zu dem Ideal seiner Vorstellung fügte, ging er nicht zu einer anderen Szene weiter. Bei den Gruppen[43] war er nicht sehr beliebt, weil von seinen Lippen niemals ein Wort der Ermunterung, niemals ein zustimmendes *bravo* kam, nicht einmal dann, wenn die Orchestermusiker und die Choristen glaubten, alles Menschenmögliche getan zu haben, um ihn zufriedenzustellen; und das Schandmaul dieser scharfzüngigen, ein wenig boshaften Florentiner machte sich in Epitheta Luft, von denen so manches aufs Haar jenem Teil der Geige glich, der dazu dient, die Saiten zu spannen und zu lockern.[44]

Aber die Leiter der Aufführung, der *Maestro concertatore* Pietro Romani und der Dirigent Alamanno Biagi[45], sowie die Künstler, die zu Recht einen berühmten Namen hatten wie die Barbieri-Nini und Varesi, erlagen zunehmend der Faszination dieses eisernen Willens, dieser ungebändigten Erfindungsgabe, die nie zufriedenzustellen war und die jeden Tag eine neue Interpretation vorschlug, die vielleicht sogar zu der des Vortages im Gegensatz stand, aber noch perfekter, künstlerisch noch wirksamer war.

Dann läßt Checchi die Sängerin selbst zu Wort kommen:

Der Maestro kümmerte sich auf den Proben um jedes Detail der Partitur und ich erinnere mich, daß wir morgens und abends, im Foyer des Theaters oder auf der Bühne (je nachdem, ob es Klavier- oder Orchesterproben waren), zitternd auf den Maestro schauten, sobald er erschien, und versuchten, von seinen Augen oder aus der Art, wie er die Künstler grüßte, abzulesen, ob es für diesen Tag irgendeinen neuen Einfall gäbe. Wenn er mir fast lächelnd entgegenkam und etwas sagte, das wie ein Kompliment klang, war ich sicher, daß mir an diesem Tag eine noch längere Probe ins Haus stand. Ich fügte mich resigniert, aber langsam erfaßte auch mich eine große Leidenschaft für diesen *Macbeth*, der sich in so einzigartiger Weise von dem unterschied, was bis dahin geschrieben und aufgeführt worden war.

Ich erinnere mich, daß für Verdi zwei Stellen der Oper von herausragender Bedeutung waren: die Nachtwandelszene und mein Duett mit dem Bariton. Man wird es mir kaum glauben, aber die Nachtwandelszene kostete mich drei Monate Studium: Drei Monate lang versuchte ich morgens und abends jene Menschen zu imitieren, die im Schlaf sprechen, die (wie Verdi mir sagte) Worte artikulieren, fast ohne die Lippen zu bewegen, und dabei die anderen Teile des Gesichts einschließlich der Augen unbewegt lassen. Es war zum Verrücktwerden.

Und das Duett mit dem Bariton, das mit *Fatal mia donna, un murmure* beginnt, – das klingt wie eine Übertreibung – wurde mehr als hundertfünfzig Mal geprobt: um zu erreichen, wie der Maestro sagte, daß es mehr *gesprochen* als *gesungen* würde. Und hören Sie sich jetzt das an: Am Abend der Generalprobe zwang Verdi bei vollbesetztem Zuschauerraum auch die Sänger, die Kostüme anzuziehen, und wenn er sich auf eine Sache versteifte, wehe, wenn man ihm widersprach. Wir waren also angezogen und fertig, das Orchester war bereit, der Chor auf der Bühne, als Verdi mich und Varesi, nachdem er uns ein Zeichen gegeben hatte, hinter die Kulissen rief: er sagte, daß wir ihm einen Gefallen tun müßten und mit ihm in den Saal des Foyers gehen müßten, um für dieses verfluchte Duett noch eine Klavierprobe abzuhalten.

„Maestro", sagte ich entsetzt zu ihm, „wir haben doch schon die schottischen Kostüme an: wie soll das gehen?"

„Ihr werdet euch einen Mantel überziehen."

Und der Bariton Varesi, der verärgert über das ungewöhnliche Ansinnen war, wagte die Stimme zu erheben und sagte:

„Aber wir haben es schon hundertfünfzig Mal geprobt, Herrgott noch einmal!"

„In einer halben Stunde wirst Du anders reden: da werden es hunderteinundfünfzig Mal sein."

Man mußte dem Tyrannen gezwungenermaßen gehorchen. Ich erinnere mich noch an die bösen Blicke, die Varesi ihm auf dem Weg ins Foyer zuwarf; er hielt die Hand am Knauf seines Schwerts und schien zu überlegen, ob er Verdi ermorden sollte, so wie er später König Duncan ermorden würde. Doch letztlich gab auch er resigniert nach; und das hunderteinundfünfzigste Mal fand statt, während das ungeduldige Publikum im Parkett lärmte.

Und Ihr wißt, daß es eine Untertreibung wäre, wenn man sagen wollte, daß dieses Duett nur Enthusiasmus und Fanatismus erzeugt hat: es war etwas Unglaubliches, Neues, nie Dagewesenes. Überall, wo ich in *Macbeth* gesungen habe, und an allen Abenden der Stagione im Teatro della Pergola mußte das Duett drei Mal, sogar vier Mal wiederholt werden: an einem Abend mußten wir es sogar fünf Mal wiederholen!

Ich werde nie vergessen, wie am Abend der Uraufführung vor der Nachtwandelszene, die eine der letzten Szenen der Oper ist, Verdi um mich herumschlich, unruhig, ohne etwas zu sagen: Man konnte deutlich erkennen, daß der Erfolg, der zu diesem Zeitpunkt bereits groß war, für ihn erst nach dieser Szene endgültig sein würde. Ich bekreuzigte mich (das ist eine Gewohnheit, die auch heute noch auf der Bühne vor schwierigen Momenten üblich ist) und trat auf. Die Zeitungen von damals werden

Ihnen sagen, ob ich den dramatischen und musikalischen Gedanken des großen Verdi in der Nachtwandelszene richtig interpretiert habe. Ich weiß nur das: Nachdem sich der tosende Applaus gelegt hatte und ich ganz bewegt, zitternd und aufgelöst in die Garderobe zurückgegangen war, sah ich, wie die Tür aufgerissen wurde (ich war schon halb entkleidet) und Verdi eintrat; er fuchtelte mit den Händen und bewegte die Lippen, als ob er eine große Rede halten wollte, aber er brachte kein einziges Wort heraus. Ich lachte und weinte, und konnte ebenfalls nichts sagen: Aber als ich dem Maestro ins Gesicht schaute, bemerkte ich, daß auch er gerötete Augen hatte. Wir drückten einander fest die Hände, dann stürzte er wortlos hinaus. Diese bewegende Szene der Rührung entschädigte mich für die Anstrengung so vieler Monate fleißiger Arbeit und beständiger Ängste.

Die Premiere ist ein voller Erfolg. Verdi wird fünfundzwanzig Mal hervorgerufen und von einer begeisterten Menge in seine Unterkunft eskortiert. Muzio berichtet an die in Busseto gebliebene Familie Barezzi[46] (nur Antonio Barezzi war zur Premiere angereist) von achtunddreißig Hervorrufen Verdis. Er spricht von einer „Sensation" und von „fanatischer" Begeisterung des Publikums für diese „großartige und wunderbare" Oper. Andere, wie zum Beispiel der Kritiker Abramo Basevi[47], schließen sich dieser Einschätzung nicht an: „Wohlwollende Aufnahme; jedoch mehr in Hinsicht auf den Komponisten als auf seine Musik, die nur zur Hälfte gefiel."[48] Ein Besucher der Premiere läßt einen an die Florentiner Zeitung „Il Ricoglitore" gerichteten giftigen Leserbrief los: „Die Oper Verdis, die gestern abend im [Teatro della] Pergola aufgeführt wurde, ist eine echte Schweinerei, machen Sie uns in Ihrem Artikel also nicht weis, daß es ein wahrer Triumph für den Maestro war, weil er 25 Mal hervorgerufen wurde. Die, die ihn hervorriefen, waren Anhänger, Personen, die dafür bezahlt wurden."[49]

In den Jahren, die auf die Uraufführung des *Macbeth* folgen, hält sich Verdi immer auf dem laufenden darüber, was mit seiner Oper geschieht. Als er 1848 wegen *La battaglia di Legnano* mit seinem Librettisten Salvatore Cammarano in Kontakt steht, teilt er ihm auch zahlreiche Ratschläge zu einer Aufführung des *Macbeth* am Teatro San Carlo in Neapel mit, die er ihn bittet, an die Theaterdirektion weiterzuleiten.

> Verdi an Cammarano; Paris, 23. November 1848
> Ich weiß, daß Ihr im Begriff seid, *Macbet* einzustudieren, und da das eine Oper ist, die mich mehr als die anderen interessiert, gestattet mir, daß ich Euch ein paar Worte darüber sage. Man hat der Tadolini die Partie der Lady Macbeth anvertraut, und ich bin überrascht, daß sie zugestimmt hat, diese Partie zu übernehmen. Ihr wißt, wie sehr ich die Tadolini schätze; sie selbst weiß das auch; aber im Interesse aller halte ich es für angebracht, Euch einige Überlegungen mitzuteilen.

Die Tadolini hat zu große Qualitäten für diese Partie! Ihr werdet das für absurd halten, aber das ist es nicht. Die Tadolini hat eine schöne, gute Erscheinung, und ich möchte die Lady Macbet häßlich und böse haben. Die Tadolini singt vollendet, und ich möchte, daß die Lady nicht singt. Die Tadolini hat eine klare, reine, kräftige Stimme, und ich möchte für die Lady eine rauhe, erstickte, hohle Stimme haben. Die Stimme der Tadolini hat etwas Engelhaftes, ich aber möchte, daß die Stimme der Lady etwas Teuflisches hat.

Unterbreitet diese Gedankengänge der Impresa, dem Maestro Mercadante, der diesen meinen Ideen mehr als jeder andere beipflichten wird, und der Tadolini selbst; dann macht, was Euch nach Eurem Verstand am besten erscheint.

Denkt daran, daß die Oper zwei Hauptnummern hat: das Duett zwischen der *Lady und ihrem Mann* und die Nachtwandelszene: Wenn diese Stücke nicht gelingen, ist die Oper dahin: und diese Stücke dürfen auf keinen Fall *gesungen* werden:

man muß sie mit einer recht hohlen
und verschleierten Stimme
darstellen und deklamieren: ohne das
kann es keine Wirkung geben.
Das Orchester mit *Dämpfern*.

Die Bühne äußerst dunkel. – Im dritten Akt muß man die Erscheinungen der Könige (ich habe das in London gesehen) hinter einem Ausschnitt im Bühnenbild machen, mit einem nicht zu dichten, *aschfarbenen* Schleier davor. Die *Könige* sollen keine Puppen sein, sondern acht Männer von Fleisch und Blut: die Stelle, über die sie gehen müssen, soll wie ein kleiner Hügel sein, und man muß sie deutlich hinauf- und hinabsteigen sehen. Die Bühne muß vollkommen dunkel sein, besonders wenn der Kessel verschwindet, und hell nur dort, wo die *Könige* vorüberschreiten. Das Orchester unterhalb der Bühne muß (für das große Teatro San Carlo) verstärkt werden, achtet aber gut darauf, daß es da weder Trompeten noch Posaunen gibt. Der Klang muß wie aus der Ferne und gedämpft erscheinen, er muß daher aus Baßklarinetten, Fagotten, Kontrafagotten und sonst nichts bestehen. Copialettere, S. 61 f.

Zum richtigen Verständnis von Verdis wohlbekannten Hinweisen, die Interpretation der Rolle der Lady Macbeth durch die Sopranistin Eugenia Tadolini betreffend, sind zwei Hintergrundinformationen vonnöten.

Erstens: Der Kern von Verdis – oft mißbräuchlich zitiertem und falsch verstandenem – Wunsch ist, daß zur Interpretation der Rolle der Lady weniger rein gesangliche, sondern vor allem musikdramatische Mittel notwendig sind. Er hegt die Befürchtung, daß die Tadolini die Rolle als Virtuositätsvehikel zur Befriedigung ihrer Primadonnenallüren mißbrauchen könnte. Der indirekt ad personam gerichtete Brief richtet sich gegen den „überholten" Stil des Donizetti-Koloraturgesanges.

Zweitens: Die Tadolini befindet sich zu dieser Zeit in schlechter stimmlicher Verfassung und steht trotz ihres Alters von erst vierzig Jahren schon vor dem Ende ihrer Karriere. Verdi, der sie aus diesen Gründen nicht in der Produktion haben will, weiß das natürlich und will, daß der Inhalt dieses an Cammarano gerichteten Briefes – wenn nicht direkt, so doch wenigstens in Form gezielter Indiskretion – auch der Tadolini bekannt wird. Obwohl das prompt gelingt, singt die Tadolini die Lady dennoch.

In späterer Zeit benutzten für die Rolle ungeeignete oder ausgesungene Sängerinnen den Brief als Rechtfertigung für ihre schlechten Leistungen.

Die Revision des *Macbeth*

Die Fassung des *Macbeth* von 1847 ist nicht die Oper, die man bei heutigen Aufführungen hört. In diese Fassung bringt sie der Komponist erst achtzehn Jahre später. Als Napoléon Roqueplan, der Direktor der Opéra, 1852 bei Verdi wegen einer neuen Oper für Paris anfragt, macht Verdi es zur Bedingung, daß auch sein *Macbeth* in französischer Übersetzung aufgeführt werden soll.[50] Falls es absolut unumgänglich sein sollte, würde er sogar ein Ballett einfügen. Doch das Projekt kommt nicht zustande. Seine Realisierung wird bis 1865 dauern.

Es ist Direktor Carvalho[51] vom Théâtre Lyrique, der Verdi 1864 den Vorschlag macht, *Macbeth* aufzuführen. Das Theater verfügt über weniger Mittel als die Opéra, hat aber dieselben Ansprüche wie das größere Haus: Carvalho wünscht ein Ballett und einen Schlußchor. Verdi fordert die Partitur bei Ricordi an, nur um festzustellen, daß umfangreichere Änderungen an der Oper erforderlich sind, als er vorweg angenommen hat. Doch deren Durchführung ist für die Wintersaison nicht mehr möglich. Piave wird für die Textänderungen herangezogen (nicht ohne wieder harte Worte und Vorhaltungen einstecken zu müssen), der ganze Winter wird für die umfangreiche Revision aufgewendet, die neben kleineren Retuschen, Strichen und Umstellungen die Neukomposition etlicher Stücke erfordert. Nach Abschluß der Arbeiten stellt sich das Problem der Übersetzung ins Französische. Zuerst wird Edmond Duprez, der Bruder des berühmten Tenors Gilbert-Louis Duprez, des sogenannten Erfinders des *do di petto*, des mit Bruststimme gesungenen hohen C, damit beauftragt. Doch unvermittelt und scheinbar grundlos entzieht Carvalho ihm wieder den Auftrag und überträgt ihn Charles-Louis-Étienne Nuitter[52] und Alexandre Beaumont. Der Tenor-Bruder des abgeschafften Übersetzers, der Verdi seit seiner aktiven Sängerzeit kennt, beklagt in einem wortreichen Schreiben[53] an Verdi diese „Infamie", die man seinem Bruder angetan habe. Verdi repliziert höflich und versichert beide Brüder seiner Wertschätzung, nicht ohne anzumerken:

> Verdi an G.-L. Duprez; undatiert [Ende Jänner/Anfang Februar 1865]
> Ich kenne die Welt im allgemeinen und das Theater im besonderen: Grund genug, daß ich mich weder über die kleinen noch über die großen Perfidien wundere, die man dort begeht.　　　　Copialettere, S. 455

Plötzlich wird *Macbeth* aus Paris als Oper in fünf Akten angekündigt, was Verdi fuchsteufelswild werden läßt, weil er vermutet, daß durch das willkürliche Auseinanderreißen des 4. Aktes eine fünfaktige Grand-Opéra nach französischem Geschmack vorgetäuscht werden soll.[54] Obwohl Verdi dieses Ansinnen zurückweist, spielt Carvalho den *Macbeth* fünfaktig. Es werden Ismaël (Macbeth), Agnès Rey-Balla (Lady), Jules Monjauze (Macduff), Jules-Émile Petit (Banquo) singen, der Dirigent ist Adolphe Deloffre.

Anfang Februar 1865 ist die Arbeit abgeschlossen und Verdi setzt seinen französischen Verleger davon in Kenntnis.

> Verdi an Escudier[55]; Genua, 3. Februar 1865
> Heute habe ich Ricordi den letzten Akt des zur Gänze fertiggestellten *Macbeth* übersandt. Darin ist der gesamte Chor, der den 4. Akt eröffnet, neu. Die Arie des Tenors ist überarbeitet und [neu] instrumentiert. Dann sind alle Szenen nach der Romanze des Baritons bis zum Ende [der Oper] neu, d.h. die [musikalische] Beschreibung der Schlacht und die Schlußhymne. Ihr werdet lachen, wenn Ihr hört, daß ich für die Schlacht eine *Fuge* geschrieben habe!!! Ich, der ich alles, was nach Schule stinkt, verabscheue! Ich sage Euch aber, daß in diesem Fall diese Musikform gut paßt. Die einander nachlaufenden Subjekte und Kontrasubjekte und der Zusammenprall der Dissonanzen können eine Schlacht recht gut ausdrücken. Ach, wenn es [in Paris] nur unsere [italienischen] Trompeten gäbe, die so volltönend, so schmetternd klingen!! Eure *trompettes à pistons* sind weder Fisch noch Fleisch. Im übrigen wird das Orchester Freude damit haben.　　　　Rescigno, S. 49

Wertvolle Anweisungen gibt Verdi fünf Tage später.

> Verdi an Escudier; Genua, 8. Februar 1865
> *Ne cherchons pas midi à quatre heures!*[56] Suchen wir keine Wirkungen durch ein mit Bruststimme gesungenes hohes C oder eine neue Stimme oder eine Nebenrolle zu erzielen, sondern suchen wir nach einer soliden und dauerhaften Wirkung dessen, was in diesem *Macbeth* wirklich gut ist. Nehmt dies als Richtschnur: in dieser Oper gibt es drei Rollen, und es können nur drei sein: *Lady Macbeth – Macbeth – der Hexenchor*. – Die Hexen beherrschen das Drama; alles kommt von ihnen; sie sind grob und

geschwätzig im ersten Akt, erhaben und prophetisch im dritten. Sie sind eine eigene Figur, und zwar eine von allergrößter Bedeutung. Aus der Partie des *Macduff* werdet Ihr, so viel Ihr auch tun mögt, niemals eine von großem Interesse machen. Im Gegenteil, je mehr man ihn hervorhebt, umso mehr wird sich seine Bedeutungslosigkeit offenbaren. Er wird erst am Schluß der Oper ein Held. Er hat jedoch genug Musik, um sich zu bewähren, wenn er eine schöne Stimme hat; man muß ihm keine einzige Note mehr geben. Ihn einen Teil des Trinkspruches im zweiten Akt sagen zu lassen[57], wäre ein Irrtum und ein dramatischer Widerspruch. Macduff ist in dieser Szene nichts weiter als ein Höfling wie alle anderen. Die wichtige Persönlichkeit, der diese Szene beherrschende Dämon, ist Lady Macbeth; und obwohl Macbeth sich als Schauspieler im höchsten Maße auszeichnen muß, beherrscht Lady Macbeth, ich wiederhole es, alles, kontrolliert alles, wirft Macbeth vor, nicht einmal ein Mann zu sein, und sagt zu den Höflingen, daß sie den Delirien ihres Mannes keine Aufmerksamkeit schenken sollen – „schnell geht der Anfall vorüber"; und um sie dessen noch besser zu versichern, wiederholt sie ihren Trinkspruch. Das ist schön und aus ihrem Mund höchst bedeutungsvoll; aus Macduffs Mund bedeutet es gar nichts und ist ein Widerspruch. Stimmt das oder nicht? Gebt zu, daß ich recht habe.

In ein paar Tagen bekommt ihr den vierten Akt. Morgen oder übermorgen schreibe ich Euch alle meine Intentionen für diesen Akt. Wenn Herr Carvalho im letzten Chor [des Schlußaktes] hundert Choristen [auf die Bühne] bringen will, umso besser; ich würde es vorziehen, wenn er den Hexenchor ganz allgemein verstärkte, besonders bei den Altstimmen, die immer schwach sind. Ich wiederhole Euch, daß der Hexenchor von allergrößter Wichtigkeit ist: *er ist eine [eigene] Figur*. Man darf nicht vergessen, daß sie sowohl in der musikalischen Ausführung als bei der Darstellung am Anfang brutal und grob sein müssen, bis zu dem Moment im dritten Akt, in dem sie Macbeth gegenüberstehen. Von diesem Augenblick an sind sie erhaben und prophetisch. Ihr habt mir einmal geschrieben, Ihr wolltet während des Hexenchors im ersten Akt tanzen lassen. Tut es nicht; es ist ein Fehler. Es beraubt das Ballett im dritten Akt seiner Wirkung; und außerdem ist dieser Chor so, wie er ist, gut. *Ne cherchons pas midi à quatre heures.* Manchmal, wenn man Wirkungen verstärken will, zerstört man am Ende eine mit der anderen.   Rescigno, S. 49

Noch knapp vor der Uraufführung der Revision am Théâtre Lyrique in Paris erteilt Verdi essentielle Anweisungen.

Verdi an Escudier; 11. März 1865
Jetzt zur *Nachtwandelszene*, die immer noch das Kernstück der Oper ist. Wer die Ristori[58] gesehen hat, weiß, daß man nur ganz wenige Gesten machen darf; sie beschränkt sich sogar auf eine einzige Geste, nämlich, den Blutfleck wegzuwischen, den sie auf ihrer Hand glaubt. Die Bewegungen müssen langsam sein, und man darf die Schritte nicht sehen; die Füße müssen über den Boden gleiten, so als ob es eine Statue oder ein Schatten wäre, der geht. Die Augen starr, die Erscheinung totengleich; sie befindet sich in Agonie und stirbt gleich danach. Die Ristori gab ein Röcheln von sich: ein

Todesröcheln. In der Oper darf und kann man das nicht machen; ebenso, wie man im letzten Akt der *Traviata* nicht husten darf; und wie man bei *scherzo od è follia* im *Maskenball* nicht lachen darf. Dafür gibt es die Klage des Englischhorns, die das Röcheln bestens ersetzt und poetischer ist. Man muß [die Szene] mit größter Einfachheit und mit *hohler Stimme* singen (es handelt sich um eine Sterbende), ohne daß die Stimme jedoch jemals wie bei einem Bauchredner klingt. Es gibt einige Stellen, an denen die Stimme voll ertönen kann, aber das darf nur für ganz kurze Augenblicke sein, die in der Partitur angegeben sind. Für den Effekt und den Schrecken, die das Stück erzeugen soll, braucht man „eine totengleiche Erscheinung, wenige Gesten, langsame Bewegungen, eine hohle Stimme" Ausdruck etc. etc.

> Autograph in der Folger Library, Washington.
> Zit. in: Conati, Interviste, S. 27.

Der Uraufführung der revidierten Fassung am 19. April 1865 im Pariser Théâtre Lyrique ist ein geteilter Erfolg beschieden. Carvalho und Escudier berichten in Telegrammen von „immensem Erfolg, bewundernswerter Aufführung, herrlicher Inszenierung, allgemeiner Begeisterung". Doch die Realität sieht anders aus: Die hochgestochenen Erwartungen des Pariser Publikums und der Kritiker werden nicht erfüllt, vieles erscheint den Franzosen zu trivial. Verdi selbst ist mit dem Resultat seiner Arbeit zufrieden (wie bei fast allen Revisionen seiner Opern sind die Änderungen stets Verbesserungen der musikalischen und dramaturgischen Qualität des Stücks[59]) und von der Aufnahme enttäuscht. Erbost reagiert er auf Zeitungskritiken[60], in denen seine Kenntnis Shakespeares in Zweifel gezogen wird.

> Verdi an Escudier; 28. April 1865
> Oh, darin haben sie ganz unrecht. Es mag sein, daß ich den *Macbet* nicht richtig wiedergegeben habe, aber daß ich Shachespeare nicht kenne, nicht verstehe und nicht empfinde, nein; bei Gott, nein. Er ist einer meiner Lieblingsdichter, den ich seit meiner frühesten Jugend in der Hand gehabt habe und den ich ständig lese und immer wieder aufs neue lese.
> Abbiati III, S. 8

Die Erstfassung der Oper von 1847 hatte eine Sonderstellung unter den Risorgimento-Opern eingenommen, die Revision 1865 mußte bis zu ihrer Erstaufführung am 28. Jänner 1874 an der Mailänder Scala auf einen Erfolg warten. Hier war das Protagonistenpaar Francesco Pandolfini (Macbeth) und Antonietta Fricci (Lady), das Ballett wurde komplett aufgeführt. Danach findet sie sich bis zur Verdi-Renaissance der 1920er Jahre kaum mehr auf den Spielplänen, nimmt ab dann aber rasch und dauerhaft den ihr zustehenden Platz im Repertoire ein.

I *masnadieri*

Bevor Verdi den *Macbeth* in Angriff nahm, hat er, wie erinnerlich, mit der Arbeit an den *Masnadieri* begonnen. Er hat eine Prosafassung des Librettos entworfen, Andrea Maffei mit dessen Umformung in Verse beauftragt und einen Teil der Komposition fertiggestellt. Mit dem Impresario Benjamin Lumley wurde vereinbart, daß er die Oper im Frühjahr oder Frühsommer 1847 selbst einstudieren würde.

Verdi kehrt sofort nach der Premiere des *Macbeth* nach Mailand zurück und stellt die Komposition der *Masnadieri* beinahe fertig. Die Instrumentation wird er, wie gewohnt, erst an Ort und Stelle vornehmen. Ende Mai 1847 bricht Verdi mit Muzio von Mailand über Paris nach London auf. Die Reise nach Paris ist kompliziert und erfolgt mit verschiedenen Verkehrsmitteln wie Eisenbahn, Pferdewagen und Dampfschiff (auf dem Vierwaldstätter See und dem Rhein); sie nimmt mehr als neunzig Reisestunden in Anspruch.

Verdi bleibt einige Tage in Paris: Er nimmt den Kontakt zu Giuseppina Strepponi wieder auf, die hier lebt und Gesang unterrichtet. Hier wird ihm mitgeteilt, daß die berühmte Jenny Lind, die die Amalia in den *Masnadieri* singen soll, sich angeblich weigere, neue Opern zu studieren. In diesem Fall würde Verdi, wie Muzio berichtet, einen Protest gegen die Impresa einlegen und nicht nach London fahren.[61] Er schickt deshalb (den der englischen Sprache unkundigen) Muzio zur Erkundung der Situation und zum Quartiermachen nach London voraus. Dort erfährt Muzio, daß, wie so oft bei Theatergerede, gerade das Gegenteil der Gerüchte wahr ist: Jenny Lind kann es kaum erwarten, ihre Rolle in Händen zu halten, um sie studieren zu können, und Verdi endlich persönlich kennenzulernen.[62] Muzio ist von London überaus beeindruckt: „Mailand ist nichts; Paris ist schon etwas im Vergleich zu London; aber London ist einzigartig auf der Welt; man braucht sich nur fast zwei Millionen Einwohner vorzustellen; da kann man sich vorstellen, welch immense Stadt das ist. Um von einem Ende der Stadt zum anderen zu gelangen, muß man drei Poststationen passieren und drei Mal die Pferde wechseln."[63] Muzio findet eine Wohnung, nicht ohne Schwierigkeiten:

> Muzio an Barezzi; London, 4. Juni 1847
> Hier bezahlt man nicht in Francs, [sondern] alles in Sterling; das Geld, das ich hier an einem Tag ausgegeben habe, reicht mir in Mailand für 10 Tage, und das ist nicht übertrieben. […] Für drei Zimmer, die ich nehmen wollte, wollte man 5 Pfund Sterling die Woche, und ein halbes Pfund für die Aufwartung. Ich habe nur zwei Zimmer genommen; und im Salon habe ich für mich ein Bett aufstellen lassen, das tagsüber wie ein wunderschöner Diwan aussieht und in der Nacht zum Bett wird; wenn es Verdi so

London um die Mitte des 19. Jahrhunderts.

gefällt, *gut*; wenn es ihm nicht gefällt, wird er drei [Zimmer] nehmen und 5 Pfund bezahlen, denn so wie es jetzt ist, würde er nur 3 zahlen, und es ist ganz nahe beim Theater.

Garibaldi, S. 327

Verdi will aber doch die Dreizimmerwohnung. Muzio beklagt sich ausführlich über die kleinen Zimmer, „in denen man erstickt" und über die englischen Dienstboten, die „nur Englisch sprechen" (sprechen italienische Dienstboten Fremdsprachen?) und überdies mürrisch sind. Er berichtet im selben Brief aber auch über die Arbeit:

Wir stehen um 5 Uhr früh auf und arbeiten bis 6 Uhr abends (zur Abendessenszeit); dann gehen wir ein wenig ins Theater und kommen um 11 nach Hause und gehen gleich zu Bett, um früh aufstehen zu können. Die [Arbeit an der] Oper geht voran; zwei Akte sind schon bei den Kopisten und kommenden Montag wird sie vielleicht ganz fertig sein; es bleibt noch die Instrumentation. Ich bin der Meinung – merken Sie gut auf –, daß dies nach dem *Ernani* die populärste Oper ist, die Verdi gemacht hat, und daß sie am meisten zirkulieren wird.

Im selben Brief (er ist viereinhalb Buchseiten lang) berichtet Muzio auch ausführlich über Jenny Lind.

Ich habe die Lind in der *Figlia del reggimento*, in der *Sonnambula*, in *Roberto il diavolo* gehört, und ich sage Ihnen, daß sie eine Künstlerin in der ganzen Bedeutung des Wortes ist. Sie ist in allen drei genannten Opern großartig. In *Roberto il diavolo* ist sie unvergleichlich. Ihre Stimme ist in der Höhe ein wenig scharf, in der Tiefe schwach, aber mit viel Übung ist es ihr gelungen, sie in der Höhe geschmeidig zu machen, um die schwierigsten Passagen ausführen zu können. Ihr Triller ist einzigartig; sie singt mit unvergleichlicher Leichtigkeit und um ihre Gesangskunst zu zeigen, ergeht sie sich immer in Verzierungen, in Koloraturen, in Trillern, Sachen, die im vergangenen Jahrhundert gefielen, aber nicht 1847. Wir Italiener sind nicht an dieses Genre gewöhnt; und wenn die Lind nach Italien käme, würde sie diese Manie, die sie für die Verzierungen hat, sein lassen und auf einfache Art und Weise singen, da sie eine ausgeglichene und geschmeidige Stimme hat, um eine Phrase in der Manier der Frezzolini zu singen.

Garibaldi, S. 329 f.

Die „schwedische Nachtigall" ist keine dramatische, und nur mit Einschränkungen eine lyrische Sängerin: Sie ist ein virtuoser Koloratursopran. Aus Muzios Bemerkungen über ihren unzeitgemäßen Gesangsstil spricht eindeutig Verdi, der einerseits den zum Selbstzweck verkommenen Ziergesang verabscheut, andererseits aber Jenny Lind bewundert. Muzio hat die berühmte Sängerin genau in Augenschein genommen:

Muzio an Barezzi; London, 29. Juni 1847
Für morgen ist alles vorbereitet, um die Klavierproben mit allen Sängern zu beginnen; diese sind: (*Amalia*) die Lind, (*Carlo*) Gardoni, (*Francesco*) Coletti, (*Massimiliano*) Lablache; – ich war schon bei jedem, um die Rollen durchzugehen. Bei der Lind war ich öfter als bei den anderen, nicht wegen der Schwierigkeit der Musik, sondern wegen der Worte, da sie nicht besonders mit dem Italienischen vertraut ist. Ich habe die Lind sehr nett, freundlich, manierlich und höflich gefunden. Sie ist eine vollendete, tief empfindende Musikerin; sie liest jede Gesangsnummer vom Blatt. Ihr Gesicht ist häßlich, ernst und es ist etwas Nordisches darin, das sie in meinen Augen unsympathisch macht; sie hat eine überaus dicke Nase [...], eine nordische Hautfarbe, riesige Hände und ebensolche Füße; ich habe sie mir genau angeschaut, bis ins kleinste, wie man zu sagen pflegt, und so muß man mit allen Berühmtheiten vorgehen – man muß sie genau betrach-

Die Sopranistin
Jenny Lind.

ten. Sie führt ein ganz zurückgezogenes Leben: sie empfängt niemanden
(und sie tut gut daran, denn so wird sie keine Unannehmlichkeiten haben);
sie lebt für sich; sie haßt, so sagte sie mir, das Theater und die Bühne; sie
sagt, daß sie unglücklich ist, und daß sie erst dann Zufriedenheit und ein
wenig Freude finden wird, wenn sie nichts mehr mit Theaterleuten und
dem Theater an sich zu tun haben wird. Diesbezüglich stimmt sie sehr mit
den Meinungen des Maestro überein, der das Theater ebenfalls haßt und
es kaum erwarten kann, sich zurückzuziehen.   Garibaldi, S. 334 f.

Jenny Lind (geborene Johanna Maria Lind, ab 1852 verehelichte
Goldschmidt) wurde 1820 in Stockholm geboren. Ab 1829 wurde sie am
Stockholmer Konservatorium ausgebildet und debutierte in ihrer Heimatstadt 1838 als Agathe in Webers *Freischütz*. Im selben Jahr trat sie als
Pamina und Euryanthe auf. 1839 fügte sie ihrem Repertoire die Sopranrollen in Spontinis *La vestale* und Meyerbeers *Robert le diable* (1839)
hinzu, 1840 die Donna Anna und die *Lucia di Lammermoor*, 1841 Bellinis *La straniera* und *Norma*. Als ihre Stimme, speziell in der Mittellage,
Anzeichen von Überanstrengung zu zeigen begann, studierte sie
nochmals bei Manuel García jr. in Paris, der ihr zuerst eine stimmliche
Ruhepause verordnete und dann ihre gesangstechnischen Fehler korri-

gierte. Die Pariser Opernhäuser zeigten kein Interesse an ihr, weshalb sie später nie in Frankreich auftrat. Bei ihrer Rückkehr nach Stockholm war evident, daß sich die Stimme erholt hatte und ihre Gesangstechnik wesentlich verbessert war. Obwohl ihre Mittellage schwach blieb und verschleiert klang (möglicherweise erzielte sie durch diese Stimmcharakteristik jene „elegische" Qualität des Vortrags, die immer wieder an ihr gerühmt wurde), war die obere Oktave der Stimme durchschlagskräftig und gleichzeitig virtuos beweglich; ihre Höhe reichte bis g³ (ein Ganzton über dem hohen F der Königin der Nacht).

1842 und 1843 trat sie als Valentine in *Les Huguenots,* als Ninetta in Rossinis *La gazza ladra,* als Gräfin Almaviva und als Amina in *La sonnambula* auf. 1844 baute sie ihr Repertoire mit Rossinis *Il turco in Italia,* Glucks *Armide* und Donizettis *Anna Bolena* aus. In diesem Jahr debutierte sie auf Empfehlung Giacomo Meyerbeers mit sensationellem Erfolg an der Königlichen Oper in Berlin (*Norma*). Dort sang sie Ende 1844 in dessen *Ein Feldlager in Schlesien.*

In Wien debutierte sie 1846 als Norma – auch hier war ihr ein triumphaler Erfolg beschieden: sie hatte 30 Hervorrufe, und Franz Grillparzer huldigte ihr in Versen. Als sie die Amina in *La sonnambula* sang, warf ihr die österreichische Kaiserin ihr Bouquet zu, eine bis dato beispiellose Form begeisterter Zustimmung. Diesen Auftritten folgte eine Deutschland-Tournée (Hamburg, Köln, Koblenz, Leipzig), im Jänner 1847 die Rückkehr nach Wien (*La fille du régiment*) und Auftritte in Schweden. Im selben Jahr debutierte sie in London am Her Majesty's Theatre. Ihre Antrittsrolle war die Alice in *Robert le diable,* im Beisein von Queen Victoria und Prinzgemahl Albert. Danach trat sie in den von Muzio erwähnten Rollen auf. Sie machte ihre Ankündigung wahr: Nach der *Masnadieri*-Premiere sang sie die Susanna in *Le nozze di Figaro,* absolvierte 1848 noch eine zweite Saison in London, und verabschiedete sich 1849 im Alter von nur neunundzwanzig Jahren in Stockholm von der Bühne.

Ihr Ruhm als Opernsängerin war geographisch begrenzt (auf Schweden, Deutschland, Wien und London) und auf wenige Partien gegründet, was aber ihrer Leistung keinerlei Abbruch tat. Die „schwedische Nachtigall" setzte ihre Tätigkeit als Oratorien- und Konzertsängerin fort, wobei sie in ihre Konzertprogramme öfter Opernausschnitte aufnahm. Neben ihren Konzertreisen war sie ständiger Gast bei den großen englischen Musikfestivals und vergleichbaren Veranstaltungen in Deutschland. Auf ihrer großen Tournée durch Nordamerika 1850–52 gab sie über hundert Konzerte, die ihr ein Vermögen eintrugen, dessen Großteil sie der Wohlfahrt spendete (Philanthropie und Religiosität waren ihre hervorstechenden Eigenschaften). Von 1852 bis 1855 lebte sie in Dresden, ab 1856 in England (sie erhielt 1859 die britische Staatsbürgerschaft). Sie pflegte freundschaftliche Kontakte mit Robert und Clara Schumann und mit Felix Mendelssohn Bartholdy, der sie überaus bewunderte und für sie eine Oper komponieren wollte (das Projekt kam nie zustande, er komponierte stattdessen für sie die Arie „Hear Ye Israel" in seinem Oratorium *Elijah*).

Sie beendete ihre Gesangskarriere 1870 in Düsseldorf mit einem Auftritt in einem Oratorium ihres Gatten, des Dirigenten und Komponisten Otto Goldschmidt. Von 1883 bis 1886 unterrichtete sie am Royal Conservatory of Music in London. Jenny Lind starb 1887 auf ihrem Landgut in Herfordshire und wurde in Westminster Abbey an der Seite von G.F. Händel begraben.

Am 17. Juli ist noch immer nicht alles restlos fertig. Verdi klagt trotz des Hochsommers über „Rauch, Nebel und dieses teuflische Klima, die mir jede Lust zum Arbeiten nehmen". Er hat zwei Orchesterproben abgehalten, „und wenn ich in Italien wäre, könnte ich Ihnen ein nüchternes Urteil über die Oper geben, aber hier verstehe ich gar nichts. Schuld des Klimas… Schuld des Klimas!"[64]

Am 22. Juli gehen die *Masnadieri* trotz der widrigen Umstände wie geplant zum ersten Mal über die Bühne. Verdi ist der erste große Komponist des 19. Jahrhunderts, der eine Oper eigens für London schreibt, die Erwartungshaltung ist dementsprechend groß und die Premiere wird zum gesellschaftlichen Ereignis: Nicht nur die Königin mit Prinzgemahl Albert nimmt an der Premiere teil, auch der Hochadel ist vertreten, ebenso wie der Herzog von Wellington und die Parlamentsabgeordneten in vollem Ornat. Verdi, der ursprünglich abgeneigt ist, die Premiere selbst zu leiten, wird vom Russischen Botschafter und einer Abordnung englischer Adeliger dazu überredet. Muzio berichtet tags darauf:

> Muzio an Barezzi; London 23. Juli 1847
> Die Oper hat Aufsehen erregt. Vom Vorspiel bis zum letzten Finale gab es nur Applaus, Hochrufe, Rufe nach Wiederholungen. Der Maestro dirigierte das Orchester selbst, auf einem erhöhten Stuhl sitzend, und mit seinem Dirigentenstab in der Hand. Sobald er im Orchester erschien, gab es einen Applaus, der eine Viertelstunde dauerte. Man hatte noch nicht zu applaudieren aufgehört, als die Königin, der Prinzgemahl Alberto, die Königinmutter und der Herzog von Cambridge, der Onkel der Königin, der Prinz von Wales, der Sohn der Königin und die ganze königliche Familie sowie eine unendliche Reihe von Lords und Herzögen eintrafen, die kein Ende nehmen wollte. Die Logen waren voll von Damen in großer Toilette und das Parkett so überfüllt, daß man sich nicht erinnern konnte, jemals so viele Leute gesehen zu haben. Um 4 ½ wurden die Tore geöffnet

und die Leute drängten mit nie gesehenem Ungestüm ins Theater. Es war ein neues Erlebnis für London, und Lumley ließ das Publikum teuer dafür bezahlen. Der Eintritt ins Theater kostete 6000 Lire, damit wurde der Preis übertroffen, den man an dem Abend verlangte, als die Königin in großer Gala im Theater erschien. Der Maestro wurde gefeiert, auf die Bühne gerufen, allein und mit den Darstellern, es wurden ihm Blumen zugeworfen, und man hörte nichts als: es lebe Verdi! *bietifol*[65]... [...]

Die Oper endete unter Applaus. Alle Sänger wurden hervorgerufen und auch Verdi mußte mitten im frenetischesten Applaus erscheinen. Die Aufführung war gut; das Orchester wunderbar: es konnte nicht anders sein, da Verdi dirigierte. Die Sänger machten ihre Sache alle gut, waren aber sehr aufgeregt. Die Lind und Gardoni hatten noch nie neue Opern gesungen, es war das erste Mal für sie. Lablache war wunderbar und Coletti ebenfalls. Der Maestro war sehr zufrieden; die Impresa war so zufrieden, daß sie ihm durch mich ein Engagement für alle Jahre, die er nur will, anbieten ließ, zu 60.000 Francs pro Oper; und das ist der größte Beweis dafür, ob eine Oper gefallen hat oder nicht.

Die Zeitungen, die *Times*, die *Morning Post*, der *Morning Chronicle* etc. sprechen alle sehr gut von der Musik und auch vom Libretto, das ebenfalls gefallen hat.

Morgen, Samstag, ist die zweite Vorstellung; wenn der Maestro das Orchester nicht auch Dienstag dirigiert, werden wir am Montag abreisen.

Garibaldi, S. 344 ff.

Die Presse teilt Muzios Enthusiasmus: Die „Times" lobt sogar Maffeis Libretto. Nur der bereits erwähnte Henry Chorley fällt wieder aus dem Rahmen und stänkert unqualifiziert: „We take this to be the worst opera which has been given in our time at Her Majesty's Theatre. Verdi is finally rejected. The field is left open for an Italian composer." Auch Queen Victoria, die mehr an Kostümen denn an musikalischer Gestaltung interessiert zu sein scheint, kann die allgemeine Begeisterung nicht teilen:

> Aus Queen Victorias Tagebuch; London, 22. Juli 1847
> Wir gingen in die Oper, wo wir die Aufführung von Verdis *I masnadieri* in vier Akten sahen, die denselben Inhalt wie *I briganti* von Mercadante hat. In dieser neuen Verdi-Oper nach der Vorlage von Schillers *Die Räuber* ist die Musik weit schwächer und platter. Lablache spielte den Part des Maximilian Moor, in dem er zwar gut aussah, aber zu fett war für den hungernden alten Mann. Gardoni spielte den Part des Carlo Moor & war wunderschön angezogen. Die Lind als Amalia sang und spielte ganz vorzüglich & sah sehr gut & attraktiv aus in ihren verschiedenen Kostümen. Sie erhielt riesigen Beifall.
> Vincent Godefroy, *The Dramatic Genius of Verdi*,
vol. I, Gollancz, London, 1975. Zit. in: Weaver, S. 169

Muzio hatte sich bereits vor der Premiere über Lablaches Figur geäußert:

Muzio an Barezzi; London, 17. Juli 1847
Wenn Sie den alten Lablache mit diesem Bauch, der ein Berg zu sein scheint, sähen, würden Sie sich wundern; er hat aber noch immer die schönste Stimme, die man sich nur vorstellen kann.

Garibaldi, S. 339

Der Bassist **Luigi Lablache** (Neapel 1794–1858) war zu seiner Zeit der berühmteste Vertreter des Baßfaches. Er wurde als Sohn eines französischen Kaufmanns und einer Irin in Neapel geboren und begann dort als Zwölfjähriger seine musikalische Ausbildung am Conservatorio della Pietà dei Turchini. 1809 sang er (vor dem Stimmbruch) die Altpartie in Mozarts *Requiem* bei einer Gedenkfeier anläßlich des Todes von Joseph Haydn. 1812 begann er seine Karriere als Baßbuffo in Fioravantis *La molinara*. Nach weiteren Studien und einem Engagement als Buffo in Messina debutierte er in Palermo in Pavesis *Ser Marc-Antonio* und wurde aufgrund seines enormen Erfolges für fünf Jahre als seriöser Baß an das dortige Opernhaus verpflichtet. 1817 debutierte er als Dandini in *La cenerentola* an der Mailänder Scala, an der er sechs Spielzeiten lang blieb. 1821 sang er in der Uraufführung von Mercadantes *Elisa e Claudio* die für ihn komponierte Baßpartie.

Nach Auftritten in Rom, Turin und Venedig wurde er 1824 von dem Impresario Domenico Barbaja nach Wien geholt. Auch hier verzeichnete er triumphale Erfolge. 1827 sang er bei Beethovens Begräbnis, Schubert widmete ihm seine *Drei Gesänge*[66] op. 83, DV 902 auf Texte von Pietro Metastasio. 1829 eröffnete er das Teatro Regio in Parma mit Bellinis *Zaira*, 1830 sang er in der Uraufführung von Donizettis *Il diluvio universale*. Im selben Jahr feierte er sein bejubeltes London-Debut im King's Theatre als Geronimo in Cimarosas *Il matrimonio segreto* (in derselben Rolle wurde er, ebenfalls 1830, in Paris gefeiert). 1831 erregte er in London Aufsehen, als er als Enrico VIII in Donizettis *Anna Bolena* auftrat. Er hatte sein Kostüm nach dem berühmten Holbein-Portrait Heinrichs VIII. anfertigen lassen und seine Maske genau nach dem historischen Vorbild gestaltet. Seine hünenhafte Gestalt und sein bedrohlich dröhnendes Organ machten auf das Publikum einen unauslöschlichen Eindruck. 1836 sang er in der Uraufführung von Mercadantes (von Queen Victoria erwähnten) *I briganti*. 1843 sang er in Paris in der Uraufführung von Donizettis *Don Pasquale* die Titelrolle, zusammen mit Grisi, Mario und Tamburini. Als 1847 in London die Royal Italian Opera, Covent Garden, eröffnet wurde, gehörte er zu den wenigen Sängern, die dem Her Majesty's Theatre treu blieben. An diesem Haus kreierte er 1843 den Podestà in *Linda di Chamounix* und 1850 den Caliban in Halévys *La tempesta*. Erst 1854 trat er erstmals an Covent Garden auf.

Seine Karriere konzentrierte sich in der Folge hauptsächlich auf London und Paris.

Er gehörte dem berühmten, aus Giulia Grisi, Giovanni Battista Rubini und Antonio Tamburini bestehenden Quartett an, das 1835 (im Todesjahr des Komponisten) in Paris Bellinis *I puritani* aus der Taufe hob. Diese vier Sänger sangen im selben Jahr bei Bellinis Begräbnis am Pariser Père-Lachaise ein Lacrymosa auf ein Thema aus den *Puritani*. Lablaches Repertoire umfaßte u.a. Partien wie den Leporello, den Baldassarre in Donizettis *La favorita*, zahlreiche Baßrollen in Rossini-Opern (*Tancredi, La gazza ladra, Mosè in Egitto, La cenerentola, L'italiana in Algeri, La donna del lago, Semiramide, Otello* usw., aber auch den Guglielmo Tell, den Figaro[67] und den Dr. Bartolo in *Il barbiere di Siviglia*), die Titelpartien in Donizettis *Marin Faliero* und *Don Pasquale*, den Oroveso in *Norma*. 1839 schrieb Richard Wagner für ihn eine zusätzliche Arie für diese letztere Rolle, die zu singen Lablache aber ablehnte.

Der dankbare Impresario Lumley beschrieb Lablache als „the greatest dramatic singer of his time", der für seine kompetenten Kommentare über Sänger bekannte englische Kritiker und Komponist Richard Mount Edgcumbe hielt ihn für einen „bass of uncommon force and power. His voice was not only of deeper compass than almost any ever heard, but when he chose, absolutely stentorian, and he was also gigantic in his person; yet when he moderated its extraordinary strength, he sang pleasingly and well." – eine Einschätzung, angesichts derer eine heute nur von Baritonen gesungene Partie wie der Figaro im *Barbiere* erstaunt. Weshalb Muzio den in der gesamten Literatur in jeder Hinsicht als überlebensgroß beschriebenen Künstler als *vecchietto*, als altes Männlein – Lablache war 1847 noch keine dreiundfünfzig Jahre alt und setzte seine Karriere ohne Stimmprobleme bis 1856 fort – bezeichnete, bleibt unklar. Obwohl seine Stimme über mehr als zwei Oktaven reichte, eine ausgezeichnete Höhe hatte und für Verdi-Baßrollen prädestiniert gewesen wäre, blieb der alte Moor in den *Masnadieri* seine einzige Verdi-Rolle.

Der Carlo Moor der Premiere ist der Tenor **Italo Gardoni** (Parma 1821 – Paris 1882), ein interessanter Sänger mit einem Repertoire etwas abseits der italienischen Tenorroutine. Er debütierte 1840 in Viadana (in der Nähe von Mantua) in der Titelrolle von Donizettis *Roberto Devereux*, sang im selben Jahr bereits in Turin und Berlin und wurde nach nur dreijähriger Karriere an die Mailänder Scala engagiert: Dort trat er 1843 in *La sonnambula* und *Lucia di Lammermoor*, 1844 in *Linda di Chamounix* auf. Ab 1844 hatte er Erfolge in Paris, zuerst an der Opéra, wo er u.a.

an der Uraufführung von Pacinis *La fidanzata corsa* (1846) mitwirkte, ab 1847 am Théâtre Italien.

Der Auftritt als Carlo Moor war sein London-Debut. Hier sang er den Pylades in Glucks *Iphigénie en Tauride*, den Don Ottavio, den Tamino, den Florestan und den Faust. 1855 trat er erstmals in Covent Garden auf: er sang Rossinis *Comte Ory*, den Nemorino, den Danilowitz in Meyerbeers *L'Étoile du Nord* und den Corentin in *Dinorah* (beides englische Erstaufführungen). Er trat bis zum Ende seiner Karriere (1874) regelmäßig in London und Paris auf. Weitere wichtige Partien seines Repertoires waren die Tenorrollen in Cimarosas *Il matrimonio segreto*, Rossinis *La cenerentola*, *L'italiana in Algeri*, *Otello* und *La gazza ladra*, Bellinis *La sonnambula*, *I puritani*, Aubers *Fra Diavolo* und Verdis *La traviata*. Gastspiele führten ihn nach St. Petersburg, Madrid und Amsterdam.

Gardonis Stimme wird als *tenore di grazia*, als leichter, koloraturgewandter Tenor mit ausgezeichnetem Stimmsitz beschrieben; er war als Vokalist und Stilist ebenso vielseitig wie als Schauspieler. Verdi hatte die Partie des Carlo auf die vokalen Fähigkeiten seiner ursprünglichen Wunschbesetzung Gaetano Fraschini zugeschnitten, weshalb manche Passagen baritonal gefärbt sind und für Gardoni zu heroisch gewesen sein mochten. Wenn Verdi dennoch die leichtere Stimme Gardonis für die Rolle akzeptierte, muß seine Stimme über eine etwas kompaktere Komponente verfügt haben, worauf auch eine Partie wie der Florestan hinweist.

Die *Masnadieri* werden in Italien und im Ausland bis zu Beginn der 1860er Jahre aufgeführt, danach verschwindet auch diese Oper von den Spielplänen.

Nach der zweiten Vorstellung übergibt Verdi den Taktstock an Michael William Balfe (den Dirigenten, Sänger und Komponisten von *The Bohemian Girl*) und reist nach Paris, um in den kommenden Wochen seine dortige Verpflichtung zu erfüllen. Um als italienischer Komponist im 18. und 19. Jahrhundert als arriviert gelten zu können, ist ein Erfolg in Paris erforderlich. Meister wie Cimarosa, Paisiello, Guglielmi, Bianchi, Zingarelli, Paër, Cherubini oder Spontini hatten die Strapazen der Alpenüberquerung in Kauf genommen, um für Paris zu schreiben. Wie erfolgreich ein italienischer Komponist in seinem Heimatland auch sein mochte, wenn er die Weihen eines Pariser Erfolges nicht vorweisen konnte, wurde er von seinen Landsleuten als unverbesserlicher Provinzler betrachtet (das *nemo propheta in patria* ist geographisch ungebunden und hat durchaus europäische Tradition). Rossini und Bellini, Donizetti und Verdi, aber auch Gluck und Wagner wußten dies und richteten sich, mit verschiedenem Erfolg, danach.

Wünschenswert, nicht aber unabdingbar, war für diesen Zweck die Komposition einer neuen Oper. Manchmal tat es auch die Umarbeitung eines früheren Werkes zu einem dem Pariser Geschmack angepaßten Bühnenstück: Gluck arbeitete *Orfeo ed Euridice* in *Orphée et Euridice* um, seine italienische in eine französische *Alceste*, Rossini seinen *Maometto II* in *Le Siège de Corinthe* und *Mosé in Egitto* in *Moïse*, Donizetti hatte dem Musikgeschmack der Franzosen mit *Les Martyrs,* einer Umarbeitung des *Poliuto,* Tribut gezollt. Die erste Einladung nach Paris erhält Verdi 1845: Bald nach der Premiere von *Giovanna d'Arco* überbringt Léon Escudier die frohe Nachricht. Aber Verdi steht unter enormem Arbeitsdruck und muß Verträge in Italien und England erfüllen.

Jérusalem

Erst 1847, nach der Uraufführung von *I masnadieri* in London, kann Verdi dem Gedanken, für Paris zu schreiben, nähertreten. In diesem Jahr hat Paris drei Opern Verdis kennengelernt: *Nabucco* und die in der Zwischenzeit komponierten *Ernani* und *I due Foscari* wurden aufgeführt, allerdings am Théâtre Italien, was international nicht dieselbe Reputation wie ein Erfolg an der Opéra (eigentlich: Académie Royale de Musique) verhieß. Nun bieten die neuen, unter Erfolgsdruck stehenden Direktoren der Opéra, Roqueplan und Duponchel, Verdi die Komposition einer neuen Oper für die Herbstsaison an, was Verdi aber unter Hinweis auf die kurze zur Verfügung stehende Zeit ablehnt. Er schlägt die Umarbeitung der in Frankreich noch unbekannten *Lombardi* zu einer *grand-opéra* nach französischem Geschmack vor. Wo es sich als notwendig erweisen sollte, würde er neue Nummern komponieren und in die Partitur einfügen. Der wegen des Librettos um Rat gefragte Eugène Scribe, der Chef der berühmten Pariser Operntextwerkstatt, schlägt Alphonse Royer und Gustave Vaëz (die Textdichter von Donizettis *La Favorite*) vor, deren Arbeit zu einer deutlichen Verbesserung des *Lombardi*-Textes führt.

Die Arbeit beginnt: Aus den lombardischen werden französische Kreuzritter, die handelnden Personen bekommen neue Namen, aus Mailand wird Toulouse (wodurch die Umstände, die das Mailänder Publikum in Raserei versetzt haben, verwässert werden), die Handlung wird den neuen Gegebenheiten angepaßt und spielt jetzt zwischen 1095 und 1099 in Toulouse und Palästina. Die Musik der *Lombardi* wird dem

Die Académie Royale de Musique, kurz Opéra genannt, in Paris.

neuen französischen Libretto angepaßt, teilweise neu – und subtiler – instrumentiert, transponiert und neu angeordnet. Einige Nummern streicht Verdi aus der Originalpartitur und ersetzt sie durch neue, darunter die *Introduction*, die das kurze Allerwelts-Vorspiel der *Lombardi* ersetzt, die Cabaletta „Ah! viens, démon esprit du mal", die Hymne „Le Seigneur nous promet" und einen Marsch. Ebenso schreibt er zahlreiche neue Rezitative und Überleitungen. In Gastons Arie „Je veux encore" (die französische Version von „La mia letizia infondere" aus den *Lombardi*) fügt Verdi eigens für Gilbert-Louis Duprez, den Wundertenor, dessen Name auf den Plakaten allein schon eine Erfolgsgarantie darstellt, eine Phrase mit einem hohen C ein. Das „Salve Maria" wird, diesmal ohne Beanstandung aus Kirchenkreisen, wieder zum „Ave Maria", der dritte Akt beginnt mit der für Paris obligaten Ballettmusik, die farbige Schlachtmusik im vierten Akt ist neu, das Finale der Oper ist eine Umarbeitung des Terzettino aus dem Finale der *Lombardi*.

Nach einer zweimonatigen Probenzeit, die Verdi als geradezu luxuriös empfindet, wird *Jérusalem* am 22. November 1847 in einer prächtigen Ausstattung an der Académie Royale de Musique uraufgeführt. „Die *mise en scène* wird absolut wunderbar, da man hier nicht ans Sparen denkt", schreibt Verdi begeistert am Tag des Probenbeginns, dem 22. September 1847, an Giuseppina Appiani.

Trotz der aufwendigen Inszenierung wird das Werk kühl aufgenommen. Seiner Enttäuschung läßt Verdi am 3. Dezember 1847 in einem Brief an Clara Maffei freien Lauf: „Ich bin es so leid, dieses Wort *Jérusalem* zu hören, daß ich meine Langeweile und meine schlechte Laune nicht mit Ihnen teilen möchte."

Auf der Besetzungsliste scheinen Julian Van Gelder (Hélène) und Adolphe Louis Joseph Alizard (Roger) auf. Der musikhistorisch interessanteste unter den Sängern ist der Interpret des Gaston, **Gilbert-Louis Duprez** (Paris 1806 – 1896). Der Sänger, der auch als Komponist erfolgreich war (seine erste Oper, *La cabane du pêcheur*, wurde 1826 in Versailles aufgeführt) debutierte 1825 am Pariser Odéon als Almaviva in *Il barbiere di Siviglia*. Er blieb bis 1828 an diesem Theater und etablierte sich als *tenorino di grazia*, als lyrischer Tenor mit Koloraturfähigkeit, der bis zum e^2 im *falsettone* sang. Im selben Jahr ging er nach Italien, wo er begann, die italienischen Tenöre zu imitieren, die bis zum b^1 und h^1 mit Bruststimme sangen und *con veemenza* phrasierten. Als er 1831, sozusagen als Notlösung, in Lucca für die italienische Erstaufführung von Rossini *Guglielmo Tell* engagiert wurde, entdeckte er, daß er bis zum c^2 mit Bruststimme singen konnte. Er gilt seit damals als der Erfinder des *do di petto*, des mit Bruststimme gesungenen hohen C, so wie es heute gesungen wird. Auch wenn dies nicht ganz der Realität entspricht (aus zeitgenössischen Quellen ist zu entnehmen, daß verschiedene Sänger, darunter Manuel García sr., Jahre vor ihm bei seltenen Gelegenheiten das c^2 mit Bruststimme genommen hatten), hat er das *do di petto* populär gemacht. Er etablierte sich hierauf in Italien als Interpret des romantischen Repertoires und errang große Erfolge in Donizetti-Opern: als Percy in *Anna Bolena* (Florenz 1831 und Rom 1834), als Ugo in *Parisina* (1833), als Enrico II in *Rosmonda d'Inghilterra* (1834) und, als Krönung, als Edgardo in der Uraufführung von *Lucia di Lammermoor* (Neapel 1835) (es wird Duprez nachgesagt, er habe Donizetti, mit welchem er eng befreundet war, bei der Komposition der Arie und Schlußszene der Oper beraten). Im Laufe seiner italienischen Karriere war die Stimme etwas nachgedunkelt und erinnerte in nichts mehr an den ursprünglichen *tenorino di grazia*.

1837 kehrte Duprez nach Frankreich zurück, wo er an der Opéra in der Rolle des Arnold in *Guillaume Tell* debutierte. Er trompetete die exponierten Höhen seiner Partie mit Vollstimme, worauf sich das Theater in ein Tollhaus verwandelte (in Lucca hatte sein Gewaltakt kaum Beachtung gefunden). Obwohl sich Rossini von diesen unkultivierten Tönen insultiert fühlte, wollte das Publikum ab sofort den *Tell* nur mehr dann hören, wenn Duprez sang. Duprez war jetzt der unumstrittene Star der Opéra und wurde in zahlreichen Uraufführungen besetzt: in Halévys *Guido e Ginevra* (1838), *La reine de Chypre* (1841) und *Charles VI* (1843), in Berlioz' *Benvenuto Cellini* (1838), in Aubers *Le lac des fées* (1839), in Donizettis *Les martyrs* und *La favorite* (beide 1840) und *Dom Sébastien* (1843) sowie in Verdis *Jérusalem* (1847), seine letzte neue Rolle. Von seinem unglücklichen Vorgänger Nourrit übernahm er die Rollen in *Robert le diable, Les Huguenots, La Juive* und *La Muette de Portici*. Insgesamt hatte er 78 Rollen in seinem Repertoire. In der Saison 1844–45 sang Duprez in London, 1850 bereiste er Deutschland. Er war als Lehrer am Pariser Conservatoire tätig (1842–50) und gründete 1853 seine École Spéciale de Chant. Daneben war er nach wie vor als Komponist tätig, dessen insgesamt acht Opern in Paris aufgeführt wurden.

Im Laufe der Jahre hatte sich Duprez zum ersten bedeutenden *tenore di forza*[68] entwickelt. Seine Stimme war nicht groß, doch erzielte er große Wirkung durch dramatische Phrasierung und Deklamation. Seine Ablehnung, in Rom 1834 die (für einen baritonalen Tenor komponierte) Partie des Pollione in *Norma* zu übernehmen, ist als Hinweis auf seine schwache tiefere Lage zu verstehen. Schon 1838 notierte Berlioz, daß Duprez' Organ rauher geworden war, ein erstes Anzeichen, daß die Stimme durch Forcieren und zu häufige Auftritte (in Italien mußte er manchmal bis zu sechs Mal pro Woche auftreten) Schaden genommen hatte. 1850 trat er von der Bühne ab. Er veröffentliche zahlreiche Schriften, darunter ein berühmtes Lehrbuch, *L'art du chant* (1845), sowie Autobiographisches, *Souvenirs d'un chanteur* (1880) und *Recréations de mon grand âge* (1888).

Duprez' Wirkung geht über die neue Art, exponierte Höhen zu singen, hinaus: Seit er 1837 das Publikum erstmals für den neuen Gesangsstil begeistert hatte, begannen sich die Interpretationen der Tenorrollen zu ändern. Die Tenorkollegen imitierten Duprez, es wurde mit mehr dramatischem Impetus vorgetragen, die Akzente wurden heftiger, als Folge wurden die Tempi angezogen. Dessenungeachtet darf man sich Duprez nicht als brüllenden Verismo-Tenor vorstellen, sondern als Vorläufer von Sängern wie Francesco Tamagno, mit dessen stimmlichen Mitteln und Kraft des Vortrages er sich aber nicht messen konnte.

Erwähnenswert ist an dieser Stelle der damalige Kammerton. Daß die Komponisten, wie manchmal behauptet wird, Tenorrollen mit einer exponierten Tessitura und halsbrecherischen hohen Tönen nur deshalb schreiben konnten, weil die Stimmung wesentlich tiefer gewesen sei als heute, kann leicht widerlegt werden: Sie hätten dementsprechend auch für alle anderen Stimmlagen extreme Höhen vorschreiben müssen, was aber nicht der Fall war. 1823 lag die Stimmung in Paris bei 431 Hz, 1830 – zur Zeit des *Guillaume Tell* – war sie bereits auf 439 Hz gestiegen, ein Jahr nach *Jérusalem* hatte sie 449 Hz erreicht. Die Pariser Académie de Musique legte angesichts dieser Entwicklung 1859 das A mit 435 Hz fest. Generell wurden um 1850 in den europäischen Opernhäusern und Konzertsälen 450 Hz erreicht oder überschritten. 1859 wurden in Wien 456 Hz erreicht. Erst 1939 wurden bei der Internationalen Stimmtonkonferenz in London 440 Hz standardmäßig für das A festgelegt, die heute jedoch aus Gründen des brillanten Orchesterklangs wieder überschritten werden.

Unter dem Strich ist das Unternehmen für Verdi aber ein Erfolg: Er wird für die Umarbeitung wie für eine neue Oper bezahlt und auch der Prestigezuwachs schlägt sich positiv zu Buche: Louis-Philippe, für den zwei Akte aus *Jérusalem* in den Tuilerien aufgeführt werden, ernennt ihn zum Chevalier de la Légion d'Honneur.

Wenig später läßt Verdi, als Geschäftsmann um nichts weniger begabt denn als Komponist, das Libretto ins Italienische übersetzen (diese Version von Calisto Bassi wurde von zeitgenössischen Kritikern allgemein als Verschlimmbesserung angesehen), widmet diese Fassung Giuseppina Strepponi und verkauft die italienischen Rechte an Ricordi. Die Aufführung dieser italienischen Fassung in Mailand 1850 unter dem Titel *Gerusalemme* bleibt erfolglos. In dieser Fassung wird das Werk zum ersten Mal im 20. Jahrhundert 1963 in Venedig unter der Leitung von Gianandrea Gavazzeni mit Leyla Gencer, Jaime (Giacomo) Aragall und Giangiacomo Guelfi in den Hauptrollen gespielt. Auch diese Aufführung führt zu keiner Renaissance dieser Werkfassung.

---

[1] Der Hinweis auf vier kurze, aber gleich lange Rollen bezieht sich auf den außergewöhnlichen Umstand, daß das Fenice in dieser Spielzeit vier Hauptrollensänger zur Verfügung hatte. Große Theater (mit Ausnahme der Mailänder Scala und des S. Carlo in Neapel) verfügten für die Saison für gewöhnlich über drei Protagonisten (*prima donna assoluta, primo tenore assoluto, primo basso assoluto*), manchmal auch nur über zwei (wie im Falle des *Macbeth* in Florenz). Mit „gleich langen Rollen" verlangt Verdi, daß alle eine Arie, ein Duett und ein Aktfinale erhalten sollen, ohne daß jemand benachteiligt würde. Die Sujetauswahl für neue Opern war also weitgehend von den zur Verfügung stehenden Sängern abhängig.

[2] Alessandro Lanari (San Marcello di Iesi 1787 – Florenz 1852). Impresario, u.a. in Rom, Mailand, Venedig, Neapel. Sein Name ist besonders mit dem Teatro della Pergola in Florenz verbunden, das er 1823–28, 1830–35 und 1839–48 leitete. Ihm sind nicht nur die italienischen Erstaufführungen von Opern von Meyerbeer (*Roberto il diavolo*, 1840, und *Gli ugonotti*, 1841, unter dem Titel *Gli anglicani*), Halévy (*La regina di Cipro*, 1842) und Weber (*Il franco cacciatore* – Der Freischütz, 1843) zu verdanken, sondern er gab auch zahlreiche Erfolgsopern in Auftrag, darun-

ter bei Bellini (*I Capuleti e i Montecchi, Norma, Beatrice di Tenda*), Donizetti (*L'elisir d'amore, Parisina, Rosmonda d'Inghilterra, Pia de' Tolomei, Maria de Rudenz*), Verdi (*Attila* und *Macbeth*), Pacini, Mercadante und den Brüdern Ricci.

3 Zu diesem Zeitpunkt ist noch von keinem bestimmten Stoff die Rede.

4 Mit Gertrude Bortolotti (Lucrezia Contarini), Giovanni Pancani (Jacopo Foscari), Celestino Salvatori (Francesco Foscari), Agostino Rodas (Jacopo Loredano). Es dirigiert Antonio Gallo, der nicht nur Buchhändler, sondern auch Besitzer und Impresario des Teatro San Benedetto ist; nach ihm wird es auch als Teatro Gallo bezeichnet. Für den Bariton Salvatori paßt Verdi die Partie an (vgl. hiezu den Brief Muzios an Barezzi vom 27. Februar 1845. In: Garibaldi, S. 185).

5 Graf Andrea Maffei (Molina di Ledro, Trento, 1798 – Mailand 1885), Literat und Übersetzer. Übersetzte zahlreiche Werke aus dem Englischen (Shakespeare, Milton, Moore) und aus dem Deutschen (Goethe, Gessner). Seit 1827 arbeitete er an der Übersetzung der Theaterstücke Schillers, 1843 veröffentlichte er einen Roman, *Roberto*. Verdi wurde von Maffei im Salon seiner Gattin Clarina Maffei eingeführt, mit der ihn in der Folge ein lebenslange enge Freundschaft verband. Abgesehen von seiner Mitarbeit am *Macbeth* schrieb er für Verdi das Libretto zu *I masnadieri* und drei Romanzen, die Verdi vertonte (*Il tramonto, Ad una stella* und *Brindisi*, 1845). Die Bedeutung des hochgebildeten Maffei für Verdi liegt vor allem darin, daß er mit seinem supranationalen Kulturverständnis in Verdi dauerhaftes Interesse für die großen Themen und Autoren der europäischen Literatur zu wecken verstand. Vgl. hiezu M. MARRI TONELLI, *Andrea Maffei e il giovane Verdi*, Museo Civico Riva del Garda 1999.

6 *Sei Romanze*, bestehend aus *Il tramonto* (Text von Maffei), *La zingara* (Maggioni), *Ad una stella* (Maffei), *Lo spazzacamino* (Maggioni), *Il mistero* (Romani), *Brindisi* (Maffei).

7 Vgl. Verdis Brief an Piave, Mailand, 12. April 1845. In: Conati, Fenice, S. 143 f. In korrumpierter Transkription im Copialettere S. 437 f. Conati führt den Nachweis, daß der Brief mit Sicherheit mit 1845 und nicht, wie von vielen Autoren immer wieder übernommen, mit 1844 zu datieren ist. A.a.O., S. 144.

8 Copialettere, S. 431.

9 Der bei Garibaldi angegebene Monat „September" beruht auf einem Irrtum. Vgl. hiezu Conati, Fenice, S. 157 und 176.

10 Der erste Kontakt mit Marie Escudier geht auf Mitte Mai 1845 zurück, als dieser Verdi wegen der Abtretung von Rechten seiner Opern für Frankreich kontaktierte.

11 In: P. PEDROTTI, *Tre lettere inedite di Giuseppe Verdi*, in „Studi Trentini di Scienze Storiche", 1952, Nr. 1, S. 79 ff. Zit. in Conati, Fenice, S. 158.

12 Garibaldi, S. 224.

13 Aus der ärztlichen Bestätigung des Dr. Namias vom 22. März 1846 für Lumley: „Ich bestätige unter Eid, daß Herr Giuseppe Verdi, Komponist, von mir wegen eines gastrischen Fiebers behandelt wurde, das viele Wochen dauerte und immer wiederkehrte, dadurch wurde der Körper geschwächt und die Drüsen des Mesenteriums verstopft. In dem Zustand, in welchem er sich befindet, könnte er die Reise nach London jetzt nicht unternehmen oder lange und angestrengt arbeiten, ohne sich in höchste Lebensgefahr zu begeben." Copialettere, S. 19.

14 Die politische Situation in Italien zu Beginn des 21. Jahrhunderts, nach nur 150 Jahren, ist genau umgekehrt: Die separatistische Lega Nord möchte „Padanien", d.h. Norditalien mit der Poebene (pianura padana) als Zentrum, vom Rest Italiens abtrennen.

15 Zit. in: Conati, Fenice, S. 174.

16 Vgl. Verdis Schreiben vom 17. Mai 1846 an Lanari. In: Abbiati I, S. 636.

17 Das heißt nicht, daß Verdi seitens des Teatro della Pergola drei Stoffe zur Auswahl gestellt worden wären, sondern daß er diese drei Stoffe in Betracht zog. Die *Masnadieri* komponierte er 1847 für London, die *Avola* (s. Fußnote 18) blieb unvertont.

18 *Die Ahnfrau* von Franz Grillparzer.

19 *Die Räuber* von Friedrich von Schiller.

20 In dieser Oper bildete er auf Initiative Lanaris ein äußerst erfolgreiches reisendes Dreiergespann mit Giuseppina Strepponi und Giorgio Ronconi.

21 Gaetano Ferri (Parma 1818 – Paris 1881). Bariton. Trat in Opern von Donizetti, Mercadante und Bellini auf. Sang den Nabucco, später den Luna in *Il trovatore*.

22 Marianna Barbieri Nini (s. Kapitel III).

23 Muzio verfolgte auch die Vorgänge rund um die Planung des *Re Lear* und dürfte den *Macbeth* nicht gekannt haben.

24 Die Oper wurde in der Fastenspielzeit 1847 zehn Mal gespielt. Wieviele Vorstellungen Varesi gesungen hat, kann nicht mehr festgestellt werden.

25 Man differenzierte damals noch immer nicht zwischen Stimmkategorien. Bässe, Baßbaritone und Baritone wurden nach wie vor zumeist als *bassi* bezeichnet (s. Kapitel VII).

26 Am 23. Dezember 1846 bat Verdi Maffei um seine Mitarbeit am Libretto. Ohne Piaves Wissen oder Zustimmung überarbeitete Maffei dessen Version der Hexenchöre und legte bei der Schlafwandelszene Hand an. Erst einen Monat später wurde Piave vor die vollendete Tatsache gestellt. Das Libretto wurde ohne Namensnennung des Librettisten veröffentlicht, erst 1863 schien Piaves Name in gedruckter Form auf.

27 Die Loewe zeigte im Herbst 1846 bei *Ernani*-Aufführungen im Teatro della Pergola starke stimmliche Ermüdungserscheinungen. Sie trat 1847 nicht mehr auf und beendete 1848 definitiv ihre Karriere.

28 Szene und Duett Macbeth-Banco, 1. Akt, Nr. 3.

29 Diese Passage wurde von Abbiati falsch transkribiert.

30 In der endgültigen Form dann: *Muori fatal progenie*.

31 In der endgültigen Form dann: *Ah che non hai tu vita!*

32 Edgardo di Ravenswood, Tenorhauptrolle in Donizettis *Lucia di Lammermoor* (s. Fußnote 33).

33 Gennaro, Tenorhauptrolle in Donizettis *Lucrezia Borgia*. – Beide Vergleiche sind auf Napoleone Moriani und seine schönen Sterbeszenen gemünzt.

34 *Messa di voce*: Ansetzen eines Tones im *pianissimo*, bruchloses Verstärken ins *fortissimo* und Zurücknehmen ins *pianissimo*. Dieser von nicht vielen Sängern einwandfrei ausgeführte Kunstgriff – der von den großen Gesangstheoretikern des 18. Jahrhunderts neben der Verbindung der Stimmregister (*passaggio di registro*) und dem Triller als drittes Grundelement guten Singens betrachtet wurde – ist von außerordentlich suggestiver Wirkung.

35 Sänger, die nur das ausführen können, was ihnen eine unzulängliche Technik erlaubt, gleichen Personen, die eine Fremdsprache nur mangelhaft beherrschen und daher nur das sagen, was sie sagen *können*, und nicht das, was sie sagen *wollen*, was zwangsläufig zu unerwünschten Aussagen und in der Folge zu Mißverständnissen führt.

36 Brief Muzios an Barezzi, Mailand, 27. August 1846. In: Garibaldi, S. 261 f.

37 Dies ist insofern unzutreffend, als Verdi die Instrumentation erst bei Probenbeginn in Angriff nahm.

38 Die Reise in der Pferdekutsche dauerte zwei Tage: am ersten Tag zehn Stunden von Mailand nach Bologna, am zweiten Tag fünfzehn Stunden von Bologna nach Florenz.

39 Checchi, S. 91 ff.

40 Barbieri Ninis Bericht über die *Macbeth*-Proben wurde in viele italienische Verdi-Biographien aufgenommen. Die Passagen über Verdis unbeholfene Versuche, dem *Maestro concertatore* Pietro Romani seine Interpretationsvorstellungen zu vermitteln, wurden dabei allerdings immer unterdrückt.

41 Pietro Romani (Rom 1791 – Florenz 1877). Komponist, Dirigent, Lehrer. Seit 1814 *Maestro al cembalo* im Teatro della Pergola, ab 1836 am selben Theater *Maestro e Direttore delle Opere*,

eine Mischung aus Probendirigent und Spielleiter. Ab 1849 Gesangslehrer am Konservatorium in Florenz.

[42] Vgl. Conati, Interviste, S. 26 f.: Conati weist darauf hin, daß diese Bemerkung im Gegensatz zu Äußerungen der Wertschätzung Verdis für Romani steht, die in mehreren Briefen aufscheinen, insbesondere in einem Brief vom 28. März 1845, den Verdi betreffs der Probenarbeit zu *Giovanna d'Arco* an Romani richtete.

[43] Damit (ital. *masse*) werden Chor und Orchester bezeichnet.

[44] Auf diese verschämte und etwas umständliche Art und Weise wird hier das auch heute noch gebräuchliche italienische Wort „bischero" umschrieben, das als Bauteil der Geige einerseits „Wirbel" bedeutet, in der toskanischen Vulgärsprache andererseits aber auch verwendet wird: 1. für das männliche Geschlechtsteil, 2. als Schimpfwort mit den Bedeutungen „Idiot", „Kretin", „Dummkopf".

[45] Alamanno Biagi (Florenz 1806–1861). Violinist, Dirigent, Komponist. Ab 1836 Konzertmeister und Dirigent am Teatro della Pergola.

[46] Brief vom 16. März 1847. In: Garibaldi, S. 312 f.

[47] Abramo Basevi (Livorno 1818 – Florenz 1885), Musikkritiker, Komponist. Veröffentlichte u.a. *Studio sulle opere di Verdi* (1859), eine Studie, die die Opern von *Nabucco* bis *Aroldo* umfaßt.

[48] Abbiati I, S. 687.

[49] a.a.O.

[50] Brief an Roqueplan; Paris, 2. Februar 1852. In: Copialettere, S. 134.

[51] Léon Carvalho (eigentl. Carvaille; 1825–1897), französischer Bariton, Regisseur, Operndirektor (Paris, Théâtre Lyrique 1851–70, Opéra-Comique 1876–1897). Verheiratet mit der berühmten Sopranistin Carolyne Carvalho-Miolan.

[52] Charles-Louis-Étienne Nuitter, Pseudonym für C.-L.-É. Truinet (Paris 1828 – 1899). Französischer Librettist. Er war Archivar der Opéra, die ihm den Aufbau ihres bedeutenden Archivs zu verdanken hat. In Zusammenarbeit mit Beaumont schrieb er Dutzende Libretti für Opern, Vaudevilles und Ballette. Außer dem *Macbeth* übersetzte er von Verdi *Aida* (1876), *La forza del destino* (1882) und *Simon Boccanegra* (1883). Dem Übersetzergespann verdankte Paris u.a. auch die Übersetzungen von *Tannhäuser, Oberon, Preciosa*.

[53] Brief vom 19. Jänner 1865. In: Copialettere, S 454 f.

[54] Vgl. Brief Verdis an Escudier; Busseto, 23. Jänner 1865 (Fotokopie im Istituto di Studi Verdiani, Parma).

[55] Léon Escudier (Castelnaudary 1821 – Paris 1881). Journalist, Verleger. Gründete 1837 zusammen mit seinem Bruder Marie die Zeitschrift „La France Musicale" und das „Bureau Central de la Musique", ein Musikgeschäft, das bald auch zur Vermittlungsagentur für Sänger und Komponisten wurde. 1845 wurden die Brüder Escudier die Verleger Verdis für Frankreich. 1860 trennten sich die Brüder. Léon setzte seine Verlegertätigkeit fort und gründete die Zeitschrift „L'Art Musical". Er übernahm die Direktion des Théâtre Italien und eröffnete die Spielzeit 1876 mit Verdis *Aida* und *Messa da requiem* unter der Leitung des Komponisten. 1878 gab er die Direktion wegen finanzieller Schwierigkeiten auf und übernahm das Théâtre Lyrique, das aber nach wenigen Monaten in Konkurs ging.

[56] Französisches Sprichwort, von Verdi nicht ganz korrekt verwendet: „Ne cherchons pas midi à quatorze heures" (Suchen wir Mittag nicht um vierzehn Uhr) bedeutet soviel wie „Wir wollen die Dinge nicht komplizieren".

[57] Carvalho hatte den (absurden) Wunsch geäußert, daß das Trinklied in der Bankettszene nicht von der Lady, sondern von Macduff gesungen werden sollte, mit der Begründung, daß dieser nur eine einzige Arie und die Lady ohnehin mehr als genug zu singen habe.

[58] Adelaide Ristori (Cividale del Friuli 1822 – Turin 1906). Weltberühmte italienische Schauspielerin, die mit einem umfassenden Repertoire nicht nur in Italien auftrat, sondern außer Europa auch Rußland, Ägypten und Amerika mit eigenen Schauspieltruppen bereiste.

[59] Wenn die Sterbeszene des Macbeth (Mal per me che m'affidai) aus der Fassung von 1847, die in der Revision gestrichen und durch die Chorfuge ersetzt wurde, in manchen Aufführungen der Revision dennoch eingefügt wird, ist das ein eindeutiger Verstoß gegen Verdis Intentionen.

[60] Brief an Escudier; ?. Mai 1865. In: Carteggi IV, S. 159.

[61] Muzios Brief an Barezzi; London, 4. Juni 1847. In: Garibaldi, S. 325 f.

[62] a.a.O.

[63] a.a.O.

[64] Copialettere, S. 458.

[65] Muzios phonetisches Verständnis von *beautiful*.

[66] L'incanto degli occhi, Il traditor deluso, Il modo di prender moglie.

[67] Ab 1819 sang Lablache in zahlreichen Produktionen (Palermo, Mailand, Wien, Neapel, Paris, London) immer den Figaro, den Bartolo erstmals 1833 (Paris), 1834 wiederum den Figaro (Neapel, Livorno), erst danach immer den Bartolo, niemals jedoch den Basilio. Eine berühmte Statuette zeigt den Sänger als Figaro.

[68] S. Kapitel III, Fußnote 36.

Il corsaro – Giuseppina Strepponi – Revolutionsjahr 1848 –
La battaglia di Legnano – Teresa De Giuli Borsi –
Luisa Miller – Marietta Gazzaniga – Settimio Malvezzi –
Antonio Selva – *Stiffelio* und Umarbeitung zu *Aroldo* –
Marcellina Lotti – Emilio Pancani – Gaetano Ferri

Il corsaro

Seit Oktober 1845 denkt Verdi über einen Stoff für den Verleger Lucca nach: *Re Lear* käme in Frage, auch der *Medea*-Stoff wäre denkbar, und den *Corsaro* hat er in Betracht gezogen, seit er ihn neben anderen Werken Byrons auf seine Liste interessanter Sujets gesetzt hat. Ursprünglich ist daran gedacht, diese Oper für Lumleys Her Majesty's Theatre in London zu komponieren: Der Stoff eines erfolgreichen englischen Dichters hätte sich auf einer Londoner Bühne gut gemacht und wäre dann auch dem italienischen Publikum entgegengekommen, nicht nur, weil Byron auch in Italien sehr beliebt ist, sondern weil die italienischen Patrioten den romantischen griechischen Korsaren Corrado, der gegen die Türken kämpft, mit Giuseppe Garibaldi und seinem Kampf gegen die österreichische und spanische Fremdherrschaft hätten gleichsetzen können. Der Byron-erfahrene Francesco Maria Piave (*I due Foscari*) soll das Libretto verfassen. Lucca hingegen will einen Librettisten seiner Wahl, einen in London ansässigen Italiener namens Manfredo Maggioni, durchsetzen, doch Verdi bleibt hart: Er ist Piave bereits im Wort, Lucca möge seinen Textdichter gefälligst wieder loswerden. Ein Entwurf des *Corsaro* wird an Lucca gesandt, der ihn Lumley vorlegen soll, da mischt sich Luccas Gattin mit einem neuen Vorschlag ein: Was hielte Verdi von *Ginevra di Scozia*, einem – allerdings schon von anderen Komponisten[1] vertonten – Stoff nach Ariosts *Orlando furioso*?

Verdi reagiert ungehalten:

> Verdi an Giovannina Lucca; Venedig, 24. Februar 1846
> Sie mögen alle guten Gründe der Welt haben, und ich mag mich restlos geirrt haben, aber ich mache den *Corsaro* oder gar nichts. Ihre Gründe haben mir diesen Stoff nur noch schöner erscheinen lassen. Die *Ginevra*?… Sie mag schön sein (wenn Sie meinen), aber mir gefallen die Sachen, die den anderen nicht gefallen. Der *Nabucco* wurde ja auch abgelehnt; die *Lombardi* sollen ein schlechtes Libretto gewesen sein, der *Ernani* nicht vertonbar usw.
> Abbiati I, S. 601

Aus der Aufführung in London wird nichts, denn wegen Verdis Erkrankung nach der *Attila*-Premiere muß die London-Reise um ein Jahr verschoben werden. Er weicht aus und komponiert *Macbeth*, *I masna-dieri* und schließlich das zum Teil neue *Jérusalem*. Nach der Premiere von *Jérusalem* beschließt er, vorerst in Paris zu bleiben. Einer der Gründe dafür ist Giuseppina Strepponi. Sie hat sich nach Abschluß ihrer Karriere in Paris niedergelassen und hier ein Gesangsstudio eröffnet. Als wohltu-end empfindet sie nicht nur das kultivierte Leben in einer Weltstadt, sondern auch die Distanz zu den Theaterangelegenheiten Italiens. Mit ihr, die seine Karriere von Anfang an mitverfolgt und klug beeinflußt hat, begründet Verdi jetzt eine Lebensgemeinschaft. Sie wird, später zur Ehe umgewandelt, trotz mancher Turbulenzen erst mit dem Tod der zweiund-achtzigjährigen Giuseppina enden.

Frauen von Komponisten, die aus eigener Kraft zu bleibender Be-rühmtheit gelangten, sind eine rare Species: Clara Wieck (1819–1896), von ihrem ehrgeizigen Vater zum Wunderkind dressiert und zur Klavier-virtuosin ausgebildet, hatte eine eigenständige europaweite Karriere als Pianistin und trug als solche wesentlich zur Verbreitung der Kompositio-nen ihres Gatten Robert Schumann bei. Ein umfangreiches Œuvre an Klavier- und Kammermusik sowie Liedkompositionen aus ihrer Feder vergrößerte ihren Ruhm noch zusätzlich. Isabella Colbran (1785–1845), die zuerst als Mezzosopran und später als Sopran zu den führenden Sän-gerinnen ihrer Zeit zählte und Gioachino Rossinis erste Frau war, gehört diesem kleinem Kreis gleicherweise an wie die Mezzosopranistin Fau-stina Bordoni (1700–1781), die wegen ihres überragenden gesangstech-nischen Könnens und der virtuosen Eleganz ihres Vortrags ebenso berühmt war wie wegen ihrer Auseinandersetzungen mit ihrer Sängerri-valin Francesca Cuzzoni und mit dem Komponisten Georg Friedrich Händel; sie war die Gattin des deutschen Komponisten Johann Adolph Hasse. Auch die bedeutende Schriftstellerin George Sand (eigentlich: Aurore Lucile Dupin) (1804–1876) findet in diese illustre Runde Auf-nahme, obwohl sie Fryderyk (Frédéric) Chopin von 1838 bis 1846 als Lebensgefährtin, nicht jedoch als Ehefrau zur Seite stand. Prominente Damen wie Konstanze Mozart oder Pauline Strauss (die in *Intermezzo* in der Rolle der Christine verewigte Gattin von Richard Strauss) genießen ihre – im ersteren Falle durchaus zwiespältige – Bekanntheit nur aus zweiter Hand.

Giuseppina Strepponi (Lodi 1815 – Sant'Agata 1897) zählt zur ersten Gruppe. Sie wurde als Tochter des Komponisten Feliciano Strep-poni (1797–1832) geboren. Durch ihren Vater kam sie mit Musik in Berührung, wurde am Konservatorium in Mailand ausgebildet und debü-tierte 1834 am Teatro Orfeo in Adria in Luigi Riccis *Chiara di Rosenberg*.

Ihren Durchbruch hatte sie bereits 1835 in Triest in der Titelrolle von Rossinis *Matilde di Shabran*. Im selben Jahr wurde sie an das Wiener Kärntnertortheater engagiert (Giovanna Seymour in Donizettis *Anna Bolena*, Adalgisa in *Norma*, Eleonora in Donizettis *Il furioso all'isola di San Domingo*). Die Karriere ließ sich gut an, wie Temistocle Solera, der Librettist des *Nabucco*, blumig berichtet:

> In nur fünf Jahren, in denen sie unter lebhaftem und freundlichem Beifall ihre Kunst ausübt, ist sie im blühenden Alter von knapp vierundzwanzig Jahren in gut siebenundzwanzig Theatern ruhmreich aufgetreten. – Wien, Florenz, Venedig, Bologna, Rom, Turin und im vergangenen Frühjahr das kultivierte Mailand bewunderten an dieser jungen Frau die schönsten, durch ständiges Üben vervollkommneten Gaben der Natur. [...]
>
> Mit einem ungewöhnlichen Sinn für das Sensitive ausgestattet, versteht sie es, sich mit ihrem Gesang und ihrem Ausdruck in die Herzen der Zuschauer einzuschmeicheln. Gebildet und liebenswert in Gesellschaft, vorbildlich als Tochter und Schwester, hat sie sich großzügig ihrer ganzen Familie angenommen und läßt ihre heranwachsenden jüngeren Geschwister auf ihre Kosten in den besten Schulen erziehen.[2]

Ihr Repertoire besteht aus zeitgenössischen, modernen Opern von Bellini[3], Donizetti[4] und Mercadante[5], aber auch aus Werken von Auber (*La Muette de Portici*), Gnecco (*La prova di un'opera seria*), Luigi Ricci (*Un'avventura di Scaramuccia*), Rossini (*La gazza ladra, Otello, Mosè*), Coppola (*La pazza per amore*), Buzzola (*Ferramondo*), Lillo (*Alisa di Rieux*), Pacini (*Saffo*) usw.[6] Nach heutigen Kategorien also das Koloratur- und das lyrische Fach, das sie mit einer schön timbrierten, technisch gut geführten, von einigen Autoren auch als kraftvoll und groß beschriebenen Stimme gesanglich, musikalisch und interpretatorisch mit ausgezeichnetem Erfolg bewältigte.

Nach dem frühen Tod des Vaters kam sie für den Unterhalt und die Ausbildung ihrer Geschwister auf. Bald forcierte sie ihre Bühnentätigkeit und dehnte ihr Repertoire auch auf dramatische Rollen aus, die – zusammen mit mehrfachen Erkrankungen und drei, wenn nicht vier Schwangerschaften[7] – rasch ihren stimmlichen Abstieg herbeiführten. Zu diesen zählte die hochdramatische Partie der Abigaille im *Nabucco*, die sie einige Jahre lang mit wechselndem Erfolg immer wieder sang und die wohl mit ein Grund dafür war, daß die erst Einunddreißige ihre Karriere 1847 nach letzten Konzertauftritten in Paris beendete. Hector Berlioz, als Komponist ebenso berühmt wie als Kritiker gefürchtet, hörte sie in privatem Rahmen mit zwei Duetten aus *Nabucco* und *Attila*. Er berichtete gegen Ende 1846, also kurz nach ihrem Abtreten von der Opernbühne, über seinen Eindruck:

Frau Strepponi [...] ist eine stolze *prima donna*[8], die mit einer macht-
vollen Stimme, gutem Stil und hinreißender Wärme breit ausladend und
nobel singt. Das ist die große italienische Schule in ihrem ganzen ein
bißchen aufgeputzten Luxus.[9]

In der ersten Hälfte des 20. Jahrhunderts wurde Giuseppina Strepponi gerne romantisiert. Dazu besteht kein vernünftiger Grund. Ihre ver-
ständlichen Wünsche und Schwächen sind aus ihrer Korrespondenz
unmißverständlich abzulesen. Sie hat mehrere Verhältnisse (das ihr
unterstellte mit dem Tenor Moriani ist eine falsche Annahme mancher
Biographen) und zwei uneheliche Kinder von dem Agenten Camillo
Cirelli. Ihr Erstgeborener, Camillo[10] („Camillino", geb. 1838) wird
1863, kurz vor dem Abschluß seines Medizinstudiums, sterben, das
zweite Kind, die Tochter Giuseppa Faustina (geb. 1839), wurde zur
Adoption[11] freigegeben und lebte dann als verehelichte Stefani in Florenz.

Von Todessehnsucht und sogar von Selbstmordgedanken ist in ihren
frühen Briefen die Rede, sie träumt vom Hauptgewinn in einer römischen Lotterie (ihr Los hat die Nummer 11188), um den „unsympathi-
schen Sängerberuf" aufgeben zu können. Sie ist auf der Suche nach persönlicher Sicherheit: Sie erhofft eine Heirat mit einem gut situierten
Herrn, der nichts mit dem Theater zu tun hat und den sie nicht zu lieben braucht, sofern er ihr nur eine sichere Zukunft garantiert. Die Verdi-
Forschung hat diese Fakten entweder gerne unterdrückt oder in dem
hagiographischen Versuch, die Strepponi, Gattin des Nationalheiligen
Verdi, ebenfalls heiligzusprechen[12], die Ursache ihres vermeintlichen
Unglücks bei anderen gesucht und gefunden (u.a. mit dem Konstrukt: die
reine Unschuld, die ahnungslos in die Fänge gewissenloser Theaterleute
und Verführer gerät).

Die Fakten sind simpler: Die Strepponi ist eine Sängerin, die ihre
auf Talent und Können aufgebaute Karriere mit vielen verfügbaren Mitteln betrieben hat, ihren stimmlichen Abstieg selbst bemerkt und den
möglichen negativen Folgen entgegenzusteuern trachtet. Und sie ist auch
weder eine Unschuld vom Lande noch eine Heilige, denn es werden ihr
von Zeitgenossen auch Verhältnisse mit Donizetti (1841 in Rom) und
mit dem Tenor Salvi nachgesagt, doch möglicherweise ist das, weil
damals wie heute unüberprüfbar, auch nur böswilliger Theatertratsch.

Wann sich die seit 1839 bestehenden beruflichen Kontakte zwischen
der Strepponi und Verdi in eine private Beziehung verwandelten, ist
nicht bekannt. Nachdem sich die Strepponi im Oktober 1846 in Paris,
rue de la Victoire 13, in der Nähe der Opéra, niedergelassen und eine
Gesangsschule eröffnet und das Paar sich zum Zusammenleben ent-

schlossen hat[13], wird die Legalisierung der Verbindung in Collanges-sous-Salève (Savoyen) bis 1859 auf sich warten lassen. Doch dieser Schritt ist, vor allem für den antiklerikal eingestellten Verdi, nur eine Äußerlichkeit. Ihre Funktion als Frau an Verdis Seite übt die Strepponi seit 1846 aus: Als weltgewandte, gebildete Frau, die brillant konversiert – gleichermaßen perfekt in italienischer wie in französischer, aber auch in englischer Sprache – und taktvoll und sensibel auf Gesprächs- und Geschäftspartner einzugehen versteht, das genaue Gegenteil und deshalb die ideale Ergänzung ihres berühmten Mannes, dem reservierten, bisweilen mürrisch-abweisenden, einzelgängerischen, Konfrontationen nie abgeneigten Komponisten. Beide kennen das Theaterleben gut genug, um richtig damit umgehen zu können. Hätte Verdi die Vergangenheit seiner Gefährtin dramatisiert, wäre es nicht zu der Verbindung gekommen.

Verdi ist 1846 ein überarbeiteter, gehetzter, europaweit berühmter Mann im Alter von 33 Jahren, der trotz seiner Jugend der Anbetung der Salons und der galanten Abenteuer, die sich ihm bieten, überdrüssig ist. Er weiß, daß ihm ein ausschweifendes gesellschaftliches Leben auf dem Weg zum dauerhaften künstlerischen Erfolg hinderlich wäre. Er benötigt eine Gefährtin, die auf ihn eingeht, die das Metier kennt, die ihn bewundert, die seinen Charakter erträgt, die ihn in praktischen Dingen unterstützt, so wie es nur die Strepponi kann (sie betreut u.a. seine französischsprachige Korrespondenz und lehrt ihn dabei die Sprache) und die bereit ist, sein zurückgezogenes Landleben mit ihm zu teilen: „L'amour de Verdi pour la campagne est devenu manie, folie, rage, fureur, tout ce que vous voulez de plus exagéré"[14], klagt sie 1857 Verdis französischem Verleger Escudier. Aber sie versteht auch, daß nur dieses Leben in der Einsamkeit (erst in späteren Jahren werden die Winter unter dem freundlicheren Himmel Genuas verbracht) Verdi zur Arbeit inspiriert und weiß das Privileg zu schätzen, nicht nur als erste Verdis Einfälle zu hören, sondern auch oft um Rat gefragt zu werden. Trotz Verdis schwierigem Charakter, trotz seiner späteren Eskapaden mit der böhmischen Sopranistin Teresina Stolz, trotz des für die salonverwöhnte, kontaktfreudige, extrovertierte Strepponi oft schwierigen, da grenzenlos eintönigen Lebens in der ländlich-tristen Abgeschiedenheit von Sant'Agata in der Nähe von Busseto, wo er seinen Hauptwohnsitz errichtet, dürfte die Ehe das gewesen sein, was man gemeinhin als glücklich zu bezeichnen pflegt. Sie war es vor allem deshalb, weil die Strepponi es mit ungewöhnlicher Lebensklugheit, Diplomatie und Einfühlsamkeit verstand, sich auf „ihren" Verdi und seine Karriere einzustellen und über eine hohe

Leidensfähigkeit verfügte. Sie selbst spielte ihre Rolle in bewußtem Understatement herunter: „Nicht jedermann kann eine *Aida* schreiben, aber irgendwer muß die Koffer ein- und auspacken." Oder, noch deutlicher:

> Ich habe nicht studiert, ich habe kein Talent für irgendeine Kunst, Wissenschaft oder Literatur; aber ich liebe die Künste, die Wissenschaften, die Literatur; viele Dinge, die mich köstliche Stunden verbringen lassen, fühle und verstehe ich durch Intuition.
>
> Wenn ich weiß, daß das Haus sauber ist, daß Verdi kein *Knopf* fehlt und daß das Essen nicht allzu schlecht gelingt, nehme ich irgendein gutes Buch zur Hand, das ich die tausend Dinge frage, die ich nicht weiß. [...]
>
> Ich bin nichts als eine einfache Hausfrau.
>
> Abbiati IV, S. 431

Abgesehen von ihrer ehrlichen Bescheidenheit scheint sie eine der ganz wenigen Künstlergattinnen von Format gewesen zu sein, die die Größe ihres Mannes richtig einzuschätzen verstanden. Ihr Bekenntnis vom 5. Dezember 1860, eine präzise Beschreibung von Verdis Charakter, könnte beredter nicht sein:

> Ich schwöre Dir, daß ich oftmals fast überrascht bin, daß Du Dich auf die Musik verstehst! Denn so sehr dies eine göttliche Kunst ist und Dein Genie würdig dieser Kunst ist, die Du ausübst, ist doch der Zauber, der mich fasziniert und den ich an Dir liebe, Dein Charakter, Dein Herz, Deine Nachsicht für die Fehler der anderen, obwohl Du so streng mit Dir selbst bist. Dein Mitleid, so taktvoll und geheimnisvoll, Deine erhabene Unabhängigkeit und Deine kindliche Einfachheit, diese für Deine Natur typischen Eigenschaften, einer Natur, die sich eine spröde Reinheit an Ideen und Gefühlen inmitten der menschlichen Kloake bewahrt hat! O mein Verdi, ich bin Deiner nicht würdig und die Liebe, die Du für mich hegst, ist eine Wohltat, ein Balsam für ein Herz, das manchmal unter dem Mantel der Fröhlichkeit recht traurig ist. Liebe mich weiterhin, liebe mich auch nach meinem Tod, damit ich vor die Göttliche Gerechtigkeit trete im Reichtum Deiner Liebe und Deiner Gebete, o mein Erlöser!
>
> Conati, Verdi, S. 74

Jetzt drängt Lucca auf Erfüllung des Vertrages: Die neue Oper soll vertragsgemäß in der Karnevalssaison 1848 uraufgeführt werden. Im Herbst 1847 will Verdi aus dem Vertrag entlassen werden, Lucca hat aber das vertragliche Recht, die Oper von Verdi zu fordern. Letzterer beschwert sich in Briefen an seine Freunde über den Verleger, bezeichnet ihn als widerwärtig, rücksichtslos und als Dummkopf.[15] Der Grund dafür ist der Umstand, daß Lucca – auch gegen eine angebotene Zahlung von 10.000 Francs – nicht bereit ist, Verdi aus dem Vertrag zu entlassen, um es ihm zu ermöglichen, andere Verpflichtungen einzugehen:

Giuseppina Strepponi.
Photographie, 1878.[1]
(siehe Seite 472)

Verdi an Clarina Maffei; Paris, 3. Dezember 1847
Ich werde noch einige Zeit hierbleiben, um einige Angelegenheiten zu erledigen, und auch um von Herrn Lucca fern zu sein, von diesem überaus lästigen, so wenig dankbaren Menschen, der mich daran gehindert hat, ein Engagement für 60.000 Francs und ein weiteres Engagement, das über mein Glück entschieden hätte, anzunehmen, ohne daß Herrn Lucca daraus ein Nachteil erwachsen wäre. All das als Dank dafür, daß ich ihm eine Oper geschenkt habe und ihm darüber hinaus zu 6.000 oder 8.000 Francs verholfen habe. Copialettere, S. 461 f.

Doch Verdis Vertrag mit Lucca weist keine Klausel auf, die ihn daran hindern hätte können, 1848 für London zu schreiben:

Verdi an Lucca; Mailand, 16. Oktober 1845
Ich verpflichte mich, für Sie eine Oper zu schreiben, die an einer italienischen Bühne ersten Ranges mit einer erstklassigen Truppe im Karneval 1848 aufgeführt wird, sofern ich in besagtem Karneval nicht eine Oper für ein Opernhaus außerhalb Italiens zu schreiben habe: in diesem Fall würde ich die Oper für Sie in einer anderen, gemeinsam festzulegenden Spielzeit innerhalb des Jahres 1849 schreiben. Copialettere, S. 16

159

Der Komponist hat offenbar eine Abneigung gegen den Verleger entwickelt und nimmt es deshalb mit den Tatsachen nicht ganz genau. Er hat in der Zwischenzeit den *Corsaro* nicht aus den Augen verloren. Seine Begeisterung für den Stoff ist ungebrochen. Piaves Ansinnen, ihm das Libretto zwecks anderer, nicht näher bezeichneter Verwendung zurückzugeben, weist er rüde zurück:

> Verdi an Piave; 27. August 1846
> Aber was? Bist Du verrückt geworden, oder im Begriff, es zu werden! Ich soll Dir den Corsaro zurückgeben?… Den Corsaro, den ich so lange herbeigesehnt habe, der mich so viel Nachdenken kostet, und den Du selbst mit mehr Sorgfalt als sonst in Verse gesetzt hast?… Und den soll ich Dir abtreten? […] Ich habe ganz allmählich, fast ohne es zu bemerken, diesen Corsaro gemacht, von dem ich einige von den Sachen, die mir am sympathischesten sind, bereits skizziert habe, das Gefängnisduett und das Schlußterzett… Und Du willst, daß ich ihn Dir abtrete?… Geh doch ins Spital und laß Dein Hirn behandeln […] Mach also, was Du glaubst, und wenn Du diesen Corsaro willst, gebe ich ihn Dir unter der Bedingung, daß Du mir ein anderes Libretto mit derselben Liebe machen mußt, mit der Du dieses gemacht hast…   Conati, Interviste, S. 307

Piave verzichtet offenbar. Interessant ist, daß Verdi bereits im Sommer 1846 begonnen hat, den *Corsaro*, vom letzten Akt ausgehend, zu komponieren. Er diskutiert bereits Kostümfragen mit Piave, als er Ende 1846 seine Meinung wieder ändert: „Nachdem [der *Corsaro*] in Verse gesetzt war, fand ich ihn kalt und von geringer Bühnenwirksamkeit"[16], doch hat dies eher mit seinem Wunsch zu tun, die bereits zur Hälfte gediehenen *Masnadieri* für London fertigzuschreiben. Als auch dieses Projekt abgeschlossen ist, wendet sich Verdi eine Woche nach der Uraufführung widerwillig und sehr formell an seinen Verleger:

> Verdi an Lucca; Paris, 2. August 1847
> Ich fühle mich verpflichtet, Ihnen mitzuteilen, daß ich gemäß des zwischen mir und Ihnen existierenden Vertrages laut Brief vom 16. Oktober 1845 die Oper für eines der führenden Opernhäuser Italiens bis zum Karneval 1848 schreiben werde.
> Bis dato habe ich folgende Sujets ins Auge gefaßt: den Corsaro, oder die Avola[17] (ein phantastisches deutsches Drama) oder die Medea, wobei ich mich des alten Librettos von Romani bedienen würde. Wenn Sie mir etwas besseres vorzuschlagen haben, lasse ich Ihnen die Freiheit, dies zu tun, sofern es noch im August erfolgt.   Copialettere, S. 42

Lucca tut genau dies und sendet Verdi über dessen Freundin Giuseppina Appiani ein Libretto, *Giuditta* von Giacchetti, das Verdi grenzenlos erbost. Grund genug, wie aus Protest gegen den Lucca-Vorschlag das *Corsaro*-Libretto Piaves zur Hand zu nehmen und es ohne weitere Änderungen zu komponieren. Am 12. Februar 1848 will er die fertiggestellte Partitur eigenhändig Lucca überbringen, aber eine fiebrige Erkältung hindert ihn daran, die Reise anzutreten. Er setzt Muzio als Boten ein. Das lakonische Begleitschreiben an Lucca besagt, daß dieser gegen Bezahlung von 1200 Napoleondor an Muzio „uneingeschränkter Eigentümer des Librettos und der Musik des *Corsaro*" wird und „sowohl in Italien als auch in allen anderen Ländern von der Dichtung und der Musik des *Corsaro* jeden Gebrauch machen kann, der ihm beliebt."[18] Eine für Verdi ungewöhnliche Vorgangsweise: Der *Corsaro* ist seine einzige Oper, bei der er auf die Uraufführung nicht den geringsten Einfluß nimmt. Da die Scala für die Premiere nicht in Frage kommt, wählt Lucca dafür unter den „ersten Opernhäusern Italiens" das Teatro Grande (heute Teatro Verdi) in Triest aus. Wenn Lucca es gewünscht hätte, wäre Verdi nach Triest gekommen. Dort hätte er mit Sicherheit Änderungen an der Oper vorgenommen. Aber er bleibt in Paris. Der in Verdis Arbeitsweise eingeweihte Muzio soll ihn vertreten, die Oper einstudieren und dirigieren. Aber es kommt anders: Die Premiere muß auf Oktober verschoben werden.

Revolutionsjahr 1848

1848 ist das Jahr der Revolutionen. Der Sturm der Freiheit tobt über Europa. Im Jänner brechen in Palermo erste Unruhen aus. Im Februar und März folgen Paris und Prag, in Italien nacheinander Neapel, Rom, Venedig, das Piemont, die Toskana. Als in Mailand die Nachricht von den Unruhen in Wien vom 13. März und der Flucht Metternichs eintrifft, überschlagen sich die Ereignisse. Metternich hat in einem Bericht beklagt, daß die Österreicher, das heißt: die österreichische Besatzung, in Mailand wie in einem Ghetto leben müssen und die italienische Bevölkerung ohne Unterschied des Standes gegen sie Front macht. Aus italienischer Sicht eine nur allzu verständliche Situation: Obwohl Mailand schon damals eine expandierende Wirtschaft vorweisen kann, leidet das Volk: nicht nur unter der Hungersnot von 1847, sondern unter der drückenden Steuerlast und den polizeistaatlichen Bespitzelungsmethoden Metternichs. Die Mailänder verspüren den Wunsch nach Rebellion, sie werden den Österreichern gegenüber unleidlich: Österreichische Sänger an der Scala werden lautstark abgelehnt, sogar der Tabakgenuß wird eingeschränkt oder eingestellt, ein Boykott gegen die von der österreichischen Regierung eingeführte Tabaksteuer. Bei einem Straßenfest auf dem Mailänder Corso di Porta Romana wird von einem Balkon an einem dünnen Faden ein Apfel heruntergelassen. Er trägt einen Zettel mit der Aufschrift: „Der Apfel ist reif". Nie hat ein Scherz eine politische Situation besser charakterisiert: Die Explosion steht kurz bevor.

Das österreichische Kaiserreich hat in Lombardo-Venetien unter der Führung des einundachtzigjährigen Feldmarschalls Radetzky zur Wahrung seiner Interessen ungefähr 70.000 Mann mit 150 Kanonen stationiert. In Mailand sind es 15.000 Mann (davon nur 8.000 Österreicher) und 40 Kanonen. „Wir haben es hier mit einem Volk zu tun, das uns verabscheut und den Augenblick für gekommen hält, seinen Platz im Rat der großen Nationen einzunehmen", beschreibt der greise Radetzky die Lage präzise. Er wird recht behalten. Am 18. März 1848 beginnen in Mailand die berühmten „Cinque giornate", jener fünf Tage dauernde Aufstand, der die Österreicher vorübergehend vertreiben wird. An diesem Tag sind die aufständischen Mailänder mit 300–400 Gewehren, vorwiegend Jagdgewehren, aber auch heimlich aus Piemont eingeschmuggelten Karabinern und Militärgewehren bewaffnet. Dazu kommen 250 antike Waffen aus der Sammlung Ubaldo: jahrhundertealte Schwerter, Hellebarden, Dolche, Säbel, Pistolen. Doch die Mailänder sind nicht durch Waffen, sondern durch ihren aufgrund langjähriger Demütigungen gewachsenen Haß stark: Die *Cinque giornate* sind keine von langer Hand vorbereitete politische Verschwörung, keine organisierte Revolution, sondern ein spontaner, unkontrollierbarer Aufstand. Intellektuelle, Aristokraten, Geistliche, Bürgerliche, Angehörige der unteren sozialen Schichten, Menschen mit den denkbar unterschiedlichsten politischen Einstellungen, sie alle sind vereint in der Ablehnung der verhaßten Österreicher. Die heterogene Zusammensetzung der Aufständischen verleiht ihrem gemeinsamen Wunsch nach Unabhängigkeit enorme Energie und Sprengkraft. Unter tagelang strömendem Regen werden Barrikaden errichtet, Straßenkämpfe und Verhandlungen finden statt, das Zentrum Mailands wird von den Aufständischen besetzt: letztendlich muß Radetzky seine Truppen abziehen. Mailand ist frei.

Muzio hat sich auf die Seite der Aufständischen geschlagen. Als die Österreicher im Sommer zurückkehren, flieht er in die Schweiz und erledigt von dort aus Arbeiten für Ricordi. Er kann nicht nach Triest reisen, in jene Stadt, die wie keine andere in Italien damals wie heute den starken österreichischen Einfluß widerspiegelt.

Der Komponist Luigi Ricci wird mit der Einstudierung des *Corsaro* betraut. Die Besetzung setzt sich aus hochkarätigen Verdi-Spezialisten zusammen: Marianna Barbieri Nini singt die Gulnara, Gaetano Fraschini den Corrado, Achille De Bassini den Seid, die Anfängerin Carolina Rapazzini die Medora, ein gewisser Giuseppe Alessandro Scaramelli ist als Dirigent vorgesehen.

„Le cinque giornate". Gemälde eines unbekannten Künstlers.[2] (siehe Seite 472)

Drei Wochen vor der Premiere setzt der Komponist die Sängerin der Gulnara über Details zur Gestaltung ihrer Partie brieflich genau in Kenntnis. Er beruft sich dabei auf die für die *Macbeth*-Premiere gemeinsam erarbeiteten Effekte.

Verdi an Barbieri Nini; Paris, 6. Oktober 1848
Ich glaube, daß der *Corsaro*, wenn er von Euch, Fraschini und Bassini gesungen wird, Erfolg haben wird, umso mehr, als es keine Oper ist, die großen Aufwand erfordert, ausgenommen die Sänger der Hauptrollen.
Ich möchte Euch also einige Sachen zu Euren Nummern sagen, wie Ihr es gewünscht habt. Die Kavatine ist leicht zu interpretieren: man muß sie ganz einfach singen, und Ihr könnt das: nehmt das Adagio breit und singt es *mezza voce*. Nehmt auch die Cabaletta nicht zu schnell und zieht das Tempo nur bei den drei oder vier Koloraturnoten an, mit denen sie endet. Ich glaube, daß Ihr mit dieser Kavatine eine gute Wirkung erzielen werdet. Achtet darauf, daß das Finale[19] wirkungsvoll dargeboten wird. Wenn das erste *Agitato* szenisch nicht gut gemacht ist, könnte es zum Lachen reizen. Das *Adagio* muß breit genommen und ausdrucksvoll vorgetragen werden, und die *Stretta* nicht sehr schnell.

163

Im Duett mit dem Baß[20] singt den ersten Teil *sostenuto*, getragen; gebt nicht so sehr den Noten als den Worten Bedeutung: die Cabaletta in gewöhnlichem Tempo, aber nicht zu schnell.

Der Baß hat die erste Phrase, die er mit voller Stimme singen soll: Ihr müßt während dieser ganzen Zeit *mezza voce* singen (denkt an die mezza voce-Passagen, die Ihr im *Macbeth* singt). Ihr wißt besser als ich, daß man Zorn nicht immer durch Schreien, sondern manchmal mit erstickter Stimme ausdrückt, und das ist hier der Fall. Singt also diesen ganzen letzteren Teil *sotto voce*, mit Ausnahme der letzten vier Noten: wartet, bis der Baß die Bühne fast verlassen hat, bevor ihr einen Schrei ausstoßt, begleitet von einer *schreckerregenden Geste*, wie um das Verbrechen, das Ihr im Begriffe seid zu begehen, erahnen zu lassen.

Hinsichtlich des Duetts mit dem Tenor lege ich Euch die szenische Darstellung und die Musik ans Herz; dieses Duett ist sicher das am wenigsten schlechte Stück der ganzen Oper. Wenn Ihr die Bühne betretet, tut dies langsam und singt das Rezitativ *sottovoce* und langsam: das erste Zeitmaß soll *moderato* sein, versucht, den Text mit der ganzen Kraft Eurer Seele auszudrücken. Singt den Beginn des Adagio genauso langsam, *sottovoce*; erhebt die Stimme und singt den Rest mit Inbrunst, beginnend mit den Worten „ah! fuggiamo". Wenn Ihr danach von der Bühne abgeht, tut dies überhastet, und wenn Ihr blaß und verstört zurückkommt, setzt jeden Schritt fast so, wie von der Musik angegeben, bis zu dem Moment, wo Ihr Euch nicht mehr auf den Beinen halten könnt: singt die folgenden Worte „già... l'opra è finita, per destarsi egli stava" am Boden liegend. Singt sie, ohne auf das Zeitmaß zu achten, ohne auf die Noten zu achten, jedoch mit einer so erstickten Stimme, daß sie kaum vernehmbar ist. Singt die Cabaletta langsam und mit aller Leidenschaft. Der dramatische Aufbau dieses ganzen Duettes ist, wie Ihr seht, wunderbar.

Vergeßt im Schlußterzett nicht, daß Ihr einen Menschen getötet habt, und laßt in allen Euren Worten, sogar in den Trostworten, die Ihr zu Medora sagt, immer Eure Gewissensbisse erkennen. Singt das ³/₄ in C *assai moderato* und mit Leidenschaft. Der letzte Teil muß *largo* wie das Terzett in den *Lombardi* genommen werden. Achtet darauf, daß alle Teile gut aufeinander abgestimmt werden. Alle müssen mit extremer Inbrunst gesungen werden, und dann werdet Ihr sicher die entsprechende Wirkung erzielen. Ein letzter Hinweis: sorgt dafür, daß die Oper in nur zwei Akte aufgeteilt wird. Der erste Akt bis zum Ende des Finale; der zweite bis zum Terzett.[21] So wird die Oper an Interesse, an Kürze, an allem gewinnen.

Conati, Interviste, S. 308 f.

Die Premiere am 25. Oktober 1848 gerät zum Debakel. Nur der Chor der Korsaren und das Schlußduett des ersten Aktes finden Zustimmung, am Ende der Aufführung wird allein der Bühnenbildner Pupilli ein einziges Mal hervorgerufen. Das Publikum nimmt Verdi sein Fernbleiben übel, Giovannina Lucca gibt dem Publikum die Schuld an dem Mißerfolg (der die Zukunft des Werkes negativ beeinflussen wird), die Zeitungen äußern sich geradezu feindlich: Verdi möge „lange Zeit in Paris bleiben, jetzt, wo er eine ganze Menge Guineen von den Engländern und die vielen Napoleondors von Lucca eingesackt hat" und die „Musik der großen alten und modernen Komponisten studieren".[22] Nach der dritten Aufführung verschwindet die Oper vom Spielplan. Bis 1854 nehmen sich das Teatro Carcano in Mailand sowie die Opernhäuser in Novara, Venedig, Malta, Modena, Turin, Cagliari und Neapel der Oper an. Sie interessiert nicht. Fast hundertzehn Jahre lang verstaubt sie in den Archiven, die Wiederaufnahmen ab 1963 können ihr kein bleibendes Bühnenleben einhauchen.

Il corsaro wurde wie *Alzira* oft als musikalisch minderwertige, sozusagen im Vorübergehen mit der linken Hand komponierte Oper beschrieben. Viele der Kritiker haben das Werk weder gehört noch auf einer Bühne gesehen. Sie haben bestenfalls den Klavierauszug durchgeblättert. Die moderne Verdi-Forschung ist dazu übergegangen, dem Werk Gerechtigkeit angedeihen zu lassen: Unüberhörbarer Routine in etlichen Nummern (darunter leicht vulgäre Cabalettas und austauschbare Chorstellen) steht hörenswert gut geschriebene, thematisch fein ausgearbeitete, poetische Musik mit Tiefgang gegenüber, hölzern agierende, platte Figuren agieren neben lebendigen Gestalten. Das Werk ist insgesamt ein nicht unbedeutender Schritt Verdis auf dem Weg zu seinem reifen Stil.

La battaglia di Legnano

Schon 1847 steht Verdi in Kontakt mit italienischen Politikern, die von dem Ideal der Befreiung und Einigung des Landes geleitet werden. Unterstützt werden diese Politiker von Intellektuellen und Künstlern, unter ihnen der mit Verdi befreundete Dichter Giuseppe Giusti, der die Karriere des Komponisten aus der Nähe verfolgt. Als Verdi den *Macbeth* komponiert, ist Giusti enttäuscht, daß der Komponist kein patriotisches Sujet gewählt hat.[23] In seiner Antwort vom 27. März 1847 gibt Verdi dem Dichter recht:

> Verdi an Giusti; Mailand, 27. März 1847
> Oh, wenn wir [in Italien] nur einen Dichter hätten, der uns ein Drama schreiben könnte, wie es Dir vorschwebt! Aber unglücklicherweise (Du wirst mir zustimmen) müssen wir, wenn wir etwas wollen, das nur halbwegs eine Wirkung erzielt, zu unserer Schande auf Dinge zurückgreifen, die nicht von uns [Italienern] sind. Wieviele Themen [hätten wir] in unserer Geschichte!...   Abbiati I, S. 691

Das ist das Stichwort. Verdi ist sensibel für die politische Stimmung und sucht für seine nächste Oper ein italienisches patriotisches Sujet (er wird im Laufe seiner Karriere in dieser Hinsicht nicht sehr erfolgreich sein: Die Libretti von einundzwanzig seiner sechsundzwanzig Opern beruhen auf ausländischen Vorlagen). Dafür sucht er einen jungen Textdichter mit originellen Ideen, der seine Arbeit nicht auf berühmten Vorgängern aufbaut, sondern abseits aller Konventionen frei, abwechslungsreich, neuartig und effektvoll schreibt. Er wird ihn nicht finden. Einige Jahre später wird er sein Credo formulieren:

> Verdi an Giuseppina Appiani; Paris, 25. Februar 1854
> Der Künstler muß sich seiner Inspiration hingeben und wenn er wahres Talent hat, fühlt und versteht niemand besser als er, was gut für ihn ist. Ich würde mit der größten Sicherheit ein Sujet vertonen, wenn es mir zusagt, auch wenn es von allen anderen Künstlern als nicht komponierbar abgelehnt würde. Copialettere, S. 538

Als er in Paris von den Geschehnissen der *Cinque giornate* erfährt, eilt er nach Mailand. Er benützt seine Italienvisite gleich dazu, nicht nur das bereits erwähnte Landgut Sant'Agata, wo er vorerst seine Eltern einquartiert, sondern in Busseto auch den Palazzo Orlandi, in dem er vorerst wohnen wird, zu erwerben. Piave gegenüber äußert er sich begeistert über die Befreiung und die, wie er hofft, bald bevorstehende Einigung Italiens.[24] Doch noch ist es nicht soweit: Die Befreiung Mailands bedeutet noch nicht die Befreiung Norditaliens von der Besatzung. Mailand ersucht Piemont um militärische Unterstützung, Piemont erklärt Österreich widerwillig den Krieg. Die italienischen Staaten sind von einer Einigung weit entfernt. Vorerst diskutieren sie über mögliche Allianzen. Der Herzog von Parma geht freiwillig ins Exil, der König beider Sizilien sieht sich gezwungen, seinen Untertanen eine Verfassung zu geben. Als Carlo Alberto, König von Sardinien und Piemont, Venedig von den Österreichern befreit, ruft Venedig die Republik aus. Die Aufständischen können sich über die zukünftige Regierungsform nicht einigen. Es gibt Bestrebungen, die italienischen Staaten vorübergehend unter dem Papst als Staatsoberhaupt zusammenzuschließen. In der Zwischenzeit geht in Norditalien der Krieg mit den Österreichern weiter. Am 27. Juli 1848 informiert Giovanni Ricordi Verdi über den von Radetzky strategisch geschickt erzwungenen Rückzug der Italiener an den Mincio. Es folgen die Schlacht bei Custoza, der Rückzug der piemontesischen Truppen und der Waffenstillstand von Salasco. Mailand gehört wieder zu Österreich. Die Unabhängigkeit ist vorderhand in weite Ferne gerückt.

In der Zwischenzeit haben die politischen Unruhen auch zu einer manifesten Krise in der Direktion des Teatro San Carlo in Neapel geführt. Guillaume, der Teilhaber des Impresarios Flauto, wird von der Regierung wegen Unfähigkeit entfernt, was Verdi aber nicht weiß. Da sich das Theater nicht bei ihm gemeldet und kein Libretto vorgelegt hat, betrachtet Verdi seinen Vertrag als null und nichtig. Im August 1848 teilt er dies dem neuen Impresario in einem Brief[25] mit, der sich mit einem Brief Flautos über die gerade eingesetzte Direktion des San Carlo und zukünftige Vorgangsweisen überschneidet.

Als Mailand nicht mehr das Zentrum der Geschehnisse ist, reist Verdi wieder nach Paris zurück. Seine Geschäfte und Giuseppina rufen. Von dort aus unterstützt er seine Landsleute: Er unterzeichnet eine Petition, mit der der Oberbefehlshaber der französischen Armee ersucht wird, Italien im Kampf gegen die Österreicher zu Hilfe zu eilen; dazu kommt es aber wegen der Unruhen in Frankreich nicht. Auf Ersuchen des Freiheitskämpfers Giuseppe Mazzini, des Begründers der *Giovine Italia*, der im Revolutionsjahr 1848 aus dem Exil nach Italien zurückkehrt und an der Seite Garibaldis wieder aktiv wird, komponiert er eine patriotische Hymne, *Suona la tromba*, auf Worte des jungen Dichters Goffredo Mameli[26] (Genua 1827 – Rom 1849). Er sendet sie im Oktober an Mazzini und gibt der Hoffnung Ausdruck, „diese Hymne möge unter Kanonenmusik bald in den lombardischen Ebenen gesungen werden"[27]. Mazzini veröffentlicht das „populäre und leichte"[28] patriotische Musikstück, aber es ist zu spät: Zu diesem Zeitpunkt sind die Schlachten vorüber.

Auf der Rückreise nach Paris schreibt Verdi an Cammarano. Der Librettist hat Verdi einen Stoff vorgeschlagen, der Giustis Vorstellungen entspricht: ein zeitbezogenes Propagandastück, das Italien zur Einigung und zum Hinauswurf der Besatzer aufruft. Es ist nicht der *Cola di Rienzi*[29], der kurz Gegenstand der Überlegungen ist, aber sogleich wieder verworfen wird, sondern ein historischer Stoff über den Sieg des Lombardenbundes, eines Zusammenschlusses mehrerer oberitalienischer, vorwiegend lombardischer Städte, über Kaiser Friedrich I. Barbarossa bei Legnano im Jahre 1176. Verdi ist wie sein Verleger Ricordi von der Idee begeistert, wohl auch, weil Legnano 1848 noch immer unter österreichischer Herrschaft steht und daher politische Aktualität besitzt, und obwohl er aus Zensurgründen gezwungen ist, über ein historisches Ereignis zu schreiben, ist er sicher, daß das Publikum verstehen wird, daß es in Wahrheit um 1848 geht. Die Oper wird *La battaglia di Legnano* heißen.

Cammarano arbeitet im Sommer 1848 langsam und gewissenhaft an dem Libretto. Er hat ein in Italien bekanntes Parallelstück von Joseph Méry vor Augen, *La Bataille de Toulouse* (1828), an dem er sich orientieren kann. Das Textbuch wird auf einen der zur Verfügung stehenden Sänger abgestimmt: Gaetano Fraschini wird den Tenorpart des Arrigo verkörpern, weshalb seine Rolle nicht nur Liebhaberlyrismen, sondern auch heldische Passagen aufweisen muß, was der patriotischen Komponente zugute kommt. In demselben Brief, in dem Verdi die berühmten Anweisungen für die Interpretation der Lady Macbeth durch Eugenia Tadolini gibt, macht er seinem Librettisten aufführungspraktische Vorschläge:

> Verdi an Cammarano; Paris, 23. November 1848
>
> Da mir scheint, daß die Frauenrolle nicht dieselbe Bedeutung hat wie die beiden anderen [Rollen], möchte ich, daß Ihr nach dem Trauerchor ein großes *Agitatissimo*-Rezitativ einfügt, in welchem sie ihrer Liebe, der Verzweiflung über das Wissen, daß Arrigo dem Tode geweiht ist, Ausdruck gibt, der Furcht, entdeckt zu werden etc. ... etc. ... Nach einem schönen Rezitativ laßt den Gatten auftreten und ein schönes pathetisches Duettino folgen: der Vater soll den Sohn segnen, oder etwas ähnliches... etc. ... etc. ... [...]
>
> Beantwortet mir noch eine Frage (erschreckt nicht!): ich würde im Ensemble der Introduktion eine weitere Stimme brauchen, einen Tenor; könnte man zum Beispiel einen Schildknappen Arrigos einführen? Diesen Schildknappen könnte man, wie mir scheint, auch im letzten Finale einsetzen!... er könnte Arrigo stützen, wenn dieser verletzt ist. – Antwortet mir auch dazu.   Copialettere, S. 60 f.

Verdi überlegt, macht Änderungsvorschläge, akzeptiert Cammaranos Ideen, arbeitet intensiv und mit genauen Vorstellungen von den gewünschten Wirkungen an der Komposition. Ende des Jahres ist die Oper fertiggestellt. Ricordi, zu dem Verdi nach den Erfahrungen mit Lucca zurückgekehrt ist, wählt Zeitpunkt und Ort der Uraufführung klug aus: sie wird am 27. Jänner 1849 im Teatro Argentina in Rom stattfinden. Obwohl das politische Leben in dieser Stadt nicht von den Österreichern bestimmt wird, überschlagen sich auch dort die Ereignisse. Fanatische Republikaner ermorden im November den Grafen Pellegrino Rossi, einen wichtigen Mitarbeiter des Papstes Pius IX. – eine Folge der Weigerung des Papstes und Rossis, eine Allianz mit der Lombardei gegen die Österreicher zu bilden oder einfach nur Hilfe zu entsenden. Daraufhin wird der Papst zwei Tage lang von einer bewaffneten Menge von mehreren tausend Menschen im Quirinal belagert. Mit Hilfe befreundeter Diplomaten kann er, als einfacher Priester verkleidet, nach Gaeta fliehen. Von dort aus verhandelt er über seine Rückkehr nach Rom. In seiner Abwesenheit übernehmen die Republikaner die Regierungsgeschäfte und rufen Wahlen aus. Von seinem Exil aus verbietet der Papst den Katholiken, an der Wahl teilzunehmen. Dies bewirkt jedoch das Gegenteil und führt zu einem gewaltigen Sieg der Republikaner. Die neu gewählte Volksvertretung will erstmals im Februar 1849 zusammentreten, um den Kirchenstaat zur Römischen Republik zu erklären. In diesem politischen Klima wird die Premiere von *La battaglia di Legnano* vorbereitet.

Die Direktion des Theaters ist im Schriftverkehr Verdi gegenüber arrogant und gibt diesem das Gefühl, sie tue ihm mit der Annahme seiner Partitur einen Gefallen. Bitter beklagt sich Verdi darüber in einem Brief an den Bariton Filippo Colini[30], der den Rolando singen wird. Colini ist Römer und oft am Teatro Argentina engagiert, er fungiert als Vermittler zwischen Verdi und der Direktion. Am 21. November ist Verdi im Zweifel darüber, ob er überhaupt nach Rom zur Premiere fahren soll.[31] Der von Rom angebotene Spesenersatz von 1000 Francs wird nicht einmal die Reisekosten decken. Von offizieller Seite wird die Angelegenheit aber im letzten Moment bereinigt und Verdi reist nach Rom.

Die Erwartungshaltung des Publikums ist enorm, zumal Garibaldi und Mazzini nach Rom gekommen sind. Der Premierenabend gerät mehr zu einer politischen Manifestation als zu einem herausragenden musikalischen Ereignis: Die Zeitungen berichten, daß schon die ersten Worte des Eröffnungschors „Viva Italia! Sacro un patto / Tutti stringe i figli suoi" (Es lebe Italien! Ein heiliger Pakt vereint alle seine Söhne) das überfüllte Theater außer Rand und Band geraten lassen. Begeisterte „Viva Italia!"- und „Viva Verdi!"-Rufe werden laut, die Euphorie des Publikums läßt die Vorstellung an den Rand des Abbruchs geraten. Als Arrigo-Fraschini am Ende des 3. Aktes handlungskonform von einem Balkon springt, um zu seinem Regiment zu eilen, verliert ein enthusiasmierter Soldat im Zuschauerraum die Contenance: Er wirft sein Schwert, seinen Militärmantel und seine Epauletten auf die Bühne und läßt alle Sessel seiner Loge nachfolgen. Der gesamte vierte Akt muß wiederholt werden, nicht nur bei der Premiere, sondern bei allen Folgevorstellungen. Die Rezensionen, auch jene, die von kompetenten Kritikern verfaßt werden, können nicht umhin, das musikalische Geschehen in patriotische Kategorien zu fassen. Als Quintessenz ist nur zu entnehmen, daß Verdi „weit davon entfernt ist, den alten Konventionen zu folgen".

Neben den beiden Verdi-Spezialisten Fraschini und Colini ist als Lida die Sopranistin **Teresa De Giuli Borsi** (Mondovì 1817 – Neapel 1877) zu hören. Sie hieß eigentlich Maria Teresa Pippeo. Nach Gesangsstudien in Turin und Mailand (hier bei dem Komponisten und Dirigenten Alberto Mazzucato) studierte sie in Bologna. Da war sie bereits mit dem Impresario Borsi verheiratet. Sie debütierte 1839 am Teatro Re in Mailand in Mercadantes *Elisa e Claudio*. Nach zahlreichen Erfolgen an verschiedenen italienischen Bühnen kehrte sie 1842 in diese Stadt zurück, diesmal aber an die Scala, wo sie nach der ersten Aufführungsserie des *Nabucco* die überforderte Giuseppina Strepponi als Abigaille ablöste. Damit begann eine brillante Karriere an den großen Bühnen in Italien, u.a. in Neapel, Rom und Turin, sowie in St. Petersburg und Barcelona. Besonders große Zustimmung erntet die Sängerin als Verdi-Interpretin. Sie wird in den Hauptrollen in den *Lombardi*, in *Macbeth*, *Luisa Miller*, *Rigoletto* und *I vespri siciliani* hochgeschätzt. Daneben singt sie ein breit gefächertes Repertoire von Donizetti (*Gemma di Vergy*, *Lucia di Lammermoor*, *Maria de Rudenz*) und Bellini (*I puritani*, *Norma*, *Beatrice di Tenda*). Nach dem Ende ihrer Karriere ist sie in Neapel als Gesangspädagogin tätig.

Die Sängerin, die sowohl Koloraturpartien wie auch lyrische und sogar dramatische Partien mit großem Erfolg sang, verfügte nicht nur über beträchtliche stimmliche Mittel, sondern setzte diese mit exzellenter Gesangstechnik ein, was ihr das Pendeln zwischen den Fächern gestattete.

Die außergewöhnlich bühnenwirksame *La battaglia di Legnano*, von Verdi selbst hochgeschätzt, wird vom Publikum und den Opernhäusern merkwürdigerweise als Gelegenheitsarbeit betrachtet. Das Werk wird u.a. in Turin und Piacenza (1859), Ferrara, Parma, Cagliari, Messina (1860), Mailand (1861) usw. aufgeführt, fällt aber unweigerlich auch der Zensur zum Opfer: 1855 wird es in Oporto und 1858 in Korfu unter dem Titel *L'assedio di Arlem* (Die Belagerung von Haarlem) aufgeführt, wobei sich Barbarossa in den Herzog von Alva und die Deutschen und Italiener der Originalhandlung in die Spanier und Holländer der Revolution gegen die spanische Besetzung Hollands im 16. Jahrhundert verwandeln (Ricordi veröffentlicht mit Verdis Zustimmung das Libretto unter diesem Titel). 1859 wird es in Lugo als *Alderamo ovvero L'assedio di Granada* (Alderamo oder Die Belagerung von Granada), 1860 in Parma unter dem Titel *La sconfitta degli Austriaci* (Die Niederlage der Österreicher)[32], gespielt, all dies, um den politischen Ansprüchen der Zensur zu genügen. Ein Grund dafür, daß die Oper nur selten aufgeführt wird, liegt darin, daß Verdis hohe finanzielle Forderungen Ricordi dazu zwingen, für das Aufführungsmaterial von den Theatern Preise zu verlangen, die die meisten von ihnen nicht bezahlen können. Zwar wird der Vertrag (wie auch jener über *Jérusalem*) angesichts dieser Situation nachträglich abgeändert, doch es ist zu spät: *La battaglia di Legnano* hat den Reiz der sensationellen Neuheit verloren und ist nicht mehr gefragt. Verdis Bestrebungen, die Oper in späteren Jahren durch Überarbeitungen auf Libretto- und Musikebene wiederzubeleben, werden nicht realisiert.

La battaglia di Legnano ist, wie erwähnt, im Gegensatz zu anderen Frühwerken Verdis seine einzige anlaßbezogene „politische" Oper, sein Beitrag zur Idee der Einigung Italiens, insofern eine Gelegenheitskomposition. Dessen ungeachtet ist sie ein Werk, das bei adäquaten Aufführungen seine Wirkung nicht verfehlt und nicht nur hörenswert, sondern mitreißend ist.

Luisa Miller

Nach der Premiere der *Battaglia* kehrt Verdi vorerst nach Paris zurück. Die politische Entwicklung in Italien geht nicht wunschgemäß voran, Verdi sorgt sich in seinen Briefen um die Zukunft des Landes. Er korrespondiert mit Cammarano wegen eines neuen Opernstoffes und erfährt, daß er ihm in einer unangenehmen Situation zur Seite stehen muß: Seit Verdi seinen Vertrag mit Neapel im August 1848 offiziell für aufgelöst erklärt hat, versucht die Impresa des San Carlo, die Schuld daran auf Cammarano abzuwälzen, um massiv Druck auf ihn auszuüben. Er habe es verabsäumt, rechtzeitig ein Libretto vorzulegen, er müsse deshalb jetzt mit einem Gerichtsverfahren und einer Gefängnisstrafe rechnen. Cammarano hat eine Frau und sechs Kinder zu ernähren, und er ist alles andere als wohlhabend. In seiner Verzweiflung wendet er sich an Verdi und bittet ihn, seinen Vertrag mit dem San Carlo wieder aufleben zu lassen. Verdi gibt seinem Wunsch etwas zögerlich nach: „Euch zuliebe, nur Euch zuliebe werde ich die Oper für Neapel kommendes Jahr schreiben, müßte ich auch täglich zwei Stunden meiner Ruhezeit, meiner Gesundheit opfern!"[33] Cammarano kann aufatmen, das San Carlo zufrieden sein.

Den großen Zuschauerraum des Hauses vor Augen überlegt Verdi spektakuläre Sujets: *L'assedio di Firenze* (Die Belagerung von Florenz), ein historischer Roman über das Ende der florentinischen Republik 1529–39 von Francesco Domenico Guerrazzi käme in Frage. Er hat mit Piave und Cammarano über diesen Stoff bereits korrespondiert und präzise Vorstellungen davon im Kopf. Doch Piave ist wegen seines Militärdienstes in Venedig unabkömmlich und Cammarano teilt am 14. April 1849 bedauernd mit, daß die Zensur das Projekt, das vorsichtshalber unter dem nichtssagenden Titel *Maria de' Ricci* eingereicht worden ist, verboten habe. Die Idee war ab ovo nicht so gut: Es war von Anfang an nicht vorstellbar, daß die neapolitanische Zensur (Neapel unterstützt die Politik des exilierten Pius IX.) ein Stück akzeptiert hätte, in welchem Papst und Kaiser als Feinde der italienischen Freiheitsbewegung dargestellt werden. Im selben Brief erinnert Cammarano Verdi an einen Stoff, den dieser vor einiger Zeit selbst vorgeschlagen hat: *Amore e raggiro*, Schillers *Kabale und Liebe*. Verdi kennt *Intrigue et amour*, die französi-

sche Fassung des Schiller-Bühnenstückes von Dumas, die sich ungewöhnlich getreu an die Vorlage hält; er hat sie wahrscheinlich in Paris
1848–49 auf der Bühne gesehen und eine Kopie davon an Cammarano
geschickt. Verdi stimmt dem Vorschlag zu, am 3. Mai legt ihm Cammarano die ausführliche Gliederung[34] der Oper, die *Eloisa Miller* genannt
wird, vor. Sie enthält bereits Passagen, die später fast wortgetreu in die
Endfassung des Librettos übernommen werden. Zahlreich sind die Änderungswünsche Verdis, mit seinem scharfen Blick für das Wesentliche legt
er größten Wert darauf, vor allem die Stärken des Dramas in das Libretto
zu übertragen. Die Korrespondenz zwischen Komponist und Librettist
bietet interessante Einsichten über beider Vorstellungen und Arbeitsweise, über das Akzeptieren und Verwerfen von Vorschlägen, auch weil
Cammarano selbstbewußter als Piave und nicht für jeden Vorschlag
Verdis zugänglich ist. Verdis Absicht, Federica (Alt) als interessanteste
Figur des Stücks herauszustellen, kann nicht realisiert werden, da in Neapel nur drei Hauptrollensänger (Sopran, Tenor, Bariton) zur Verfügung
stehen.

Inzwischen läßt Verdi seine Eltern, die sich mit dieser Aufgabe
höchst zufrieden zeigen, nach Sant'Agata übersiedeln, damit sie in seiner
Abwesenheit Bau-, Renovierungs- und sonstige Arbeiten überwachen,
Kühen beim Kalben beistehen, Rechnungen bezahlen usw.

Im Juni und Juli korrespondiert Verdi von Paris aus mit Flauto über
Besetzungsfragen. Aus den Briefen ist seine Unlust, nach Neapel zu reisen, herauszuhören. Am 13. August erhält Verdi das fertige Libretto. Er
beginnt die Arbeit an *Luisa Miller*, wie die Oper jetzt heißt, in Paris und
schließt sie in wenigen Wochen ab. Am 7. September kündigt er aus Busseto seine Ankunft in Neapel für Anfang Oktober an, um Ende Oktober
die Premiere abhalten zu können. Tags darauf zieht Giuseppina Strepponi im Palazzo Orlandi ein und macht dadurch ihre Verbindung mit
Verdi offiziell.

Zeitgerecht reist Verdi mit Antonio Barezzi ab, nur um in Rom
wegen einer Quarantäne aufgrund einer Cholera-Epidemie aufgehalten
zu werden. Dort erreicht ihn am 17. Oktober ein Brief Cammaranos, in
dem er informiert wird, daß der für die Premiere vorgesehene Tenor Bettini[35] nicht nur miserable gesangliche Leistungen abgeliefert habe, sondern deswegen von der Impresa auf Vertragsauflösung verklagt worden
sei. Cammarano schlägt als Ersatz Malvezzi oder Baucardé[36] vor, ersterer
wird die Rolle bekommen. Darüber hinaus setzt er Verdi davon in Kenntnis, daß die finanzielle Situation des San Carlo in besorgniserregender
Weise angespannt sei, damit dieser „rigoros [seine] Maßnahmen ergrei-
fen könne." Verdi fürchtet, übers Ohr gehauen zu werden und begehrt

am 1. November von Flauto eine Garantie über 3000 Dukaten, sonst würde er „den Vertrag auflösen" oder „morgen vielleicht nicht mehr bei der Probe erscheinen". Die Emotionen gehen daraufhin hoch: Der dem Direktorium angehörende Herzog von Ventignano will Verdi verhaften lassen, falls er sein Werk nicht abliefere und Neapel ohne Genehmigung verlasse. Doch Verdi läßt sich nicht einschüchtern: Er würde sich mit seiner Partitur an Bord eines der französischen Kriegsschiffe begeben, die vor Neapel vor Anker liegen, und den Schutz der Franzosen erbitten. Er erhält hierauf die gewünschte Garantie, die Proben können weitergehen, in seiner Freizeit begleitet er Barezzi auf einer Sightseeing-Tour nach Herculaneum, Pompeji, Pozzuoli und Ischia. Abgesehen von den Drohungen, den Intrigen, den aufdringlichen Journalisten (wahre Vorläufer der *paparazzi*), der Freude an Skandalen, dem Personenkult, dem Theatertratsch gibt es in Neapel eine weitere, allerdings vernachlässigbare Unannehmlichkeit: den Komponisten Vincenzo Capecelatro[37], von dem behauptet wird, er habe den bösen Blick. Ihm wird inzwischen der Mißerfolg der *Alzira* zugeschrieben, jetzt schirmt man Verdi vorsichtshalber vor ihm ab. Doch Capecelatro gelingt es, sich bei der Premiere am 8. Dezember 1849 den Weg auf die Bühne zu dem von ihm verehrten Komponisten zu bahnen. Prompt stürzt eine Kulisse um und verfehlt Verdi nur um Zentimeter.[38]

Der Premiere am 8. Dezember 1849 ist ein nur mittelmäßiger Erfolg beschieden, die Zustimmung wächst erst bei den Folgevorstellungen. Von der Uraufführung selbst sind keine Besprechungen überliefert. Basevi bescheinigt Verdi, daß er sich „in seiner zweiten Manier mehr an Donizetti[39] annähert" und daß „die *Luisa Miller* die erste Oper ist, die es verdient, als Vertreterin der neuen Manier *Verdis* bezeichnet zu werden".[40] Diese „zweite Manier" ist tatsächlich subtiler und formal abwechslungsreicher, der dritte – und gleichzeitig beste – Akt der Oper markiert den eigentlichen Übergang zum Stil des reifen, „mittleren" Verdi – er nimmt an mehr als an einer Stelle Stimmungen und Farben des *Rigoletto* vorweg. Beweis dafür ist die leicht verstörte Reaktion des Publikums in Neapel und Rom auf diesen Schlußakt: er wird nur kühl aufgenommen. Die Sorgfalt, die Verdi auf *Luisa Miller* verwandte, ist auch daraus ersichtlich, daß sie das erste Werk ist, zu dem er zahlreiche Kompositionsentwürfe anfertigte.

Die Besetzung der Oper ist nicht unproblematisch. Verdi beschreibt die Protagonistin als „unschuldig und extrem dramatisch"[41], sie muß nicht nur imstande sein, Koloraturen zu singen, sondern auch lyrische und dramatische Passagen bewältigen, darin der Violetta nicht unähnlich: sie ist zuerst die Naive, dann die tragische Heldin, im Schlußakt muß sie einfache Größe und Pathos zeigen. Obwohl die Federica eine undankbare, kurze Partie ist, muß sie mit einem guten Alt besetzt werden. Rodolfo ist die erste wirklich gelungene Tenorpartie Verdis. Er hat eine solche Vielfalt an Emotionen zu vermitteln, daß die Oper eigentlich nach ihm benannt sein müßte, und ist fast schon im Zwischenfach anzusiedeln. Miller ist eine klassische Partie für einen Verdi-Bariton, von der Tessitura her dem Don Carlo in *Ernani* nicht unähnlich, jedoch als Figur facettenreicher. Wurm muß kein erster Baß sein, ist aber eine Partie, die dem Interpreten nur wenige Gelegenheiten bietet, um den bösen Charakter der Figur deutlich herauszuarbeiten: einige kurze Takte, Rezitative, ein Duett mit dem Grafen, ein Quartett. Graf Walter schließlich ist ein typischer Verdi-Baß, dessen Charakter musikalisch von Verdi rasch und klar umrissen wird.

Die Premierenbesetzung setzt sich zusammen aus Marietta Gazzaniga (Luisa), Settimio Malvezzi[42] (Rodolfo), Achille De Bassini (Miller), Antonio Selva[43] (Walter), Marco Arati (Wurm) und Teresa Salandri (Federica).

Marietta Gazzaniga (Voghera 1824 – Mailand 1884) debütierte 1840 in Voghera als Giovanna Seymour in Donizettis *Anna Bolena*, 1842 trat sie am Teatro S. Benedetto in Venedig auf und sang danach am Teatro La Fenice, dann in Genua (1846–47), Neapel (1849), Triest (1850), Mailand (1851–53 und 1862), Madrid (1853–55) und Nordamerika (1857–69).

Von Verdi (der mit ihren Leistungen nie zufrieden ist[44]) singt sie die Uraufführungen von *Luisa Miller* und *Stiffelio*, sowie die italienische Premiere von *Gerusalemme*, der italienischen Übersetzung von *Jérusalem* (Scala 1850). Ihr übriges Repertoire besteht aus Opern von Donizetti (*Lucrezia Borgia, Poliuto*), Pacini, Mazzucato (ihrem Lehrer), Villanis, Coppola, wobei sie bei mehreren Uraufführungen von Opern dieser Komponisten eingesetzt wird. Gegen Ende ihrer Karriere nimmt sie Mezzosopranrollen in ihr Repertoire auf, behält aber ihr angestammtes Sopranrepertoire bei. Nach Ende ihrer Karriere eröffnet sie ein Gesangsstudio in New York, an dem sie bis 1876 unterrichtet. 1881–82 gibt sie in Genua Unterricht. Zu ihren Schülern zählt der berühmte Bariton Arturo Pessina, der seinerseits der Lehrer des großen Bassisten Tancredi Pasero ist.

Wie schwer es ist, die Oper gut zu besetzen, zeigt sich bereits bei der Erstaufführung an der Mailänder Scala am 26. Dezember 1851. Obwohl der Premieren-Tenor Malvezzi singt, berichtet sogar Ricordis Hauspostille „La Gazzetta Musicale di Milano", daß die Oper „wegen der mit-

panz ist leicht erklärlich: Colini ist ein *basso cantante* der alten Schule, ein Sänger, dem reiner Wohllaut, Singen auf dem Atem, Leichtigkeit und modulationsfähige Tongebung, Eleganz des Vortrags wichtiger sind als große dramatische Ausbrüche und Leidenschaftlichkeit des Ausdrucks. Der Rezensent beklagt den Verlust dieser alten Schule, Verdi denkt in die Zukunft. Diese Schulung ist es wohl auch, die Colini als „nachlässigen und unbeholfenen Schauspieler"[59] erscheinen läßt.

Bald wird die Oper in Rom und Florenz nachgespielt, in den nächsten vier Jahren auch in Venedig, Catania, Palermo und Neapel. Sie trägt jetzt den Titel *Guglielmo Wellingrode*, der Titelheld ist der Premierminister eines deutschen Fürstentums, die Handlung ist ins 15. Jahrhundert verlegt. Außerhalb Italiens wird das Werk in Barcelona (1856), Korfu und Oporto (1857) und Málaga (1862) aufgeführt. Ricordi und Escudier veröffentlichen Klavierauszüge der Oper, was aber ihrer Verbreitung, auch in protestantischen Ländern, nicht förderlich ist. Als die Mailänder Scala die Oper aufführen will, verlangt Verdi von Ricordi nicht nur, daß die Originalfassung des Werks wiederhergestellt werde, sondern daß seine szenischen Anweisungen genauestens befolgt werden:

> Verdi an Ricordi; Busseto, 5. Jänner 1851
> Achte darauf, daß in der letzten Szene die ganze Wirkung von der Art abhängt, wie die Chormassen auf der Bühne angeordnet sind, und man darf nicht [nur] eine Bühnenprobe, wie üblich, abhalten, sondern zehn, zwanzig, wenn es erforderlich ist.
> Ohne diese Bedingungen kann ich nicht erlauben, daß der *Stiffelio* an der Scala gegeben wird und gib acht: falls die Wirkung aufgrund der Aufführung ausbleiben sollte, werde ich Dich, Herrn Giovanni Ricordi, für den Schaden, der daraus entstehen kann, zur Verantwortung ziehen. Addio, addio.
> P.S. – Es ist unmöglich, daß ich nach Mailand komme, um den *Stiffelio* zu inszenieren. Copialettere, S. 112

Deutliche Worte, die aber zu nichts führen: *Stiffelio* wird erst fast 150 Jahre später, am 29. März 1995, erstmals an der Scala aufgeführt.

Aroldo

Am 6. Juli 1854 schreibt Verdi aus Mandres an De Sanctis: „Unter meinen Opern, die nicht im Umlauf sind, sind einige, die ich fallen lasse, weil ihre Sujets falsch gewählt waren; es sind aber zwei darunter, von denen ich möchte, daß sie nicht vergessen werden: das sind *Stiffelio* und *La battaglia di Legnano*."[60] Um den *Stiffelio* der Vergessenheit zu entreißen, überlegt Verdi Rettungsmöglichkeiten. Er hat darüber auch schon mit Piave korrespondiert.

Zwei Jahre später, am 5. Februar 1856, erhält er einen Brief von Ricordi: Der Impresario des neu zu eröffnenden großen Opernhauses in Rimini will für diese feierliche Gelegenheit im Sommer 1857 eine von Verdi eigens für diese Gelegenheit komponierte Oper. Erstklassig sei die Sängertruppe, der Meister könne die Sängerauswahl selbst treffen. Nach seiner Rückkehr von der Uraufführung von *Les Vêpres siciliennes* in Paris ventiliert Verdi die Möglichkeit, den *Lear* eventuell doch zu komponieren, beordert aber gleichzeitig Piave nach Sant'Agata, um dem *Stiffelio* neues Leben einzuhauchen. Ein neues Libretto soll der Oper unterlegt werden, einige Nummern sollen entfernt und durch neue ersetzt, kleinere Änderungen angebracht werden, der letzte Akt wird gänzlich neu komponiert. Piave hat sich in den Kopf gesetzt, die Handlung ins Mittelalter zu verlegen und Stiffelio in einen Kreuzfahrer zu verwandeln. Verdi will „etwas Neueres und Aufregenderes. Denk darüber nach."[61] Aber Piave will partout Kreuzfahrer, und englische Kreuzfahrer um das Jahr 1200 werden es. Das Ergebnis ist *Aroldo*, ein insgesamt weniger überzeugendes Werk als *Stiffelio*. Ein negatives Ergebnis dieser Umarbeitung ist, daß dadurch das Partiturautograph von *Stiffelio* verlorengeht, da Verdi die *Aroldo*–Partitur aus dem Notenmaterial des *Stiffelio*-Autographs herstellt: Nicht mehr benötigte Nummern werden weggeworfen oder gehen verloren, erst der Vergleich von Partitur-Kopien von *Stiffelio* und *Guglielmo Wellingrode* aus dem Archiv des Konservatoriums in Neapel ermöglicht Rückschlüsse auf das Originalwerk und dessen Rekonstruktion. Die erste Aufführung des *Stiffelio* im 20. Jahrhundert findet 1968 in Parma statt (danach wird er u.a. in Wien, New York, Mailand, London, Venedig, Neapel und Boston aufgeführt). Der heute zumeist gespielte *Stiffelio* ist dem *Aroldo* an Geschlossenheit der dramatischen Konzeption überlegen, andererseits sind etliche für den *Aroldo* nachkomponierte Nummern nicht nur von großer musikalischer Schönheit, sondern auch dramaturgisch eine Verbesserung.

Verdi und Piave reisen im Sommer 1857 gemeinsam mit Giuseppina nach Rimini, um die Produktion zu überwachen.

> In Begleitung Piaves besuchte er [Verdi] den Schneider, um die Kostüme zu überprüfen, die er immer wieder ändern ließ, da er nur schwer zufriedenzustellen war. Der gesellige Librettist plauderte mit den Damen im Geschäft und erzählte ihnen schlüpfrige Geschichten, bei einer von diesen lächelte der sonst düstere und mürrische Verdi breit... Bei den Proben, bei denen er regelmäßig anwesend war, entging nichts seinen Falkenaugen. Die Kirche der Dorfglocke, die das Ave Maria im 4. Akt des *Aroldo* einläuten sollte, war verstimmt, und Verdi bearbeitete sie mit einer Feile, bis er den richtigen Ton erzielte.
>
> Girolamo Bottoni, *Giuseppe Verdi a Rimini*,
> Rimini 1913. S. 69. Zit. in:. Osborne, S. 215

Die Besetzung ist aus bekannten Solisten zusammengesetzt: Marcellina Lotti[62] (Mina), Emilio Pancani[63] (Aroldo) und Gaetano Ferri[64] (Egberto). Wichtiger noch als die Solisten ist der Dirigent der Aufführung, Angelo Mariani, ein ausgezeichneter Musiker am Beginn einer großen Karriere, der im Leben Verdis eine bedeutende Rolle spielen wird. Der erste Kontakt mit dem Dirigenten bei den Proben ist kurios: Mariani probt eine Orchesterpassage, das Ergebnis befriedigt ihn nicht, er läßt das Stück wieder und wieder durchspielen. Da tritt Verdi, der schweigend zugehört hat, zu ihm hin und empfiehlt ihm, nicht zu insistieren, sondern mit der nächsten Nummer fortzufahren. Nach der Probe beteuert Mariani, daß er nach intensiverer Probenarbeit wohl noch seine Vorstellung verwirklichen hätte können. Aber Verdi lächelt nur und erklärt ihm, daß es nicht an den Orchestermusikern läge, die Instrumentation sei schuld, er würde sie bis zum nächsten Tag ändern.

Die Premiere am 16. August 1857 ist aufgrund der Eröffnung des Teatro Nuovo in Anwesenheit des berühmten Komponisten ein gesellschaftliches Ereignis, dessen Glanz den Umstand überschattet, daß dem *Aroldo* weniger Erfolg als dem *Stiffelio* beschieden ist: „Diskreter Applaus begrüßte die letzten Noten dieses ‚aufgewärmten *Stiffelio*‘, wie er genannt wurde, und jedermann bevorzugte die alte Fassung, in welcher wenigstens mehr Ehrlichkeit, ein kohärenterer Stil, sowie mehr Ausdruck und Inspiration waren."[65]

Der *Aroldo* wird im selben Jahr in Bologna und Parma aufgeführt, 1858 folgen Venedig und Wien, Gastspiele machen das Werk 1863 in New York und Mexico City bekannt. Von 1870 bis 1953 sind keine Aufführungen bekannt, danach fristete es – insbesondere nach der Rekonstruktion des *Stiffelio* – ein kümmerliches Dasein.

---

[1] Die berühmteste *Ginevra di Scozia*-Oper (nach einem Libretto von Gaetano Rossi) stammt von Simon Mayr (Triest 1801).

[2] T. SOLERA, *Giuseppina Strepponi*, in *Strenna Teatrale Europea, III*, Milano 1840, S. 170 f. Zit. in: Weaver, S. 152.

[3] *La sonnambula, Beatrice di Tenda, I puritani, I Capuleti e i Montecchi, Il pirata*.

[4] *L'elisir d'amore, Lucia di Lammermoor, Belisario, Marin Faliero, Pia de' Tolomei, Maria de Rudenz, Belisario, Betly, Adelia, L'esule di Roma*.

[5] *Il giuramento, I Normanni a Parigi, Le due illustri rivali, Elena da Feltre*.

[6] Vgl. zum Repertoire der Sängerin Walker, S. 66 ff.

[7] Vgl. hiezu die Forschungsergebnisse von Mary Jane Phillips-Matz. In: Phillips-Matz, S. 118–126.

[8] Unter *prima donna* verstand man keinen allürenbehafteten Star, sondern die Sängerin erster Rollen, d.h. Hauptrollen.

9 „Journal des Débats", 20. November 1846. Zit. in: M. CONATI, *Giuseppina Strepponi in Paris, with a review by Berlioz,* „Verdi Newsletter", American Institute for Verdi Studies, New York, Nr. 6, März 1979, S. 7 ff.

10 Camillo wurde im Geburtenregister unter dem Familiennamen „Sterponi" eingetragen.

11 Das drei Wochen alte Neugeborene wurde unter dem Namen „Sinforosa Cirelli" am Eingang des Ospedale degli Innocenti in Florenz weggelegt. Vgl. hiezu Phillips-Matz, S. 121.

12 Manche Biographen beschönigten oder verfälschten sogar schlechte Kritiken der Sängerin.

13 Am 5. oder 6. Oktober 1846 schreibt Verdi einen geheimnisvollen Brief an die Strepponi: „Diesen Brief wird man mir aufs Herz legen, wenn ich begraben werde", schreibt Giuseppina ihrerseits. Es wird nicht dazu kommen, da der Brief bei ihrem Ableben nicht aufgefunden wird. Wir kennen seinen Inhalt nicht.

14 Verdis Liebe zum Land ist Manie, Wahnsinn, Tollheit, Raserei geworden, alles, was es nur an erdenklich Übertriebenem gibt.

15 Brief an Giuseppina Appiani; 22. September 1847. In: Copialettere, S. 461.

16 Brief an Benjamin Lumley; Mailand, 4. Dezember 1846. In: Copialettere, S. 33.

17 Grillparzers *Die Ahnfrau.* Verdi ordnet sie dem „phantastischen" Genre zu (vgl. Kapitel IV).

18 Brief Verdis an Lucca; Paris, 12. Februar 1848. In: Copialettere, S. 47.

19 Gemeint ist das Finale II.

20 Gemeint ist das Duett Gulnara-Seid (Sopran-Bariton).

21 Verdi will den ersten und zweiten Akt zu einem einzigen Akt vereinen, der mit dem Finale II endet. Der dritte Akt wird damit zum zweiten Akt.

22 „Il Costituzionale" vom 29. Oktober 1848. Zit. in: Abbiati I, S. 764.

23 Vgl. Giustis Brief an Verdi vom März 1847, kurz nach der *Macbeth*-Premiere. In: Copialettere, S. 449 f.

24 Vgl. *Una lettera di Giuseppe Verdi finora non pubblicata,* A. Bonaventura, Firenze 1948.

25 Brief Verdis an Guillaume; Paris, 24. August 1848. In: Copialettere, S. 49.

26 Mameli ist auch der Autor des Textes der derzeitigen italienischen Nationalhymne *Fratelli d'Italia.* Die Musik stammt von Michele Novaro (1822 – 1885).

27 Verdi an Mazzini; Paris, 18. Oktober 1848. In: Copialettere, S. 469.

28 Verdi in o.a. Brief an Mazzini.

29 *Rienzi or The Last of the Tribunes* (1835) von Edward George Earle Bulwer-Lyttons, die Vorlage zu Wagners *Rienzi.*

30 Verdi an Colini; Paris, ?. November 1848. In: Copialettere, S. 63.

31 Verdi an seinen Freund Luccardi; Paris, 21. November 1848. In: Copialettere, S. 63 f.

32 Dieser Titel schien auf dem Theaterplakat auf, während das Libretto *La battaglia di Legnano* betitelt war.

33 Verdi an Cammarano; Paris, 24. September 1848. In: Copialettere, S. 55.

34 Vollständiger Abdruck in Abbiati II, S. 10 ff.

35 Der in Frankreich erfolgreiche Tenor Geremia Bettini (1823–1865) wird die Rolle am Pariser Théâtre Italien im Dezember 1852 singen. Seine Partner sind die Cruvelli, Valli und Susini. Es handelt sich um eine von Verdi und Ricordi nicht autorisierte Aufführung, die ein gerichtliches Nachspiel hat.

36 S. Kapitel VI.

37 Von manchen Autoren zu „Capocelatro" verballhornt.

38 Vgl. hiezu Gatti, S. 265.

39 Dieser fehlerhaften Schreibweise begegnet man in Italien auch heute noch oft.

[40] Basevi, S. 159.

[41] Verdi an Cammarano; Paris, 23. Juli 1849. In: Copialettere, S. 475.

[42] Der Tenor SETTIMIO MALVEZZI (Rom 1817 – Florenz 1889) durchläuft die klassische Tenorkarriere seiner Zeit: Nach seinem Studium, u.a. bei der berühmten Altistin Marietta Alboni debütierte er 1840 in Perugia als Rodrigo in Rossinis *Otello* und als Fernando in Donizettis *Il furioso all'isola di San Domingo*. Nach weiteren Studien entwickelte sich eine große Karriere an den führenden Häusern in Italien. Er sang in mehreren Uraufführungen von Werken von Pacini und Luigi Ricci. Seine Karriere führte ihn auch ans Théâtre Italien in Paris (Donizettis *Gemma di Vergy* mit Giulia Grisi), nach Barcelona und Madrid. In seinem Repertoire hat er von Verdi neben *Luisa Miller* (aus der Partie des Rodolfo sind seine stimmlichen Voraussetzungen am besten abzulesen) den *Ernani* und den Foresto in *Attila*, weiters den Pollione in Bellinis *Norma*, sowie Werke von Rossini, Donizetti, Buzzi, Terziani, Coppola und Aspa.

[43] Der Bassist ANTONIO SELVA (Padua 1820 – 1889, bürgerlicher Name Antonio Scremin) ist Verdi seit der Uraufführung des *Ernani* bekannt. Er war ausgebildeter Orgelbauer und debütierte 1842 in Padua als Zaccaria in *Nabucco*. Es kommt sofort zu einer erfolgreichen Karriere an den großen italienischen Opernbühnen wie Venedig, Rom, Mailand und Neapel. Am San Carlo singt er 1848 mit großem Erfolg den Baldassarre in Donizettis *La favorita*. In der Saison 1852–53 und danach von 1864 bis 1874 ist er der führende Bassist am Teatro Real in Madrid. 1865–67 ist er am Théâtre Italien in Paris zu hören. 1858 tritt er in Mailand in der Uraufführung von Petrellas *Jone ovvero L'ultimo giorno di Pompei* auf. Das Zentrum seines Repertoires sind Verdi-Rollen. Nach Abschluß seiner Sängerlaufbahn ist er als Gesangslehrer tätig.

[44] „Ich habe zwei sehr wichtige Rollen eigens für sie in der *Miller* und im *Stiffelio* geschrieben und war mit ihr nicht zufrieden. Außerdem hat Rigoletto in Bergamo [am Teatro Riccardi – heute Teatro Donizetti, 3. September 1851] ein schreckliches Fiasko erlebt, dessen Hauptursache die Gazzaniga war, wenigstens nach dem, was mir auch unser Freund Piave sagte." Verdi an Marzari; Paris, 20. Februar 1852. In: Conati, Fenice, S. 273.

[45] Abbiati II, S. 43.

[46] Gemma Bellincioni, Sopran, s. Epilog.

[47] Der Sonzogno-Wettbewerb.

[48] Verdi an Flauto; Busseto, 7. September 1849. In: Copialettere, S. 85.

[49] Cesare (Cesarino) de Sanctis (Neapel ? – 1881), Leiter eines Handelshauses in Neapel, Musikenthusiast, Publizist, Mitglied der Theaterkommission des Teatro S. Carlo, naher Freund Verdis. Sein Sohn Giuseppe war Verdis Patenkind. Er starb verarmt und erblindet. Sein Geburtsdatum ist nicht bekannt.

[50] Verdi an Marie Escudier; Busseto, 7. März 1850. In: Abbiati II, S. 56 f.

[51] Verdi an Carcano; Busseto, 17. Juni 1850. In: Copialettere, S. 482 f.

[52] Verdi an Ricordi; Busseto, 31. Jänner 1850. In: Abbiati II, S. 49.

[53] Verdi an Piave; 8. Mai 1850. In: Abbiati II, S. 62 f.

[54] a.a.O.

[55] Abbiati transkribiert aus dem (heute unauffindbaren) Autograph den Namen der Sängerin mit „Berduzzi". Da es keine Sängerin dieses Namens gibt, dürfte es sich mit hoher Wahrscheinlichkeit um die junge Luigia Bendazzi handeln, die im April des Jahres mit großem Erfolg in Venedig (Teatro S. Bendetto) als Elvira in *Ernani* debütiert hat. 1857 wird Verdi für sie die Amelia in *Simon Boccanegra* schreiben.

[56] Giulia Sanchioli hat ihre Karriere als Sopran begonnen (sie sang u.a. die Norma), ging dann aber ins Mezzosopranfach und spezialisierte sich auf Rossini (*Barbiere*, *Cenerentola*, *Italiana in Algeri*).

[57] Abbiati II, S. 67.

[58] *L'Italia musicale*, 20. November 1850.

59 Vgl. Stichwort ‚Colini' in *Enciclopedia dello spettacolo,* Roma, 1958.

60 Carteggi I, S. 25.

61 Verdi an Piave; Busseto, 10. März 1856. In: Copialettere, S. 185.

62 Die Sopranistin MARCELLINA LOTTI DELLA SANTA (Mantua 1831 – Paratico, Brescia 1901) debutierte 1850 in Konstantinopel als Alice in Meyerbeers *Robert le diable* und machte in Italien rasch
eine bedeutende Karriere an den großen Bühnen. Schon 1852 debutierte sie an der Scala als Odabella in *Attila.* 1857 trat sie erstmals in St. Petersburg auf und sang am Teatro Carlo Felice in
Genua in der italienischen Erstaufführung von Halévys *L'ebrea* (La Juive). Sie gastierte in London am Her Majesty's Theatre und war europaweit erfolgreich. In Neapel sang sie die Ur- bzw.
italienischen Erstaufführungen von Mercadantes *Virginia* (1866), Petrellas *Giovanna di Napoli*
und Donizettis *Gabriella di Vergy* (beide 1869). An ihrer Stimme wurde neben der Schönheit des
Timbres der große Umfang und die Koloraturfähigkeit gerühmt. Sie war mit Luigi Della Santa
verheiratet, einem Sänger, der zuerst als Bassist (zahlreiche Auftritte als Silva in *Ernani*), später
als Bariton (Don Carlo in *Ernani,* Macbeth) aktiv war.

63 Der Tenor EMILIO PANCANI (Florenz 1830 – Hamburg 1898) war zuerst Chorist in Florenz und
debutierte 1850 in Malta. Er sang hierauf in Livorno und Florenz, vorwiegend Donizetti- und
Verdirollen. 1851 trat er mit großem Erfolg in Odessa in *Norma* und *Ernani* auf, ab 1852 machte
er eine große Karriere in Italien. Von 1858 bis 1870 sang er an der Scala und in Rom, aber auch
in Barcelona, Paris und in vielen deutschen Städten. Er beendete seine Karriere 1870 am Teatro
La Fenice in Venedig. Pancani war ein dramatischer Tenor, der zumal als Otello in Rossinis Oper
und als Manrico gefeiert wurde.

64 Der Bariton GAETANO FERRI (Parma 1818 – Paris 1881) debutierte 1839 in Donizettis *Marin
Faliero,* sang darauf an verschiedenen italienischen Bühnen und bereits 1842 am Teatro Regio in
Turin und an der Mailänder Scala (*Nabucco*). Es folgte eine Karriere an den ersten Theatern Ita-
liens, aber auch in Wien, New York und in Spanien. Seine Verdi-Partien waren u.a. *Macbeth,
Ernani, Luisa Miller, Il trovatore, Rigoletto,* sein übriges Repertoire bestand aus Opern von Doni-
zetti (*Lucia di Lammermoor, La favorita*), Mercadante (*Elena da Feltre*), Bellini (*I puritani*),
Pacini (*Maria Tudor d'Inghilterra*).

65 G. BOTTONI, *Giuseppe Verdi a Rimini,* Rimini 1913, S. 74.

Rigoletto – Teresa Brambilla – Raffaele Mirate –
Annetta Casaloni – *Il trovatore* – Rosina Penco –
Carlo Baucardé – Emilia Goggi – Giovanni Guicciardi –
La traviata – Fanny Salvini Donatelli – Lodovico Graziani

Rigoletto

Mit den drei auf *Stiffelio* folgenden Opern erreichen Verdis *anni di galera* ihren Höhepunkt, nicht nur was die Intensität, sondern auch und vor allem was die Qualität seiner Arbeit anlangt. 1850 ist Verdi siebenunddreißig Jahre alt. Er steht im Zenit seiner Schaffenskraft und hat jetzt einen psychologischen Vorteil: Er ist bereits so vermögend, daß er, wenn er wollte, jederzeit das Komponieren aufgeben könnte. Er spricht und schreibt zwar immer wieder davon, er tut es aber nicht. Er wird es sich nach den bis 1853 folgenden Erfolgsopern[1] leisten können, das Arbeitstempo zurückzunehmen, seinen persönlichen Interessen zu leben und sein eigener Herr zu sein. Das ist zumindest seine Vorstellung.

Vorerst gipfelt die frenetische Aktivität des Komponisten in der gleichzeitigen Beschäftigung mit verschiedenen Opern. Der bei der Entstehungsgeschichte des *Stiffelio* bereits mehrfach erwähnte *Le Roi s'amuse* von Victor Hugo steht seit 1844 auf Verdis Liste der in Betracht kommenden Stoffe. Er korrespondiert darüber mit Flauto und Cammarano, der ihm aber absagt. Piave beginnt, sich damit zu beschäftigen, nachdem er *El Trovador* und *Kean*, ein Theaterstück von Alexandre Dumas père über die amourösen Abenteuer des englischen Schauspielers Edmund Kean auf ihre Tauglichkeit überprüft hat. Der am 23. April vom Teatro La Fenice in Venedig nach längeren, einige Male vom Scheitern bedrohten Vorverhandlungen ausgestellte Vertrag wird von Verdi am 28. April unterfertigt. Als Termin für die Uraufführung der neuen Oper ist der Februar 1851 vorgesehen. Verdi hat ein Interesse daran, für Venedig zu arbeiten, sei es, weil er Experimente mit „neuen, großen, schönen, abwechslungsreichen, gewagten Sujets mit neuen Formen"[2] nur dort verwirklichen zu können glaubt, sei es, weil er einen geheimnisvollen *Sior Toni*[3] wiedersehen möchte.

Verdi an Piave; Busseto, 28. April 1850
Das Sujet ist groß, immens und enthält eine Figur, die eine der größten Schöpfungen ist, deren sich das Theater aller Länder und aller Zeiten rühmen darf. Das Sujet ist *Le Roi s'amuse*, und die Figur, von der ich spreche, wäre [die des] Tribolet und wenn Varese [Varesi] engagiert ist, gibt es nichts Besseres für ihn und für uns.

P.S. Sobald Du diesen Brief erhältst, nimm die Beine unter den Arm: lauf in der ganzen Stadt herum und suche eine einflußreiche Person, die die Erlaubnis erhalten kann, *Le Roi s'amuse* zu machen. Schlaf nicht ein: beweg Dich: mach schnell.   Abbiati II, S. 60

Piave erhält daraufhin in Venedig äußerst vage mündliche Zusagen, daß die Zensur gegen das Hugo-Stück keine Einwände erheben werde. Er teilt dies Verdi mit, dem das genügt, und daraufhin im Juni 1850, als die Arbeit an *Stiffelio* in vollem Gang ist, mit ihm über die Behandlung des Stoffes, der jetzt nicht mehr als *Le Roi s'amuse*, sondern *La Maledizione di Vallier* heißt, zu diskutieren beginnt. Zu dieser Zeit sieht es so aus, als müßte das Fenice die Saison 1850–51 absagen und die engagierten Künstler aus ihren Verträgen entlassen: Ein finanzieller Zuschuß der Regierung ist nicht eingegangen. Verdi erfährt davon aus der Zeitung und verlangt am 14. Juni von Carlo Marzari, dem Präsidenten des Fenice, Auskunft über den Stand der Dinge. Der Antwortbrief Marzaris ist nicht überliefert, wahrscheinlich informiert er Verdi darüber, daß auch sein Vertrag aufgelöst ist. Ende Juli langen die ausständigen 30.000 österreichischen Lire ein, alles bleibt also beim alten. Gerade als die Dinge in Venedig wieder in Fluß geraten, gibt es Anfang August – Piave ist gerade auf Arbeitsbesuch bei Verdi in Busseto – aus Venedig erste Hinweise auf Probleme mit der Zensur. Verdi schickt Piave umgehend mit einem Schreiben an Marzari nach Venedig zurück: Wenn *Le Roi s'amuse* wegen der Zensur nicht gemacht werden könne und kein besserer Sopran als die Sanchioli[4] gefunden würde, müsse er seinen Vertrag auflösen.[5] Die Zeit fliegt dahin: Verdi arbeitet nicht nur am *Stiffelio*, sondern fährt im Oktober nach Bologna, wo er *Macbeth* mit Marianna Barbieri Nini, dem Bariton Gaetano Ferri[6] und dem Tenor Settimio Malvezzi[7] inszeniert. Dieselben Interpreten treten dort auch in einer enthusiastisch aufgenommenen *Luisa Miller*-Aufführung auf, bei der Verdi sechzehn Mal vor den Vorhang gerufen wird. Hundert Napoleondor trägt der Ausflug ein, Verdi büßt die Arbeitsüberlastung mit den altbekannten starken Magenschmerzen. Im Oktober liegt der Librettoentwurf der *Maledizione* vor, Ricordi bezahlt vertragsgemäß die erste Honorarhälfte von 500 österreichischen Lire an Piave. Für sich selbst hat Verdi mit Ricordi ein Honorar von 14.000 Francs und zusätzlich Rechte aus Verleih und Verkauf des Materials vereinbart.

Während Verdi und Piave im November in Triest mit der *Stiffelio*-Produktion beschäftigt sind, schrillen die Alarmglocken: Marzari verlangt nach dem Libretto, um es den Behörden zur Genehmigung vorzulegen. Es hat sich – nach achtzehn Jahren – bei den Zensurbeamten inzwischen herumgesprochen, daß Hugos Drama bei der Uraufführung

1832 in Paris nicht nur tumultuös aufgenommen, sondern nach der ersten Vorstellung per Regierungsverordnung verboten worden ist. Hugo brachte die Sache damals erfolglos vor Gericht, sein Stück wurde in Paris erst fünfzig Jahre später wieder aufgeführt. Wie zu befürchten stand, spricht die Zensur ein „absolutes Verbot der Aufführung" des Stücks aus.[8] Die Gründe? – Man könne unmöglich auf der Bühne einen König zeigen, der die Frau eines Höflings verführe, der die tugendhafte Tochter seines Hofnarren zuerst täusche und dann mehr oder minder vergewaltige, der in finsteren Spelunken Kontakt mit zwielichtigen Frauenspersonen pflege. Von „abstoßender Immoralität und obszöner Trivialität" sei das Libretto zu *La Maledizione*. Punktum. Und außerdem, das schreibt Seine Exzellenz, der (österreichische) *Signor Governatore Militare Cavalier de Gorzkowski*, in seinem Bescheid aber nicht: Victor Hugo ist ein verdächtiger Republikaner.

Verdi ist desperat: Piave sei an allem schuld, er selbst habe einen guten Teil der Oper bereits komponiert und sich eifrig bemüht, sie zum vorgesehenen Termin fertigzustellen. Es sei unmöglich, ein anderes Libretto zu finden und noch im Winter zu komponieren.[9] Man könne den *Stiffelio* spielen, der sei zwar keine neue Oper, aber wenigstens für Venedig eine Neuheit. Wenn die Zensur die Schlußszene beanstande, würde er sie neu komponieren. Marzari findet diese Idee nicht so gut, er setzt sich mit Piave zusammen, um einen Ausweg zu finden. Hinter vorgehaltener Hand läßt der Chef der Zensur verlauten, man solle doch die Handlung woandershin verlegen, eine Lösung, die seinen Beamtenverstand befriedigen würde. Piave gehorcht: In einen *Duca di Vendôme* verwandelt er die *Maledizione*. In vorauseilendem Gehorsam schafft er den Buckel des Protagonisten ab, dessen Tochter stirbt nicht mehr in einem Sack. Verdi ist empört:

> Verdi an Marzari; Busseto, 14. Dezember 1850
> Da ich Ihr geschätztes Schreiben vom 11. des Monats unverzüglich beantworten wollte, hatte ich nur sehr wenig Zeit, das neue Libretto zu prüfen: ich habe aber genug gesehen, um zu begreifen, daß es ihm, auf diese Weise herabgewürdigt, an Charakter und an Bedeutung mangelt, und daß schließlich die Höhepunkte der Szenen sehr leidenschaftslos geworden sind. Wenn es notwendig war, die Namen zu ändern, dann hätte man auch den Schauplatz ändern und [aus dem König] einen Herzog, einen Fürsten aus einem anderen Land machen müssen, zum Beispiel einen Pier Luigi Farnese oder einen anderen, oder man hätte die Handlung [in die Zeit] vor Ludwig XI., als Frankreich noch kein geeintes Königreich war, zurückverlegen und entweder einen Herzog von Burgund oder [einen Herzog] der Normandie etc. etc., jedenfalls einen absoluten Herrscher [aus ihm] machen müssen. – In der fünften Szene des 1. Aktes hat der Zorn der Höflinge auf Triboletto[10] keinen Sinn. – Der im Original so schreckliche und

erhabene Fluch des Alten wird hier lächerlich, weil der Grund, der ihn den Fluch ausstoßen läßt, keine Bedeutung mehr hat, und weil er nicht mehr der Untertan ist, der so kühn zu seinem König spricht. Welchen Zweck, welche Bedeutung hat aber das Drama ohne diesen Fluch? Der Herzog wird ein völlig unbedeutender Charakter: der Herzog muß unbedingt ein Wüstling sein; denn sonst kann man Tribolettos Furcht, daß seine Tochter ihr Versteck verläßt, nicht rechtfertigen: ohne das ist das Drama unmöglich. Wieso geht der Herzog im letzten Akt allein, ohne Aufforderung, ohne eine [amouröse] Verabredung in eine abgelegene Taverne? – Ich verstehe nicht, warum der Sack gestrichen wurde. Was liegt der Polizei am Sack? Fürchtet sie die Wirkung? Man erlaube mir zu bemerken: weshalb will man [die Polizei] mehr davon verstehen als ich? Wer ist hier der Maestro? Wer vermag zu sagen, dies wird Wirkung haben und jenes nicht? Eine Schwierigkeit dieser Art gab es mit dem *Horn*[11] im Ernani: nun, wer hat bei Ertönen jenes Horns gelacht? Wenn der Sack gestrichen wird, ist es unwahrscheinlich, daß Triboletto eine halbe Stunde zu einem Leichnam redet, bevor ein Blitz ihn als den seiner Tochter erkennen läßt. – Schließlich bemerke ich, daß man vermieden hat, Triboletto häßlich und bucklig zu machen!! Ein Buckliger, der singt? Warum nicht?... Wird es Wirkung zeigen? Ich weiß es nicht; aber wenn ich es nicht weiß, dann – ich wiederhole es – weiß es auch der nicht, der diese Änderung vorgeschlagen hat. Ich finde es gerade wunderschön, diese äußerlich[12] verunstaltete und lächerliche, doch innerlich leidenschaftliche und liebevolle Figur auftreten zu lassen. Ich habe diese Gestalt gerade wegen all dieser Eigenschaften ausgewählt, und wenn diese originellen Züge wegfallen, dann kann ich keine Musik dazu schreiben. Wenn man mir sagt, daß meine Noten ebensogut zu diesem Drama passen können, so antworte ich, daß ich diese Begründung nicht begreife, und sage offen, daß ich meine Noten, seien sie nun schön oder häßlich, niemals aufs Geratewohl niederschreibe und daß ich mich immer bemühe, ihnen einen Charakter zu geben. Wenn man mir sagt, daß meine Noten ebensogut zu

Kurzum, aus einem ursprünglichen, gewaltigen Drama hat man etwas ganz Banales und Leidenschaftsloses gemacht. Ich bedaure zutiefst, daß die Theaterleitung auf meinen letzten Brief nicht geantwortet hat. Ich kann nur wiederholen und bitten, so vorzugehen, wie ich in diesem Brief geschrieben habe, denn als gewissenhafter Künstler kann ich dieses Libretto nicht komponieren. *Copialettere, S. 109 ff.*

Da die Zeit drängt, reisen Piave und Brenna auf Marzaris Drängen nach Busseto, um die neue Oper, wenn irgend möglich, für die Karnevalssaison, die bereits begonnen hat, noch zu retten. Man gelangt zu folgender Vereinbarung:

Busseto, 30. Dezember 1850, im Wohnhaus des Maestro Giuseppe Verdi.

Entsprechend dem mit Anordnung vom 27. Dezember vom Vorstand der Eigentümergesellschaft des Gran Teatro La Fenice in Venedig erhaltenen Auftrag fordert der endesgefertigte Sekretär des Vorstandes Herrn Maestro Verdi auf, konkret die Änderungen bekanntzugeben, die er an dem unter dem Titel *La Maledizione* vorgelegten Libretto vorzunehmen bereit ist, damit es gemäß dem Vertrag vom 23. April d.J. für die laufende Karnevals- und Fastenspielzeit 1850–51 vertont werden kann, und um solcherart die von den Behörden für die Öffentliche Ordnung vorgebrachten Einwände auszuräumen und die Aufführung zu genehmigen.

Deshalb wird im Zusammenwirken mit dem Librettisten Francesco Maria Piave folgendes vereinbart:

1. Die Handlung wird vom französischen Hof an den eines der unabhängigen Herzöge von Burgund, der Normandie oder an einen der kleinen absoluten Fürsten der italienischen Staaten, höchstwahrscheinlich an den Hof von Pier Luigi Farnese, und in die Zeit verlegt, die am schicklichsten und für den Erfolg der Szene am besten geeignet ist.

2. Die ursprünglichen Gestalten aus Victor Hugos Drama *Le Roi s'amuse* werden beibehalten, wobei jedoch die Namen der Personen entsprechend der gewählten Situation und Epoche abgeändert werden.

3. Auf die Szene, in der sich Francesco[13] entschlossen zeigt, von dem in seinem Besitz befindlichen Schlüssel Gebrauch zu machen, um ins Zimmer der entführten Bianca einzudringen, wird unter allen Umständen verzichtet.[14] Sie wird durch eine andere Szene ersetzt, die den nötigen Anstand wahrt, ohne das Interesse an dem Drama zu schmälern.

4. Zum zärtlichen Rendezvous in der Taverne von Magellona wird der König oder Herzog durch eine Täuschung derjenigen Person eingeladen, die an Tribolettos Stelle treten wird.

5. Was den Sack mit der Leiche von Tribolettos Tochter betrifft, so behält sich Maestro Verdi jene Änderungen vor, die in der Praxis für notwendig erachtet werden.

6. Da die oben angeführten Änderungen zusätzliche Zeit erfordern, erklärt Maestro Verdi, mit seiner neuen Oper nicht vor 28. Februar oder 1. März kommenden Jahres in Szene gehen zu können.

Daraufhin wird vorliegende Urkunde durch die Unterschrift der Beteiligten bestätigt.

Gez. G. Verdi – F.M. Piave
G. Brenna, Sekretär
Conati, Fenice, S. 240 f.

Diese Vorschläge finden unter allgemeinem Aufatmen die Zustimmung der Zensur. Die Figuren verwandeln sich: König François I. wird zum Herzog von Mantua. „Es war auch notwendig, den Namen Gonzaga wegzulassen und im Personenverzeichnis nur zu sagen: Der Herzog von Mantua. Das kann uns gleich sein, da ja bekannt ist, wer zu dieser Zeit regierte", teilt der erleichterte Piave mit.[15] Unter Beachtung der Silbenzahl der Namen wird Triboulet-Triboletto zu Rigoletto, Blanche-Bianca zu Gilda, Saltabadil zu Sparafucile, seine Schwester Maguelonne-Magellona zu Maddalena. Saint-Vallier wird zuerst zu Castiglione, dann zu Monterone, Cossé teilt dieses Schicksal, er wird zu Cepriano und dann zu Ceprano. Der Grund für diese Doppelumbenennungen sind in Italien existierende Familien dieses Namens, die über die Verwendung ihres Namens auf einer Opernbühne Beschwerde führen könnten. Der endgültige Name der Oper ist jetzt *Rigoletto*. Bereits zwei Tage später kann Piave seiner Begeisterung Ausdruck geben:

> Piave an Verdi, Venedig, 26. [Jänner] 1851
> Te Deum laudamus!
> Gloria in excelsis Deo!
> Halleluja, Halleluja!
> Gestern um drei Uhr nachmittags kam endlich unser *Rigoletto* gesund und unversehrt, ohne Frakturen und Amputationen in der Direktion an. Ich meine noch zu träumen. Copialettere, S. 494.

Piave hat allen Grund zum Jubeln: Die Bedingungen der Vereinbarung vom 30. Dezember durchgesetzt zu haben, ist ein diplomatisches Meisterstück gewesen. Er hat seine Leichtgläubigkeit, wenn es eine war, wieder gutgemacht. Nun ist es an der Zeit, sich um Besetzungsfragen zu kümmern. Für die Titelpartie ist Felice Varesi engagiert. Für die Gilda hat Verdi ursprünglich für Teresa De Giuli[16] optiert, er lehnt die vorgeschlagenen Clara Novello, Marietta Gazzaniga, Geltrude Bortolotti, Carlotta Gruitz, Anaide Castellan und Giulia Sanchioli, die jetzt gründlich beleidigt ist, ab, ebenso wie Sofia Cruvelli, die ihm als exzentrisch beschrieben wird[17] und die, was schwerer wiegt, 20.000 österreichische Lire verlangt, doppelt so viel wie für die Sopran-Gage im Budget des Theaters vorgesehen ist. „Ich sage Dir ganz ehrlich, daß ich diese Karikaturen der Malibran nicht liebe, die nur deren Allüren, aber nichts von ihrem Genie haben", schreibt Verdi.[18] Und im selben Brief: „Von denen, die Ihr vorschlagt, [die Jungtalente Fanny Salvini Donatelli, Augustina Boccabadati] singt die Brambilla besser und hat mehr Talent." Sie wird die Gilda der Uraufführung sein, obwohl sie nicht mehr die Jüngste ist.[19] Den Herzog wird der junge Tenor Raffaele Mirate singen, den Piave mit Moriani vergleicht[20], was als Erfüllung des Anforderungsprofils der Rolle zu werten ist.

Teresa Brambilla (Cassano d'Adda 1813 – Mailand 1895) war eine von fünf Schwestern, die alle die Sängerinnenlaufbahn ergriffen. Nach Studien am Mailänder Konservatorium debütierte sie 1831. Ihr Durchbruch erfolgte 1833 in Mailand in Bellinis *Beatrice di Tenda*. Ihre Karriere führte sie an die großen Bühnen Italiens, darunter die Mailänder Scala (1837 in einem Konzert in memoriam Maria Malibran, 1839 in *Le due illustri rivali* von Mercadante, *I corsari* von Mazzucato, *Giovanna II* von Coccia, *I due Figaro* von Speranza), sowie nach Paris (1846, Abigaille in *Nabucco*, Luisa Miller), Odessa, St. Petersburg und Barcelona (1838). Bereits 1843 wurde sie von der Accademia di S. Cecilia in Rom zum Ehrenmitglied ernannt. Sie war kein Koloratursopran, sondern ein virtuoser lyrischer Sopran mit Koloratur und versuchte sich auch an dramatischeren Rollen. Zeitgenössische Kritiker rühmten ihre Gesangstechnik und Musikalität. Nach Ende ihrer Karriere war sie als Pädagogin in Mailand tätig. Sie ist nicht zu verwechseln mit ihrer Nichte Teresina Brambilla (1845–1921), die ebenfalls eine berühmte Sopranistin war. Sie war mit dem Komponisten Amilcare Ponchielli verheiratet.

Der Tenor **Raffaele Mirate** (Neapel 1815 – Sorrent 1885) wurde von dem Kastraten Girolamo Crescentini ausgebildet und debütierte 1837 in Neapel in Donizettis *Torquato Tasso*. Er sang zwei Spielzeiten lang in seiner Heimatstadt und ging dann 1839–40 nach Paris, wo er seine Tätigkeit auf Rossini- und Bellini-Rollen konzentrierte. Er gastierte mit Verdi-Partien (*Ernani, La battaglia di Legnano, Il trovatore, I Lombardi, Giovanna d'Arco, I due Foscari, Rigoletto* – den Herzog von Mantua sang er in seiner Karriere 193 Mal) und Donizetti-Rollen (*Maria di Rohan, La favorita, Lucia di Lammermoor*) an den großen italienischen Bühnen. Ab 1856 bereiste er Nordamerika (Boston, New York) und Südamerika (Buenos Aires, Rio, Montevideo). Seinen Aufzeichnungen ist zu entnehmen, daß er in seiner Karriere 2.628 Vorstellungen sang, davon 403 von zeitgenössischen Opern (darunter Raritäten wie *Satira* von Mercadante, 1853, und *Margherita Pusterla* von Pacini, 1856). Er beendete seine Karriere 1861, kehrte aber 1866 in Neapel noch einmal auf die Bühne zurück (für die Uraufführung von Mercadantes *Virginia*).

Die übrigen Rollen sind aus den in dieser Saison engagierten Haussängern zu besetzen:

> Marzari an Verdi; Venedig, 14. Jänner 1851
> Ich teile Ihnen im voraus mit, daß Sie frei sind, die Rolle der Maddalena für einen Alt zu schreiben, da sich Frau Casaloni bereit erklärt hat, sie zu übernehmen, auch wenn sie kein Solostück hat.
> Was die Nebenrollen anlangt, so haben Sie den Bariton Damini zur Verfügung, der als Ersatz für Varesi engagiert ist und in dieser Eigenschaft in diesem Theater auch letztes Jahr gesungen hat und einen solchen Erfolg hatte, daß er an mehreren Abenden als Ersatz für den ersten Bariton gerne gehört wurde. Falls Sie ihn in Ihrer Oper beschäftigen wollen, würde die Aufgabe, für ihn Ersatz zu sein, dem anderen Bariton, Herrn De-Kunert zufallen. Weiters zählen zu den an diesem Theater engagierten Sängern, die sich der Zustimmung des Publikums erfreuen, der zweite Baß Andrea Bellini, der auch Baritonrollen singt, sowie der zweite Tenor Zuliani Angelo. Und die *seconda donna* Luigia Morselli, die eine starke Stimme hat, aber ein Mezzosopran ist. Dazu kommt noch der erste *basso profondo*, Herr Feliciano Ponz, der eine robuste Stimme hat und ein überzeugender Künstler ist.   Copialettere, S. 491

Wegen der Besetzung der Maddalena, immerhin nur ein *contralto comprimario*, wendet sich Brenna um Rat an Varesi.

Varesi an Brenna, 15. Oktober 1850

Du fragst mich um meine Meinung über die Casaloni und ich sage sie Dir mit aller Klarheit und wie dies einem Freund, wie Du mir einer bist, gegenüber gebührt, aber unter der Bedingung, daß Du mich nicht zum Urheber dessen machst, was ich Dir sagen werde. Die Casaloni ist ein schönes Stück Fleisch mit herkulischen Formen; sie hat eine robuste, aber gutturale und für Modulationen wenig geeignete Stimme. Aus ihr könnte vielleicht etwas werden, sie müßte aber vieles von Grund auf studieren, um ihre Gesangsmethode zu verfeinern, und ihr ganzes Auftreten, das noch nichts Künstlerisches hat. [...] Diese Dame hat in Mailand aus guten Gründen viele Gönner, und das ist der Grund, weshalb sie sich durch Intrigen größer macht als sie es verdient.   Conati, Rigoletto, S. 28.

Geheimnistuerische Theaterintrigen? Mißgunst? Wahrheit? – **Annetta Casaloni** (Mondovì 1826 – Turin 1915) war Verdi in einer Aufführung der *Luisa Miller* (als Federica) in Mailand aufgefallen und bekam wegen ihres vorteilhaften Äußeren die Partie der Maddalena übertragen. Sie hatte 1849 in London mit großem Erfolg den Pierotto in Donizettis *Linda di Chamounix* an der Seite von Henriette Sontag gesungen, und machte in der Folge Karriere an den großen italienischen und europäischen Opernhäusern, sowie in Nord- und Südamerika. Ihre Beliebtheit in Montevideo war so groß, daß man ihr ein Denkmal errichtete. Ihre berühmteste Partie war die Azucena im *Trovatore*, ein untrügliches Zeichen für eine dramatische Mezzosopranstimme mit guter Höhe. Nach Ende ihrer Karriere war sie in Rom und Turin als gesuchte Gesangslehrerin tätig.

Paolo Damini wird den in der Besetzungsliste als *basso comprimario*, also als Nebenrollensänger ausgewiesenen Sparafucile singen, Feliciano Ponz den Monterone, Francesco De Kunnerth den Marullo, Angelo Zuliani den Borsa, Andrea Bellini den Ceprano und Luigia Morselli die Gräfin Ceprano. Die terminologische Zuordnung der Fachbezeichnungen Marzaris als Baß oder Bariton, derzufolge man Ponz und nicht den „Bariton" Damini als Sparafucile vermutet hätte, darf nicht verwirren. Piave warnt Verdi vor einem Bariton, der in Venedig die Partie des Wurm in der *Luisa Miller* verschandelt habe, in der *Lucia* als zweiter Tenor auftrete, eine Stimme ohne jeglich Farbe habe und auf der Bühne lächerlich wirke: „Dieser Held des Gesangs, der Herr über einen ganzen Bund von Schlüsseln[21] ist, d.h. tiefer Baß, Bariton, Tenor, Sopran und Alt, heißt de Kunnerth. – Bei Gott, er ist tüchtiger als der Hl. Petrus, der immer nur zwei Schlüssel gehabt hat! Er ist zu tüchtig!"[22] Piave tut ihm zuviel Ehre an, es handelt sich nur um den Interpreten des Marullo; er wird seiner Rolle gerecht werden.

Den ganzen Jänner verwendet Verdi zur Arbeit am *Rigoletto*. Zahlreich sind seine Änderungswünsche, die von Piave bereitwillig erledigt werden. Am 19. Februar 1851 trifft Verdi in Venedig ein. Die zwanzig Tage dauernde Probenzeit benützt er, wie üblich, auch zum Instrumentieren der Oper. Zu diesem Zeitpunkt handelt es sich nur mehr darum, die Orchestrierung, die er fix und fertig im Kopf hat, niederzuschreiben. Die Proben verlaufen ohne Zwischenfälle, über die angeblich im letzten Moment komponierte Canzone des Herzogs „La donna è mobile" gibt es eine berühmte Anekdote.

> Vor der Uraufführung des Rigoletto geschah etwas ziemlich Einzigartiges. Als man dazu kam, den vierten Akt[23] zu studieren, bemerkte der Tenor Mirate, der den Herzog von Mantua darstellen sollte, daß in seiner Partie ein Stück fehlte, das er solo singen sollte.
> - Mir fehlt ein Stück, sagte er zum Komponisten.
> - Es ist noch Zeit, ich werde es Dir [rechtzeitig] geben, antwortete ihm letzterer.
> Bei jeder neuen Probe stellte der Tenor dieselbe Frage und Verdi gab ihm dieselbe Antwort: Mirate begann schon ungeduldig zu werden, als ihm der Komponist vor der Orchesterprobe [= Generalprobe] endlich ein Blatt gab, auf welchem die berühmte Canzone: *La donna è mobile...* aufgeschrieben war.
> - Nimm das und lies es, sagte er zu ihm.
> Mirate überfliegt das Blatt, er sieht, daß die Sache leicht ist und zeigt sich zufrieden darüber.
> - Mirate, fügte Verdi hinzu, Du mußt mir Dein Ehrenwort geben, daß Du diese Kantilene nicht zu Hause singen wirst, daß Du sie nicht summen wirst, daß Du sie nicht pfeifen wirst, mit einem Wort, daß Du sie niemanden hören läßt.
> - Ich verspreche es Dir, antwortete Mirate.
> Und Verdi war es zufrieden. Pougin, S. 69 f.

So unterhaltsam sich das auch liest, so plausibel es erscheinen mag, und so oft es auch in der Literatur unüberprüft als Tatsache kolportiert wurde, es ist nur eine Anekdote: Die Canzone scheint bereits in den frühen *Rigoletto*-Skizzen auf, sie ist auch im Originallibretto abgedruckt und wird ganz normal geprobt. Richtig daran ist nur, daß Verdi Mirate ersucht, sie vor der Premiere nirgends öffentlich zu singen.

Am 11. März 1851 geht die Uraufführung über die Bühne. Sie ist ein triumphaler Erfolg ohne jegliche Vorbehalte. Bis zum Ende der Saison am 31. März wird *Rigoletto*, unter weiterhin wachsender allgemeiner Begeisterung, dreizehn Mal aufgeführt. Geradezu fassungslos steht die Kritik vor der Neuartigkeit der Oper:

> Eine Oper wie diese kann man nicht an einem Abend beurteilen. Wir wurden gestern von der Neuartigkeit überwältigt: Neuartigkeit oder vielmehr Eigentümlichkeit des Sujets; Neuartigkeit der Musik, des Stiles, der Form der Stücke, wir konnten uns deshalb kein Gesamtbild davon machen. […] Vortrefflich, bewunderswert die Instrumentationsarbeit: dieses Orchester spricht, weint, bewegt. Weniger glänzend, so schien es uns wenigstens beim ersten Anhören, der Gesangsteil. Er entfernt sich von dem bis jetzt verwendeten Stil, weil er grandiose Ensembles vermissen läßt und man ein Quartett und ein Terzett im letzten Teil kaum bemerkt, dessen musikalischen Gedanken man gar nicht richtig aufnahm.
>
> Kritik von Tommaso Locatelli.
> In: „Gazzetta privilegiata di Venezia",
> 12. März 1851

Anderswo zeigt sich krasse Inkompetenz der Kritik: Von „kapitalen Fehlern" sowie von „absolutem und andauerndem Fehlen von Einfällen" faselt 1853 die Fachzeitschrift „L'Italia musicale" anläßlich der Aufführung des *Rigoletto* in Mailand. „Wenn man die instrumentale Umrahmung wegnimmt, die fast immer schön und akkurat ist, gibt es keine einzige Kantilene, keinen einzigen Takt, den man als neu bezeichnen könnte. Alles hat man wieder und wieder gehört und ist nicht von bestem Geschmack."[24] Und auch Chorley haut wieder einmal gründlich daneben: Die Musik sei „puerile and ridicoulos, full of vulgarity and eccentricity and barren of ideas… Verdi's weakest opera".[25] Nur Igor Strawinsky trifft viele Jahre später mit pointierter Polemik den Nagel auf den Kopf: In „La donna è mobile" finde sich seiner Meinung nach „mehr musikalische Substanz und mehr wahre Erfindung als in dem rhetorischen Redeschwall der ‚Tetralogie' [Wagners *Der Ring des Nibelungen*]".

Trotz der Prügel, die dem *Rigoletto* von religiösen und politischen Institutionen immer wieder zwischen die Beine geworfen werden, macht die Oper Karriere. Der Furor talaricus der verschiedenen italienischen Zensurbehörden führt zu kuriosen Überarbeitungen und Phantasietiteln: *Viscardello* (im Kirchenstaat, im Großherzogtum Toskana, im Herzogtum Modena 1851, in Bologna 1852), *Clara di Perth* (in Neapel, 1853) oder *Lionello* (im Königreich beider Sizilien 1854, in Neapel 1858). Erst mit der Einigung Italiens wird *Rigoletto* in ganz Italien wieder einheitlich und erkennbar zu *Rigoletto*. Das schützt das Werk aber nicht vor Verstümmelungen: In der Saison 1851–52 ersetzt Mirate in Verona selbstherrlich die Cabaletta „Possente amor mi chiama" durch die Cabaletta „Non di codarde lagrime" aus *Alzira*. Und im deutschen Sprachraum läßt man, es ist noch nicht lange her, das Schlußduett Gilda-Rigoletto gerne ganz weg.[26] Anläßlich der von Verdi natürlich abgelehnten Forderung des Gatten der Sopranistin Teresa De Giuli nach einer neuen Arie für die

Gilda erfahren wir vom Komponisten Interessantes: „Was die Kavatine des ersten Aktes anlangt, so verstehe ich nicht, wo Koloraturen vorkommen. Vielleicht hat man das Tempo nicht richtig gewählt, das ein *Allegretto molto lento* sein muß. Mit einem moderaten Tempo und einer Wiedergabe *sotto voce* kann es keine Schwierigkeiten geben."[27] In der Partitur und im Klavierauszug schreibt Verdi bei „Caro nome" *Allegro moderato* (Metronom: die Viertelnote 76) vor, und zuvor *Allegro assai moderato* (Metronom: die Viertelnote 80) am Beginn der kurzen Szene „Gualtier Maldé".

Verdi ist bis jetzt mit keiner seiner Opern so zufrieden gewesen wie mit dem *Rigoletto*. Das wird sich auch nach *La traviata* und *Il trovatore* nicht ändern. Heute wissen wir, wie recht er hat, als er schreibt: „*Rigoletto* wird ein längeres Leben als *Ernani* haben. Ich weiß wohl, daß die Klugschwätzer, die Doktoren der Musik, die vor zehn Jahren allein beim Nennen des Namens *Ernani* erbost flohen, ihn besser finden werden, weil er um acht Jahre älter ist als sein Bruder, aber *Rigoletto* ist eine etwas revolutionärere Oper, daher jünger und neuer, sowohl was die Form, als was den Stil anbelangt."[28]

Rigoletto ist der vorläufige Höhepunkt in Verdis Schaffen. In keiner anderen seiner bisherigen Opern war es ihm gelungen, lyrische und dramatische Elemente derart gekonnt in der Balance zu halten. Man denke nur an das Quartett im 3. Akt, in dem vier Personen vier verschiedene emotionale Situationen gleichzeitig ausdrücken, woraus ein einheitliches Ganzes entsteht. Auf den Proben sagt Verdi zu Varesi, er würde wohl nie etwas Besseres als dieses Quartett schreiben. Er hat recht: Niemand konnte dieses Meisterstück übertreffen, nicht einmal er selbst. Er würde aber in Zukunft anders schreiben: Ab dem Wendepunkt *Rigoletto* hat jede Verdi-Oper ihre eigene charakteristische Farbe, die immer wieder angesprochene *tinta*, keine Nummer könnte gegen eine aus einer anderen Oper ausgetauscht werden. Es war der *Rigoletto*, den der 1829 als Opernkomponist verstummte Rossini zum Anlaß nahm, Verdis Genie anzuerkennen.

Wendepunkte in der Musikgeschichte sollen sich angeblich immer zu Beginn oder zu Mitte des Jahrhunderts manifestieren: Die Kunstform Oper entstand um 1600, Beethovens erste Symphonie und die Streichquartette op. 18 wurden 1800 veröffentlicht, und knapp nach dem Ende des Jahres 1850 schließt Verdi mit dem *Rigoletto* eine Epoche ab: Das *Ottocento* in der Musik ist damit vorzeitig zu Ende gegangen.[29]

Il trovatore

Nach den ersten Aufführungen des *Rigoletto* kehrt Verdi nach Busseto zurück. Dort erwarten ihn verschiedene Schwierigkeiten, beruflicher ebenso wie privater Natur. Giuseppina Strepponi lebt in seinem Haus in Busseto, dem 1848 erworbenen Palazzo Orlandi, ohne mit ihm die Ehe geschlossen zu haben, worüber sich die Bussetaner moralisch entrüsten. Verständlich: Busseto ist eine katholische Provinzkleinstadt, jeder weiß genau darüber Bescheid, was der Nachbar tut, noch dazu ein so berühmter, und tratscht und urteilt darüber. Aberwitzigerweise betrachten die Bussetaner Verdi als ihr Eigentum und seinen Erfolg als den ihren. Die Berechtigung zu dieser Haltung glauben sie aus dem seinerzeit Verdi gewährten kümmerlichen Stipendium ableiten zu können. Daran hat sich bis heute wenig geändert, vom Verdi-Souvenir-Ramsch über das Teatro Verdi (das am 15. August 1868 mit *Rigoletto* eingeweiht und gegen Verdis Willen nach ihm benannt wurde) bis hin zum Verdi-Denkmal (das diesem Theater sinnigerweise die Kehrseite zuwendet). Man ereifert sich auch über die Immoralität seiner Sujets, wie im *Stiffelio* und im *Rigoletto*. Und es wird noch schlimmer kommen: In *La traviata* habe er, so wird man glauben, Privates, ja Autobiographisches eingebaut: Peppina, deren Feinsinnigkeit, Kultur und Bildung den Bussetanern suspekt sind, wird mit der Kurtisane Violetta Valéry gleichgesetzt. Immerhin hat sie ja nicht nur uneheliche Kinder, sondern auch in dem Sündenpfuhl Paris gelebt. Und in einigen Briefen hat sie bekanntlich wie Violetta über ihre schlechte Gesundheit geklagt (trotz ihrer Hypochondrie wird sie 82 Jahre alt werden). Verdi ist wohl Alfredo Germont, Antonio Barezzi der Peppina vermeintlich übelgesinnte Vater Germont. Die Realität führt derlei Unsinn ad absurdum. Da infolge des Geredes auch zwischen Peppina und Verdis Eltern Spannungen auftreten, kauft Verdi letzteren ein kleines Anwesen in Vidalenzo, nahe Busseto: dorthin übersiedeln sie, damit Ruhe eintritt. Er selbst verläßt mit Giuseppina das tratschsüchtige Busseto und zieht mit ihr in das bestehende Haus nach Sant'Agata, wo sofort die Umbauarbeiten zur Villa beginnen. Im selben Monat, im Mai 1851, gibt es, sozusagen zum Einstand, einen Einbruchsdiebstahl in Sant'Agata.

Schon im Jänner 1851 hat sich Cammarano auf Verdis Wunsch mit *El Trovador* beschäftigt, einem Theaterstück von Antonio García Gutiérrez, das 1836 mit enormer Publikumsresonanz in Madrid uraufgeführt wurde. Der Autor ist ein spanischer Bühnenautor der Romantik, der mit *El Trovador* seinen eigenen größten Erfolg und gleichzeitig den größten

Erfolg eines spanischen Theaterstücks einfährt. Am 18. März 1851 wendet sich Verdi wegen seines Versprechens, eine neue Oper für Bologna zu komponieren, an den Impresario Lanari: „Das Libretto geht zu meinen Lasten und wird, wie ich hoffe, von Cammarano sein.“[30] Weshalb von Cammarano, fragt man sich, und nicht wieder von Piave, der sich mit dem Stoff doch schon beschäftigt hat? Offenbar kann Verdi doch gewisse Vorbehalte gegenüber Piaves Qualitäten nicht überwinden: An ihm vermißt er das große, eigenständige Talent, die Pranke des Dichters, Eigenschaften, die Cammarano ohne Zweifel besitzt. Er hält Piave für einen tüchtigen Libretto-Handwerker, der an der kurzen Leine gehalten und bei der Arbeit beaufsichtigt werden muß. Und, was nicht unwichtig ist: von Cammarano erhofft sich Verdi nach wie vor den *Lear*.

Inzwischen sind die Vertragsverhandlungen mit Lanari im Sande verlaufen: Man kann sich über das Eigentum an der Partitur nicht einigen. Doch kein Schaden, wo nicht auch ein Nutzen: Im April diskutieren der langsam arbeitende Cammarano und Verdi ausführlich über das *Trovatore*-Libretto, für Bologna wäre es ohnehin zu spät. Cammarano hat beträchtliche Einwände, geduldig geht Verdi auf ihn ein und setzt ihm seine Vorstellungen auseinander.[31]

> Verdi an Cammarano; Busseto, 9. April 1851
> Übrigens ist mein erster Verdacht, daß Euch dieses Drama nicht gefalle, vielleicht richtig. Wenn das so ist, haben wir noch genügend Zeit, etwas dagegen zu unternehmen, bevor wir etwas machen, das Euch nicht gefällt. Ich habe ein anderes Sujet bereit, es ist einfach, gewinnend und, man kann sagen, es ist beinahe fertig: wenn Ihr wollt, sende ich es Euch, und wir denken nicht mehr an den *Trovatore*.   Copialettere, S. 120 f.

Das andere Sujet, dessen Titel Verdi vorsichtigerweise nicht erwähnt, könnte *La Dame aux camélias* von Alexandre Dumas fils sein. Er ist nahe daran, auf den *Trovatore* zu verzichten, doch Cammarano bleibt bei dem Stoff. Im März hat Verdi ein Angebot des Teatro San Carlo erhalten, die neue Oper dort uraufzuführen, doch er hat es abgelehnt, weil er kein Vertrauen in die dortige Theaterleitung hat.

> Verdi an Cammarano; 9. September 1851
> Eine Anhäufung von Schicksalsschlägen, und schweren![32] haben mich bis jetzt davon abgehalten, ernsthaft an den *Trovatore* zu denken. Nun, da ich langsam wieder beginne Atem zu schöpfen, muß ich mich um meine Kunst und meine Geschäfte kümmern. Rom und Venedig haben eine Oper von mir verlangt. Rom bietet mir als Sänger die De Giuli, Fraschini und Colini an. Venedig die Frezzolini und Coletti. Die Truppe von Rom ist besser für den *Trovatore* geeignet, es fehlt aber die Darstellerin für die Azucena, für jene Azucena, auf die ich so großen Wert lege!

Ich glaube, daß der Gabussi[33] diese Partie ausgezeichnet liegen müßte, ich weiß aber nicht, ob sie in Neapel oder anderswo engagiert oder frei ist. Falls sie frei ist, könnte ich sie vielleicht in Rom engagieren lassen; wenn sie am San Carlo zusammen mit anderen erstklassigen Künstlern engagiert ist, wäre ich geneigt, die Verhandlungen wieder aufzunehmen, die ich diesen Winter abgebrochen habe, da ich durch die gönnerhafte Art, in welcher man mir den Vertrag angeboten hat, beleidigt war.

Abbiati II, S. 142

Bemerkenswert ist, daß Verdi für die Azucena durchaus an einen Sopran denkt. Dabei ist zu berücksichtigen, daß, wie bereits erwähnt, die weiblichen Stimmkategorien 1850 noch immer nur ‚Sopran' und ‚Alt' sind. Die Tessitura der Azucena liegt hoch, die vorgeschriebenen hohen Noten sind bisweilen extrem, die Kategorie, in der Verdi denkt, ist die einer dramatischen Rolle und nicht die eines Stimmfachs. Für einen *contralto*, einen Alt, wäre sie zu hoch, aber für einen *mezzo soprano*, einen halben Sopran, wäre sie wohl geeignet, es muß nur eine dramatische Sängerin sein. Verdi hat kaum echte Alt-Rollen geschrieben: die Federica in *Luisa Miller*, die Maddalena in *Rigoletto*, die Ulrica in *Un ballo in maschera*, die Quickly in *Falstaff* gehören dazu, sie alle sind als Nebenrollen einzustufen. Die großen dramatischen Mezzosopran-Rollen wie die Eboli in *Don Carlo* und die Amneris in *Aida* sind fast schon dramatische Sopranpartien und werden manchmal auch von Vertreterinnen dieser Stimmkategorie gesungen. Auch die Preziosilla in *La forza del destino* ist ein Mezzosopran, aber auch sie ist kaum mehr als eine Nebenrolle. Echte Altistinnen haben mit diesen Rollen zumeist ihre liebe Mühe. Zu diesem Thema äußert sich Verdi anläßlich der Aufführung des *Trovatore* in Venedig:

Verdi an Piave; Sant'Agata, 17. April 1853
Laß die Barbieri [Nini] schön grüßen und sag ihr, daß ich die Kavatine [Tacea la notte placida] im *Trovatore* gut finde, daß ich sie deshalb nicht austauschen kann oder darf. Das wäre Selbstmord! Wenn ich meine Meinung sagen darf, warum singt die Barbieri diese Rolle, wenn sie ihr nicht paßt? Und wenn sie ausgerechnet den *Trovatore* machen will, da gibt es eine weitere Rolle, die der Zigeunerin. Wir wollen weder über Konventionen sprechen, noch soll man sagen, daß es eine Nebenrolle ist: es ist eine erste, *die* erste Rolle, schöner, dramatischer, origineller als die andere [Frauen-]Rolle. Wenn ich eine *prima donna* wäre (das wäre eine schöne Bescherung!) würde ich im *Trovatore* immer [nur] die Rolle der Zigeunerin singen. Ansonsten macht, wie ihr glaubt.   Abbiati II, S. 241

Marianna Barbieri Nini ist ein echter Sopran mit guter Höhe, ein dramatischer Sopran, der die Lady Macbeth aus der Taufe gehoben hat. Auch wenn sie 1853 bereits Schwierigkeiten mit der extremen Höhe haben sollte, bleibt sie stimmfarbenbedingt doch ein Sopran. Verdi kann sie sich als Azucena vorstellen. Das heutige Publikum würde über eine Sopran-Azucena wohl die Nase rümpfen und unter Beibehaltung liebgewordener Hörgewohnheiten weiterhin überforderte, in der hohen Lage forcierende oder zu tief singende Mezzos bevorzugen.

Die Gabussi würde die Partie gerne singen, sie verlangt aber die Zusage für eine weitere Hauptrolle in Rom: Verdi solle ihr dies bald bestätigen, sie sei schon von Madrid angefragt worden. Kurz und bündig schreibt Verdi an Cammarano[34], „man möge der Gabussi sagen, sie soll ihre Geschäfte wo und wie es ihr am besten konveniert machen" und, als ob er nahendes Unheil ahne: „Ich erwarte Eure Briefe und Verse. Ich lege Euch dringend ans Herz, diesen *Trovatore* so schnell wie möglich fertigzustellen." Der Grund für diese Eile ist möglicherweise durch einen momentanen finanziellen Engpaß begründet. Verdi hat viel Geld ausgegeben: für das Grundstück und das Gut in Sant'Agata, für Um- und Neubauten, für landwirtschaftliche Geräte. Sein Vater Carlo hat sich wegen der ärztlichen Behandlung seiner Frau und wegen ihres Begräbnisses in Schulden gestürzt, die bezahlt werden müssen (er verkehrt mit Verdi deshalb im Moment über einen Advokaten), Camillino Strepponi, Peppinas unehelicher Sohn, der in Florenz als Lehrling bei dem Bildhauer Bartolini arbeitet, benötigt ebenfalls Geldmittel. Einladungen, neue Opern zu schreiben, gibt es genügend: der Plan, eine Oper auf ein Libretto von Solera für Madrid zu schreiben, löst sich in Luft auf, ebenso ein solcher für Venedig.

Im Dezember 1851 reisen Verdi und Giuseppina nach Paris, wo sie den Winter verbringen. Sie sind heilfroh, den Alltagsproblemen und der provinziellen Beschränktheit Bussetos zu entkommen, aber auch dort werden sie von der Engstirnigkeit der Heimat eingeholt: Antonio Barezzi wird von dem Kleinstadtgetuschel auf den Plan gerufen. Er fühlt sich zurückgesetzt, da Verdi ihm „keine Aufträge erteilt", und er macht dem Komponisten Vorhaltungen moralischer Art. Vielleicht leidet auch sein Geschäft unter dem aus der spießbürgerlichen Sicht seiner Kunden untragbaren Verhalten des früheren Schwiegersohns. In einem ungewohnt langen Brief rechtfertigt Verdi mit Direktheit seine Position.

> Verdi an Barezzi; Paris, 21. Jänner 1852
> [...] und da wir einmal bei Enthüllungen sind, fällt es mir keineswegs schwer, den Vorhang zu lüften, der die in den vier Wänden eingeschlossenen Geheimnisse verbirgt, und Ihnen von meinem häuslichen Leben zu erzählen. Ich habe nichts zu verbergen. In meinem Haus lebt eine freie, unabhängige Dame, die wie ich das Einsiedlerleben liebt, und die ein Vermögen hat, mit dem sie all ihre Bedürfnisse deckt. Weder ich noch sie sind

irgend jemand Rechenschaft über unsere Handlungen schuldig; wer aber weiß im übrigen, welche Beziehungen zwischen uns bestehen? Welche geschäftlichen Angelegenheiten? Welche Bande? Welche Rechte ich über sie habe, und sie über mich? Wer weiß, ob sie meine Gattin ist oder nicht? Und wenn es der Fall wäre, wer will wissen, welches die besonderen Beweggründe, welches die Erwägungen sind, daß wir deren Bekanntgabe verschweigen? Wer weiß, ob das gut oder schlecht ist? Weshalb könnte es nicht auch etwas Gutes sein? Selbst wenn es etwas Schlechtes wäre, wer hat das Recht, uns in Acht und Bann zu tun? Ich möchte sogar sagen, daß man ihr in meinem Haus ebensolchen oder sogar noch größeren Respekt schuldet als mir und daß es niemand gestattet ist, es unter irgendeinem Vorwand daran fehlen zu lassen; daß sie schließlich ein Anrecht darauf hat, sowohl wegen ihres Verhaltens wie auch wegen ihres Geistes und wegen der besonderen Rücksichten, an denen sie es anderen gegenüber niemals fehlen läßt.

Mit diesem langen Geschwätz habe ich nichts anderes sagen wollen, als daß ich meine Handlungsfreiheit beanspruche, denn alle Menschen haben ein Recht darauf, und meine Natur lehnt sich dagegen auf, so zu handeln wie die anderen; und daß Sie, der im Grunde so gut, so gerecht und so großherzig ist, sich nicht beeinflussen lassen und sich nicht die Anschauungen eines Ortes zu eigen machen sollten, der mich – das muß einmal gesagt werden! – einst nicht für würdig befunden hat, sein Organist zu sein, und nun zu Unrecht und falsch über die Tatsachen und meine Angelegenheiten munkelt. Das darf so nicht weitergehen; sollte es aber dennoch geschehen, dann bin ich Manns genug, meinen Entschluß zu fassen. Die Welt ist groß, und ein Verlust von zwanzig- oder dreißigtausend Francs wird mich nie und nimmer davon abhalten, anderswo eine Heimat zu finden. In diesem Brief kann nichts für Sie Beleidigendes stehen; wenn Ihnen dennoch etwas mißfallen sollte, dann will ich es nicht geschrieben haben; denn ich schwöre Ihnen bei meiner Ehre, daß ich nicht die Absicht habe, Sie auf irgendwelche Art zu kränken. Ich habe Sie stets als meinen Wohltäter angesehen und sehe Sie nach wie vor als solchen an, das ist mir eine Ehre, und ich rühme mich dessen.   Copialettere, S. 128 ff.

Barezzis Antwort ist nicht überliefert. Er scheint aber in sich gegangen zu sein, denn er akzeptiert in der Folge Giuseppina und entwickelt eine große Zuneigung zu ihr. Die Beziehungen zwischen den beiden werden sich in Zukunft ideal gestalten.

Viel haben Biographen darüber spekuliert, weshalb Verdi und Peppina erst 1859 heiraten. Ein Grund ist Verdis antiklerikale Einstellung. Der Gedanke an eine kirchliche Heirat ist ihm ein Greuel. Giuseppina berichtet, daß Verdi ihr ebenso wie anderen Menschen, die an religiöse Konstrukte wie Gott, Engel, Vorsehung, Leben nach dem Tode usw. glauben, bei Gesprächen über Religion ein verächtliches „Ihr seid verrückt!" ins Gesicht zu werfen pflegt.[35] Die gläubige Katholikin läßt sich dadurch sogar verunsichern:

> Für manche tugendhafte Naturen ist der Glaube an Gott eine Notwendigkeit. Andere, die gleichermaßen vollkommen sind und sich strikt an jedes Gebot einer hohen Moral halten, sind glücklicher, wenn sie an nichts glauben. Manzoni und Verdi! Diese beiden Männer geben mir Anlaß zum Nachdenken. Meine Unvollkommenheit und meine Ignoranz machen mich leider unfähig, ein derart kompliziertes Problem zu lösen.
>
> Aus Giuseppina Strepponis Briefen
> im Archiv von Sant'Agata. Zit. in: Osborne, S. 248

Immer wieder ist die Vermutung ausgesprochen worden, Verdi habe seiner Frau Margherita auf dem Sterbebett versprochen, nicht mehr zu heiraten. Dies soll Peppina im Gespräch auch bestätigt haben. Doch kein Dokument ist bekannt, welches dieses Versprechen auch nur andeutungsweise bestätigen würde, und kein Grund ist ersichtlich, weshalb es 1859 plötzlich keine Gültigkeit mehr hätte haben sollen.

Im Verlauf des Parisaufenthalts kommt ein Vertrag zustande. Verdi wird diesmal eine neue Oper schreiben, eine dem französischen Geschmack angepaßte Grand opéra, *Les Vêpres siciliennes*. Weder beruflich noch privat kommt er zur Ruhe. Zuerst entwickelt sich ein heftiger Streit mit Ricordi wegen der Rechte an der Übersetzung der *Luisa Miller*. Verdi ist im Unrecht: er hat das Kleingedruckte auf dem Vertrag nicht gelesen. Dann erkrankt sein Vater lebensgefährlich. Seine Genesung wird bis Mitte Mai dauern.

Mittlerweilen ist Cammarano mit dem *Trovatore* nur langsam vorangekommen. Verdi unternimmt über De Sanctis einen weiteren Versuch, die Oper in Neapel zu placieren: „In der Truppe müßten De Giuli, Mirate, Ferri" und „eine weitere [*prima*] *donna* wie die Gabussi sein, die die Azucena singen soll"[36], die Direktion sagt ihm aber ab: Verdis finanzielle Forderungen seien überzogen. Jetzt wendet er sich an Rom. Er erklärt dem Impresario Vincenzo Jacovacci seine Bereitschaft,

> eine Oper für den nächsten Karneval in Rom zu schreiben, die ungefähr am 15. Jänner 1853 in Szene gehen kann, zu folgenden Bedingungen:
> wenn ich befriedigende Nachrichten über die Penco erhalte,
> wenn Ihr mir eine weitere dramatische *prima donna* findet, die die Rolle der Zigeunerin in dem Drama, das ich die Absicht habe zu schreiben, übernimmt,
> wenn die Zensur das Libretto von Cammarano [zu] *Il Trovatore* genehmigt.
> Abbiati II, S. 167
> [Undatierter Brief, wahrscheinlich Juni 1852]

Kurz darauf erfährt Verdi aus einer „dummen Theaterzeitung"[37], daß Cammarano plötzlich verstorben ist. Das bringt nicht nur das *Trovatore*-Projekt ins Wanken, sondern bedeutet für Verdi auch einen schweren persönlichen Verlust. Wer wird jetzt das *Trovatore*-Libretto fertigstellen? De Sanctis empfiehlt ihm einen jungen Dichter und Freund Cammaranos, Leone Emanuele Bardare, Verdi akzeptiert dies.

> De Sanctis an Verdi; Neapel, 23. Oktober 1852
> Der junge Dichter ist außer sich vor Freude, für Verdi gearbeitet zu haben: seine Gefühle werdet Ihr in seinem Brief, den ich Euch beilege, ausgedrückt finden. Die Verse erscheinen mir recht gut. Ich, der ich Euer Herz und die Nöte des Dichters kenne, enthülle Euch seine Hoffnung. Er erwartet, glaube ich, eine Geldzuwendung für die Zeit, die er in diese seine Arbeit gesteckt hat, weil er für eine Weile andere Opernarbeiten vernachlässigt hat. […]
> Die Penco wird Euch unter Eurer Leitung zufriedenstellen können: sie hat einige Fehler, aber viele Vorzüge. Ich finde, daß sie schlecht daran tut, immer in den hohen Lagen zu singen. Sie ist kein perfekter Sopran. Ich möchte Euch noch sagen, daß sie sehr hübsch ist, also Vorsicht, Maestro! Ich weise Euch jedoch darauf hin, daß sie eine Furie ist! Mit Sicherheit wird sie die andere *prima donna* verprügeln… Man sagt mir, daß die Goggi eine alte Künstlerin ist, Ihr werdet sie mit dem Zauber Eurer Musik verjüngen.
> Maestro, wir alle erwarten, daß der *Trovatore* ein Meisterwerk wird. Verdi muß mit seiner Musik die letzte Arbeit Cammaranos unsterblich machen. Denkt daran, daß das letzte Stück, das er 8 Tage vor seinem Tod geschrieben hat, die Arie des Tenors war! Abbiati II, S. 172.

Daraus den Schluß zu ziehen, daß Bardare den 4. Akt geschrieben hat, wäre voreilig. Das Libretto liegt Verdis Vorstellungen entsprechend ziemlich komplett vor[38], verschiedene Änderungen, die Verdi Cammarano ursprünglich vorgeschlagen hat, werden, vielleicht aus Pietät, nicht in die Partitur übernommen, dafür wird die Partie der Leonora nachträglich aufgewertet und ergänzt. Verdi bezahlt der Witwe Cammaranos sechshundert anstelle der vereinbarten fünfhundert Dukaten und komponiert den Großteil der Oper im November 1852. Wie seine Kompositionsarbeit manchmal vor sich geht, berichtet sein französischer Verleger Léon Escudier:

> Und wenn man die Geschwindigkeit sieht, mit der Verdi – objektiv betrachtet – seine Partituren schreibt, wenn man vor allem sieht, daß es keine Streichungen in seinen Manuskripten gibt, sollte man kaum annehmen, daß er seine Partituren improvisiert. [Es ist] wie in der Natur: Die Tragezeit dauert lange, die Geburt vollzieht sich rasch. Er trägt seine Werke monatelang in seinem Herzen mit sich herum; dann, wenn die Stunde gekommen ist, bringt er sie in der kürzestmöglichen Zeit zur Welt.
> Verdi hat an einem Wirtshaustisch, nachdem er aus dem Wagen gestiegen war, das als Meisterwerk bekannte Miserere aus dem *Trovatore* niedergeschrieben. Wer könnte sagen, wie lange er diese Nummer in seinem Gehirn ausgearbeitet hat? Léon Escudier, *Mes Souvenirs*, Dentu, Paris 1863, S. 84 ff.

Präzise Beobachtungen, wie sie auch auf W. A. Mozart zutreffen: Jeder Dirigent ist erstaunt, wenn er in Mozarts Autographen kaum Streichungen oder Korrekturen vorfindet.

Das Libretto wird von der Zensur nur unwesentlich beanstandet, vorwiegend handelt es sich um religiöse Details. Da Selbstmord verboten ist, darf dem Publikum nicht gezeigt werden, wie Leonora das Gift nimmt.

Bevor Verdi nach Rom aufbricht, gibt er Jacovacci noch Instruktionen für die Besetzung:

> Verdi an Jacovacci; [Dezember] 1852
> Ich mache Euch darauf aufmerksam, daß für die Rolle des Ferrando ein etwas baritonaler Baß benötigt wird. Es muß sicherlich kein absolut erster [Bassist] sein, aber ebensowenig einer der üblichen Nebenrollensänger. Denkt rechtzeitig daran, denn ich lege großen Wert auf die Introduktion, die zur Gänze auf diesem Ferrando aufgebaut ist.
>
> Abbiati II, S. 177

Nach Weihnachten beginnen die Proben. Am 1. Jänner 1853, kaum drei Wochen vor der Uraufführung, bittet Verdi De Sanctis noch um einige kleine Librettokorrekturen, nicht ohne anzukündigen:

> Für Venedig mache ich *La Dame aux Camélias*, die vielleicht den Titel *Traviata* erhalten wird. Ein zeitgenössisches Thema. Ein anderer würde es vielleicht wegen der Sitten, wegen der Zeiten und wegen tausend anderer alberner Skrupel nicht gemacht haben… Ich mache sie mit großem Vergnügen. Alle heulten auf, als ich vorschlug, einen Buckligen auf die Bühne zu bringen. Nun: ich war glücklich, den *Rigoletto* zu schreiben.
>
> Conati, Fenice, S. 306

Das ist keine Ankündigung eines vagen Plans: Verdi hat einen Vertrag mit dem Teatro La Fenice in Venedig abgeschlossen, die Premiere der neuen Oper ist für 6. März 1853 geplant. Er arbeitet während der *Trovatore*-Proben in Rom bereits an der Komposition der *Traviata*.

Die Premiere des *Trovatore* im Teatro Apollo in Rom am 19. Jänner 1853 ist mit Rosina Penco (Leonora), Carlo Baucardé (Manrico), Emilia Goggi[39] (Azucena), Giovanni Guicciardi (Luna) und Arcangelo Barderi (Ferrando) besetzt. Der Erfolg ist überwältigend. Die Schlußszene muß komplett wiederholt werden.

Die Sopranistin **Elena Rosina Penco** (Neapel 1823 – Bagni della Porretta 1894) ist zum Zeitpunkt der *Trovatore*-Uraufführung ein fast unbeschriebenes Blatt. Sie dürfte um 1849 in Italien debütiert und hierauf erste Verpflichtungen in Dänemark und Schweden absolviert haben, 1850 sind Auftritte in Cimarosas *Il matrimonio segreto* in Dresden und

Berlin nachweisbar. In der Saison 1850–51 sang sie in Konstantinopel die Sopranpartien in *Attila*, *Lucia di Lammermoor*, *La sonnambula* und *Roberto il diavolo*. Ende 1851 war sie in Florenz engagiert und trat dort in Rossinis *Otello* und Donizettis *Maria Padilla* auf. Erst durch den enormen Erfolg im *Trovatore* wird sie in den Kreis der gefragten italienischen Sängerinnen aufgenommen. Sie wird bei etlichen Uraufführungen eingesetzt: *Editta di Lorno* von Giulio Litta Visconti Arese (1853), *Marco Visconti* von Errico Petrella (1854), *L'assedio di Firenze* von Giovanni Bottesini, jenem Komponisten und Kontrabaßvirtuosen, der 1871 in Kairo die Uraufführung der *Aida* dirigieren wird. 1855 debütiert sie mit Rossinis *Otello* in Paris, wohin sie bis 1872 für jede Saison eingeladen wird. Dort singt sie auch die französische Erstaufführung von *Un ballo in maschera* (1861). Sie tritt in Madrid (1856–57), London (Covent Garden, 1859–62, Debutrolle *La traviata*), Mailand (1872) und bis 1872–73 viele Spielzeiten lang in St. Petersburg auf. Sie ist ein dramatischer Sopran, den Verdi sehr schätzt.

Der Tenor **Carlo Baucardé** (auch: Beaucardé, Bocardé oder Boucardé) (Florenz ca. 1825 – 1883) war ein Protegé des Grafen Orlov, der seine musikalische Ausbildung finanzierte. Er studierte unter anderem bei der berühmten österreichischen Sopranistin und Mezzosopranistin Carolina Ungher (Caroline Unger) und debütierte als Bariton. 1848 wechselte er ins Tenorfach, sein Debut erfolgte als *Poliuto* in Neapel, wo er auch die Hauptrollen in Verdis *I lombardi* und *I masnadieri* übernahm. Er blieb bis 1850 in Neapel und feierte große Erfolge, u.a. in *Mosè* von Rossini und in *La favorita*. Er gastierte daraufhin in London (*Guglielmo Tell*, *Linda di Chamounix*, *I puritani*, *La tempesta* von Halévy), 1851 in Barcelona (*Attila*), Venedig (*Rigoletto*) und Wien. Als Manrico der Uraufführung wurde er auf Empfehlung Jacovaccis besetzt. Nicht mehr nachweisbar ist, ob es tatsächlich Baucardé war, der als erster 1855 in Florenz die beiden hohen C in „Di quella pira" (einmal in der Phrase „o teco almeno", dann in der Schlußphrase „all'armi") sang, oder ob es Enrico Tamberlick bei anderer Gelegenheit war. Er spezialisierte sich auf Verdi-Rollen und war enttäuscht, als ihm Verdi nicht die Titelpartie in *Aroldo* übertrug. Er sang Uraufführungen an der Mailänder Scala (*Ines de Mendoza* von Chiaramonte, 1855, und *Jone* von Petrella, 1858), 1859 ging er mit seiner Frau, der Sopranistin Augusta Albertini, für eine Saison nach New York. Er versuchte in den letzten Jahren seiner Karriere erfolglos, ins Baritonfach zurückzukehren. Nach seinem Abtreten von der Bühne war er in Florenz als Gesangslehrer tätig.

Der Bariton **Giovanni Guicciardi** (Reggio Emilia 1822 – 1883) widmete sich zuerst einem Philosophie- und Theologiestudium, bevor seine Stimme entdeckt und von dem berühmten Cesare Badiali und dem Komponisten Achille Peri ausgebildet wurde. Er debütierte 1847 in seiner Heimatstadt in *Lucrezia Borgia*, 1848 ging er nach Kopenhagen, 1850–51 trat er in Dresden, Hamburg und Berlin auf. Danach führte ihn seine Karriere an die großen Bühnen Italiens, darunter die Mailänder Scala, wo er in etlichen Uraufführungen (Opern von Buzzi, Pedrotti, Petrella, Lutti) und in Werken wie *Guglielmo Tell* und *Faust* (Valentin) auftrat, und ins Ausland. Er war ein ausgesprochener Verdi-Spezialist[40]. Seinem Repertoire zufolge muß seine Stimme über eine solide Tiefe (*Tell*, *Lucrezia Borgia*) ebenso wie über eine ausgezeichnete Höhe verfügt haben. Nach Ende seiner Bühnenkarriere 1864 eröffnete er in Reggio Emilia eine Gesangsschule.

Der *Trovatore* tritt, und das ist wörtlich zu verstehen, einen Siegeszug durch die Opernhäuser der ganzen Welt an. Keine andere Verdi-Oper, nicht einmal der *Nabucco*, hat eine derartig unmittelbare Wirkung auf die Hörerschaft, und dies trotz eines Librettos, das als kompliziert und verwirrend verschrien ist, obwohl es, wenn man die Vorgeschichte zur Kenntnis genommen hat, einfach, logisch und durchschaubar ist[41] und trotz (oder gerade wegen) des Umstandes, daß die Figuren nicht psychologisch differenzierte Charaktere mit nachvollziehbaren Motivationen und einer persönlichen Entwicklung sind, sondern als Träger elementarer Affekte so sehr von Liebe und Haß, Rache und Eifersucht dominiert werden, daß sie von diesen geradezu entpersönlicht und zu Archetypen werden. Einwände, die nach der Premiere erhoben werden, betreffen die Anzahl der Todesfälle[42] sowie die Art, wie Verdi die Stimmen behandelt: Er wird beschuldigt, die Gesangskunst zu ruinieren. Binnen weniger Monate werden in Italien Parodien auf das Werk aufgeführt, ein sicheres Zeichen für einen Publikumserfolg, Drehorgeln spielen es straßauf, straßab, in Wien sind bis hundert Jahre nach seiner Uraufführung Ausschnitte daraus im Prater als Grottenbahnmusik zu hören. Nicht nur Europa kennt den *Trovatore*:

> Verdi an Arrivabene; London, 2. Mai 1862
> In keiner Epoche wie in dieser hat es jemals soviele italienische Opernhäuser gegeben, niemals haben die Verleger jedweden Landes soviel italienische Musik gedruckt und verkauft, und es gibt auf der Welt keinen Winkel, in dem, sofern ein Theater und zwei Instrumente vorhanden sind, nicht italienische Oper gesungen wird. Wenn Du nach Indien fährst und nach Zentralafrika, wirst Du den *Trovatore* hören. Alberti, S. 17

1855 wird der *Trovatore* in Paris am Théâtre Italien in italienischer Sprache aufgeführt. Die Azucena wird von der ausgezeichneten Adelaide Borghi-Mamo (Bologna 1826 – 1901) gesungen, Manrico von Lodovico Graziani. Zwei Jahre später ersucht der Direktor der Opéra, François-Louis Crosnier, den Komponisten, den *Trovatore* für dieses Haus einzurichten. Da die Opéra alle Werke nur in französischer Sprache aufführt, muß eine Übersetzung angefertigt werden, zudem muß das obligate Ballett nachkomponiert und eingefügt werden. Dafür soll Verdi wie für eine neue Oper honoriert werden. Er sagt zu und tut mehr als das Gewünschte: Er bringt etliche Änderungen an der Partitur an, die in einer sehr interessanten historischen Gesamtaufnahme von 1912[43] zu hören sind. Die Sänger dieses *Trouvère* sind Pauline Gueymard (Léonore), ihr Gatte Louis Gueymard (Manrique), wieder die Borghi-Mamo (Azucena) und Marc Bonnehée (Luna). Weder von dem nachkomponierten Ballett noch von den Änderungen ist ein Autograph erhalten geblieben.

La traviata

Während der *Trovatore*-Proben hat Verdi intensiv an der *Traviata* gearbeitet. Ein Jahr zuvor, am 24. Jänner 1852, hat Marzari Verdi auf eine neue Oper für das Teatro La Fenice in Venedig angesprochen, drei Wochen später ist bereits von Besetzungsfragen die Rede. Felice Varesi ist engagiert, bei den *prime donne* fallen die Namen Augusta Albertini, Sofia Cruvelli, Giuseppina Medori, Marietta Gazzaniga, Marianna Barbieri Nini. Auch von Marietta Alboni ist die Rede, einer der bedeutendsten Altistinnen der Zeit (sie sang, wie erwähnt, 1848 in London die Baritonpartie des Don Carlo in *Ernani*). Da etliche der Damen bereits anderweitig engagiert sind und gegen andere Einwände bestehen, bleiben drei Namen im Gespräch, allesamt noch keineswegs berühmt oder allseits anerkannt: Carolina Alajmo, Carlotta Gruitz und Fanny Salvini Donatelli. Am 15. April entscheidet sich das zuständige Gremium des Fenice für Carolina Alajmo. Einen Tag zuvor hat Verdi an Marzari einen (bei der Sitzung noch nicht vorliegenden) Brief geschrieben, in welchem er mitteilt, daß er wenig Vertrauen in die drei genannten Sängerinnen habe, doch die Wahl ist gefallen, Umbesetzungen sind ausgeschlossen. Als Tenor wird Lodovico Graziani verpflichtet.

Am 19. April wird das Fenice informiert, daß die Alajmo „das ganze Frühjahr Ruhe verschrieben bekommen hat und sich ärztlicher Behandlung unterziehen muß, wenn sie von der schweren Krankheit genesen will, *die ihre Kehle bedroht*!!"[44] Eilends wird noch am selben Abend eine

Krisensitzung einberufen. Das Sitzungsprotokoll zeigt, daß mehrheitlich beschlossen wird, „die Auswahl der *prima donna* zu verschieben, bis eine Antwort von Maestro Verdi einlangt".[45] Zu diesem Zweck wird am 21. April der Sekretär des Fenice, Guglielmo Brenna, zu Verdi nach Busseto entsandt (dafür muß erst Brennas Paß für Auslandsreisen und sein Visum für Busseto erneuert werden). Von dort berichtet er:

> Brenna an Marzari; Busseto, 24. April 1852
> Ich schreibe aus dem Landhaus des Maestro Verdi, wo ich ungelegen kam, da sein Vater an einer schweren Darmentzündung erkrankt ist und beinahe im Sterben liegt. [...]
> Verdi hätte vorgezogen, daß die *donna* die Alaymo wäre und nicht die Salvini Donatelli. – Dessen ungeachtet lehnt er es nicht ab, für letztere zu schreiben. – Unter keinen Umständen will er etwas davon wissen, für die Alboni zu schreiben. – Er sagt, daß er seine Opern schreibt, damit sie circulieren, und daß eine für die Alboni geschriebene Oper nicht mehr als zwei oder drei Mal im Jahr verliehen würde. – Noch weniger ist er bereit, eine Männerpartie für einen Alt zu schreiben. – Er verabscheut solche Verwandlungen. – Es wäre auch nicht angebracht, die für die Alboni geschriebene Rolle für Tenor oder Bariton umzuarbeiten, weil er für einen Alt in jedem Fall nur eine Frauenrolle schreiben würde.
>
> Conati, Fenice, S. 285 f.

Am 25. April einigen sich Verdi und Brenna auf einen vierzehn Tage gültigen Kompromiß:

> Die Künstler, die sie [die neue Oper] aufführen werden, werden von Maestro Verdi aus der Truppe ausgewählt, die für die besagte Spielzeit engagiert sein wird. Man ist übereingekommen, daß ihr der Tenor Lodovico Graziani oder der Tenor Negrini und der *basso baritono* Felice Varesi angehören werden. Was die *prima donna* Fanny Salvini Donatelli betrifft, die an diesem Theater engagiert ist, behält sich Maestro Verdi das Recht vor, nach [der Aufführung] der Oper, in welcher sie in diesem [Theater] debutieren wird, zu entscheiden, ob sie in der Oper, die er jetzt zu komponieren akzeptiert, auftreten wird oder nicht. Wenn er sie für den Zweck als nicht geeignet befindet, wird er dies bis spätestens 15. Jänner 1853 bekanntgeben, und die Impresa muß an ihrer Stelle für die Fastenzeit 1853 eine Künstlerin engagieren, die die Zustimmung des Maestro findet [...].
>
> Abbiati II, S. 214

Zwei Dinge verdienen hervorgehoben zu werden: Erstens, es ist bis zu diesem Zeitpunkt von keinem Stoff, von keiner Figur die Rede. Zweitens, die Premiere der neuen Oper ist für Mitte März 1853 vorgesehen. Wie die Impresa dann in einem etwaigen Notfall binnen weniger Tage oder Wochen eine akzeptable *prima donna* aus dem Hut zaubern soll, wenn das schon ein Jahr vorher beinahe unüberwindliche Schwierigkeiten bereitet, bleibt ungesagt.

Der zitierte Passus wird in die *Scrittura teatrale*, den Vertrag zwischen dem Fenice und Verdi übernommen. Er trägt das Datum: „Mai 1852", kein Tag ist eingetragen. Verdi behält sich die Rechte an der Partitur vor, die Oper darf nur am Teatro La Fenice aufgeführt werden, er erhält dafür 8.000 österreichische Lire, die erste Hälfte am Tag der ersten Klavierprobe, die zweite am Tag der Generalprobe. Nachdem Verdi den Vertrag am 9. Mai 1852 unterfertigt hat, schreibt er am 24. Mai an De Sanctis, daß er „in der Fastenzeit für Venedig schreiben [wird] (wahrscheinlich auf ein Libretto von Piave)" und daß er noch nicht wisse, „wann und wo" er den *Trovatore* aufführen lassen werde.[46] Wie es aussieht, sind Besetzungsfragen für Verdi vorrangiger als Librettofragen.

Inzwischen leben die ersten Theaterintrigen auf: Varesi will – offenbar gezielte – Indiskretionen gehört haben, daß Emilia Scotta, ein junger Sopran, der in Verona mit ihm und Mirate 1851–52 in Verona aufgetreten ist (*Rigoletto* und *Maria di Rohan*) für die neue Oper am Fenice im Gespräch sei. Gaetano Donatelli, der Gatte der Salvini Donatelli, erfährt von den Gerüchten und mischt sich ebenfalls ein. Offenbar ist etwas Wahres an der Sache, denn Varesi korrespondiert mit Brenna über die Scotta. Am 20. Juli schreibt Varesi aus Sinigaglia (heute: Senigallia) an Brenna und beruhigt ihn: Er und Graziani seien soeben mit der Salvini Donatelli im *Rigoletto* aufgetreten, sie habe einen ausgezeichneten Erfolg erzielt.

Piave, der sich inzwischen auf Sujetsuche begeben hat, kann kein Resultat vorweisen. Verdi ist mit dem *Trovatore* beschäftigt, am 17. Juli ist Cammarano gestorben, er hat momentan andere Probleme; er bittet Marzari um eine Verlängerung der Abgabefrist für das Libretto um zwanzig Tage. Am 26. Juli ersucht er um eine weitere Fristerstreckung. Jetzt wird Varesi unruhig: er will wenigstens wissen, wovon die neue Oper handelt:

> Verdi an Varesi; Busseto, 5. August 1852
> Was die Oper für Venedig anlangt, so weiß ich gar nichts. Du wirst glauben, daß ich scherze, aber weder ich noch Piave haben unter tausend Sujets eines gefunden, das mir zusagt.　　　　Conati, Fenice, S. 298

Eine *Ebrea di Costantina* nach Gautier und Parfait schlägt Piave vor: Verdi wendet sich um Auskünfte darüber an Marie Escudier, der erwähnt bei der Gelegenheit *La Dame aux camélias* und sendet Verdi das Drama. Ein Monat vergeht, noch immer hat Verdi keinen Stoff, wie er am 18. September an Varesi schreibt. Ende September läuft die verlängerte Frist ab, weder Verdi, noch Piave oder das Fenice sind zu einem Ergebnis gelangt. Zu diesem Zeitpunkt fährt Piave nach Busseto: ein Hinweis darauf, daß die Sujetsuche erfolgreich war. Doch wir kennen keine Details, noch dürfte es nicht die *Dame aux camélias* sein. Erst im Oktober fällt die Entscheidung. Piave schreibt von einem Libretto für Venedig, das „bereits fix und fertig" sei. Es könnte sich um die *Juive de Constantine* nach Gautier handeln, möglicherweise sogar um *La forza del destino* nach Ángel Saavedra, wie eine gewöhnlich wohlinformierte Theaterzeitung[47] berichtet. Doch dann schlägt bei Verdi der Blitz ein: Er wird *Amore e Morte* komponieren, d.h. *La Dame aux camélias*. Am 20. Oktober geht die Nachricht nach Venedig hinaus. Ein Rohentwurf wird Marzari von Piave vorgelegt: „Um Himmels willen, sieh zu, daß Du die Genehmigung für *Amore e Morte* bekommst, ein Thema, das Verdi [unbedingt] wollte und in das er verliebt ist. Aus dem Rohentwurf könnt ihr vielleicht wenig entnehmen, ich bin aber sicher, daß das Libretto, wenn auch nicht *sehr erhaben*, so doch von *nicht alltäglicher* ... Wirkung sein wird."[48]

La Dame aux camélias wurde in Paris 1852 uraufgeführt und war eine Dramatisierung des (ersten) Romans von Alexandre Dumas fils aus dem Jahre 1848. Dumas hatte ihn wenige Monate nach dem Tod jener Marie Duplessis verfaßt, die das Vorbild für Marguerite Gautier war. Sie war eine berühmte Pariser Kurtisane, die mit Berühmtheiten wie Alfred de Musset, Franz Liszt und auch Dumas selbst liiert war und im Alter von nur dreiundzwanzig Jahren an Schwindsucht starb. Die männliche Hauptfigur des Stücks, Armand Duval (A.D., die Initialen Dumas'), ist ein Selbstportrait des Autors: Dieser hatte Marguerite unter ähnlichen Umständen kennengelernt wie Armand Marie und mit ihr im Sommer 1845 auf dem Lande bei Paris wie Armand zusammengelebt. In der Realität beendete aber nicht Dumas père das Verhältnis, sondern finanzielle Schwierigkeiten und Marguerites Untreue.

Verdi ist von dem zeitgenössischen Sujet fasziniert. Er hat einen Anfall von Rheuma und kann die Feder nicht halten, um zu schreiben: Er läßt Escudier für die „*Dame aux Camelia*" danken und erwähnt mit keinem Wort, daß er das Stück komponieren wird. Piave bleibt bis Anfang November in Sant'Agata. Er schreibt das *Traviata*-Libretto und leidet unter „den Flammen der Ungeduld und Wasser, Luft und Schlamm, also gequält von allen vier Elementen".[49]

Die Salvini Donatelli fragt wegen des Sujets in Venedig an, Varesi hat Anfang November von Brenna erfahren, wovon die Oper handelt, er klärt seinerseits Brenna über die Hintergründe auf, die diesem unbekannt sind:

Varesi an Brenna; Ascoli, 10. November 1852
Das ist ein Roman von Dumas Sohn mit dem Titel *La Dame aux Camelias*, dessen Protagonistin eine Kokotte, oder besser gesagt eine *Edelhure* unserer Zeit ist, die vor kurzem in Paris gestorben ist.
Conati, Fenice, S. 303

Im Entwurf, der Brenna vorliegt, spielt die Handlung im 17. Jahrhundert. Dieser Entwurf wird von der Zensur am 21. November anstandslos genehmigt. Jetzt protestiert Varesi, der inzwischen die Übersetzung des fünfaktigen Dramas von Dumas gelesen hat und sich eine Rolle wie den Macbeth oder den Rigoletto erhofft hat, gegen das Stück: Zuwenig abwechslungsreich, zu eintönig seien die Situationen. Ungefragt schließt er als Argument die Salvini Donatelli gleich mit ein: die Rolle sei für ihre Persönlichkeit wenig geeignet.

Auch Piave scheint von dem Stoff nicht restlos überzeugt zu sein. Er schließt aber die Arbeit ab und übergibt das Libretto am 8. Dezember der Direktion des Fenice.

In der Zwischenzeit hat Verdi den *Trovatore* abgeschlossen. Er hat die *Traviata* wohl schon recht detailliert im Kopf, Entwürfe, die im Archiv von Sant'Agata aufbewahrt werden, zeigen, welche Phrasen, welche Melodien Verdi welchen Figuren zuordnet. Trotz der beinahe gleichzeitigen Entstehung könnten die Welten der beiden Opern unterschiedlicher nicht sein.

Verdi an Luccardi; 14. Dezember 1852
Am 25. [Dezember] werde ich in Rom sein. [...] Geh zu Jacovacci, der Dir ein Pianoforte geben wird; laß es in meinem Arbeitszimmer aufstellen, damit ich sofort nach meiner Ankunft, ohne eine Minute zu verlieren, die Oper für Venedig schreiben kann.   Conati, Fenice, S. 305

Jetzt kommen ihm Zweifel wegen der Protagonistin. Er wendet sich an Ricordi, um dessen „ehrliche" Meinung über die Salvini Donatelli zu erfahren. In Erwartung der Nachrichten von der Saisoneröffnung in Venedig am 26. Dezember – es wird Pacinis *Buondelmonte* mit der *Traviata*-Besetzung Salvini, Graziani, Varesi gespielt – konzentriert sich Verdi auf die *Traviata* und das Libretto. Piave hat die Handlung in weiser Voraussicht etwaiger Zensurproteste in die erste Hälfte des 17. Jahrhunderts, in die Zeit Richelieus verlegt. Zweifel überkommen Verdi: die Oper müsse unbedingt in die Gegenwart verlegt werden. Er spricht darüber mit dem Impresario Giovanni Battista Lasina, der sich gerade in Rom aufhält, dieser unterbreitet die Idee am 6. Jänner 1853 der Direktion des Fenice. Erst am 23. Jänner antwortet Venedig: man lehnt Verdis Wunsch ab.

Der *Buondelmonte* und seine Interpreten verzeichnen einen ausgezeichneten Erfolg, die Oper wird in dieser Spielzeit zwanzig Mal aufgeführt. Aber am 16. Jänner beginnt das Unheil seinen Lauf zu nehmen: Die Uraufführung von *La prigioniera* von Carlo Bosoni, wiederum in der *Traviata*-Besetzung, ist ein Fiasko. „Die Schuld liegt nicht bei den Sängern", berichtet am 27. Jänner 1853 „Teatro Arte e Letteratura". Man muß auf eine *opera di ripiego*, auf eine Ersatzoper ausweichen: Die Wahl fällt auf *Ernani*. Die Salvini ergibt sich in ihr Schicksal, sie singt die Elvira nur ungern. Und prompt gibt es am 22. Jänner wieder ein Fiasko, diesmal wegen der schlechten stimmlichen Verfassung der Sänger. Die Zeitungen äußern sich kaustisch: „Das Fenice ist krank, es hustet", schreibt die „Gazzetta privilegiata di Venezia" am 8. Februar. Man erwartet nichts Gutes für den *Corsaro*, der am 12. Februar gespielt werden soll. Verdi bricht in der Nacht vom 22. auf den 23. Jänner von Rom auf und reist über Bologna, wo seine Durchreise in den Zeitungen gemeldet wird, nach Sant'Agata. Er ist wütend über die Nachrichten aus Venedig und diktiert (er kann wegen des Rheumas noch immer nicht schreiben) Giuseppina einen Brief an die Direktion des Fenice. Eine andere *prima donna* müsse her, und das, obwohl seine vertragliche Einspruchsfrist bereits abgelaufen ist.

Verdi an Präsident Marzari; Sant'Agata, [undatiert. Poststempel: Cremona, 30. Jänner 1853]

Die Nachrichten, die ich aus Venedig erhalte, besonders nach dem Ernani, sind so desolat, daß ich gezwungen bin Ihnen zu erklären, daß ich die Partie der Traviata sicher nicht Frau Salvini geben werde! Ich glaube, daß es in meinem Interesse und in dem des Theaters ist, sofort eine [andere] *prima donna* zu engagieren. Ich weiß, daß es schwierig ist, eine Künstlerin zu finden, die die Ansprüche des Theaters zu befriedigen imstande ist, aber die Umstände erfordern es, jeglichen Versuch zu unternehmen.

Die einzigen *donne*, die mir geeignet erschienen, sind: 1. Frau Penco, die in Rom singt; 2. Frau Boccabadati, die in Bologna im Rigoletto singt; und schließlich Frau Piccolomini, die derzeit in Pisa singt. Ich glaube, daß die Penco (*die einzige, die ich von diesen kenne*) die beste wäre. Sie hat eine schöne Figur, Seele und ist eine gute Bühnenerscheinung, alles ausgezeichnete Qualitäten für die Traviata. Lasina ist in Rom und kann sie unverzüglich engagieren. Man müßte sie verpflichten, vor der Traviata nicht zu singen.

Ich bin noch mit meinem rechten Arm krank: ich wünsche und hoffe, daß es ein vorübergehendes Übel ist. Ich werde das Direktorium darüber auf dem laufenden halten, und wenn ich unglücklicherweise meinen Verpflichtungen nicht nachkommen können sollte, werde ich die notwendigen ärztlichen Zeugnisse zu meiner Absicherung und zu der des Direktoriums schicken. Auch aus diesem Grund würde sich die *Penco* besser als die anderen eignen; denn sie könnte den Trovatore machen, falls ich nicht nach Venedig kommen könnte.

Piave ist noch nicht damit fertig, an der Traviata zu feilen; und auch bei den fertigen Stellen gibt es Längen, die das Publikum einschläfern würden, besonders am Ende, das schnell ablaufen muß, wenn man Wirkung erzielen will.   Conati, Fenice, S. 312 f.

Angesichts dieses Schreibens muß das Direktorium wohl in Panik verfallen sein: Die *prima donna* soll kurzfristig ausgetauscht werden, die Oper ist noch nicht fertig, das Libretto auch nicht, der Komponist ist krank und kommt möglicherweise nicht, die Uraufführung der neuen Oper soll durch ein anderes Werk ersetzt werden. Überstürzt fährt Piave nach Sant'Agata: Einerseits braucht ihn Verdi, andererseits setzt ihn das Direktorium ein, um die Situation zu klären und möglichst zu retten. Am 3. Februar schreibt Piave erstmals an Marzari: Er wartet in Cremona auf einen Paß, um den Po überschreiten zu können. Noch am selben Tag kann er Marzari etwas beruhigen: Verdi sei entschlossen, seine Verpflichtungen einzuhalten. Nur die Zweifel wegen der Protagonistin bleiben bestehen. Am 4. Februar läßt Verdi über Piave folgendes ausrichten:

> Piave an Marzari; Sant'Agata, 4. Februar 1853
> Er sagte: Das Direktorium ist juristisch im Recht, ich gestehe es, es ist aber künstlerisch im Unrecht, weil nicht nur die Salvini, sondern die ganze Truppe des Gran Teatro La Fenice nicht würdig ist. Ich weiß nicht, ob mir meine Indisposition gestatten wird, die Oper fertigzustellen, und in diesem Zustand der Unsicherheit ist es überflüssig, daß die Impresa andere Künstler engagiert. Es mögen [also] die Salvini und Genossen sein, aber ich erkläre, daß, wenn man die Oper gibt, ich mit keinem Erfolg rechne, sondern daß sie ein vollständiges Fiasko erleiden wird, und also werden die Interessen der Impresa (die am Ende mea culpa sagen kann), mein Ruf und eine erhebliche Investition des Eigentümers der Partitur aufs Spiel gesetzt. Amen.   Conati, Fenice, S. 315

Piave berichtet anschließend über Briefe, die Verdi aus Rom erhalten hat, in denen „die Salvini zermalmt wird" und davon die Rede ist, daß „Varesi erschöpft" und „der Gesang Grazianis *kalt, monoton*" ist. Am 5. Februar ergehen Anweisungen für die Besetzung der Nebenrollen. Verdi gibt seine Zustimmung zu der Verlegung der Handlung ins 17. Jahrhundert, gestattet aber keine Perücken. Am 8. Februar, dem Tag, an welchem der Komponist dem Vertrag entsprechend in Venedig eintreffen sollte, meldet Piave, daß es Verdi besser gehe und er an der *Traviata* arbeite. Lasina schreibt wegen der eventuell auszutauschenden Sängerinnen, jedoch wenig Konkretes, das Direktorium beginnt unruhig zu werden, vor allem, weil Verdi jetzt die Salvini akzeptiert und ein „komplettes Fiasko" prophezeit. Jetzt wird Brenna nach Sant'Agata entsandt. Über seinen Aufenthalt bei Verdi ist nichts bekannt, wahrscheinlich kündigt ihm Verdi seine Anwesenheit bei den Proben an und gibt ihm das fertiggestellte Libretto mit. Ebenso wahrscheinlich begleitet Piave Brenna auf der Rückreise nach Venedig. Am Tag ihres Eintreffens in Venedig, dem 12. Februar, geht der *Corsaro* über die Bühne. Die Qualität der Musik wird leise angezweifelt, jedoch: „Die *Salvini-Donatelli* und die *De-Gianni-Vivez* wetteiferten bei der Darstellung ihrer Figuren hinsichtlich Gefühl und Ausdruck miteinander; *Graziani* sang mit der üblichen Eleganz, wenngleich er nicht gut bei Stimme war; *Varesi* gab einer undankbaren Partie Gewicht und sang die Romanze ausgezeichnet. Allen wurde große Zustimmung zuteil."[50] Tags darauf legt Piave dem Direktorium das definitive Libretto mit allen Änderungen sowie seine Kostenabrechnung für die Reise nach Sant'Agata vor. Verdi schließt inzwischen die Kompositionsarbeiten ab, korrespondiert mit Piave und verlangt noch am 16. Februar Änderungen.

> Verdi an Piave; Sant'Agata, 16. Februar 1853
> Heute habe ich die Cabaletta des Tenors erhalten. Sie besagt nichts.
> [...]
> Heute erhalte ich aus Venedig einen anonymen Brief, in dem mir mitgeteilt wird, daß ich, wenn ich nicht die *donna* und den Baß [Varesi] austausche, ein komplettes Fiasko erleben werde. Ich weiß, ich weiß. Ich werde ihn Dir zeigen.　　　　　　　　　　Conati, Fenice, S. 323 f.

Am 21. Februar trifft Verdi in Venedig ein. Er ist bereits taub für den Theatertratsch, der in verschiedenen Publikationen beinahe wahllos kolportiert wird. Sogar Giuseppina berichtet ihm aus Sant'Agata von dem Unsinn, der verbreitet wird. Sie führt die Gerüchte darüber, wer singen oder nicht singen wird, auf eine gezielte Verwirrtaktik Brennas zurück. Verdi stellt die Instrumentation fertig und besucht die letzten Proben. Am Sonntag, dem 6. März 1853, nur eine Woche später als geplant, findet die Uraufführung der *Traviata* statt. Der erste Akt, so Tommaso Locatelli in der „Gazzetta privilegiata di Venezia" vom 7. März, „brachte den größten Triumph für den Maestro; man begann, nach ihm zu rufen, noch bevor der Vorhang hochging, wegen einer süßen Melodie der Violinen, die die Oper einleitet; dann beim Brindisi, dann beim Duett, dann, ich weiß nicht wie viele Male noch, und er allein mit der [*prima*] *donna* am Ende des [ersten] Aktes." Diese sang, so Locatelli, „die Koloraturpassagen, von denen der Maestro viele für sie geschrieben hatte, mit unglaublichem Können und Perfektion: sie riß die Zuschauer mit, die sie buchstäblich mit Applaus überhäuften". Doch im zweiten Akt „wendete sich, oh weh! das Glück. [...] Alle Stücke, die nicht von der *Salvini-Donatelli* gesungen wurden, stürzten, um es im übertragenen Sinn zu sagen, ab.

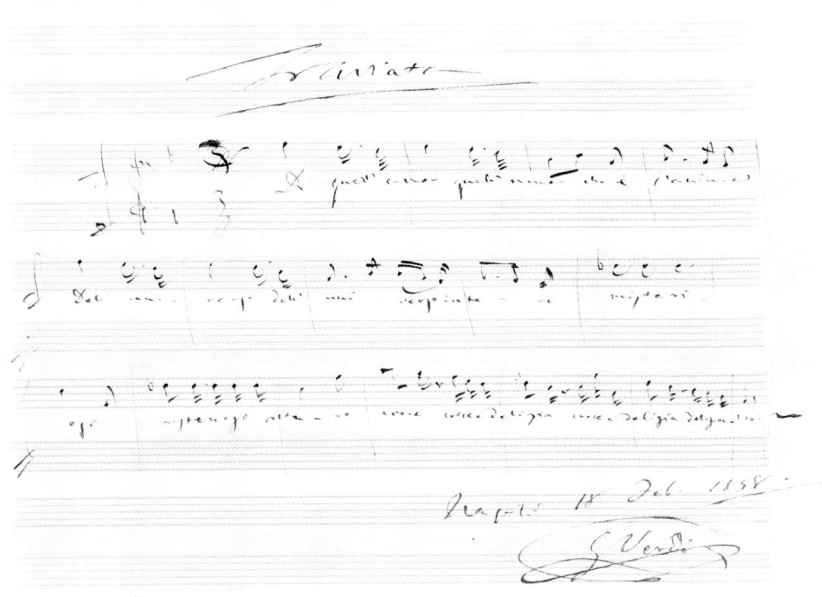

Albumblatt aus *La traviata*.[3] (siehe Seite 472)

Keiner der anderen Sänger befand sich bei gesunder oder sicherer Stimme." Die Salvini rettete also als einzige die Situation, während Graziani und Varesi Anlaß zu Mißfallensäußerungen gaben. Wie kommt Verdi dann zu den folgenden Äußerungen?

> Verdi an Muzio; Venedig, 7. März 1853
> Die *Traviata* gestern abend ein Fiasko. Habe ich Schuld oder die Sänger?... Die Zeit wird urteilen.   Copialettere, S. 533

> Verdi an Ricordi; Venedig, 7. März 1853
> Ich bedaure, Dir eine traurige Nachricht geben zu müssen, aber ich kann Dir die Wahrheit nicht verhehlen. Die *Traviata* hat ein Fiasko erlebt. Forschen wir nicht nach den Ursachen. So ist es.   Copialettere, S. 533

> Verdi an Mariani; Venedig, 7. März 1853
> Die *Traviata* hat ein Riesenfiasko erlebt, und schlimmer noch, man hat gelacht. Und dennoch, was soll es?, ich bin davon ungerührt. Habe ich unrecht, haben sie unrecht? Ich selbst glaube, daß gestern abend nicht das letzte Wort über die *Traviata* gesprochen wurde. Man wird sie wiedersehen... und dann werden wir sehen! Inzwischen, lieber Mariani, nimm das Fiasko zur Kenntnis.   Conati, Fenice, S. 327

Er schreibt diese Briefe, bevor die Kritiken erscheinen. Was in Wahrheit vorerst nur ein lauer Erfolg ist, empfindet er subjektiv als Mißerfolg. Verständlich: Die Publikumsreaktion richtet sich gegen die

Aufführung im ganzen, die Interpretation verdeckt die musikalische Substanz. Osborne definiert diese in einem treffenden Satz: „Jeder Akt hat eine strukturelle Einheit, die sich bei der Aufführung in einem solchen Ausmaß bemerkbar macht, daß man sich die Oper beinahe als viersätzige Symphonie für Stimmen vorstellen kann."[51]

Nach der dritten Vorstellung schreibt Locatelli in der „Gazzetta", daß „die Zustimmung zu der Oper gewachsen" ist; „so sehr, daß der Maestro am Mittwoch [9. März] nicht nur nach dem ersten Akt, sondern auch am Ende des zweiten und dritten [Aktes] hervorgerufen wurde. Um die Wahrheit zu sagen, die Aufführung ist nicht eine der besten; und außer der *Salvini-Donatelli*, die jeden Abend wieder mit ihrer wunderbaren Koloratur und Sicherheit dieselben Wunder vollbringt, läßt die Aufführung viel zu wünschen über."[52]

Keine Rede also von einem Mißerfolg der Oper, der durch die geringe Glaubhaftigkeit der Protagonistin verschuldet wurde, da sie für eine Lungenkranke zu dick gewesen sei. Eugenio Checchi hatte, jeglicher Realität hohnsprechend, die Salvini als „fett wie eine Mortadella aus Bologna" beschrieben, genüßlich und unbesehen haben spätere Biographen das geschmacklich dubiose Bonmot übernommen.

Die Sopranistin **Fanny Salvini Donatelli** (Florenz 1815 – Mailand 1891) wurde als Francesca Lucchi geboren. Sie begann ihre Bühnenlaufbahn als dramatische Schauspielerin und wechselte erst 1839 zum Gesang, als sie als Rosina in Rossinis *Barbiere* am Teatro Apollo in Rom debutierte. In der Saison 1842–43 sang sie am Wiener Kärntnertortheater unter Verdis Aufsicht die Abigaille im *Nabucco*. Im Jahr der *Traviata*-Uraufführung debutierte sie in Pacinis *Buondelmonte*, jener Oper, mit der sie die Fenice-Saison eröffnet hatte, an der Scala und hob im selben Jahr *Gelmina, ovvero Col fuoco non si scherza* von Carlo Pedrotti aus der Taufe. Ihre Karriere führte sie an die großen Bühnen Italiens, Frankreichs, Englands, Hollands und Spaniens, sie sang Opern von Donizetti (*Lucia di Lammermoor, Linda di Chamounix*), Bellini (*I Puritani, Beatrice di Tenda*), Verdi (*Lombardi, I due Foscari, Ernani, Il corsaro*), Mercadante usw. Sogar in einem späten Stadium ihrer Karriere sang sie noch dramatische Partien wie die Amelia (*Un ballo in maschera*, Siena 1863) und die Lady Macbeth (Genua, 1865). Berlioz schätzte ihre Stimme, die als ausdrucksstark, flexibel und lyrisch, aber auch für dramatische Rollen geeignet beschrieben wird.

Der ‚Mißerfolg' mag auf die gesanglichen und darstellerischen Leistungen des Tenors und des Baritons zurückzuführen sein. „Graziani, der Tenor, war schrecklich heiser, und es war fast unmöglich für ihn, seine

Fanny Salvini Donatelli,
die erste Violetta Valéry
in *La traviata*.

Partie zu singen", heißt es bei Blanche Roosevelt.[53] Doch sie weiß davon nur vom Hörensagen.

Der Tenor **Lodovico Graziani** (Fermo 1820 – Grottazzolina, Ascoli 1885) debutierte 1845 in Cambiaggios *Don Procopio* in Bologna. Er wurde sofort ans Teatro Valle in Rom engagiert und trat bald an den großen italienischen Häusern auf, vorwiegend in Verdi-Rollen. 1851 sang er am Pariser Théâtre Italien den Gennaro in Donizettis *Lucrezia Borgia*, 1855 debutierte er an der Mailänder Scala in Apollonis *L'ebreo*, wo er auch in *Rigoletto* und *Giovanna di Guzman* (*I vespri siciliani*) auftrat. 1856 sang er in Neapel in Donizettis *Dom Sébastien*, zwischen 1856 und 1860 gastierte er in Wien, Paris, London und Barcelona. 1862 kehrte er mit *Un ballo in maschera* an die Scala zurück. In Bologna sang er 1865 die italienische Erstaufführung von Meyerbeers *L'africana*. Er beendete seine Karriere 1880, kehrte aber 1881 in Ravenna im *Trovatore* nochmals auf die Bühne zurück.

Dem von seiner Rolle enttäuschten Varesi wäre ein gewisses Laschieren durchaus zuzutrauen. Er ist „so ungehalten über die Rolle des

Vaters Germont, daß er sich gar nicht erst die Mühe gab, zu spielen oder zu singen", ist bei Roosevelt zu lesen. Vorbehalte sind angebracht: Niemand ist auf der Bühne absichtlich schlecht. Die Wahrheit sieht etwas anders aus: Varesi ist ein dramatischer Sänger, seine Stärke ist die obere Oktave, zu diesem Zeitpunkt vielleicht nur mehr die obere Quint seiner Stimme. Mit baritonalem Imponiergehabe aber ist beim Germont kein Staat zu machen.

Varesi versucht in einem Schreiben an den Verleger Lucca sich zu rechtfertigen, dieser kommt klugerweise seiner Aufforderung, einen Artikel zu seiner Verteidigung gegen die Angriffe der „Gazzetta privilegiata di Venezia" zu schreiben, nicht nach.

> Varesi an Lucca; Venedig, 10. März 1853
> Ich beabsichtige nicht, mich zum Richter über die musikalischen Verdienste der *Traviata* aufzuspielen, gewiß aber behaupte ich, daß Verdi es nicht verstanden hat, sich der Mittel der Künstler, die zur Verfügung standen, zu bedienen. Der Salvini entsprach von ihrer ganzen Partie einzig und allein die Kavatine. Graziani gar nichts. Mir eine Arie im Adagio, und das hat das venezianische Publikum sehr aufgeregt, welches sich erwartet hatte, daß ich vorteilhaft herausgestellt würde, da Verdi doch für mich schon die kolossalen Partien des Macbeth und des Rigoletto mit großem Erfolg geschaffen hatte, und das umso mehr, als man vor der Aufführung wußte, daß der Maestro sehr mit mir zufrieden war. Hier hast Du den Ablauf des gestrigen Abends, der 3. Vorstellung. Es ist eine Wohltätigkeitsvorstellung für die Armen: der Zuschauerraum ist spärlich besetzt. Ein wenig Beifall beim Brindisi und viel bei der Kavatine der Donatelli, mit zwei Hervorrufen. Das große Duett zwischen der Salvini und mir: ein wenig Applaus beim Adagio und bei der Cabaletta. Beifall beim 2. Finale und zwei Hervorrufe für den Maestro und die Künstler. Im dritten Akt kein Applaus und ein Hervorruf, um sich vom Maestro zu verabschieden, von dem man wußte, daß er am nächsten Morgen abreisen würde.
> Conati, Fenice, S. 327 f.

Bis Saisonende wird die *Traviata* neun Mal gespielt, was ebenfalls nicht auf ein Fiasko hindeutet, sondern auf einen bescheidenen Erfolg. Auch der Vergleich ihres Einnahmendurchschnitts (1.450 Lire pro Abend) mit *Buondelmonte, Ernani* und *Corsaro* (jeweils ca. 600 – 700 Lire) weist auf einen akzeptablen Kassaerfolg (Verdis Hauptparameter für Erfolg oder Mißerfolg) hin und ist nicht unerfreulich.[54]

Mehr als ein Jahr lang wird die *Traviata* nirgends nachgespielt, weil Verdi Ricordi Anweisung gegeben hat, solange keine Aufführung zu gestatten, bis er die Produktion selbst überwachen kann. Mariani will die Oper mit der Originalbesetzung in Genua aufführen, De Sanctis tritt für eine Aufführung in Neapel ein, Verdi lehnt beides ab. Die Idee taucht auf, die Oper in Venedig mit Luigia Bendazzi zu spielen, Verdi ist von ihr nicht überzeugt. Nun ist auch von einer möglichen Aufführung in Rom die Rede.

> Verdi an Luccardi[55]; Paris, 22. Dezember 1853
> Hast Du die De Rossi im *Trovatore* gehört? Hat sie Dir gefallen oder nicht? Wer ist besser, sie oder die Penco? Warum all diese Fragen, wirst du sagen!!!... Weil es sein könnte, daß ich nach Rom komme, um die *Traviata* in Szene zu setzen. Spaß beiseite, sag mir aufrichtig, allen Ernstes, ohne Dich von Sympathie oder Freundschaft zu ihr oder von der Freude, mich in Rom zu sehen, beeinflussen zu lassen: was für eine Sängerin ist sie?
> 1. Hat sie Erfolg gehabt oder nicht; großen oder kleinen?
> 2. Gibt sie eine gute Figur auf der Bühne ab?
> 3. Singt sie gut? Ist ihr Gesang voll Leidenschaft oder Geläufigkeit?
> 4. Spielt sie gut: hat sie Gefühl, ist sie kalt? Was ist sie?
> 5. Was für eine Nummer singt sie im *Trovatore* am besten?
> Sei nur aufrichtig: sag mir die Meinung des Publikums und Deine! Schreib mir bald, damit ich eine Entscheidung treffen kann.
>
> Gatti, S. 310

Doch dann erhält er ein Angebot des Teatro San Benedetto in Venedig, dessen Impresario Antonio Gallo ihm eine ausgezeichnete Besetzung und unbegrenzte Probenzeit anbietet.

> Verdi an Piave; 16. März 1854
> Wenn man die *Traviata* macht, glaube ich, daß Du sie inszenieren solltest. Paß gut auf... man muß es sagen: am Fenice wurde sie recht schlecht aufgeführt, aber auch sehr schlecht ausgestattet. Im Gran Teatro waren bei der dritten Probe noch nicht alle Requisiten und andere Gegenstände, die gebraucht wurden, [vorhanden]!!! Im Gran Teatro!!!
>
> Conati, Fenice, S. 326

Nach einigem Zögern geht Verdi das Risiko ein. Die Protagonisten sind Maria Spezia Aldighieri (1828 – 1907), eine ausgezeichnete junge Sopranistin, an die Verdi für die Cordelia in *Re Lear* denkt, der Tenor Francesco Landi und der bewährte Filippo Coletti, der als Germont seine Stärken ausspielen kann: auf Tonschönheit abzielendes Legatosingen, kultivierte Farbschattierungen, würdige Darstellung. Für ihn verändert Verdi die Tessitura der Rolle.

> Piave an Ricordi; Venedig, 5. Mai 1854
> Ich habe schon vier große Proben der *Traviata* abgehalten, und heute abend werden wir die Generalprobe haben, mehr der Form halber als weil es nötig wäre; und ich freue mich, Dir sagen zu können, daß die Spezia für diese Oper wie geschaffen ist, und daß diese Oper für die Spezia wie geschaffen scheint, und wenn nichts dazwischenkommt und wenn die Lungen dieser ausgezeichneten jungen Sängerin durchhalten, dann wird sie unsere Oper, wie niemand anders auf der Welt sich träumen lassen könnte, aufführen. Glaub mir, denn Du weißt, daß ich ehrlich bin. [...]

> P.S.: Landi und Coletti können gar nicht genug gelobt werden, und
> ich sage Dir in Kürze, daß die ganze Oper, vom Scheitel bis zur Sohle, eine
> andere erscheint und eine viel erhabenere Angelegenheit ist als im Fenice.
>
> Abbiati II, S. 271 f.

Die Aufführung findet am 6. Mai 1854 statt. Wieder kann die
Handlung nicht in die Gegenwart verlegt werden, dennoch versteht das
Publikum, daß Verdi trotz der Kostüme aus der Zeit Ludwig XIV. eine
Oper über die bürgerliche Gegenwart geschrieben hat. Nicht nur das: Es
erkennt wie Marcel Proust, der es ausspricht, daß erst Verdi die *Dame
aux camélias* mit der *Traviata* zu einem Kunstwerk gemacht hat. Die
Oper ist jetzt ein überwältigender Erfolg.

Verdi ist in Paris mit den *Vêpres siciliennes* beschäftigt und selbst
nicht in Venedig anwesend. Die Gerüchte, er habe die Oper überarbeitet
und verbessert, weist er zurück.

> Verdi an De Sanctis; Mandres, 26. Mai 1854
> Zu dieser Stunde werdet Ihr wissen, daß die *Traviata* in Venedig wie-
> deraufgeführt wurde und daß sie gut angekommen ist! Wer hat Euch
> gesagt, daß die *Traviata* überarbeitet werden mußte? Wer hat der „Gazzetta
> musicale" in Neapel gesagt, ich hätte Änderungen vorgenommen?
> Wisset darum: Die *Traviata*, die zur Zeit im [Teatro] S. Benedetto auf-
> geführt wird, ist dieselbe, ganz genau dieselbe, die voriges Jahr im Fenice
> aufgeführt wurde, mit Ausnahme einiger Transpositionen und einiger
> Punktierungen, die ich selbst vorgenommen habe, um sie den Sängern bes-
> ser anzupassen: Diese Transpositionen und Punktierungen werden in der
> Partitur bleiben, weil ich meine, daß die Oper für die derzeitige Besetzung
> wie geschaffen ist. Im übrigen ist keine einzige Nummer geändert worden,
> keine Nummer ist hinzugefügt oder weggelassen worden, kein musikali-
> scher *Einfall* ist verändert worden. Alles, was schon für das Fenice da war,
> ist jetzt für das *S. Benedetto* da. Damals war [die Oper] ein *Fiasko*, heute
> macht sie *Furore*. Zieht Eure Schlußfolgerungen selbst!
>
> Abbiati II, S. 273

Die *Traviata* wird 1854 in Florenz (September) und Rovigo (Oktober) aufgeführt. Am 26. Dezember 1854 werden die Spielzeiten in Rom
(hier unter dem Titel *Violetta*), Bergamo, Verona und Pisa mit der Neuheit eröffnet. 1855 folgen Wien, Madrid, Malta, Lissabon, Barcelona,
Rio de Janeiro, 1856 London, Buenos Aires, Warschau, Moskau, Dublin,
New York, Paris. Der bis heute anhaltende Triumphzug des „Mißerfolgs"
hat begonnen. Eine Umfrage in Italien in den 1970er Jahren ergab, daß
La traviata die beliebteste Oper der gesamten Opernliteratur ist.

Eine ihrer herausragenden Qualitäten besteht darin, daß sie auch
mit Sängern der zweiten Garnitur ihre Wirkung nicht verfehlt. Verdi
bestätigt das, als es um die Besetzung der Desdemona geht:

Verdi an Giulio Ricordi; [Genua], 7. Februar [1886]

Man muß sie [die Bellincioni[56]] in einer ganzen Oper hören, um ihre Qualitäten und ihre Fehler zu erkennen, und ob sie durchhält... Ich könnte sie nicht nach der *Traviata* beurteilen: auch eine mittelmäßige Sängerin kann die Qualitäten haben, um in dieser Oper zu brillieren, und in allen anderen [Opern] miserabel sein.   Copialettere, S. 343

Wie Verdi sein Werk einschätzte, liest sich so:

Verdi an De Sanctis; Paris, 17. Februar 1855

Noch ein Wort über die *Traviata*. Ihr findet den 2. Akt schwächer als die anderen! Ihr habt unrecht. Der 2. Akt ist besser als der erste.

Der dritte ist der beste von allen: und so sollte es sein. Ich wünschte nur, ich selbst könnte mit zwei geeigneten Künstlern das Duett des 2. Aktes, das Euch lang vorkommt, in Szene setzen, und vielleicht würdet Ihr es von großer Wirkung finden, jedem anderer meiner Duette in der Idee gleichwertig und hinsichtlich der Form und des Gefühls überlegen!

Ich möchte Euch von jemand, der singen kann, das Andante *Di Provenza* zu Gehör bringen, um Euch begreiflich zu machen, daß es das gesanglich Beste ist, das ich je für Bariton geschrieben habe! Ich selbst möchte das ganze Finale in Szene setzen können, vor allem aber die Spielszene, dann würdet Ihr vielleicht Eure Meinung ändern!

Carteggi I, S. 30

---

1   Die Kategorisierung dieser Werke – *Rigoletto-Il trovatore-La traviata* – in den verschiedenen Sprachen und Kulturkreisen ist unterschiedlich: im Italienischen „trilogia popolare", im Deutschen „Erfolgstrias", im Englischen „romantic trilogy", im Französischen „trilogie populaire", obwohl die Werke nicht miteinander verbunden sind und keine Einheit bilden.

2   Vgl. Verdis Brief an De Sanctis vom 1. Jänner 1853. In: Carteggi I, S. 16.

3   Sior (venezianische Mundart) = Signor. Vgl. Verdis Brief an Piave vom 15. April 1851. In: Abbiati II, S. 129 f. Unter diesem Pseudonym dürfte sich eine venezianische Liebschaft Verdis verborgen haben. Der Name der nicht identifizierten Person taucht auch in späteren Briefen auf.

4   Vgl. hiezu Verdis dieser Aussage widersprechenden Brief vom 8. Mai 1850 in Kapitel V.

5   Verdi an Marzari; Busseto, 24. August 1850. In: Copialettere, S. 106 f.

6   Vgl. Kapitel V.

7   Vgl. Kapitel V.

8   Dekret der *I.R. Direzione Centrale d'Ordine Pubblico* (k.k. Zentraldirektion für öffentliche Ordnung) vom 21. November 1850. In: Copialettere, S. 487.

9   Verdi an Marzari, Busseto, 5. Dezember 1850. In: Abbiati II, S. 85.

10   Hugos Triboulet wird in diesem Stadium zu Triboletto italienisiert.

11   Mocenigo war die Idee mit dem Horn Silvas merkwürdig erschienen: „Ein Horn auf der Bühne des Fenice, das war noch nie da!" Es kam zu Auseinandersetzungen mit Verdi, das Horn blieb aber im *Ernani*.

12   Bei der Transkription aus dem Autograph hat sich ein Fehler eingeschlichen: Es heißt im Copialettere irrtümlich *estremamente* (extrem) statt *esternamente* (äußerlich).

13   König François I.

[14] In *Le Roi s'amuse* trifft die entführte Blanche im Palast auf König François I., den sie für einen Studenten gehalten hat, erkennt seine Absichten, flieht in ein angrenzendes Zimmer und schließt sich dort ein. Der König zieht ostentativ den Schlüssel zu diesem Zimmer, das königliche Schlafgemach, aus der Tasche und schließt lachend die Türe auf.

[15] Piave an Verdi, Venedig, 24. [Jänner] 1851. In: Copialettere 492 f.

[16] Vgl. Kapitel V.

[17] Wie exzentrisch diese Sängerin tatsächlich ist, wird er bei der Uraufführung von *Les Vêpres siciliennes* in Paris am eigenen Leib erfahren.

[18] Verdi an Brenna; 5. Oktober 1850. In: Conati, Rigoletto, S. 27.

[19] Sie ist gleich alt wie Varesi, der ihren Vater verkörpert, und wie Verdi und war am Mailänder Konservatorium eine Studienkollegin Giuseppinas.

[20] „Ich versichere Dir, daß Mirate in der *Lucia* ein junger Moriani ist. Eine kolossale Angelegenheit!" Piave an Verdi; Venedig, 26. Jänner 1851. In: Copialettere, S. 494.

[21] „mazzo di chiavi" – Schlüsselbund. Wortspiel, bezogen auf Violin-, Sopran-, Tenor-, Baßschlüssel usw.

[22] Piave an Verdi; Venedig, 8. Februar 1851. In: Copialettere, S. 495.

[23] Gemeint ist der Schlußakt, der 3. Akt.

[24] Abbiati II, S. 110 f.

[25] Budden I, S. 483.

[26] Dem Schlußsextett aus Mozarts *Don Giovanni* ging es bekanntlich nicht besser, nicht einmal unter dem Dirigat Gustav Mahlers.

[27] Verdi an Carlo Antonio Borsi, 8. September 1852. In: Abbiati II, S. 175 f.

[28] Verdi an Piave; Paris, ?. Oktober 1854. In: Abbiati II, S. 279 f.

[29] Zit. in: Budden I, S. 510.

[30] Copialettere, S. 117.

[31] Brief Verdis an Cammarano; Busseto, 4. April 1851. In: Abbiati II, S. 122 f.

[32] Verdis Mutter ist am 28. Juni gestorben.

[33] Rita Gabussi-De Bassini (Bologna ca. 1815 – Neapel 1891). Sopran, Gattin des Baritons Achille De Bassini. Sie debütierte 1830 als Rosina in Rossinis *Barbiere* und hatte bis 1851 eine brillante Karriere an den großen italienischen Bühnen. 1845–50 war sie in Wien engagiert. Sie sang das lyrisch-dramatische Fach: *Ernani,* Pacinis *Saffo*, Mercadantes *Medea*, Rossini-Opern.

[34] Undatierter Brief. In: Abbiati II, S. 143.

[35] Carteggi IV, S. 285.

[36] Verdi an De Sanctis; Busseto, 3. Mai 1852. In: Carteggi I, S. 6.

[37] Brief an De Sanctis; 5. August 1852.

[38] Es wird im Archiv in Sant'Agata aufbewahrt und hätte ohne wesentliche Ergänzungen auch in dieser Form komponiert werden können.

[39] Die Karriere der Sopranistin EMILIA GOGGI (? 1805 – ?) ist kaum dokumentiert. Sie dürfte ihre Karriere auf Italien konzentriert haben, nachweisbar sind Auftritte in Pisa zwischen 1829 und 1856, in Opern wie *Rossinis La gazza ladra*, Federico Riccis *La prigione d'Edimburgo*, Donizettis *Roberto Devereux* und Gomes' *Salvator Rosa*. Sie sang in Barcelona 1844 die Abigaille (*Nabucco*) und 1845 die Elvira (*Ernani*), 1847 in Venedig die Lucrezia (*I due Foscari*). Die einzige Uraufführung, an der die Sängerin teilnahm, war die des *Trovatore*. Die Azucena sang sie hierauf noch 1853 in Florenz, 1854 in Turin und Neapel, 1856 in Pisa. Nach ihrem Repertoire muß sie ein Sopran mit dramatischem Einschlag gewesen sein.

[40] Er sang die Bariton-Hauptrollen in *Nabucco* (Turin 1857), *Ernani* (1849–57), *I due Foscari, Giovanna D'Arco* und *Attila* (1847–54), *Macbeth* (Neapel 1860), *Luisa Miller* (Genua, Madrid, Triest), *Rigoletto* (vom Rollendebut in Turin 1857 bis Oporto 1869), *Il trovatore* (Madrid 1854, Venedig und Ravenna 1856, Neapel 1859, Turin 1861, Brescia 1863), *La traviata* (1855–59), *I vespri siciliani* (in zahlreichen Produktionen von 1856–65), *Simon Boccanegra* (Florenz 1857, Lissabon 1861), *Aroldo* (Modena 1867), *Un ballo in maschera* (1860–64) und *La forza del destino* (den Melitone, Madrid 1864).

[41] Ähnlich wie beim *Trovatore* ist es auch bei Puccinis *Tosca* unerläßlich, die Vorgeschichte und die historischen Hintergründe der Handlung zu kennen, um der Oper folgen zu können.

[42] „Man sagt, daß diese Oper zu traurig sei und daß zu viele Todesfälle darin vorkämen. Aber schließlich ist im Leben alles Tod! Was hat schon bestand?..." Verdi an Clarina Maffei; Sant'Agata, 29. Jänner 1853. In: Copialettere, S. 532.

[43] *Le Trouvère*: Morlet (Léonore), Lapeyrette (Azucena), Fontaine (Manrique), Noté (Luna), Marvini (Fernand); Chor und Orchester der Opéra-Comique, Dir. Ruhlmann, Pathé-Studio, Paris 1912.

[44] Brief von G.B. Lasina an das Teatro La Fenice; Venedig, 19. April 1852. In: Conati, Fenice, S. 280.

[45] Conati, Fenice, S. 280 ff.

[46] Luzio I, S. 7.

[47] „Teatri Arte e Letteratura", XXX. Jahrgang, Band 58, 14. Oktober 1852, S. 55: „Die beiden neuen Opern, die der berühmte Verdi schreibt, sind: *Il Trovatore* für das Theater in Rom, und *La Forza del Destino* für das Gran Teatro La Fenice." Verdi selbst erwähnt den Stoff in einem Brief an De Sanctis vom 23. Oktober 1852. Luzio I., S. 13. Zit. in: Conati, Fenice, S. 331.

[48] Piave an Brenna; Sant'Agata, 29. Oktober 1852. In: Conati, Fenice, S. 302.

[49] Piave an Brenna, a.a.O.

[50] „Teatri Arti e Letteratura", 24. Februar 1853, S. 223. Zit. in: Conati, Fenice, S. 321.

[51] Osborne, S. 272.

[52] Conati, Fenice, S. 325 f.

[53] B. ROOSEVELT, *Verdi: Milan and „Othello"*, Ward and Downey, London 1887. S. 54 f.

[54] Zit. in: Conati, Fenice, S. 326.

[55] Vincenzo Luccardi (1808–1876), Bildhauer (er schuf u.a. das Metastasio-Denkmal in Wien), seit 1861 Professor an der Akademie S. Luca in Rom; langjähriger enger Freund Verdis.

[56] S. Epilog.

Intermezzo: Der Verdi-Bariton

Keine andere Stimmkategorie ist von Verdi, beginnend mit seinen frühen Opern, im Vergleich zu Rossini, Bellini und Donizetti so nachhaltig verändert worden wie der Bariton. Es ist deshalb allenthalben vom „Verdi-Bariton" zu hören und zu lesen, ohne daß aber klar ersichtlich würde, was es mit dieser Kategorisierung auf sich hat. Vorweg: Es ist unmöglich, den Versuch einer Definiton des Begriffs in Angriff zu nehmen, ohne die Musikgeschichte zu bemühen und Detailanalysen anzustellen, sind doch die Baritonrollen bei Verdi eine absolute Neuerung in der Geschichte der italienischen Oper und ohne Bellini und, in wesentlich stärkerem Ausmaß, ohne Donizetti nicht denkbar.

In der italienischen Oper (und nur von dieser ist hier die Rede) des 17. und 18. Jahrhunderts bis hin zu Rossini unterschied man bei den Männerstimmen generell nur zwischen Tenor und Baß.[1] In dieser Epoche besaß der Tenor zumeist baritonales Timbre und Interpretationsfarben und hatte auch die Funktionen des späteren Baritons inne: Er war der Antagonist (in politischen Angelegenheiten wie in Liebes- oder Familiensachen), oft mit den Zügen des Bösewichts, aber auch der noble Vater, Freund oder Vertraute. Bei Rossini sind bereits Mischformen anzutreffen, bei denen dieser *baritenore* Liebhaberrollen hatte: Man denke nur an Manuel García, den ersten Interpreten des Grafen Almaviva in *Il barbiere di Siviglia*, der ein solcher *baritenore* war (und keineswegs ein dünnstimmiger, timbrelos säuselnder und falsettierender Spieltenor oder *tenorino di grazia*), oder an Domenico Donzelli, Rossinis ersten Otello, auch er ein *baritenore*.[2] Auf der anderen Seite konnten auch die Bässe manchmal baritonale Züge annehmen und traten dann ebenfalls als Antagonisten oder Charakterdarsteller, aber auch als erhabene Figuren wie Könige oder Priester in Erscheinung. Als der baritonale Tenor mit dem Aussterben der Kastraten wohl oder übel deren Liebhaberrollen übernehmen mußte (in die er sich mit in Hosenrollen agierenden Altistinnen teilte, man denke nur an Romeo in Bellinis *I Capuleti e i Montecchi*, Rossinis *Tancredi* oder Maffio Orsini in Donizettis *Lucrezia Borgia*, aber auch an Adriano Colonna in Wagners *Rienzi*), ergab sich die Notwendigkeit, einen männlichen Antagonisten zu finden, der sich hinsichtlich Stimmfarben und Tessitura (das heißt: die durchschnittliche Lage einer Arie oder Partie, unabhängig von einzelnen Spitzentönen) vom Tenor und vom Baß unterschied: Es entstand der Stimmtypus des *basso cantante*, die erste Entwicklungsstufe des modernen Baritons. Die

Vertreter dieser Stimmkategorie waren in der Lage, eine höhere Tessitura als die echten Bassisten durchzuhalten, besaßen eine bessere Höhe (in manchen Fällen bis zum g') und waren koloraturgewandt. Man findet den *basso cantante* in Opern von Rossini, Bellini, Pacini, Mercadante und Donizetti.

Bei Rossini begegnen wir verschiedenen Rollen für *basso cantante*, die heute von Baritonen ausgeführt werden, wie zum Beispiel Figaro[3] in *Il barbiere di Siviglia*, Dandini in *La cenerentola* oder den Protagonisten in *Guillaume Tell*. In jedem Fall waren aber die stilwidrigen, heute vielfach üblichen eingelegten, ausgehaltenen hohen Töne[4] (zumeist ein g') bei den Arien- und Duettschlüssen weder vom Komponisten und den Interpreten noch vom Publikum erwünscht.[5]

Die von Rossini für den fachmäßig schwer einzuordnenden *basso cantante* Filippo Galli (Rom 1783 – Paris 1853) komponierten Rollen (Asdrubale in *La pietra del paragone*, Mustafà in *L'italiana in Algeri*, Selim in *Il turco in Italia*, Duca d'Ordow in *Torvaldo e Dorliska*, Fernando Villabella in *La gazza ladra*, *Maometto II*, Assur in *Semiramide*) mit ihrer wechselnden Tessitura werden heute abwechselnd von reinen Bässen, Baßbuffos oder Baßbaritonen verkörpert. Rollen wie Don Bartolo im *Barbiere* oder Don Magnifico in der *Cenerentola* eignen sich gleicherweise für Baritone und Baßbuffos.

Bei Bellini war der berühmteste Vertreter des *basso cantante*-Faches Antonio Tamburini (Faenza 1800 – Nizza 1876). Für ihn schrieb Bellini den Ernesto in *Il pirata*, den Valdeburgo in *La straniera* oder den Riccardo in *I puritani*. Donizetti schrieb für Tamburini zwischen 1824 und 1830 kleinere Partien, 1843 dann den Malatesta in *Don Pasquale*, eine typische Partie für einen *basso cantante*, die sich lagenmäßig an den von Bellini (und von Tamburinis stimmlichen Gegebenheiten) vorgegebenen Parametern orientiert.

Alle der von Bellini und die meisten der von Donizetti für den *basso cantante* komponierten Partien werden heute von Baritonen gesungen. Wie so oft bei solchen Entwicklungen spielten herausragende Sänger, denen Rollen in die Kehle geschrieben wurden, eine bedeutende Rolle. Im Falle Donizettis war es Giorgio Ronconi (Mailand 1810 – Madrid 1890), ein Sänger, der zwar als *basso cantante* definiert wurde, der aber über eine ausgezeichnete, fast tenorale Höhe verfügte und sich auch in einer hohen Tessitura wohlfühlte. Für ihn schrieb Donizetti den Cardenio in *Il furioso all'isola di San Domingo* (1833) – eine Rolle, die hinsichtlich der Tessitura dem Rigoletto vergleichbar und gut eineinhalb Mal so lang wie diese Partie, wenn auch weniger dramatisch ist. Weiters den *Torquato Tasso* (ebenfalls 1833), sowie die Baritonrollen in *Il campanello* (1836), *Pia de' Tolomei* (1837), *Maria de Rudenz* (1838), *Maria Padilla* (1841) und *Maria di Rohan* (1843). An Donizetti-Opern hatte er noch *Poliuto, Lucia di Lammermoor* und *L'elisir d'amore* (Belcore) im Repertoire. Er trat auch in Rossini- und Bellini-Opern (*La gazza ladra, Il barbiere di Siviglia; La straniera*) auf. Man kann ihn als den ersten echten Bariton der Geschichte der italienischen Oper bezeichnen.

Da sich in der Zwischenzeit der von Bellini in Opern wie *Il pirata, La sonnambula* oder *I puritani* ins Spiel gebrachte hohe romantische Tenor (der allerdings ab dem g' im *falsettone* sang und dadurch einen vagen Nachklang der Kastraten evozierte) als Stimmtypus für den Liebhaber durchgesetzt hatte (der berühmteste Vertreter dieses Faches war Giovanni Battista Rubini[6], der „Tenor mit der Träne in der Stimme"), konnte der Bariton jetzt die Antagonisten-Aufgaben des *baritenore* des 17. und 18. Jahrhunderts übernehmen.

Verdi schloß an diese Entwicklung an und übernahm mit dem neuen Stimmtypus auch gleich dessen berühmtesten Vertreter: Giorgio Ronconi, den ersten *Nabucco*, der diese Oper zum triumphalen Erfolg führte. In dieser Oper, die für Verdi den Durchbruch bedeutete, definiert der Komponist den Bariton[7] als jene Stimmlage, mit der er sich in seinen späteren Opern am meisten identifizieren und der er die größte Aufmerksamkeit schenken wird. Jene Stimmlage, die in der Epoche des Belcanto (worunter die von den Kastraten dominierte, virtuos verzierte Musik der Opern des 17. und 18. Jahrhunderts zu verstehen ist) am geringsten geachtet wurde, nämlich die des – von der mittleren Stimmlage herstammenden – baritonalen Tenors, der unter den Männerstimmen die häufigste, gleichsam vulgärste, somit realistischeste und am wenigsten stilisierte war, kam in der Romantik zu höchsten Ehren, *gerade weil* sie diese Eigenschaften besaß. Verdi verwendete bereits in seinen frühen Opern den Bariton für jene Partien, die königliche oder herrschaftliche Attribute zu verdeutlichen haben und komplexe psychologische Entwicklungen durchmachen: Neben *Nabucco* sind es Don Carlo in *Ernani*, der Doge in *I due Foscari*, Ezio in *Attila* und Macbeth, allesamt Figuren mit historischem Hintergrund, die Verdi für die neue Stimmkategorie komponiert, da er der Meinung ist, daß nur diese nicht stilisierte, realistische Stimmlage die Leidenschaften, die Konflikte, den Schmerz, die väterliche Zuneigung, die Gewalttätigkeit, die Menschlichkeit dieser Gestalten mit ihren persönlichen Dramen und Tragödien glaubhaft ausdrücken kann. Der Weichheit und Noblesse des Bariton-Timbres vertraut Verdi – selbst Besitzer einer warmen, baritonalen Sprechstimme – jene

Außenansicht der Mailänder Scala, gegen Ende des 19. Jahrhunderts.

psychologischen Details an, die er weder in der hohen, „künstlichen" Stimme des Tenors, noch in der dunklen, aber etwas einfärbigen Stimme des Basses zu finden glaubt. Von dieser Maxime wird er bis zum *Falstaff*, jener Oper, in der zwei Baritone Hauptrollen haben (Falstaff und Ford) nicht abrücken, auch wenn er bis dahin den übrigen Männerstimmen zunehmend feiner ausgearbeitete psychologische Portraits widmet.

Obzwar der Bariton allgemein als tiefe Männerstimme angesehen wird (etymologisch setzt sich das Wort aus dem altgriechischen „barýs" – tief – und „tónos" – Ton, Klang – zusammen), so ist er bei Verdi doch als mittlere Stimme zu verstehen, die stärker zum Tenor als zum Baß tendiert. Weshalb Verdi eine Stimmkategorie suchte, die sich vom *basso cantante* Bellinis und Donizettis deutlich unterschied, liegt klar auf der Hand: Die Stimmfarbenpalette und die Ausdrucksvielfalt, die er den Gestaltern dieser Rollen abverlangte, ist beim Bariton wesentlich größer als beim Baßbariton, wenn man diese erst später im deutschen Sprachraum eingeführte Entsprechung mit Vorbehalt für den *basso cantante* anwenden will.

In den Rollen des Nabucco, Francesco Foscari, Ezio (*Attila*) und Don Carlo (*Ernani*) schreibt Verdi für den Bariton immer wieder Passagen, die erregte, leidenschaftliche, gebieterische oder furchterregende Gefühlszustände ausdrücken sollen und deshalb mit entsprechender Vehemenz vorzutragen sind. Diese Passagen siedelt der eminente Stimmkenner Verdi (eine Qualifikation, die man leider nicht vielen deutschen Komponisten attestieren kann) zwischen dem d^1 und dem ges^1 oder g^1 an, in jener Lage, die sich beim Bariton optimal für diese Zwecke eignet, da sie, sofern die Stimme technisch gut geführt ist, einen besonders virilen, strahlenden, obertonreichen Klang besitzt. Zwei Beispiele sollen dies verdeutlichen: Im *Andantino* im Finale II des *Nabucco*, das der Protagonist mit den Worten „S'appressan gli istanti d'un'ira fatale" beginnt – die dynamische Anweisung *sotto voce e cupo* (halblaut und dumpf) schreibt Verdi vor, übrigens eine Spezialität Ronconis –, schwingt sich die Stimme plötzlich in die hohe Lage der Phrase „apprestan un giorno di lutto e squallor" auf, die Verdi mit *tutta forza* überschreibt. Nabucco maßt sich in dieser Szene göttliche Macht an, was der Baritonklang in der hohen Lage besonders gut vermittelt. Ganz ähnlich ist die Situation im *Attila* im Duett Attila-Ezio „Tardo per gli anni, e tremulo" (*Andante piuttosto mosso*), wenn die Gesangslinie Ezios in die hohe Lage aufsteigt und in der berühmten Phrase „Avrai tu l'universo, resti l'Italia a me" gipfelt. Es ist deutlich erkennbar, daß Verdi den Effekt ganz auf die Wirkung der Baritonstimme (und auf die pulmonal-athletische Leistung des Interpreten) in dieser Lage aufbaut.

Einschränkend ist allerdings gleich anzumerken, daß es völlig irrig wäre zu glauben, daß eine gute obere Quinte einen Bariton automatisch zu einem guten Verdi-Bariton macht. Es versteht sich von selbst, daß eine klangreiche hohe Lage zum Rüstzeug eines Verdi-Baritons gehört (nicht umsonst nennen die Franzosen einen höhenfreudigen Bariton „baryton-Verdi" – den sie vom „baryton-Martin", einem nach einem Sänger[8] benannten hohen, aber leichten, d.h. lyrischen Bariton, unterscheiden), doch ist die Höhe mit der korrekten Placierung der Stimme in der „Maske", das heißt: in den Resonanzräumen des Kopfes wie Stirn- und Nebenhöhlen, neben einem orthodoxen Übergang oder Registerwechsel (die tunlichst unhörbare Verblendung von Brust- und Kopfstimme, das heißt: jener Stimmbereiche, bei der einerseits die Brust-, andererseits die Kopfresonanzen dominieren, beim Bariton normalerweise zwischen d^1 und e^1) und der gut fokussierten, runden, unforcierten Tongebung in allen Lagen vor allem eine Sache der Gesangstechnik, mit der Stil- und Interpretationsfragen in enger Wechselwirkung stehen. Man kann sagen: Ein gesangstechnisch gut ausgebildeter, mit musikalischer und interpretatorischer Sensibilität, Intelligenz und Phantasie ausgestatteter Sänger kann alles das ausführen, was vom Komponisten hinsichtlich Dynamik, Stimmfarbe, Ausdruck, Phrasierung, Legato usw. vorgeschrieben wird, ein weniger guter Sänger kann nur das umsetzen, was ihm seine gesangstechnischen Mängel erlauben, wobei dies nicht nur ein oft frustrierendes Hörerlebnis beim Zuhörer hervorruft, sondern sich vor allem negativ auf Gestaltung und Stil auswirkt. (Dennoch kann man, vor allem bei Tenören, immer wieder sogenannte Weltkarrieren beobachten, obwohl manche dieser Sänger ab dem Übergang – beim Tenor zwischen f^1 und g^1 – nur im *mezzoforte* bis *forte* zu singen imstande sind und dadurch nicht nur den Willen der Komponisten ignorieren, sondern ganze Opernfiguren bis zur Unkenntlichkeit verunstalten.)

Man hat aufgrund der erwähnten Anforderungen an den Verdi-Bariton semplifizierend vielfach gemeint, den Verdi-Bariton dem „dramatischen" Gestaltungs- und Stimmgenre zuordnen zu können. Zutreffender ist es, ihn mit *grandioso* zu charakterisieren, einem Terminus, den Verdi selbst häufig verwendet: Wenn Ezio in dem angesprochenen Duett mit Attila die Phrase „Tardo per gli anni e tremulo" ansetzt, hat Verdi als Vorschrift *grandioso* hingeschrieben. Dasselbe gilt für Ezios Andante im zweiten Akt „Dagli immortali vertici". Gleichfalls mit *grandioso* überschrieben sind die Auftrittsarie des Miller „Sacra la scelta" in *Luisa Miller* oder Passagen im Andante con moto „Oh de^1 verd'anni miei" aus dem 3. Akt *Ernani*. Wenn Don Carlo zur Phrase „E vincitor de^1 secoli, il nome mio farò" – deren Bedeutung Verdi durch dreimalige Wiederholung hervorhebt – kommt, muß der Bariton nicht nur imstande sein, seinen Anspruch, in die Geschichte einzugehen, durch kraftvolle, strahlende Tongebung auszudrücken (der Grund, weshalb Verdi diese Phrasen in hoher Lage ansiedelt), sondern er muß zur Erreichung der gewünschten Wirkung mit rundem, unforciertem, pastosem Ton jene hoheitsvollen, feierlichen Akzente setzen, die die Situation der Figur erst glaubhaft machen. Wieder wird ersichtlich, daß Stil, Interpretation und Technik eine untrennbare Einheit sind.

Einem ganz anderen Andante-Typus begegnen wir im *Ernani* bei dem Zornesausbruch des Don Carlo „Lo vedremo, veglio audace". Der Bariton muß in sehr hoher Lage lange Phrasen *con forza* singen („Essa rugge sul tuo capo / pensa pria che tutta scenda / più feroce, più tremenda / d'una folgore su te" usw.), was manchen Sänger dazu verleitet, sich bei diesen geradezu apokalyptischen Äußerungen ausschließlich auf den Ausdruck des Zorns der Figur zu konzentrieren und dabei die beleidigte königliche Würde völlig außer acht zu lassen. Das bedeutet nichts anderes, als dem Verismo mit seinen Stilmitteln zu huldigen, man erlebt sozusagen den Fuhrmann Alfio im Gewand des spanischen Königs (später auch oft des Grafen Luna, des Dogen Simon Boccanegra oder des Äthiopierkönigs Amonasro usw.). Vielen Baritonen war und ist das unsensible, möglichst großvolumige, grobschlächtige Absingen von Noten und Text und das Darstellen der eigenen vokalen Ressourcen in Form stilwidrig bis geschmacklos eingelegter, das heißt: nicht komponierter ausgehaltener hoher Töne das Hauptanliegen ihrer Berufsausübung. Ein gutes Beispiel dafür ist (wenn man einmal von dem oft eingelegten as[1] bei „il nome mio farò" am Ende der Arie „Oh de' verd'anni miei" im 3. Akt *Ernani* absieht) das Rezitativ des Grafen Luna „Tutto è deserto" vor seiner Arie „Il balen del suo sorriso", wo mancher Bariton sich bemüßigt fühlt, in der Phrase „Leonora è mia" auf „Leono-*hooo*-ra" ein eingelegtes g[1] zu singen. Dadurch wird nicht nur die Satzbetonung (sie liegt auf „mia") unsinnig, sondern auch der musikalische Sinn der Phrase zerstört.

So weit kam es, daß ab den 1940er Jahren, als die Imitatoren des großen Titta Ruffo (Pisa 1877 – Florenz 1953) Karriere zu machen begannen, brüllende Fortissimo-Machos weithin für ideale Vertreter des Verdi-Baritonfaches gehalten wurden. Daß derartige zirzensische brachiale Vokaldarbietungen dem Bild des Verdi-Baritons mehr geschadet als genützt haben, versteht sich von selbst. Offenbar war das alte Diktum: „Mit einer lauten Stimme im Hals kann man keine feine Sachen denken" vorübergehend in Vergessenheit geraten.

Allerdings hat das Problem schon zu Verdis Lebzeiten bestanden, wie einem Brief Giuseppe Verdis an den Bariton Leone Giraldoni vom Frühjahr 1857 zu entnehmen ist: „Die Künstler, die Damen ebenso wie die Herren, sollen singen und nicht schreien! Sie sollen nur daran denken: Vortragen heißt nicht brüllen! Wenn man in meiner Musik nicht allzu viele Vokalisen findet, so darf man dies nicht zum Anlaß nehmen, um sich die Haare zu raufen, sich wie Besessene zu gebärden und zu schreien." (Genau dreihundert Jahre früher hatte sich schon Hermann Finck in seinem Traktat *Über die Kunst des Singens* (Wittenberg 1556) zu dem gleichen Problem geäußert: „Denn durch Gebrüll und Geschrei wird kein Gesang gezieret, sondern mit Geist und Verstand müssen die Stimmen vereint werden; je höher eine Stimme steigt, desto stiller und lieblicher muß der Ton gesungen werden, je tiefer er hinabsteigt, desto voller sei auch der Ton, wie bei der Orgel.")

Das zweite, wesentliche Charakteristikum des Verdi-Baritons ist seine ausgeprägte Fähigkeit zu feinsten dynamischen Schattierungen,

eine Eigenschaft, die nach dem Aufkommen des Verismo fast völlig verlorengegangen ist. Das heutige Opernpublikum hat sich nolens volens
daran gewöhnt, viele Bariton-Protagonisten Verdis (und nicht nur diese)
in einem Dynamikbereich vokal agieren zu hören, der sich fast ausschließlich zwischen *mezzoforte* und *fortissimo* bewegt. Wenn man sich
allerdings den Notentext vornimmt, wird man sofort des Umstandes ge-
wahr, daß Verdis Anweisungen *leggerissimo, dolce, morendo, dolcissimo,*
p, pp, ppp, smorzando, cantabile, sotto voce e cupo, con eleganza nicht
nur die Stellen überwiegen, die mit *a voce spiegata, con forza, tutta forza*
überschrieben sind, sondern daß sie auch dort aufscheinen, wo man oft
kopfschüttelnd dröhnende Klangentladungen hinnehmen muß. Verdi hat
diese Anweisungen für präveristische, oft noch an Donizetti geschulte
Sänger hingeschrieben, weshalb sie für heutige Sänger doppelt bedeut-
sam sind (wären sie für Sänger der 1950er Jahre gedacht gewesen, wären
sie doppelt stark ausgefallen). Tenöre haben die Möglichkeit, bei Fehlen
eines klingenden, tragfähigen, auf dem Atem produzierten *piano* und
pianissimo ins Falsett auszuweichen, was oft unbemerkt durchgeht. Bei
den tieferen Männerstimmen kommt dieser Trick kaum zum Tragen, da
das Falsett eines Baritons oder Bassisten gefistelt klingt, weshalb es nur
für komische Wirkungen[9] eingesetzt wird. Zur vokalen Ausstattung des
Verdi-Baritons gehört differenziertes *piano*-Singen, das obertonreich in
der Maske klingen muß, um ohne Timbreverlust auch in großen Auditor-
ien hörbar zu sein. Nicht umsonst hat Verdi mehrfach formuliert, daß
man Partien wie den Jago fast ganz im *mezzavoce* singen könnte.

Rezitativ und Arie des Don Carlo aus dem dritten Akt *Ernani* führen
uns zu zwei weiteren wichtigen Merkmalen des Verdi-Baritons. Das
Rezitativ „È questo il loco?... Gran Dio, costor sui sepolcrali marmi" ist
(wie auch die Rezitative des Francesco Foscari „Eccomi solo alfine", des
Ezio „Tregua è cogl'Unni", des Macbeth „Perfidi! All'Anglo contro me
v'unite!" oder des Francesco Moor „Vecchio, spiccai da te" usw.) ein
typisches Beispiel für die von Verdi dem Bariton abverlangte Fähigkeit,
Rezitative phantasievoll und abwechslungsreich zu gestalten und dem
Zuhörer eloquent zu vermitteln. Dafür erforderlich ist die Beherrschung
der gesungenen Sprache und das Verständnis von Wort und Situation.
Verdis Accompagnato-Rezitative verdienen dieselbe Aufmerksamkeit wie
Bach-, Händel-, Mozart- oder Rossini-Rezitative und fordern dabei den
Sänger ebenso wie den Dirigenten. Die Globalisierung hat dazu geführt,
daß vielfach weder Sänger noch Dirigenten Text und Inhalt der Rezita-
tive verstehen: Eine routinierte, sinnentleerte, mechanische Wiedergabe
ist die Folge. Um ein Rezitativ gründlich zu verderben, genügt es, daß der

Dirigent des Italienischen nicht mächtig ist und, dadurch unsicher, Rezitativpassagen des Sängers metronomisch ausschlägt, während das Orchester pausiert: Er nimmt dem Sänger dadurch jede Freiheit und Gestaltungsmöglichkeit, das Rezitativ wird zu einer nichtssagenden und deshalb langweilenden Gesangsübung. So gesehen ist der italienische Kapellmeister, der aus der Theaterpraxis kommt und zu Beginn seiner Karriere mit Sängern korrepetiert hat, jedem noch so glanzvollen „großen Namen" aus dem Dirigenten-Jet-set, der Oper nur nebenher dirigiert, vorzuziehen.

Die an das Rezitativ anschließende Arie des Don Carlo „Oh de' ver-d'anni miei" führt uns schließlich zum vierten Charakteristikum des Verdi-Baritons, dem *Pathos*, nicht im Sinne larmoyanter, gespreizter Feierlichkeit, sondern des leidenschaftlich bewegten Ausdrucks, der Erhabenheit. Der erste Teil der Arie ist ein *lamento*, eine schmerzlich-leidenschaftliche Reminiszenz an die verlorenen Jugend: Der nostalgische, träumerische Charakter der Melodie wird durch wiederkehrende elegante Verzierungen betont; man wird an die Arien erinnert, die Bellini und Donizetti für ihre über Liebesschmerzen klagenden Tenöre komponiert haben. Bei den Arien, die Bellini und Donizetti für ihre *bassi cantanti* geschrieben haben, wird man diese schwermütige Nostalgie kaum je vorfinden. Durch die hohe Lage, die Verdi dem Interpreten des Don Carlo abverlangt, wird auch ersichtlich, daß es seine Absicht ist, den Bariton in die Nähe der Tenorhöhe hinaufzutreiben, um sich einiger Qualitäten der verliebten protoromantischen und romantischen Tenöre zu bedienen. Diese Entwicklung wird in den Arien des Macbeth „Pietà, rispetto, amore", des Grafen Luna „Il balen del suo sorriso" aus *Il trovatore* und jenem Teil des „Eri tu" des Renato aus *Un ballo in maschera*, der mit „O dolcezze perdute, o memorie" beginnt, ihren Höhepunkt finden.

Selbstverständlich hängt auch beim frühen Verdi die Tessitura der Baritonpartien von den ihm zur Verfügung stehenden Sängern ab: Giacomo in *Giovanna d'Arco* (1845), Francesco Moor in *I masnadieri* (1847), Rolando in *La battaglia di Legnano* (1849), Stankar in *Stiffelio* (1850) haben eine geringfügig tiefere Tessitura als die „typischen" Verdi-Baritonpartien wie Rigoletto oder Graf Luna. Dies ist darauf zurückzuführen, daß Filippo Coletti, der erste Gusmano in *Alzira* und der erste Francesco Moor (*I masnadieri*), und Filippo Colini, der erste Giacomo (*Giovanna d'Arco*), Rolando (*La battaglia di Legnano*) und Stankar (*Stiffelio*), dem Typus des *basso cantante* aus der Bellini- und Donizetti-Tradition angehörten und sich in der extrem hohen Bariton-Tessitura noch nicht so recht wohlfühlten. Obwohl Colini auch die Partien des Nabucco und Macbeth übernahm, sang er in *I lombardi alla prima crociata* die Partie des Pagano, eine reine Baßrolle.

Die Baritonrollen in *Nabucco, Ernani, I due Foscari* und *Il corsaro* weisen bereits die definitiven vokalen Züge des Verdi-Baritons auf, wobei erwähnenswert ist, daß der erste Doge Francesco Foscari und der erste Seid im *Corsaro* Achille De Bassini war, ein Bariton mit tenoraler Höhe, der seine Karriere möglicherweise als Tenor begonnen hatte.[10]

Während der wahnsinnig gewordene Nabucco und der gebrochene Francesco Foscari bereits Vaterfiguren sind, deren Gefühle durch eigenartig berührende Melodien dargestellt werden, und Don Carlo sich im dritten Akt des *Ernani* vom gefühlstollen Verliebten zum großzügigen, vornehm vergebenden, weitblickenden Kaiser Karl V. wandelt, bleibt Ezio im *Attila* eine solche Metamorphose versagt. Er ist kein psychologisch vertiefter und detailliert ausgearbeiteter Charakter, und schon gar nicht eine Symbolfigur des Risorgimento, ein singendes politisches Manifest, als das ihn manche Autoren irrigerweise sehen. Er verkündet nicht die politische Idee der Einigung Italiens, sondern nur das eigene selbstbezogene völlig unheroische Intrigantentum, das ihn zum Verräter am eigenen Kaiser werden läßt. Im Sinne der zu dieser Zeit in Italien kursierenden Risorgimento-Ideen wäre zu erwarten gewesen, daß Verdi den patriotischen Rolando in *La battaglia di Legnano* zu einer politischen Figur gestaltet würde, doch wird er primär als eine von der Gattin und dem besten Freund verratene Gestalt gezeichnet. Giacomo in *Giovanna d'Arco* und Stankar im *Stiffelio* sind musikalisch und szenisch Stereotype der romantischen Oper: alte Väter, die eifersüchtig über die Ehre der Tochter wachen. Dennoch weisen sie auf die bereits in diesem frühen Stadium seiner Komponistenkarriere bestehende Vorliebe Verdis hin, Vaterfiguren dem Bariton und nicht mehr dem Baß anzuvertrauen.

An Bösewichten begegnen wir beim frühen Verdi nur drei Exemplaren: Gusmano in *Alzira* (von dieser Oper wird in der einschlägigen Literatur immer wieder kolportiert, daß Verdi über sie in späteren Jahren geäußert haben soll: „Questa è proprio brutta" – Das ist eine wirklich häßliche Oper –, doch wurde der Nachweis für diese Äußerung bis heute nicht erbracht), Seid im *Corsaro* und Francesco Moor in *I masnadieri*. Letzterer ist ein ausgesprochenes Monstrum, doch widmet ihm Verdi mit der Traumerzählung im dritten Akt eine ausgesprochen subtile tiefenpsychologische Studie und macht ihn dadurch, wenn nicht sympathisch, so doch faszinierend.

So interessant die Baritonfiguren aus dieser ersten bedeutenden Phase von Verdis Schaffen sind, so gleichsam vernachlässigt in ihrer musikalischen und vokalen Ausformung erscheinen die Tenorpartien. Mit Ausnahme des Ernani sind die Tenorfiguren keine plausibel agierenden lebendigen Gestalten, entsprechen den von Bellini und Donizetti vorgegebenen Tenorstereotypen und huldigen einer Cabaletta-Seligkeit, mit welcher sie vielfach schablonenhaft politisch-patriotische Gefühle transportieren, auf die Verdi in späteren Jahren selbst recht kritisch zurückblickte. Die großen elegischen Gefühlsentäußerungen, die besonders bei Bellini, später auch bei Donizetti den protoromantischen Tenor so in den Vordergrund gestellt hatten, fehlen bei Verdis frühen Tenören: Er hatte sie auf den Bariton übertragen und noch kein Mittel gefunden, den Tenor entsprechend aufzuwerten. Verschiedene berühmte Passagen seiner Baritongestalten kann man sich, geringfügig angepaßt, durchaus als Tenorschlager vorstellen: „Deh perdona a un padre che delira" des Nabucco (3. Akt, Duett mit Abigaille), das Gebet „Dio di Giuda" im 4. Akt, „O vecchio cor che batti" des alten Dogen Foscari oder „Andrem ramminghi e poveri" (Duett Luisa-Miller aus dem letzten Akt der *Luisa Miller*) allesamt Passagen, die die hohe Tessitura, den klassischen Charakter von schmerzlichen, nostalgischen Klageliedern, das langsame Tempo und die Notwendigkeit des Legato-Singens gemein haben.

Damit sind wir bei *Luisa Miller* angelangt, einem Übergangswerk, das gleicherweise zum frühen wie zum mittleren Verdi zu rechnen ist. Neben Rodolfo, der bis dahin ersten wirklich gelungenen Tenorfigur Verdis (er hat nicht nur eine eigenständige Persönlichkeit, sondern auch eine wundervoll elegische Arie: „Quando le sere al placido") und Luisa, die in verschiedener Hinsicht Violetta vorwegnimmt, ist Miller eine der herausragenden Bariton-Vaterfiguren in Verdis Œuvre. Die meisten Figuren dieser Oper haben etwas Feierliches und Würdevolles an sich, entweder aufgrund ihrer sozialen Stellung oder aber ihrer moralischen Größe. Miller ist der zweiten Kategorie zuzurechnen: Das Andante „Sacra la scelta è d'un consorte", jene Arie, mit der sich Miller zu Beginn der Oper vorstellt (eine noch an die klassische *aria di sortita* – die Auftrittsarie – gemahnende Tradition), weist nicht nur die bereits bekannte Anweisung *grandioso* auf und führt den Bariton in eine heikle Tessitura, sondern verweist auch auf das ethische Prinzip, das zu formulieren Verdi dem Bariton anvertraut: das Recht der Frau, keinen Zwang erleiden zu müssen.

Es fällt dazu die Parallele zu jenem erwähnten Brief auf, den Verdi 1852 an Antonio Barezzi schrieb, als dieser ihm Vorwürfe machte, daß er, Verdi, unverheirateterweise, in einem sozusagen sündigen Verhältnis mit Giuseppina Strepponi in Busseto zusammenlebe. Was Verdi seinem früheren Wohltäter da mitteilt, ist eine Verteidigungsrede der Unabhängigkeit und Entscheidungsfreiheit Giuseppinas (und seiner eigenen), dem Appell Millers nicht unähnlich. Überhaupt möchte ich die Behauptung wagen, daß Verdi sich mit vielen seiner Baritonfiguren identifizierte, nicht in autobiographischem Sinn, daß aber bei ihrer Gestaltung (oder schon bei der Stoffwahl) oft ein gerüttelt Maß an persönlichem Erleben und durchlittenen Erfahrungen einfloß.

Der Miller bei der Uraufführung 1849 war Achille De Bassini, in jenen Jahren, was Feuer und Energie des Vortrags anlangte, der wohl bedeutendste Vertreter des Verdi-Bariton-Faches. Wegen De Bassinis guter Höhe konnte Verdi die Tessitura der Partie, mit den bekannten Wirkungen, hoch anlegen: zwischen d^1 und f^1 und sogar ges^1 bewegt sich die Lage, die der Bariton ohne Forcieren oder hörbare Anstrengung bewältigen muß, um in Phrasen wie „In terra un padre somiglia Iddio / per la bontade / non pel rigor" den richtigen Tonfall zu treffen, das heißt, den darin enthaltenen Humanitätsgedanken auszudrücken (durch Brüllen ist Menschlichkeit nur schwer darzustellen). Während im Finale I Millers moralische Autorität wieder durch die Bezeichnung *grandioso* hervorgehoben wird („A quel Dio ti prostra innante"), tritt im Duett im 3. Akt an dessen Stelle das Pathos: „Andrem ramminghi e poveri" ist eine einfache Melodie, wie einem balladesken Volkslied entnommen, die eine Vater-Tochter-Zukunft in Armut zeichnet und nur mit schlichter Vornehmheit und würdevoll-resignativer Milde eloquent vorgetragen werden kann. Mit Sicherheit zählt Miller zu den typischen Baritonpartien Verdis.

Eine weitere typische Verdi-Baritonfigur ist der Rigoletto. Er ist das, was bei Verdi für Soprane Violetta, für Tenöre Manrico, für Bässe Philipp II. ist: eine Traumpartie, die nicht gesungen zu haben bedeutet, sich über das Karriereende hinaus Vorwürfe wegen dieser Unterlassung zu machen. Die Faszination dieser tragischen Figur liegt in ihrer psychologischen und somit vokal-darstellerischen Komplexität begründet: Rigoletto, der als häßlicher Außenseiter ein geheimnisumwittertes Doppelleben führt, ist eine romantische Mischung aus verkrüppeltem Äußeren und schöner Seele, aus Introvertiertheit und Extravertiertheit, aus Vaterliebe und Menschenhaß, aus Naivität und Zynismus, aus berufsbedingtem Hohngelächter und unermeßlicher Rachsucht, er gräbt die Grube, die für den Verführer seiner Tochter bestimmt ist und in die letztendlich ungerechterweise seine geliebte Tochter und damit er selbst fällt, alles

Eigenschaften, die eine Bühnengestalt interessant machen, aber auch manchen Interpreten zu geradezu grotesken Übertreibungen mit veristischen Stilmitteln anregen (etliche Einspielungen, die einen Ehrenplatz im Horrorkabinett der Opernaufnahmen erobert haben, belegen dies). Die simple Tatsache, daß Rigoletto bucklig ist, verleitet viele Interpreten und Regisseure dazu, aus ihm eine Charles-Laughton-Quasimodo-ähnliche hinkende und hüpfende Schausteller-Monströsität zu machen, was sich auch auf die gesangliche Darstellung auswirkt. Diese Sänger versuchen dann gerne, den verhalten zu deklamierenden Stellen (wie im Duett mit Sparafucile und im Monolog „Pari siamo") statt mit deutlich artikuliertem, variablem, timbriertem Pianosingen und variantenreichen Farbschattierungen mit groben veristischen Stilmitteln beizukommen, was in den von Piave und Verdi nicht vorgesehenen „Gilda!"-Schreien Rigolettos zu Ende des ersten Aktes gipfelt: Diese Sänger haben nicht verstanden, daß Rigolettos stumme Verzweiflung im Orchester viel beredter dargestellt wird, als mit unartikuliertem Gebrüll je ausgedrückt werden könnte. (Nicht umsonst hat Verdi geschrieben: „Vorrebbe gridare, ma non può" – Er möchte schreien, aber er kann nicht. – Dasselbe gilt übrigens für Riccardos Lachen in „È scherzo od è follia" in *Un ballo in maschera* oder Violettas ostentatives Husten in der Schlußszene der *Traviata*, beides Effekte, die Verdi sich ausdrücklich verbeten hat.)

Pianosingen ist auch im Duett mit Gilda gefragt, viele Passagen müßten geradezu hingehaucht werden, um dem Zuhörer Rigolettos zärtliches Verhältnis zu seiner Tochter, dem einzigen Lichtblick in seinem Leben, zu vermitteln. Wiederum gilt das Obgesagte: Um das Pathos der Figur in bestimmten Situationen zu zeichnen, mutet Verdi dem Bariton stellenweise eine fast tenorale Tessitura zu. Mehr als Stimme ist auch hier wieder Technik gefragt, um zu vermeiden, daß der Sänger bei dem Versuch, in hoher Lage *piano* zu singen, sein Timbre präjudiziert oder gar verliert, oder sich einfach stranguliert und zu forcieren beginnt.

Zutiefst mitreißend und berührend ist dann der große Auftritt Rigolettos im zweiten Akt, eine Stelle, die von den erwähnten technisch und stilistisch nicht sattelfesten Durchschnittsbaritonen oft ohrenpeinigend malträtiert wird. Das „La rà, la rà" des Auftritts des Protagonisten soll einerseits genau im Takt, andererseits hinsichtlich Stimmfarben und Intensität abwechslungsreich gesungen werden. Ganz zurückgenommen werden muß die Selbstgesprächsphrase „Ove l'avran nascosta?" – Wo mögen sie sie versteckt haben? –, zum Zeichen dessen hat Piave sie in Klammern gesetzt (ein bekannter Bariton soll an einem großen Opernhaus an dieser Stelle, das Tischtuch lüpfend, unter einen Tisch gelugt haben, wie um deutlich zu machen, daß er den Text verstanden habe –

kein Einzelfall, wenn man an den österreichischen Otello-Darsteller denkt, der bei der Phrase: „E tu corrughi la fronte?" – Und Du runzelst die Stirn? – seinem Gesprächspartner Jago untermalend mit dem Zeigefinger mehrmals auf die Stirn tippte, im Bemühen, den Text trotz mangelnder eigener Sprachkenntnisse einem nicht Italienisch sprechenden Publikum pantomimisch zu vermitteln, der Inbegriff interpretatorischer Hilflosigkeit).

Auch Rigolettos große Szene und Arie „Cortigiani, vil razza dannata" ist aus heutiger (verismobelasteter) Sicht eine Falle, in die viele Interpreten bereitwillig tappen: Sie bedienen sich im Versuch, die Dramatik der von Verdi deklamatorisch behandelten Situation auszudrücken, stillos veristischen Geschreis. Die Rechnung bezahlen sie hörbar spätestens bei „Miei signori, perdono", der gebetsartigen Bitte an die Höflinge, bei der der verzweifelte Rigoletto in hoher Lage und in großen Legatobögen zum beschwörenden, noblen Pathos (siehe oben) wechselt.

Dasselbe gilt für das Duett mit Gilda „Piangi, piangi, fanciulla", nach welchem wieder der *stile grandioso* (siehe ebenfalls oben) gefordert wird. Um dem gerecht zu werden, darf im Allegro vivo „Sì, vendetta" vom Sänger und vom Dirigenten das Tempo nicht bis zur Unsingbarkeit und Unspielbarkeit angezogen werden, muß der Bariton die Triolen, die Verdi zur Aufwertung und Auflockerung der andernfalls trocken klingenden Melodie hörbar ausführen können und schließlich einen trotz allem noblen Tonfall finden, der sein Sinnen auf Rache nicht nach Lust auf eine Wirtshausrauferei klingen läßt.

Daß im dritten Akt alle Rezitative Rigolettos im feierlich getragenen Tonfall eines zulässigen Gerechtigkeitsritus (an den Verdi wohl selbst zutiefst glaubte) „gesprochen" werden müssen, ist ebenso selbstverständlich wie der Umstand, daß in Rigolettos absolute terminale Ausweglosigkeit signalisierender Schlußphrase „Ah, la maledizione!" weder ein wie ein deplaciertes Freudengeheul anmutendes eingelegtes as^1, noch – wie es mancher Bariton ebenso prahlerisch wie sinnlos und harmonisch bedenklich getan hat – ein a^1 etwas verloren hat, Töne, die eine Konzession an die Fußballplatz-Mentalität eines bestimmten Publikumstypus sind.

Der Sänger, den Verdi für diese schwierige Rolle auswählte, war Felice Varesi[11], der mit Verdis Stil bestens vertraut war.

Aus dem bisher Gesagten ist im wesentlichen all das zu entnehmen, was den Typus des Verdi-Baritons ausmacht. Was an Variationen der auf den Rigoletto folgenden Baritonrollen kommt, bezieht sich hauptsächlich auf die Charaktere und deren Gestaltung, weniger auf die rein stimmliche Komponente der Partien.

Obwohl Giorgio Germont in *La traviata* eine relativ kurze Partie ist (die allerdings wesentlichen unseligen Einfluß auf das Geschehen nimmt), zählt sie erstaunlicherweise ebenfalls zu den von ihren Interpreten oft mißverstandenen und darob mißhandelten Verdi-Rollen. Die zweistrophige Arie „Di Provenza il mar il suol" (Verdi betrachtete dieses *Andante* als das gesanglich Beste, das er bis dahin je für Bariton geschrieben hatte) ist mit Leichtigkeit, Hingabe und gestalterischer Phantasie zu singen, um der Gefahr zu entgehen, sie wie eine Litanei zu leiern. Dasselbe gilt für das Duett mit Violetta, das abwechslungsreich, mit feinen dynamischen Schattierungen vorzutragen ist. Die provinzielle Enge der beschränkten Moralvorstellungen des Vaters mit der oberflächlichen Schnellebigkeit der Weltstadt Paris in harmonischen Einklang zu bringen, ohne einerseits in gespreiztes Pathos oder andererseits in einen ostentativ ruralen bis betulichen Habitus zu verfallen, ist eine vokale wie schauspielerische Herausforderung.

Anders angelegt ist der Graf Luna in *Il trovatore*, der sich vor allem durch mitreißende dramatische Impulsivität (im Terzett im 1. Akt oder in der Cabaletta „Non può nemmeno un Dio" im 2. Akt) auszeichnet. Er ist der klassische *vilain*, ein besinnungslos emotional sich spätpubertär austobender Zwanzigjähriger, für dessen ausdrucksintensive Darstellung sowohl der *stile grandioso* als auch Pathos und vehemente dramatische Ausbrüche erforderlich sind.

Aus einer ganz anderen Musikwelt kommt der Monforte in *Les Vêpres siciliennes*. Er wird bereits im ersten Akt musikalisch subtil vorgestellt, wobei im Gespräch mit Arrigo Züge von herrischem Stolz und herablassendem Wohlwollen sich mit feinem Sarkasmus abwechseln. Hier wird besonders deutlich, daß Verdi nicht nur für den Bariton als Stimmgattung eine besondere Vorliebe hat, sondern auch am Thema der Beziehung Bariton-Sohn bzw. Bariton-Tochter besonders interessiert ist (die Gründe dafür finden sich in Verdis Biographie). Monforte ist, obzwar Unterdrücker der Freiheit der Sizilianer, kein konventionell düsterer Operntyrann, sondern eine vielschichtige, durchaus sympathische, noble, gefühlvolle Gestalt, die ausgefeilteste der ganzen Oper. In seiner nach französischem Vorbild dreiteiligen Romanze im dritten Akt („In braccio alle dovizie") mit ihren Dur-Moll-Wechseln läßt Verdis Darstellung des einsamen Machtmenschen Monforte schon Simon Boccanegra oder Filippo II in *Don Carlo* erahnen. Die Erwartung einer feurigen Cabaletta mit einem *a piacere* einzulegenden effekthaschenden hohen Schlußton wird enttäuscht: Auf einen dominantischen Halbschluß folgt eine Reprise mit fein auskomponierten Figuren im Orchester. Facettenreicher noch als in dieser Arie wird Monforte im darauffolgenden Duett mit Arrigo charakterisiert. Die Gesangslinien von Bariton und Tenor überlagern einander in hochemotionalen gegenseitigen Vorhaltungen, verschlingen sich geradezu ineinander, bis die Auseinandersetzung einen Höhepunkt erreicht, als ob den beiden der Atem fehlte, um weiterzusprechen: Ein flehentliches Des-Dur-Adagio Monfortes löst die Spannung, die düstere Stimmung wird durch absteigende chromatische Figuren der Celli gezeichnet. Arrigo leitet hierauf mit seinem effektvollen Aufschrei „L'imago di mia madre" ein F-Dur-Allegro agitato ein, das Monforte in schmerzlich akzentuiertem Flehen kommentiert. Obwohl *Les Vêpres siciliennes* als französische Grand-Opéra konzipiert wurde, ist Monforte doch eine Figur aus einer dramatischen italienischen Oper, in ihrer vokalen Anlage und Ausdrucksbandbreite ein Verwandter des Simon Boccanegra.

Ein Verwandter Lunas wiederum, auch er ein rabiater Spanier, ist Don Carlo di Vargas in *La forza del destino*. Er muß nicht nur eine extrem hohe Tessitura bewältigen (seine Arie „Urna fatale", einer der wenigen Momente, in der die Figur so etwas wie vornehme Gesinnung zeigt, wird fast immer um einen Halbton nach unten transponiert), sondern auch die dramatischen Stellen ohne Zuhilfenahme veristischer Stilmittel singen. Obzwar er wie ein Berserker durch die Handlung tobt[12], ist er doch ein spanischer Adliger, der nicht primär aufgrund seiner persönlichen charakterlichen Veranlagung so handelt, sondern einem Ehrenkodex folgt, zu dessen Einhaltung ihn seine Herkunft und soziale Stellung zwingen. Stilistisch und gesanglich kann man der Partie im Sinne Verdis nur dann gerecht werden, wenn man dies ebenso wie die Anweisungen des Komponisten berücksichtigt.

Auch Renato im *Ballo in maschera* ist einem starren Ehrenkodex verpflichtet – eine der Grundlagen der italienischen romantischen Oper – und zählt aufgrund der Beliebtheit der Oper ebenfalls zu den von manchen der erwähnten brüllenden Baritone mißhandelten Partien. Abgesehen von den ausgesprochen tenoralen Passagen im „Eri tu" (siehe oben) verlangt die Rolle nach vornehmem, menschlichem, schmerzlichem Tonfall.

Der Rodrigo im *Don Carlo* ist eine lyrisch-elegante Verdi-Rolle und eine der wenigen, die ihren Interpreten keine Handhabe zu stilfremden Einlagen bietet, anders als der Amonasro in *Aida*, eine Figur, die unverdienterweise zu einer Domäne der augenrollenden brüllenden Provinzbösewichter geworden ist, die übersehen, daß Amonasro vor allem ein König ist. Wes Geistes Kind der jeweilige Interpret ist, ist an der Geduld zu erkennen, die er dem hilflosen (weil in einer Generalpause verharren müssenden) Dirigenten bei der Phrase „Suo padre" abverlangt. Ein mir erinnerliches, für die Dauer eines gut 15 Sekunden dauernden Fußmarsches quer über die Bühne der Caracalla-Thermen in Rom ausgehaltenes dröhnendes d^1 des Baritons, das skurrilerweise mit Szenenapplaus gefeiert wurde, kann und darf wohl kein Gradmesser für dessen künstlerische Potenz sein.

Wieder anders liegen die Dinge bei Jago im *Otello*. Jago ist die einzige intelligente Figur der Oper. Er ist kein vordergründig eitler, verschmitzt die Augen rollender, plakativ grimassierender Stummfilmbösewicht, der dem Publikum nach Commedia dell'arte-Manier anbiedernd den Ellenbogen in die Seite rammt, um auch dem ahnungslosesten Zuschauer auf der Galerie zu verstehen zu geben, wie hinterhältig er ist, sondern ein hochintelligenter Mann, der sich, weil er sich zurückgesetzt fühlt, in eine Idee verrannt hat und versucht, sie durch teuflisch geschickte und fast erfolgreiche Manipulation seiner Umgebung zur Befriedigung der eigenen Rachegefühle durchzusetzen. „Es ist merkwürdig!", schrieb Verdi am 9. September 1886 an Boito, „Die Partie des Jago könnte, abgesehen von einigen *éclats*, ganz im *mezza voce* gesungen werden!"[13] Je weniger ein Jago darstellerisch und gesanglich „macht", desto besser für die Rollengestaltung. Auch wenn die Gesangslinie im Trinklied im ersten Akt einige Male das a^1 antippt, liegt die Tessitura doch so zentral, daß sie auch von manchem hohen Baßbariton bewältigt werden kann.

Da die Partie des Falstaff wie die des Jago für den gleichen Interpreten, Victor Maurel, komponiert wurde, sind auch ihre vokalen Ansprüche ähnlich. Der Falstaff liegt relativ zentral in der Stimme (die Ausbrüche in der Arie des Ford sind, zwecks Ironisierung seiner Eifersucht, deutlich höher angesiedelt), auch seine Schwierigkeiten liegen in der Gestaltung. Die dreiste musikalische und gestalterische Inkompetenz, mit der manche – auch von Publikum und Dirigenten hochgeschätzte – Interpreten diesem Meisterwerk zu Leibe rücken, ist fast schon wieder possierlich. Geradezu ärgerlich aber ist der Umstand, daß aufgrund eines bereits institutionalisierten Mißverständisses die Rolle des Falstaff gerne mit bereits ausgesungenen Baritonen nach deren biologisch determiniertem Karriereende besetzt wird, die den Rollen ihres ursprüngliches Faches nicht mehr gewachsen sind und sich deshalb auf das komische Fach verlegen, wozu sie irrigerweise den Falstaff zählen. Daß Falstaff keine komische Partie ist, sondern – wie vom Komponisten vorgesehen – ein seriöser Bariton, eben ein Verdi-Bariton, der in komische Situationen gerät, spricht sich nur langsam herum. Vor allem im deutschen Sprachraum bedient man sich bei Interpretationen dieser wunderbaren Oper[14] leider oft der Stilmittel inferioren Klamauks, wodurch die lächelnde mediterrane Heiterkeit des Stücks verlorengeht.

Musik also solche existiert bekanntlich nicht (Noten samt dazugehörigen Aufführungsanweisungen sind nichts als stumme Druckerschwärze auf dem Papier) und entsteht erst bei der Interpretation.[15] Ob es sich dabei um öffentliche oder private Wiedergabe von Noten durch einen Solisten und/oder Orchester handelt oder um stilles Partiturlesen eines Musikers, es handelt sich dabei doch immer um Interpretation (die von manchen Interpreten herbeigeredete „Werktreue" – als objektive Ausführung des Willens des Komponisten wie in einem interpretationsfreien Raum schwebend gemeint – ist, da inexistent, eine Absurdität). Der Musikinteressierte, der des Partiturlesens nicht mächtig ist und sich beim Lesen von Noten keine innere Vorstellung von Klang, Tempo, Harmonik, Dynamik, Struktur usw. eines Musikstücks machen kann, ist also auf Interpreten angewiesen. Er muß sich dabei darauf verlassen können, daß diese ihr Handwerk beherrschen. Beim Sänger sind dies neben den im Prolog angesprochenen Voraussetzungen und Fertigkeiten die präzise Kenntnis, das Verständnis und die Verinnerlichung des gesungenen Wortes. Was beim Liedgesang als selbstverständlich vorausgesetzt wird, trifft auch auf den Operngesang zu: Kauderwelsch, sinnstörende Aussprachefehler, Wortverdrehungen, zerkaute oder verfärbte Vokale und sonstige, auf Sprachunkundigkeit zurückzuführende Unzulänglichkeiten mancher Sänger (nicht nur Baritone), ebenso wie das hörbare Unverständnis des gesungenen Wortes und somit der darzustellenden Figur sind nicht dazu geeignet, das Werk des Komponisten und seines Librettisten adäquat zu vermitteln. Auch wenn das Publikum der gesungenen Sprache nicht mächtig sein sollte, hat es doch ein Anrecht darauf, eine sprachlich wie musikalisch fehlerfreie Wiedergabe zu hören, die die Grundvoraussetzung dafür ist, daß der gesungene Text mit individuellen interpretatorischen Färbungsfeinheiten sinnfällig wiedergegeben werden kann. Man kann durchaus behaupten, daß gute Textinterpretation auch von jenen Zuhörern intuitiv verstanden wird, die die gesungene Sprache nicht verstehen.

Als idealen Verdi-Bariton hat man sich also einen Sänger vorzustellen, der die gesangstechnischen und stilistischen Tugenden eines nobel timbrierten Donizetti-Baritons mit den oben beschriebenen Anforderungen Verdis verbinden kann, ein Ideal, das sich klanglich im Laufe der Zeit verändert hat.[16] Wer sich Aufnahmen von historischen Baritonen anhört, wird rasch feststellen, daß die Vokalästhetik der Sänger des ausgehenden 19. und beginnenden 20. Jahrhunderts oft wesentlich von der heutiger Fachvertreter differiert. Geradezu befremdlich mag auf viele beim erstmaligen Hören der helle, fast tenorale Stimmklang eines Mattia Battistini (1856 – 1928) oder Carlo Galeffi (1882 – 1961) wirken. Beide waren allerdings echte Baritone[17] und keinesfalls verkappte Tenöre. Der nach dem Vorbild des *basso cantante* dunkel timbrierte Bariton wurde zu dieser Zeit von Titta Ruffo (1877 – 1953) verkörpert, einem dramatischen Singschauspieler mit enormem, obertonreichem Klangvolumen, fabelhafter Höhe, aber relativ schwacher Tiefe. Zur selben Zeit war Riccardo Stracciari (1875 – 1955) aktiv, Besitzer einer der schönsten und ausdrucksstärksten Baritonstimmen seiner Epoche. Als der hell timbrierte Verdi-Bariton aus der Mode kam, schlug das Geschmackspendel in die andere Richtung aus: In den 1950er und 1960er Jahren war der aus dem Baßfach kommende Ettore Bastianini[18] (1922 – 1967) en vogue. Sein Erfolg und seine Popularität waren weniger auf seine interpretatorischen Ansätze als auf die pure Klangschönheit des Organs zurückzuführen. Die früh einsetzenden stimmlichen Probleme des jung verstorbenen Sängers wurden zwar mit seiner Krankheit in Verbindung gebracht, zeichneten sich aber schon in einem frühen Karrierestadium ab, als er sich bester Gesundheit erfreute. Sie wurden von der Überdehnung der Stimme verursacht, deren Kern tiefer lag als die Baritonpartien Verdis. Hundertdreißig Jahre früher wäre Bastianini ein idealer *basso cantante* gewesen.

Die Eigenschaften des eleganten Donizettis-Baritons exemplarisch mit den dramatischen Anforderungen Verdis zu verbinden, blieb in den letzten Jahrzehnten des 20. Jahrhunderts Renato Bruson vorbehalten.

Derzeit geht der Trend (nicht nur bei Verdi) zu leichteren, substanzärmeren Stimmen, die den Ansprüchen des Verdi-Fachs freilich nur beschränkt gerecht werden können.

---

[1] Diese Einteilung ist bei den Männerstimmen in Chören bis heute in Verwendung geblieben.

[2] Es wurde von Vokalhistorikern vereinzelt die Vermutung geäußert, die genannten Sänger würden heute das Baritonfach singen, während manche Baritone des 20. Jahrhunderts damals wahrscheinlich Tenorrollen übernommen hätten, eine mit Vorbehalt aufzunehmende Theorie.

[3] Wie bereits erwähnt, war der Figaro eine Paraderolle des Bassisten Luigi Lablache (vgl. Kapitel IV).

[4] Wenn Rossini seinen Interpreten am Ende eines Stücks eine Corona (Fermate) hinschrieb, bedeutete das nicht wie heute einen ad libitum ausgehaltenen Ton, sondern war das Zeichen für eine frei einzulegende Kadenz, die die Sänger selbst komponierten.

[5] Wenn über die historische Aufführungspraxis bestens orientierte Sängerinnen wie Joan Sutherland oder Marilyn Horne dennoch Kadenzen mit solchen Schlußtönen beenden, ist dies eine bewußte Konzession an den herrschenden Publikumsgeschmack.

[6] S. Prolog.

[7] Die Bezeichnung „Bariton" wurde im italienischen Theaterjargon (vereinzelt auch in Kritiken) zwar schon ab ca. 1830 verwendet, scheint aber auf Theaterplakaten, in Libretti usw. erst ab Mitte der 1850er Jahre auf. Auch Verdi sprach zumeist noch vom „Baß", wenn er den Bariton meinte. Vgl. Verdis Brief an Barbieri Nini vom 6. Oktober 1848 in Kapitel V.

[8] Jean-Blaise Martin (Paris 1768 – Ronzières 1837). Er war ein tenoraler Bariton mit einem Stimmumfang von 2 1/2 Oktaven (bis a^1), zu welchen eine Oktave im Falsett hinzukam. Er brillierte in komischen Dienerrollen in Opern von Dalayrac, Boieldieu, Méhul, Isouard u.a. Eine typische (moderne) baryton-Martin-Rolle ist der Pelléas in Debussys *Pelléas et Mélisande*, der von Tenören oder Baritonen gesungen werden kann.

[9] Im *Falstaff* beispielsweise sowohl bei Falstaff als auch bei Ford.

[10] S. Kapitel III.

[11] Vgl. Kapitel IV.

[12] Vgl. Kapitel IX.

[13] Carteggio Verdi-Boito, S. 116.

[14] „Ein Entzücken für Kenner" nannte sie Oskar Bie in einem Artikel über diese Oper. In: O. BIE, *Die Oper*, Berlin 1913., S. 415 ff.

[15] Ein Axiom von Sergiu Celibidache.

[16] Zur erschöpfenden Beschreibung dieser Entwicklung wäre ein eigenes Buch erforderlich. Es können deshalb nur einige wenige Vertreter des Faches erwähnt werden.

[17] Die oft schwierige Beurteilung der Stimmlage eines Sängers erfolgt nicht nach Timbre oder Umfang, sondern nach dem natürlichen Zentrum der Stimme. Die Baritone Leonard Warren, der im privaten Kreis gerne ein hohes Tenor-C zum Besten gab, oder Piero Cappuccilli, der Ezios Cabaletta im *Attila* auf der Bühne oft mit einem b^1 krönte, waren ebensowenig Tenöre wie die Tenöre Wolfgang Windgassen und Hans Hopf Baßbaritone waren, als welche man sie aufgrund ihrer Sprechstimme eingeschätzt hätte. Kein Zweifel besteht auch an dem Umstand, daß der wunderbare Tenor Tito Schipa, der mit einer kurzen Höhe ausgestattet war und manchmal sogar mit einem a^1 zu kämpfen hatte, ein waschechter Tenor war. Einer Stimme gewaltsam eine ihr nicht konforme Tessitura aufzuzwingen, führt zumeist zu ihrer Zerstörung.

[18] Er sang von 1945 bis 1951 das Baßrepertoire.

Les Vêpres siciliennes – Sofia Cruvelli – Louis Gueymard –
Marc Bonnehée – Louis-Henri Obin – *Simon Boccanegra* –
Leone Giraldoni – Luigia Bendazzi – Carlo Negrini –
Giuseppe Echeverria

Les Vêpres siciliennes

Am 28. Februar 1852 kommt anläßlich des Parisaufenthalts Verdis
ein Vertrag über eine neu zu komponierende Oper zustande. Dieser im
Copialettere im französischen Original nachzulesende Vertrag mit
Nestor Roqueplan, dem Direktor der Opéra, enthält unter anderem folgende für Verdi vorteilhafte Bedingungen: Das fünf- oder vieraktige (in
dieser Reihenfolge) Libretto soll von dem hochberühmten Eugène Scribe
eigenhändig verfaßt werden, wobei dieser sich eines Co-Autors bedienen
kann. (Bei *Jérusalem* hat sich Scribe noch nicht dazu herabgelassen, selbst
zur Feder zu greifen, sondern sich darauf beschränkt, das Librettisten-
Team Alphonse Royer und Gustave Vaëz zu empfehlen). Der Librettoentwurf muß bis 30. Juni 1852 vorliegen, im Falle von Verdis Zustimmung muß das fertige Libretto bis Jahresende abgeliefert werden. Der
Probenbeginn wird mit Juli 1854 fixiert: Verdi hat somit eine Vorlaufzeit
von eineinhalb Jahren. Das Opernhaus muß Verdi ab Mitte August 1854
drei Monate lang zur Verfügung stehen, bevor die Premiere Ende
November oder Anfang Dezember 1854 stattfinden soll. Keine andere
Oper darf in dieser Saison uraufgeführt werden, Verdi wird die freie
Wahl der Interpreten aus den Sängern der Opéra zugesichert, die Direktion garantiert vierzig Vorstellungen innerhalb von zehn Monaten ab
Premierendatum. Für die Nichterfüllung des Vertrages wird ein Pönale
von 30.000 Francs festgesetzt.[1]

Nachdem Verdi das Jahr 1852 und den Beginn des Jahres 1853 mit
der Arbeit an *Il trovatore* und *La traviata* verbracht hat, kehrt er nach
Sant'Agata zurück. Er möchte einen geruhsamen Sommer verbringen, das
Land bestellen und sich um seine Güter kümmern, doch läßt ihm das seit
Jahren geplante *Re Lear*-Projekt keine Ruhe. Er setzt die mit Cammarano
begonnenen Diskussionen über den komplizierten Stoff mit Antonio
Somma, der das Libretto zu *Un ballo in maschera* verfassen wird, fort.
Doch er kann sich nicht dazu entschließen, die Arbeit in Angriff zu nehmen. Der lange Briefwechsel darüber findet dadurch ein vorläufiges Ende,
daß Somma mit der Arbeit am *Lear*-Libretto beginnt. Am 12. Juli liefert
er den ersten Teil (die Introduktion) ab, am 9. September den 2. Akt. Bis

April 1856 wird das Libretto bis zum vierten Akt gedeihen. Verdi bezahlt ihm für seine Arbeit, mit der er nicht recht glücklich ist, 2.000 österreichische Lire und will sich einige musikalische Skizzen vornehmen, die er schon früher angefertigt hat, doch kommt der Komposition des *Re Lear* wieder etwas in die Quere: die erste Verdi-Oper, die ihre Welturaufführung in Paris erleben wird, *Les Vêpres siciliennes*.

1853 ist Verdi an einem entscheidenden Punkt seiner Karriere angelangt: Als Vierzigjähriger hat er mit der *trilogia popolare* den Gipfel dessen erreicht, was mit den bis dahin verwendeten kompositorischen und stilistischen Mitteln zu erreichen ist. Er steht nun vor der Wahl, entweder das erprobte Erfolgsrezept ad nauseam zu wiederholen oder neue Wege zu beschreiten.[2] Verdi entscheidet sich für den unbequemen und unsicheren neuen Weg, wie er im Rückblick feststellt:

> Verdi an Achille Torelli; Genua, 23. Dezember 1867
> Der Künstler muß in die Zukunft schauen, im Chaos neue Welten sehen; und wenn er auf seinem neuen Weg in der Ferne ein kleines Licht sieht, darf ihn die Dunkelheit, die ihn umgibt, nicht erschrecken: er muß weitergehen, und wenn er auch manchmal stolpert und hinfällt, muß er aufstehen und seinen Weg weiterverfolgen.   Copialettere, S. 618 f.

Wie zur Bestätigung dessen wird er zwanzig Jahre nach *Les Vêpres siciliennes* im Rückblick Wert auf die Feststellung legen, daß er nie den leichten Erfolg gesucht hat.

> Verdi an Tito Ricordi[3], Genua, 11. März 1874
> Ich habe es schon mehrmals gesagt, daß, wenn ich mich der Gewinnsucht verschrieben hätte, mich niemand daran hätte hindern können, nach der *Traviata* eine Oper pro Jahr zu schreiben und ein Vermögen anzuhäufen, drei Mal so groß wie das, das ich habe.   Copialettere, S. 291

Tatsächlich wird die neue Oper seit *Oberto* und *Nabucco* die erste Oper sein, die er ohne Zeitdruck komponieren kann.

Scribe beginnt, Sujets vorzuschlagen, zuerst *Les Circassiens*, einen exotischen Stoff, dann *Wlaska, ou Les Amazones de Bohème*, beide begeistern Verdi nicht. Als die Zeit vergeht und nichts Konkretes zustandekommt, beschließt Verdi, den persönlichen Kontakt mit Scribe zu suchen. Kurz nach seinem vierzigsten Geburtstag fährt er mit Giuseppina nach Paris. Scribe hat 1853 den Höhepunkt seiner Karriere überschritten und ist um neue Ideen verlegen. Er verfällt auf die Verlegenheitslösung, Verdi einen Text – *Le Duc d'Albe* – vorzuschlagen, den er bereits 1838 für Halévy verfaßt hat. Halévy hat damals das vieraktige Libretto über den Herzog von Alba, den spanischen Statthalter und Unterdrücker der Niederlande im 16. Jahrhundert – aus Schillers *Don Carlos* und

Goethes *Egmont* wohlbekannt – abgelehnt, worauf der Text Donizetti angeboten wurde. Dieser beginnt zwar die Arbeit an *Le Duc d'Albe*, stellt die Partitur jedoch nie fertig, da er – unter anderem in Wien – beruflich stark in Anspruch genommen ist. Scribe strengt 1844 einen Prozeß gegen die Direktion der Opéra an, welcher die fertiggestellten Partiturteile mißfielen und die daher eine Aufführung abgelehnt hat; er gewinnt ihn und erhält eine Abschlagszahlung von 15.000 Francs zugesprochen. 1848 stirbt Donizetti, Scribe läßt nicht locker und bekommt von Donizettis Erben die Erlaubnis, das Werk aufführen zu lassen, nur um herauszufinden, daß die Komposition ein Fragment geblieben ist. Um sein Libretto dennoch zu verwerten, bietet er es also Verdi an. „Scribe ist dabei, das Libretto für mich zu schreiben", stöhnt Verdi in einem Brief an Piave (Dezember 1853), „und wenn mir nicht irgendein unvorhergesehener Umstand zu Hilfe kommt, muß ich die Oper auf Französisch komponieren…. Uff! In der selben Zeit hätte ich zwei oder drei Opern auf Italienisch schreiben können, mit größerem Vergnügen und höheren Einnahmen."[4]

Aus einem Brief Scribes an seinen Co-Autor Charles Duveyrier vom 3. Dezember 1853 gehen Details über den ersten Kontakt mit Verdi hervor: Scribe will den Komponisten über die bewegte Vorgeschichte des Librettos informiert haben, was „angesichts eines Toten [das alte Libretto], der wieder zum Leben erweckt werden sollte", von manchen Autoren angezweifelt wird. Verdi verlange einen anderen Titel, eine Änderung des Charakters des Titelhelden, die Verlegung der Handlung in ein Klima voller Wärme und Musik wie Neapel oder Sizilien, die Umarbeitung des zweiten Aktes, da es im Süden keine Bierhallen gibt, und einen fünften Akt, da er ein mit *Les Huguenots* oder *Le Prophète* vergleichbares großes Werk schaffen wolle.

In einem darauffolgenden undatierten Brief an Duveyrier wird Scribe genauer: Da Aubers *La Muette de Portici* bereits in Neapel spielt, wählt man Sizilien als Schauplatz. Der Herzog von Alba wird zu Guy de Montfort, dem verhaßten Gouverneur von Sizilien zur Zeit der Herrschaft von Charles d'Anjou. Der Braumeister Daniel verwandelt sich in Jean de Procida, die Zentralfigur der Verschwörung, und der neue Titel *Les Vêpres siciliennes* wird kurzerhand aus der gleichnamigen Tragödie von Casimir Delavigne (1819) entlehnt. Als Donizettis *Il Duca d'Alba*, von Matteo Salvi vervollständigt und orchestriert, 1882 in italienischer Übersetzung in Rom uraufgeführt wird und die Parallelen zu den *Vespri siciliani*, damals seit langem ein Repertoirestück, für jedermann ersichtlich werden, gibt Verdi sich überrascht:

Verdi an Giuseppe Piroli[5]; Genua, 16. Jänner 1882
Ich habe nie gewußt, daß Scribe den *Duca d'Alba* verwendet hatte, um die *Vespri siciliani* zu schreiben. Es stimmt zwar, daß Vasselli, der Schwager Donizettis, *en passant* mit mir darüber sprach, als ich 1859 wegen des *Ballo in maschera* in Rom war, aber ich achtete nicht darauf und hielt es für einen bloßen Verdacht und eine Idee Vassellis. Jetzt erst verstehe ich und glaube wirklich, daß die *Vespri siciliani* aus dem *Duca d'Alba* herstammen.
Carteggi III, S. 152

Verdis Ahnungslosigkeit dürfte nicht der Realität entsprechen.[6] Abbiati meint dazu zwar lapidar: „Man kann darauf wetten, daß Verdi, wenn er davon [von der Librettovorgeschichte] gewußt hätte, sofort aus Paris abgereist wäre", doch muß davon ausgegangen werden, daß Verdi von Scribe tatsächlich über die näheren Umstände informiert wurde und er im Rückblick entweder Opfer seines selektiven Gedächtnisses wurde oder es im nachhinein als für sein Prestige nicht adäquat befand, einen Text unter derlei Umständen komponiert zu haben.

Scribe jedenfalls ist mit dem überarbeiteten und zum Teil neu geschriebenen Libretto durchaus zufrieden. Er liefert es, mit einjähriger Verspätung, am Silvestertag 1853 ab und steht ab diesem Zeitpunkt für Änderungswünsche Verdis kaum mehr zur Verfügung.

Mit geringer Begeisterung komponiert Verdi trotz der ausreichenden Zeit, die ihm zur Verfügung steht, *Les Vêpres Siciliennes*. An die Gräfin Appiani schreibt er am 25. Februar 1854 aus Paris: „Ich schreibe recht langsam, es kann auch vorkommen, daß ich gar nicht schreibe. Ich weiß nicht, woran es liegt, ich weiß nur, daß das Libretto da liegt, immer da, auf demselben Platz."[7] Dennoch geht die Arbeit weiter:

Verdi an De Sanctis; Mandres, 9. September 1854
Ich habe knapp vier Akte meiner französischen Oper geschrieben. Bleiben noch der fünfte Akt, die Ballette und die Instrumentierung. Ich werde sehr froh sein, wenn ich endlich fertig bin.
Eine Oper für die *Opéra* ist eine Anstrengung, die einen Ochsen umbringen kann. Fünf Stunden Musik? … Uff! Ich werde mit den Proben beginnen, wenn die Cruvelli eintrifft, das heißt in den ersten Oktobertagen. Man wird in Szene gehen, sobald es möglich ist. Den Titel sage ich Euch ein anderes Mal.
Carteggi I, S. 26

Die Gründe für Verdis Widerwillen sind die ungewohnte Sprache (obwohl er Französisch zu diesem Zeitpunkt recht gut schreibt und spricht), der ihm abverlangte pompöse Pariser Stil mit den obligaten (heute kaum mehr aufgeführten) Balletteinlagen, das ihm nicht übermäßig wohlgesinnte Ambiente der *grande boutique*, wie Verdi die Opéra geringschätzig bezeichnet, die allgemeine Disziplinlosigkeit bei den Proben und das Libretto, dessen Mängel dem Komponisten bei der Arbeit immer stärker bewußt wurden. Verstärkt wird sein Widerwillen durch das unprofessionelle Verhalten der Sopranistin Sofia Cruvelli: Die exzentrische Interpretin der Partie der Hélène verschwindet während der Proben im Oktober 1854 still und heimlich aus Paris (der Grund dafür ist eine vorweggenommene Hochzeitsreise an die Riviera mit Baron Vigier, ihrem späteren Gatten) und bleibt längere Zeit unauffindbar. Ein veritabler Skandal ist die Folge. Verdi verlangt die Auflösung seines Vertrages, da die Cruvelli unersetzbar sei, der Kunstminister schaltet sich ein, Krisensitzungen werden abgehalten, Verdi bereitet entrüstet seine Abreise vor. Seine rigorose Haltung ist wohl auch damit erklärbar, daß in Genua ein neues Opernhaus eröffnet werden soll. Für diesen Anlaß hat man ihn nicht nur um die Zustimmung gebeten, das Theater nach ihm benennen zu dürfen (das lehnt Verdi ab, das Theater wird sich nach Paganini benennen), sondern man ist auch wegen einer neuen Oper an ihn herangetreten: Er erwägt wieder einmal, für diese Gelegenheit den *King Lear* zu schreiben. Da taucht die Cruvelli plötzlich wieder auf. Die Proben können weitergehen, und keine(r) der Beteiligten verliert ein Wort über den Vorfall. (Im Strand, einem Londoner Theater, wird kurz darauf zur allgemeinen Erheiterung eine Komödie mit dem Titel *Where is Cruvelli?* aufgeführt.) Nur Direktor Roqueplan hat die Konsequenzen zu ziehen: Er muß den Hut nehmen und wird von Louis Crosnier, vormals Direktor der Opéra-Comique, abgelöst.

Die Meinungsverschiedenheiten gehen mit der neuen Direktion der Opéra allerdings weiter. In einem langen Brief an den neuen Direktor[8] beschwert sich Verdi unter anderem massiv über Scribe: Der zweite, dritte und vierte Akt, klagt er, haben alle den gleichen Zuschnitt: eine Arie, ein Duett, ein Finale. Der fünfte Akt sei, so Verdi, nach übereinstimmender Meinung aller Welt ohne jegliches Interesse. Verärgert zeigt sich Verdi über den Librettisten, der sich nicht die Mühe nimmt, den fünften Akt zu verbessern und tausend andere Dinge zu tun hat. Scribe erscheine nicht bei den Proben, halte seine Zusagen nicht ein, all das zu ändern, was die Ehre der Italiener angreife, habe die historische Figur des Procida so platt dargestellt, daß dieser nur ein gewöhnlicher Verschwörer mit dem Dolch in der Hand sei usw. Wieder verlangt Verdi die Auflösung seines Vertrages, wieder lehnt die Opéra dies ab, die Proben schleppen sich weiter dahin. Verdi und Scribe kommen wohl einige Male zusammen, um Änderungen vorzunehmen, die nach Verdis Dafürhalten aber nicht ausreichen: Er empfindet das Libretto als alberne Travestie der historischen Ereignisse von 1282 in Palermo mit einer aufgepfropften Liebesgeschichte, und beginnt, sich auf einen Mißerfolg einzustellen. Die Librettomodifikationen sind wegen der persönlichen Kontakte Verdis mit Scribe nicht gut dokumentiert, etliche Briefe sind undatiert und nicht eindeutig zuzuordnen.

Trotz aller Schwierigkeiten mit dem Libretto bedeuteten die *Vêpres* einen weiteren Schritt in Richtung Erneuerung und Weiterentwicklung („Ich will Sujets, die neu, großartig, schön, abwechslungsreich, gewagt... bis zum äußersten gewagt sind, mit neuen und gleichzeitig komponierbaren Formen..."[9], hat Verdi geäußert) – noch keine Revolution, aber einen gelungenen Ansatz in Richtung der stilistisch völlig unterschiedlich gearteten Werke, die folgen werden, von denen jedes eine eigene Farbe und eine ausgeprägte musikalische Persönlichkeit hat: *Simon Boccanegra*, *Un ballo in maschera*, *La forza del destino*, *Don Carlo*, *Aida*, *Otello* und *Falstaff*. Massimo Mila, der eminente Verdi-Kenner, drückt es so aus: „Die *Vespri siciliani* sind weniger schön als *Rigoletto*, dafür aber fortschrittlicher. Sie sind der Beginn einer neuen Konzeption des Dramas, bei der sich die Musik darum bemüht, nicht nur die Figuren der Hauptdarsteller plastisch herauszuarbeiten, sondern sie auch in einen historischen und sittengeschichtlichen Rahmen einzuordnen." Und weiter: „Aus dem verworrenen Dramenungetüm Scribes hat er [Verdi] das entnommen, was ihn interessierte: die Auseinandersetzung zwischen Vater und Sohn, die durch die politischen Ereignisse getrennt worden waren und durch die Stimme des Blutes voneinander angezogen werden. Wer denkt da noch an Scribe, an die [historische] Sizilianische Vesper, an die Opéra und ihre Regeln? Verdi hat das Kommando übernommen, er hat sich die Situation, die ihn ansprach, maßgeschneidert und sie im glühenden Schmelztiegel seiner dramatischen Inspiration verarbeitet. Die Oper in ihrer Gesamtheit mag voller Notlösungen, stilistischer Unsicherheiten und Widersprüchlichkeiten sein; aber das Duett zwischen Vater und Sohn aus dem dritten Akt ist eines der erhabensten Meisterwerke Verdis, großartig, einer der absoluten Werte, die sein Genie hervorgebracht hat."[10]

So sehr die Franzosen Verdis Annäherung an ihre heißgeliebte Form der pompösen Grand-Opéra schätzen, so wenig können sich die Italiener mit Verdis Exkursen auf fremdes (das ist: feindliches) Terrain anfreunden. (Das Tifosi-Unwesen heutiger Sportfans spielt sich im 18. und 19. Jahrhundert, in milderer Form, auf dem Felde der Opernrivalitäten ab.) Francesco Maria Piave, ein bekannt sanftmütiger Mann, hat sich schon ein Jahr vor der *Vespri*-Uraufführung zu einem deftigen Kommentar über Verdis Aktivitäten hinreißen lassen:

Piave an Tito Ricordi; Venedig, 5. Mai 1854
Mir wäre es lieber, daß er [Verdi] hier wäre, anstatt sich den Arsch aufzureißen, um sich mit dem reichen Juden Meyerbeer zu messen. Er verzichtet auf den Thron, den ihm Italien anbietet, um sich in Frankreich auf eine Bank zu setzen!... O Grausen!! Abbiati II, S. 272

In Italien zirkuliert damals das Diktum: Verdi schreibt für Paris, er imitiert daher Meyerbeer. (Jahre später, beim ebenfalls für Paris komponierten *Don Carlos*, wird Verdi der Wagner-Imitation geziehen werden.) Die französische Kritik führt Verdis Fortschritte auf die Anforderungen zurück, die das französische Ambiente an ihn stellt. Der Kritiker Charles de Boigne attestiert ihm, daß er nun *francisé* (französiert) sei und sich jene „Eleganz des Stils und Reinheit des Geschmacks" angeeignet habe, die man nirgendwo anders als in Paris finden könne. Völlig unrecht hat er damit wohl nicht: Das Orchester der Opéra, damals jedem anderen europäischen Opernorchester überlegen, inspiriert Verdi zu einer dichteren, abwechslungsreicheren und anspruchsvolleren Instrumentation. Auch versteht Verdi es, die Vorliebe des Publikums der Opéra für grandiose vielstimmige Concertati als Aktschlüsse völlig zu befriedigen. Ein Beispiel dafür ist das Finale II, dessen Reiz im Aufeinanderprallen und Verschmelzen von Stimmungskontrasten liegt: Während die wegen der Entführung der Frauen empörten Sizilianer in musikalisch düsteren Farben auf Rache sinnen, nähert sich vom Meer her ein festlich geschmücktes Schiff, auf dem französische Offiziere und Edeldamen eine fröhliche, elegante Barkarole singen. Verdis Meisterschaft, verschiedene Gefühlsebenen zu einem aussagekräftigen Ganzen zu formen (man denke an das *Rigoletto*-Quartett), wird auch hier evident. Die tiefen Männerstimmen verlieren ihre autonome Gesangslinie und werden – wie im Orchester die Kontrabässe – rein instrumental für harmonische Wirkungen als Baßfundament eingesetzt. Es entwickelt sich nicht ein konzerthaftes statisches Finale, sondern ein handlungsmäßig bewegter dramatischer Ablauf von großer Originalität.

Das vertraglich festgesetzte Premierendatum verschiebt sich wegen der Eskapaden der Cruvelli um ein halbes Jahr. Auseinandersetzungen mit dem unwilligen Personal der Opéra gibt es bis zuletzt.

Berlioz an Auguste Morel; Paris, 2. Juni 1855
Verdi liegt sich auch mit allen Leuten der Opéra in den Haaren. Gestern, bei der Generalprobe, hat er ihnen eine schreckliche Szene gemacht. Der arme Mann tut mir leid; ich versetze mich in seine Lage. Verdi ist ein ehrenwerter und honoriger Künstler.
Daniel Bernard, *Correspondance inédite de Hector Berlioz*, Bernard, Paris, o.J. Zit. in: Weaver, S. 192

Die Premiere am 13. Juni 1855 ist die Attraktion der Pariser Weltausstellung[11], und wird – Ironie des Schicksals! – zu einem großen Erfolg
bei Publikum und Presse. Der Komponist Adolphe Adam (*Le postillon de
Lonjumeau, Giselle*) zeigt sich in der „Assemblée Nationale" von Verdis
Melodik überaus beeindruckt, der gestrenge Berlioz rühmt wortreich die
Qualitäten der neuen Oper, der Kritiker der „Débats" vermerkt, daß Verdis Schreibweise für das Orchester Farben und Akzente aufweist, die bislang in der italienischen Musik unbekannt waren, fünfzig Vorstellungen
in einer Saison – zehn mehr als der Vertrag garantierte – sind ein deutlicher Beweis für die allgemeine Zufriedenheit, der sich auch Verdi mit
kleineren Einschränkungen anschließt.

> Verdi an Clarina Maffei; Paris, ?. Juni 1855
> Es scheint mir, daß die *Vespri siciliani* nicht gerade schlecht ankom-
> men. […] Die hiesigen Zeitungen äußerten sich zustimmend bzw. günstig,
> wenn man von nur drei Ausnahmen absieht, die allesamt Italiener sind:
> Fiorentini, Montazio und Scudo. Meine Freunde sagen: Welche Ungerech-
> tigkeit! Was für eine infame Welt! Ich aber sage: Nein, die Welt ist zu
> blöde, um infam zu sein. Abbiati II, S. 296

Charles Santley (Liverpool 1834 – London 1922) ist bei einer Vorstellung anwesend. Er wird von 1857 bis 1877 eine bedeutende Karriere
als Bariton machen und für seine Verdienste 1907 geadelt werden.

> Ich stellte fest, daß Verdis Oper *Les Vêpres siciliennes* mit Sophie Cru-
> velli auf der Besetzungsliste für Mittwoch angekündigt war, und ich
> konnte der Versuchung nicht widerstehen, einen Tag länger zu bleiben, um
> erneut die Gelegenheit zu haben, die Göttliche zu hören, die mich ein paar
> Jahre zuvor verzaubert hatte. Ich wußte nichts über die Anordnung der
> Plätze und nahm, was mir für mein Geld geboten wurde; die Folge davon
> war, daß ich mich, mit dem Hinterkopf fast die Decke berührend, hinter
> einer Reihe von Menschen wiederfand, die mit der französischen Höflich-
> keit, von der ich oft gehört, die ich jedoch selten erfahren habe, partout
> stehen wollten und mir so die ganze Sicht auf die Bühne versperrten. Trotz
> dieser Unbequemlichkeit genoß ich die Aufführung. Obin, der Baß, gefiel
> mir besonders gut; von meiner Göttlichen war ich ein wenig enttäuscht;
> den Tenor mochte ich nicht, doch den Bariton Bonnehée, den mochte ich
> sehr, nur, da er nicht auf F oder in dessen Nähe hinunterging, widmete ich
> ihm nicht die Aufmerksamkeit, die ich ihm einige Jahre später geschenkt
> haben würde, als ich zwischen Baß und Bariton zu unterscheiden gelernt
> hatte. Charles Santley, *Student and Singer*,
> London 1892, S. 53. Zit. in: Weaver, S. 192 f.

Auf der Besetzungsliste scheinen in den Hauptrollen Sophie Cruvelli (Hélène), Louis Gueymard[12] (Henri), Marc Bonnehée[13] (Guy de
Montfort) und Louis-Henri Obin[14] (Procida) auf.

Sofia Cruvelli (Bielefeld, 1826 – Monte Carlo 1907) war eine deutsche Sopranistin, die eigentlich Johanne Sophie Charlotte Crüwell hieß. Sie studierte bei berühmten Lehrern, darunter Francesco Lamperti. Sie gab ihr Debut 1847 in Venedig am Teatro La Fenice als Odabella in *Attila*, wo sie auch die Elvira in Bellinis *I puritani* sang. Kurz darauf trat sie in Udine als Lucrezia in *I due Foscari* auf. Verdis Frühwerke lagen ihr stimmlich ausgezeichnet. 1848 sang sie, nun als Sofia Cruvelli, in London die Elvira in *Ernani* und die Abigaille in *Nabucco*, aber auch die Leonore in *Fidelio* und die Gräfin in *Le nozze di Figaro*, sowie in Berlin die Norma und die Lucrezia Borgia. 1850 war sie in Mailand engagiert und fügte ihrem Repertoire *Luisa Miller* und Donizettis *Linda di Chamounix* hinzu. 1850 gastierte sie in Genua. Im selben Jahr debütierte sie in Paris als *Ernani*-Elvira, am Théâtre Italien sang sie die *Norma*, *La sonnambula*, *Fidelio* und Rossinis *Semiramide*. 1852 führten sie ihre Auftritte nach Frankfurt, 1853 nach Madrid. 1854 trat sie in London an der Covent Garden Opera auf, und zwar als Donna Anna in *Don Giovanni*, als *Fidelio*-Leonore und als Desdemona in Rossinis *Otello*. 1854–56 ist sie an der Pariser Opéra engagiert (zu der exorbitanten Jahresgage von 100.000 Francs), zu ihren dortigen Erfolgen zählen die Valentine in Meyerbeers *Les Huguenots*, die Giulia in Spontinis *La vestale* und die Rachel in Halévys *La Juive*. Nach weiteren Gastspielen in Dublin und London beendet sie 1856 ihre Karriere, weil sie den erwähnten Baron Vigier ehelicht. 1879 und 1881 tritt sie nochmals bei Wohltätigkeitskonzerten in Erscheinung.

Als „die schönste Stimme unserer Zeit im dramatischen Genre" bezeichnete sie der Impresario Strakosch. Ihr Sopran wurde als „groß" und „kräftig" beschrieben. Sie war ein dramatischer Sopran mit Koloraturfähigkeit.

Sofort nach der Premiere beginnt Verdi mit seinem Verleger Giulio Ricordi das Thema *Vespri siciliani* und italienische Zensur zu erörtern: Im Italien von 1855 ist es verboten, auf der Bühne Bezug auf historische Begebenheiten zu nehmen, die sich auf italienischem Boden abgespielt haben. Um Schwierigkeiten bei den Aufführungen in Italien vorzubeugen, bedient man sich daher der einfachsten Möglichkeit: Man verlegt die Handlung in ein anderes Land – Sizilien wird zu Lusitanien, dem heutigen Portugal – und gibt den Figuren neue Namen. Bei den ersten Aufführungen des Werks in Parma (1855), Turin und Mailand (1856) heißt es *Giovanna di Guzman*. Verdi schlägt zuerst einen anderen Namen vor: „Der Titel, den wir zuerst gewählt hatten, war *Maria di Braganza*, aber dann habe ich Maria durch Giovanna ersetzt; aus diesem Grund wirst Du im Klavierauszug Maria und im Libretto Giovanna finden. Das ist aber unwesentlich und Du kannst den Namen verwenden, den Du willst; Du mußt nur im Klavierauszug die Änderungen vornehmen lassen, je nachdem, welchen Namen Du wählst."[15] Aus Arrigo wird Enrico, ein junger Portugiese, Monforte wird zu Vasconcello, Procida zu Ribera Pinto. Viele andere Titel erhält das Werk noch, darunter *Giovanna di Sicilia* (Neapel, Teatro Nuovo) und *Batilde di Turenna* (Neapel, Teatro San Carlo), bevor es in Italien 1861 erstmals ohne Zensureingriffe mit seinem italienischen Originaltitel aufgeführt und, ab nun zumeist in italienischer Sprache, weltweit gespielt wird.

Anläßlich der Aufführung in Neapel im Jänner 1858 schrieb der Sekretär des San Carlo, Vincenzo Torelli, einen pompösen Artikel über Verdi.

> Noch am Abend seiner Ankunft kam der berühmte Maestro auf Bitten seiner Freunde ins Theater. Als er seine Loge betrat, ging ein allgemeines Raunen durch das weiträumige San Carlo, und alle Blicke und alle Operngläser richteten sich auf ihn. Coletti sang seine Romanze, denn man konnte gerade nur zwei Nummern der *Batilde di Turenna* oder *Vespri* aufführen, da jeden Tag eine neue Indisposition auftrat. [...] Nach der Romanze Colettis brach das Publikum in heftigen Applaus aus und rief den Maestro Verdi heraus, der mehrmals bewegt und dankbar winkte.
>
> Doch nach dem wunderbaren Duett zwischen Fraschini und Coletti schwoll der Beifall ins Unermeßliche, und seine Freunde und ein Gefühl der Dankbarkeit bewogen Maestro Verdi, zur Bühne hinunterzusteigen und auf ihr zu erscheinen, wo er mehrmals mit den anderen und dann allein herausgerufen wurde. Das Orchester huldigte ihm dadurch, daß es die Ouverture der Oper wiederholte und danach wurde der berühmte Maestro noch zweimal unter herzlichem, einhelligem und stürmischem Beifall herausgerufen. So wurde das große und erhabene italienische Genie hier an der Heimstätte der Harmonie und des Gesangs begrüßt.
>
> „Omnibus", Neapel, Jänner 1858.
> Zit. in: Abbiati II, S. 467

In den vier Jahren zwischen dem 26. Dezember 1855 und dem November 1859 werden die *Vespri* in Italien an 28 Theatern aufgeführt, zwischen 1860 und 1866 an 24 Theatern. Auch zwischen 1884 und 1898, als Verdi in Italien wenig gespielt wurde, scheinen die *Vespri* an neun Theatern auf, darunter Florenz, Rom, Turin, Palermo und Neapel. Doch dann flaut der Enthusiasmus für diese Oper ab. Aus heutiger Sicht sind die *Vespri* das einzige Werk aus Verdis mittlerer Schaffensperiode, das nur selten auf den Spielplänen aufscheint. Der Grund dafür sind die enormen Dimensionen der Oper (sogar die Ouverture ist die längste Verdi-Ouverture), ihre szenische Komplexität und ihre Ansprüche an die Besetzung. Daß Verdi sich in diesem Werk als Meister der psychologisch differenzierten Charakterisierung und der feinen kompositorischen Nuancen erweist, tritt dagegen in den Hintergrund.

Simon Boccanegra

Seit einiger Zeit zeigt sich das Fenice an einer neuen Verdi-Oper interessiert. Der Vertrag mit der Opéra verhindert aber deren Zustandekommen, inzwischen stehen für Venedig neue Werke auf dem Spielplan: man gibt 23 Aufführungen des *Trovatore* (Eröffnungsvorstellung 26. Dezember 1853) mit Mirate, sowie die italienische Übersetzung von *Jérusalem*, das jetzt *Gerusalemme* heißt (11. Februar 1854). Der *Rigoletto* steht wieder auf dem Programm, auch die *Traviata* ist wieder zu hören: Die Interpreten der erfolgreichen Wiederaufnahme sind Adelaide Cortesi, der Tenor Alfredo Pancani und der Bariton Giovanni Guicciardi, es dirigiert der Komponist Carlo Ercole Bosoni. Am Teatro S. Benedetto spielt man die *Traviata* und *I due Foscari*. In der Saison 1854–55 spielt das Fenice in Ermangelung von Neuheiten *I due Foscari* und *Macbeth*.

Anfang 1855 bietet das Fenice Verdi neuerdings einen Vertrag an. Mocenigo reagiert damit auf die Situation in Paris: Die Cruvelli ist gerade verschwunden und man hört, daß Verdi sich anschickt, den Vertrag mit der Opéra aufzulösen und nach Italien zurückzukehren. Briefe werden gewechselt, doch Verdi muß die Pariser Oper fertigstellen und aufführen. Nach der Premiere der *Vêpres* bleibt er in Paris, um Geschäftliches zu erledigen, dazwischen reist er im Juli auf einen einwöchigen Abstecher nach London, um eine nicht autorisierte Aufführung des *Trovatore* zu verhindern, im August und September macht er Erholungsurlaub in Enghien-les-Bains. Erst am 20. Dezember 1855 kehrt er mit Giuseppina nach Sant'Agata zurück. Er war zwei Jahre und zwei Monate in Paris.

In Sant'Agata erwartet er Piave, der die Umarbeitung des *Stiffelio* zu *Aroldo* bewerkstelligen soll. Piave betreut in Venedig gerade *Giovanna di Guzman*, die umbenannten *Vespri siciliani* und eine weitere Oper. Er trifft am 27. März 1856 in Sant'Agata ein. Er bringt nicht nur Unterlagen für das neue Libretto mit, sondern auch den Auftrag Torniellis, des Präsidenten des Fenice, mit Verdi konkret über eine neue Oper für die Saison 1856–57 zu verhandeln. Die Brüder Marzi haben seit 1853 einen fünfjährigen Pachtvertrag mit dem Fenice und bieten bereits eine Besetzung an: die Sopranistin Luigia Bendazzi, den Tenor Carlo Negrini, den Bariton Leone Giraldoni und den Bassisten Giuseppe Echeverria. Verdi hat „verschiedene Projekte auf dem Tisch", darunter ein Angebot aus

Florenz, er muß die Sache überlegen. Zu diesem Zeitpunkt ist, wie erwähnt, das *Lear*-Libretto beim vierten Akt angelangt. Verdi hält sich mehrere Verhandlungsoptionen offen: Neben Florenz und Venedig steht er wegen dieses Projekts mit dem Teatro San Carlo in Neapel in Verbindung. Sechstausend Dukaten Honorar begehrt der Komponist für die neue Oper, und folgende Besetzung:

> Verdi an Torelli; Busseto, 22. April 1856
> Wenn man den *Re Lear* machen will, würde man folgende Künstler benötigen:
> Einen großen Bariton für den Part des *Re Lear*.
> Eine *prima donna Soprano*, keine dramatische Sängerin, aber mit großem Gefühl für die *Cordelia*.
> Zwei ausgezeichnete Comprimario-Sängerinnen.
> Einen sehr guten Alt.
> Einen *tenore di forza*[16] mit einer schönen Stimme, [dessen Rolle] aber nicht sehr wichtig [ist].
> Für den Sopran und Alt sagt man mir Gutes von der Piccolomini und der Giuseppina Brambilla. Beide haben viel Gefühl und sind jung!
> Copialettere, S. 189 f.

Verdi ahnt, daß Neapel seinen Forderungen nicht entsprechen wird, nach Ablauf der mit Mitte Mai festgesetzten Entscheidungsfrist für den *Lear* eröffnet sich die Möglichkeit, für Venedig zu schreiben. Obwohl die Brüder Marzi den renommiertesten Komponisten Italiens für das Fenice gewinnen wollen, fallen diese gewieften Kenner des italienischen Theaterwesens nicht mit der Tür ins Haus, sondern gehen langsam vor. Sie haben einen zweiten Pfeil im Köcher, den Komponisten Petrella: Wenn sie diesen der Direktion des Fenice gegenüber favorisieren, glauben sie ein Mittel in der Hand zu haben, um Verdis hohe Forderungen drücken zu können. Verschwörerische Briefe werden zwischen Piave und Tornielli gewechselt, um Verdis Honorar wird gefeilscht („Was die [Honorar-] Senkung anbelangt, die Verdi vorgeschlagen werden soll, hat er mir geantwortet, daß, wenn man Preisänderungen wünscht, er höchstens die 12 in 14000 Lire umwandeln kann. Es ist also unmöglich, darüber zu reden."[17]), Graf Mocenigo kann seine Begeisterung über Verdis bevorstehendes Engagement nicht zurückhalten und posaunt die Neuigkeit voreilig hinaus. Mitte Mai eilt der Sekretär des Fenice, Brenna, nach Busseto, um den Vertrag mit Verdi abzuschließen. Wieder kommt der *Lear* nicht zustande. Piave jubiliert, nicht nur, weil dank seines Geschicks Verdi wieder für Venedig schreibt, sondern weil er als „alleiniger Vermittler" eine Provision erhält.

Außenansicht des Teatro La Fenice in Venedig. (Es wurde am 29. Jänner 1996 durch einen Großbrand zerstört.)

FACCIATA DEL TEATRO

Den Sommer 1856 verbringt Verdi in Venedig, um Bäder zu nehmen:

> Verdi an Clarina Maffei; Venedig, 30. Juni 1856
> Ich bin niemals krank gewesen, d.h. ernstlich krank. Ich habe immer ein wenig Halsbeschwerden, und ein wenig Magenbeschwerden, insbesondere, wenn ich eine Oper fertiggestellt habe. Es stimmt, daß dieses Leiden ein wenig länger als sonst andauert, und deshalb bin ich in Venedig. Die Ärzte haben mir gesagt, daß diese Bäder mir guttun werden: ich glaube nicht recht daran: aber letztendlich bin ich doch hier, um wenigstens irgendetwas zu machen. Conati, Fenice, S. 377

Wie immer untertreibt Verdi. Der Dreiundvierzigjährige ist nach wie vor überarbeitet. Seine Krankheiten zuzugeben hieße, Schwäche zu zeigen und nicht der vor Gesundheit strotzende, harte Bauernsproß zu sein, den er verkörpern will (wie erinnerlich, fürchteten die Ärzte bereits einmal um sein Leben).

Am 14. Juli kündigt er seinem französischen Verleger Escudier seinen bevorstehenden Parisbesuch an. Auch seine Zukunftspläne erwähnt er: „Ich werde [nach zwei Wochen Parisaufenthalt] sofort nach Italien zurückkehren, um die Zeit zu haben, den *Stiffelio* zu überarbeiten, damit er wahrscheinlich im Herbst in Bologna gegeben werden kann. Dann werde ich die neue Oper für Venedig schreiben, und später den *Re Lear* für Neapel."[18] Er hat das Projekt also nach wie vor nicht ad acta gelegt. Die Parisreise dient unter anderem dem Zweck, einen Prozeß gegen Calzado zu führen, einen Impresario, der angekündigt hat, *Rigoletto* und *La traviata* nach Schwarzdrucken aufführen zu wollen (Verdi wird diesen Prozeß verlieren). Diese Vorkommnisse veranlassen den Komponisten, die Regierung in Parma zur Unterzeichnung eines Copyright-Abkommens zu drängen. Zwei Wochen später gibt es den ersten Hinweis, welches Sujet er komponieren wird: „Ich glaube, den Stoff für Venedig gefunden zu haben und werde Dir aus Paris das Szenarium schicken."[19] Am 23. August 1856 scheint in einem Brief an Piave erstmals ein konkreter Hinweis auf den Stoff auf: Das Sujet, auf das Verdi gestoßen ist, ist ein Stück des spanischen Dramatikers Antonio García Gutiérrez (1813–1884), dessen *El trovador* bereits als Vorlage für *Il trovatore* gedient hat; die Titelfigur, die Verdi sogleich anspricht, ist Simon Boccanegra (bei Gutiérrez: *Simón Bocanegra*), der 1339 Doge von Genua wurde und nicht nur eine Konsenspolitik des ständisch geteilten Genua betrieb, sondern eine Einigung Italiens anstrebte (die noch über fünfhundert Jahre auf sich warten lassen wird). Wie es zu Verdis Entscheidung für den Gutiérrez-Stoff kam, wissen wir nicht. Möglicherweise war es die Hoffnung, den Erfolg des *Trovatore* zu wiederholen, vielleicht auch seine Vorliebe für Genua, jene Stadt, in der er in Zukunft auf Betreiben Giuseppinas, die die Winter in der Poebene verabscheut, im Palazzo Doria jeden Winter verbringen wird. Der *Boccanegra* soll etwas ganz Neues werden: „Breit angelegt, mächtig, frei von jeglicher Konvention, abwechslungsreich, soll er alle Elemente in sich vereinen." Verdi ist mit Piaves Arbeit nicht recht zufrieden. Die erste Fassung des Librettos schickt er mit unzähligen Korrekturen, Strichen, Umstellungen, Rufzeichen, selbstverfaßten Textstellen und szenischen Anweisungen an Piave zurück. Als Piave Verdis Anforderungen nicht entspricht, wendet sich Verdi, der für die Realisierung seiner Vorstellungen den direkten Kontakt mit dem Librettisten braucht, in Paris an Giuseppe Montanelli, einen hier im Exil[20] lebenden patriotischen Politiker, Dichter und früheren Jusprofessor, und bittet ihn um die Durchführung seiner Änderungswünsche.

Im Herbst 1856 hat Verdi vom Fenice das Engagement eines „*Baritono comprimario, der auch ein guter Schauspieler ist*", für die Partie des Paolo Albiani gefordert. Obwohl das Theater vertraglich dazu verpflichtet ist, diesem Wunsch Verdis nachzukommen, kommt es zu Auseinandersetzungen mit den Brüdern Marzi, und zwar zuerst über die Notwendigkeit des Engagements an sich und dann über die Auswahl des Sängers. Die Korrespondenz darüber zieht sich über Monate hin.

Inzwischen genehmigt die Zensurbehörde vorläufig den Prosaentwurf des *Boccanegra*, behält sich aber ihre Zustimmung zum ausgearbeiteten Libretto vor.

Am 12. Jänner 1857 geht in Paris die Produktion des *Trouvère*, die Verdi beaufsichtigt hat, in Szene, tags darauf reist der Komponist eilends nach Sant'Agata ab, wo er am 17. Jänner eintrifft. Er stürzt sich sofort in die Kompositionsarbeit, die nur durch die Vertragsverhandlungen mit Ricordi unterbrochen wird: Für die Abtretung der Partitur verlangt er 36.000 Francs, zusätzlich 50% der Einkünfte aus Verleih und Verkauf der Partitur und der Libretti. Jetzt erkrankt Verdi. Er ersucht Piave, dem Direktorium des Fenice mitzuteilen, daß er deswegen nicht arbeiten könne. Möglicherweise handelt es sich um eine diplomatische Erkrankung, um eine Verschiebung des Abgabetermins zu erreichen. Tornielli weist Piave darauf hin, daß Verdi sich verpflichtet habe, ab 15. Februar in Venedig zu sein und am 5. März in Szene zu gehen und beauftragt ihn mit der umgehenden Bestellung von Bühnenbildern, Kostümen und Requisiten. Aus der Kostümbestellung Piaves vom 1. Februar wird das Alter der Figuren der Oper ersichtlich: Simon Boccanegra ist im Prolog 36 Jahre, im ersten Akt 60 Jahre alt, Jacopo Fiesco 45 bzw. 69 Jahre, Paolo Albiani 30 bzw. 54, Pietro 25, Maria Boccanegra 27, Gabriele Adorno 28.[21]

Piave wurde bis zu diesem Zeitpunkt über Montanellis Änderungen im Dunkeln gelassen:

> Verdi an Piave; undatiert [Anfang Februar 1857]
> Hier hast Du das Libretto gekürzt und geändert, ungefähr so, wie es sein muß. Wie ich Dir in einem anderen Brief schon sagte, kannst Du Deinen Namen daruntersetzen oder auch nicht. Wenn Dir unangenehm ist, was geschehen ist, mir ist es ebenfalls unangenehm, vielleicht noch mehr als Dir, ich kann nur sagen: „es war eine Notwendigkeit".
> Ich schleppe mich dahin, so gut es geht. Mit viel gutem Willen mache ich weiter, und die Oper wäre fertig, wenn mein Magen mich arbeiten ließe, wann ich will.   Bollettino III, S. 1785

Im selben Brief gibt er Piave genaue Anweisungen, wie die Bühnenbilder auszusehen haben. Die Wirkungen, auf die der Theaterpraktiker Verdi abzielt, sind in äußerst suggestiver Weise auf die Musik bezogen.

Am 6. Februar wendet sich Tornielli an Verdi und verlangt die Übersendung der bereits fertiggestellten Teile der Komposition. Verdi schickt Piave einen Teil der noch nicht instrumentierten Partitur, damit die Gesangsstimmen „herausgezogen", d.h. vom Kopisten herausgeschrieben werden können. Wenige Tage darauf läßt er weitere Szenen folgen, nicht ohne nochmals zu betonen:

> Verdi an Piave; Sant'Agata, 9. Februar 1857
> Die Partie des Paolo ist sehr wichtig: man benötigt unbedingt einen Bariton, der ein guter Schauspieler ist: wenn diese Rolle nicht gut besetzt ist, kann dies die ganze Oper gefährden. Man muß ihn unbedingt finden! [...]
> P.S.: Ich lege Dir den Paolo eindringlich ans Herz.
>
> Conati, Fenice, S. 402

Am 15. Februar ist Verdi noch in Sant'Agata, am 18. informiert Muzio aus Padua Ricordi über Verdis Abreise. Am selben Tag legt Piave in Venedig das fertiggestellte Libretto der Zensurbehörde vor. Verdi trifft am 19. in Venedig ein und beginnt sofort mit der Orchestrierung der Oper. Die Proben beginnen mit Problemen: Das Klavier funktioniert nicht und der für den Paolo ausgewählte Bariton Sabbatini erweist sich als ungeeignet. Er wird auf Verdis Wunsch durch Giacomo Vercellini ersetzt.

Am 22. Februar wagt Muzio ein erstes, prophetisch anmutendes Urteil über den *Boccanegra*: Eine „wunderbare, ergreifende, berührende Schöpfung" sei die Oper, aber am ersten Abend werde sie kalt aufgenommen werden. Man brauche, „um sie in all ihrer Schönheit zu verstehen, das Publikum von Mailand oder Rom".[22] Piave hingegen ist vorbehaltlos begeistert: „Die Musik ist göttlich im wahrsten Sinn des Wortes, und Verdi ist auch mit den Interpreten äußerst zufrieden."[23]

Am 1. März findet die erste Orchesterprobe statt. Auch hier läuft nicht alles glatt. Aus dem Protokoll des Direktoriums ist ersichtlich, daß einige Orchesterelemente nicht den Anforderungen entsprechen. Bei der Generalprobe wird schließlich vom Theater Protest gegen die abscheulichen Kostüme und Perücken erhoben.

Am 12. März, mit einwöchiger Verspätung gegenüber dem im Vertrag festgelegten Termin, findet die Premiere statt. Die Besetzung setzt sich zusammen aus Leone Giraldoni (Simon Boccanegra), Giuseppe Echeverria (Jacopo Fiesco), Luigia Bendazzi (Maria Boccanegra/Amelia), Carlo Negrini (Gabriele Adorno) und Giacomo Vercellini (Paolo

Albiani). Die Oper wird kalt aufgenommen, wie Muzio vorausgesehen hat. Für Verdi handelt es sich um ein reines Fiasko.

> Verdi an Torelli; Venedig, 13. März 1857
> Gestern abend nahm das Unheil seinen Lauf: es gab die erste Aufführung des *Boccanegra*, der ein beinahe ebenso großes *Fiasko* wie die *Traviata* erlebte. Ich war der Meinung, etwas Brauchbares geschaffen zu haben, doch scheint es, als hätte ich mich geirrt. Wir werden später sehen, wer recht hat. Abbiati II, S. 393

Fast wortgetreu berichtet Verdi dasselbe nach seiner Rückkehr nach Sant'Agata an Clarina Maffei und seinen Freund Luccardi.[24] Wiederum sieht die Realität etwas anders aus. Am 15. März 1857 schreibt die „Gazzetta Musicale di Milano":

> Der Erfolg der ersten Aufführung des *Boccanegra* war dem der *Traviata* gleich. [...] Wenn man bedenkt, wie gespannt die neue Arbeit Verdis erwartet wurde, so erscheint es unmöglich, daß ein so ausgewähltes Publikum, das sich aus Menschen, die aus aller Herren Länder eigens dafür herbeigeströmt sind, zusammensetzte, im Theater in einen Zustand der Apathie, der Gleichgültigkeit und besonders der Unaufmerksamkeit verfiel, sodaß man mit gutem Gewissen sagen darf, daß der Boccanegra vom Publikum gar nicht beurteilt wurde, weil es ihn nicht angehört hat.
> Conati, Fenice, S. 409

Nach der zweiten Vorstellung steigt die Begeisterung des Publikums, möglicherweise, „weil Ricordi 200 bis 300 Freikarten verteilt hat"[25]: Aus den fünf Hervorrufen des ersten Abends werden neunzehn. Die Aufführungszahlen und Kassaergebnisse scheinen Verdi recht zu geben: 3.541,50 Lire bei der Premiere, 1.780 Lire bei den beiden Folgevorstellungen, 1.400 Lire bei den beiden letzten Vorstellungen. Nur sechs Vorstellungen erreicht der *Boccanegra*, anstelle der zehn bis zwölf, auf die das Direktorium gehofft hatte. Verdis Freund, der Arzt Cesare Vigna, praktizierender Katholik und Antisemit, vermutet hinterhältige Ränke:

> Vigna an Verdi; Venedig, 23. März 1857
> Die Existenz einer gegnerischen Partei, die nicht mit einfachem Gerede und bösartigen Unterstellungen (kurzlebige Mittel, die aus der Mode gekommen sind), sondern mit Gold, einem logischen Argument von erstklassiger Überzeugungskraft, arbeitet, ist nunmehr offensichtlich. Ich habe es von Personen erfahren, denen ich Glauben schenken muß.
> Es waren insbesondere hinterhältige und dunkle Machenschaften einiger reicher Israeliten, die heftig damit beschäftigt sind, einen gewissen M° Levi (aus dem alten Volksstamm) zu unterstützen, der der Autor einer *Giuditta* ist, die gleich zusammen mit Holofernes starb[26], und welche jetzt, der Lektion nicht eingedenk, wieder ihr Glück im Theater versuchen will. Und gestern abend veranstaltete eben ein elender Jude (der wegen seiner verunstalteten Erscheinung den Spitznamen Rigoletto hat) einen teufli-

schen Wirbel und beruhigte sich nicht, bis ihm ein Polizeikommissar einen ordentlichen Rüffel erteilte.

Einige sehen darin die Hand von Meyerbeer selbst: dies ist, wenn Du so willst, eine billige Vermutung, die aber sicherlich seinem Charakter wenig Ehre macht, weil viele, die ihn gut kennen, sie für wahrscheinlich halten.   Abbiati II, S. 395

Diesmal liegt die Schuld nicht bei den Sängern, sondern an dem Werk mit seinen dunklen, düsteren Farben, mit denen Verdi ein überdimensionales Volksfresko in Schwarz (man könnte es Goya-Schwarz nennen) malt, in welchem sich die Protagonisten mit der Masse vereinigen. Mitschuld haben wohl auch die konventionellen Verse und Situationen Piaves, die von der Vorlage Gutiérrez' nicht genügend abrücken: Solcherart, mit der modernen, zerrissenen Figur des Boccanegra im Zentrum, kann sich das Werk bei einem mit Bellini, Donizetti und Rossini aufgewachsenen Publikum nicht durchsetzen, das nicht versteht – und nicht zu verstehen bereit ist –, weshalb der Titelheld keine Arie, keine Romanze, keine Stretta oder Cabaletta, womöglich mit einem hohen Schlußton, bekommen hat, in der er seinen Gefühlen in herkömmlicher, altvertrauter Manier Ausdruck geben kann. Es kann auch nicht einsehen, weshalb die traditionelle Liebesgeschichte zugunsten der Austragung politischer und persönlicher Konflikte zurücktreten muß. Ebensowenig versteht Piave, daß Verdi sich in der Figur des Fiesco musikalisch selbst portraitiert, Fiesco und somit sich selbst als Menschen ohne Hoffnung, ohne Vertrauen darstellt, und daß der *Boccanegra* ein kompliziertes menschliches und zugleich politisches Drama ist. Piave wird verdächtigt, zu seiner Ehrenrettung das Gerücht in die Welt gesetzt zu haben, Verdi selbst habe das Libretto verfaßt, was ihm einen (nicht erhalten gebliebenen) scharfen Verweis Verdis einträgt.[27] Hinzuzufügen ist, daß diese Fassung nur zum Teil jene Oper ist, die heute unumstritten als Meisterwerk anerkannt ist und weltweit gespielt wird.[28]

Der Bariton **Leone Giraldoni** (Paris 1824 – Moskau 1897), der Vater des berühmten Baritons Eugenio Giraldoni (1871–1924), wurde in Florenz ausgebildet und debutierte 1847 in Lodi. Anfänglich an kleineren Bühnen tätig, trat er bald an großen Häusern wie Florenz und Budapest, ab 1855 an der Mailänder Scala auf. Verdi setzte ihn nach der *Boccanegra*-Uraufführung auch 1859 in der Premiere von *Un ballo in maschera* ein. Seine erfolgreiche Karriere führte ihn an die großen Opernhäuser Italiens (in Rom sang er 1882 in der Premiere von Donizettis *Il duca d'Alba*) sowie nach Madrid und St. Petersburg. Er war berühmt für seinen Grafen Luna in *Il trovatore*, wie er überhaupt ein Verdi-Bariton war, der von *Attila, I due Foscari, Il corsaro* und *Macbeth* bis *Rigoletto, Aroldo* und *Aida* fast alle Verdi-Rollen sang. 1877 sang er an der Scala in einer denkwürdigen Vorstellung den Figaro in Rossinis *Barbiere* an der Seite von Adelina Patti und deren damaligem Gatten, dem Tenor Ernesto Nicolini. 1878 trat er in der Uraufführung von Mercuris *Il violino del diavolo* auf, einer Oper, die für seine Gattin Carolina Ferni (1871–1924) komponiert worden war, die nicht nur Sängerin, sondern auch Geigenvirtuosin war. Nach seinem Abgang von der Bühne 1885 nahm er 1891 eine Professur am Moskauer Konservatorium an. Er verfaßte auch gesangstheoretische Schriften.[29]

Giraldoni war ein hoher Bariton, ein sensibler, nervöser Sänger, der zu Indispositionen und Absagen neigte. Bei der Umarbeitung des *Boccanegra* 1881 legte Verdi für Victor Maurel die Rolle des Boccanegra tiefer, obwohl Maurel ein echter Bariton und kein *basso cantante* war. Anläßlich der *Boccanegra*-Vorbereitungen ermahnt Verdi den Sänger:

> Verdi an Giraldoni; undatiert [Frühjahr 1857]
> [...] ich empfehle, jene Rallentandi möglichst zu vermeiden, die dem Großteil der Sänger, sehr auf Kosten des guten Geschmacks und oft auch der Wirkung, so überaus gefallen. Die Frauen wie die Männer sollen singen und nicht schreien: Sie sollen daran denken, daß vortragen nicht brüllen bedeutet! Wenn man in meiner Musik nicht viele Vokalisen findet, darf man sich deswegen nicht die Haare raufen und wie Besessene toben.
>
> In: „Gazzetta Musicale di Milano", XVIII/25, 17. Juni 1860,
> S. 199. Zit. in: M. CONATI, *Il cantante in scena*,
> in: *La realizzazione scenica dello spettacolo verdiano*,
> Atti del Congresso internazionale di studi verdiani,
> Parma 1996, S. 272.

Die Sopranistin **Luigia Bendazzi** (Ravenna 1829 – Nizza 1901) studierte in Mailand und Bologna und debutierte 1850 in Venedig als Elvira in Verdis *Ernani*. Ihre Karriere entwickelt sich rasch: sie tritt an allen großen italienischen Bühnen auf, ab der Saison 1857–58 ist sie an der Mailänder Scala sehr erfolgreich. Gastspiele führen sie nach Wien (1854) und Barcelona.

Ihre Verdi-Partien umfassen neben der *Ernani*-Elvira und der Amelia im *Boccanegra* die Hélène in *Les Vêpres siciliennes*, die Amelia in *Un ballo in maschera*, Gilda, Violetta und Lady Macbeth, für welche sie berühmt ist. Sie ist eine lyrisch-dramatische Sängerin mit Koloraturfähigkeit, die auch das Meyerbeer-Repertoire und Rollen wie die Paolina in Donizettis *Poliuto* oder die Titelrolle in Petrellas *Jone* singt. Ihre Karriere dauert bis 1884 an. Da die Stimme der Sopranistin als metallisch und durchdringend beschrieben wird, mutet es seltsam an, daß Verdi für sie eine liebliche, fast engelhafte Rolle schreibt. Für die Aufführung an der Scala regt Verdi an: „Im Orchester möge man eine gute Trompete mit vollem und sicherem Klang hinzufügen, die die synkopierten Noten der Kadenz spielen soll, die zusammen mit denen der Bendazzi gut wirken werden."[30]

Der Tenor **Carlo Negrini** (eigentl. Carlo Villa; Piacenza 1826 – Neapel 1865) studierte in Mailand und sang anfangs im Chor der Scala. Nach Engagements in Como und Konstantinopel kehrte er an die Scala zurück, wo er 1850 als Gastone in *Gerusalemme* debütierte. 1852 gastierte er, mit geringem Erfolg, als Pollione (*Norma*) und Ernani an der Covent Garden Opera in London. Er konzentrierte seine Tätigkeit ab jetzt auf Italien (Triest, Venedig, Neapel, Mailand) und sang vorwiegend das Verdi-Repertoire (*Ernani, Attila, Aroldo, Un ballo in maschera, Il trovatore, Giovanna d'Arco, Luisa Miller*). Er trat in etlichen Uraufführungen auf: 1853 in Pacinis *Le Cid*, 1855 in Apollonis *L'ebreo*, 1858 in Petrellas *Jone*, 1860 in dessen *Morosina*, 1862 in Peris *Rienzi*. Er sang Rollen wie Rossinis Otello, sowie das Donizetti- und Bellini-Fach. 1864 beendet er seine Karriere.

Negrini ist ein baritonaler Tenor, die Tessitura des Gabriele Adorno in der Erstfassung des *Boccanegra* liegt so zentral, daß Verdi die Rolle in der Umarbeitung 1881 für Francesco Tamagno höherlegen muß.

Der Bassist **Giuseppe Echeverria,** von dem keine präzisen Lebensdaten bekannt sind, gehörte einer raren Species an: er war ein *primo basso profondo assoluto*, ein echter tiefer Baß. Der Sänger war spanischer Abstammung und hatte eine bedeutende Karriere als Verdi-Interpret: Er sang an seinem Stammhaus, dem Teatro Real in Madrid, 1848 u.a. den Silva (*Ernani*) und den Banquo (*Macbeth*), 1849 den Massimiliano Moor (*I masnadieri*), an der Mailänder Scala 1855 den Pagano (*I lombardi*), den Zaccaria (*Nabucco*) und den Ferrando (*Trovatore*), in Wien 1856 den Silva, in Venedig 1856 den Procida (*I vespri siciliani*), sowie Partien wie den Conte Rodolfo (*La sonnambula*), den Oroveso (*Norma*) oder den Mosè in Rossinis gleichnamiger Oper. Seine Karriere führte ihn auch nach Triest, Valencia, Udine und Turin. Zu den Höhepunkten seiner Karriere zählten die Teilnahmen an den Uraufführungen von Francesco Chiaromontes *Ines de Mendoza* (1855) und *Simon Boccanegra*. Er dürfte 1860 an einer Gelbfieberinfektion in Brasilien gestorben sein.

Nach verschiedenen Aufführungen des *Boccanegra* in Italien (darunter von Verdi betreute Aufführungen in Reggio d'Emilia im Juni 1857 und in Neapel im November 1857, mit den Verdi-Spezialisten Filippo Coletti als Boccanegra und Gaetano Fraschini als Gabriele Adorno) verschwindet das Werk in den 1860er Jahren allmählich völlig von den

Spielplänen. Seine Erstaufführung an der Mailänder Scala erlebt der *Boccanegra* am 24. Jänner 1859. Hier begegnet er blankem Unverständnis und hält sich nur mühsame zwölf Vorstellungen lang. Er wird von Sebastiano Ronconi[31] (Boccanegra), Luigia Bendazzi (Maria/Amelia), Raffaele Laterza (Fiesco) und Emilio Pancani (Adorno) zum Teil nur mittelmäßig wiedergegeben. Verdi ist über die Besetzung der Titelpartie und die Publikumsreaktionen verärgert:

> Verdi an Tito Ricordi; Mailand, 4. Februar 1859
>
> Das Fiasko des *Boccanegra* in Mailand mußte kommen und es ist gekommen. Ein *Boccanegra* ohne Boccanegra!! Schneidet einem Menschen den Kopf ab und erkennt ihn dann, wenn ihr könnt. Du wunderst Dich über das *schlechte Benehmen des Publikums?* Mich überrascht es überhaupt nicht. Es ist immer glücklich, wenn es einen Skandal hervorrufen kann! Als ich 25 Jahre alt war, hatte auch ich Illusionen und glaubte an seine Höflichkeit; ein Jahr später fiel die Binde von meinen Augen und ich sah, mit wem ich es zu tun hatte. Manche Leute machen mich lachen, wenn sie mir vorwurfsvoll sagen, daß ich diesem oder jenem Publikum viel verdanke! Es stimmt, an der Scala hat man einmal den *Nabucco* und die *Lombardi* beklatscht; ob es nun wegen der Musik, wegen der Sänger oder wegen des Orchesters, wegen des Chors oder wegen der *mise en scène* war, Tatsache ist, daß alles zusammen eine solche Aufführung war, daß sich niemand seines Beifalls zu schämen brauchte. Kaum mehr als ein Jahr zuvor mißhandelte jedoch dasselbe Publikum die Oper eines armen, kranken jungen Menschen, der unter Zeitdruck stand und dessen Herz von einem schrecklichen Unglück gebrochen war! All das war bekannt, aber es war kein Hindernis für schlechtes Benehmen. Ich habe den *Giorno di regno* seit damals nicht mehr gesehen, und es ist sicher eine schlechte Oper, wenn auch wer weiß wie viele nicht bessere [Opern] hingenommen und vielleicht sogar mit Applaus bedacht worden sind. Oh, wenn das Publikum damals nicht applaudiert, sondern die Oper schweigend hingenommen hätte, ich hätte nicht genug Worte, ihm zu danken! Aber nachdem es gute Miene zu Opern gemacht hat, die ihren Weg rund um die Welt gemacht haben, ist die Rechnung ausgeglichen. Ich will es gar nicht verurteilen: ich nehme seine Strenge hin, ich akzeptiere die Pfiffe, unter der Bedingung, daß mich der Applaus zu nichts verpflichtet. Wir armen Zigeuner, Scharlatane und was immer ihr wollt, sind dazu gezwungen, unsere Anstrengungen, unsere Gedanken, unseren Wahn für Gold zu verkaufen – das Publikum kauft für drei Lire das Recht, uns auszupfeifen oder zu applaudieren. Unser Schicksal ist, sich zu fügen: das ist alles! Und trotz allem, was Freunde oder Feinde sagen mögen, ist der *Boccanegra* nicht schlechter als viele andere meiner Opern, die mehr Erfolg als diese gehabt haben, denn für ihn ist vielleicht eine sorgfältigere Aufführung vonnöten, und ein Publikum, das zuhören will. Eine traurige Angelegenheit ist das Theater!!!
>
> Copialettere, S. 556 f.

Wenig später schreibt Verdi an den Musikkritiker der „Perseveranza", einen europaweit anerkannten kompetenten Fachmann, der ihn von Publikumsexzessen bei der zweiten und dritten Vorstellung in Kenntnis gesetzt hat.

> Verdi an Filippo Filippi; Rom, 9. Februar 1859
> Theaterskandale haben mich nie überrascht; wie ich Ricordi schrieb, erkannte ich mit 26 Jahren, was das Publikum ist. Seit dieser Zeit [seit *Un giorno di regno*] sind mir Erfolge nie zu Kopf gestiegen, und Mißerfolge haben mich nie entmutigt. Wenn ich diese verwünschte Karriere fortgesetzt habe, so deshalb, weil es mit 26 Jahren zu spät war, etwas anderes anzufangen und weil ich körperlich nicht robust genug war, um auf meine Felder zurückzukehren. [...] Wenn sich die Gemüter später beruhigen werden, so wird es [das Publikum] vielleicht bemerken, daß im *Boccanegra* zumindest einige Intentionen vorhanden sind, die nicht zu verachten sind.
> Copialettere, S. 557 f.

Es wird der Zusammenarbeit mit Arrigo Boito bedürfen, um aus dem *Simon Boccanegra* jenes Meisterwerk zu machen, das heute fester Bestandteil der Spielpläne der internationalen Opernhäuser ist.

---

1 Copialettere, S. 139 f.

2 Auber zum Beispiel versuchte, im Laufe seiner langen Karriere die Erfolge von *Fra Diavolo* und *La Muette de Portici* in anderem Gewand zu wiederholen, auch die Meister des Verismo taten dies, indem sie die Stilmittel von *Cavalleria rusticana, Andrea Chénier* und *Pagliacci* mit immer geringerem Erfolg auf andere Sujets zu übertragen trachteten. Rossini, der 1829 nach *Guillaume Tell* vor demselben Dilemma stand, hatte es vorgezogen, das Komponieren von Opern ganz aufzugeben.

3 Tito Ricordi (Mailand 1811 – 1888). Sohn des Verlagsgründers Giovanni Ricordi. Mit dem Verlagshaus übernahm er von seinem Vater die Freundschaft zu Verdi. Tito Ricordi war ein guter Geschäftsmann und Pianist, er pflegte Umgang mit Musikern wie Liszt, Schumann und Meyerbeer. 1842 gründete er „La Gazzetta Musicale di Milano", eine anerkannte Musikfachzeitschrift. Er setzte sich für Autorenrechte ein, hielt sein Haus immer auf dem letzten technischen Stand, expandierte sein Unternehmen nach Paris und London und übernahm kurz vor seinem Tod das Konkurrenzunternehmen Lucca.

4 Abbiati II, S. 254.

5 Giuseppe Piroli (Busseto 1815 – Rom 1890). Jugendfreund Verdis. Er war Jurist und Professor für Strafrecht, und beriet Verdi in Rechtsfragen. 1859 war er aktiv an der Vereinigung der Provinz Parma mit dem Königreich Italien beteiligt. Wie Cavour und Verdi war er ein Antiklerikaler, der die radikalen sozialistischen Kräfte ablehnte. 1865 wurde er Mitglied des Staatsrates von Rom und Vizepräsident der Kammer, 1884 Senator.

6 In Boitos Notizen gibt es eine Aussage Verdis darüber, daß er selbst das Sujet der *Vêpres* ausgewählt hatte. Er wollte damit Roqueplan hinsichtlich der Auswahl eines Stoffes entlasten, der der Kaiserin nicht genehm war.

7 Copialettere, S. 538.

8 Verdi an Crosnier; Paris, 3. Jänner 1855. In: Copialettere, S. 157 ff.

9 Verdi an De Sanctis; 1. Jänner 1853. In: Carteggi I, S. 16.

10 M. MILA, *L'arte di Verdi*, Einaudi, Torino 1980, S. 104.

11 Ein ungeplanter Nebeneffekt, da bei Vertragsabschluß von der Weltausstellung noch keine Rede war.

[12] Der Tenor LOUIS GUEYMARD (Chapponay 1822 – Corbeil 1880) studierte am Pariser Conservatoire und debutierte 1845 in Lyon. 1848 trat er erstmals an der Opéra in der Titelrolle von *Robert le diable* auf. An diesem Haus blieb er bis 1868 als erster Tenor. Er wirkte in etlichen Uraufführungen mit: *Le prophète* (1849; er sang zuerst den Jonas, im selben Jahr dann die Titelpartie), *Sapho* (1851), *La Nonne sanglante* (1854) und *La reine de Saba* (1862) von Gounod. In seinem Repertoire finden sich Rollen wie Raoul in *Les Huguenots*, Arnold in *Guillaume Tell*, Edgardo in *Lucia di Lammermoor*, Manrique in der französischen Erstaufführung von *Le Trouvère* und Eléazar in *La Juive*. Nachdem er die Opéra verlassen hatte, sang er bei der French Opera Company in New Orleans. Er war ein Zwischenfachtenor mit einer ausgeprägt guten Höhe, die ihn ebenso für extreme Partien wie den Arnold als auch für das romantische Repertoire prädestinierte.

[13] Der Bariton MARC BONNEHÉE (Moumairs 1828 – Passy 1886) studierte in Toulouse und am Conservatoire in Paris. Er debutierte 1853 an der Opéra (Alphonse in Donizettis *La Favorite*), der er bis zu seinem Karriereende 1873 verbunden blieb. Er war ein zuverlässiger Haussänger, der nur wenig auswärts gastierte (so 1865 in Spanien). In seinem Repertoire finden sich Rossinis *Guillaume Tell*, Luna im *Trouvère*, Enrico in *Lucia di Lammermoor*. Nach seinem Abtreten wirkte er als Gesangspädagoge, ab 1879 unterrichtete er am Conservatoire.

[14] Der Bassist LOUIS-HENRI OBIN (Lille 1820 – Paris 1895) debutierte 1844 an der Opéra, der er 25 Jahre angehörte, in Rossinis *Otello*. Er trat bei etlichen Uraufführungen in Erscheinung: so in Aubers *L'Enfant prodigue* (1850), in Meyerbeers *L'Africaine* (1865) und in Verdis *Don Carlos* (als Philipp II., 1867). Er sang die klassischen Partien seines Fachs wie den Don Basilio im *Barbiere*, den Leporello, die Titelpartie in *Mosé in Egitto*, den Balthazar in *La Favorite* und den Bertram in *Robert le diable*. Nach Ende seiner Karriere war er als hochgeschätzter Gesangslehrer am Conservatoire tätig.

[15] Verdi an Giulio Ricordi; 6. Juli 1855. In: Abbiati II, S. 298.

[16] S. Fußnote 36 in Kapitel III.

[17] Piave an Tornielli; Busseto, 4. Mai 1856. In: Conati, Fenice, S. 355.

[18] Conati, Fenice, S. 377.

[19] Verdi an Piave; Busseto, 31. Juli 1856. In: Abbiati II, S. 368.

[20] Montanelli war wegen seiner politischen Aktivitäten 1849 in Italien in Abwesenheit zu lebenslanger Zwangsarbeit verurteilt worden.

[21] Conati, Fenice, S. 399.

[22] Muzio an Tito Ricordi; Padua 22. Februar 1857. In: Conati, Fenice, S. 406 f.

[23] Piave an Tito Ricordi; Venedig, 28. Februar 1857. In: Conati, Fenice, S. 407.

[24] Abbiati II, S. 398.

[25] „Italia Musicale", 18. März 1857, S. 86. Zit. in: Conati, Fenice, S. 409.

[26] Eine Anspielung auf eine durchgefallene Oper über Judith und Holofernes.

[27] Nur Piaves Rechtfertigung ist überliefert: Piave an Verdi; 1. April 1857. In: Abbiati II, S. 397.

[28] S. Kapitel XII.

[29] L. GIRALDONI, *Guida teorico-pratica ad uso dell'artista cantante* (Bologna 1864); *Compendium, metodo analitico filosofico e fisiologico per l'educazione della voce* (Milano 1889).

[30] Brief Verdis an den Komponisten und Dirigenten Alberto Mazzucato vom 30. November 1858. In: F. GHISI, *Lettere inedite dall'epistolario Verdi-Mazzucato appartenute a Frank V. de Bellis*, in: *Conferenze, 1968–70*, Milano 1971, Ass. Amici della Scala, S. 151–76; 169 (hier ist das Datum fälschlich mit 30. Oktober 1858 angegeben).

[31] Ein Bruder Giorgio Ronconis.

Un ballo in maschera – Verdi und die Politik – Heirat –
La forza del destino (Erstfassung 1862 und Neufassung 1869)
– *Inno delle nazioni* – Caroline Barbot – Enrico Tamberlick –
Francesco Graziani – Alessandro Manzoni – Mario Tiberini –
Luigi Colonnese – Marcel Junca – *Libera me*

Un ballo in maschera

Nach der *Boccanegra*-Premiere in Venedig ist Verdi mit der Umarbeitung des *Stiffelio* zu *Aroldo* und dessen Uraufführung in Rimini beschäftigt[1], er setzt sich mit dem *Lear*-Projekt auseinander und arbeitet dabei mit Antonio Somma zusammen. Somma (Udine 1809 – Venedig 1865) ist ein Jurist, der dem Aktenstaub bald den Bühnenstaub vorzieht: Als Journalist zuerst, bald aber als Dramatiker betätigt er sich, von 1840 bis 1847 ist er Direktor des Teatro Grande (heute: Teatro Verdi) in Triest. Von seinen Bühnenwerken werden *Parisina*, *Marco Bozzari*, *La figlia dell'Appennino* und *Cassandra* bekannt. Letzteres Werk schreibt er für die berühmte Schauspielerin Adelaide Ristori, die es 1859 in Paris zur Uraufführung bringt (Theophile Gautier vergleicht die *Cassandra* sogar mit der *Orestie* von Aischylos). Als Opernlibrettist hat Somma jedoch keinerlei Erfahrung. Er schlägt Verdi solange zahlreiche Stoffe vor, darunter *Ruy Blas* von Victor Hugo, bis dieser ihm eines Tages empfiehlt, einen Blick in Shakespeares *King Lear* zu werfen. Dies führt zu Sommas ersten Gehversuchen auf dem Gebiet des Operntextbuches, wobei er sich zu Verdis Verzweiflung noch ungeschickter anstellt als Piave zur Zeit des *Ernani*. Verdi hat seinem neuen Mitarbeiter, in den er große literarische Hoffnungen gesetzt hat, bei jenem Unternehmen, das ihm in seiner ganzen Karriere am meisten am Herzen liegt, qualvollen Anfängerunterricht zu erteilen. Vor der Premiere der *Vêpres siciliennes* im Juni 1855 ist das *Lear*-Libretto weitgehend gediehen (es wird im Archiv von Sant'Agata aufbewahrt). Die Zweifel, ob er mit einem solchen Libretto dem großen Shakespeare-Stoff gerecht werden könne, plagen Verdi schon zu diesem Zeitpunkt. Zwar unterschreibt er 1856 einen Vertrag mit dem Teatro San Carlo, doch hat er schon ein Jahr zuvor Somma vorsorglich damit beauftragt, ein weiteres Libretto bereitzustellen: „Eine Art *Linda* [di Chamounix] oder *Sonnambula*, jedoch anders als diese, da dieses Genre bereits zu bekannt ist"[2], und: „Einen schönen, originellen, interessanten Stoff mit herrlichen Situationen und leidenschaftlich: *Leidenschaften* vor allem!". Den Schauerroman *Der Mönch* von Matthew Gregory Lewis lehnt Verdi ab: „Gefühle, nicht Spektakel" wolle er. Ein Jahr später wiederholt er: „Ein ruhiges, einfaches, zartes Drama, eine Art *Sonnambula*, ohne diese jedoch zu imitieren".[3]

Die Direktion des San Carlo urgiert den *Lear*, Verdi verweist auf die Besetzungsfragen.

> Verdi an Torelli; Paris, 11. November 1856
>
> Um den Re Lear aufzuführen, habt Ihr bis jetzt nicht die geeignete Truppe. Die Penco (die eine ausgezeichnete Künstlerin sein mag), könnte mir die Cordelia nicht so machen, wie ich sie mir vorstelle. Für diese Rolle kenne ich nur drei Künstlerinnen: [Marietta] Piccolomini, [Maria] Spezia, und Virginia Boccabadati. Alle drei haben schwache Stimmen, aber großes Talent, Gefühl und Bühneninstinkt. Sie sind alle in der Traviata hervorragend, und wenn die Impresa eine von diesen unter Vertrag nehmen wollte, könnte es nur für zwei Opern sein: Traviata und Re Lear, und zwar für die halbe Spielzeit vom 1. Jänner an. Ich werde hier die Piccolomini[4] hören und werde Euch darüber berichten. Man braucht auch einen Alt für den Narren in Re Lear, und es gibt niemand dafür als die Brambilla. [...]
>
> Findet also einen Sopran, der mir gefällt, für die Cordelia, einen Alt für den Narren, und betrachtet den Vertrag als abgeschlossen und diesen Brief als bindend bis Ende März. Copialettere, S. 196 f.

Die Piccolomini, Verdis Wunsch-Cordelia, ist zu dem für die Premiere geplanten Zeitpunkt nicht verfügbar. „Ich weiß nicht recht, ob ich den *Re Lear* für Neapel schreiben werde. Die Truppe würde sich nicht besonders dafür eignen: Ich suche nach einem anderen Stoff, doch bislang habe ich noch nichts gefunden."[5] Er scheint sich mit geringer Begeisterung umzusehen, denn Giuseppina schreibt an den Verleger Léon Escudier. „Er scheint fest entschlossen, nach Neapel keine termingebundenen Verpflichtungen mehr einzugehen. Er hat gesagt, daß er schon zu lange an der Kette gelegen hat und jetzt reich genug sei, um sie abzuwerfen."[6]

Von Gelsen geplagt und vom Quaken der Frösche begleitet, sitzt Verdi im Spätsommer 1857 in Sant'Agata und sucht nach einem geeigneten Stoff für Neapel:

> Verdi an Torelli; Sant'Agata, 19. September 1857
>
> Ich bin verzweifelt! In den letzten Monaten habe ich eine Unmenge von Dramen durchgeblättert (darunter einige wunderbare), doch keines gefunden, das mir zusagt. [...] Jetzt bin ich dabei, ein französisches Drama, Gustavo III di Svezia, Libretto von Scribe und vor mehr als zwanzig Jahren an der Opéra aufgeführt, zu arrangieren. Es ist grandios und gewaltig; es ist schön, jedoch in der konventionellen Art wie alle musikalischen Werke, was mir von jeher mißfallen hat, was ich jetzt aber unerträglich finde. Ich sage es Euch nochmals, ich bin verzweifelt, denn um andere Stoffe zu finden, ist es jetzt zu spät, und außerdem wüßte ich nicht, wo ich noch hingehen sollte, um zu stöbern. Copialettere, S. 561 f.

Er schlägt Torelli eine Umarbeitung der *Battaglia di Legnano* vor, „wie ich es mit dem *Aroldo* gemacht habe", und will sich verpflichten, den *Re Lear* für die nächste Spielzeit zu schreiben, doch das San Carlo besteht auf dem *Gustavo*, wie das Werk vorderhand noch heißt.

Vierzig Jahre nach der Ermordung Gustafs III. von Schweden (1792) hat Eugène Scribe die historischen Geschehnisse zum Anlaß für ein Opernlibretto genommen. Daß er dabei von den Fakten abwich, störte ihn wenig, sollte das Libretto für Daniel François Esprit Aubers fünfaktige Oper doch so bühnenwirksam wie möglich sein. Der in Wirklichkeit homosexuelle Gustaf III. mußte sich deshalb in die Frau eines gewissen Ankarström verlieben, und dieser, ein gräflicher Höfling, der den König tatsächlich ermordet hatte, wurde zwecks theaterwirksamer Ironie zum Sekretär und Vertrauten des Königs. Um die Zeitgenossen gebührend erschauern zu lassen, wurde die Wahrsagerin Madame Arvedson auf die Bühne gebracht, die dem König seine Ermordung durch denjenigen prophezeit, der ihm als Erster die Hand reichen würde. Und schließlich wurde ein vorlauter Page namens Oscar erfunden. Scribe hatte für Auber ein erfolgversprechendes Sujet geschickt konstruiert, das Emotionen jeglicher Art – Liebe, Verschwörung, ein mitternächtliches Rendezvous in grauenvoller Umgebung, Verwechslungen, Rache, edelmütiges Verzeihen usw. – bot. Daß der 1833 in Paris uraufgeführte *Gustave III ou Le bal masqué*, überreich an Marschrhythmen und Ballettcinlagen im 1. und 5. Akt, nur ein halber Erfolg wurde, lag vor allem daran, daß Auber den dramatischen und tragischen Aspekten kompositorisch nicht ganz gerecht wurde. Zwei Duette Gustaves mit Amélie zeigen zwar sein Talent, doch können sie weite Passagen trivialer, langatmiger Musik nicht wettmachen.

Vincenzo Bellini kokettierte mit dem Sujet als möglicher Vorlage für eine neue, in Neapel uraufzuführende Oper: „Großartig, spektakulär, historisch" sei der Stoff, schrieb er am 21. November 1834 aus Paris an seinen Freund Florimo, „wir werden Gustavo nicht ermorden lassen (wenn man dies wünscht), jedoch sind die Situationen gut, wirklich gut und neu".[7] Sein Tod im Jahre 1835 verhinderte das Zustandekommen des Projekts.

Bevor Verdi den Stoff kennenlernte, vertonten ihn noch zwei italienische Komponisten, wenn auch in verschiedener historischer Umgebung: Vincenzo Gabussi brachte seine *Clemenza di Valois* mit einer ins 13. Jahrhundert verlegten Handlung nach einem Text von Gaetano Rossi 1841 am Teatro La Fenice in Venedig heraus, und 1843 komponierte Saverio Mercadante die Vorlage nach einem Libretto von Salvatore Cammarano. *Il reggente* hieß das 1843 am Teatro Regio in Turin uraufgeführte Werk, dessen Handlung in das Schottland des Jahres 1570 unter der Regierung von James VI. verlegt worden war. Aus Gustaf wurde der Regent Murray, aus Ankarström der Duke of Hamilton, und aus den Verschwörern Ribbing und Horn die beiden Schotten Howe und Kilcardy, Gefolgsleute der eingekerkerten Königin Mary Stuart. Mercadante verzichtete auf Ironie und sardonisches Gelächter und schrieb, auf der Höhe seiner Komponistenlaufbahn, ein Melodramma serio im gängigen romantischen Stil, das sich ohne Unterbrechung bis 1870 auf den italienischen Spielplänen hielt, also noch rund ein Jahrzehnt neben Verdis *Ballo in maschera* bestehen konnte.

Somma soll jetzt das neue Libretto abfassen, „Ich übernehme es, den *Gustavo III di Svezia* nach der Fassung, die Ihr mir schnellstens zusenden werdet, in Verse zu setzen", schreibt Somma am 13. Oktober 1857, schränkt aber ein: „Ich möchte, falls Ihr nichts dagegen habt, bei dieser Arbeit anonym bleiben oder unter einem Pseudonym auftreten. Dadurch wäre ich freier im Schreiben."[8] Geschämt, wie manche Autoren vermuten, kann sich Somma seines Librettos nicht haben, äußert er doch den Wunsch nach Anonymität *vor* Arbeitsbeginn; auch liegt es nicht daran, daß er Scribes fünfaktige Version nur übersetzt, bearbeitet und auf drei Akte reduziert hat und sich deshalb nicht als Autor betrachtet: Seine politische Vergangenheit ist es, die ihn den Behörden suspekt erscheinen läßt. Der Patriot Somma hat 1848/49 am venezianischen Aufstand gegen die verhaßten österreichischen Besetzer aktiv teilgenommen und wird seitdem von der Polizei im Auge behalten. Es ist nur zu verständlich, daß er nicht mit einem Libretto in Zusammenhang gebracht werden will, das mit einem Königsmord endet. Sommas Befürchtungen, seine eigene Person betreffend, sollen sich bald als weise vorausblickend herausstellen, denn die Zeichen der Schwierigkeiten mit der Zensur stehen schon an die Wand geschrieben. Auch Torelli befürchtet Schwierigkeiten, muß man doch nicht gerade Zeitgeschichtler sein, um die Standpunkte der Zensur in dem von den Bourbonen beherrschten Neapel vorauszuahnen. Obwohl Somma noch am ersten Entwurf arbeitet, ist bereits von Änderungen die Rede:

> Verdi an Torelli; Sant'Agata, 14. Oktober 1857
> Ich habe dem Dichter Euren Brief weitergeschickt und glaube, daß es nicht schwierig sein wird, den Schauplatz zu verlegen und die Namen zu ändern, aber jetzt, da der Dichter angestrengt arbeitet, ist es besser, ihn das Drama beenden zu lassen. Dann werden wir über die Änderungen des Sujets nachdenken.
> Wie schade! auf den Pomp eines Hofes wie den Gustavos III. zu verzichten, und außerdem wird es schwierig sein, einen Herzog zu finden, der

den Zuschnitt dieses Gustavo hat!! Arme Dichter und arme Komponisten!
Copialettere, S. 563

Ende Oktober schickt Verdi den Prosaentwurf des Librettos an Torelli. Umgehend trifft bei diesem ein Memorandum der Zensur mit sieben Punkten ein, demgemäß, unter anderem, die Handlung in ein vorchristliches Zeitalter verlegt werden müsse, als man noch an Hexen und Zauberei glaubte, Norwegen und Schweden als Schauplatz nicht in Frage kämen usw. Während das Libretto ohne Verdis Wissen verboten worden ist – man läßt ihn vorsätzlich im Dunkeln, um ihn später zwingen zu können, die Änderungswünsche aus Zeitmangel zu akzeptieren –, arbeiten Somma und er zügig an der Oper, die beim Eintreffen des ahnungslosen Verdi in Neapel am 14. Jänner 1858 weitgehend gediehen ist und den Titel *Una vendetta in domino* trägt. Die Namen der Figuren sind vorsorglich geändert worden (Ankarström heißt nun Carlo, die Verschwörer Ivan und Mazeppa), Personen, die bei Scribe ein nutzloses Bühnendasein fristen, sind gestrichen worden, Amelias große Arie im 2. Akt ist dreimal abgefaßt worden, bis sie endlich jene emotionelle Verwirrung aufweist, die Verdi vorschwebt. Die Sänger wählt Verdi wie folgt aus:

> Verdi an [den Impresario] Alberti; Neapel, 23. Januar 1858
> Wie Sie wissen, befinde ich mich seit acht bis zehn Tagen in Neapel und bin bereit, den Verpflichtungen meines Vertrages nachzukommen. Ich habe somit die Ehre, Ihnen mitzuteilen, daß ich kraft des Artikels 3 für die Partien meiner neuen Oper *Una vendetta in domino* folgende Künstler ausgewählt habe: *Amelia,* Frau Penco; *Oscar,* Frau Fioretti; *Wahrsagerin,* Frau Ganducci; *Herzog,* Herr Fraschini; *Graf,* Herr Coletti. Die Sänger für die übrigen, unbedeutenden Partien werde ich später auswählen. Haben Sie die Güte, mir schriftlich zu antworten, ob die genannten Künstler frei sind und mir zur Verfügung stehen, damit sobald wie möglich mit den Proben begonnen werden kann. Copialettere, S. 565

Einen Tag vor Verdis Eintreffen in Neapel hat sich in Paris ein schwerwiegendes Vorkommnis ereignet, das die Regierungen Europas in Alarmbereitschaft versetzt: Felice Orsini hat mit einer Bombe einen Attentatsversuch auf Napoleon III. unternommen. Als natürliche Folge dieses Ereignisses verschärft sich die Haltung der neapolitanischen Zensur gegenüber einem Stoff, der eine Verschwörung gegen einen Herrscher und dessen Ermordung auf der Bühne zum Inhalt hat. Nachdem Verdi am Abend seiner Ankunft in Neapel einer Aufführung von *Batilde di Turenna* (einer von der Zensur verschandelten Version seiner *Vespri siciliani*) am San Carlo beigewohnt hat und gebührlich gefeiert worden ist, eröffnet man ihm die Nachricht von den drastischen Änderungswünschen der Zensur. Am 23. Jänner wird das abgeänderte Libretto abermals der Zensur vorgelegt, die Zensoren sind untereinander uneinig, sie überlassen die Entscheidung dem Polizeichef, der Änderungen verlangt, die Verdi am 6. Jänner 1858 Ricordi und am 7. Februar 1858 Somma mitteilt: unter anderem dürfe man keinen Herrscher auf die Bühne bringen, Amelia müsse sich von der Gattin Renatos in dessen Schwester verwandeln, der Ball müsse gestrichen werden, die Ermordung müsse hinter der Bühne stattfinden und der Losentscheid müsse entfallen. Somma fällt aus allen Wolken, stellt Verdi alle Änderungen frei, besteht aber auf garantierter Anonymität und darauf, daß die Oper nicht mehr *Una vendetta in domino* heißen dürfe. Das Teatro San Carlo ist fest entschlossen, die Oper auf Gedeih und Verderb aufführen zu lassen und übergibt das Libretto einem obskuren Verseschmied (möglicherweise Domenico Bolognese) zur Adaptierung. Das in das Florenz der Frührenaissance verlegte Libretto, das jetzt den Titel *Adelia degli Adimari* trägt und das Verdis Musik unterlegt werden soll und groteske Änderungen – wie einen Maskenball ohne Masken – verlangt, ist jene „monströse" Fassung, die am 13. Februar abermals bei der Zensur eingereicht und selbstverständlich sofort genehmigt wird. Ebenso selbstverständlich weigert sich Verdi, die Musik der *Vendetta in domino* der *Adelia* anzupassen. Er verlangt, aus dem Vertrag entlassen zu werden. Die Direktion des San Carlo droht daraufhin, Verdi festnehmen zu lassen, von einer Klage gegen ihn ist die Rede, von einer Schadenersatzforderung in der exorbitanten Höhe von 50.000 Dukaten. Trotz Verdis heftigen Protesten beharrt die Zensur auf ihrem Standpunkt. Verdi protestiert abermals und setzt den Schreibtischhengsten die Schritte auseinander, die er und Somma in der Zwischenzeit unternommen haben, um der Zensur Genüge zu tun. Nach Pommern sei der Schauplatz verlegt worden, aus dem König habe man einen Herzog gemacht, aus dem Revolver wäre ein Dolch geworden usw. Und der Streichung von 297 der 884 Verse könne er keinesfalls zustimmen. Die Nervosität der Zensur ist gewiß nicht nur durch ein Attentat auf den König von Neapel einige Jahre zuvor oder durch den Attentatsversuch auf Napoleon III. begründet, sondern vor allem durch die labile politische Lage des Landes, das unter der brodelnden Oberfläche erste Anzeichen der bevorstehenden Einigung erkennen läßt.

Die Streitigkeiten ziehen sich einige Wochen lang hin, bis befunden wird, daß das neue Libretto „der Musik schaden könne". Aufgrund eines außergerichtlichen Vergleichs mit der Impresa des San Carlo bleibt die Partitur Verdis Eigentum, jedoch unter der im April vertraglich festgelegten Auflage, daß er im Herbst 1858 nach Neapel zurückkehren würde, um den *Simon Boccanegra* einzustudieren. Die Affäre hat Torelli seine Stelle gekostet, dem Komponisten, dessen Name mehr denn je als

Akronym für *Vittorio Emmanuele Re d'Italia* steht, aber keinerlei finanzielle Einbußen oder Popularitätsverlust beschert.

Schon während der Auseinandersetzungen mit der Zensur hat sich Verdi, der in solchen Situationen nie in Panik verfällt und immer den Überblick behält, um einen anderen Aufführungsort für die Oper umgesehen. Zufällig erfährt er, daß in Rom *Gustavo III*, ein Drama aus der Feder eines gewissen Dal Testa (und nicht das Scribe-Libretto ohne Musik, wie oft angenommen wird), aufgeführt wird. Was spricht also dagegen, die Oper nach diesem Stoff aufzuführen? Auch an den Tenor für die Hauptrolle denkt er bereits:

> Verdi an Vincenzo Luccardi; Neapel, 27. Februar 1858
> Fraschini, der so tadellos bei Stimme ist wie vor zehn Jahren und besser singt als damals, würde kommen, um diese Partie zu singen.
> Copialettere, S. 571

Der bekannt sparsame Impresario des Teatro Apollo in Rom, Vincenzo Jacovacci, tritt nun auf den Plan, zeigt Interesse an der neuen Oper, warnt Verdi aber gleich, daß auch die römische Zensur das Libretto nicht ungeschoren lassen würde. Somma eilt herbei, um die notwendigen Änderungen anzubringen (aus dem Tenorhelden und dem Werktitel wird vorübergehend *Il Conte di Gothemburg*) und kann nicht einsehen, weshalb Verdi das Werk nicht in Mailand aufführen lassen will, wo es von der Zensur unbehelligt bliebe. Doch es bleibt bei Rom. Die dortige Zensur erweist sich allerdings als nachgiebiger, haben doch die Römer nicht die Sorgen der Neapolitaner. „Die Zensur würde Thema und Situationen etc. etc. genehmigen, möchte jedoch die Handlung außerhalb Europas verlegt wissen. Was würdet Ihr von Nordamerika zur Zeit der englischen Herrschaft halten? Wenn nicht Amerika, dann eine andere Gegend. Vielleicht der Kaukasus?"[9] Verständlich, daß Verdi mißmutig und zynisch wird, zu lange ziehen sich die Auseinandersetzungen mit den Behörden schon hin, doch am 11. August 1858 ist es nach weiterem Hin und Her dann soweit: „Einverstanden, daß Riccardo der Titel Herzog von Surrey aberkannt wird; ich habe nichts dagegen, aber man muß mir wenigstens zugestehen, daß ich einen Grafen aus ihm mache. [...] Darum werden wir ihn, wenn Ihr nichts dagegen habt, *Riccardo Conte di Warvick* nennen".[10] Das Werk wird in Boston, Massachusetts, angesiedelt, Horn und Ribbing werden zu Tom und Samuel, Ankarström zu Renato[11], noch gibt es ein endloses Hin und Her wegen Besetzungsfragen.

273

Verdi an Jacovacci; Neapel, 5. April 1858

Du hast unrecht getan, die Verpflichtung der Sbriscia derart zu übereilen. Ich höre Schlechtes über sie – sehr Schlechtes!!! Warum, zum Teufel, gehst Du also hin und nimmst eine fragwürdige [Sängerin], wo es eine gute, erfolgssichere gab, die Dir einen ausgezeichneten Dienst erwiesen hätte? Überlegen wir es uns gut! Was die Bedenken wegen der Gage betrifft, so nehme ich es auf mich, Dir Erleichterungen für die Ganducci zu verschaffen. Ich wiederhole: Überlege es Dir gut; sieh zu, daß Du diese Ganducci verpflichten kannst, und schreib mir, was Du in diesem Fall ausgeben könntest.   Frank Walker, *Unpublished letters –*
A contribution to the History of Un ballo in maschera.
In englischer Übersetzung in: Bollettino I/1, S. 35

Jacovacci bleibt bei den einmal abgeschlossenen Sängerengagements, obwohl sie nichts Gutes verheißen.

Verdi an Vincenzo Jacovacci; Neapel, 29. Dezember 1858

Die Pamela Scotti ist hier bekannt und zwar sehr negativ. Sie soll eiskalt sein, mit einer weder geläufigen noch treffsicheren Stimme – genau das Gegenteil von der, die vonnöten ist. Und diese Berichte stimmen völlig mit einem Brief überein, den ich unlängst aus Mailand erhielt, in dem es heißt: Die Pamela Scotti trifft nicht immer den Ton und nimmt sich auf der Bühne nicht allzu gut aus. In demselben Brief wurde mir die Perelli vorgeschlagen: geschmeidige, weiche Stimme, schlanke, schöne, jugendliche Figur und nimmt sich gut auf der Bühne aus… Wie schade!!

Im übrigen wiederhole ich immer wieder, daß es besser ist, die Oper lieber gar nicht als schlecht zu geben. […]

P.S.: Andere wiederum wiederholen mir, daß die Scotti eine zauberhafte Gestalt hat, wie eine Wachsfigur, und daß es unmöglich sei, daß sie eine leidenschaftliche Partie spiele. Versucht also, diesem Übel abzuhelfen.
Giovanni Cenzato, *Itinerari verdiani.*
La semplicità di una vita grande di opere, luminosa di gloria,
M. Fresching, Parma, 1952.

Bis zum letzten Moment wird an Details des Librettos[12] gefeilt, mit dem Verdi noch immer nicht restlos glücklich ist, bevor es am 17. Februar 1859 endlich zur Uraufführung des nunmehr *Un ballo in maschera* betitelten Werks kommt. Jacovacci verfügt nicht über die Sängerressourcen wie Neapel, bringt aber, von den Frauenstimmen abgesehen, eine gute Aufführung zustande. Die Herren sind bekannte Größen: Gaetano Fraschini (Riccardo) und Leone Giraldoni (Renato). Die gesangshistorisch nicht weiter erwähnenswerten Damen sind Eugenia (Eugénie) Julienne-Dejean (Amelia), Zelina Sbriscia (Ulrica), Pamela Scotti (Oscar).

„Viva Verdi!" wird frenetisch gerufen, das Publikum ist von der neuen Oper begeistert, weniger die Kritik, die zum einen nördliche Einflüsse wittert, zum anderen das Fehlen von Cabalettas beklagt. Auch werden Stimmen laut, die das Libretto kritisieren.

Bei der dritten Vorstellung kommt es zu einem Eklat. Der Ehemann der Sopranistin beschreibt die Geschehnisse.

J. Dejean an Léon Escudier; Rom, 22. Februar 1859

Die dritte Vorstellung hat nicht stattgefunden; statt dessen muß ich Euch erzählen, was geschehen ist, und ich fordere Euch auf, in Eurem Blatt das Verhalten der römischen Behörden zu brandmarken.

Schon bei der zweiten Vorstellung äußerte der bereits stark erkältete Giraldoni die Befürchtung, am nächsten Tag, Sonntag, nicht singen zu können und bat darum, Un Ballo in maschera nicht zu plakatieren, ohne ihn vorher zu befragen. Um neun Uhr morgens erkundigte sich der Impresario nach seinem Befinden. Giraldoni antwortete, daß er nicht singen könne. Der Aushang wurde nicht entfernt, und die Direktion schickte einen Arzt, der keine andere medizinische Meinung vertrat als die Interessen des Impresarios (der ihm dafür Logenplätze für seine Familie zuschanzt) und daher erklärte, Giraldoni könne singen.

Um vier Uhr läßt der Impresario Giraldoni ausrichten, da der Arzt erklärt habe, er könne singen, müsse er singen. Giraldoni, fast schon im Flüsterton, weigert sich erneut. Um fünf Uhr kommt der Delegierte der Abordnung und sagt, er müsse singen. Neuerliche Weigerung wegen völligen Verlustes der Stimme. Totale Aphonie.

Um sechs schickt man einen Wagen, um ihn abzuholen. Abermalige Weigerung. Um sieben kommen die Gendarmen: Vorwärts, marsch! Er kleidet sich an, er betritt die Bühne, und nach vergeblichen Versuchen, einen Ton herauszubringen, wendet er sich an das Publikum mit den Worten: „Ich bin gezwungen worden." Er kleidet sich um, fährt nach Hause, wo von diesem Augenblick an ein Gendarm sein Domizil aufgeschlagen hat, und zwar erst nach langem Bitten (er möchte doch so freundlich sein!) im Vorzimmer und nicht im Schlafzimmer, wie ihm befohlen worden war.

Giraldoni ist Franzose. Er hat kein Verbrechen begangen, und man dringt gewaltsam in seine Wohnung ein. Trotz meiner Proteste beim französischen Botschafter und beim französischen Polizeipräfekten wird Giraldoni in seiner Wohnung nicht aus den Augen gelassen – und unsere französischen Behörden dulden es. […]

Der Saal war voll. Verdi sollte gekrönt werden, und der Erfolg des Werkes wurde ganz gewaltig lanciert. […] An Stelle des neuen Stücks wurde Norma gegeben – es begann um neun Uhr und endete mit ein paar Leuten im Parkett. Man mußte das Geld zurückgeben, und der ganze Saal hat sich geleert, ausgenommen die Abonnenten in den Logen, deren Wagen noch nicht eingetroffen waren.

Bibliothèque de l'Opéra, Paris.
Zit. in: Weaver, S. 199

Am 13. März reist Verdi aus Rom ab und trifft am 20. in Sant'Agata ein. Seine Galeerenjahre[13] sind zu Ende gegangen, er kann sich, frei von künstlerischen Verpflichtungen, dem Landleben und seinen Interessen widmen.

Un ballo in maschera setzt sich rasch weltweit durch, binnen weniger Jahre werden Übersetzungen in deutscher, französischer, tschechischer, ungarischer, bulgarischer Sprache aufgeführt, am Pariser Théâtre Italien wird 1861 die Handlung der Oper in das Florenz der Renaissance verlegt, die Tenorpartie wird von dem in die Jahre gekommenen Mario gesungen, der eine unzulängliche Leistung bietet. Die Oper findet rasch Aufnahme ins internationale Repertoire, ihre Wirkung ist bis heute ungebrochen. Manche Aufführungen finden nicht Verdis Zustimmung.

> Verdi an Tito Ricordi; Sant'Agata, 3. Oktober 1863
> Noch mehr Opern schreiben? Und warum? Um sie immer und immer wieder auf das Barbarischste aufgeführt zu sehen? Glaubst Du etwa, daß Un ballo in maschera ich will nicht sagen aufgeführt, sondern ein bißchen interpretiert, ein bißchen verstanden worden ist? Niemals! Und Du hast ihn in Mailand gesehen. Man muß zu den Kavatinen, zu den Duetten in Terzen, zu den Rondos mit Variationen zurückkehren oder die Sänger das Notenlesen lehren. Das wäre die Mission Deiner „Gazzetta" gewesen: literarische Bildung einbleuen. Und nun wäre es die Pflicht der Musikschulen und der Konservatorien, niemanden zur Gesangsausbildung zuzulassen, der sich nicht ernsthaft mit den schönen Wissenschaften beschäftigt hat. Abbiati II, S. 744

Als an der Mailänder Scala am 14. April 1903 *Un ballo in maschera* gegeben wurde, forderte das begeisterte Publikum von Giovanni Zenatello lautstark die Wiederholung von „È scherzo od è follia". Arturo Toscanini, wie Verdi kein Freund von Oper als Zirkusspektakel, ließ keine Wiederholung zu, dirigierte zuerst weiter, verließ hierauf nach heftigen Publikumsprotesten das Podium und löste seine Verträge für die kommenden Spielzeiten auf.

Verdi und die Politik

Mehr als für Opern, deren mangelhafte Aufführung oder Theaterskandale interessiert sich Verdi jetzt für die politischen Ereignisse: Im April 1859 bricht der Krieg zwischen Piemont und Österreich aus. Der habsburgische Großherzog Leopold II. von Toskana dankt ab, innerhalb von zwei Monaten kommt es zu den Schlachten von Montebello, Magenta und Solferino, Napoleon III. schlägt sich auf die Seite der Piemonteser. Doch bereits im Juli sehen sich Cavour, Verdi und ganz Italien bitter enttäuscht vom Waffenstillstand von Villafranca, den Napoleon III. und Vittorio Emanuele II. mit den Österreichern schließen: Demgemäß erhalten die Österreicher die Oberhoheit über das Veneto, die Lombardei wird frei, eine Italienische Föderation mit dem Papst als

Oberhaupt wird begünstigt. Daraufhin tritt der von Verdi sehr bewunderte Cavour zurück. Garibaldi unternimmt die berühmte „Spedizione dei mille" (Marsch der Tausend), landet am 11. Mai 1860 in Sizilien, befreit es im Namen Vittorio Emanueles II. und rückt weiter nach Neapel und Rom vor. Am 21. Oktober 1860 wird die Annexion des Südens Italiens an das Königreich Sardinien erklärt.

Verdi ist Realist und kann seine soziale Ader nicht verleugnen: Er geht persönlich mit gutem Beispiel für eine Geldsammlung voran.

> Sant'Agata, 20. Juni 1859
> Die bislang von unseren ruhmreichen Brüdern errungenen Siege wurden nicht ohne Blutvergießen und damit ohne größtes Leid für Tausende von Familien erkämpft! In diesem Moment muß jeder, der das Herz eines Italieners hat, zur gerechten Sache, um die gekämpft wird, nach seinen Möglichkeiten beitragen.
> Ich schlage eine Sammlung zugunsten der Verwundeten und der armen Familien jener vor, die für das Vaterland gestorben sind.

Giuseppe Verdi für 25 Napoleondor	Fr. 550
Giuseppina Verdi für vier Napoleondor	Fr. 88
Carlo Verdi	Fr. 22
[...]	
Antonio Barezzi für 4 Napoleondor	Fr. 88

> Copialettere, S. 577

In zahlreichen Briefen an Freunde beklagt er die politischen Geschehnisse:

> Verdi an Clarina Maffei; Busseto, 14. Juli 1859
> Statt eine Ruhmeshymne zu singen, scheint es mir angebrachter, heute ein Klagelied über das ewige Unglück unseres Landes anzustimmen.
> Zusammen mit Eurem Brief habe ich ein Bulletin vom 12. erhalten, in welchem steht... Der Kaiser an die Kaiserin:... Der Friede ist geschlossen... Venedig bleibt bei Österreich!!
> Wo bleibt die heißersehnte und versprochene Unabhängigkeit Italiens? Was bedeutet die Proklamation von Mailand? Oder ist Venedig nicht Italien? Was für ein Ergebnis nach einem solch großen Sieg! Wieviel Blut für nichts! Wieviel enttäuschte arme Jugend! Und Garibaldi hat sogar seine alten festen Überzeugungen zugunsten eines Königs geopfert, ohne das gewünschte Ziel zu erreichen. Es ist zum Verrücktwerden! Ich schreibe im Zustand höchsten Unwillens und weiß nicht, was ich sagen soll. Es ist also wahr, daß wir niemals etwas von Ausländern zu erhoffen haben, gleich welcher Nation! Was meint Ihr? Täusche ich mich vielleicht wieder? Das würde ich mir wünschen...   Copialettere, S. 579 f.

Am 29. August 1859 heiraten Verdi und Giuseppina Strepponi im damals noch piemontesischen Ort Collonges-sous-Salève in aller Stille. 1860 wird Collonges mit ganz Savoyen zu einem Teil Frankreichs, was

Verdi im Oktober 1868 Sorgen ob der Gültigkeit seiner Ehe bereiten wird.

Die Stadtverwaltungen des Herzogtums Parma kommen überein, dem patriotischen Politiker Luigi Carlo Farini die Regierungsgewalt zu übertragen und Abgeordnete für die Versammlung „der Vertreter des Volkes von Parma" zu wählen. Die Wahl findet am 4. September 1859 statt: Verdi, der sich jetzt als Landwirt geriert und die Hoffnung äußert, in Zukunft mit Musik nichts mehr zu tun haben zu müssen[14], wird von den Bussetanern mit 179 von 191 Stimmen zu ihrem Vertreter gewählt. Zwei Tage später tritt die Versammlung erstmals in Parma zusammen, am 11. September unterfertigt Verdi zusammen mit weiteren dreizehn Abgeordneten die Entscheidung, daß die Provinzen von Parma an das Königreich Piemont (Regno Costituzionale dell'Alta Italia) unter der Führung Vittorio Emanueles II. angeschlossen werden. Tags darauf wird eine Delegation gewählt, die König Vittorio Emanuele in Turin, das von 1861 bis 1865 die vorläufige Hauptstadt des Königreichs Italien ist, das Votum der Bussetaner überbringen soll. Verdi gehört der Delegation an. Die fünf Abgeordneten von Parma treten auf den Balkon des Königspalastes und werden vom Volk bejubelt. Der Turinbesuch gibt Verdi Gelegenheit, am 17. September in Leri bei Livorno durch Vermittlung des britischen Ministers Sir James Hudson den zur Zeit politisch nicht tätigen Grafen Camillo Benso di Cavour persönlich kennenzulernen.

Dieser hatte sich am 23. April 1859 als Kenner von Verdis Opern erwiesen: Als Österreich ihm an diesem Tag das Ultimatum stellte, das ihn in die Lage versetzte, in den Krieg einzutreten (er hatte es heimlich erhofft, wissend, daß Frankreich sich auf die Seite Italiens schlagen würde), vermochte er seiner Freude nicht anders Ausdruck zu verleihen, als das Fenster seines Büros aufzureißen und laut schallend Manricos Stretta „Di quella pira" aus dem *Trovatore* zu singen.

Verdi ist von Cavour überaus beeindruckt. Er stellt jetzt die politischen Entwicklungen über seinen Beruf:

> Verdi an De Sanctis; Sant'Agata, 17. Dezember 1859
> Seit ich aus Rom zurückgekehrt bin, habe ich keine Musik mehr geschrieben, keine Musik mehr gesehen, an keine Musik mehr gedacht. Ich weiß nicht einmal mehr, wie meine letzte Oper eigentlich aussah, ich erinnere mich kaum noch an sie. Sagt also Zarlatti, daß ich nicht wüßte, wie ich es anstellen sollte, eine Feder in die Hand zu nehmen, um Noten zu schreiben; er möge sich an jemand anderen wenden.
>
> Carteggi I, S. 66

Giuseppina glaubt seinen Beteuerungen:

> Giuseppina Strepponi an De Sanctis; 15. Oktober 1859
> Verdi hat sich nach den anstrengenden Reisen, die er auf sich nehmen mußte, in sein Sant'Agata zurückgezogen und wünscht, daß man ihn in Ruhe lasse, damit er die Freuden der Einsamkeit genießen kann, die er sich mit unendlichen Mühen und unter Schweiß verdient hat. Ich fürchte, daß er die Musik verlernt hat.   Carteggi I, S. 66

In Parma kommt es nach einem Mord an einem Oberst zu Unruhen, lokale Milizen machen die Gegend unsicher. Am 21. Jänner 1860 kehrt Cavour in sein Amt zurück. Am 12. März stimmt die Bevölkerung Parmas nochmals für den Anschluß an Piemont. Ende 1860 hat sich die Situation so weit beruhigt, daß Wahlen zum ersten Landesparlament Italiens abgehalten werden können. Erstmals taucht das Gerücht auf, daß Verdi nolens volens für die Abgeordnetenkammer in Turin kandidieren werde müssen. Es ist ein Wunsch Cavours, der meint, Verdis Kandidatur werde Italiens Ansehen nach innen und außen mehren. Der ist von dieser Vorstellung gar nicht begeistert und reist nach Turin, um diese Aufgabe in einem klärenden Gespräch mit Cavour von sich abzuwenden. Er kann sich aber seiner Bürgerpflicht nicht entziehen: Wohl oder übel meldet er seine Kandidatur als Parlamentarier an. Am 27. Jänner schlägt er beim ersten Wahldurchgang seinen Konkurrenten mit 298 zu 185 Stimmen und gewinnt die Stichwahl mit 339 zu 206 Stimmen. Er ist jetzt Abgeordneter des ersten italienischen Parlaments („Ich will weder weiß noch rot sein, sondern möchte in meinen Meinungen unabhängig bleiben."[15]). Sein Freund Opprandino Arrivabene teilt sein Schicksal auf der Abgeordnetenbank.

La forza del destino

Inzwischen hat Mauro Corticelli, ein Freund Giuseppinas, die bereits mehrfach erwähnte berühmte Schauspielerin Adelaide Ristori als Sekretär auf eine Rußland-Tournée begleitet. In St. Petersburg hat er den großen Tenor Enrico Tamberlick kennengelernt. Der ist an der dortigen Oper nicht nur ein gefeierter Sänger, sondern eine durchaus einflußreiche Persönlichkeit. Tamberlick schlägt Verdi vor, für die Spielzeit 1861–62 eine Oper für St. Petersburg zu komponieren und lechzt nach der Ehre, eine Rolle in einer Verdi-Uraufführung übernehmen zu dürfen.

> Tamberlick an Verdi; St. Petersburg, 11./23. Dezember 1860[16]
> Die hiesige Direktion bietet Euch alle Vorteile, die Ihr nur wünscht, wenn Ihr einwilligt, eine Partitur für die kommende Spielzeit zu schreiben. Die Wahl des Stoffes und des Textdichters stehen Euch frei, Ihr könnt Eure

Bedingungen stellen, Ihr behaltet das Recht an der Oper. Das Publikum, das Euch anbetet, ohne Euch gesehen zu haben, wird selig sein, Euch ganz für sich zu haben. Und dann die Künstler, ich kann Euch nicht sagen, mit welchem Jubel sie Euch empfangen werden...

Abbiati II, S. 625

Das klingt zwar übereuphorisch, aber doch auch wieder verlockend. Verdis Interesse ist geweckt. Ob finanzielle Gründe dafür ausschlaggebend sind (Verdi hat einen Großteil seiner Einnahmen in Landankäufe und den Ausbau der Villa in Sant'Agata investiert, ein Angebot von 60.000 Francs zuzüglich Spesen ist da schwer auszuschlagen), der Prestigegewinn, für St. Petersburg zu schreiben, oder Giuseppinas Begeisterung für die Idee, den nächsten Winter in einer fashionablen Großstadt, abseits der Einöde von Sant'Agata zu verbringen, ist nebensächlich. Verdi schlägt als Sujet Victor Hugos *Ruy Blas* vor, die Zensur des Zaren Alexander II. lehnt diesen brisanten Stoff aber ab. Verdi ist enttäuscht und verweist auf seine lange erfolglose Librettosuche. Er würde einen Vertrag erst unterschreiben, wenn er einen von der Zensur genehmigten, für die Künstler der St. Petersburger Oper geeigneten Stoff gefunden habe. Tamberlicks Sohn Achille eilt von Rußland nach Turin, um die Angelegenheit mit dem komponierenden Parlamentarier zu besprechen. Er schwächt das Veto der St. Petersburger Zensur ab: Verdi könne jeden Stoff wählen, den er zu vertonen wünsche, er sei völlig frei in seinen Entscheidungen, das einzige, was er nicht verlangen dürfe, sei, daß der Zar in Rußland die Republik ausrufe. Jetzt befindet Verdi, daß es auch in *Ruy Blas* diese oder jene Problemstelle gebe, dunkel erinnert er sich an ein Drama, das er vor längerem gelesen habe, das aber nicht aufzutreiben sei. Alle Buchhandlungen und Antiquariate Turins werden auf der hektischen Suche nach diesem Drama erfolglos auf den Kopf gestellt, ein Bekannter Verdis treibt es dann binnen eines Tages in Mailand auf.[17] Auch wenn Giuseppina den Titel des Stücks nicht erwähnt, dürfte es sich mit hoher Sicherheit um *Don Alvaro, o La Fuerza del sino* von Angel Pérez de Saavedra, Herzog von Rivas handeln. Das bunte Drama stammt (wie auch Guttiérrez' *El trovador*) aus der Blütezeit der unter dem Einfluß Victor Hugos stehenden spanischen Romantik der ersten Hälfte des 19. Jahrhunderts. Wie Hugos *Hernani* war seine Premiere in Madrid 1835 ein Theaterskandal. 1850 ist eine italienische Übersetzung erschienen, die Verdi offenbar gelesen hat. Er findet den Stoff einzigartig, kraftvoll, abwechslungsreich.

Da stirbt am 7. Juni 1861 Cavour. Verdi ist, wie ganz Italien, schockiert und völlig konsterniert:

Verdi an Arrivabene; Donnerstag abends [7. Juni 1861]
Lieber Arrivabene, im Moment meiner Abreise höre ich die schreckliche Nachricht, die mich umbringt! Ich habe nicht den Mut, nach Turin zu kommen; ich brächte es auch nicht fertig, dem Begräbnis dieses Mannes beiwohnen...
Was für ein Unglück! Welch abgrundtiefes Unheil!...

Alberti, S. 8

Er wohnt den offiziellen Trauerfeierlichkeiten in Busseto bei.

Verdi an Arrivabene; Busseto, 14. Juni 1861
Lieber Arrivabene, die Trauerfeier für Cavour wurde Donnerstag mit all dem Prunk zelebriert, den man sich von diesem kleinen Ort erwarten durfte.
Der Klerus zelebrierte gratis, und das will etwas heißen.
Ich habe dem Gedenktotendienst in voller Trauerkleidung beigewohnt, doch die quälendste Trauer war im Herzen.
Inter nos, ich konnte die Tränen nicht zurückhalten und weinte wie ein Kind...
Armer Cavour! und wir Armen.

Alberti, S. 9 f.

Beim Tod Cavours möchte Verdi seine Abgeordnetenkarriere beenden. Doch er wird seiner Pflicht bis zum Ende der Legislaturperiode (September 1865) nachkommen.

Ich verstehe von Politik nichts. Solange Cavour lebte, sah ich in der Kammer auf ihn, und ich stand zum Zeichen der Zustimmung oder der Ablehnung auf, wenn er aufstand, denn ich war mir sicher, keinen Fehler zu begehen, wenn ich es genauso machte wie er. Jetzt, mit diesen anderen Herren, die sicher sehr tüchtig sein mögen, würde ich mich nicht mehr zurechtfinden, und ich hätte Angst, irgendetwas falsch zu machen.

Alberti, S. 9 (ohne Adressat und ohne Datum)

Wie zur Ablenkung wendet sich Verdi dem Rußland-Projekt zu. Wieder wird Piave das Libretto schreiben. Abgesehen von der *Macbeth*-Revision 1865 ist das seine letzte Zusammenarbeit mit Verdi. Nach Unterzeichnung des Vertrages mit St. Petersburg beordert Verdi seinen Librettisten nach Sant'Agata. Es ist Mitte Juli 1861. Opprandino Arrivabene, der das Entstehen des neuen Projekts verfolgt, macht Detailvorschläge zu dem Stück: Er sendet Verdi Versentwürfe zu Szenen im Lager, wo die Soldaten die Schönheit der „Marketenderin oder Zigeunerin, was immer sie sein wird"[18] besingen, zu jener Figur, die später zur Preziosilla wird, Verse, die der Komponist allerdings nicht verwendet. Verdi wendet sich wegen der Szenen im Soldatenlager vielmehr an Andrea Maffei und ersucht ihn um seine Zustimmung, Teile seiner Übersetzung von *Wallensteins Lager* verwenden zu dürfen, was Maffei ihm gerne gewährt. Es handelt sich dabei nicht nur um Melitones Ansprache (die Worte des

Kapuzinermönchs, der sich an Wallensteins Truppen wendet[19], werden fast wörtlich übernommen), sondern um ganze Szenenabfolgen aus dem Drama Schillers, aus denen Trabucos Äußerungen, die bettelnden Bauern, die unwilligen Rekruten, die Marketenderinnen usw. abgeleitet werden. Maffei bietet darüber hinaus seine Mitarbeit am Libretto an, was Piave taktvoll im vorhinein mitzuteilen wäre, aber Verdi zieht es vor, auf ein Librettistengespann und die bei dieser Zusammenarbeit möglicherweise entstehenden Spannungen zu verzichten.

Bei Piaves Aufenthalt in Sant'Agata wird die Struktur der Oper festgelegt, grundlegende Entscheidungen wie das Weglassen von Figuren und das Zusammenfassen mehrerer Figuren zu einer einzigen (aus zwei Brüdern bei Saavedra wird Don Carlo di Vargas) werden getroffen. Nach Piaves Rückkehr nach Mailand, wo er jetzt an der Scala beschäftigt ist, setzt die Korrespondenz über das Textbuch[20] ein. Sommer und Frühherbst gehen über der Arbeit an *La forza del destino* dahin, der Briefwechsel wird durch einen weiteren Besuch Piaves in Sant'Agata im Oktober 1861 unterbrochen. Er will spanische Kanzonetten und Seguidillen mitbringen, um Verdi das Lokalkolorit musikalisch zu erläutern. Bevor er das tun kann, lehnt Verdi den Vorschlag trocken ab: „Bring' keine Kanzonetten mit und gib sie dem zurück, der sie Dir geborgt hat. Ich habe nicht die Gewohnheit, Noten zu studieren und habe deswegen auch keine im Haus, noch suche ich sie bei Leuten, die welche haben."[21] Enger als mit allen anderen Librettisten arbeitet Verdi mit Piave zusammen, nicht, weil er seinen Fähigkeiten mißtraut, sondern weil er seine Vorstellungen mit ihm am präzisesten verwirklichen kann. Das Versmaß und die Anzahl der Verse gibt Verdi vor, viele Verse schickt er mit dem Wunsch nach mehr Kürze und Lebendigkeit an Piave zurück. Im Oktober wendet er sich wegen der Besetzung an Achille Tamberlick:

> Verdi an A. Tamberlick; Sant'Agata, 30. Oktober 1861
> Bitte teilen Sie der Direktion des Theaters von St. Petersburg mit, daß für die Besetzung von *La forza del destino* noch andere Rollen außer Sopran, Tenor und Bariton gebraucht werden:
> 1. – Ein Sopran für die Zigeunerin, eine sehr brillante und wichtige Rolle, wie der Page in *Un ballo in maschera*.
> 2. – Ein tiefer Baß für die Rolle des Padre Guardiano.
> 3. – Ein komischer Bariton für die Rolle des Fra Melitone, eine ebenfalls sehr wichtige Rolle. Es könnte De Bassini sein, dem ich gerade geschrieben habe, ich weiß aber nicht, ob er eine solche Rolle singen könnte, sollte oder dies tun will.
> 4. – Mehrere Nebenrollen.
>
> George Martin, *Unpublished Letters:*
> *A contribution to the history of La forza del destino.*
> In englischer Übersetzung in: Bollettino II/5, S. 748.

Zwei Dinge fallen ins Auge: Daß Preziosilla ursprünglich als Sopran, wenn nicht sogar als Koloratursopran, konzipiert ist, und daß Verdi an einen seriösen Bariton wie De Bassini[22] für die Buffopartie des Melitone denkt. Der erst dreiundvierzigjährige De Bassini ist nie ins komische Fach gewechselt[23], doch Verdi überzeugt ihn:

> Verdi an De Bassini; Sant'Agata, 26. Oktober 1861
> Ich habe eine Rolle für Dich, wenn sie Dir paßt, komisch, sehr hübsch, es ist die des Fra Melitone. Sie ist für Dich wie maßgeschneidert und ich habe sie nahezu auf Deine Person abgestimmt. Nicht, daß Du ein Komiker bist, aber Du hast einen gewissen humoristischen Hang, der perfekt zu der Figur paßt, die ich, Deine Zustimmung vorausgesetzt, für Dich vorgesehen habe.
> Carteggi II, S. 62

Preziosilla mutiert zum Alt, De Bassini kann das ehrenvolle Angebot nicht ablehnen. Am 22. November teilt Verdi Ricordi die Frohbotschaft mit: „Die Oper ist fertig, bis auf die Instrumentation."[24] Wie immer wird er sich die Solisten, das Orchester und die Akustik des Theaters anhören, bevor er die Orchestrierung, die er bereits im Kopf hat, niederschreibt. Daß die Oper in Wahrheit noch nicht ganz fertig ist, zeigen etliche Briefe an Piave, aus denen hervorgeht, daß einige Stellen in den Tenor-Bariton-Duetten noch nicht vollendet sind.

Ende November treten Verdi, seine Frau Giuseppina, das geliebte Malteserhündchen Loulou sowie zwei Bedienstete die Reise ins winterliche St. Petersburg an. Sie führt über das neblige Piacenza nach Turin, wo sich Tito Ricordi samt Sekretär, der Dirigent Angelo Mariani und auch der getreue Piave zum Abschied einfinden. Die nächste Etappe der Reise ist Paris, wo Escudier herbeieilt, um seine Aufwartung zu machen, wohl auch in der Hoffnung, Verdi für ein neues Projekt in Paris gewinnen zu können. Mit der Eisenbahn geht es weiter. Über Berlin und Warschau führt die Reise schließlich nach St. Petersburg, wo sie wohlbehalten am 6. Dezember eintreffen.

> Verdi an Piave; St. Petersburg, 6. Dezember 1861
> Wir hatten unter nichts zu leiden, außer (es klingt sonderbar) unter ein wenig Hitze. De Bassini und Masini sind uns neun Stunden vor Petersburg entgegengekommen, bei unserer Ankunft hier haben wir auf dem Bahnhof Tamberlich und viele Künstler vorgefunden, sowie zahlreiche Orchestermitglieder...
> Ich habe ein wunderbares Appartment, das auf 13 bis 14 Grad [Réaumur] geheizt ist, ewiger Frühling, und zwei Pferde, die so schnell wie der Blitz laufen.
> Abbiati II, S. 673

Um das leibliche Wohl auch im fernen Rußland keinem Risiko auszusetzen, hat Verdi aus Italien Proviant für vier Personen (für seine Frau und sich sowie für zwei Dienstboten) mitgenommen, und das für einen Zeitraum von drei Monaten: Unmengen an Reis, Maccheroni, Käse, Wurst, mehr als hundert Flaschen Bordeaux und zwanzig Flaschen Champagner.

Das St. Petersburg von 1862 hat viele Gesichter:

> Aus dem Tagebuch des Grafen Oldoini, piemontesischer Geschäftsträger in St. Petersburg:
> Der Winter ist sehr kalt. Vom November bis Mai ist alles gefroren, auch das Meer, bei 20–25 und 30 Grad Réaumur unter Null, infolgedessen ist man von Kopf bis Fuß in Pelze gehüllt, Herrschaft wie Dienerschaft. [...] Der Winter ist die Saison der großen Welt; zahlreiche Soiréen und Bälle, sehr gut besuchte Theater und ausgezeichnete Aufführungen, glänzende Empfänge bei Hof mit 3000 geladenen Gästen und gesetzten Abendessen für alle, ausgezeichnete Bedienung, reichliches Essen und köstliche Diners von erstklassigen französischen Küchenchefs. Die Gesellschaft ist Fremden, insbesondere Diplomaten gegenüber, ungemein liebenswürdig und gastfreundlich. [...]
> Apropos Theater: In Rußland hat man Sinn für das Theater; es gibt italienische, französische, deutsche, russische, allesamt kaiserliche Theater, die ausgezeichnet sind. Die italienische Oper im Winter ist, wie Covent Garden im Sommer, die Hauptattraktion. Die besten Künstler werden zu exorbitanten Gagen verpflichtet, und rund zwanzig Opern werden alljährlich von erstklassigen Truppen in zwei- und dreifacher Besetzung gesungen. Die Inszenierung von Opern und Balletten kostet zuweilen Hunderttausende Francs. Der Theaterbesuch ist in Petersburg sehr teuer, acht Rubel (zweiunddreißig Francs) für einen Parkettplatz; die Logen dementsprechend. Der Kaiser und sein Hofstaat wohnen allabendlich den Vorstellungen bei. Die Minister und viele Persönlichkeiten sitzen geschniegelt und gebügelt in ihren Uniformen im Parkett. Die Damen in ihren Logen sind äußerst elegant.[25]

Einige ortsansässige Musiker sind gerade im Begriff, berühmt zu werden: Nach Glinkas Tod im Jahre 1857 hat Alexander Dargomyschski dessen künstlerisches Erbe angetreten: Er ist die Persönlichkeit, an der sich die aufstrebenden jungen Musiker, Vorkämpfer einer nationalen russischen Musiksprache, orientieren. In seinem Haus treffen Modest Mussorgski, Mili Balakirew, César Cui, Nikolai Rimski-Korsakow und Alexander Borodin – bis auf den erst siebzehnjährigen Rimski-Korsakow alle Anfang bis Mitte Zwanzig –, das von dem Kritiker Vladimir Stassow so getaufte „Mächtige Häuflein", zusammen, um Erfahrungen auszutauschen und über ihre Opernreform zu diskutieren.

Verdi ist über die künstlerischen Intentionen und die Entwicklung dieser zum Teil genialen Musiker wahrscheinlich nicht unterrichtet. Er ist mit den letzten Änderungen am Libretto beschäftigt und korrespondiert darüber mit Piave. Der Probenbeginn verzögert sich, was Verdi nur recht ist. Anfang Jänner sinkt die Temperatur auf unter –20° C, jetzt beginnen die Unannehmlichkeiten. Giuseppina verträgt die Kälte schlecht, die örtlichen Druckereien, die *nach* der Uraufführung die populärsten Stücke veröffentlichen sollten, bringen schamlos Schwarzdrucke heraus: Es gibt in Rußland kein Urheberrecht, kein internationales Abkommen, das sie daran hindern könnte, zu drucken und auf eigene Rechnung zu verkaufen, was immer sie wollen. Was aber am schlimmsten ist: Die für die Leonora angesetzte Primadonna, Emma Lagrua (auch: La Grua), ein „trauriges Beispiel für Schwäche"[26] erkrankt, sodaß an ihr Auftreten nicht zu denken ist. Erstaunlicherweise ist Verdi nicht verärgert:

> Verdi an Léon Escudier; St. Petersburg, 29. Jänner 1862
> Bei Erhalt dieses meines Briefes werdet Ihr in schallendes Gelächter ausbrechen über meine vergebliche Reise nach Petersburg. Wie dem auch sei, [...] ehe ich diese Oper mit einer indisponierten Primadonna wie der Lagrua oder mit einer anderen aufführe, die für diese Rolle nicht geeignet gewesen wäre, ziehe ich es vor, die viertausend Meilen auf mich zu nehmen und im kommenden September nach Petersburg zurückzukehren, um gegen Mitte November in Szene zu gehen. Bollettino II/5, S. 716

Da die Lagrua offenbar auch in gesundem Zustand für ihre Rolle nicht geeignet ist[27], sieht sich Verdi bereits auf der Rückreise nach einer geeigneten Sopranistin um:

> Verdi an Vincenzo Luccardi; Paris, 27. Februar 1862
> Jetzt brauche ich Dich in einer Angelegenheit und vertraue auf Deine gute Freundschaft. Ich bitte Dich, in meinem Namen unverzüglich zur Barbot zu gehen und sie zu fragen, ob sie eine Einladung von der Direktion des Petersburger Theaters erhalten hat, dort in der kommenden Spielzeit 62–63 zu singen; und sag mir, wann sie diese Einladung erhalten hat. Für den Fall, daß niemand mit der Barbot über diese Angelegenheit gesprochen hat, mußt Du sie fragen, ob sie bereit wäre, für die kommende Spielzeit, die im September beginnt und am Faschingsdienstag endet, nach Petersburg zu kommen, und welches ihre Bedingungen wären. Nun erlaube ich mir, einige Bemerkungen zu machen: eine Künstlerin, die nach Petersburg geht, muß ein zweites, ein drittes Mal etc. etc. dorthin zurückkehren. Deshalb ist es notwendig, ein gutes Debut zu haben und keine übertriebenen Forderungen zu stellen, wenigstens nicht im ersten Jahr. Für das Debut, meine ich, sollte die Barbot den *Ballo in maschera* verlangen; dann, wenn sie gefällt, soll sie meine neue Oper und danach alle die anderen Opern des Repertoires singen. Was die Summe betrifft, so soll sie das fordern, was sie für angebracht hält.
> Wenn der Barbot diese Angelegenheit zusagen sollte, müßte sie direkt an mich auf Französisch schreiben, und mir kurz und bündig ihre Bedingungen mitteilen. Wenn sie ihr nicht zusagt, mußt Du mir umgehend ein

Wort der Erwiderung schreiben. Ich bleibe noch 9 oder 10 Tage hier, schreib mir hierher.

Copialettere, S. 610

Inno delle nazioni

Verdi hat die Orchestrierungsarbeiten an der *Forza* umgehend eingestellt und macht auf der Heimreise einen Abstecher nach London, um der Uraufführung seines *Inno delle nazioni* beizuwohnen, einer Gelegenheitskomposition, die er im Februar 1862 für die Londoner Weltausstellung schreibt und die Enrico Tamberlick aus der Taufe heben soll. Das Stück wird aber von der zuständigen Kommission aus bis heute unklaren Gründen nicht angenommen. Es wird dann am 24. Mai 1862 am Her Majesty's Theatre uraufgeführt. Die Solistin des für Tenor konzipierten Werkes ist die seit 1859 in London lebende Sopranistin Therese Tietjens (Hamburg 1831 – London 1877), der Chor setzt sich aus zweihundert Sängern zusammen. Es handelt sich um ein kompositorisches Nebenprodukt, ein Kuriosum, das vor allem deshalb von Interesse ist, weil es die erste Zusammenarbeit mit dem jungen Arrigo Boito bedeutet:

> Verdi an Boito; Paris, 29. März 1862
> Als Dank für die schöne Arbeit, die Ihr für mich geschrieben habt, erlaube ich mir, Euch zum Zeichen meiner Wertschätzung diese bescheidene Uhr zu überreichen. Nehmt sie in dem freundschaftlichen Geist entgegen, in dem ich sie Euch überreiche. Möge sie Euch meinen Namen und den Wert der Zeit in Erinnerung rufen. Grüßt Faccio von mir, und Ruhm und Glück Ihnen beiden!
>
> Abbiati II, S. 690

1862 hält sich der gerade zwanzigjährige, eben vom Mailänder Konservatorium abgegangene, völlig unbekannte Arrigo Boito mit seinem unzertrennlichen Freund Franco Faccio, der eine große Dirigentenkarriere machen wird, als Stipendiat in Paris auf. Er will die Welt erobern, die Musik von Grund auf verändern und besucht den soeben aus St. Petersburg zurückgekehrten Verdi. Ein Präsentationsschreiben von Clarina Maffei, zu deren Mailänder Salon er Zutritt gefunden hat, verhilft ihm zu diesem Zusammentreffen mit dem weltberühmten, auf dem Höhepunkt seines Könnens stehenden neunundvierzigjährigen Komponisten, der in die Zusammenarbeit mit dem jungen Hitzkopf beim *Inno delle nazioni* einwilligt. Achtzehn Jahre werden vergehen, bis sich die Wege der beiden wieder kreuzen und bis durch die von Giulio Ricordi, Clarina Maffei, Franco Faccio und nicht zuletzt Giuseppina geschickt eingefädelte Zusammenarbeit anläßlich der Umarbeitung des *Simon Boccanegra* jene durch einige äußerst ungeschickte Äußerungen

Boitos[28] gestörte Vertrauensbasis zwischen den beiden wiederhergestellt wird, aufgrund derer es dann zu den beiden Meisterwerken *Otello* und *Falstaff* kommen wird.

Der *Inno delle nazioni* fällt rasch der Vergessenheit anheim: 1864 wird er an der Mailänder Scala aufgeführt, im Frühjahr 1866 dirigiert ihn Mariani in Bologna, erst 1945 exhumiert Toscanini in New York das Werk wieder.

Paris und Turin sind die Stationen auf der Rückkehr nach Sant' Agata, wo die Verdis den Sommer verbringen. Der schlechte Gesundheitszustand der Schwester Giuseppinas, Barberina, an der Schwindsucht diagnostiziert wird, bereitet ihnen Sorgen.[29] Im August stirbt Loulou:

> Verdi an Mariani; Sant'Agata, 1. August 1862
> Ein für mich recht schweres Unglück hat uns heimgesucht und zerreißt uns das Herz. Loulou, der arme Loulou ist tot! Das arme Tierchen! ein wahrer Freund, ein treuer Begleiter, unzertrennlich seit beinahe sechs Lebensjahren! so anhänglich! so schön! Armer Loulou! Es ist schwer, Dir den Schmerz Giuseppinas begreiflich zu machen, aber Du kannst ihn Dir [sicher] vorstellen. Fraschini, der fünf oder sechs Tage hier war, muß sich während der Krankheit dieses armen Tierchens recht gelangweilt und gekränkt haben! Abbiati II, S. 705 f.

Im August beginnen die Vorbereitungen für die zweite Reise nach St. Petersburg. Zwei Monate vor dem geplanten Premierendatum, im September, nehmen die Verdis abermals die Strapazen der Rußlandreise auf sich. Verdi hat in der Zwischenzeit die Partitur fertiggestellt, instrumentiert und sie Ricordi zur Drucklegung übergeben, da das Werk Anfang 1863 in Madrid zur Aufführung kommen soll. Auch Änderungen hat er noch angebracht: „Für die Arie des Baritons gibt es eine andere Cabaletta, die ich Dir in wenigen Tagen bereits orchestriert schicken werde.“[30] Bereits im Frühjahr hat Verdi erfahren, daß die Altistin Constance Nantier-Didier gegen das Engagement der Sopranistin Caroline Barbot (die Verdis Karriereratschläge befolgt hat) intrigiert. Scharf protestiert Verdi gegen diese unqualifizierte Einmischung[31], die Angelegenheit kann ohne weitere Folgen aus der Welt geschaffen werden.

Am 29. Oktober/10. November 1862 findet die Premiere von *La forza del destino* unter Verdis Leitung am Kaiserlich-Italienischen Theater in St. Petersburg statt. Die Solisten sind Caroline Barbot[32] (Leonora), Constance Nantier-Didier (Preziosilla), Enrico Tamberlick (Don Alvaro), Francesco Graziani (Don Carlo di Vargas), Gian-Francesco Angelini (Padre Guardiano), Achille De Bassini (Fra Melitone). Als Verbeugung vor seinem genialen Komponistenfreund übernimmt der berühmte Bassist Ignazio Marini, der Protagonist der Uraufführungen von *Oberto* und

Attila, die Kleinstpartie des Alkalden. Eine der zahlreichen Rezensionen gibt den Eindruck des Abends wieder:

> Journal de St. Pétersbourg; 2./14. November 1862
> Die Künstler sind alle vortrefflich und fast ebenso erfolgreich gewesen. Unserer Einschätzung nach nehmen Graziani und Madame Barbot den ersten Platz ein, ebenso wie sie ihn bei der ersten Aufführung in der Gunst des Publikums eingenommen haben. Tamberlick ist durchaus imstande, sich bald ebenbürtig neben sie zu stellen; doch […] hat ihn die Aufregung, hervorgerufen durch die Verantwortung seiner Rolle, am Premierenabend sichtlich gehemmt. Er hat zwar mit der ganzen Meisterschaft seines großartigen Talents gesungen; doch außerhalb der kraftvollen Passagen seiner Rolle, bei den Weisen eines zärtlichen Liedes, bei den sanft melodischen Stellen, bei denen Kraftaufwand nichts zu suchen hat, merkte man seiner Stimme das innerliche Zittern an. […] Debassini hat die Figur des Melitone zur Gänze erfaßt und hat sie mit dem rechten Maß an Komik gespielt, was nicht leicht ist. Er hat sehr kunstvoll und sehr ausdrucksvoll gesungen. Angelini hat eine superbe Baßstimme, die Wunderbares leistet; die Rolle des Padre Guardiano wird eine der besten seines Repertoires bleiben.
> Bollettino II/5, S. 856

Der Tenor **Enrico Tamberlick** (Rom 1820 – Paris 1889) wurde in Rom, Neapel und Mailand ausgebildet. Er soll im Dezember 1837 (als Siebzehnjähriger!) als Arnoldo (eine der anspruchvollsten und schwierigsten Partien des Repertoires) in Rossinis *Guglielmo Tell* in Rom debutiert haben und ein Jahr darauf den Gennaro in Donizettis *Lucrezia Borgia* (beides an der Accademia Filarmonica Romana) gesungen haben. Er begann dann eine Karriere als Konzertsänger und debutierte hierauf offiziell 1841 in Neapel als Tebaldo in Bellinis *I Capuleti e i Montecchi*. Er blieb am dortigen Teatro del Fondo engagiert und erarbeitete sich ein breit gestreutes Repertoire: allein im ersten Jahr *Tancredi*, *Beatrice di Tenda*, Rossinis *Otello*[33] (Rodrigo), *I due Savoiardi*, *Norma*, *Gemma di Vergy*. 1842 setzte er seine Tätigkeit am Teatro del Fondo fort und trat erstmals am Teatro San Carlo auf (*I quindici* von Luigi Bordese). Bis 1845 teilte er seine Auftritte zwischen den beiden Opernhäusern in Neapel auf und gastierte am 10. März 1845 erstmals im Ausland: in *I lombardi* am Teatro S. Carlos in Lissabon.

Es folgte ein langes Engagement[34] in Madrid bis Februar 1847. Im September 1847 wechselte der Tenor nach Barcelona, wo er größtenteils für ihn neue Partien interpretierte: u.a. *Belisario*, *Il barbiere di Siviglia*, *I masnadieri*, *Don Sebastiano*, *Don Giovanni*, *L'italiana in Algeri* usw. Im April 1850 debutierte er in London (Covent Garden), wo er bis 1864 regelmäßig auftrat. Sein Repertoire reichte hier von *Don Pasquale*, Leopold in der italienisch gesungenen *La Juive* (*L'ebrea*), Max in *Der Freischütz*, Florestan, Pollione (*Norma*), *Ernani*, *Robert le diable*, *Faust*,

Der Tenor
Enrico Tamberlick.
Photographie,
ca. 1865.

Benvenuto Cellini, Manrico in der englischen Erstaufführung des *Trovatore* 1855. Es könnte Tamberlick gewesen sein, der die hohen C in Manricos „Di quella pira" einführte. Er ersuchte jedenfalls Verdi um seine Zustimmung, diese nicht notierten hohen Töne singen zu dürfen, da das Publikum sie wünsche.[35] Verdi gab sie ihm umgehend: Es läge ihm fern, etwas zu verweigern, was das Publikum wünsche. Tamberlick möge sich die hohen C nur einlegen, sofern es gute C wären.

An Verdi-Opern sang er *Lombardi* und *Ernani* (erstmals 1845 in Lissabon), *Nabucco, Attila, Giovanna d'Arco* und *Masnadieri*. In der Spielzeit 1850–51 führte ihn seine Karriere erstmals nach St. Petersburg, wo er im *Don Pasquale* debütierte und wo er u.a. in *Linda di Chamounix, Saffo* (Pacini), *Poliuto, Rigoletto, Gli ugonotti, Fra Diavolo, Un ballo in maschera, Faust, L'africana* gefeiert wurde. Weitere Stationen seiner

Karriere waren Buenos Aires, Rio de Janeiro, New York, Paris, Moskau, Mexico City, Havanna. 1881 beendete er seine Karriere.

Seine Stimme wird, wie auch sein Repertoire zeigt, als robuster Tenor mit einem schnellen Vibrato und strahlender Höhe beschrieben. Weiters zeichneten ihn hohe Musikalität, geschmackvoller dramatischer Ausdruck, eine imposante Erscheinung, großes darstellerisches Talent und starke Bühnenpräsenz aus. Seine Technik dürfte keine Wünsche offengelassen haben, da er ansonsten in einem späten Stadium seiner Karriere die Rollen in so unterschiedlichen Opern wie *Rienzi, La traviata, Martha* oder *Il re di Lahore* nicht erfolgreich hätte bewältigen können.

Der Bariton **Francesco Graziani** (Fermo 1828 – 1901) ist der Bruder des Tenors Lodovico Graziani, des ersten Alfredo (*La traviata*). Er debütierte 1851 in Ascoli Piceno in Donizettis *Gemma di Vergy*, war auf Empfehlung des Tenors Mario zwischen 1853 und 1861 am Théâtre Italien in Paris engagiert und trat ab 1855 fünfundzwanzig Jahre lang an der Londoner Covent Garden Opera auf (Antrittsrolle: Don Carlo in *Ernani*). Das Repertoire des Sängers ist ähnlich dem Tamberlicks als enorm zu bezeichnen: es reicht von Mozart (*Don Giovanni, Le nozze di Figaro*) über Rossini, Bellini, Donizetti bis zu Flotow, Gounod, Meyerbeer[36] und Thomas.

Dennoch ist er als Verdi-Spezialist zu bezeichnen. Er sang in den jeweiligen Erstaufführungen des *Trovatore* in Paris (1854) und London (1855) und trat in beiden Städten als Germont, Rigoletto und Renato auf. 1859 war er in Dublin der erste Macbeth auf englischem Boden, der erste Posa in *Don Carlo* in London (1867) und dort auch der erste Amonasro in *Aida* (1876). Die Ernennung zum Kammersänger am Hof Alexanders II. lehnte Graziani ab, wohl aufgrund seiner politischen Einstellung: Er war überzeugter Republikaner und Antiklerikaler, ein guter Freund Mazzinis.

Seine Stimme wird als eine der am schönsten timbrierten Baritonstimmen der zweiten Hälfte des 19. Jahrhunderts beschrieben, mit der Einschränkung, daß sein Vortrag sich nicht unbedingt durch hohe Musikalität und exquisite Phrasierungskunst ausgezeichnet haben soll.

Obwohl *La forza del destino* ein großer Publikumserfolg ist, der Verdi nicht nur viel Ehre, sondern auch das Kreuz des Ordens des Hl. Stanislaus einträgt, befinden etliche Rezensenten, daß das Werk zu düster und zu lang sei. Bei der dritten Aufführung kommt es zu Störaktionen, die Vermutungen über die Urheber reichen von den Parteigängern der russischen nationalistischen Musik bis hin zur „teutonischen Fraktion"

(Giuseppina). Budden verweist darauf, daß es Mussorgskis *Boris Godunow* in seiner jetzigen Form nie ohne das Vorbild von *La forza del destino* gegeben hätte.[37]

Vor seiner Abreise aus St. Petersburg, wohin er nie mehr zurückkehren wird, korrespondiert Verdi mit Léon Escudier über eine mögliche Übersetzung und Aufführung der *Forza* in Paris: „Unmöglich mit diesen Tenören und Baritonen"[38], lautet sein Urteil. Man solle lieber eine gute Wiederaufnahme der *Vêpres* ins Auge fassen, was die Opéra auch tun wird. Calzado, der Impresario des Théâtre Italien, insistiert heftig wegen der *Forza*, die er in der Originalfassung aufführen will. Mit ihm hat Verdi schlechte Erfahrungen gemacht, „gib acht darauf, was er macht", empfiehlt er Escudier.

Jetzt reisen die Verdis nach Madrid, zur spanischen Erstaufführung der *Forza*. Das dortige Publikum nimmt die neue Oper begeistert auf, die Presserezensionen sind aber zurückhaltend bis ablehnend: Ein spanisches Meisterwerk habe der Komponist mit seiner Vertonung entweiht, eine Meinung, der sich auch der Autor des Dramas schmallippig anschließt.

> Verdi an Arrivabene; Madrid, 22. Februar 1863
> Gestern abend die I. Auffg. Forza del Destino. Erfolg. Wunderbare Aufführung seitens des Chores und des Orchesters: gut, was Fraschini und Lagrange anlangt: der Rest... null oder schlecht.   Alberti, S. 23

Für den alten Haudegen Fraschini, jenen Tenor, zwischen dessen vokalen Fähigkeiten und Verdis Schreibweise für Tenor die stärkste Wechselwirkung[39] besteht, hat Verdi die Partie des Don Alvaro angepaßt:

> Verdi an Tito Ricordi; Paris, April 1863
> De Bassini wird Dir ein Paket mitbringen, in welchem die Cabaletta der Tenorarie aus dem dritten Akt enthalten ist. Ich habe sie um einen Ton nach unten transponiert[40] und neu instrumentiert, weil niemand die [Cabaletta] ausführen könnte, die für Tamberlich geschrieben wurde. Ich bitte Dich, sie in alle Partituren aufzunehmen, die Du verleihst, und sie sogleich an Arditi nach London zu schicken.   Abbiati II, S. 732

Kurz zuvor hat Verdi auseinandergesetzt, worauf es bei der neuen Oper ankommt:

> Verdi an Luccardi; Madrid, 17. Februar 1863
> Auch wenn die Oper in Rom recht gut gegangen ist, so hätte sie tausendmal besser gehen können, wenn sich Jacovacci endlich einmal hinter die Ohren schreiben wollte, daß man, um Erfolg zu haben, sowohl den Künstlern angemessene Opern wie auch den Opern angemessene Künstler braucht. Fest steht, daß es in La forza del destino nicht unbedingt darauf ankommt, Solfeggien ausführen zu können, man muß vielmehr Gefühl haben, das Wort verstehen und es ausdrücken. Fest steht, daß mit einem gefühlvollen Sopran auch das Duett im ersten Akt, die Arie im zweiten, die

Romanze im vierten und vor allem das Duett mit dem Guardiano im zweiten Akt Erfolg gehabt hätten. Das sind die vier in der Aufführung verpatzten Nummern. Und vier Nummern sind viel, sie können über das Schicksal einer Oper entscheiden! Die Rolle des Melitone ist wirkungsvoll vom ersten bis zum letzten Wort. Wenn Jacovacci jetzt die Notwendigkeit eingesehen hat, den Künstler auszutauschen, der diese Partie gesungen hat, so hätte er als erfahrener Impresario das eher einsehen müssen. Danken wir also im übrigen dem günstigen Schicksal, daß man ob so vieler Mängel nicht die Oper, die Künstler und als ersten den Impresario umgebracht hat.

Copialettere, S. 612

Verdi besichtigt als Tourist spanische Sehenswürdigkeiten. Er bereist Andalusien, „eine extrem unbequeme, lange und anstrengende Reise", er bewundert die Alhambra „in primis et ante omnia", sowie die Kathedralen von Toledo, Cordoba und Sevilla, die „den Ruf, den sie haben, verdienen". Wie ein Ausblick in die Zukunft, auf seine nächste Oper, klingt sein Eindruck von der Residenz Philipps II. von Spanien:

> Verdi an Arrivabene; Paris, 22. März 1863
> Der Escorial (man vergebe mir die Blasphemie) gefällt mir nicht. Er ist eine Anhäufung von Marmor; in seinem Inneren gibt es überaus wertvolle Sachen, einige davon wunderschön, darunter ein Fresko von Luca Giordano von bezaubernder Schönheit, aber dem Ganzen fehlt der gute Geschmack. Er ist streng, schrecklich, wie der grimmige Herrscher, der ihn erbaut hat.
> Alberti, S. 24

Von Madrid reisen Verdi und Gemahlin nach Paris, wo er die Wiederaufnahme der *Vêpres siciliennes* an der Opéra überwacht und bei dieser Gelegenheit eine neue Arie für den Tenor Villaret komponiert. Am 26. Juni stirbt in Siena, möglicherweise an einer Cholerainfektion, Giuseppinas Sohn Camillo, fünfundzwanzigjährig: er stand kurz davor, sein Doktorat als Mediziner zu erlangen. Am 16. Juli, nur vier Tage vor der Premiere der Wiederaufnahme der *Vêpres*, kommt es zu einem Wortwechsel mit dem Dirigenten Pierre Dietsch[41]: wutschnaubend verläßt Verdi die Proben. Bei der Premiere wird der Dirigent durch Georges-François Hainl ersetzt.

Am 1. August kehren die Verdis nach Sant'Agata zurück. Der Komponist läßt Ricordi wissen, daß er fest entschlossen sei, keine neuen Opern mehr zu schreiben. Er sei es leid, sich mit der Ignoranz der Sänger herumzuschlagen, er habe andere Sorgen. Er ist jetzt fünfzig Jahre alt und zeigt Symptome einer späten midlife crisis. Änderungen müssen her: Sein Verwalter ist ihm davongelaufen, ein neuer Hund wird angeschafft (er wird Black getauft), ein gebrauchter Erard-Flügel kommt ins Haus, von Arrivabene läßt er sich zwecks Ankaufs eines Billardtisches beraten, der zur abendlichen Unterhaltung und Entspannung beitragen wird.

Während sich die *Scapigliatura*, eine um hundert Jahre verspätete Abart der Sturm und Drang-Bewegung italienischer Intellektueller – unter ihnen Arrigo Boito und sein Bruder Camillo (der Architekt, der Verdis Altersheim in Mailand bauen wird), Franco Faccio (der die Premiere des *Otello* dirigieren wird) und Filippo Filippi (der dazu bestimmt ist, ein bedeutender Kritiker zu werden) – literarisch austobt, läßt Verdi der Gedanke keine Ruhe, wie er die *Forza* verändern könne: Er ist mit der Oper in ihrer jetzigen Form nicht zufrieden. Bis 1869 wird dieser Prozeß dauern, der in der Reduzierung von vier Todesfällen (Marchese di Calatrava, Leonora, Don Carlo di Vargas, Don Alvaro) auf drei gipfeln wird. In der Fassung von St. Petersburg stürzt sich Don Alvaro, nachdem er, seiner emotionalen Situation entsprechend, Gott und die Welt verflucht hat, von einem Felsen in den Tod. In dieser Erstfassung der Oper, deren Handlungsverlauf primitiver, gewalttätiger ist als in der Revision, werden einige Charakterzüge der handelnden Personen besser ersichtlich. Abgesehen von dem überwältigenden Finale samt – auch musikalisch – spektakulärem, logischem Selbstmord ist die Figur des Don Carlo di Vargas stärker und konsequenter gezeichnet: Er, ein spanischer Adliger, der nicht primär aufgrund seiner persönlichen charakterlichen Veranlagung so handelt, sondern einem Ehrenkodex folgt, zu dessen Einhaltung ihn seine Herkunft und soziale Stellung zwingen, marschiert im Namen vermeintlicher Gerechtigkeit als blindwütiger Berserker, eine Spur von Tod und Unglück zurücklassend, durch die Handlung. Keine sympathische Figur, gewiß, aber ein in sich geschlossener, im Negativen urgewaltiger Charakter, der der wilden Romantik in ihrer spanischen Ausformung wie auch dem Titel der Oper gerechter wird als in der neuen zurückgenommenen Version.

In dieser ungebändigten Fassung wird die Oper in Rom (als *Don Alvaro*), New York, Wien, Buenos Aires und London gespielt. Escudier drängt Verdi, die Oper übersetzen zu lassen und in Frankreich aufzuführen, aber Verdi will sie in dieser Form nicht freigeben. Er sucht nach Lösungen für die Zivilisierung der Handlung, Ricordi verlangt Kürzungen: Verdi möge die Partie des Melitone streichen[42], was dieser entrüstet zurückweist. Die Adaptation für die Opéra würde eine Verlängerung des Werks durch die erforderlichen Balletteinlagen verursachen. Die Verhandlungen mit dem Direktor der Opéra, Perrin[43], im Herbst 1865 führen allerdings nicht zu einer Revision der *Forza*, sondern zu einem Vertrag für eine neue Oper, die 1867 in Szene gehen soll. Es wird *Don Carlos* sein.

In Frankreich ist Verdi unterdessen zu einer bedeutenden Persönlichkeit geworden: Am 4. Juli 1864 hat ihn die Académie des Beaux Arts nach dem Tod Meyerbeers mit 23 von 37 Stimmen zu ihrem Mitglied gewählt.

1869 nimmt Verdi die Änderungen an der *Forza* für eine Auf-führung an der Mailänder Scala vor: Er streicht etliche Nummern, än-dert die Szenenabfolge, komponiert das Finale neu und fügt dem Werk die berühmte effektvolle Ouverture hinzu. Die notwendigen Textände-rungen werden Antonio Ghislanzoni[44] anvertraut, da der arme Piave seit einem Schlaganfall am 5. Dezember 1867 vollständig gelähmt ist.

Weshalb Verdi ganze sechs Jahre gebraucht hat, um auf die katho-lisch angehauchte Apotheose des Schlußterzetts zu verfallen, ist nicht klar. War es sein Antiklerikalismus, der ihm die Sicht auf diese Lösung verstellte? Und wie kam es dann doch dazu? Verschiedene Autoren sehen die Antwort darauf in seiner Begegnung mit dem von ihm zutiefst ver-ehrten Schriftsteller **Alessandro Manzoni** (Mailand 1785 – 1873), einer der großen Gestalten des Risorgimento. Sein Hauptwerk ist *I pro-messi sposi* (Die Verlobten), ein umfangreicher historischer Roman, der in einer ersten Fassung 1827 erschien und bis 1840 mehrmals überar-beitet wurde. Manzoni, in seiner frühen Jugend ein glühender Antikleri-kaler, bekehrte sich als Fünfundzwanzigjähriger zum Katholizismus, ein Umstand, der aus *I promessi sposi klar* ersichtlich ist. Das Buch ist ein sofortiger Erfolg und bis heute der bekannteste und auch populärste Roman in italienischer Sprache. Der Erfolg beschränkt sich nicht auf intellektuelle Kreise: Jeder, der lesen kann, oder dem das Buch vorgele-sen wird, ist davon begeistert. Der Grund dafür? Wiewohl es sich um kei-nen politisch-propagandistischen Text handelt, spricht die Handlung um ein junges lombardisches Bauernpaar, dessen Eheschließung durch ver-schiedene Wirren zunächst verhindert wird, den Patriotismus der Italie-ner an. Wenngleich die Handlung in der ersten Hälfte des 17. Jahrhun-derts in der spanisch beherrschten Lombardei spielt, war Manzonis Leserschaft unschwer imstande, die Parallelen zu den österreichischen Besatzern herzustellen. Der Roman wirkt auf sein Publikum ähnlich wie Verdis frühe Opern und wird dank Manzonis christlich-humanistischer Weltsicht und der wunderbar einfühlsamen Sprache zum Vorbild für zahlreiche Schriftsteller. Nicht zuletzt wurde das Werk von Goethe bewundert.

Es ist Verdis hochsensible Gattin Giuseppina, die den Kontakt zu dem großen alten Mann ohne Verdis Wissen (sie kennt ihren Verdi: Er wäre vor lauter Ehrfurcht vor dem Gedanken sicher zurückgeschreckt) über Clarina Maffei, der sie sich kurzerhand vorstellt und ihr Begehren vorträgt, zustandebringt. Clarina stellt Giuseppina dem zweiundachtzigjährigen Autor von *I promessi sposi* vor, der gerne zusagt, den berühmten Komponisten empfangen zu wollen. Er gibt Giuseppina sein Portrait mit einer Widmung mit: „Für Giuseppe Verdi, ein Ruhmesblatt Italiens, von einem gebrechlichen lombardischen Schriftsteller". Verdi ist begeistert und hängt es sofort in seinem Schlafzimmer auf. Im Gegenzug übersendet er über Clarina Maffei sein Portrait, ebenfalls mit einer wortreichen Widmung versehen, an Manzoni. Der ist jetzt ein hochreligiöser Mensch, Verdi hingegen gibt sich immer wieder als polternder Antiklerikaler zu erkennen.

Am 30. Juni 1868, ein Jahr nach dem vorbereitenden Treffen Giuseppinas mit Manzoni, kommt die Begegnung der beiden Meister anläßlich einer von Verdi geheimgehaltenen Mailandreise zustande. Keiner der beiden hat sich je darüber im Detail schriftlich geäußert, der Überlieferung zufolge soll es sich auf beiden Seiten um eine förmliche, recht gehemmte Zusammenkunft gehandelt haben. Der greise Manzoni hat große Scheu vor Menschen, die er nicht kennt und stottert bei derlei

Der Dichter und Romancier Alessandro Manzoni, dessen Gedenken Verdi die *Messa da requiem* widmete.

Gelegenheiten manchmal, Verdi, auf den bedeutende Menschen seiner Zeit oft überhaupt keinen Eindruck machen, ist von dem großen Dichter völlig überwältigt und außerstande, sich vernünftig zu äußern. Die Dauer des Zusammenseins soll deshalb sehr kurz, die Konversation nur oberflächlich und floskelhaft gewesen sein.

> Verdi an Léon Escudier; Sant'Agata, 7. [?] Juli 1868
> Letzte Woche war ich in Mailand. Seit zwanzig Jahren habe ich die Stadt nicht gesehen, die völlig verändert ist. Die neue Galerie ist wirklich etwas Schönes. Etwas wirklich Künstlerisches, Monumentales. Bei uns gibt es noch das Gefühl für das Große, gepaart mit dem Schönen.
> Ich habe dort unseren großen Dichter besucht, der auch ein großer Bürger und ein frommer Mann ist! Unsere Großen haben ohne Zweifel ein gewisses Etwas an Natürlichkeit, das man bei den Großen anderer Länder nicht findet. Abbiati III, S. 216

Wie beeindruckt Verdi tatsächlich ist, zeigt er nur gegenüber engen Freunden:

> Verdi an Clarina Maffei; Sant'Agata, 7. Juli 1868
> Was könnte ich Euch über Manzoni sagen? Wie kann ich Euch das süße, undefinierbare, neue Gefühl beschreiben, das ich in der Gegenwart dieses Heiligen, wie Ihr ihn nennt, empfand? Ich wäre vor ihm niedergekniet, wenn man Menschen anbeten könnte. […] Wenn Ihr ihn seht, küßt ihm die Hand und richtet ihm meine Verehrung aus. Abbiati III, S. 215

Es wäre nicht Verdi, der Pfaffenfresser, wenn er die Bezeichnung „Heiliger" nicht Clarina zuschreiben würde: Er drückt damit aus, daß er selbst nie auf diese Bezeichnung verfallen wäre. Im Dezember kündigt Verdi harsch seine Rückkehr an die Scala an:

> Verdi an Tito Ricordi; Genua, 15. Dezember 1868
> Ich werde selbst nach Mailand kommen, um die Proben abzuhalten, die ich für *La forza del destino* als notwendig erachte, und um das letzte Finale sowie verschiedene andere Stellen, hier und da, im Verlauf der Oper zu ändern.
> Ich will nichts mit der Impresa der Scala zu tun haben; ich will nicht auf den Plakaten aufscheinen; und ich werde nicht bis zur ersten Vorstellung bleiben, die ohne meine Zustimmung nicht stattfinden darf. Ich zwinge niemand, Tiberini zu engagieren, den ich nicht kenne, doch wenn Mongini erkranken sollte oder in Mailand nicht gefallen sollte, sind meine Verpflichtungen null und nichtig. Abbiati III, S. 235

Unter einem schreibt er:

> Verdi an Giulio Ricordi; Genua, 15. Dezember 1868
> Wie ist diese Benza? Wie ist das Konzert gewesen? Welchen Erfolg hatte Tiberini? Vergeßt nicht, daß in der Forza drei sehr natürlich agierende Künstler für Preziosilla, Melitone und Trabucco notwendig sind.

> Ihre Szenen sind Komödie, reine Komödie. Deshalb gute Aussprache und
> szenische Unbefangenheit. Achtet darauf...   Abbiati III, S. 235

Er macht sich Sorgen wegen der Sänger und paßt die Rollen deren
Fähigkeiten an: Für den Bariton Colonnese wird die Arie im 3. Akt um
einen Halbton nach unten transponiert, eine von den Rollennachfolgern
auch später beibehaltene Gepflogenheit. Trotz Verdis Protesten wegen
der unzulänglichen Frauenstimmen im Chor ist nach harter Probenarbeit
die Uraufführung der neuen Fassung der *Forza* am 27. Februar 1869 ein
triumphaler Erfolg. Verdis Rückkehr an die Scala, die er seinem Schwur
von 1845 zufolge seither nicht mehr betreten hat, wird gebührlich gefeiert.

Gesungen wird die Produktion von Teresa Stolz[45] (Leonora), Mario
Tiberini (Alvaro), Luigi Colonnese[46] (Carlo), Marcello Junca[47] (Guardiano), Giacomo Rota (Melitone) und Ida Benzi (Preziosilla).

> Verdi an Opprandino Arrivabene; Genua, 1. März 1869
> Ich muß vierzehn Tage hintereinander schlafen, um mich wieder zu
> erholen. Zu dieser Stunde wirst Du von *La forza del destino* gehört haben;
> es war eine gute Aufführung und ein Erfolg. Die Stolz und Tiberini vor-
> trefflich. Die anderen gut. Die Gruppen – Chor und Orchester – waren mit
> unbeschreiblicher Präzision und Feuer bei der Sache. Sie hatten den Teufel
> im Leib. Gut, sehr gut. Ich habe auch Nachrichten über die zweite Vor-
> stellung erhalten; wiederum gut, sogar besser als die erste. Die neuen
> Nummern sind eine Ouverture, vom Orchester wunderbar gespielt, ein
> kleiner Chor der Patrouille und ein Terzett, mit dem die Oper endet.
>   Alberti, S. 99 f.

Von kolossalem Erfolg und künstlerischem Triumph berichten die
Zeitungen, siebenundzwanzigmal wird Verdi, der nicht bis zur ersten
Vorstellung bleiben wollte, hervorgerufen. Der Kritiker Filippo Filippi
glaubt, Verdi in Leonoras Arie „Pace, mio Dio" als Schubert-Imitator
ertappt zu haben:

> Verdi an Filippi; Genua, 4. März 1869
> [...] bin ich ebenso wie Giulio [Ricordi] überrascht, denn ich wüßte
> in meiner ungeheuren musikalischen Ignoranz nicht, seit wievielen Jahren
> ich das *Ave* [*Maria*] von Schubert nicht gehört habe; es wäre mir deshalb
> recht schwergefallen, es zu imitieren. Glauben Sie nicht, wenn ich von *mei-
> ner ungeheuren musikalischen Ignoranz* spreche, daß es ein wenig aus
> *blague*[48] geschieht. Nein: es ist die reine Wahrheit.[49]
>   Copialettere, S. 616

Der Dirigent der Aufführung ist Angelo Mariani, mit dem Verdi
eine inzwischen zwölfjährige Freundschaft verbindet. Mariani ist mit der
Darstellerin der Leonora, der böhmischen Sopranistin Teresa (Teresina)
Stolz verlobt. Verdi hegt große Bewunderung für diese Sängerin, was

möglicherweise der Anlaß für den Bruch mit Mariani ist. Über Verdis Verhältnis zur Stolz ist viel gemunkelt und spekuliert worden, es ist sehr wahrscheinlich, daß es zu einer intimen Beziehung kam. Dokumente, die dies belegen, sind nicht vorhanden, Privates blieb strikt privat. Aus Giuseppinas Korrespondenz ist große Verletztheit herauszulesen, doch gelingt es ihr, die Krise, wodurch immer sie verursacht wurde, mit Sensibilität, Diplomatie, Klugheit, Zurücknahme der eigenen Person und dem innigen Wunsch, ihren Verdi nicht zu verlieren, zu überwinden.

Abgesehen von diesen Spekulationen könnte etwas anderes der Grund für den Bruch sein: Mariani hat sich zum gefeierten Star entwickelt, der vom Publikum und der Presse adoriert wird: er entwickelt Allüren und beginnt, sich musikalische Eigenmächtigkeiten herauszunehmen. Wie an die Adresse heutiger Pultstars gerichtet lesen sich etliche Passagen dieses Briefes:

> Verdi an Giulio Ricordi; Genua, 11. April 1871
>
> Ich will [nur] einen einzigen Autor und begnüge mich damit, daß einfach genau das ausgeführt wird, was geschrieben ist; das Übel liegt darin, daß niemals das ausgeführt wird, was geschrieben ist. Oft lese ich in den Zeitungen von Wirkungen, an die der Komponist nicht gedacht hat; ich für meinen Teil habe diese Wirkungen nie bemerkt. Ich verstehe alles, was ihr an die Adresse von Mariani richtet. Wir sind uns alle über seine Meriten einig, aber hier handelt es sich nicht um eine Einzelperson, so großartig sie auch sein mag, sondern um die Kunst. Ich gestehe weder den Sängern noch den Dirigenten das Recht zu, etwas zu schaffen, was [...] ein Prinzip ist, das in den Abgrund führt... Wollt Ihr ein Beispiel? Ihr habt mir einmal lobend eine Wirkung zitiert, die Mariani in der Ouverture zu *La forza del destino* erzielte, indem er das *Blech* in G mit einem fortissimo einsetzen ließ. Nun: ich billige diese Wirkung nicht. Dieses Blech sollte nach meiner Vorstellung im *mezza voce* nur den frommen Gesang des Mönchs ausdrücken und sonst nichts. Marianis fortissimo verändert völlig den Charakter, und diese Stelle wird zu einer kriegerischen Fanfare, was nichts mit dem Sujet des Dramas zu tun hat, in welchem das Kriegerische nur nebensächlich ist.
>
> Copialettere, S. 256 f.

Der Don Alvaro der Mailänder Produktion, der Tenor **Mario Tiberini** (San Lorenzo in Campo 1826 – Reggio Emilia 1880) debütierte 1851 in Rom (Idreno in Rossinis *Semiramide*) und trat dann, ohne Beachtung zu finden, in Palermo und Neapel auf. 1854 ging er nach Nordamerika, wo er vier Jahre lang Erfolge in New York, Philadelphia und Boston, aber auch in Havanna feierte. Er sang Partien wie den Raoul in *Les Huguenots*, den Rossini-*Otello*, den Fernando in *La favorita*, den Gennaro in *Lucrezia Borgia*, den Don Ottavio in *Don Giovanni* und Donizettis *Poliuto*.

An Verdi-Rollen verkörperte er den *Rigoletto*-Herzog, den Manrico im *Trovatore* und den Alfredo in *La traviata*. 1858 kehrte er nach Europa zurück, begann seine Karriere in Spanien und ging von dort wieder nach Italien. Er trat zuerst in Bergamo auf und ab dem Folgejahr, äußerst erfolgreich, an der Mailänder Scala. Er sang, vorwiegend an den großen Bühnen Italiens, aber auch in London ein stilistisch breitgefächertes Repertoire, das von Rossini (*Matilde di Shabran, Mosé in Egitto, Guglielmo Tell, L'assedio di Corinto, Il barbiere di Siviglia*), Bellini (*I Capuleti e i Montecchi, I puritani, La sonnambula*), Donizetti (*La favorita, Lucia di Lammermoor*) über Meyerbeer (*Les Huguenots, L'africana, Roberto il diavolo*), Marchetti (*Ruy Blas*), Halévy (*L'ebrea*) bis hin zu Faccio (*Amleto*) reichte. Er war verheiratet mit der beliebten Koloratursopranistin Angelica Ortolani (Bergamo 1830 – Livorno 1913), einer Spezialistin für Opern wie *I puritani, Matilde di Shabran, La sonnambula, Il barbiere di Siviglia*, mit der er oft gemeinsam auftrat.

1876 wird *La forza del destino* am Pariser Théâtre Italien aufgeführt. Der getreue Muzio dirigiert, die Aufführung ist musikalisch erfolgreich, die Oper selbst wird aufgrund ihres absurden Librettos abgelehnt. 1882 kommt es in Antwerpen zur Aufführung einer dritten, gekürzten Fassung der Oper in französischer Sprache. Diese Fassung ist nicht dokumentiert und wird auch von Ricordi später nicht autorisiert und daher nicht gedruckt. Die Oper in der überarbeiteten (zweiten) Fassung mit ihrer pittoresken Mischung aus Tragik und Komik kommt im deutschen Sprachraum in der Zeit, in der Wagner dominiert, außer Mode.

1926 wird in Dresden *Die Macht des Schicksals* unter dem Dirigenten Fritz Busch in einer Übersetzung von Franz Werfel gespielt. Es ist dies der Auftakt der in ihrer Bedeutung gar nicht hoch genug einzuschätzenden „Verdi-Renaissance", die diese und andere Verdi-Opern wieder zu ihrer ursprünglichen Beliebtheit zurückführt.

Am 13. November 1868 ist in Paris Gioachino Rossini gestorben. Verdi kommentiert das Ereignis:

> Verdi an Clarina Maffei; Sant'Agata, 20. November 1868
> Eine große Persönlichkeit ist aus der Welt gegangen! Sie war die bekannteste, die populärste unserer Zeit, und sie war der Ruhm Italiens! Was wird uns noch bleiben, wenn die andere [Persönlichkeit], die noch am Leben ist[50], nicht mehr sein wird? Unsere Minister, und die Heldentaten von Lissa und Custoza![51]   Copialettere, S. 206

Bereits am 17. November, nur vier Tage nach Rossinis Ableben, schlägt Verdi Ricordi die Komposition einer Messe zu Ehren des verstorbenen Meisters vor. Die Partitur soll von den angesehensten italienischen Komponisten „mit Mercadante an der Spitze"[52] komponiert, in Bologna (nach Verdi „die musikalische Heimat Rossinis"), in der Kirche San Petronio, aufgeführt, dann versiegelt und im Archiv des Liceo Musicale der Stadt aufbewahrt werden. Allenfalls dürfe sie für Aufführungen zu Rossinis Todestag herangezogen werden. Eine Kommission wird gebildet, die die Zuteilung der Nummern vornimmt: Dreizehn italienische Komponisten, darunter Verdi, komponieren tatsächlich die einzelnen Nummern der *Messa da requiem*:

1. Requiem aeternam	g-Moll, *lento*, Chor	Antonio Buzzolla
2. Dies irae	c-Moll, *allegro maestoso*, Chor	Antonio Bazzini
3. Tuba Mirum	es-Moll, *maestoso*, Baß-Solo mit Chor	Carlo Pedrotti
4. Quid sum miser	As-Dur, *larghetto*, Duett Sopran-Alt	Antonio Cagnoni
5. Recordare	F-Dur, *andantino*, Quartett	Federico Ricci
6. Ingemisco	a-Moll, *largo*, Tenor-Solo	Alessandro Nini
7. Confutatis	D-Dur, *allegro sostenuto*, Baß-Solo	Raimondo Boucheron
8 a. Lacrymosa	G-Dur, *andante*,	
8 b. Amen	4 Solostimmen d-Moll, *allegro*, Fuge	Carlo Coccia
9. Domine Jesu	C-Dur, *moderato*, Chor und Solostimmen	Gaetano Gaspari
10. Sanctus	Des-Dur, *maestoso*, Chor	Pietro Platania
11. Agnus Dei	F-Dur, *andante*, Alt-Solo	Errico Petrella
12. Lux aeterna	As-Dur, *moderato*, Chor und Sopran-Solo	Teodulo Mabellini
13. Libera me	c-Moll, *moderato, allegro agitato, moderato, allegro risoluto*, Chor mit Sopran-Solo und Fuge	Giuseppe Verdi

Das Projekt findet den Beifall der Öffentlichkeit, es kommt aber auch zu Anwürfen: Abwegigerweise wird behauptet, Verdi wolle für sich Reklame machen.

Trotz aller Bemühungen gelangt das – zwangsläufig heterogene – Werk nicht zur Aufführung.[53] Ricordi schlägt zur Rettung des Projekts die Verschiebung der Aufführung und deren Verlegung nach Mailand vor, beides lehnt Verdi am 27. Oktober 1869 ab: „Die Absicht ist gescheitert, weil die Messe: 1. nicht in Bologna, 2. nicht zur Wiederkehr des Todestages Rossinis aufgeführt wird."[54] Er empfiehlt die Rückgabe der komponierten Teile an die Autoren. Am 4. November wird das Projekt von der zuständigen Kommission definitiv ad acta gelegt. Wer es nach Verdis Dafürhalten außer den Politikern und der Impresa auch verhindert hat, ist Mariani: Er erklärt, der Chor des Opernhauses in Bologna sei der Aufgabe nicht gewachsen. Geld zur Beseitigung dieses Mißstandes ist nicht vorhanden, das Projekt entschläft sang- und klanglos. Verdi ist doppelt erbost: über Mariani, „der keinen Finger rührte" oder sich übergangen fühlt („Vielleicht ist er ein wenig pikiert, daß er nicht zu den Komponisten zählte; vanitas vanitatis etc. Ach, die talentierten Menschen sind fast immer große Kinder!", schreibt Verdi am 30. Dezember 1869 an Arrivabene[55]) ebenso wie über die Unfähigkeit Italiens, einen großen Mann zu ehren. Bis Verdi sein *Libera me* zur kompletten *Messa da requiem* erweitert, wird es bis 1873 dauern.

---

[1] Vgl. Kapitel V.

[2] Verdi an Somma; Paris, 5. April 1855. In: A. PASCOLATO, *Re Lear e Ballo in Maschera, Lettere di G. Verdi ad A. Somma*, S. Lapi, Città di Castello, 1902, S. 76.

[3] Verdi an Somma; Busseto, 7. April 1856. A.a.O., S. 77 ff.

[4] Marietta Piccolomini trat am 6. Dezember 1856 im Pariser Théâtre Italien in *La traviata* auf und erzielte einen Riesenerfolg.

[5] Verdi an De Sanctis; Reggio Emilia, 14. Mai 1857. In: Abbiati II, S. 416.

[6] Giuseppina Strepponi an Léon Escudier; Sant'Agata, 4. Juli 1857. In: Abbiati II, S. 420.

[7] *Vincenzo Bellini. Epistolario*, Verona 1943, S. 478.

[8] Carteggi I, S. 219 f.

[9] Verdi an Somma; Sant'Agata, 8. Juli 1858. In: A. PASCOLATO, *Re Lear e Ballo in maschera , Lettere di G. Verdi ad A. Somma*, S. Lapi, Città di Castello, 1902.

[10] Abbiati II, S. 507.

[11] Wenn Opernhäuser, Festspiele usw. marktschreierisch die „schwedische Originalfassung" der Oper ankündigen, werden nur die Namen der Protagonisten geändert und einige nebensächliche Textstellen wiederhergestellt (z.B. „il re" statt „Sire" u.dgl.). Handlung, Text und Musik bleiben unverändert, Bühnenbilder und Kostüme werden, sofern überhaupt erkennbar, der Epoche angepaßt. Für Verdi machte es keinen Unterschied, ob die Handlung in Boston oder Stockholm spielte. Er machte auch nach der Einigung Italiens und dem dadurch wegfallenden Zensureinfluß keinen Gebrauch von der Möglichkeit, die Oper an den ursprünglichen Schauplatz zurückzuverlegen.

[12] Das Libretto zu *Un ballo in maschera* wird Sommas einzige Arbeit auf diesem Gebiet bleiben, obwohl er immer wieder als Mitautor von Federico Riccis Oper *Un duello sotto Richelieu* genannt wird, was aber nicht gesichert ist.

[13] Vgl. Kapitel II, Fußnote 27.

[14] Verdi an Piave; Sant'Agata, 2. September 1859: „Ich bin jetzt, wie Du weißt, ganz Bauer. Ich hoffe, den Musen Adieu gesagt zu haben und wünsche mir, daß mich nicht die Versuchung überkommt, wieder die Feder zur Hand zu nehmen." In: Carteggi II, S. 353.

[15] Verdi an Piroli; 11. Februar 1861. In: Conati, Verdi, S. 74.

[16] Das erste Datum wird nach dem in Rußland bis zur Revolution von 1917 üblichen julianischen Kalender, das zweite nach dem in Westeuropa üblichen gregorianischen Kalender angegeben. Die erste russische Revolution, die „Februarrevolution", fand nach julianischem Kalender zwischen 23. und 27. Februar 1917 statt, nach gregorianischem Kalender vom 8. bis 12. März. Sie führte den Sturz der Zarenherrschaft herbei. Die „Oktoberrevolution" fand nach gregorianischem Kalender am 6. und 7. November 1917 statt. Sie führte zum Sturz der provisorischen Regierung und zur Einsetzung einer Räteregierung durch die Bolschewiki.

[17] Giuseppina Strepponi-Verdi an Corticelli, 17. April 1861.

[18] Arrivabene an Verdi; Turin, 15. Juli 1861. In: Alberti, S. 11 f.

[19] Kümmert sich mehr um den Krug als den Krieg, / Wetzt lieber den Schnabel als den Sabel... / Die Christenheit trauert in Sack und Asche, / Der Soldat füllt sich nur die Tasche.

[20] Vgl. Abbiati II, S. 646 ff.

21 Verdi an Piave; Sant'Agata, ohne Datum [Anfang Oktober 1861]. In: Abbiati II, S. 659.

22 Vgl. hiezu Kapitel III.

23 Seit jeher eine Ausweichmöglichkeit ausgesungener Baritone und Bässe, die ihr angestammtes Repertoire nicht mehr bewältigen, die Karriere aber fortsetzen möchten.

24 Abbiati II, S. 667.

25 *Documento n. 12. Diario inedito del conte Oldoini incaricato d'affari del Piemonte a Pietroburgo, concernente le sue tre missioni del 1856–57, del 1859–60 e del 1862–63*, in: G. BERTI, *Russia e stati italiani nel Risorgimento*, Torino, Einaudi, 1957, S. 835, Zit. in: G. MARCHESI, *Gli anni della Forza del destino*, in: Bollettino II/4, S. 17 ff.

26 Abbiati II, S. 678.

27 „[...] und die Stimme der La Grua ist zu ihrem und zu Verdis Kummer ein erschreckendes Beispiel für diese Schwäche", schreibt Giuseppina am 20. Jänner/1. Februar 1862 aus St. Petersburg an Arrivabene. In: Alberti, S. 14.

28 S. hiezu Kapitel XII.

29 Die Diagnose ist falsch: Barberina wird Giuseppina und Verdi überleben.

30 Brief an Tito Ricordi; o.D. In: Abbiati II, S. 708.

31 Vgl. Verdis Brief an den Direktor der St. Petersburger Hofoper; St. Petersburg, 12. März 1862. In: Abbiati II, S. 693.

32 CAROLINE BARBOT (Paris 1830 – 1893), die Sängerin der Leonora, wurde als Caroline Douvry geboren, studierte in Paris und debütierte dort 1858 an der Opéra. Ihre Partien an diesem Haus waren die Valentine in *Les Huguenots*, die Léonore in Donizettis *La Favorite* und die Hélène in Verdis *Les Vêpres siciliennes*. 1860 ging sie mit ihrem Mann, dem Tenor und Gesangslehrer Joseph Barbot (er sang 1859 die Titelrolle in der Uraufführung von Gounods *Faust*), nach Italien, wo sie in Bologna ihr Debut gab. Hier sang sie u.a. die Amelia im *Ballo in maschera* (1860), die Amelia in *Simon Boccanegra* (1861) und die Valentine. Sie feierte daraufhin große Erfolge an den ersten Bühnen des Landes (Mailand, Turin, Rom, Neapel), und zwar in *Un ballo in maschera*, *Nabucco*, *Don Carlo* und *La forza del destino*. Verdi hatte sie 1859 in Paris in *Les Vêpres siciliennes* gehört und schätzte ihre Fähigkeiten. Sie setzte ihre Karriere in Italien, Frankreich, Belgien und Rußland bis 1875 fort. Als ihr Gatte als Lehrer an das Pariser Conservatoire berufen wurde, ließ sich das Ehepaar in Paris nieder.

33 In späteren Jahren war Tamberlick ein Spezialist für den Otello in Rossinis gleichnamiger Oper.

34 Mit Auftritten in *I due Foscari*, *Adelia*, *La sonnambula*, *Mosé*, *La favorita*, *Torquato Tasso*, *Maria di Rohan*, *Roberto Devereux*, *Nabucco*, *I puritani*, *Maria Padilla*, *Irza*, *Marino Faliero*, *Giovanna d'Arco*, *Attila*, *La muta di Portici*, Pacinis *Medea*. Man staunt immer wieder über den Fleiß damaliger Sänger, die sich in kurzer Zeit ein enormes Repertoire erarbeiteten: Tamberlick sang insgesamt 111 Hauptrollen.

35 Er hatte sie bei Vorstellungen in kleinen Theatern bereits ohne Verdis Wissen und Zustimmung gesungen.

36 Er tritt in London in den englischen Erstaufführungen von dessen *Dinorah* (1859) und *L'africana* (1865) auf.

37 Vgl. Budden II, S. 435, S. 520.

38 Abbiati II, S. 724.

39 Eine solche Wechselwirkung gibt es auch bei Francesco Tamagno (bei den Revisionen von *Don Carlo* und *Simon Boccanegra*, sowie bei *Otello*).

40 „S'incontri la morte", Transposition von C-Dur nach B-Dur.

41 Diesen Dirigenten hatte bereits Richard Wagner für den *Tannhäuser*-Mißerfolg verantwortlich gemacht.

42 Dieses kuriose Ansinnen wurde in Wien bei der Erstaufführung der Oper 1865 in die Tat umge-

setzt: Die Rolle des Melitone wurde fast komplett gestrichen. Sie wurde auf wenige Rezitative reduziert.

[43] Émile Perrin (1814–1885), Maler, Kunstkritiker, Direktor der Opéra, Verwalter der Comédie-Française, soll den von Verdi gerne verwendeten abschätzigen Namen *Grande boutique* für die Opéra geprägt haben.

[44] S. Kapitel XI.

[45] S. Kapitel XI.

[46] Von dem Bariton LUIGI COLONNESE sind keine Lebens- und nur wenige Karrieredaten bekannt. Er sang an Verdi-Opern *La traviata, Il trovatore, I vespri siciliani, Un ballo in maschera, Don Carlo, Aida* (letztere in Buenos Aires, Neapel und Moskau). Er trat zwischen 1864 und 1882 in Turin, Neapel und Mailand in Uraufführungen von Opern von Errico Petrella (*La contessa d'Amalfi, Bianca Orsini*) und Antonio Smareglia *(Bianca di Cervia)* auf.

[47] Der Bassist MARCEL(LO) JUNCA (Bayonne 1818 – Lormes, Corbigny 1878) war in Toulon und Paris ausgebildet worden und hatte 1839 in Metz debütiert. Er war 1840–41 in Lyon und 1847–55 in Paris engagiert, wo er an etlichen Uraufführungen von Opern französischer Komponisten beteiligt war. Seine Karriere führte ihn nach New York, wo er als Procida (*I vespri siciliani*) debütierte, sowie an die großen internationalen Bühnen Europas, Nord- und Südamerikas. Er sang die Baßpartien in *Lucrezia Borgia, Lucia di Lammermoor* und *La Juive* und trat in Verdi-Opern wie *Nabucco* (Mailand, Turin), *Ernani* (Mailand), *I vespri siciliani* (New York, Philadelphia, Boston, Baltimore, Sevilla, Buenos Aires), *Simon Boccanegra* (Palermo), *La forza del destino, Don Carlo* und *Aida* auf. An der Mailänder Scala übernahm er den Mefistofele in der Uraufführung (1868) von Boitos gleichnamiger Oper. Er beendete seine Bühnenlaufbahn 1877.

[48] Scherz.

[49] In Verdis Bibliothek in Sant'Agata wird umfangreiches Notenmaterial aufbewahrt, von Palestrina über Bach, Händel, Beethoven, Schubert (auch das *Ave Maria*) bis hin zu Rossini, Berlioz, Wagner, Massenet, Smetana, Goldmark, Bruch, Busoni usw. Es war Verdis verständlicher Wunsch, sich den Kopf von fremden musikalischen Einflüssen freizuhalten, um die eigene Originalität und Phantasie nicht zu beeinträchtigen. Vgl. hiezu L. MAGNANI, L'„ignoranza musicale" di Verdi e la Biblioteca di Sant'Agata. In: Atti III, S. 250 ff.

[50] Alessandro Manzoni.

[51] Niederlagen Italiens.

[52] Mercadante kann wegen Erblindung dem Wunsch nicht Folge leisten.

[53] Die Uraufführung fand erst am 11. September 1988 anläßlich des Europäischen Musikfestes in Stuttgart unter der Leitung von Helmuth Rilling statt.

[54] Verdi an Giulio Ricordi. In: Conati, Verdi, S. 88

[55] In: Alberti, S. 114 f.

Don Carlos und seine Revisionen –
Pauline Lauters-Gueymard – Marie-Constance Sasse –
Jean Morère – Jean-Baptiste Faure – Antonio Cotogni –
Antonietta Fricci – Giorgio Stigelli – Angelo Mariani –
Paul Lhérie

Don Carlos

> Wir haben daran gedacht, Euch als Sujet den *Don Carlos* von Schiller vorzuschlagen. Es versteht sich, daß dieses Stück nur die Ausgangsbasis sein würde und wir es so abändern würden, daß Ihr ein Szenarium erhalten werdet, das Euch in jeder Hinsicht zufriedenstellen wird. Ihr seid ja schon für die Sujets der *Brigands* [*I masnadieri*] und der *Luisa Miller* bei Schiller fündig geworden. *Don Carlos* ist, meiner Meinung nach, von der Anlage her viel breiter und poetischer. Es ist große Leidenschaft darin, wie Ihr sie braucht. Denkt darüber nach und sagt uns Eure Meinung. *Fiesque* [*Die Verschwörung des Fiesco zu Genua* von Friedrich von Schiller] ist ebenfalls ein schönes Sujet, aber die Liebe spielt darin eine weniger große Rolle als im *Don Carlos*.
>
> Copialettere, S. 104 (Original französisch)

Was wie erfolgreiche Sujetfindung Mitte der 1860er Jahre durch die Librettisten des *Don Carlos* anmutet, ist in Wirklichkeit ein Brief von Alphonse Royer und Gustave Vaëz, den Librettisten von *Jérusalem*, an Verdi. Er trägt das Datum 7. August 1850. Zu dieser Zeit ist Verdi an dem Schillerstoff nicht interessiert. Beinahe siebzehn Jahre dauert der Reifungsprozeß bis zur Uraufführung des *Don Carlos*. Der erste vage, Verdi möglicherweise selbst nicht bewußte Hinweis auf die Auseinandersetzung mit dem Stoff ist die briefliche Äußerung über den Escorial vom 22. März 1863.[1]

Die Verhandlungen über einen Vertrag für eine neue Oper für Paris unterbrechen 1865 nicht nur Verdis ruhiges Land- und Bauernleben, sondern erfordern auch wieder die leidigen Überlegungen, welcher Stoff veropert werden soll. Was liegt näher, als zuerst das bereits etwas abgegriffene *Lear*-Projekt wieder in die Diskussion zu bringen? Verdi korrespondiert mit Escudier darüber, nur um herauszufinden, daß er sich anscheinend zu lange ergebnislos mit dem großen Stoff auseinandergesetzt hat. Der richtige Zeitpunkt dafür ist vorbei: so wunderbar der Stoff auch sei, er wäre für den Pariser Geschmack wohl kaum spektakulär genug. Außerdem gäbe es Besetzungsschwierigkeiten; es wäre fast unmöglich, eine Cordelia zu finden.[2] Kurz denkt Verdi an eine Veroperung des Dramas *El zapatero y el rey* von José Zorrilla y Moral, dann ist von einem *Cléopâtre-*

Stoff nach Shakespeare die Rede, Escudier reist im Juli 1865 selbst nach Sant'Agata, um Verdi das Libretto dazu vorzulegen. Joseph Méry, ein Librettist, der Operntexte für Reyer und Offenbach geschrieben hat, hat es zusammen mit Camille du Locle, dem Schwiegersohn Émile Perrins, des Direktors der Opéra, verfaßt. Es gefällt Verdi nicht. Für diesen Fall hat Escudier auch ein Prosa-Szenario von *Don Carlos* aus der Feder derselben Autoren mitgebracht. Die Vorlagen dafür sind nicht nur französische Übersetzungen des dramatischen Gedichts *Dom Karlos, Infant von Spanien* (1787) von Friedrich von Schiller, sondern auch die *Histoire de Dom Carlos* (1672) von César Vichard Abbé de Saint-Réal, *Don Carlos, Prince of Spain* (1676) von Thomas Otway, die Schillerbearbeitungen *Philippe II* (1801) von Joseph de Chénier und *Élisabeth de France* (1828) von Alexandre Soumet und *Philippe II roi d'Espagne* (1846) von Eugène Cormon. In all diesen Werken wird die historische Realität recht frei behandelt: Abgesehen davon, daß Don Carlos in Wirklichkeit „ein erblich schwer belasteter, bizarrer Schwachkopf, für Regierungsgeschäfte offenkundig untauglich, zudem häßlich und grausam"[3] war, war Philipp II. zum Zeitpunkt seiner Eheschließung mit Elisabeth erst 33 Jahre alt und somit, auch für damalige Verhältnisse, kein alter Mann, und der Escorial noch nicht einmal in Planung.

Jetzt nimmt Verdi in dem Stoff Qualitäten wahr, die er 1850 nicht zu schätzen gewußt hat. Auf den ersten Blick[4] erkennt er die Notwendigkeit, dem Szenario etwas hinzuzufügen: eine „kleine Szene zwischen Philipp und dem Inquisitor, letzterer blind und sehr alt", und „eine Szene zwischen Philipp und Posa".[5] Er findet es hervorragend, Karl V. auftreten zu lassen, ebenso, eine Szene in Fontainebleau spielen zu lassen. Alles deutet darauf hin, daß er sich der Konkurrenz der groß angelegten Opern Meyerbeers, die er kennt und schätzt, stellen will. Er wird bei der Entstehung des Librettos wie immer großen Einfluß nicht nur auf strukturelle Fragen, sondern auch auf kleinste Details der Phrasierung und der Wortwahl nehmen.

Escudier verläßt Sant'Agata mit der festen Zusage Verdis, eine neue Oper für Paris zu komponieren. Nach weiteren Verhandlungen unterschreibt Verdi den Vertrag im November in Paris, wo er bis Mitte März 1866 bleibt, um mit seinen Librettisten zu arbeiten. Dort besucht er nicht nur Rossini, sondern auch Konzerte, Theater- und Opernvorstellungen: „Die *Africaine* ist sicher nicht die beste Oper Meyerbeers. Ich habe auch die Ouverture des *Tannhäuser* von Wagner gehört. Er ist verrückt!!!"[6]

Die Arbeit am *Don Carlos* geht langsam vonstatten, obwohl Verdi vor seiner Abreise aus Paris den ersten Akt fertig komponiert. Aufgrund der persönlichen Kontakte zwischen dem Komponisten und seinen Librettisten existieren kaum Briefe, die Aufschluß über den Arbeitsfortschritt geben könnten. Was überliefert ist, sind drei verschiedenfarbig gebundene Libretto-Entwürfe mit Eintragungen, Änderungen und Streichungen von Verdis Hand, die die verschiedenen Stadien der Arbeit dokumentieren.[7] Im Februar erkrankt Méry und muß das Bett hüten. Den Fontainebleau-Akt schreibt Verdi in Paris, wie in den alten Zeiten quälen ihn Halsschmerzen, obwohl er ohne Zeitdruck arbeitet. Er besucht den kranken Méry am 18. März in Nizza, auf der Rückreise nach Italien. Im Juni stirbt Méry, Du Locle muß die Arbeit alleine zu Ende bringen. Verdi kämpft mit dem Duett Philipp-Posa im 2. Akt, der dadurch besonders lang wird: „Das ist kein Akt, sondern eine halbe Oper!" schreibt Verdi an Escudier.[8] Die Erstfassung des Duetts stimmt mit der heute bekannten Fassung nur teilweise überein. Weite Passagen wird Verdi streichen und mehrfach überarbeiten, bis das gewaltige, aktbeschließende Duett seinen Vorstellungen entspricht. Am 6. Juni kann Verdi Escudier mitteilen: „Ich habe den dritten Akt fertiggestellt und den vierten begonnen. Wenn dieser fertiggestellt ist, betrachte ich die Oper als fertiggestellt, weil der fünfte Akt in einem Arbeitsgang gemacht werden muß."[9] Als Verdi nach Sant'Agata zurückkehrt, ist das Libretto fast fertig. Er arbeitet jetzt mit Hochdruck.

> Verdi an Du Locle; Busseto, 16. Juni 1866
> Vor ungefähr einer Woche habe ich Euch geschrieben und gebeten, das *Quatuor* im IV. Akt neu zu machen, jetzt aber habe ich das komponiert, was ich hatte und so ist auch dieses *Quatuor* fertig. Ich benötige nur ein paar kleine Änderungen bei einigen Worten und Betonungen, und zwar nicht wegen der Musik, sondern um der Szene mehr Leben zu geben.
> Carteggi IV, S. 163

Der Text zum 5. Akt trifft Mitte Juni in Sant'Agata ein. Perrin ist davon begeistert, Verdi weniger. Es ist Giuseppina, die Verdis Einwände diplomatisch formuliert, Verdi hat genaue Vorstellungen, was an dem spektakulären Grand-opéra-Finale zu ändern ist, er wird sie durchsetzen. Am 4. Juli ist auch der vierte Akt fertig komponiert. Tags darauf reist Verdi mit Giuseppina nach Genua, um dort Verhandlungen über den Kauf einer Wohnung im Palazzo Sauli zu führen, wo ab jetzt der Winter verbracht werden soll und in welchem auch der Dirigent Angelo Mariani eine Etage bewohnt.

Seit einigen Monaten ist Verdi in Sorge darüber, daß es Krieg zwischen Italien und Österreich geben könne. Am 10. Mai hat er an Piroli geschrieben: „Wenn es Krieg gibt, werde ich als erster dran sein und mein Bündel schnüren müssen, weil es sicher ist, daß ich nicht so sehr von den Deutschen als von den Priestern aufs Korn genommen werde..."[10] Und am 9. Juni, wiederum an Piroli:

> Ich bin noch hier, doch beim ersten Kanonenschuß gehe ich, denn
> allein der Gedanke, daß die Österreicher auch hier auftauchen könnten,
> würde mich tausend Meilen rennen lassen, ohne Atem zu holen, nur um
> ihre Visagen nicht zu sehen. Vorerst werde ich nach Genua gehen und dort
> bis zum letzten, allerletzten Moment bleiben, in dem ich nach Paris fahren
> muß beziehungsweise müßte.
> Ich sage *müßte*, weil Italien in diesem Augenblick zu verlassen wie ein
> Schuldgefühl auf mir lastet.   Carteggi III, S. 39 f.

Verdi überlegt, ob er Perrin um Erlaubnis bitten soll, später nach
Paris zu kommen, um länger in der Heimat bleiben zu können, oder einfach den Vertrag brechen und ihn vor vollendete Tatsachen stellen soll.
Doch Piroli rät ab: Es wäre nicht gut für den Ruf Italiens, wenn sein
führender Komponist in Frankreich vertragsbrüchig würde, auch wenn
patriotische Gefühle ihn dazu veranlaßten (zu diesem Zeitpunkt hofft
man, Napoleon III. würde Italien militärisch zu Hilfe kommen). Das Problem erledigt sich von selbst: Italien erleidet bei Custoza und Lissa
schwere Niederlagen. Garibaldi gelingt es, die Wut der Italiener durch
seinen Sieg über die Österreicher in Bezzecca und durch seinen Ein-
marsch ins Trentino abzuschwächen (sein Freiwilligenkorps wurde im
Juni durch die Patrioten Arrigo Boito und Franco Faccio verstärkt). Doch
dann besiegen die Preußen am 3. Juli 1866 die Österreicher bei König-
grätz und es kommt zu den Friedensschlüssen zwischen Preußen und
Österreich sowie zwischen Italien und Österreich. Venetien wird an
Napoleon III. abgetreten, der es seinerseits nach einer Volksabstimmung
an Italien übergibt. Wie viele seiner Landsleute ist Verdi über diese Vorgangsweise erbost.

Am 22. Juli reisen die Verdis von Genua nach Paris, wo sie am 24.
eintreffen. Verdi übergibt der Opéra die ersten vier Akte. Am 9. August
reist er mit Giuseppina nach Cauterets in den Pyrenäen, nicht nur aus
Gründen der Erholung oder um Thermalbäder zu nehmen, sondern um
ungestört den fünften Akt komponieren zu können. Am 11. August
beginnen in Verdis Abwesenheit die ersten Proben an der Opéra. Es
kommt sofort zum ersten Eklat. Der für die Rolle des Großinquisitors
vorgesehene Jules-Bernard Belval, ein ausgezeichneter *basso profondo*
mit großem Stimmumfang und -volumen, ist eifersüchtig, weil seine
Rolle kleiner als die des spanischen Königs ist. Er pocht auf seinen Vertrag, der ihm eine Hauptrolle zusichert, Direktor Perrin schmettert diesen Einwand aber trocken mit der Begründung ab, daß Verdi eben eine
Oper mit zwei Baßhauptrollen geschrieben habe und Belval vertragsgemäß besetzt sei. Daraufhin boykottiert der beleidigte Belval die Proben
und strengt eine Klage gegen die Direktion der Opéra an. Das Gericht

lädt als Sachverständigen den Komponisten Ambroise Thomas, der die Partitur daraufhin prüfen soll, ob der Großinquisitor tatsächlich eine Hauptrolle ist. Als Verdi von der Farce erfährt, schreibt er wütend an Escudier und droht damit, die Partitur zurückzuziehen: sie sei noch immer sein Eigentum und dürfe ohne seine Zustimmung von niemand eingesehen werden. Thomas versteht den Wink und lehnt es ab, eine Expertise zu erstellen, worauf diese Aufgabe dem Komponisten Ernest Reyer übertragen werden soll, der aber ebenfalls ablehnt. Ein dritter Gutachter wäre willig, zur Tat zu schreiten, doch Verdi gibt seine Zustimmung zur Einsichtnahme in die Partitur nicht. Die Angelegenheit wird dadurch aus der Welt geschafft, daß Belval nicht mehr besetzt wird. Seine Partie wird dem Bassisten David übertragen, der ursprünglich den Mönch (Karl V.) hätte singen sollen.

Doch dies ist nicht das einzige Besetzungsproblem: Für die Partie der Eboli, eine üblicherweise von Mezzosopranen gesungene Rolle, die an etlichen Stellen an die Sängerin Anforderungen wie an einen dramatischen Sopran stellt, ist die Altistin Rosine Bloch vorgesehen. Sie soll zu dieser Zeit die Fidès, eine echte Altrolle, in Vorstellungen von Meyerbeers *Le prophète* singen. Um sie für die *Don Carlos*-Premiere zu schonen, zieht Perrin sie aus dieser Produktion ab und ersetzt sie durch **Pauline Lauters-Gueymard** (Brüssel 1834 – 1908), eine dramatische Sopranistin, die mit ihrem großen Stimmumfang auch das Mezzosopranfach abdeckt. Die mit dem Tenor Louis Gueymard[11] verehelichte belgische Künstlerin hat 1854 am Pariser Théâtre-Lyrique debütiert und ist seit 1857 an der Opéra engagiert, wo sie bis 1876 auftreten wird. Ihre Antrittsrolle war die Isabella in *Robert le diable*. Sie singt an der Opéra Mezzopartien wie die Azucena in *Le trouvère*, die Amneris in *Aida*, die Léonore in *La Favorite*, Altpartien wie die Fidès in *Le Prophète*, aber auch Sopranrollen wie die Isabella in *Robert le diable* oder die Donna Elvira in *Don Giovanni*. Sie ist an zahlreichen Uraufführungen beteiligt, wie an Thomas' *Hamlet* und Gounods *La reine de Saba* sowie von Opern von Halévy, David, Poniatowski, Mermet, Diaz.

Als die Lauters-Gueymard bei den Proben ihr Talent für tieferliegende Partien unter Beweis stellt, verfällt Perrin auf den Gedanken, sie Verdi anstelle der jungen Bloch für die Eboli zu empfehlen. Sie könne die Partie singen, ohne daß eine Note geändert werden müsse, und man könne dadurch bei den Damen eine konkurrenzlose Besetzung auf die Beine stellen. Verdi reagiert vorsichtig: Er befürchtet Rivalitäten zwischen zwei ersten Sängerinnen, ist der Umbesetzung aber prinzipiell nicht abgeneigt. Wenn die Lauters-Gueymard die Fidès bewältige, würde sie auch mit den tieferliegenden Passagen der Eboli gut zurechtkommen.

Er hört sich die Sängerin in einer Vorstellung an und stimmt ihrer Besetzung zu. Bei den Proben stellt sich allerdings heraus, daß einige Transpositionen doch von Vorteil wären. Verdi legt für sie das Schleierlied im 2. Akt um einen Ganzton höher und damit den Grundstein für die stimmlichen Probleme späterer Mezzosopranistinnen mit der Partie. Aus den Probenbüchern der Sängerin sind die Änderungen, die Verdi für sie anbrachte, ersichtlich: Fünf verschiedene Kadenzen und eine neue Schlußphrase für das Schleierlied, drei verschiedene Fassungen für „O don fatal". Die verschiedenen für Madame Lauters-Gueymard ausprobierten Änderungen veranlassen Marie-Constance Sasse, die etwas exzentrische Darstellerin der Élisabeth de Valois, ihrem Unmut durch Grimassenschneiden Ausdruck zu verleihen, was den in dieser Hinsicht empfindlich gewordenen Verdi so verärgert, daß er die Probe verläßt. Sie dürfte einer der Gründe dafür sein, daß Verdi das Duett zwischen Élisabeth und Eboli im 4. Akt streicht. Wie an der Opéra üblich, schleppen sich die Proben mühsam dahin:

> Verdi an Ricordi; Paris, 25. September 1866
> Man braucht derzeit über den *D. Carlos* gar nicht zu sprechen; er wird weder im Oktober, noch im November, noch im Dezember in Szene gehen, vielleicht nicht einmal im Jänner.   Abbiati III, S. 109

Auch Giuseppina wird ungeduldig:

> Giuseppina Verdi an Corticelli; Paris, 7. Dezember 1866
> Wenn Gott und die Schlafmützen der Opéra so wollen, wird der *Don Carlos* vielleicht Ende Jänner in Szene gehen! Jesus! was für eine Strafe für die begangenen Sünden bedeutet für einen Komponisten die Inszenierung einer Partitur an diesem Theater mit seiner schwerfälligen und unbeweglichen Maschinerie. Du kannst Dir denken, daß ich vor Ungeduld brenne, nach Genua zu fahren, um die Wohnung herzurichten und zu genießen, während man an der Opéra vierundzwanzig Stunden darüber debattiert, ob Faure oder die Sasse usw. einen Finger oder die ganze Hand heben sollen.   Abbiati III, S. 114

Am 10. Dezember teilt Verdi seinem Freund Arrivabene mit, daß er die Partitur samt Instrumentation fertiggestellt und nur mehr an der Ballettmusik zu arbeiten habe. Das Jahresende verlangt nach den üblichen, von Verdi herzlich verabscheuten gesellschaftlichen Verpflichtungen: Zwischen einem „diner chez Tamberlick avec Mlle Patti et sa famille", einem „diner chez Mr Du Locle" und verschiedenen Essen „chez Verdi" überfallen den Komponisten wieder die altbekannten Halsschmerzen. Eine Folgeerscheinung der Ärgernisse mit der Opéra oder eine diplomatische Erkrankung?

Am 15. Jänner teilt Verdis Notar und Vertrauter, Dr. Angiolo Carrara, aus Busseto mit, daß Verdis Vater Carlo am Vortag verstorben ist. Der Zweiundachtzigjährige ist seit Monaten krank gewesen, sein Ableben kommt nicht unerwartet, Verdi ist zutiefst erschüttert. Da die Probenfortschritte und das Premierendatum an der Opéra nicht absehbar sind, kann Verdi Paris nicht verlassen und gibt Carrara telegraphisch Anweisungen für das Begräbnis. Er muß aus der Entfernung auch Dispositionen wegen einer Tante treffen, die um ein Jahr älter als sein Vater ist, und wegen der Tochter eines Cousins[12] väterlicherseits, die die Verdis zu Erziehungs- und Ausbildungszwecken unter ihre Fittiche genommen haben. Sie werden die siebenjährige Filomena[13] an Kindes statt aufnehmen (1868). Jetzt ersucht er Carrara, das Kind vorderhand in sein Haus in Busseto aufzunehmen, denn die verhaßten Proben rufen ihn wieder zur Arbeit.

Weshalb ist die Opéra so schwerfällig und die Proben derartig nichtendenwollend? Die Opéra ist (wie seinem Wesen nach fast jedes Opernhaus) eine zutiefst konservative Institution, die neuen Entwicklungen noch langsamer hinterdreinhinkt als vergleichbare italienische Häuser. Zu einem Zeitpunkt, als Angelo Mariani in Italien bereits den neuen, modernen Dirigententypus verkörpert, wird an der Opéra noch aus den Geigenstimmen dirigiert.[14] Und wenn zur Zeit des *Don Carlos* auch schon aus der Partitur dirigiert wird, sind die Dirigenten noch nicht auf der Höhe der Zeit. Und da die französischen Grand-opéras mit ihren aufwendigen Bühneneffekten und dem enormen Personalaufwand bei Solisten, Chor und Orchester immer schwieriger einzustudieren und sperriger zu handhaben werden, gewöhnt man sich an lange Probenzeiten, wobei man aber, da die erforderlichen finanziellen Mittel vorhanden sind, zur Übertreibung neigt: Die Opern werden bei den mehrmonatigen Vorbereitungen zu Tode geprobt, wodurch die Aufführungen jegliche Spontaneität verlieren. Dazu der leidgeprüfte Betroffene:

> Verdi an Du Locle; Genua, 7. Dezember 1869
> In Euren Opernhäusern (es sei ohne jeglichen Spott gesagt) gibt es zu viele Klugschwätzer! Jedermann will nach seinen Kenntnissen, nach seinem Geschmack und, was am schlimmsten ist, nach einem *System* urteilen, ohne den Charakter und die Individualität des Autors zu berücksichtigen. Jedermann will eine Stellungnahme abgeben, einen Zweifel äußern, und wenn der Autor lange Zeit in dieser Atmosphäre der Zweifel lebt, kann er auf lange Sicht nicht umhin, in seinen Überzeugungen etwas schwankend zu werden und schließlich seine Arbeit zu korrigieren und zu adaptieren, oder, besser gesagt, sie zu verderben: auf diese Art und Weise steht man am Ende nicht vor einem Werk aus einem Guß, sondern vor einem *Mosaik*, möge es auch noch so schön sein, es ist doch ein *Mosaik*. [...]

Niemand wird Rossini das Genie absprechen: und doch bemerkt man trotz all seinem Genie im *Guillaume Tell* diese fatale Atmosphäre der *Opéra*, und manchmal, wenn auch seltener als bei anderen Autoren, fühlt man, daß hier etwas zuviel ist, da etwas zu wenig, und daß der Ablauf nicht so frei und sicher wie im *Barbiere* ist. Damit möchte ich nicht mißbilligen, was man bei Euch macht; ich möchte Euch nur sagen, daß es mir absolut unmöglich ist, mich neuerlich unter das kaudinische Joch Eurer Theater zu begeben, da ich weiß, daß ein wahrer Erfolg für mich nur dann möglich ist, wenn ich schreibe, wie ich fühle, frei von jeglichem Einfluß, ohne darüber nachzudenken, daß ich ja für Paris schreibe und nicht für eine andere Welt. Es ist außerdem notwendig, daß die Künstler nicht auf ihre, sondern auf meine Art singen; daß die Massen[15], auch wenn sie viele Fähigkeiten haben, ebensoviel guten Willen zeigen; daß schließlich alles von mir abhängt; daß ein einziger Wille über alles herrscht: der meinige. Das mag Euch ein wenig tyrannisch erscheinen... und vielleicht stimmt das auch; aber wenn die Oper aus einem Guß ist, die Grundidee eine einzige ist, muß alles zusammenwirken, um diese *Einheit* zu schaffen. [...]

Der Schluß aus alledem ist, daß ich kein Komponist für Paris bin. Ich weiß nicht, ob ich das Talent zum Komponisten habe, aber ich weiß, daß meine Ideen in Sachen der Kunst ganz verschieden von den Euren sind.

Copialettere, S. 220 f.

Nach dem Élisabeth-Eboli-Duett im 4. Akt wird jetzt der Überlänge der Oper wegen noch das Duett Don Carlos-Philipe II nach Posas Tod gestrichen. In der Literatur wird gemutmaßt, daß der Sänger des Posa gegen dieses Duett protestiert habe, da er sonst zu lange unbeweglich (da tot) auf der Bühne liegen müsse. Der in der Gefängnisszene folgende Aufstand wird noch um eine weitere Szene zwischen Élisabeth und Eboli gekürzt, wieder wird das unerwünschte erzwungene Herumliegen des Baritons als Grund dafür ins Treffen geführt. Wahrscheinlich ist, daß der Sängerstar Faure darauf bestand, nach der Todesszene an der Rampe die Huldigungen seiner Bewunderer entgegenzunehmen. Auch ein wunderbar inspiriertes Ensemble nach Posas Tod, das Verdi im Lacrymosa in der *Messa da requiem* verwenden wird, fällt dem Rotstift zum Opfer.

Am 15. Jänner 1867 stellt Verdi die Komposition der Ballettmusiken fertig, am 17. Februar 1867 beginnen die Proben. Beim kompletten Durchspielen der Partitur bei einer geschlossenen Generalprobe[16] am 24. Februar wird die Dauer der Oper festgestellt: drei Stunden und siebenundvierzig Minuten, „17 Minuten länger als die *Africaine*", notiert Perrin. Da an ein Vorverlegen der Beginnzeit in Paris nicht zu denken ist und die letzten Züge in die Vorstädte um 0.35 Uhr abfahren, darf die Vorstellung nicht länger als bis Mitternacht dauern. Diesen Umständen fallen das Vorspiel der Oper und ein Chor im ersten Akt (er wird durch einen kürzeren ersetzt) zum Opfer, weiters eine Solostelle Posas im zweiten Akt, sowie ein Teil des langen Duetts Philippe-Posa, Kürzungen, die Verdi später als unvertretbar qualifiziert.

Am 11. März 1867 findet endlich die Uraufführung des bereits verstümmelten Werks an der Académie Impériale de Musique (wie die Opéra in vollem Wortlaut heißt) statt. Anwesend sind nicht nur die gesamte französische Regierung und das diplomatische Corps, sondern auch Napoleon III., Kaiserin Eugénie, Prinzessin Mathilde und die Spitzen des geistigen, kulturellen und gesellschaftlichen Frankreich, die Verdi „die Ehre ihrer Anwesenheit" geben. Unter der Leitung des Dirigenten Georges-François Hainl gehören der Besetzung neben den erwähnten Sängerinnen und Sängern Louis-Henri Obin[17] (Philippe II), Jean-Baptiste Faure (Rodrigue) und Jean Morère[18] (Don Carlos) an. Unter den flandrischen Deputierten scheinen drei Namen auf, die man sich wird merken müssen: die Debutanten Jean-Louis Lassalle und Victor Maurel, beide bald berühmte Baritone (letzterer der Jago und der Falstaff der Uraufführungen von Verdis *Otello* und *Falstaff*), und Pierre Gailhard, der zukünftige Direktor der Opéra. Es war Verdis Wunsch, für die sechs Deputierten Schüler des Conservatoire einzusetzen. Einer der beiden Chordirigenten ist der Komponist Léo Delibes (der Autor der *Lakmé*), der sich vorlaut offene Kritik an Verdis Kompositionsweise herausnimmt.

Wie immer berichtet Verdi kurz über die Premiere:

> Verdi an Arrivabene; Paris, 12. März 1867
> Gestern abend *Don Carlos*. Es war kein Erfolg!! Ich weiß nicht, was daraus wird, und würde mich nicht wundern, wenn sich die Sachlage ändern würde. Heute abend reise ich nach Genua ab. Schreib mir dorthin.
> Alberti, S. 75

Derlei Briefe Verdis kennt man bereits. Er wird, wie fast immer, Recht behalten. Man hat von ihm eine Meyerbeersche Ausstattungsrevue erwartet und bemüht sich gar nicht, das Werk zu verstehen. Im Gegenteil: Man steht dem neuen Stil der Oper ratlos gegenüber und fühlt sich durch die feine kompositorische Ausarbeitung geradezu belästigt. Die Kritiken sind geteilt: Ernest Reyer veröffentlicht im „Journal des Débats" eine begeisterte Kritik, Théophile Gautier äußert sich in „Le Moniteur" wohlwollend, Georges Bizet berichtet seinem Freund Galabert, daß die Oper miserabel, ohne Melodien und ohne besonderen Ausdruck sei. In einem Brief an Paul Lacombe gibt er (seiner Meinung nach) grundlegenden Erkenntnissen Ausdruck: „Verdi ist kein Italiener mehr. Er macht Wagner. Er hat nicht mehr seine bekannten Fehler, aber auch nicht einmal mehr eine einzige seiner guten Eigenschaften. Die Schlacht ist für ihn verloren, und seine Oper liegt nunmehr im Todeskampf – in einer Agonie, die sie lediglich der Weltausstellung zu danken hat, die länger als normal dauert."[19] Verdi entrüstet sich über derlei Äußerungen, insbesondere den Vorwurf der Wagner-Imitation (er hat zu der Zeit von Wagner außer der erwähnten *Tannhäuser*-Ouverture mit Sicherheit nichts gekannt), in Briefen an Ricordi und Escudier, ist es aber leid, sich näher mit den Kritiken auseinanderzusetzen. Nur der alte Rossini schätzt das neue Werk richtig ein und bezeichnet Verdi als den „einzige[n] Komponist[en], der fähig ist, eine Grand-opéra zu schreiben."[20] Zu den ablehnenden Meinungen gesellt sich die indignierte Haltung der Kaiserin und des Hofes: Man verabscheut es, Geistlichkeit auf der Bühne dargestellt zu sehen.

Es verdient festgehalten zu werden, daß Verdi in diesem Stadium seiner Karriere nicht mehr wie früher wie ein Galeerensklave ununterbrochen arbeitet, um Geld zu verdienen, sondern um sein Prestige zu wahren, um sich selbst zu übertreffen. Wie sich zeigt, hat er dabei gegen eine ihm feindselig gesinnte massive Front anzukämpfen, die ihm Fortschritt abspricht und ihn ungerechtfertigterweise der Imitation zeiht. Auf dreiundvierzig in mühsam geprobter Routine erstarrten Vorstellungen wird es die Oper in der laufenden Saison in Paris bringen, kein berauschendes Ergebnis, obgleich die Kasseneinnahmen zufriedenstellend sind. Vor seiner Abreise stimmt Verdi einer weiteren Kürzung zu: Er gestattet widerstrebend, daß der Vorhang im vierten Akt bereits nach Posas Tod fällt. In den Rezensionen von Folgevorstellungen ist von weiteren starken Kürzungen die Rede, davon, daß der Tenor stimmlich ungeeignet für die Rolle sei und daß die Darstellung von Mme Sasse völlig ausdruckslos sei.

Marie-Constance Sasse (auch: Sax, Sass, Saxe) (Oudenaarde 1834 – Paris 1907) studierte in Gent und Paris, wo sie in Konzertcafés auftrat und von einer Sängerin entdeckt wurde, die sie weiter ausbildete. Sie vollendete ihre Ausbildung bei Francesco Lamperti in Mailand und debutierte 1852 in Venedig als Gilda. Zu Beginn ihrer Karriere nannte sie sich Sax. Als sie von Adolphe Sax, dem Erfinder des Saxophons, wegen des angenommenen Namens geklagt wurde, änderte sie ihn auf Saxe um, nur um abermals geklagt zu werden. Sie kehrte daraufhin zu ihrem eigentlichen Namen zurück, den sie in späteren Jahren auf Sass abänderte. Léon Carvalho, der Direktor des Pariser Théâtre Lyrique wurde auf sie aufmerksam und engagierte sie an sein Haus, wo sie 1859 erstmals als Gräfin in *Le nozze di Figaro* auftrat. Im selben Jahr sang sie an der Seite von Pauline Viardot die Eurydice in Glucks *Orphée et Eurydice* (in der Bearbeitung von Berlioz).

1860 wurde sie an die Opéra engagiert, an der sie siebzehn Jahre als Primadonna verblieb. Sie war die erste Elisabeth in der Pariser Fassung des *Tannhäuser* von 1861 und die erste Sélika in *L'Africaine* (1865). 1870 sang sie an der Mailänder Scala in Gomes' *Il Guarany*. Gastspielreisen führten sie nach England und Spanien sowie an die großen Bühnen in St. Petersburg, Madrid, Kairo und Brüssel. Ihr Repertoire umfaßte Rollen wie die Rachel (*La Juive*), Valentine (*Les Huguenots*), Alice (*Robert le diable*), Hélène (*Les Vêpres siciliennes*) und Léonore (*Le trouvère*). Wagner schätzte die Leistung der Sängerin in seinem *Tannhäuser*, Verdi hatte wegen ihrer unkollegialen Haltung bei den *Don Carlos*-Proben eine solche Abneigung gegen sie entwickelt, daß er ihren Einsatz kategorisch ablehnte, als sie ihm als Amneris für die *Aida*-Uraufführung empfohlen wurde. Sie zog sich 1877 von der Bühne zurück, war als Pädagogin tätig und veröffentlichte ihre Memoiren.[21] Im Alter verlor sie ihr Vermögen und starb in Armut.

Der Star der Aufführung ist **Jean-Baptiste Faure** (Moulins, Allier, 1830 – Paris 1914). Er sang schon als Kind in Paris im Kirchenchor, spielte während des Stimmbruchs den Kontrabaß in einem kleinen Orchester und wurde am Pariser Conservatoire zum Sänger ausgebildet (1843–52). Er debütierte 1852 an der Opéra-Comique, an der er bis 1860 auftrat, und wechselte 1861 an die Opéra, deren Mitglied er bis 1876 blieb. Er sang ein breitgefächertes Repertoire von Bach (*Matthäuspassion*) über Mozart (*Don Giovanni, Le nozze di Figaro*) bis Rossini (*Guillaume Tell, Barbiere, La gazza ladra*), Donizetti (*La Favorite, Lucia di Lammermoor, Elisir d'amore*), Weber (*Der Freischütz*), Meyerbeer (*L'Étoile du Nord, Les Huguenots*), Wagner (*Tannhäuser*), Verdi, Thomas und Gounod. Er trat in den Uraufführungen von Meyerbeers *Dinorah*, *L'Africaine* und *Le pardon de Ploërmel*, *Don Carlos* und *Hamlet*, sowie in der Erstaufführung von Gounods *Faust* an der Opéra (1869) als Méphistophélès auf. Er gastierte in London (1860–75), Brüssel, Wien (hier wurde er 1878 vom Kaiser zum Kammersänger ernannt), Berlin und Monte Carlo.

1886 verließ er die Bühne und arbeitete als Konzertsänger. Er komponierte Vokalwerke (4 Liedsammlungen mit insgesamt 93 Liedern; sein Lied „Les Rameaux" wurde aufgrund der Namensähnlichkeit fälschlich Gabriel Fauré zugeschrieben), veröffentliche gesangstheoretische Schriften[22] und betätigte sich als Kunstsammler (Édouard Manet hat zwei Portraits des Sängers gemalt, eines davon 1877, das Faure als Titelheld in Thomas' *Hamlet* darstellt). Während seiner aktiven Karriere war er als Gesangslehrer am Pariser Conservatoire tätig (1857–60); diese Tätigkeit nahm er nach Abschluß seiner Karriere wieder auf.

Faures Bariton wird als schön timbriert, ausgeglichen, klangvoll und mit großem Umfang beschrieben, er wurde wegen seiner Musikalität und seines Stilgefühls ebenso wie wegen seiner schauspielerischen Qualitäten bewundert. Es existiert eine in Mailand (ca. 1897–99) entstandene Aufnahme des Sängers, ein Pathé-Zylinder, auf dem er mit „Jardins d'Alcazar" aus Donizettis *La favorite* zu hören ist.

Nur bis 1869 hält sich der *Don Carlos* auf dem Spielplan der Opéra, danach wird die Oper in Paris fast ein Jahrhundert lang nicht mehr gespielt. Verdis französische *grand opéra* wird als italienischer *Don Carlo* auf die dortige Bühne zurückkehren.

Schon kurz nach Fertigstellung des Librettos hat Achille de Lauzières im Herbst 1866 damit begonnen, eine italienische Übersetzung der Oper anzufertigen. Als erstes Opernhaus sichert sich das Londoner Royal Italian Opera House, Covent Garden, die Aufführungsrechte der italienischen Version der Oper. Verdi ist bei der Erstaufführung am 4. Juni 1867 nicht anwesend, verbucht aber zufrieden den Erfolg: Drei Nummern mußten wiederholt werden, die Abendeinnahmen belaufen sich auf umgerechnet 50.000 Lire. Die Interpreten sind die Wiener Sopranistin Pauline (Paolina) Lucca als Elisabetta di Valois, die gleichfalls aus Wien stammende Sopranistin Antonietta Fricci als Eboli, der italienische Tenor Emilio Naudin als Don Carlo, Francesco Graziani[23] als Posa, die Bässe Jules-Émile Petit als Filippo II. und Bagaggiolo als Großinquisitor. Die Aufführung wird von Sir Michael Costa[24] dirigiert, dem Verdi brieflich für den Erfolg dankt. Hätte er gewußt, wie drastisch gekürzt der *Don Carlo* wurde (unter anderem wurde der komplette erste Akt weggelassen), wäre sein Dank wohl weniger enthusiastisch ausgefallen. Verdi kann nicht umhin, Escudier gegenüber höhnisch anzumerken: „[...] was werden die Herren der Opéra sagen, wenn sie erfahren, daß in London eine Partitur in vierzig Tagen einstudiert werden kann, wenn *sie* vier Monate dazu benötigen?"[25]

Im Juni erkrankt Antonio Barezzi schwer. Verdi sieht sein Ende nahen:

> Verdi an Clarina Maffei; Sant'Agata, 30. Juni 1867
> Der arme alte Mann, der mich so gern gehabt hat! Und ich Armer, der ihn [nur] noch kurze Zeit und danach nie mehr sehen wird!!! Ihr wißt, daß ich ihm alles, alles, alles verdanke. Ihm allein, nicht anderen, wie man glauben machen wollte. Conati, Verdi, S. 84

Er reagiert auf die Situation mit Magen- und Darmbeschwerden. Er ist ruhelos („Er kommt oft in mein Zimmer, ohne zehn Minuten stillzu-

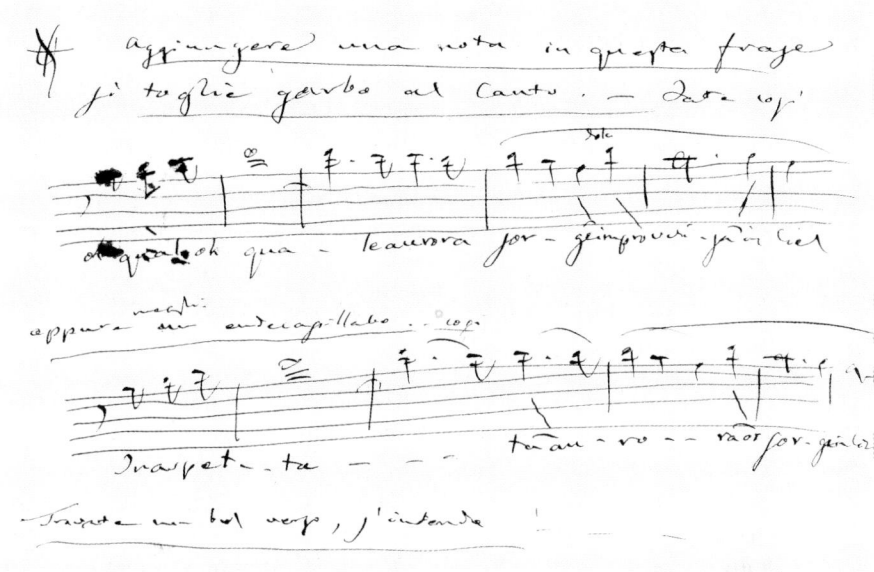

Skizzenblatt zu Don Carlo mit Anweisungen für den Übersetzer.[4] (siehe Seite 472)

sitzen."[26]), nervlich zerrüttet und der Dienerschaft und Giuseppina gegenüber aufbrausend, wie diese Anfang Juli in ihren Aufzeichnungen festhält: „Seine Laune wird immer unbeherrschter und jähzorniger".[27] Am 21. Juli stirbt Barezzi, achtzigjährig. Verdi ist gebrochen. Er reist mit Giuseppina nach Turin und Paris, kehrt aber im Oktober wieder nach Sant'Agata zurück. Manches, das er bis jetzt selbst erledigt hat, will er jetzt delegieren. Er stellt dafür den mit seiner Gattin befreundeten Mauro Corticelli, der früher als Impresario, Agent und als Sekretär Adelaide Ristoris tätig war, als Sekretär und Verwalter ein.

Für Oktober ist die italienische Erstaufführung des Don Carlo angesetzt. Verdi fährt nach Bologna, um einigen Proben beizuwohnen. Der Dirigent ist Angelo Mariani. Er hält sich an Verdis Auflagen hinsichtlich der partiturgetreuen Aufführung der Oper und beschäftigt sich lange mit Besetzungsfragen. In mehreren Briefen an Tito Ricordi zwischen dem 6. und dem 28. April stellt er diesbezügliche Überlegungen an:

> Was die Truppe anbelangt, braucht man, wie Du weißt, zwei ausgezeichnete Frauenstimmen. Die Fricci als *Elisabetta*, die Galletti als *principessa d'Eboli* (eine Partie für sie, weil sie ein echter Mezzosopran ist), beide würden gut passen. Was den Tenor betrifft, wäre es sehr schön, wenn man Fraschini bekommen könnte; falls er aber nicht will oder nicht kann, wäre Stigelli ein guter Künstler, oder Mongini. Für die Baritonpartie wäre ich für Cotogni oder Graziani. Dann ist da noch die Rolle des Filippo II, eine

Rolle von größter Bedeutung... Der Inquisitor und Carlo V sind ebenfalls zwei wichtige Rollen. Für die Bässe würde ich mich an Medini oder Bagaggiolo halten. Abbiati III, S. 133

Welche Informationen hast Du über die Pascal? Ich kenne die Stolz. Versuch auf jeden Fall, die Fricci zu bekommen. [...]

Es tut mir leid zu hören, daß Stigelli die Stimme verloren hat... Da Fraschini noch unsicher ist, könnte man nicht bei Mongini vorfühlen? Laß Dir auf keinen Fall Cotogni entgehen, weil er ein sehr wirkungsvoller Sänger ist, und darüber hinaus jung, lernbegierig und äußerst intelligent...

Die Grosso hat, wie man mir sagt, sehr wenig Stimme; neben der *Fricci* würde sie schlecht dastehen. Die Fermi ist hochintelligent, es scheint mir aber, daß ihre Stimme nicht die Brillianz hat, die man speziell für die sogenannte *Schleier*-Arie braucht. Und wen willst Du als Filippo II besetzen? Achte darauf, daß man einen großen Künstler braucht. Die heutigen Bässe sind im allgemeinen ein Haufen Dummköpfe! Es scheint mir, daß Merly [die Rolle] gut ausführen könnte. Abbiati III, S. 134

Wegen der Rolle der *Elisabetta* muß man sich an die Fricci halten. Da man nichts besseres findet, kann für die der Eboli die Ferni durchgehen, da sie eine gute Künstlerin ist, eine exzellente Musikerin, und außerdem mit viel Intelligenz ausgestattet...

Die Stolz ist eine recht gute Künstlerin, sie hat die stimmlichen Mittel, um gut abzuschneiden, die Fricci ist ihr aber vorzuziehen, ja, ich meine sogar, daß ein einziges Bein der Fricci besser ist als die ganze Stolz... Abbiati III, S. 134

Die Beziehung zwischen Mariani und der Stolz dürfte zu diesem Zeitpunkt noch kein Thema sein. In diesem Tonfall geht es in der Korrespondenz über die Besetzungssuche weiter. Am 27. Oktober 1867 kommt es zur italienischen Erstaufführung des *Don Carlo* in Bologna. Mariani spielt die komplette fünfaktige Fassung. Die endgültige Besetzung lautet Teresina Stolz (Elisabetta), Antonietta Fricci (Eboli), Giorgio Stigelli[28] (Don Carlo), Antonio Cotogni (Posa), Giovanni Capponi (Filippo II), Luigi Rossi (Großinquisitor).

Einer der herausragenden Künstler dieser Besetzung ist (neben Teresina Stolz, von der im folgenden Kapitel die Rede sein wird) der Bariton **Antonio Cotogni** (Rom 1831–1918). Er besuchte schon als Kind eine Gesangsschule, studierte in Rom und debütierte 1852 in Rom als Belcore in *L'elisir d'amore*. Die ersten Jahre seiner Karriere verliefen unauffällig, zuerst an kleineren Bühnen, ab 1857 in Rom, Nizza und Turin. Sein Durchbruch erfolgte 1860 an der Mailänder Scala (Antrittsrolle: Giovanni in Bottesinis *L'assedio di Firenze*). Er gastierte daraufhin mit triumphalem Erfolg in St. Petersburg, London, Madrid, Barcelona, Paris, Lissabon und an den großen Häusern in Italien.

Sein Repertoire war breit gefächert: Er sang neben heute vergesse-
nen Werken und seinen Verdirollen (Posa – der Verdi zu Tränen gerührt
haben soll –, Miller, Francesco Foscari, Germont, Amonasro, Ezio, Luna,
Rigoletto) Partien von Mozart (Don Giovanni, Papageno, Figaro), Rossini (Figaro, Guglielmo Tell), Donizetti (Enrico in *Lucia di Lammermoor*,
Belcore, Malatesta, Alphonse in *La favorite*), sowie Riccardo (*I puritani*),
Hamlet, Telramund (*Lohengrin*), Pizarro (*Fidelio*), Valentin (*Faust*), Nelusko (*L'Africaine*) und Barnaba (in der englischen Erstaufführung der
Gioconda 1883).

Seine Karriere dauerte bis 1898. Er war dann als höchst erfolgreicher Gesangslehrer tätig. Zu seinen Schülern zählten Größen wie Mattia
Battistini, Jean de Reszke, Giacomo Lauri Volpi, Carlo Galeffi, Benia-
mino Gigli, um nur die berühmtesten zu nennen. Von Cotogni existieren
einige seltene akustische Aufnahmen von 1908, die trotz des hohen Alters des Künstlers eine Vorstellung von seiner exquisiten Gesangs- und
Phrasierungskunst vermitteln.

Die als Antonia Frietsche geborene Wiener Sopranistin **Antonietta
Fricci** (Wien 1840 – Triest 1912) studierte in Wien bei der berühmten
Mathilde Marchesi[29] und debutierte als Sechzehnjährige auf dem Kon-
zertpodium (mit Arien von Beethoven und Rossini). Sie setzte ihre Studien in Italien fort und debutierte 1858 als Violetta (*La traviata*) in Pisa,
wo sie auch die Paolina (*Poliuto*) sang. Im selben Jahr wurde sie für die
Uraufführung von Pacinis *Lidia di Bruxelles* in Bologna engagiert. Es entwickelte sich eine erfolgreiche Karriere im Sopranfach, die sie bald an
große Häuser wie das Teatro San Carlos in Lissabon (ab 1861), die Londoner Covent Garden Opera (1862–68), die Mailänder Scala (ab 1865)
und das Teatro Regio in Turin (ab 1866) führte. Am San Carlo in Neapel war sie 1867 die erste Sélika in *L'Africaine*.

1873 sang sie in der *Aida* an der Mailänder Scala mit großem Erfolg
die Amneris. An diesem Haus trat sie 1877 in der Uraufführung von Pon-
chiellis *I lituani* auf, im selben Jahr absolvierte sie ein langes Gastspiel in
Buenos Aires. Sie sang die Norma (ihre Glanzrolle), Valentine (*Les
Huguenots*), Alice (*Robert le diable*), Donna Anna (*Don Giovanni*),
Rachele (*L'ebrea*) und Lucrezia Borgia.

Sie war nicht nur die Eboli in der italienischen und englischen Erstaufführung des *Don Carlo* (ein weiterer Hinweis auf die Anlage der Rolle
als dramatischer Sopran), sondern sang bei anderer Gelegenheit auch die
Rolle der Elisabetta di Valois. An Verdi-Opern sang sie außerdem *Macbeth* (in zahlreichen Produktionen, u.a. in Turin, St. Petersburg, Lissabon, Madrid, Mailand, Barcelona, Buenos Aires, Rio de Janeiro), *Luisa*

Miller, Ernani, Il trovatore (Leonora), *Un ballo in maschera* (Amelia), *La forza del destino* (Leonora) und *Aida*.

Der Sängerin wurde nicht nur eine durchschlagskräftige, technisch gut geführte Stimme mit großem Volumen bescheinigt, sondern auch hervorragendes dramatisches Talent. Ab 1878 wirkte sie als Gesangslehrerin. Ihre berühmteste Schülerin war die Sopranistin Cesira Ferrani, die erste Manon Lescaut und Mimì.

Verdi ist bei der Premiere, die ein triumphaler Erfolg ist, nicht anwesend. Wieder kann er es sich nicht verkneifen, seinem französischen Verleger zu berichten:

> Verdi an Escudier; Genua, 30. Oktober 1867
> [...] und reden wir vom *D. Carlos*, der in Bologna anscheinend einen riesigen Erfolg gehabt hat. Alle sagen, daß die Aufführung wunderbar war und daß [das Stück] sehr wirkungsvoll ist. Ich kann nicht umhin, nachdenklich zu werden: hier probt man kaum einen Monat und erzielt starke Wirkungen; an der Opéra probt man acht Monate und erhält am Ende eine blutleere und eiskalte Aufführung.
> Habe ich also nicht recht damit, daß eine einzige, sichere, starke Hand Wunder bewirken kann! Ihr habt es in London mit Costa erlebt, umso mehr erlebt Ihr es in Bologna mit Mariani.
>
> Abbiati III, S. 155

Der bereits mehrfach erwähnte **Angelo Mariani** (Ravenna 1821 – Genua 1873) studierte Musiktheorie und Geige in Ravenna und schloß seine Musikstudien in Bologna ab. 1843 dirigierte er erstmals eine Musikkapelle in S. Agata Feltria und spielte in einem Orchester in Macerata die Geige (oder Viola). Zu dieser Zeit begann er zu komponieren: Er schrieb zwei Ouverturen und eine Symphonie in g-Moll, die ihm einen Publikumserfolg und das Lob Rossinis eintrugen.

1843 (oder 1844) begann er seine Dirigentkarriere, die ihn nach Trient, Messina, Vicenza und Mailand führte. Dort war er 1846 am Teatro Re (*I due Foscari*) so erfolgreich, daß Verdi ihn als Dirigenten der *Macbeth*-Uraufführung wünschte. Die Verhandlungen scheiterten aber an Marianis hohen Gagenforderungen. In der Spielzeit 1847–48 trat er in Kopenhagen als Dirigent italienischer Opern hervor. Nach seiner Rückkehr nach Italien nahm er als Freiwilliger am ersten Unabhängigkeitskrieg teil. Es folgte ein Dirigentenengagement in Konstantinopel, dessen Erfolg zu seiner Ernennung als fest engagierter Dirigent am Teatro Felice in Genua führte, wo er 1852 mit *Robert le diable* debütierte. Er bewies in einem Repertoire, das von Cimarosa, Spontini, Bellini, Donizetti, Mercadante, Verdi, Meyerbeer und Wagner bis hin zu Petrella und Marchetti reichte, außerordentliche musikalische Kompetenz. Er

Der Dirigent Angelo Mariani, mit dem Verdi lange Jahre freundschaftlich verbunden war.

blieb auf dem Posten in Genua und machte das Orchester zum besten Italiens. Daneben dirigierte er häufig in Bologna.

Er war der erste italienische Dirigent, der die historisch gewachsene, traditionelle Aufgabenteilung überwand: Er vereinte die ursprünglich vom *maestro al cembalo* ausgeführten Aufgaben des *maestro concertatore* mit jenen des eigentlichen Dirigenten, die vom Konzertmeister des Orchesters übernommen worden waren und formte daraus in der Herbstspielzeit 1860 am Teatro Comunale in Bologna erstmals den *maestro concertatore e direttore d'orchestra* (auch: *direttore delle musiche*), den modernen Dirigenten, der die Probenarbeit mit Solisten und Orchester leitete und die Vorstellungen dirigierte. Mariani war nicht nur auf der musikalischen Ebene aufgrund seines großen Könnens der erste Stardirigent der italienischen Musikgeschichte, sondern schuf auch durch seine äußere Erscheinung das Bild des *divo*: Er war ein schöner Mann, der die Wirkungen seiner Gesten und Posen und der von Panzacchi erwähnten ,Löwenmähne' bewußt kalkulierte. Auf seiner Suche nach Effekten nahm er sich nicht nur die bereits erwähnten, von Verdi beanstandeten Eigenmächtigkeiten heraus, sondern entwickelte auch einen Hang zu schnellen Tempi.

Er stand mit Verdi, dessen Opern er seit 1846 häufig dirigierte, in engem beruflichen Kontakt und war seit dem *Aroldo* in Rimini 1857 mit ihm befreundet. Wegen der erwähnten künstlerischen und privaten Differenzen kam es 1870 zu einem Abbruch der Beziehungen. Wie als Reaktion darauf wandte sich Mariani der Musik Richard Wagners zu, dessen Werke er oft interpretierte.

Marianis Tätigkeit in Bologna ist untrennbar verbunden mit etlichen italienischen Erstaufführungen, die seine Sensibilität gegenüber Opernneuheiten bezeugen: Meyerbeers *L'africana* (1865), *Don Carlo* (1867), Halévys *L'ebrea* (1868), Wagners *Lohengrin* (1871) und *Tannhäuser* (1872). Obwohl Mariani seine Berühmheit der Oper verdankte, befaßte er sich als Komponist fast ausschließlich mit Symphonik und Kammermusik und nur am Rande mit Liedkomposition. Er orientierte sich dabei an der romantischen Musiksprache Mendelssohns und Schumanns, aber auch an Liszt und Berlioz. Einige seiner Kompositionen weisen auf Debussy voraus.

1868 wird *Don Carlo* in Turin gespielt, im Jahr darauf in Rom, Budapest, Darmstadt, Triest, auch in Mailand. Die Premiere ist für den 25. März festgesetzt, am 5. März hat Boitos *Mefistofele* ein spektakuläres Fiasko erlitten (das Werk muß nach drei Vorstellungen abgesetzt werden). Ricordi will Verdis Rückkehr nach Mailand einfädeln und lädt ihn zu den *Don Carlo*-Proben ein. Der reagiert wütend:

> Verdi an Ricordi; Sant'Agata, März 1868
> Der Moment ist günstig?!!!... Dummköpfe!... Was soll das?... bin ich einer, der sich am Unglück anderer freut? Ich bin jemand, der geradeaus auf einer Straße geht, ohne rechts oder links zu schauen, der tut, was er kann, und was er glaubt tun zu müssen, der weder günstige Momente, noch Unterstützung, noch Protektion will.   Conati, Verdi, S. 84

Die Besetzung an der Scala setzt sich unter der Leitung des Komponisten Alberto Mazzucato zusammen aus Teresina Stolz (Elisabetta), Marie Löwe-Destinn[30] (Eboli), Giuseppe Fancelli[31] (Don Carlo), Virgilio Collini (Posa), Marcel Junca[32] (Filippo II). Der Erfolg ist groß, jedoch von jener Qualität, die mehr von der Bewunderung für Verdis neuen Stil geprägt ist als von triumphaler, zur Popularität der Oper führender Begeisterung.

1869 spielen St. Petersburg, Odessa, Venedig, Florenz und Parma den *Don Carlos* nach. 1871 wird der *Don Carlo* erstmals in Neapel aufgeführt. Das neapolitanische Publikum nimmt das Werk nicht an.

Verdi an De Sanctis; Florenz, 22. März 1871

Ich hoffe, daß zu dieser Stunde nicht mehr darüber gesprochen wird und sich niemand daran erinnert, daß es den *Don Carlos* gegeben hat. Das Fiasko[33] mußte sein, und es ist gekommen. Und es hat mich nicht überrascht. Wenn es anders gekommen wäre, dann wäre ich ein wenig *dérouté* [fassungslos] gewesen: so sehe ich mich immer mehr in meiner Meinung bestätigt, daß Ihr, solang Ihr jene Darsteller habt, keine Opern aufführen dürft, die eine charakteristische *mise en scène* sowie eine hohe musikalische Interpretation des Dramas erfordern (wohlgemerkt: Interpretation, nicht Aufführung). Ich spreche keineswegs von den Künstlern, denn wären es bessere gewesen, dann hätten sicherlich einige Nummern mehr Applaus bekommen, nicht die Oper. Das Musikdrama hättet ihr nie gehabt. Begreift es endlich: entweder Ihr reformiert das Theater oder Ihr kehrt zu den Kavatinen zurück.

Wie die Dinge liegen, habt Ihr zwar das Recht, den *Don Carlos* zu mißbilligen, aber Ihr habt nicht das Recht, ihn zu verurteilen. Solang Ihr sagt: „Die Vorstellung hat mir nicht gefallen", [ist das] in Ordnung; aber wenn Ihr sagt: „Das Duett der Inquisition ist zu lang", antworte ich: „Ihr habt überhaupt nichts verstanden". Wenn Ihr sagt: „Das Ballett ist nicht von Interesse", antworte ich: „Führt es auf, bevor Ihr urteilt". Wenn Ihr sagt: „Die Oper ist zu lang", dann sagt Ihr etwas, was keinen Sinn hat. Wenn sie für Euch zu lang ist, warum habt Ihr Euch für sie entschieden? Wollt Ihr sie verurteilen, weil sie mit anderen Absichten, mit Ansprüchen geschrieben ist, die sich von den Euren unterscheiden? Wollt Ihr zum Beispiel sagen, daß der *Orlando Furioso* weniger wert ist als *La Gerusalemme Liberata*, weil er siebenundvierzig oder achtundvierzig Gesänge hat, wohingegen dieses nur zwanzig hat? Es steht Euch völlig frei, wenn Euch die Oper in fünf Akten nicht gefällt. Ihr braucht sie nicht zu billigen, aber verurteilt sie nicht. Zum Schluß wiederhole ich noch einmal: „Kehrt zu den Kavatinen zurück. Ihr habt keinen, *keinen*, KEINEN von den Darstellern, die vonnöten sind, um die großen Opern aufzuführen."

[…] Wenn man *weniger redete* und sich bemühen würde, *mehr zu tun*, dann wird man vielleicht irgendein gutes Ergebnis erzielen. Aber auch wir sind wie unsere Nachbarn!… Das *Wir* sucht uns heim… Schreckliches Wort, stets Indiz von Dummheit und Dekadenz.

Abbiati III, S. 445

1872 reist Verdi nach Neapel, um Aufführungen der eben komponierten *Aida* und des *Don Carlo* zu betreuen. Er ist mit der Oper in ihrer jetzigen Form nach wie vor nicht zufrieden und bringt wieder einige Änderungen an. Unter anderem komponiert er einen Großteil des Duetts Filippo II-Posa neu. Beim italienischen Text dafür geht ihm Antonio Ghislanzoni zur Hand, der Librettist der *Aida*. Außerdem streicht er einen Teil des Schlußduetts Elisabetta-Don Carlo. Diese Version wird als Klavierauszug veröffentlicht, worüber Verdi nicht glücklich ist, da auch diese Modifikationen ihn nicht zufriedenstellen, auch weil er weiß, daß in seiner Abwesenheit das Werk fast immer verstümmelt zur Aufführung gelangt. Dabei werden zumeist der erste Akt, die Ballette und der Aufstand in der Gefängnisszene gestrichen. Einen besonderen Akt der Willkür leistet sich Antonietta Fricci 1874 in Reggio Emilia, als sie in ihre Rolle sowohl Teile aus Meyerbeers *Les Huguenots*, als auch aus *Macbeth* einfügt.[34]

Als sich der Direktor der Wiener Hofoper Franz Jauner 1875 über eine Mittelsperson zwecks Aufführung des *Don Carlos* an Verdi wendet, antwortet dieser:

> Verdi an Salvatore Marchesi; [ohne Ort und Datum; Spätherbst 1875][35]
> Ich habe dem Verlagshaus Ricordi wegen des *D. Carlos* noch nicht geantwortet; dennoch habe ich mich ernsthaft damit auseinandergesetzt. Ich finde es sehr schwierig, Striche zu machen, sofern man nicht so verfahren will wie viele Dirigenten, die ich als Schinder[36] bezeichnen würde!
> Abbiati III, S. 777 f.

Verdi weiß, daß für die Hofoper[37] weitere Striche erforderlich wären und überlegt eine grundlegende Revision des Werks. Bei seinem Wien-Gastspiel 1875 kursiert das Gerücht über die Erstaufführung der vieraktigen Revision des *Don Carlo* in Wien allenthalben heftig. Ein „Spezial-Berichterstatter"

> fragte [Verdi] nach dem „Don Carlos", den verschiedene Zeitungsnotizen in der nächsten Saison hier zur Aufführung gelangen lassen. „Positiv ist noch nichts beschlossen, vielleicht kommt die Sache zu Stande. Die Oper braucht einen eminenten Bariton für die Rolle des Posa."
> „Den haben wir", bemerkte ich, „unser Beck[38] ist der beste Bariton Deutschlands und ein trefflicher Schauspieler."
> „Ich habe von ihm gehört, man hat mir gesagt, daß wenn er nicht zur Oper gegangen, er ein bedeutender Schauspieler geworden wäre." Ich stimmte bei. „Ja mit dem „Posa" steht und fällt die Oper, die Partie ist wichtiger, als die Tenor- und Sopranpartien darin."
> „Fremden-Blatt", 23. Juni 1875, Nr. 178, S. 4 f.

Es kommt aber zu keiner Aufführung, Wien wird den *Don Carlo* erst 1932 kennenlernen. 1880 versucht es Wien wieder. Verdi, der großen Wert auf eine gute Aufführung seines Werks am k.k. Hofoperntheater legt, an dem er 1875 die *Aida* und das *Requiem* selbst dirigiert hat, läßt Ricordi antworten, daß er einer Aufführung erst zustimmen könne, wenn er die ihm erforderlich scheinenden Änderungen angebracht habe. Doch das ist unmöglich: Da diese Änderungen auf der Grundlage des französischen Originaltextes gemacht werden müssen, würde er dafür Du Locle benötigen. Mit ihm hat der Komponist aber den Kontakt abgebrochen, nachdem dieser eine Klage wegen der Urheberschaft des *Aida*-Librettos angestrengt hatte. Muzio schaltet sich in

Paris vermittelnd ein und gewinnt Charles Nuitter für die Änderungen, jenen Archivar der Opéra und Librettisten, der bereits bei der *Macbeth*-Revision 1865 tätig geworden war. Im Mai 1882 fährt Verdi nach Paris: Léon Escudier ist gestorben und Verdi muß sich um seine Autorenrechte kümmern. Bei dieser Gelegenheit kann er auch die *Don Carlos*-Revison in Angriff nehmen, Nuitter fungiert dabei als Vermittler zwischen Verdi und Du Locle. „Mehr als die Hälfte der ursprünglichen Oper wird [im Zuge dieser Revision] eliminiert."[39] Der erste Akt wird gestrichen, die Auftrittsarie des Don Carlo daraus wird in den zweiten Akt verlegt, der jetzt zum ersten wird, das Duett Filippo II-Posa wird nach neuerlicher Lektüre des Schiller-Textes neu komponiert (es ist dies die vierte und letzte Fassung), ebenso ein Vorspiel zum dritten Akt, weiters etliche Szenen, wie ein Großteil der Szene Filippo-Elisabetta im vierten Akt, das darauffolgende Quartett, der Aufstand im Gefängnisakt, das Duett Elisabetta-Don Carlo im vierten Akt und die Schlußszene der Oper. Verschiedene Modifikationen werden an der Partitur vorgenommen, Du Locles neu hinzugekommene Textpassagen werden von Angelo Zanardini ins Italienische übersetzt, einige Änderungen in die vorhandene Übersetzung Lauzières eingearbeitet.

> Verdi an Ricordi; 3. März 1883
> [...] ich will, daß klar ist, daß die Oper so vollständig, wie ich sie jetzt gestaltet habe, aufgeführt wird, ohne Transpositionen und ohne jegliche Unterbrechung. Ich verlange das *mit Nachdruck*, weil ich weiß, daß alle Baritone den Akt mit der Arie beenden wollen.
> Ursula Günther, *Prefazione all'edizione integrale del „Don Carlos"*, spartito per canto e pianoforte, Milano, Ricordi, 1980, S. XXVIII

Diese nun vieraktige Version des *Don Carlo*[40] wird am 10. Jänner 1884 in italienischer Sprache an der Mailänder Scala uraufgeführt. Sie ist, es muß darauf hingewiesen werden, keine ‚italienische Fassung', sondern nur eine ‚italienische Übersetzung' des *Don Carlos*. Es singen Abigaille Bruschi-Chiatti (Elisabetta), Giuseppina Pasqua[41] (Eboli), Francesco Tamagno[42] (Don Carlo), Paul Lhérie (Posa), Alessandro Silvestri (Filippo II), Francesco Navarrini (Großinquisitor). Die dreizehn Vorstellungen werden von Franco Faccio dirigiert und sind ein schöner Erfolg.

Die „Gazzetta musicale di Milano" fällt in ihrer kurz auf die Premiere folgenden ausführlichen Rezension hymnische bis ausgezeichnete Urteile, Vorbehalte gibt es nur beim Bariton:

> Der Bariton Lhérie ist ein junger französischer Künstler, der mit bewundernswertem Verständnis [für seine Rolle] ausgestattet ist. Man kann sich keinen würdigeren, leidenschaftlicheren und eleganteren Mar-

chese di Posa vorstellen, mit einem Wort, keinen größeren Künstler in Bewegung, Gesang, Mienenspiel. Schade, daß die Stimme nicht mit dem Künstler mithalten kann; sie ist etwas rauh, beim ersten Eindruck nicht sehr angenehm, sie scheint die Stimme eines mißglückten Tenors zu sein, und doch mangelt es ihr nicht an Kraft, sie ist immer sehr sauber intoniert und ausdrucksvoll.[43]   „Gazzetta musicale di Milano",
                                       XXXIX/2, 13.1.1884, S. 9 f.
                                  Zit. in: Verdi-Ricordi II, S. 391

Obwohl Verdi mit dieser gekürzten Fassung der Oper zufrieden ist, bedauert er doch das Fehlen des dramaturgisch wichtigen Fontainebleau-Aktes. Zwei Jahre später kommt es deshalb im Dezember 1886 in Modena zur Aufführung einer neuen Fassung, auch sie in italienischer Übersetzung, bei der der erste Akt wiederhergestellt wird, die Verbesserungen von 1884 aber beibehalten werden. Sie erregt kein besonderes Aufsehen, wird aber ebenfalls als Klavierauszug veröffentlicht. Verdi ist nicht nach Modena gereist, er ist mit Wichtigem beschäftigt, mit dem *Otello*.

Fast zwanzig Jahre lang, eine für seine Arbeitsgewohnheiten enorme Zeitspanne, hat Verdi sich mit dem *Don Carlos* immer wieder beschäftigt. Er hat das vielschichtige, monumentale Werk, das so lange dauert wie zwei frühe Verdi-Opern zusammen, umgearbeitet, Teile daraus verworfen, andere, wie das zentrale Duett Philipp-Posa, neu komponiert, hat es gekürzt, Nummern umgestellt, es in vier und fünf Akten aufführen lassen. Kompliziert wie bei keiner seiner anderen Opern hat sich dieser Prozeß gestaltet, dessen Ergebnis letztendlich eine gleichzeitig vollendete wie auch unvollendete Oper ist. Der *Don Carlos* – oder, in italienischer Übersetzung: *Don Carlo* – bleibt bis heute ein ‚work in progress', er konfrontiert die Musikwissenschaft nach wie vor mit Fragen, die zu keinen eindeutigen Antworten führen können. Es ist noch nicht lange her, daß verlorengeglaubte Teile der Partitur aufgefunden wurden. Aus den Puzzleteilen jedoch eine definitive Fassung herzustellen ist nicht möglich. Zu viele für verschiedene Zwecke erstellte Teile sind vorhanden, um daraus ein Ganzes im letztendlich nicht nachvollziehbaren Sinne des Komponisten zu formen. Darauf ist es zurückzuführen, daß immer wieder Mischfassungen aufgeführt wurden und werden, die nur als Versuche zu werten sind, Verdis Meisterwerk gerecht zu werden. Die Antwort darauf, ob man das Werk auf französisch oder auf italienisch, in fünf- oder vieraktiger Version, mit oder ohne Ballett, mit welchen Strichen oder Einfügungen spielen soll, bleibt trotz der aufwendigen Arbeit der Musikwissenschafter, allen voran Ursula Günther, die die Erstellung der kritischen Ausgabe der Oper besorgt hat[44], unbeantwortet. Obwohl die meistgespielte Fassung die vieraktige ist, hat jede der angebotenen Fassungen, sofern sie nicht auf unbegründbarer Dirigentenwillkür basiert, ihre Daseinsberechtigung.

---

[1] Vgl. Kapitel IX.

[2] Verdi an Perrin; 21. Juli 1865. In: U. GÜNTHER, *La Genèse de „Don Carlos"* in *Revue de Musicologie*, LVIII, 1, 1972, S. 24.

[3] U. GÜNTHER, *Verdis „Don Carlos". Eine französische grand opéra*, in: Beiheft zur französischen *Don Carlos*-Einspielung der DG.

[4] Ein Beweis seiner Vertrautheit mit Schillers Werk.

[5] a.a.O.

[6] Verdi an Arrivabene; Paris, 31. Dezember. In: Alberti, S. 61.

[7] Die Entwürfe sind nicht von allen Akten erhalten. Der 1. Akt ist dokumentiert in: U. GÜNTHER, *Le Livret français de Don Carlos: le premier acte et sa revision par Verdi*, in: *Atti del II° Congresso dell'Istituto di Studi Verdiani*, Parma 1971, S. 90 ff.

[8] Verdi an Escudier; Sant'Agata, 20. Mai 1866. In: U. GÜNTHER, *La Genèse de „Don Carlos"*, S. 40.

[9] Conati, Verdi, S. 82.

[10] Conati, Verdi, S. 82.

[11] S. Kapitel VIII.

[12] Er heißt ebenfalls Giuseppe Verdi, stammt aus Le Roncole, und wurde 1828 geboren.

[13] Filomena Maria Cristina Verdi (1859 – 1936), genannt „Fifao", scheint in der Korrespondenz abwechselnd als Filomena oder Maria auf. Sie war die Enkelin von Marcantonio Verdi, einem Onkel des Komponisten. Sie heiratete 1878 Alberto Carrara, den Sohn von Dr. Angiolo Carrara, und wurde Verdis Universalerbin.

[14] Eine nicht ganz so erstaunliche Praxis, wenn man bedenkt, daß manche Premiere an der Wiener Volksoper in den 1980er Jahren noch aus dem Klavierauszug vorbereitet und dirigiert wurde.

[15] Chor und Orchester.

[16] Dies war keine der heute üblichen Generalproben (der letzten Probe vor der Premiere), die 2–3 Tage vor der Premiere stattfinden. Es fanden zwischen 10. Februar und 9. März 1867 acht solche Generalproben statt, bei denen die Oper in Kostüm und Maske komplett durchgespielt wurde.

[17] S. Kapitel VIII.

[18] Die negativen Kritikerurteile über JEAN MORÈRE (Couladère 1836 – Toulouse 1887) werden von Verdi insofern bestätigt, als er die Rolle des Don Carlos für den Sänger an mehreren Stellen überarbeitet, um sie für ihn leichter singbar zu machen. Der Beginn des letzten Aktes hatte ursprünglich einen Don Carlos-Schwerpunkt und wurde erst dann zugunsten Élisabeths verändert, als sich der Tenor seiner Aufgabe als nicht gewachsen erwies. Dies überrascht insofern, als berichtet wird, daß Morère, der 1861 als Manrique (*Le trouvère*) an der Opéra (an der er bis 1869 engagiert war) debutiert hatte, ein ausgesprochen dramatischer Sänger war. Er sang etliche Spielzeiten am Théâtre de la Monnaie in Brüssel und deckte dort erfolgreich das dramatische italienische und französische Fach ab. Auf dem Höhepunkt seiner Karriere verfiel der Künstler 1871 in „geistige Umnachtung" (mit dieser vagen Diagnose wurde oft das Endstadium schwerer venerischer oder psychischer Krankheiten bezeichnet).

[19] Brief vom 12. März 1867. In: H. IMBERT, *Portraits et études: lettres inédites de G. Bizet*, Paris 1894, S. 168.

[20] Brief Rossinis an Tito Ricordi; 21. April 1868. In: L. ROGNONI, *Rossini*, Parma 1956, S. 264 f.

[21] M. Sass, *Souvenirs d'une artiste*, Paris 1902.

[22] *La voix et le chant* (Paris 1886), *Aux jeunes chanteurs* (Paris 1898).

[23] Der erste Don Carlo di Vargas in *La forza del destino* (s. Kapitel IX).

[24] Sir Michael Costa (Neapel 1808 – Hove 1884) wurde als Michele Andrea Agniello geboren. Er studierte bei Niccolò Zingarelli und dem Kastraten Girolamo Crescentino und ging 1829 nach England, wo er rasch Karriere als Dirigent machte. Er führte 1832 die Verwendung des Dirigentenstabes ein und vereinte am Londoner King's Theatre – wie Angelo Mariani in Italien – die Funktion des Pianisten (*maestro al cembalo, maestro concertatore*), der die Orchesterproben durchführte, mit der des ersten Geigers, der bei der Aufführung das Orchester leitete, und schuf so die Figur des modernen Dirigenten. 1846 verließ er das King's Theatre, nahm 53 der 80 Orchestermusiker mit und gründete die Royal Italian Opera, die im neu renovierten Covent Garden Theatre ihr Heim fand. Im selben Jahr übernahm er auch die Leitung der Philharmonic Society. Er war auch als Komponist von Opern, Ballettmusiken und Oratorien erfolgreich und wurde 1869 geadelt.

[25] Verdi an Escudier; 11. Juni 1867. In: *Rivista Musicale Italiana* 1928, S. 525.

[26] Giuseppina an Clarina Maffei; Sant'Agata, Anfang Juli 1867. In: Abbiati III, S. 146.

[27] a.a.O.

[28] Bei Giorgio Stigelli handelt es sich um den württembergischen Tenor Georg Stiegele (Ingstetten 1819 – Boschetto 1868), der nach einem Karrierebeginn im deutschen Sprachraum (Bern, Hannover, Stuttgart, Berlin, Wiesbaden, Wien, Linz, Graz, Deutsche Theater in Budapest und Prag) und nach neuerlichen Gesangsstudien in Paris und Mailand eine italienische Karriere unter italienischem Künstlernamen begann. Er sang ein gemischtes Repertoire, das sowohl Tamino (*Die Zauberflöte*), Florestan (*Fidelio*) und Max (*Der Freischütz*), als auch die Titelrolle in *Robert le diable*, den Pollione (*Norma*), den Rossini-*Otello*, Faust, Arnoldo (*Guglielmo Tell*), Elvino (*La sonnambula*), Arturo (*I puritani*), Eléazar (*La Juive*) inkludierte. Seine Verdi-Partien umfaßten den Arrigo in *I vespri siciliani*, eine ihm besonders kongeniale Rolle, die er ebenso in den USA sang (1860 in Philadelphia, Baltimore, Washington, New York) wie in Florenz (1864) und Neapel (1866), den Rodolfo in *Luisa Miller* (Verona 1850, Turin 1854), den Foresto in *Attila* (Mailand 1854), den Ernani (USA 1859–60), den *Rigoletto*-Herzog (Piacenza 1857, USA 1859–60, Barcelona 1861) und den Alfredo in *La traviata* (USA 1859–60, Bologna 1864). Er war ein Zwischenfachtenor mit guter Höhe, der auch an den Uraufführungen von *Virginia* (Mercadante) und *Berta di Varnol* (Pacini) beteiligt war.

[29] Mathilde Marchesi (Frankfurt 1821 – London 1913). Mezzosopranistin, Gesangspädagogin. Sie wurde als Mathilde Graumann geboren und von Felice Ronconi, Otto Nicolai und Manuel García jr. ausgebildet. Letzterer erkannte ihre hervorragenden pädagogischen Fähigkeiten und vertraute ihr Schüler zur Ausbildung an. Sie beschränkte ihre Tätigkeit auf Konzertauftritte und trat nur ein einziges Mal auf der Bühne auf (Rosina in Rossinis *Barbiere*, Bremen 1852). 1852 heiratete sie den italienischen Bariton und Gesangslehrere Salvatore Marchesi, mit dem zusammen sie ab 1854 am Wiener Konservatorium unterrichtete. 1861 eröffnete sie eine Gesangsschule in Paris, 1865–68 wirkte sie als Pädagogin in Köln, von 1868 bis 1878 hatte sie eine Professur am Wiener Konservatorium. Ab 1881 unterrichtete sie wieder an ihrer Schule in Paris. Sie zog sich 1908 zurück. Sie war die berühmteste und gefragteste Gesangspädagogin ihrer Zeit, zu ihren Schülerinnen (sie bildete nur Frauenstimmen aus) zählten u.a. Emma Calvé, Célestine Galli-Marié, Etelka Gerster, Sybil Sanderson, Emma Eames, Anna D'Angeri, Rosa Papier-Paumgartner, Selma Kurz und Nellie Melba. Sie veröffentlichte u.a. *Ecole Marchesi: méthode de chant théorique et pratique* (Paris 1886), zahlreiche Übungen unter dem Titel *L'art du chant* mit verschiedenen Opuszahlen sowie ihre Memoiren.

[30] Die berühmteste Schülerin der nach ihrem Karriereende als Gesangspädagogin tätigen Sängerin war die Sopranistin Ema Pavlína Kittlová (1878 – 1930), die ihrer Lehrerin zu Ehren deren Namen als Künstlernamen annahm: Sie wurde unter dem Namen Emmy Destinn weltberühmt.

[31] S. Kapitel XI.

32 S. Kapitel IX.

33 Unter dem Dirigenten Giuseppe Puzone.

34 Vgl. Verdis Brief an Tornaghi, einen Agenten Ricordis; Sant'Agata, 8. September 1874. Copia-lettere, S. 294 f.

35 Von dem Brief existiert kein Autograph.

36 Wortspiel aufgrund der Klangähnlichkeit zwischen *concertatori* und *scorticatori*.

37 Das in diesem Zusammenhang in der Literatur öfter erwähnte Kärntnertortheater ist 1870 abge-rissen worden.

38 JOHANN NEPOMUK BECK (Budapest 1827 – Bratislava 1904), Bariton. Der Sänger debutierte 1846 in Budapest, kurz darauf an der Wiener Hofoper. Nach verschiedenen Engagements in Deutsch-land wurde er 1853 an die Hofoper engagiert, an der er bis 1885 verblieb. Mit seiner als gewal-tig, jedoch auch flexibel beschriebenen Stimme sang er mit großem Erfolg die Baritonpartien in Opern wie *Wilhelm Tell*, *Fidelio* (Pizarro), *Lucrezia Borgia* (Alfonso), Meyerbeers *Der Nordstern*, Donizettis *Belisario*, *Ernani*, *Rigoletto*, *Die Afrikanerin* oder Schuberts *Alfonso und Estrella*. 1869 sang er zur Eröffnung des neuen Hauses den Don Giovanni, war der Hans Sachs in der Wiener Erstaufführung der *Meistersinger* (1870) und sang den König Salomon in der Uraufführung von Goldmarks *Die Königin von Saba* (1875). Seinen Abschied nahm er als Mikéli in Cherubinis *Les deux journées*.

39 U. GÜNTHER, *Prefazione all'edizione integrale del „Don Carlos"*, spartito per canto e pianoforte, Milano, Ricordi, 1980, S. XX f.

40 Sie war für Wien geplant, kam aber nicht zustande. Am 3. Dezember 1882 schrieb Verdi aus Genua an seinen Freund Piroli darüber: „Ich arbeite, aber ich arbeite an etwas beinahe Nutzlo-sem. Ich reduziere den *D. Carlos* für Wien auf vier Akte. Ihr müßt wissen, daß in dieser Stadt die Hausmeister um zehn Uhr abends die Haustore abschließen, und alle essen zu dieser Zeit und trinken Bier und [essen] *gâteaux* [Kuchen]. Folglich muß die Vorstellung bis dahin aus sein. Zu lange Opern werden grausam amputiert, wie in irgendeinem beliebigen Theater in Italien. Da man mir die Beine abschneiden mußte, habe ich es vorgezogen, das Messer selbst zu schärfen und anzusetzen." In: Abbiati IV, S. 203.

41 Neun Jahre später wird die Sängerin höchst erfolgreich die Mrs. Quickly im *Falstaff* kreieren. S. Kapitel XIII.

42 S. Kapitel XII.

43 Die Eindrücke des Rezensenten hinsichtlich PAUL LHÉRIE (Paris 1844 – Paris 1937; bürgerlicher Name: Paul Lévy) sind völlig zutreffend. Der in Paris ausgebildete Sänger hatte 1866 als Tenor debutiert und dieses Fach an der Opéra-Comique, der Oper in Marseille und dem Théâtre de la Monnaie in Brüssel bis 1882 so erfolgreich gesungen, daß er auch in etlichen Uraufführungen besetzt wurde, deren wichtigste *Carmen* (Don José) 1875 in Paris war. 1882 wechselte er ins Baritonfach und übernahm neben Verdi-Rollen wie Posa, Rigoletto, Germont oder Luna Partien wie den Zurga in *Les Pêcheurs de perles* oder den Alphonse in *La Favorite*. Er war der Rabbi David in der Uraufführung von Mascagnis *L'amico Fritz* (Rom 1891) und der Gudleik in Francks *Hulda* (Monte Carlo 1894). 1894 beendete er seine Karriere und wirkte ab 1897 als Gesangs-pädagoge.

44 Sie unterscheidet sieben Versionen, für die sich Verdis direkte Verantwortung belegen läßt.

Aida – Camille du Locle – Verdi und Ägypten –
Auguste Mariette – Antonio Ghislanzoni – Von Nitteti über
Bajazet zu Aïta – Antonietta Pozzoni – Giovanni Bottesini –
Eleonora Grossi – Pietro Mongini – Francesco Steller –
Paolo Medini – Teresina Stolz – Maria Waldmann –
Giuseppe Fancelli – Francesco Pandolfini – Ormondo Maini –
Streichquartett e-Moll – Messa da requiem

Aida

Eine erfreuliche Nebenerscheinung der Arbeit am *Don Carlos* ist die herzliche Freundschaft, die bei der Arbeit zwischen den Verdis und den Du Locles entstanden ist. **Camille Du Locle** (Orange 1832 – Capri 1903), den Verdi als „die Liebenswürdigkeit und Vornehmheit in Person" bezeichnet, ist von 1862 bis 1870 Assistent seines Onkels Émile Perrin, als dieser Direktor der Pariser Opéra ist, von 1870 bis 1874 zusammen mit Adolphe de Leuven Co-Direktor der Opéra-Comique und danach zwei Jahre lang alleiniger Direktor dieses Hauses, an dem er 1875 die Uraufführung von Bizets *Carmen* herausbringt. Du Locle ist mit dem Komponisten Ernest Reyer eng befreundet, für den er die Libretti zu *Sigurd* (1884) und *Salammbô* (1890) verfaßt. Darüber hinaus wird er die Libretti von *Simon Boccanegra*, *Aida* und *La forza del destino* ins Französische übersetzen.

An ihn, der gerne eine neue Oper von Verdi für sein Theater hätte, schreibt Verdi mehr als zweieinhalb Jahre nach der *Don Carlos*-Premiere, zu einem Zeitpunkt, als er zu den Geschehnissen in Paris bereits genügend Distanz hat, daß er nie wieder eine Oper für Paris komponieren werde. Auch in diesem Fall wird er sein Wort halten. Doch Du Locle gibt die Hoffnung nicht auf, Verdi wieder zum Komponieren zu bringen. Es muß ja nicht unbedingt eine Oper für sein Haus oder für Paris sein. Aber Verdi geht jetzt anderen Interessen nach. An Arrivabene schreibt der Komponist, der Bäume pflanzt, sich der Landwirtschaft widmet und mit einer Pumpmaschine für künstliche Bewässerung experimentiert, über sich selbst:

> Verdi an Arrivabene; Sant'Agata, 16. Juni 1867
> Der gepriesene Meister hält sich den ganzen Tag da unten [im Brunnenschacht] auf, teils um die Arbeiter zu ermutigen, teils um sie zu schelten und vor allem, um sie zu dirigieren.
> Dirigieren?!!! Das ist die Schwäche des Maestro. Wenn Du ihm sagst, der *Don Carlos* tauge nichts, macht ihm das nicht das Geringste aus,

bestreitest Du aber seine Befähigung zum Maurer, so nimmt er das übel.

Alberti, S. 78

Im Jahr darauf wird in Busseto ein kleines Opernhaus (150 Sitzplätze) eröffnet. Nach heftigen Meinungsverschiedenheiten mit der zuständigen Behörde über die von Verdi strikt abgelehnte Benennung des Theaters als „Teatro Verdi" und über das Ansinnen, daß Verdi zu dem Opernhaus nicht nur den Namen, sondern auch eine beträchtliche Summe beisteuern solle, findet die Eröffnungsvorstellung am 15. August 1868 statt. Verdis Loge bleibt leer. Es wird *Rigoletto* gegeben, zuvor spielt man *La Capricciosa*, eine Ouverture, die Verdi als Zwölfjähriger komponiert hat. Einen Tag nach Ende der Stagione kehren die Verdis aus Genua nach Busseto zurück, was von den Bussetanern als Affront gewertet wird.

Ende der 1850er Jahre hat Verdi der Gemeinde Busseto 10.000 Lire geliehen. Mit diesem Betrag sollte eine Brücke instandgesetzt werden, die zu Verdis Grundstück führte, doch wurden die Arbeiten nicht in Angriff genommen. Als die Stadt noch dazu das Darlehen nicht zurückzahlt, läßt Verdi die Brücke mit einer Kette absperren, „bis das Darlehen getilgt" sein würde. Als der Streit um das Opernhaus in Busseto entbrennt, bietet Verdi die Tilgung des geschuldeten Betrages als Beitrag zum Opernhaus an, was man ihm sonderbarerweise übelnimmt. Dieses Ärgernis und ein anonymer Drohbrief, den der Maestro wegen seiner Abwesenheit bei der Stagione in Busseto erhält, bewegt ihn zum Verkauf seiner Loge im neuen Opernhaus für 2.000 Lire. Das bedeutet gleichzeitig das Ende seiner Beziehungen zu den Bussetanern.

1868 soll Verdi offiziell geehrt werden. Der zuständige Minister, Emilio Broglio, der zugegebenermaßen nichts von Musik versteht, hat geäußert, daß es nach Rossini außer vier Meyerbeer-Opern nichts musikalisch Nennenswertes mehr gegeben habe. Verdi weiß das und reagiert auf das Ansinnen, geehrt zu werden:

> Verdi an Broglio; 15. Mai 1868
> Ich habe das Diplom meiner Ernennung zum *Commendatore della Corona d'Italia* [Komtur der italienischen Krone] erhalten. Dieser Orden ist gestiftet worden, um die zu ehren, die mit der Waffe, in der Literatur, den Wissenschaften oder den Künsten Bedeutendes für Italien geleistet haben. Obwohl Ew. Exzellenz ein Ignorant in Musikangelegenheiten sind (wie Sie selbst sagen und meinen), behaupten Sie in einem Brief an Rossini, daß in Italien seit vierzig Jahren keine Oper mehr komponiert worden ist. Weshalb schickt man mir also diese Auszeichnung? Es handelt sich sicher um eine Verwechslung der Adresse, weshalb ich sie zurückschicke.
>
> Alberti, S. 88

In der Zwischenzeit hat Du Locle, der – wie Ricordi – nicht müde wird, Verdi zum Komponieren anzuregen, zusammen mit Auguste Mariette eine Ägyptenreise unternommen, in deren Verlauf er sich mit Mariette angefreundet hat und von der er bleibende Eindrücke mit nach Hause bringt. Nach seiner Rückkehr nach Frankreich fährt er fort, Verdi mit Librettovorschlägen zu bombardieren. Diese reichen von *Frou-Frou* (von den Offenbach-Librettisten Meilhac und Halévy) über Molières *Tartuffe* bis hin zu *Adrienne Lecouvreur* (dieser Stoff wird 1902 von Francesco Cilea vertont werden). Neben diesen Sujets begegnen wir u.a. *Acte et Neron* von Dumas père, *La Tour de Nesle*, *Piccolino* und *Patrie!* (Sardou) oder *L'Abbaye de Castro*. Verdi zieht nur den *Tartuffe* in die engere Wahl, was ein von seiner Hand kopiertes Szenarium des Werks beweist, das in Sant'Agata aufbewahrt wird, doch auch dieses Meisterwerk wird – wie *Re Lear* – ein Projekt für die Schublade bleiben. Verdi beschäftigt sich weiters mit *La Vengeance Catalane* von Gutiérrez (*El Trovador, Simon Boccanegra*) und mit *El Zapatero y el Rey* von Zorilla, doch können auch diese Werke seinen Anforderungen nicht entsprechen.

Nach der Rückkehr von einer dreiwöchigen Parisreise Ende März 1870, bei der Verdi wohl sehen will, wie Du Locle als Direktor der Opéra Comique zurechtkommt (die Berichte an Giulio Ricordi sind überaus positiv, vor allem, was Chor und Orchester des Hauses anlangt), fordert er bei Du Locle die französische Übersetzung der Komödie *El Tanto por Ciento* von López de Ayala an. Aus eigenen Stücken legt Du Locle dem gewünschten Text die Handlungsskizze eines in Ägypten spielenden Dramas bei. Du Locle hat dieses ägyptische Sujet mit Verdi persönlich zu Beginn des Jahres 1870 in Genua und auch in Paris durchgesprochen, doch ist der Maestro im Moment nicht daran interessiert: Er ist auf der Suche nach einer Komödie.

Verdi und Ägypten

Bereits im Sommer 1869 hat Draneht Bey, der Direktor der Khediveschen Theater in Kairo, bei Verdi angefragt, ob er interessiert sei, für die feierlichen Eröffnungen des Suezkanals und des Italienischen Opernhauses in Kairo eine Hymne zu schreiben. Verdi weist, wie nicht anders zu erwarten, dieses Ansinnen zurück.

> Verdi an Draneht Bey; Genua, 9. August 1869
> Es ist mir nicht unbekannt, daß in Kairo ein neues Theater eröffnet werden soll, und zwar anläßlich der Feierlichkeit, die wegen des Durchstichs des Suezkanals stattfinden wird.

Obwohl ich es sehr zu schätzen weiß, daß Sie, Monsieur Le Bey, mir liebenswürdigerweise die Ehre zuteil werden ließen, an mich zu denken, um eine Hymne anläßlich der Eröffnung zu schreiben, bedaure ich, diese Ehre ablehnen zu müssen, sowohl wegen meiner derzeitigen Verpflichtungen, als auch, weil es nicht meine Gewohnheit ist, *Gelegenheits*stücke zu schreiben.   Quaderni Nr. 4, Genesi dell'*Aida*, S. XV

Damit scheint die „ägyptische Angelegenheit" erledigt zu sein. Aus diesem Brief resultiert die unausrottbare Legende, die auch heute noch in einschlägigen Publikationen immer wieder anzutreffen ist, Verdi hätte die *Aida* für die Eröffnung des Suezkanals bzw. für die Einweihung des Opernhauses in Kairo komponiert. Beides ist unrichtig, denn der Suezkanal wurde am 17. November 1869 eröffnet und das Opernhaus nahm seinen Betrieb bereits am 1. November 1869 auf, also mehr als ein halbes Jahr, bevor die Handlungsskizze der *Aida* überhaupt in Verdis Hände geriet, und zwei Jahre vor der Uraufführung der *Aida*.

Der Autor dieser Handlungsskizze ist **Auguste Mariette** (Boulogne-sur-Mer 1821 – Kairo 1881). Er war 1849 als Ägyptologe in den Louvre berufen worden, begab sich 1850 auf eine ausgedehnte Ägyptenreise, um koptische Manuskripte ausfindig zu machen und entdeckte das Serapeum in Sakkara und die Apisgräber in Memphis. Nach weiteren interessanten Funden wurde er vom Khediven (= Vizekönig von Ägypten) in Dienst genommen, erhielt den Titel Bey und wurde zum Leiter der Ausgrabungsarbeiten bestellt, die in Ägypten durchgeführt wurden. 1858 gründete er das Ägyptische Nationalmuseum in Bulak, dessen erster Direktor er wurde, und die Ägyptische Altertümerverwaltung. Trotz dieser glänzenden Karriere, die in der Beförderung zum Kommandeur der Ehrenlegion, in der Mitgliedschaft bei der Französischen Akademie und der Verleihung des Titels Pascha gipfelte, hatte er ein kein leichtes Leben: Er war Diabetiker und litt schwer unter dieser Krankheit. Bereits 1864 hatte er den Verlust seiner Frau und fünf seiner elf Kinder zu beklagen. Von seinem Arbeitgeber, dem Khediven, wurde er finanziell kurz gehalten. Es bedeutete für ihn eine willkommene Abwechslung, auf Kosten des Vizekönigs (wie er hoffte) – dem er seit einiger Zeit sein Drama in Form einer Oper für die erwähnten Feierlichkeiten einzureden versuchte – nach Paris zu reisen, um mit seinem Freund Du Locle über die Herstellung eines Librettos und den richtigen Komponisten dafür zu verhandeln.

Verdi ist an der „ägyptischen Skizze" interessiert, hält sich darüber aber bedeckt. Zudem ist er mißtrauisch, was die Autorenschaft der Handlung angeht, die Du Locle mit einem Geheimnis umgibt. Verdi macht klar, daß er keinesfalls für die „Grande Boutique" zu schreiben gedenke und äußert gegenüber Ricordi: „Ich behauptete [Direktor Per-

tisch-äthiopische Konflikt zur Zeit der *Aida*-Handlung ist ein Faktum. Beide Völker verehrten zudem den Sonnengott Amon, woraus sich Mariettes Namen Amonasro und Amneris erklären ließe. Mußte aber die Quelle direkt im alten Ägypten zu finden sein? Pietro Metastasio (1698–1782), einer der angesehensten Librettisten des 18. Jahrhunderts, der lange in Wien lebte und wirkte und auch hier verstarb, hatte einen Operntext mit dem Titel *Nitteti* verfaßt, der zuerst von Niccolò Conforto vertont und im Geburtsjahr Mozarts (1756) uraufgeführt wurde. In der Folge wurde das erfolgreiche Metastasio-Libretto von einer Schar weiterer Komponisten[5] vertont, was für die Beliebtheit des Stoffes spricht. Mariette *könnte Nitteti* gekannt haben, Du Locle *müßte* mit Metastasios Text vertraut gewesen sein. Möglicherweise hat Du Locle aber auch noch bei anderen Quellen Anleihen gemacht, wie bei Racines Tragödie *Bajazet*, die im Konstantinopel des 17. Jahrhunderts angesiedelt ist. Zu diesen beiden Vorlagen könnte sich noch Mozarts *Idomeneo* gesellen, dessen Dreiecksgeschichte Idamante-Ilia-Elettra als Anregung für die Situation zwischen Radames, Aida und Amneris gedient haben könnte. Das dürften mit hoher Wahrscheinlichkeit die Inspirationsquellen sein, deren sich Du Locle bedient hat, um das kahle Handlungsgerüst Mariettes mit Details zu umkleiden. Ghislanzoni, der in vielem nur Verdis Handlanger war und dessen Prosa- oder Versvorschläge in die gewünschte Form brachte (viele Vorschläge Verdis wurden unverändert ins Libretto aufgenommen, wie z.B. der Schlußgesang „O terra addio, addio valle di pianti": „Da Sie sie [die Verse] mir sehr spät übersandt haben, habe ich, um nicht weiter Zeit zu verlieren, das Stück nach den grauenhaften Versen komponiert, die ich ihnen geschickt habe", so Verdi im Dezember 1870 an Ghislanzoni), hat nichts wesentliches mehr geändert, obwohl die italienische Endfassung nicht als Übersetzung der Du Locle-Version, sondern als Bearbeitung anzusehen ist. Insgesamt ist die Wahl des *Aida*-Stoffes bei Verdi, der immer nach Neuerungen rief, einigermaßen überraschend, und wenn er die dramatischen Situationen als „nicht ganz neu" (Brief vom 26. Mai 1870) bezeichnet, so untertreibt er etwas. Oder ist gerade dieser „altmodische" Stoff der Grund für die Beliebtheit der *Aida*?

Nachdem Verdi mit Giuseppinas Hilfe das Prosalibretto ins Italienische übersetzt hat, findet Ghislanzonis angekündigter erster Besuch in Sant'Agata statt. Die Arbeit läßt sich aber anfänglich gar nicht gut an

> Verdi an Ricordi; Sant'Agata, 1.–10. Juli 1870
> Immer und immer wieder lese ich das Szenarium der *Aida* durch. Ich sehe einige Anmerkungen von Ghislanzoni, die mir (unter uns gesagt) ein

wenig Angst machen, denn ich möchte nicht, daß man, um imaginären Gefahren aus dem Weg zu gehen, letztlich etwas sagt, was nicht der Situation und der Szene entspricht; außerdem möchte ich nicht, daß die *parole sceniche* vergessen werden.

Unter *parole sceniche* verstehe ich solche Worte, die eine Szene oder einen Charakter hervorheben und die auch stets eine starke Wirkung auf das Publikum ausüben. Ich weiß recht gut, daß es manchmal schwierig ist, ihnen eine erlesene und poetische Form zu geben. Doch... (verzeiht mir die Blasphemie) sowohl der Dichter als auch der Komponist müssen notfalls das Talent und den Mut haben, weder Poesie noch Musik zu schreiben ... Entsetzlich! Entsetzlich! Abbiati III, S. 348

Verdi setzt sich intensiv mit dem Werk auseinander und hat auch ohne Textbuch schon präzise Vorstellungen von einzelnen dramaturgischen Aspekten. Am 29. Juli 1870 trifft der im Auftrag des Khediven Ismail Pascha von Mariette unterzeichnete Vertrag in Sant'Agata ein. Er enthält die Klausel, daß Verdi für den Fall, daß die Premiere in Kairo aus „von ihm unverschuldeter Ursache" nicht zum geplanten Zeitpunkt stattfinden könne, das Recht habe, die Oper sechs Monate später an einem italienischen Opernhaus seiner Wahl zur Aufführung zu bringen. Das hat Verdi gut geplant, denn es wird sich herausstellen, daß Kairo den für die Premiere geplanten Termin im Jänner 1871 nicht einhalten wird können. Das ist aber im Juli 1870 noch nicht abzusehen und Verdi ist wieder einmal in Zeitnot: Für diese „Arbeit von gewaltigen Ausmaßen" stehen ihm nur sechs Monate zur Verfügung.

Soweit ist den beiden Initiatoren des *Aida*-Projekts alles gelungen: Verdi stimmt dem Projekt zu und wird wieder komponieren, und der Herzenswunsch des Khediven wird in Erfüllung gehen. Doch während sich Mariette auf die ersehnte Parisreise vorbereitet, beginnt er zu schmollen und klagt seinem Bruder Edouard, er hole nur für andere Leute die Kastanien aus dem Feuer – Verdi bekomme seine 150.000 Francs, Du Locle seine Autorenrechte, während er die Geschichte für nichts und wieder nichts verfaßt und alles in die Wege geleitet habe. Zudem weigere sich der Khedive plötzlich, für seine Parisreise und sonstige Kosten aufzukommen. Allein mit den Hotelrechnungen würde er sich ruinieren! – Seine finanziellen Befürchtungen sind berechtigt, und nur der Wunsch, Verwandte und Freunde wiederzusehen, bringen ihn dazu, die Reise anzutreten. Unbegründet ist hingegen seine Lamentel über Du Locle. Dieser hatte sich selbstlos als Vermittler zur Verfügung gestellt (im Gegensatz zu Mariette, dem auch Gounod oder Wagner als Komponist recht gewesen wäre, setzte Du Locle Verdi durch) und hatte de facto nichts von seiner (zu einem früheren Zeitpunkt vielleicht eigennützigen) Aktion. Bis zum heutigen Tage werden weder Du Locle noch Mariette öffentlich (d.h. in Partituren, Klavierauszügen oder Textbüchern) mit der *Aida* in Zusammenhang gebracht: Der Ruhm der Autorenschaft geht einzig und allein an Verdi und Ghislanzoni.

Am 19. Juli 1870 bricht zwischen Frankreich und Preußen Krieg aus. Er ist die von Verdi „unverschuldete Ursache" für die Verschiebung der Welturaufführung. Vier Tage vor diesem verhängnisvollen Datum schreibt Verdi noch an Du Locle:

> Verdi an Du Locle; 15. Juli 1870
> Ich danke Euch für die Erläuterungen, die ihr mir über die ägyptischen Musikinstrumente gebt, die an mehreren Stellen dienlich sein werden. Ich möchte auch eine Fanfare im Finale des dritten Aktes machen, aber ich fürchte, daß die Wirkung ausbleiben wird. Ich versichere Euch, daß es mir schrecklich widerstrebt, z.B. Instrumente von Sax einzusetzen. Bei einem modernen Stück ist das zulässig... aber bei den Pharaonen!!...
> Schreibt mir auch: gab es Priesterinnen der Isis und anderer Gottheiten? In den Büchern, die ich durchgeblättert habe, lese ich, daß dieser Dienst vielmehr Männern vorbehalten war.   Abbiati III, S. 376

Im Juli schickt Ghislanzoni den Text des ersten Aktes. Gegen Ende des Sommers besucht der Librettist Verdi in Sant'Agata, und Ende September sind die beiden ersten Akte fertigkomponiert. Am 2. September 1870 kommt es zur vernichtenden Niederlage der Franzosen bei Sedan, am 20. September verlassen die französischen Truppen Rom, das unter Vittorio Emanuele II. Hauptstadt des Vereinigten Königreiches Italien wird. Verdi ist von den politischen und gesellschaftlichen Umwälzungen in Europa betroffen und deprimiert, was sich auf den Schaffensprozeß aber nicht auswirkt. Er findet neben der Komposition Zeit zu umfangreichem und regem Gedankenaustausch über die aktuelle Lage. Verdis Umgangston mit Ghislanzoni unterscheidet sich wesentlich von der Art, mit der er beispielsweise Piave behandelte. Piave wurde geduzt und schroff zurechtgewiesen, wenn etwas nicht den Vorstellungen des Maestro entsprach, Ghislanzoni hingegen wird mit dem förmlichen „Ella" oder „Lei" (Sie) apostrophiert und diplomatisch behandelt:

> Verdi an Ghislanzoni; Sant'Agata, 28. September 1870
> Dieser dritte Akt ist sehr gut, wenn es auch ein paar Dinge gibt, die meiner Meinung nach verbessert werden müssen: aber, ich wiederhole, im ganzen sehr gut, und dafür mache ich Ihnen mein aufrichtiges Kompliment.
> Ich sehe, daß Sie Angst vor zwei Dingen haben: vor einigen szenischen *Kühnheiten*, möchte ich sagen, und davor, *keine Cabaletten zu machen*! Ich bin immer der Ansicht, daß man Cabaletten machen soll, wo die Situation es verlangt. Die [Cabaletten] der beiden Duette werden von

der Situation nicht verlangt, und besonders jene zwischen Vater und Tochter scheint mir nicht am Platz zu sein. Aida kann und darf in diesem Zustand von Furcht und moralischer Niedergeschlagenheit keine Cabaletta singen. Im Entwurf gibt es zwei außerordentlich bühnenwirksame Stellen, die wahrhaftig und gut für den Darsteller sind und in der Dichtung nicht recht herauskommen. Erstens: nachdem Amonasro gesagt hat „Sei la schiava dei faraoni", kann Aida nur in abgehackten Sätzen sprechen. Zweitens: wenn Amonasro zu Radames sagt „il Re d'Etiopia", da muß Radames fast allein die Szene beherrschen, mit seltsamen, verrückten, höchst exaltierten Worten; aber davon sprechen wir zur rechten Zeit.

Analysieren wir inzwischen diesen Akt von Anfang bis Ende. […]

Ich habe den Entwurf nochmals gelesen, und mir scheint, daß die Situation dort gut wiedergegeben ist. Für mein Teil würde ich auf Strophe und Rhythmus verzichten; ich würde nicht daran denken, singen zu lassen, sondern die Situation genauso wiedergeben, wie sie ist, auch wenn es in Rezitativen sein müßte. Ich würde höchstens Amonasro eine Phrase singen lassen: „Pensa alla patria, e tal pensiero ti dia forza e coraggio". Vergessen Sie nicht die Worte: „Oh patria mia, quanto quanto mi costi!" Kurz und gut, ich würde mich so weit wie möglich an den Entwurf halten.

Quaderni Nr. 4, Genesi dell'Aida, S. 22

Dieser Brief, der als Beispiel für zahlreiche andere ähnlicher Art steht, zeigt, wie stark Verdi auf den Text Einfluß nimmt. Ghislanzoni versteht es nicht nur, Verdis Vorschläge aufzugreifen und auszuführen, sondern weiß genau, wann es gilt, eine Phrase oder auch ganze Versfolgen unverändert in Verdis Version zu übernehmen, trägt aber auch selbst mit etlichen guten Vorschlägen und Einfällen zur glücklichen Lösung problematischer Stellen bei.

Im Oktober stellt Verdi den 3. Akt fertig und setzt sich bereits mit dem 4. Akt auseinander. Im November erfolgt ein neuerlicher Besuch Ghislanzonis und Mitte des Monats, bevor die Verdis nach Genua reisen, um dort den Winter zu verbringen, ist die Oper im wesentlichen vollendet. Verdi hat die gesamte Musik und Teile des Textes der *Aida* in vier Monaten verfaßt, „di getto" – in einem Guß.

Unterdessen ist kein Ende des Krieges zwischen Preußen und Frankreich abzusehen. Zu allem Überfluß ist Paris belagert und von der Welt abgeschnitten. Unglücklicherweise befinden sich die von Mariette entworfenen Kostüme und die Dekoration in Paris, wo alles unter Mariettes Aufsicht hergestellt wurde und von wo es nach Kairo zur Premiere geschickt werden sollte.

Jetzt wird Kairo unruhig. Als Muzio Draneht Bey wissen läßt, daß Verdi die „neue Oper" in Mailand herausbringen will, verzweifelt dieser schier (nicht ohne prophylaktisch zu behaupten, er kenne den Inhalt von Verdis Vertrag nicht) und appelliert unter Berufung auf die Pariser *force majeure* an Verdis Loyalität. Verdi ist zwar diplomatisch und erklärt, abwarten zu wollen, läßt sich aber bei seinen Vorbereitungsarbeiten nicht beirren: Er hat einen gültigen Vertrag in Händen und beginnt im Frühjahr 1871, Sänger für die Mailänder Produktion auszusuchen. Außerdem nutzt er die Zeit, die er durch die Verschiebung der Premiere gewonnen hat, zur Durchsicht und teilweisen Umarbeitung der Partitur: Eine groß angelegte Ouverture[6], die das Vorspiel ersetzen soll, wird (möglicherweise auf Wunsch Giulio Ricordis) komponiert und von Verdi nach der ersten Orchesterprobe sofort wieder verworfen, der in dem Brief an Ghislanzoni vom 28. September 1870 erwähnte Chor (im Palestrina-Stil) zu Beginn des 3. Aktes wird ersatzlos gestrichen, das Rezitativ „Qui Radames verrà" und die Arie „O cieli azzurri" der Aida werden zu einem späteren Zeitpunkt nachkomponiert, etliche kleinere Änderungen werden ausgeführt. Auch tauchen Zweifel an manchen Textstellen auf:

> Verdi an Ricordi; 7. September 1871
> Noch eine Bemerkung *sotto voce*: auf Seite 40 steht dieser Vers:
> Morir! sì pura e bella / ... / Troppo t'amai / Troppo sei bella.
> Gewiß werden unsere Primadonnen wunderschön sein, aber wenn es später jemals eine gäbe, die es nicht wäre? Dann könnte das Publikum Witze reißen, und das würde ich bedauern, weil der Moment zu bedeutend ist.
>
> Abbiati III, S. 480

Aber da setzt sich Ghislanzoni zur Wehr (Brief an Ricordi, 21. September 1871): „Versuchen Sie, Maestro Verdi zu überreden, Radames' Worte ‚Morir! sì pura e bella' so zu lassen, wie sie sind. [...] Selbst wenn wir ein Ungeheuer aus Lappland auf der Bühne hätten, würde das Publikum in Ekstase geraten."

Ricordi, erfreut und erstaunt über die Geschwindigkeit der *Aida*-Komposition, benutzt die Gelegenheit zu dem Versuch, Verdi gleich zur Komposition einer weiteren Oper zu überreden: „Ich sandte Ihnen ein Libretto zu *Amleto*, und in diesem Zusammenhang komme ich ohne viel Umschweife zu einem *großen Projekt*!!, das ich, wie Sie wissen, schlimmer wiederkäue als ein Rindvieh!!..."[7] Er meint damit den *Nerone*, an dem sich Verdi früher bereits interessiert gezeigt hat, und er zaubert schon jetzt den Librettisten (und Komponisten) Arrigo Boito aus der Schublade, der sich „für den glücklichsten, zufriedensten Menschen halten würde, wenn er das Libretto zu *Nerone* für Sie schreiben dürfte."[8] Doch Verdi winkt ab: Er will sich auf die europäische Erstaufführung der *Aida* in Mailand konzentrieren. Den *Nerone* wird er nie komponieren: Arrigo Boito wird den Stoff in Musik setzen und das Werk unvollendet hinterlassen.

Inzwischen hat sich die politische Lage kaum verändert. Im Jänner 1871 wird in Versailles das deutsche Kaiserreich ausgerufen; bald darauf kapituliert Paris, im März bildet sich die Pariser Kommune gegen den „Geist von Versailles". Um die republikanische Festung Paris zieht die französische Regierung 130.000 französische Soldaten zusammen und es beginnt die zweite Belagerung von Paris. Nach wie vor sind die Dekorationen und Kostüme, die auf ihren Abtransport nach Kairo warten, in Paris eingeschlossen. Verdi weigert sich vorderhand, den Vertrag mit Mailand zu unterschreiben. Er will dies erst tun, wenn die Besetzungsliste komplett ist. Im Sommer 1871 theoretisiert er von Sant'Agata aus brieflich über Besetzungs- und Aufführungsfragen

> Verdi an Ricordi; Sant'Agata, 10. Juli 1871
> Ihr werdet das Libretto der *Aida* kennen und wissen, daß für die Amneris eine Künstlerin mit höchst dramatischem Empfinden erforderlich ist, die die Bühne beherrscht. Wie kann man von einer quasi Anfängerin[9] diese Eigenschaften erwarten? Die Stimme allein, so schön sie auch sein mag (eine in einem Saal oder einem leeren Theater recht schwierig zu beurteilende Angelegenheit), genügt nicht für diese Partie. Die sogenannte Vollendung des Gesangs bedeutet mir wenig; ich lasse die Rollen gerne singen, wie ich will: aber ich kann weder die Stimme, noch die Seele, noch jenes gewisse Etwas geben, das man gewöhnlich den Teufel im Leib haben nennt.
> Ich habe Euch gestern meine Meinung über die Waldmann geschrieben und bestätige sie Euch heute. Ich weiß wohl, daß es nicht sehr leicht sein wird, eine Amneris zu finden, aber wir sprechen noch davon in Genua.
> [...] außerdem: das Orchester unsichtbar machen.
> Diese Idee stammt nicht von mir, sondern von Wagner: sie ist ausgezeichnet.   Abbiati III, S. 461 f.

Der Name Richard Wagners geistert schon seit einiger Zeit durch die Musikwelt Italiens. Aber erst am 1. November 1871 erlebt Italien die erste Aufführung einer Wagner-Oper. Das Teatro Comunale di Bologna bringt *Lohengrin* unter Mariani heraus. Verdi kann seiner Neugier nicht widerstehen und wohnt, mit einem Klavierauszug ausgerüstet, einer Aufführung bei. Auf einem rückwärtigen Logensitz will er vom Publikum nicht bemerkt werden, was aber mißlingt. Daraufhin geraten alle Ausführenden über die sich in Windeseile im Theater verbreitende Nachricht, daß der gefeierte Maestro anwesend sei, so aus dem Häuschen, „daß es hier und da Ungenauigkeiten in der Aufführung gab" (Mariani an seinen Freund Del Signore). Verdi trägt zahlreiche Notizen über die Vorstellung und seine Eindrücke in seinen Klavierauszug ein (im 1. Akt u.a.: „zu laut / unverständlich / schön, doch schwer erträglich wegen der ständigen hohen Noten der Violinen [am Ende des Vorspiels] / sehr falsch [Chor] / häßlich / schlecht / schön, schlecht gesungen, um einen Viertelton zu tief"[10] usw.) und merkt am Schluß an:

> INSGESAMT: Mittelmäßiger Eindruck. Musik schön; wenn sie verständlich ist, hat sie Gedankentiefe. Die Handlung ist schleppend wie das Wort. Also langweilig. Schöne Wirkung der Instrumente. Mißbrauch von langen Noten und schwer erträglich. Mittelmäßige Aufführung. Viel *verve*, doch ohne Poesie und Feinheit. An den schwierigen Stellen immer schlecht. Abbiati III, S. 511

Verdi wird nie mit dem deutschtümelnden, ideologieüberfrachteten Schwulst des *Ring des Nibelungen*, den folgeschweren antisemitischen Schriften des deutschen Meisters oder dessen Wunsch, „es sollten alle Juden in einer Aufführung des ,Nathan' [Lessings *Nathan der Weise*] verbrennen"[11] konfrontiert. Seine Reaktion darauf wäre höchstwahrscheinlich blankes Entsetzen und völlige Verständnislosigkeit gewesen. Richard und Cosima Wagner, die die meisten anderen Musikerkollegen, allen voran die „italienischen und jüdischen Gespenster"[12] – darunter auch Verdi – von Herzen verabscheuen, wird Verdis Interesse zugetragen. Cosima vertraut ihrem Tagebuch an: „Sonnabend 2ten [Dezember 1871]. Bericht aus Italien, Verdi der Aufführung von Lohengrin beigewohnt, vom Publikum deshalb bejubelt, jedoch nicht von dem Hintergrund der Loge hervorgegangen, um nicht [von] dem Ernst der Aufführung abzulenken. Wir lesen immer in Schopenhauer. Erhebung über das Dasein."[13] Wie sehr hätten sich der Meister samt Gemahlin vom Judenhasser Schopenhauer über das Dasein erheben lassen müssen, hätten sie Verdis Eindruck gekannt.

Im November und Dezember 1871 hält sich Teresina Stolz mit anderen Sängern der Mailänder Inszenierung in Genua auf, um unter Verdis Anleitung ihre Partie einzustudieren. Im Dezember erfährt Verdi, daß Filippo Filippi, der bekannte Kritiker, vom ägyptischen Vizekönig eingeladen worden ist, zur Premiere der *Aida*, die für den 24. Dezember 1871 angesetzt ist, nach Kairo zu reisen, um die Reklametrommel zu rühren. Das kann Verdi nicht recht sein:

> Verdi an Ricordi; 8. Dezember 1871
> Hört, mein lieber Giulio! Ich fühle mich in diesem Augenblick so angewidert, so angeekelt, so irritiert, daß ich die Partitur der *Aida* ohne einen einzigen Seufzer tausendmal ins Feuer werfen könnte. – Wollt Ihr?... Noch ist Zeit dazu!... Der Vertrag ist noch nicht unterschrieben, und wenn Ihr alles zerstören wollt...
> Aber wenn diese arme Oper trotzdem am Leben bleiben soll, dann um Himmels willen keine *Reklame*, kein Tamtam, was für mich die demütigendste Demütigung ist. [...] Nein, nein... Ich will keine *Lohengrinaden*... Dann schon lieber das Feuer!! Abbiati III, S. 518

Die Anspielung auf die Lohengrinaden bezieht sich auf den übertriebenen Rummel um die *Lohengrin*-Aufführungen in Bologna und Florenz. Am selben Tag schreibt er an Filippi und beendet den Brief nach etlichen offenen und versteckten Vorwürfen über die Mittel, die als Reklame für eine neue Oper eingesetzt werden, mit den Worten: „Ansonsten: *à la grâce de Dieu*, denn so habe ich meine Laufbahn begonnen, und so will ich sie auch beschließen."[14]

Ein weiteres Ärgernis bedeutet es für Verdi, erfahren zu müssen, daß Filippi und Boito die Partitur der *Aida* eingesehen und sich darüber günstig geäußert haben. Er macht Ricordi heftige Vorwürfe: „Ihr habt sehr unrecht getan, Außenstehenden die *Aida* zu zeigen. Vorweggenommene Urteile sind völlig wertlos und nützen niemandem. Mißtraut solchen Urteilen immer, mögen sie von Freunden oder Feinden kommen. – Ich will unter gar keinen Umständen *Reklame*. Ob gut oder schlecht, möge das Publikum am Premierenabend beurteilen. [...] Beruhigt Euch: entweder hat die *Aida* Erfolg, dann braucht sie keine *Reklame*, oder sie hat keinen, dann verschlimmern solche Voraus-Urteile nur das Fiasko."[15]

Verdi fährt nicht zur Welturaufführung nach Kairo. Er scheut die Seereise und zieht es vor, die Vorbereitungen für die Mailänder Premiere voranzutreiben. Wegen der permanenten Terminschwierigkeiten kommt es jetzt in Kairo zu Besetzungsproblemen: Ursprünglich ist Mariani als Dirigent der Uraufführung vorgesehen, doch zerschlagen sich die Verhandlungen mit ihm wegen seiner überhöhten Gagenforderungen und vielleicht auch wegen persönlicher Ressentiments.

Zur Erläuterung der Relationen der Künstlergagen: Teresa Stolz, die ursprünglich für die Premiere in Kairo vorgesehen ist, fordert und erhält zu dieser Zeit von der Mailänder Scala 40.000 Francs pro Saison. Sie sieht im Opernhaus von Kairo eine Goldgrube, die es zu plündern gilt, und heischt dort 30.000 Francs pro Monat. Für ihren Verlobten Angelo Mariani fordert sie 45.000 Francs für die ganze Saison. Die Stolz allein hätte Kairo also 120.000 Francs gekostet. Draneht Bey bietet dem Gespann insgesamt 125.000 Francs für die ganze Saison, zuzüglich der Einnahmen aus einem Benefizkonzert, das ungefähr 40.000 Francs bringen würde. Doch Verdi überredet die Stolz, die Aida doch lieber an der Scala zu singen und das Terrain in Kairo der Konkurrenz zu überlassen.

In Florenz hört sich Verdi die Sopranistin **Antonietta Pozzoni** (Venedig 1846 – Genua 1914) als Violetta in *La traviata* an. Sie debütierte 1865 an der Mailänder Scala (Margherita in *Faust*) und sang bald an den führenden italienischen Bühnen. Ihr Talent, ihr Gefühl und ihre Bühnenpräsenz erregen Verdis Wohlgefallen: sie wird die erste Aida sein.

1874 tritt sie in Genua in der Uraufführung von Carlos Gomes' *Salvator Rosa* auf; sie ist ein dramatischer Sopran und hat Rollen wie die Lady Macbeth, die Norma, die Elena in *I vespri siciliani*, die Anna Bolena, die Emilia in Mercadantes *La vestale* und die Lucrezia Borgia im Repertoire. 1874 singt sie erstmals die Amneris (in Brescia, danach in Rom, Madrid, Mailand, Barcelona, Florenz) und übernimmt bald weitere Mezzosopran-Rollen: die Fidès, die Azucena, die Ortrud in *Lohengrin*, die Léonore in *La favorite*, die Hérodiade in Massenets gleichnamiger Oper. Mit diesem Repertoire bereist sie auch erfolgreich das Ausland: Buenos Aires, Madrid, Paris. Sie beendet ihre Karriere 1887.

Inzwischen bezeichnet Mariani in einer Überreaktion Verdi als „vollkommen überholten Musiker" und läuft mit fliegenden Fahnen in das für Italien neue Lager der Wagnerianer über. Daraufhin zieht man Franco Faccio in die engere Wahl, doch der ist an der Scala unter Vertrag und noch dazu mit Mariani befreundet, und schließlich soll Emanuele Muzio die Ehre zuteil werden, die neue Oper zu dirigieren, doch der kann sich wiederum von seinen Verpflichtungen in Paris nicht freimachen. Die Wahl, an der Ignazio Marini – jetzt nicht mehr Bassist, sondern Spielleiter am Theater in Kairo – als Vermittler beteiligt ist, fällt schließlich auf **Giovanni Bottesini** (Crema 1821 – Parma 1889), einen weltberühmten Kontrabaßvirtuosen und nicht unbedeutenden Komponisten, der seiner Aufgabe gerecht wird, mit dem aber einmal sein Temperament durchgeht, als das Publikum an einer Stelle zu früh applaudiert und er in unverfälschtem Mailänder Dialekt dröhnend ins Haus ruft. „L'è minga finìi!" (auf Wienerisch etwa: „Es is no net aus!").

Auch mit der Besetzung der Amneris gibt es Schwierigkeiten: Verdi hat die Partie ursprünglich für einen Sopran mit guter Tiefe konzipiert, daraus geworden ist dann ein Mezzosopran mit guter Höhe. Die in Kairo engagierte **Eleonora Grossi**[16] (? – Neapel 1879) ist nach Meinung des Komponisten der Rolle nicht gewachsen. Im April 1871 beginnt Draneht deshalb mit Marie Sasse zu verhandeln, doch Verdi lehnt sie unter Hinweis auf die tiefe Tessitura der Rolle und auf ihr Verhalten in Paris glatt ab. Nach langem Hin und Her wird die Grossi doch akzeptiert. Die dramatische Komponente für die Amneris muß sie wohl auch besessen haben.

Für den Radames ist Gaetano Fraschini Verdis Wunschkandidat: Er ist trotz einer vierunddreißigjährigen kräfteraubenden Karriere im dramatischen Fach nach wie vor prächtig bei Stimme, aber er will sich die Strapazen der langen Reise nach Kairo nicht zumuten. Seinen Platz wird **Pietro Mongini** (Rom 1828 oder 1830 – Mailand 1874) einnehmen, ein dramatischer Tenor, der seine Karriere 1851 als Baß[17] begann und seit der Spielzeit 1852–53 als Tenor auftrat. 1855 ist er am Pariser Théâtre Italien (Debutrolle: Edgardo in *Lucia di Lammermoor*) engagiert, ab 1857 in Reggio Emilia und St. Petersburg, 1858 singt er erstmals an der Mailänder Scala (Arnoldo in *Guglielmo Tell*) und am Londoner Drury Lane Theatre (Elvino in *La sonnambula*, Henri in der englischen Erstaufführung von *Les Vêpres siciliennes*). Er ist ein ausgezeichneter Alvaro (englische Erstaufführung der *Forza* in London 1867), Manrico (*Trovatore*), Don Carlo (*Don Carlo*), Hüon (*Oberon*), Jean (*Le Prophète*) und Pollione (*Norma*), hat aber auch lyrische Partien wie den Elvino (*Sonnambula*), Edgardo (*Lucia*), Gennaro (*Lucrezia Borgia*) und extrem hohe Partien wie den Arnold (*Tell*) gesungen. In Kairo setzt er sein heldisch-martialisches Organ nicht sehr subtil ein, doch macht der gewaltige Klang das Fehlen künstlerischer Ambitionen wett.

Der Amonasro ist der Bariton **Francesco Steller** (? 1826 – Mailand 1881). Er dürfte Mitte der 1840er Jahre debütiert haben. Nach ersten Jahren an kleinen und mittleren italienischen Bühnen kommt seine Karriere, die ihn auch nach Paris, Bukarest und Moskau führt, in Schwung. Er ist ein Verdi-Bariton, der angefangen von *I lombardi*, *Ernani*, *I due Foscari* und *Giovanna d'Arco* über *Macbeth*, *I masnadieri*, *Luisa Miller*, *Rigoletto*, *Il trovatore* und *La traviata* bis *Aroldo*, *Un ballo in maschera*, *La forza del destino* (Fra Melitone, seine Abschiedspartie von der Bühne, Kairo 1873) und *Aida* die jeweiligen Bariton-Hauptrollen singt. Weiters finden sich in seinem Repertoire Werke wie *Matilde di Shabran* (Rossini), *L'ebreo* (Apolloni), *Il templario* (Nicolai), *Saffo* (Pacini).

Auch der Ramfis der Uraufführung, der Bassist **Paolo Medini** (? 1831 – Salò 1911), ist ein Verdi-Sänger. Er tritt in *Nabucco*, *I lombardi*, *Ernani*, *Attila*, *Macbeth*, *Rigoletto*, *Il trovatore*, *I vespri siciliani*, *Aroldo*, *La forza del destino* und *Don Carlo* auf. Er hat eine internationale Karriere (London, Madrid, New York, Paris, Wien – hier 1875–76) und ist für seinen „unvergleichlichen" Don Basilio (*Barbiere*) und seinen Kardinal Brogni (*L'ebrea*) berühmt, er singt *Gli ugonotti* (Marcel), *Norma*, *La favorita*, *L'africana* (Großinquisitor), *La sonnambula*, *Guglielmo Tell* (Gessler), *Roméo et Juliette* (Frère Laurent) ebenso wie Opern von Peri, Pacini, Apolloni, Marchetti, Pedrotti und Petrella.

Regie führt der als Autor und Librettist bekannte Carlo D'Ormeville (*Ruy Blas*, von Franchetti vertont), Bühnenbilder und Kostüme hat Mariette Bey entworfen.

Wie vorherzusehen war, ist die Premiere in Kairo am 24. Dezember 1871 ein Riesenerfolg. Verdi wird der Titel eines Komturs des Ottomanischen Ordens verliehen. Trotz des enormen internationalen Echos der laut zeitgenössischen Berichten „unübertrefflichen Produktion" in Kairo ist die Premiere in Mailand die interessantere Aufführung. Sie findet am 8. Februar 1872 unter der Leitung von Franco Faccio statt. Die Solisten sind Teresina Stolz (Aida), Maria Waldmann (Amneris), Giuseppe Fancelli (Radames), Francesco Pandolfini (Amonasro) und Ormondo Maini (Ramfis). Verdi wird über dreißig Mal vor den Vorhang gerufen, die Rekordeinnahmen der Scala belaufen sich auf 13.444 Lire und die Kritiken über das neue Werk sind überschäumend. Die Meinungen über die Leistungen der Sänger sind geteilt.

Für die Rolle der Aida wurde **Teres(in)a Stolz** engagiert (zuvor wurde sie als Amneris neben der Aida von Antonietta Fricci in Betracht gezogen). Sie ist 1834 im böhmischen Elbekosteletz zur Welt gekommen, hieß mit bürgerlichem Namen Terezie Stolzová, studierte in Prag, Triest und Mailand (u.a. bei Francesco Lamperti) und debütierte 1857 in Tiflis, wo sie in den nächsten fünf Jahren engagiert war. Daneben sang sie auch in Odessa und in Konstantinopel. 1863 sind Auftritte in Turin und Nizza (Leonora im *Trovatore*), 1864 in Granada (Elvira in *Ernani*) dokumentiert. Hierauf kommt ihre Karriere in Italien in Schwung: Im Herbst 1864 tritt sie in Spoleto im *Trovatore* auf, danach singt sie im *Ernani* und *Guglielmo Tell* in Bologna. 1865 debütiert sie an der Mailänder Scala in *Giovanna d'Arco*, 1867 wird sie für die Erstaufführung der Revision des *Don Carlo* in Bologna ausgewählt.

Verdi lernt sie spätestens bei der Aufführung der revidierten *Forza del destino* an der Scala kennen, doch hat sie möglicherweise ihr Verlobter Angelo Mariani schon früher bei den Verdis eingeführt. Sie singt 1868 im *Don Carlo* an der Scala. Ihr großer Erfolg wird von Giuseppina in ihrem Tagebuch vermerkt. Nach der italienischen Erstaufführung der *Aida* an der Scala 1872 wird sie 1874 auch in den ersten Aufführungen der *Messa da requiem* den Sopranpart übernehmen. Ihr Repertoire ist so sehr auf Verdi-Heroinen ausgerichtet, daß sie ab 1872 nur mehr zwei Rollen in Opern, die nicht von Verdi sind, übernimmt: die Alice in *Robert le diable* und die Rachel in *La juive*. Ihre letzten Bühnenauftritte erfolgen in der Saison 1876–77 in St. Petersburg.

„La Stolz" ist der dramatische Verdi-Sopran ihrer Zeit *par excellence*, ihr Organ ist brillant, beweglich, im Klang mächtig und reicht vom tiefen G bis zum Cis^3. Es wird diszipliniert und stilgerecht eingesetzt. Darüber hinaus verfügt die Sängerin über eine imponierende Bühnenpräsenz. Auch privat besitzt sie eine Ausstrahlung, der gegenüber Verdi nicht unempfindlich ist. Die Sängerin sucht die Nähe Verdis, überlegt sogar, bei Busseto ansässig zu werden, und wird jedenfalls von Giuseppina als aufdringlich empfunden: „Sechzehn Briefe!! In kurzer Zeit!! Welche Betriebsamkeit!"[18] vermerkt sie auf einem Konvolut von

Die Sopranistin
Teresina Stolz.

Teresinas Briefen an Verdi, die meist Theatertratsch, böse Kritik an Kollegen und Grüße „an die liebe Signora Giuseppina" zum Inhalt haben. Auf jeden Fall scheinen die Anzeichen starker gegenseitiger Anziehung zwischen der Stolz und Verdi mit ein Grund für die Auflösung ihrer Verlobung mit Mariani und dem Bruch Verdis mit letzterem gewesen zu sein. Giuseppina, über alle kursierenden Gerüchte auf dem laufenden, macht vorerst gute Miene zum bösen Spiel: Wie ihren Tagebüchern und Briefen zu entnehmen ist, haben sie und Verdi seit ungefähr 1860 kein aktives Liebesleben mehr.[19] Sie ist der Stolz gegenüber machtlos – die beruflichen Kontakte zwischen der Sängerin und dem Komponisten sind nicht zu verhindern – und glaubt, die Situation aussitzen zu können. Im Herbst 1875 bekommt die Affaire eine für Verdi höchst peinliche Dimension: „La rivista indipendente", eine Zeitung mit Sitz in Florenz, widmet der „Signora Teresina Stolz" einen in fünf Teilen erscheinenden, genußvoll ausführlichen Artikel, in dem ihr Privatleben und ihre Beziehungen zu Mariani und Verdi in allen Facetten geoffenbart werden.[20] Ein öffentlicher Skandal ist die Folge, unter dem auch Giuseppina schwer zu leiden hat, eine Ehekrise unausbleiblich. Sie erreicht ihren Gipfel im April 1876, als Giuseppina einen schmerzvollen Schlußstrich ziehen und die *ménage à trois* durch ihren Rückzug beenden will. Ihre einzige Forderung an Verdi: „eine Wohnung voll Licht und Luft". Doch es bleibt bei der Willensäußerung: Keine Lösung kommt zustande, die Situation wird über Giuseppinas Tod hinaus prolongiert. Zu Weihnachten 1897 wird Verdi der dreiundsechzigjährigen Teresina, die ihn um nur ein Jahr überleben wird, das Autograph der *Messa da requiem* schenken.

Die Amneris der Mailänder Produktion ist die Mezzosopranistin **Maria Waldmann** (Wien 1842 – Ferrara 1920). Obwohl Verdi gegen das Engagement dieser jungen Sängerin für die schwere Partie der Amneris anfänglich Bedenken äußert, wird sie sich durch ihre Leistung schnell in den Kreis von Verdis Lieblingsinterpreten singen. Sie studierte zuerst in Wien, anschließend in Mailand bei Francesco Lamperti und debutierte 1865 als Pierotto (*Linda di Chamounix*) in St. Petersburg. Nach Engagements in Wiesbaden, Amsterdam, Triest (wo sie 1869 an der Seite von Teresina Stolz die Eboli sang) und Moskau (1869–70) gelangte sie an die Mailänder Scala, an der sie am 7. März 1871 als Zerlina (*Don Giovanni*) debutierte. Dort sang sie zunächst den Maffio Orsini (*Lucrezia Borgia*) und die Preziosilla (*Forza*), der am 8. Februar 1872 die Amneris folgte. Diese Rolle sang sie in Neapel (1873), in Kairo, Wien (1875, unter der Leitung des Komponisten) und Paris (1876). Weitere Partien an der Scala waren noch das Ännchen (Annetta) im *Freischütz* und die Altpartie in Verdis *Messa da requiem* (Scala, 25. Mai 1874 und 30. Juni 1879), eine Partie, die sie auch 1875 in Paris, Wien und London übernahm. Von 1873 bis 1876 trat sie in jeder Saison an der Oper in Kairo auf. Ihre Paraderollen waren neben den Verdi-Partien die Leonora in *La favorita* und die Fidès in *Le Prophète*.

Ihre Stimme, die als dunkel und samtig beschrieben wird, war starken dramatischen Ausdrucks fähig. 1877 ehelichte sie den Grafen und späteren Herzog Galeazzo Massari und beendete ihre Bühnen-, bald darauf auch ihre Konzerttätigkeit und privatisierte im Familienschloß in Ferrara. Verdi bewunderte die Sängerin sehr. Zwischen ihr und den Verdis entstand eine Freundschaft, die sich in einem jahrelangen interessanten Briefwechsel niederschlug.

Wie sein Kollege Mongelli in Kairo führt auch der Tenor **Giuseppe Fancelli** (Florenz 1833–1887) keine feine Klinge. Er hat als Fischer Ruodi in *Guglielmo Tell* in Mailand debutiert, dann an kleinen und mittleren italienischen Bühnen gesungen, bis er nach ersten großen Erfolgen

(Rom 1861, Triest) 1866 an die Scala gelangte (Vasco da Gama in *L'afri-cana*). Im selben Jahr wurde er nach London engagiert, wo er Rollen wie den Alfredo (*Traviata*), Edgardo (*Lucia*), Elvino (*Sonnambula*), Ernesto (*Don Pasquale*), Raoul (*Huguenots*) und Tonio (*Fille du régiment*) sang. Zu seinen Partien zählen der Manrico (*Il trovatore*), der Don Carlo (*Don Carlo*), der Pollione (*Norma*) und der Elvino (*La sonnambula*).

Seine Stimme wird als kraftvoll und schön timbriert, mit ausgezeichneter, strahlender Höhe beschrieben. Er verfügte, obwohl er keine Noten lesen konnte, über eine natürliche, unverbildete Musikalität und Intonationssicherheit, jedoch waren seine schauspielerischen Gaben beschränkt. In seiner Rezension der Mailänder Premiere merkt Gino Monaldi an: „Der Tenor Fancelli besitzt eine der schönsten, kräftigsten und im Umfang größten Stimmen, die man je an diesem Theater gehört hat, er ist aber in seinen musikalischen Kenntnissen und seiner Ausbildung so sehr beschränkt, daß er die Geduld Verdis auf eine harte Probe stellte." In der Tat hatte Verdi, der Fancelli als „Holzkopf" titulierte, bei Klavierproben mit dem Tenor einmal die Geduld verloren, ihn beim Genick gepackt, seinen Kopf auf die Tasten gedrückt, ihn angeschrien: „Wird irgendetwas je in Ihren Kopf hineingehen? Niemals!" und den Raum verlassen. Fancelli beklagte sich darauf bei den Anwesenden darüber, daß Verdi von ihm Unmögliches verlange: „Die Noten genau lesen, hinsichtlich Tonhöhe und Rhythmus richtig singen und die Worte gut aussprechen! – Wie kann man so viele Sachen auf einmal bewältigen?"[21]

Amonasro ist der Bariton **Francesco Pandolfini** (Palermo 1836 – Mailand 1916)[22]. Ramfis wird von dem an der Scala stark beschäftigten Bassisten **Ormondo Maini** (Viadana 1835–1906) gesungen. Er debutierte 1860 am Mailänder Teatro Carcano in Verdis *Lombardi* und kam bereits ein Jahr später an die Scala, an der er bis 1878 ständig engagiert war. Daneben trat er an den führenden italienischen Häusern auf, mit einem Repertoire, das nicht nur die gängigen Baßrollen in den Opern von Donizetti, Verdi, Ponchielli, Boito usw. umfaßte, sondern auch Meyerbeer und Mozart, sowie Erstaufführungen wie *Cinq mars* von Gounod (1878) und Uraufführungen, darunter *Fosca* von Carlo Gomes (1873), *Gustavo Vasa* (eine Oper nach dem Stoff des *Ballo in maschera*) von Filippo Marchetti (1875) und *La Gioconda* von Ponchielli (1876). Maini sang in der Uraufführung der *Messa da requiem* (1874) das Baßsolo. Seine Karriere führte ihn auch nach Paris, Barcelona und Madrid. Er beendete seine Laufbahn 1889.

Ein „unbekannter Künstler", der als Mitwirkender der *Aida* an der Scala 1872 die Hauptprobe noch mehr als 50 Jahre später im Gedächtnis hatte, schrieb am 22. November einen Bericht darüber an Gaetano Cesari, den Kritiker des „Corriere della Sera" und Mitherausgeber der „Copialettere". Bemerkenswert ist darin folgender Abschnitt:

> Bei der Hauptprobe saß Verdi mitten im Parkett [...], um den szenischen Effekt zu beobachten, den er zum ersten Mal in voller Aktion sah; und es ist nur zu verständlich, daß er meinte, diese gewaltige Bewegung sei übertrieben und schade den musikalischen Belangen, so daß er unversehens mit einem unerwarteten Satz aufsprang und die Probe mit dem Ruf unterbrach: ‚Weg mit den Tänzerinnen! Weg mit den Menschen da!... Es ist viel zuviel Bewegung!' Dann stieg er flugs auf die Bühne, um die gewünschten Änderungen anzugeben.[23]

Aus dieser Reaktion des Komponisten kann geschlossen werden, daß er den Freilichtaufführungen und den dort üblichen Massenszenen möglicherweise nicht zugestimmt hätte. Und wie empfand Verdi die Rezeption eines seiner originellsten Werke?

> Verdi an Tito Ricordi; Neapel, 2. Jänner 1873
> Dumme Kritiken und noch dümmere Lobhudeleien: kein erhabener, künstlerischer Gedanke; nicht einer, der meine Absichten begriffen hat; immerzu albernes Geschwätz und Unsinn, und hinter allem eine gewisse Mißgunst mir gegenüber, als hätte ich ein Verbrechen begangen, daß ich die *Aida* geschrieben habe und sie gut aufführen habe lassen.
> Keiner, der wenigstens die ungewöhnliche Aufführung und *mise en scène* hervorgehoben hätte! Nicht einer, der zu mir gesagt hätte: *Hund, ich danke dir!"*   Copialettere, S. 280

Und zwei Jahre später:

> Verdi an Giulio Ricordi; Sant'Agata, 4. April 1875
> Ihr sprecht mir von *erzielten Erfolgen*!!!!!!!!! Welchen?... Ich werde sie Euch nennen: Nach 25jähriger Abwesenheit von der Scala wurde ich nach dem ersten Akt von *La forza del destino* ausgepfiffen. Nach der *Aida* endloses Geschwafel: Das sei nicht mehr der Verdi des *Ballo* (jenes *Ballo*, der beim ersten Mal an der Scala ausgepfiffen wurde); welch eine Katastrophe, wenn es den vierten Akt nicht gegeben hätte (so d'Arcais); ich hätte nicht für die Sänger *zu schreiben verstanden;* nur im zweiten und vierten Akt (im dritten nichts) seien ein paar passable Stellen gewesen; und schließlich, ich sei ein Wagner-Imitator!!! Ein schöner Erfolg, nach 35jähriger Karriere als *Imitator* zu enden!!!   Abbiati III, S. 748 f.

Die an Mißverständnissen nicht eben arme Rezeption der *Aida* wird von einem skurrilen Vorfall eingeleitet:

> An den sehr geehrten Herrn Verdi – Reggio [Emilia], 7. Mai 1872
> Am 2. dieses Monats begab ich mich, dazu veranlaßt von dem Aufsehen, das die Oper *Aida* erregt, nach Parma; eine halbe Stunde, bevor sich der Vorhang hob, befand ich mich auf meinem Platz Nr. 120, die Erwartung meinerseits war groß. Ich bewunderte die Inszenierung, ich lauschte

mit Vergnügen jenen großen Künstlern und bemühte mich, mir nichts entgehen zu lassen. Am Ende der Aufführung fragte ich mich selbst, ob ich zufrieden sei, und die Antwort fiel negativ aus; ich kehrte nach Reggio zurück und hörte im Eisenbahnwaggon die Urteile, die man abgab; fast alle stimmten darin überein, daß [Aida] ein bedeutende Oper sei. Da überkam mich die Laune, sie nochmals zu hören, und so fuhr ich am vierten wieder nach Parma, machte verzweifelte Anstrengungen, ohne einen reservierten Platz hineinzukommen, aber da der Andrang so ungeheuer war, mußte ich 5 Lire ausgeben, um die Vorstellung bequem zu hören; danach kam ich zu folgendem Schluß: es handelt sich um eine Oper, worin nichts vorkommt, was zum Applaudieren verleitet und einen elektrisiert; ohne das aufwendige Drumherum, das typisch für die A...[24] ist, könnte man es nicht bis zum Schluß aushalten; sie wird noch an zwei, drei Bühnen gespielt werden und dann in den Archiven verstauben. Nun, lieber Verdi, Ihr habt keine Ahnung, wie es mich wurmt, die beiden Male 32 Lire ausgegeben zu haben, wozu noch der erschwerende Umstand kommt, daß ich [noch] von meiner Familie abhängig bin und daß dieses Geld in Gestalt schrecklicher Gespenster meinen Frieden stört. Deshalb wende ich mich entschlossen an Euch mit der Bitte, mir diesen Betrag zurückzuerstatten, und zwar müßt Ihr ihn mir baldigst erstatten. Hier ist die Abrechnung:

Eisenbahn – Hinfahrt	L. 2,60
Eisenbahn – Rückfahrt	L. 3,30
Theater	L. 8,00
Grauenhaftes Essen auf dem Bahnhof	L. 2,00
	L. 15.90
Dasselbe ein zweites Mal	L. 15,90
Insgesamt	L. 31,80

Ich denke, daß Ihr mich von solchen Unannehmlichkeiten befreien werdet und grüße Euch in dieser Hoffnung von Herzen.
Bertani
Adresse – Bertani Prospero, Via S. Domenico Nr. 5
Pougin, S. 108 f.

Verdi weist nach Erhalt dieses kuriosen Schreibens Ricordi an, dem „Familiensöhnchen" die Summe von L. 27,80 zu überweisen, um es „*von den schrecklichen Gespenstern zu befreien, die seinen Frieden stören.* [...] Das ist zwar nicht der volle Betrag, den er von mir verlangt, aber auch noch das Essen zu bezahlen!... Das nicht! Er hätte gut zu Hause abendessen können!!!"[25] Hier zeigt sich Verdi noch von der humorvollen Seite, wird aber gleich wieder zum Geschäftsmann, wenn er verlangt, daß Bertani „den Betrag zu quittieren und eine kleine Verpflichtung zu unterschreiben" habe, in der er verspricht, „keine meiner Opern mehr anhören zu gehen." Bertani schickt am 15. Mai die gewünschte Bestätigung, inzwischen hat Verdi Ricordi ermächtigt, den Brief „in so vielen Zeitungen, wie Ihr wollt, zu veröffentlichen". Das wird ihm einen zweiten Brief Bertanis eintragen, in dem dieser eine eigenhändige Antwort Verdis begehrt. Sicher hat sich „Bertani Prospero" nicht träumen lassen, zu solch skurriler Berühmtheit aufzusteigen, ebensowenig wie er geglaubt hätte, daß er mit seinem brieflichen Ansinnen den Startschuß zu einer nicht endenwollenden Serie von Fehlbeurteilungen der *Aida* abgegeben hatte. Wohl sind nicht alle so extrem ausgefallen wie das Urteil dieses mittellosen Enthusiasten; angesichts der aus der Partitur ersichtlichen Intentionen Verdis, seiner Regieanweisungen, seiner Briefe und sonstiger Dokumente gibt die Tatsache, daß *Aida* als Ausstattungsspektakel in Freilichtaufführungen (oder an den „Originalschauplätzen", eine bereits 1912 in Giseh erstmals geübte Praxis) vor einem pro Vorstellung nach Tausenden zählenden Publikum in Reisekatalogen marktschreierisch angeboten wird, zu einigem Nachdenken Anlaß.

Aus der Größe des Theaters, in dem die Weltpremiere stattgefunden hat (850 Plätze, mit einem im Größenverhältnis dazupassenden Bühnenraum, auf dem die Schlußszene mit ihren zwei Spielebenen ein Problem darstellte) auf die kammermusikalische Intimität des Werkes schließen zu wollen, wäre unsinnig, doch hat Verdi die *Aida* nicht als Monsterspektakel mit Elefantenaufmärschen und 1000köpfiger Komparserie konzipiert, sondern als Oper der menschlichen Konflikte, Einzelschicksale und Mißverständnisse, die vor bisweilen pittoresker Kulisse stattfinden, zumeist jedoch in menschlich und psychologisch zwar komplizierten, szenisch und dramaturgisch aber einfachen Situationen.

Die *Aida* wird an der Scala in dieser Spielzeit 24 Mal aufgeführt und beginnt mit diesen Vorstellungen ihren Siegeszug um die Welt. Die nächste Station ist das Teatro Regio in Parma (20. April 1872), die Protagonisten sind wieder die Stolz, die Waldmann und der Tenor Giuseppe Capponi. Bei dieser Aufführung führt Verdi wie auch schon zuvor an der Scala selbst Regie und trägt bei dieser Gelegenheit in ein gedrucktes Libretto zahlreiche szenische Anweisungen ein. So notiert er zu der Unart mancher Sänger, dem Publikum oder dem Dirigenten mehr Aufmerksamkeit als dem Partner zu schenken: „[Ramfis und Radames] sprechen *miteinander* auf der Szene ... *ohne* ins Publikum zu schauen."

Wie viele Tenöre nach ihm fand es der Radames der Aufführungsserie in Parma, Giuseppe Capponi, unmöglich, das hohe Schluß-B von „Celeste Aida" *pp* und *morendo* zu singen, weshalb Verdi es ihm gestattete, dieses b' forte („möglichst *mezzoforte*") zu singen und danach die Phrase „vicino al sol" eine Oktave tiefer zu wiederholen. Denselben Vorschlag machte er dem französischen Tenor Ernest Nicolini (dem Gatten von Adelina Patti), der zuerst Verdis Zustimmung zu seiner eigenen Lösung wünschte, die ganze Romanze um einen Halbton tiefer zu singen, was der Komponist aber abschlug. Richard Tucker singt diese Version mit der oktavierten Wiederholung in der Toscanini-Aufnahme von 1949, ebenso wie die französischen Tenöre Agustarello Affre und Paul Franz auf historischen Aufnahmen, was aber nicht auf Quellenstudium, sondern auf den Umstand zurückzuführen ist, daß der französische Klavierauszug der *Aida* von 1880 diese Version beinhaltete, die nicht nur keinen spontanen Applaus aufkommen läßt, sondern auch den Madrigalismus der Schlußphrase (die Vision Radames', für Aida „un trono vicino al sol" – einen Thron nahe der Sonne – zu errichten) zerstört.

Die Stolz und die Waldmann singen 1873 ihre Partien dann noch in Produktionen in Padua (3. Juli), Neapel (30. März) und Ancona (3. Mai). Bei den in diesem Jahr folgenden Aufführungen in Buenos Aires, Triest, New York und Philadelphia sind andere Sänger am Werk. 1874 folgen Chicago, Milwaukee, Boston, Berlin und Wien (beide in deutscher Sprache), Perugia (hier wieder mit der Waldmann), Florenz, Darmstadt und Karlsruhe (auf Deutsch), Madrid, Mantua und Turin. Die Aufführungsstatistiken der Folgejahre bis 1881[26] lesen sich wie das Register eines geographischen Atlasses.

Anläßlich der Aufführung der *Aida* in Neapel hat Verdi Anlaß zu Klagen.

> Verdi an Clarina Maffei; Neapel, 29. Dezember 1872
> Welcher Teufel hat mir nur in den Kopf gesetzt, mich wieder mit Theaterdingen zu besudeln!… ich, der ich seit mehreren Jahren das glückliche Leben des Bauern genoß!… Nun habe ich mich unter die Wölfe begeben und muß mit ihnen heulen, und ich versichere Euch, daß man hier gut heult. – Ich wußte von den Schlampereien an diesem Theater[27], aber weder ich noch andere konnten sich vorstellen, wie [schlimm] es ist. Unbeschreiblich die Ignoranz, die Trägheit, die Apathie, das Durcheinander, der Schlendrian bei allen, in allem und allem gegenüber. Es ist nicht zu glauben! Ich muß sogar lachen, wenn ich bei ausgeruhtem Verstand an all die Mühe denke, die ich mir gebe, an all die Aufregungen, die ich verspüre, an meine Beharrlichkeit, um jeden Preis zu *wollen und zu wollen*. Mir scheint, daß mich alle anschauen, lachen und sagen: „Ist er verrückt?"
> Oberdorfer, S. 479 f.

Auch eine Aufführung in Rom im März 1875 erregte Verdis Unmut.

> Verdi an Giulio Ricordi; Sant'Agata, 8. April 1875
> Erschießen!!!!
> Nicolini ließ immer seine Nummer aus…!!!
> Aldighieri verschiedene Male das Duett im dritten Akt!!
> Sogar das zweite Finale wurde an einem Abend gestrichen!!!!!!!…
> Abgesehen davon, daß die Romanze nach unten transponiert wurde, hat man auch noch einige Takte geändert.

Eine mäßige Aida!!

Ein Sopran[28], der die Amneris singt!!

Und noch dazu ein Dirigent[29], der sich herausnimmt, die Tempi zu ändern!!!...

[...] wir haben es nicht nötig, daß Dirigenten und Sänger daherkommen, um neue Effekte zu entdecken; und ich für meine Person erkläre, daß nie, nie, nie irgend jemand je in der Lage war oder es verstanden hat, alle von mir erdachten Wirkungen herauszuholen... NIEMAND!! Nie, nie... weder Sänger noch Dirigenten!!...

Aber jetzt ist es Mode, auch die Dirigenten *durch Claquen beklatschen zu lassen*, und das bedaure ich nicht nur wegen der wenigen, die ich schätze, sondern ich bedaure noch mehr mitanzusehen, daß diese Unsitte von einem Theater zum anderen übergeht, ohne je aufzuhören. Früher mußte man die Tyranneien der Primadonnen ertragen, heute muß man auch die der Dirigenten ertragen! Abbiati III, S. 747 f.

Am 22. April 1876 dirigiert Verdi die *Aida* im Pariser Théâtre Italien. Er berichtet an Vater und Sohn Ricordi, daß sich die Einnahmen der ersten drei Abende auf 18.000, 17.700 bzw. 17.796 Francs belaufen haben und fährt fort:

Verdi an Tito und Giulio Ricordi; Paris 28. April 1876

Die Einnahmen wären bis auf 20.000 [Francs] und vielleicht noch mehr gestiegen, wenn Escudier den Mut gehabt hätte, das sogenannte Service für die *presse* [Pressefreikarten] völlig abzuschaffen. Aus den Einnahmen ergibt sich somit ein Erfolg. Die Presse hat die Damen ein wenig verrissen, besonders die Stolz, doch im übrigen war sie überaus zustimmend. Wohlgemerkt, auch hier, ebenso wie in Deutschland, habe ich erst seit drei oder vier Jahren richtig komponieren gelernt, doch man hat mich wenigstens nicht des Vagnerismus bezichtigt, dessen mich damals die italienische Presse, insbesondere die in Mailand, so liebenswürdigerweise angeklagt hat. Abbiati III, S. 798

Streichquartett e-Moll

Im Dezember 1872 reist Verdi samt Gemahlin für einen längeren Aufenthalt nach Neapel, um die dortigen Einstudierungen von *Don Carlo* und *Aida* zu überwachen. Als Teresina Stolz nach der *Don Carlo*-Premiere erkrankt, muß die *Aida*-Premiere verschoben werden. Die freigewordene Zeit im März 1873 benützt Verdi dazu, um ein Streichquartett zu komponieren. Kurz nach der *Aida*-Premiere, am 1. April 1873, lädt der Komponist einige Freunde zu sich ins Albergo delle Crocelle ein, um sie mit der neuen Komposition zu überraschen. Einer von ihnen veröffentlicht einen mit „Ein Dilettant" gezeichneten Bericht darüber in der „Gazzetta Musicale" (vermutlich handelt es sich um den Vertreter Ricordis, Clausetti):

Vorgestern abend waren wir bei Verdi zu Hause und... o Wunder: zwei klassische Notenpulte, mit den klassischen Kerzen, mit den klassischen Sesseln. Was bedeutet das?... Der Maestro bittet uns lächelnd, zu tun, wozu wir Lust hätten, um der Gefahr zu entgehen, einzuschlafen, wenn wir den Vortrag eines Quartetts verdauen müßten. Proteste, Erklärungen, Gegenproteste, Verhandlungen, schließlich kommt es zu einer Einigung, indem wir uns bereit erklären, in weichen Fauteuils Platz zu nehmen, in denen Morpheus uns hätte sanft einwiegen können, *si casus erat* [wenn der Fall eintreten sollte]. Mir scheint, daß der Fall diesmal nicht eintrat, denn man lauschte dem Quartett nicht nur einmal, sondern wollte es um jeden Preis noch einmal zur Gänze anhören.

Ich bin der ungebildetste Ignorant der Welt in Sachen Musik; ich habe mich oft bei Quartetten gut unterhalten, oft habe ich mich auch gelangweilt und habe das immer offen gesagt, zur großen Entrüstung der Hohepriester der klassischen Musik. Doch dieses Mal habe ich mich wirklich gut unterhalten!... ich habe mich sogar an der Musik ergötzt.

Ihnen zu sagen, daß Verdi wundervoll inspirierte Melodien erfunden hat, scheint mir wahrhaft überflüssig. Alle vier Sätze seines Quartetts sind vier Schöpfungen eines Genies. Der erste und der letzte Satz sind strenger, gelehrter, besonders das Finale, das eine herrliche und überaus gewagte Fuge ist. Genialer sind der zweite und dritte Satz, d.h. das Scherzo und das Andante. Letzteres insbesondere scheint mir ein Meisterwerk zu sein, sowohl wegen der schönen spontanen Inspiration der Musik, als auch wegen der ganz neuen Eleganz der Form. Im Scherzo gibt es einen Gesang des Cellos, der zu den schönsten Eingebungen gehört, die man je gehört haben mag: es ist eine Welle von Melodie, die sich zart in den unendlichen Himmel ergießt. Abbiati III, S. 625

Verdi, der dieses Genre nicht gerade liebt, betrachtet das Werk als ein Nebenprodukt, wünscht keine Veröffentlichung und keine weiteren Aufführungen. Als sich der Bürgermeister von Parma wegen einer Aufführung des Quartetts in einem öffentlichen Konzert an ihn wendet, winkt Verdi ab.

Verdi an Cav. Cavagnari; Parma, 25. Februar 187[8]
Ich habe mich nicht mehr um das *Quartett* gekümmert, das ich als reinen Zeitvertreib vor einigen Jahren in Neapel komponiert habe und das bei mir in privatem Rahmen im Beisein weniger Personen, die für gewöhnlich jeden Abend zu mir kamen, aufgeführt wurde. Dies, um Ihnen zu sagen, daß ich diesem Stück keinerlei Bedeutung beimessen will und daß ich, wenigstens für den Moment, nicht wünsche, daß es in irgendeiner Art veröffentlicht wird. Copialettere, S. 302

Am 1. Juni 1876 wird das Quartett vor geladenen Gästen in der Pariser Salle Ventadour nochmals aufgeführt. Doch sind inzwischen so viele weitere Anfragen an Verdi herangetragen worden, daß er im Sommer 1876 Ricordi und Escudier die Zustimmung zur Veröffentlichung gibt. Das Florentiner Quartett[30] nimmt die Komposition in sein Repertoire auf und führt es im Rahmen einer großen Europa-Tournée auf. Erstmals öffentlich gespielt wird es am 2. November 1876 in Breslau. Im April 1877 wird das Quartett in London von einem achtzigköpfigen Streichorchester aufgeführt. Verdi gibt dazu nicht nur seine Zustimmung, sondern freut sich über den Einfall.

Messa da requiem

Kaum hat das Quartett seine Uraufführung erlebt, erreicht Verdi in Sant'Agata die nicht unerwartete Nachricht, daß am 22. Mai 1873 in Mailand der hochverehrte Alessandro Manzoni, neunundachtzigjährig, gestorben ist. Verdi bringt es nicht über sich, dem Begräbnis beizuwohnen, er will, wie er Ricordi mitteilt, Manzonis Grab allein besuchen. Eine Woche später schreibt er:

> Verdi an Clarina Maffei; Sant'Agata, 29. Mai 1873
> Viele Zeitungen habe ich gelesen! Keine schreibt [über Manzoni], wie sie sollte. Viele Worte, aber keine tief empfundenen. Es fehlt auch nicht an *Gehässigkeiten*. Sogar gegen Ihn! Oh, was sind wir doch für eine abscheuliche Brut! Copialettere, S. 283

Verdi ist nicht der Mann, der sich mit Jammern begnügt. Er will etwas tun. Schon wenige Tage später weiß er auch, was:

> Verdi an Giulio Ricordi; Mailand, 3. Juni 1873
> Auch ich möchte zeigen, wieviel Zuneigung und Verehrung ich diesem Großen, der nicht mehr ist und den Mailand so würdig geehrt hat, entgegengebracht habe und entgegenbringe. Ich möchte eine *Totenmesse* komponieren, die kommendes Jahr anläßlich der Wiederkehr seines Todestages aufgeführt werden soll. Die *Messe* würde ziemlich umfangreich ausfallen, und außer einem großen Orchester und einem großen Chor würde man auch (ich kann es jetzt noch nicht genau sagen) vier oder fünf erste Sänger benötigen.
> Glaubt Ihr, daß der Magistrat die Kosten für die Aufführung übernehmen würde? Ich würde die Noten auf meine Kosten kopieren lassen und ich selbst würde die Aufführung sowohl bei den Proben, als auch in der Kirche dirigieren. Abbiati III, S. 643

Mailands Bürgermeister ist von der Idee begeistert und stimmt Verdis Vorschlag zu. Ende Juni wird der arme Piave mit Verdis tätiger Mithilfe in einem Einzelzimmer im Mailänder Fatebenefratelli-Spital untergebracht. Clarina Maffei hat von Verdi seit Juni nichts gehört und berichtet ihm:

Clarina Maffei an Verdi; Clusone, 13. September 1873

Wo seid Ihr? Erinnert Ihr Euch, daß es in der Ferne eine Freundin gibt, die Euch seit dreißig Jahren wie eine Schwester liebt? [...]

Bevor ich Mailand verließ, das war am 20. Juli, kniete ich vor seinem [Manzonis] Grab nieder, und was ich empfand, könnt Ihr Euch vorstellen... Ich ging auch Piave besuchen, was für ein erschütterndes Schauspiel, es war früh am Morgen, das Schlafzimmer noch nicht gemacht, er jedoch sauber, die Wäsche schneeweiß, die Erscheinung sehr ordentlich, und das dank der guten Elisa [Piaves Gattin], die dem Unglücklichen zuschrie: Was sagen wir, wenn wir schlafengehen und wenn wir aufwachen, *viva Verdi*, und wenn wir zu Tisch gehen, *viva Verdi*, und er mit Tränen in den Augen, ja, ja, ja...   Abbiati III, S. 652 f.

Piaves tragischer Zustand belastet den Komponisten, dennoch geht die Arbeit an der Messe für Manzoni gut voran.

Verdi an Du Locle; Genua, 28. Februar 1874

Ich arbeite an meiner *Messa* und wirklich mit großer Freude. Es kommt mir so vor, als wäre ich ein ernsthafter Mensch geworden und nicht mehr der Bajazzo des Publikums, der mit einer großen Trommel und einer großen Pauke ruft: „*Tretet näher, tretet näher, kommt herein etc.*" Ihr werdet verstehen, daß, wenn man mir jetzt von Opern spricht, sich mein Gewissen empört und ich mich rasch bekreuzige!!! Was sagt Ihr dazu?... Seid Ihr nicht von mir erbaut?...   Abbiati III, S. 679

Verdi ist der Überzeugung, seine Karriere als Opernkomponist abgeschlossen zu haben und will sein Musikerdasein mit diesem Opus krönen. Er, der Jahrzehnte seines Komponistenlebens damit zugebracht hat, menschliche Konflikte auf der Bühne darzustellen, findet in dem liturgischen Text der Totenmesse so etwas wie ein vom artifiziellen Bühnenleben befreites Ideallibretto. Das Opernhafte, das diesem Werk oft in stereotyper und unreflektierter Weise vorgeworfen wird, als ob Verdi unvermittelt geschlechtslos-keusche Kirchenmusik deutscher Prägung (und damit sind nicht Bach, Mozart oder Schubert gemeint) komponieren hätte sollen, liegt in der auf eine konfessionslos-religiöse Ebene verlagerten, in Gesang umgesetzten Existenz des Menschen begründet, in dessen Angst vor dem Tod, vor dem unbekannten Danach (Verdi ist nicht der Mann, die freudvolle Erwartung des Lebens nach dem Tode zu komponieren). Die Konfrontation mit dem Unausweichlichen wird in eine neu artikulierte Musiksprache umgesetzt, aus der die Reminiszenz an all jene Bühnengestalten aufsteigt, die Verdis Genie geschaffen hat.[31] Marcello Conati hat es so zusammengefaßt: „Der ‚kosmische Pessimismus Verdis, der Schlüssel zu seinem Denken', wie Massimo Mila bemerkt hat, findet im liturgischen Text die Gelegenheit, all seine Energien mit einer Intensität freizumachen, die sich *ipso facto* in ungezähmter und unerschöpflicher Vitalität ausdrückt, fast als ob die Auflösung der menschlichen Existenz bestritten werden soll."[32] Shakespearesche Statur hat das *Requiem*, es ist eine Totenmesse nicht für die Toten, sondern für die Lebenden.

Am 16. April 1874 stellt Verdi die Messe fertig. Das „Libera me", das er für die nicht zustandegekommene Rossini-Messe komponiert hat, überarbeitet er für das neue Werk ausführlich. Der guten Akustik halber wählt er für die Uraufführung die Chiesa di S. Marco in Mailand aus. Die Proben mit dem hundertzwanzigköpfigen Chor und dem Hundert-Mann-Orchester leitet er selbst. Mit den Leistungen der Stolz und der Waldmann anläßlich der *Aida* an der Scala ist Verdi so zufrieden gewesen, daß er den Sopran- und Mezzosopranpart in der *Messa da requiem* in der Hoffnung auf die Mitwirkung der beiden komponiert hat. Tatsächlich geht dieser Wunsch in Erfüllung, die beiden Künstlerinnen nehmen neben dem Tenor Giuseppe Capponi und dem Bassisten Ormondo Maini an der Uraufführung am 22. Mai 1874 unter Verdis Leitung teil. Der Erfolg ist überwältigend, das Werk wird allgemein als Meisterwerk bezeichnet. Nur einer tut sich unrühmlich hervor, der deutsche Dirigent Hans von Bülow, der naserümpfend am nächsten Tag in eine Mailänder Tageszeitung eine Annonce einrücken läßt, daß er gestern nicht bei dem Spektakel in S. Marco anwesend gewesen sei und nicht zu den Ausländern gezählt werden dürfe, die sich versammelt hatten, um Verdis Sakralmusik zu hören.[33] Darüber hinaus kritisiert Bülow das *Requiem* feindselig und boshaft[34] und bezeichnet es als Verdis letzte Oper in kirchlichem Gewand. Die Pikanterie an Bülows Verhalten: Er hat das *Requiem* nie gehört. Johannes Brahms studiert daraufhin die Partitur und stellt fest, daß Bülow sich mit seiner Bemerkung zum Narren gemacht habe: „Bülow hat sich unsterblich blamiert, so etwas kann nur ein Genie schreiben."[35] 1892 entschuldigt sich Bülow wortreich bei Verdi für seine „gran BESTIALITÀ giornalistica".[36] Am 25. Mai dirigiert Verdi das *Requiem* nochmals, diesmal an der Scala, um Geld für ein Manzoni-Denkmal zu sammeln. Am 26. und 27. Mai ist das Werk in Mailand abermals zu hören, diesmal unter der Leitung von Franco Faccio. Verdi ist inzwischen nach Paris abgereist, wo er sofort nach seiner Ankunft die Proben für eine Aufführung des *Requiem* an der Opéra-Comique aufnimmt, an der er es am 9. Juni erstmals dirigiert. Er wird es weitere sechs Mal (sowie weitere acht Mal im Jahr 1875) dirigieren und damit das Aufbruchssignal zu einer großen Europa-Tournée geben, die das *Requiem* nach Paris, Wien und London führt.

Verdi an Maria Waldmann; Genua, 5. März 1875

Noch etwas: Ihr wißt, daß ich ein *Solo*[37] für Euch geschrieben habe, doch meine ich nicht, daß man es in Paris aufführen soll. Ihr wißt, daß die ersten Eindrücke beim Publikum immer schrecklich sind, und selbst wenn die Nummer wirkungsvoll wäre, würden alle sagen: *„Vorher war es besser."* Das wäre dann der Lohn, den Ihr und ich ohne Zweifel dafür erhielten.

Dazu kommt noch, daß Ihr es in so kurzer Zeit nicht ordentlich einstudieren könntet. Es ist hinsichtlich *Noten* und *Musik* ganz leicht, aber Ihr wißt, daß es immer Intentionen [des Komponisten] gibt, die man berücksichtigen muß. Nichts ist z.B. leichter als die vier Noten des Basses ‚*Mors stupebit'*, und doch ist es so schwer, sie gut zu bringen!...

Abbiati III, S. 740

Die Pariser Aufführung ist ein großer Erfolg:

Verdi an Piroli; Paris, 6. März [richtig: Mai] 1875

Abgesehen von den Ehrenbeweisen, wie Ihr sie nennt, hat die *Messa* in jeder Hinsicht wirklich guten Erfolg. Das Sängerquartett hat sehr gewonnen, weil wir in diesem Jahr einen Tenor[38] haben, der eine prachtvolle und passende Stimme hat. Oh, wenn er [doch auch] ein Künstler wäre! Morgen abend, Freitag, werden wir die letzte *audition*[39] haben, und Samstag fahren wir nach London.

Die Premiere in London wird am fünfzehnten sein und dann, ich weiß nicht, ob nach vier oder sechs Aufführungen, fahren wir nach Wien, wo die Direktion des Theaters diese Sänger außer in der *Messa* in einer oder zwei Aufführungen von *Aida* hören möchte, um herauszufinden, wie diese Oper aufgeführt werden muß.   Abbiati III, S. 750

In London, in der Royal Albert Hall, singt die Waldmann am 15. Mai ihr Solo zum ersten Mal öffentlich. Die befriedigendste Aufführung kommt allerdings in Wien zustande:

Verdi an Piroli; Wien, 12. Juni 1875

Gestern gab man hier die erste Aufführung der Messa. Der Erfolg war gut, besser als anderswo, die Aufführung weit besser als anderswo. Was für ein gutes Orchester und was für ein guter Chor! wie elastisch sie sind und wie gut sie sich leiten lassen. Alles in allem also eine Aufführung, wie man sie nie wieder hören wird. Ich weiß, daß Ihr nach Venedig fahren werdet (ich werde nicht dort sein), aber die [dortige] Aufführung, so gut sie auch sein mag, wird im Vergleich zu dieser recht blaß ausfallen.

Abbiati III, S. 752

Kaiser Franz Joseph wohnt der Aufführung im Hofoperntheater bei. Er verleiht Verdi den höchsten österreichischen Orden für Zivilverdienste, das „Comthurkreuz des Franz Josef-Ordens mit dem Sterne". Verdi nimmt ihn vor einer *Aida*-Vorstellung aus der Hand des Obersten Hoftheater-Directors, Obersthofmeister Constantin Prinz zu Hohenlohe-Schillingsfürst, entgegen. Er trägt die Auszeichnung, während er die *Aida* dirigiert.

Giuseppe Verdi.
Photographie, Paris 1876.

Im Oktober und November 1875 wird die *Messa da requiem* in Wien wieder aufgeführt. Die Solisten heißen bei dieser Gelegenheit Marie Wilt, Wilhelmine Tremmel, Gustav Walter und Hans Freiherr von Rokitansky, der Dirigent ist Hans Richter. Schmallippig lassen Richard Wagner und Gattin Cosima das Werk in einer Loge über sich ergehen. Ihrem Tagebuch vertraut Cosima an: „Dienstag 2ten [November]: Abends das „Requiem" von Verdi, worüber nicht zu sprechen entschieden das beste ist."[40] Hans Richters Versuch, Verdi und seine Kollegen vor den apodiktischen Urteilen des Ehepaares Wagner in Schutz zu nehmen, hatte zu einem unqualifizierten Ausritt Cosimas geführt: „Abends bringt [Richter] das Gespräch auf Gounod, welches [uns] denn eine fürchterliche Musikliteratur durchwandern läßt, „Faust", „Prophet", „Hugenotten", Bellini, Donizetti, Rossini, Verdi, alles hintereinander, mir wird physisch übel, ich nehme einen Band Goethe (Paralipomena zu „Faust") und suche Rettung. Doch nichts hilft, ich leide und leide. R.[ichard] wird es auch zu arg und bittet Richter aufzuhören, nachdem dieser ihm zu beweisen gesucht, daß Verdi nicht schlechter als Donizetti war." Ihr Gatte – jener „schnupfende Gnom[41] aus Sachsen mit dem Bombentalent und dem schäbigen Charakter"[42] – dozierte daraufhin tiefsinnig über Bach, worauf sie notierte: „So spricht R. noch lange, und die italienischen und jüdischen Gespenster sind verscheucht, allein das Unwohlsein blieb!"[43]

Vier Jahre später, am 30. Juni 1879 wird Verdi das *Requiem* noch einmal an der Scala dirigieren (mit Stolz, Waldmann, Barbacini, Maini), diesmal, um Geld für Überschwemmungsopfer (zu denen auch Maria Waldmann zählt) zu sammeln.

Vorderhand ist der Komponist nicht mehr geneigt, sich mit dem Gedanken an Opern abzugeben. Wie auch Verdis Ablehnung, Sakralmusik für die Überführung der sterblichen Überreste Mayrs und Donizettis nach Bergamo zu komponieren (Mai 1875) zeigt, hält er seine Tätigkeit als Komponist für beendet. Die nächste neue Verdi-Oper wird es erst 1887 geben.

---

[1] Verdi an Ricordi; Paris, 13. April 1870. In: Abbiati III, S. 336.

[2] Abbiati III, S. 371.

[3] Quaderni Nr. 4, Genesi dell'*Aida*, S. 2 f.

[4] Abbiati III, S. 374.

[5] U.a. von Gioacchino Cocchi, Niccolò Piccinni und Tommaso Traetta (alle 1757), Ignaz Jakob Holzbauer und Johann Adolph Hasse (1758), Niccolò Jomelli (1759), Giuseppe Sarti (1761), Josef Myslivicek (1770), Pasquale Anfossi (1771), Luigi Gatti (1773), Giovanni Paisiello (1777), Ferdinando Bertoni (1786), Johann Nepomuk von Poissl (1817).

[6] Als Arturo Toscanini sich 1913 anläßlich der Hundertjahrfeier von Verdis Geburtstag in Busseto aufhielt, wo er *La traviata* und *Falstaff* dirigierte, ließ er sich von Carrara, dem Erben Verdis, die Noten zu der *Aida*-Ouverture zeigen. Er mußte das Versprechen abgeben, sie nicht zu kopieren. Carrara hatte nicht mit Toscaninis legendärem photographischen Gedächtnis gerechnet: Der Dirigent spielte nicht nur am selben Abend aus dem Gedächtnis Auszüge daraus seinem Gastgeber Orlandi vor, sondern schrieb – nach nur einmaliger Lektüre des Autographs – die 76 Partiturseiten umfassende (mit 23. Dezember 1871 datierte) Ouverture aus dem Gedächtnis nieder und führte sie am 30. März 1940 erstmals in New York mit dem NBC Symphony Orchestra auf. Am 4. Juni 1940 spielte sie Bernardino Molinari zur Einweihung einer Verdi-Ausstellung in Rom. Am 2. November 1977 wurde sie von Claudio Abbado an der Scala dirigiert. In: M, CONATI, *Verdi. Interviste e incontri, nuova edizione aggiornata e aumentata*, Torino, EDT/Musica (zur Zeit in Druck).

[7] Ricordi an Verdi, 26. Jänner 1871. In: Abbiati III, S. 357

[8] a.a.O.

[9] Maria Waldmann.

[10] Abbiati III, S. 508 ff.

[11] Der Kommentar Richard Wagners zum Ringtheater-Brand in Wien, bei welchem am 8. Dezember 1881 dreihundertsechsundachtzig Menschen ums Leben gekommen waren. Tagebucheintrag Cosima Wagners vom 18. Dezember 1881. In: C. WAGNER, *Die Tagebücher*, Band 4, München 1982, S. 852.

[12] Cosima Wagner am 12. Februar 1871 in ihrem Tagebuch. In: C. WAGNER, a.a.O., Band 1, München 1976, S. 356. Vgl. Fußnote 43.

[13] C. WAGNER, a.a.O., Band 1, München 1976, S. 465.

[14] Abbiati III, S. 518.

[15] Verdi an G. Ricordi; Genua, 23. November 1871. In: Abbiati III, S. 513.

[16] Von ihr ist bekannt, daß sie in der Saison 1868–69 an der Londonder Covent Garden Opera Partien wie die Nancy in *Martha*, den Urbain in *Les Huguenots* und den Pippo in Rossinis *La gazza ladra* sang, also Mezzopartien, die stimmliche Flexibilität erfordern. An Verdi-Partien, die sie gesungen hat, sind bekannt: Maddalena (*Rigoletto*), Azucena (*Il trovatore*), Ulrica (Un *ballo in maschera*), Preziosilla (*La forza del destino*).

[17] „Baß" ist nicht wörtlich zu nehmen. Er hat seine Karriere wie viele Tenöre wohl als Bariton begonnen.

[18] Phillips-Matz, S. 597.

[19] Philipps-Matz, S. 598.

[20] In englischer Übersetzung nachzulesen bei Philipps-Matz, S. 617–620.

[21] G. ADAMI, *Giulio Ricordi. L'amico dei musicisti italiani*, Milano 1945, S. 72 f.

[22] Er debutierte 1859 in Pisa (*Gemma di Vergy*). Nach Engagements in Genua, Turin und Rom kam er 1871 an die Scala, wo er als Don Carlo (*Forza*) debutierte. Er sang Rigoletto, Macbeth, Don Carlo (*Ernani*), wie auch Partien des französischen und italienischen Repertoires. Er nahm 1890 in Rom als Alfio (*Cavalleria rusticana*) von der Bühne Abschied. Seine Tochter Angelica Pandolfini (1871 – 1959) war eine berühmte Sopranistin, die an etlichen Uraufführungen (*Adriana Lecouvreur*, Mailand 1902) und Erstaufführungen (*La Bohème*, Mailand 1897) mitwirkte. S. auch Verdis Brief an Arrivabene (Genua, 5. Februar 1876) im Prolog.

[23] Zit. in: Weaver, S. 228.

[24] Arschlöcher (im Original „c..." für „coglioni").

[25] Pougin, S. 109.

[26] Vgl. hiezu Quaderni Nr. 4, Genesi dell'Aida, S. 157 ff.

[27] Teatro S. Carlo in Neapel.

[28] Emma Wiziak.

[29] Emilio Usiglio.

[30] Das renommierteste Streichquartett der Zeit, 1866 unter deutschem Namen in Florenz von Jean Becker gegründet.

[31] Nicht anders liegt der Fall liegt bei Mozarts wunderbarem *Requiem*.

[32] Conati, Verdi 2001, S. 395.

[33] Gatti, S. 612.

[34] „Allgemeine Zeitung" (Nr. 148 Beilage und Nr. 152) 1874.

[35] F. HEGAR in: „Neujahrsheft der Musikgesellschaft in Zürich auf das Jahr 1898"; nachgedruckt in: J.V. WIDMANN, *Johannes Brahms in Erinnerungen*, Berlin 1898, S. 164, Anm. 14.

[36] Bülow an Verdi; Hamburg, 7. April 1892. Großschreibung von Bülow. In: Copialettere, S. 375 f.

[37] „Liber scriptus" im *Dies irae*.

[38] Angelo Masini.

[39] Gemeint: Aufführung.

[40] In: C. WAGNER, a.a.O., Band 1, München 1976, S. 946.

[41] Die Angaben über Wagners Körpergröße schwanken in der Literatur zwischen 152 cm und 163 cm.

[42] Thomas MANN, *Wagner und seine Zeit. Aufsätze, Betrachtungen, Briefe*, hsg. von Erika Mann, Frankfurt 1983. Brief an Julius Bab vom 14. September 1911, S. 30.

[43] Cosima Wagner am 12. Februar 1871 in ihrem Tagebuch. A.a.O., S. 356.

Arrigo Boito – Die Revision des *Simon Boccanegra* –
Anna D'Angeri – Édouard de Reszke – Franco Faccio –
Otello – Giulio Ricordi – *Pater noster* – *Ave Maria* –
Romilda Pantaleoni – Francesco Tamagno

Die Revision des *Simon Boccanegra*

Nach der ersten Zusammenarbeit mit Arrigo Boito am *Inno delle nazioni*[1] im Jahre 1862 verlieren Verdi und Boito einander vorerst aus den Augen. Bis zu einer neuerlichen Zusammenarbeit werden der in all diesen Jahren nicht immer diplomatisch geschickt vorgehende, Verdi gegenüber sogar ins Geschmacklose und Beleidigende abgleitende Boito und der mißtrauische, jeden Insult speichernde, sich nach der *Aida* erstmals als freier, ungebundener Komponist fühlende Verdi, der „nur zu seinem eigenen Vergnügen und für keinen Auftraggeber" schreibt, noch etliche Mißverständnisse auszuräumen haben.

Arrigo Boito wurde 1842 in Padua als Sohn eines italienischen Malers und einer polnischen Gräfin geboren, war somit um 29 Jahre jünger als Verdi. Er studierte in Venedig und Mailand Musik. Sein 1836 geborener Bruder Camillo wird gegen Ende des 19. Jahrhunderts ebenfalls an einem Werk Verdis (das dieser als sein bedeutendstes bezeichnen wird) mitarbeiten: als Architekt der *Casa di riposo*[2] – eines Altersheims für Musiker – in Mailand, das Verdi errichten läßt, in dem er und Giuseppina begraben sind und das auch heute noch in Betrieb ist.

In den 1860er Jahren machte Boito eine heftige Sturm- und Drangzeit durch, er wird einer der Anführer der *scapigliati*: ein „entfesselter", ein „zügelloser", ein revolutionärer Bohémien. Die *scapigliati* machten Baudelaires 1857 herausgekommene *Fleurs du Mal* zu ihrer Bibel, de Musset, Byron, Hugo zu ihren Propheten. Nur der Exzeß der Romantik besaß für sie Geltung. Auf diese Grundhaltung dürfte es auch zurückzuführen sein, daß es zu einem Duell zwischen Boito und Giovanni Verga[3] kam, in welchem Boito verwundet wurde. Der Grund für die Auseinandersetzung: eine Meinungsverschiedenheit im Kaffeehaus über Stellenwert und Qualität der Ouverturen zu Rossinis *Guillaume Tell* und Meyerbeers *Dinorah*. Der von Verdi so überaus verehrte Alessandro Manzoni wurde von den *scapigliati* frech zum Abtreten aufgefordert und Boito bezichtigte Verdi bei der Premierenfeier zu der Oper *I profughi fiamminghi* seines Freundes Franco Faccio am 11. November 1863 in seiner berüchtigten Ode „All'arte italiana" (die am 22. November 1863 auch in der Mailänder Zeitschrift „Museo di famiglia" veröffentlicht wird), den „Altar der Kunst wie die Wand eines Freudenhauses beschmutzt" zu haben. Verdi, zutiefst getroffen, reagiert (äußerlich) gelassen. In einem Brief an Tito Ricordi meint er: „Ich habe immer den Fortschritt gewünscht. Auch ich will die ‚Zukunftsmusik', das heißt, ich glaube an eine Musik, die da kommen soll. Und wenn ich sie nicht habe schreiben können, wie es mir vorschwebte, so ist es nicht meine Schuld. Wenn ich den Altar der Kunst beschmutzt habe, wie Boito schreibt, dann möge er ihn reinigen: Ich werde als erster kommen und eine Kerze anzünden".[4] Mit welchem Pamphlet hätte auf eine solche – noch dazu öffentliche – Verunglimpfung wohl Wagner reagiert?

Doch Boito tut sich schwer, den „Altar zu reinigen". Er, der feinsinnige, gebildete, belesene, fremdsprachenkundige Intellektuelle wird vorerst, wie auch Faccio, zum Wagnerianer. Über das etwas exzessiv betriebene Wagnertum Boitos und Faccios äußert sich Verdi Clarina Maffei gegenüber:

> Verdi an Clarina Maffei; Turin, 31. Juli 1863
>
> Diese beiden jungen Leute werden beschuldigt, glühende Bewunderer Vagners zu sein. Daran ist nichts Schlimmes, solange die Bewunderung nicht in Nachahmung ausartet. Vagner ist gemacht, und es ist unnütz, ihn noch einmal zu machen.
>
> Vagner ist kein wildes Tier, wie die Puristen behaupten, aber auch kein Prophet, wie es seine Apostel behaupten. Er ist ein Mann mit viel Talent, der sich auf verschlungenen Pfaden gefällt, weil er die einfachen und geraderen nicht zu finden weiß. Die jungen Leute sollen sich keine Illusionen machen: Es gibt sehr, sehr viele, die die anderen glauben lassen, Flügel zu haben, weil sie in Wirklichkeit keine Beine haben, um aufrecht zu stehen.
>
> Abbiati II, S. 755

Boito erkennt bald die Grenzen der *scapigliatura*: das Übermaß an Vielseitigkeit und die Unklarheit der verfolgten Ziele. Mit der Instinktsicherheit des in vielen Kulturen Bewanderten (darin ähnelt er Egon Friedell) wendet er sich von Wagner, den Wagnerianern und dem deutschtümelnden Wagnertum ab. Er gelangt zu der Überzeugung, daß die Wertsteigerung der neuen Oper nur durch die Wertsteigerung des Stofflich-Literarischen zu erreichen ist, jedoch im Sinne von Mozarts Wort mit der Poesie als „gehorsamer Tochter" – nicht als höriger Sklavin.

Am 5. März 1868 erlebt Boitos *Mefistofele* – nach heftigen Polemiken über das nach Wagner-Art vorher veröffentlichte Libretto – seine Uraufführung an der Mailänder Scala. Die Aufführung ist nicht nur ein Mißerfolg, sondern ein historisches Fiasko, ein totaler Durchfall, von überaus heftigen, aggressiven Publikumsreaktionen begleitet. Das überlange Werk wird in der Folge mehrfach überarbeitet und gekürzt, bis es sich 1875 in Bologna erstmals behaupten und in der endgültigen Fassung von 1881 auf internationalen Bühnen durchsetzen kann. Weniger Glück ist Boitos zweiter, unvollendet gebliebener Oper *Nerone* beschieden: Ihr Libretto wird 1901 veröffentlicht, Boito arbeitet und feilt an dem überdimensionalen Werk bis zu seinem Tod (1918). Es wird von Antonio Smareglia und Vincenzo Tommasini fertiggestellt und gelangt unter Toscaninis Leitung 1924 zur Uraufführung. Mehr als um ein Drama oder eine Oper handelt es sich beim *Nerone* um einen unschreibbaren psychologischen Roman, was Boitos Scheitern an diesem Stoff und die Unspielbarkeit der Oper erklärt.

Auf literarischem Gebiet schreibt Boito Gedichte (*Il libro dei versi, Liriche sparse*) und sein Hauptwerk *Re orso*. Nebenher verfaßt er Essays, sowie Theater- und Musikkritiken. Für Ponchielli schreibt er unter dem Pseudonym-Anagramm „Tobia Gorrio" das Libretto für *La Gioconda*; weitere Operntexte liefert er seinem Freund Faccio (*Amleto*), Giovanni Bottesini und Luigi Mancinelli (für beide *Ero e Leandro*, ein ursprünglich für die eigene Verwendung geschriebener Text) und Alfredo Catalani (*La falce*). Einige seiner Libretti werden nie komponiert.

In den Siebzigerjahren des 19. Jahrhunderts betätigt sich Boito als (bahnbrechender) Übersetzer von Opernlibretti (*Der Freischütz, Tristan und Isolde, Ruslan und Ludmila, Rienzi*) und von Shakespeare-Dramen, darunter *Antonius und Cleopatra* für die berühmte Schauspielerin Eleonora Duse, mit der er von 1887 bis 1898 in einer leidenschaftlichen, aber tumultuösen Verbindung zusammenlebt[5] und die an der Shakespeare-Renaissance in Italien wesentlich mitwirkt. Aus heutiger Sicht dürfte es – abgesehen von seiner Mitwirkung als Ermöglicher und Librettist von Verdis *Otello* und *Falstaff* – Boitos Hauptverdienst sein, den italienischen Musikgeschmack auf ein „europäisches Niveau" gehoben zu haben.

1871 begegnen Verdi und Boito, die sich anläßlich des Besuches einer *Lohengrin*-Aufführung in Bologna aufhalten, einander zufällig auf dem Bahnhof. Das kurze formelle Gespräch dreht sich aber nur „um die Schwierigkeit, im Eisenbahnwaggon Schlaf zu finden", wie die „Gazzetta Musicale" zu melden nicht verabsäumt.

Es ist nicht mehr eindeutig festzustellen, wer Verdi und Boito wieder zusammengebracht hat. Sicher ist Clarina Maffei an der „Verschwörung" beteiligt: Sie ist mit Verdi befreundet und mit Boito bekannt, und vielleicht ahnt sie, was die beiden gemeinsam vollbringen könnten. Ebenso sicher hat Giulio Ricordi die Hand im Spiel: Verdis frühere Librettisten sind tot und Giulio sieht in Boito mehr den Dichter als den Komponisten. Und fast ebenso sicher sind Giuseppina und Franco Faccio beim Einfädeln der Zusammenarbeit hilfreich.

Im März 1879 stattet Boito, der sich wegen *Mefistofele*-Aufführungen in Genua aufhält, Verdi einen von Giulio Ricordi arrangierten Besuch ab. Dabei ergibt sich aber nichts Konkretes, obwohl Ricordi vorher Verdi hat wissen lassen, daß „Boito sich glücklich schätzen würde", das *Nerone*-Libretto für Verdi verfassen zu dürfen, und ihm Boito als „mit überlegenen Talenten ausgestattet" sehr ans Herz gelegt hat.

Im Juni 1879 reisen die Verdis nach Mailand, wo der Komponist eine Aufführung seines *Requiems* dirigiert (29. Juni), deren Reinertrag den Opfern einer Hochwasserkatastrophe zugutekommt. Nach der – künstlerisch und finanziell – überaus erfolgreichen Aufführung kommen Verdi, Giuseppina, Ricordi und Faccio zu einem Abendessen zusammen, in dessen Verlauf Ricordi das Gespräch geschickt auf „Papa" Shakespeare und auf Boito bringt. Als man auf *Otello* zu sprechen kommt und wie Rossini das Thema behandelt hat, glaubt Ricordi bei Verdi eine Reaktion – einen mißtrauisch scharfen Blick – bemerkt zu haben. Er weiß von einem Brief, den Verdi zu dem Thema geschrieben hat:

> Verdi an Clarina Maffei; Sant'Agata, 20. Oktober 1876
> Die Wirklichkeit nachzuahmen, mag eine gute Sache sein, doch die *Wirklichkeit zu erfinden*,[6] ist besser, viel besser.
> Diese drei Worte: *die Wirklichkeit erfinden*, scheinen einen Widerspruch zu enthalten, doch fragt einfach Papa [Shakespeare]. Es kann sein, daß er, Papa, einem Falstaff begegnet ist, aber er hätte schwerlich einen so schurkischen Schurken wie Jago gefunden und schon gar nicht solche Engel wie Cordelia, Imogene, Desdemona etc., etc. und doch sind sie so wirklich!
> Die Wirklichkeit nachzuahmen ist recht schön, aber es ist Photographie, nicht Malerei.   Copialettere, S. 624

Ricordi darf mit Recht annehmen, daß sich Verdi mit *Otello* und *Falstaff* auseinandersetzt. Zwar geistert der *Lear* nach wie vor durch Verdis Pläne, aber da gibt es jetzt auch den schurkischen Jago, der erfunden und somit „besser als die Wirklichkeit" ist.

Schon am darauffolgenden Tag spricht Boito, der – wie Faccio berichtet – „demütig" auftritt, bei Verdi vor, der sich „kühl" verhält und die Verunglimpfung durch die Ode „All'Arte Italiana" nicht vergessen hat. Verdi zeigt sich „in distanzierter Weise interessiert", woraufhin Boito binnen drei Tagen mit einem Librettoentwurf des *Otello* zurückkehrt. Hat er den Entwurf tatsächlich in zweiundsiebzig Stunden angefertigt, oder hat er schon längst daran gearbeitet? Verdi findet die Skizze gut und meint so nebenbei zu Boito: „Schreiben Sie das Libretto. Es wird sich Ihnen, mir oder sonst jemandem als nützlich erweisen". Er will sich also nicht festlegen. Erst als Verdi beginnt, von *Otello* als von dem „Schokoladenprojekt" zu sprechen, faßt Ricordi ein wenig Mut.

Boito arbeitet mit Hingabe am Libretto, obwohl er von einer schmerzhaften Gesichtsneuralgie und von einem Zahnabszeß gequält wird. Die Arbeit geht gut voran und am 18. November 1879 erhält Verdi die „Schokolade", das fertige *Otello*-Libretto. Es wird von einem Brief Boitos begleitet: „Man entgeht seinem Geschick nicht, und aus einem Gesetz der verstandesmäßigen Affinität ist die Tragödie Shakespeares für Sie bestimmt". Damit soll er trotz Verdis Sträuben Recht behalten, denn Verdi kauft das Libretto fürs erste. Doch das ist erst der Anfang eines unendlich mühsamen Unternehmens. Ist der Publikumsgeschmack reif für eine weitere Verdi-Oper nach Shakespeare? Ist das Risiko für Verdi nicht zu groß? Wenn er scheiterte, würde man ihn in Stücke reißen. Wäre es vielleicht nicht doch besser, den *Otello* liegenzulassen und das Komponieren von Opern sein zu lassen?

Doch Ricordi hat seine Chance gewittert und läßt nicht locker: Wenn er schon keine neue Verdi-Oper bekommen kann, so will er doch wenigstens die Revision einer solchen, auch, weil ihm noch eine neue Oper für die nächste Scala-Stagione fehlt. Ende 1880 schickt er Verdi ein dickes Paket nach Sant'Agata. Es enthält die *Simon Boccanegra*-Partitur, mit der Bitte um Durchsicht. Verdi bestätigt den Erhalt des Pakets: „Wenn Sie in ein oder zwei Jahren nach Sant'Agata kommen, werden Sie es unversehrt so vorfinden, wie Sie es geschickt haben. Ich verabscheue alle unnützen Dinge."

Doch das Paket läßt Verdi keine Ruhe. Er sieht die Partitur durch und erkennt sofort, wo Änderungen vorzunehmen sind. Er vergleicht Piaves Libretto mit einem wackeligen Tisch. „Wenn man ein Bein in Ordnung bringt, könnte er fest auf dem Boden stehen." Aber wer könnte die notwendigen Änderungen durchführen? Ricordi weiß darauf eine Antwort: „Boito steht zur Verfügung und schätzt sich glücklich, etwas von Verdi Vorgeschlagenes zu tun."

Noch im Herbst 1880 mimt Verdi den erdverbundenen Kunstfeind:

> Verdi an Arrivabene; Sant'Agata, 14. September 1880
> Ich sitze hier und atme so viel Luft wie ich will, habe aber nichts anderes zu bewundern als meine Kühe, Ochsen, Pferde etc. und bin Bauer, Maurer, Schreiner und Hausknecht, wenn nötig. [...] Ich bin auch Architekt, Maurermeister, Eisenschmied, ein wenig von allem. Darum adieu Bücher, adieu Musik; es kommt mir vor, als hätte ich die Musik vergessen und verlernt. Alberti, S. 259 f.

Der Tatsache, daß das am 14. Jänner 1876 in den USA zum Patent angemeldete Telefon im Jahre 1880 zwar durchaus funktionsfähig, jedoch noch kaum verbreitet ist, haben wir es zu verdanken, daß Verdi und Boito ihre Gedanken brieflich austauschen. Die gesamte Korrespondenz der beiden umfaßt 301 Briefe, die in chronologisch geordneter Abfolge, mit ausführlichen Kommentaren und Erläuterungen versehen, vorliegen.[7] Der Großteil davon hat natürlich *Otello* und *Falstaff* zum Inhalt.

Abgesehen von dem zitierten ersten Schreiben Verdis an Boito vom 29. März 1862 setzt der Briefwechsel am 15. August 1880 mit einem Brief Verdis ein. Nach einigen, Details des *Otello* betreffenden Schreiben wird dieses Thema durch einen überdimensionalen Brief Boitos vom 8. Dezember 1880 über den *Simon Boccanegra* abrupt unterbrochen, in welchem er Verdi präzise Vorschläge für die Szenen im Ratssaal der Abati, im Garten der Grimaldi (in dieser Reihenfolge) und für eine Szene im Inneren der Kirche von S. Siro unterbreitet. Er benützt die Gelegenheit, um in einem langen Nachsatz seine geringe Begeisterung über das Projekt zu bekunden: „Der Prolog ist das einzige gerade Bein dieses Tisches, das einzige, das fest auf dem Boden steht, die anderen drei, und das wissen Sie besser als ich, wackeln alle. [...] Alles in diesem Drama ist oberflächlich [...]. Um ein solches Drama zu korrigieren, muß man es verändern. – Wenn Sie, *Maestro mio*, meine Gedanken lesen könnten (und weshalb sollte ich sie verschweigen oder lügen?), würden Sie meine heftige Abneigung erkennen, dieses Drama zu überarbeiten, damit es aufgeführt werden kann, dieses Drama, dem es sowohl an großen Wirkungen als auch an einfachen Vorzügen mangelt, dieses Drama, dem es (abgesehen vom Prolog) an tragischer Kraft wie auch an *Theatralität* mangelt." Doch gleich zieht er wieder zurück: „Trotz alledem ordne ich meine Wünsche den Ihren unter und erkläre, nachdem ich Ihnen mein Herz ausgeschüttet habe, daß ich all das machen werde, was Sie glauben, machen zu müssen, da in dieser Frage die höchste Instanz Sie sind, und nicht ich."[8]

Drei Tage später rafft sich Verdi am Schluß seines Antwortschreibens, das bereits Detailfragen, die Boito aufgeworfen hat, behandelt, zur Arbeit auf:

> Verdi an Boito; Genua, 11. Dezember 1880
> Versuchen wir es also und machen wir dieses Finale mit dem [von Boito vorgeschlagenen] tartarischen Gesandten, mit den Briefen Petrarcas und ... und ... und ... Ich wiederhole: Versuchen wir es. Wir sind ja nicht so unerfahren, daß wir nicht schon von vornherein wüßten, was auf der Bühne Erfolg haben wird. – Wenn es Sie nicht zu sehr belastet, und wenn Sie Zeit haben, so gehen Sie unverzüglich an die Arbeit. Ich werde mich inzwischen darum kümmern, die vielen krummen Beine meiner Noten hier und da geradezurichten und... wir werden sehen!
>
> Verdi-Boito, S. 13

Der tartarische Gesandte wird in der Neufassung nicht auftreten, doch wird der König der Tartaren angesprochen („Messeri, il re di

Tartaria vi porge pegni di pace e ricchi doni e annuncia schiuso l'Eusin alle liguri prore." – Beginn 2. Bild, 1. Akt) und die erwähnten Briefe Petrarcas von 1351 und 1352, in denen der Dichter die Dogen von Venedig und Genua zum Frieden aufruft[9], finden Aufnahme in den Text. Sie werden beinahe wörtlich übernommen: „E vo gridando: pace! / e vo gridando: amor!" (bei Petrarca: „I' vo gridando: Pace, pace, pace.") Verdi hat dies seinem Verleger gegenüber bereits im Vormonat erwähnt:

> Verdi an G. Ricordi; Genua, 20. November 1880
> Diesbezüglich entsinne ich mich zweier wunderbarer Briefe des Petrarca, einer davon an den Dogen Boccanegra, der andere an den Dogen von Venedig. Er macht sie darauf aufmerksam, daß sie im Begriff sind, einen brudermörderischen Kampf anzufangen, und daß sie doch Söhne einer Mutter sind: Italiens, usw. usw... Das Gefühl für das italienische Vaterland zu jener Zeit ist erhaben! – Doch all das ist politisch, nicht dramatisch; aber ein begabter Mann könnte dies recht gut für die Bühne bearbeiten.   Verdi-Ricordi I, S. 70

Sogleich entwickelt er seine Vorstellungen sehr präzise in der Form, in der wir das Finale I heute kennen. Petrarca wird im Libretto nicht namentlich erwähnt, sondern umschrieben dargestellt: „La stessa voce che tuonò su Rienzi, vaticinio di gloria, e poi di morte, or su Genova tuona. Ecco un messaggio del romito di Sorga, ei per Venezia supplica pace". Der „romito di Sorga" – der Einsiedler von Sorga – ist Francesco Petrarca[10], der sich für mehr als zehn Jahre in die Einsamkeit von Valchiusa – in der Nähe der Quelle von Sorga – zurückgezogen hat, um zu meditieren und zu studieren. Die Quelle wird durch Petrarcas Kanzone *Chiare, fresche et dolci acque*[11] Berühmtheit erlangen.

In einem undatierten Brief vom 8. oder 9. Jänner 1881 beginnt Boito, konkrete Textvorschläge vorzulegen: Die Petrarcabriefe werden in die endgültige Form gebracht, der neuentworfene Monolog des Paolo nimmt Gestalt an, zahllose Details werden diskutiert. Szenen werden gestrichen und durch andere ersetzt, Instrumentationsretuschen vorgenommen, langsam, Schritt für Schritt, gewinnt das neue dramatische Gebilde Form. Die erwünschte größere dramatische Dichte wird erzielt und die in der Erstfassung „verworrene, zu traurige, kalte, monotone, dunkle" Handlung wird durchsichtiger, klarer verständlich, dramaturgisch plausibler. Verdi, der mit fast jeder seiner Opern einen Schritt in die Zukunft getan hat, bringt es fertig – und Boito ist daran wesentlich beteiligt –, neue kompositionstechnische, stilistische und formale Errungenschaften so in den *Simon Boccanegra* einzubringen, daß in der Neufassung die neu komponierten Stellen und die ein Vierteljahrhundert früher geschriebene Musik zu einer Einheit von eindringlichster Wirkung verschmelzen.

Anfang 1881 schreibt Boito, nachdem zahllose Verse geschmiedet, verworfen, geändert, angepaßt, umgestellt, verkürzt, verlängert, im Versmaß verändert usw. worden sind und ein Ende der Arbeit dringend erwünscht und auch bereits absehbar ist (die Premiere an der Scala ist für den 24. März angesetzt):

> Boito an Verdi; 5. Februar 1881
> Ich komme auf den alten Vergleich mit dem Tisch zurück: jetzt ist es das vierte Bein, das wackelt. Es muß eingerichtet werden und man muß dabei mit großer Umsicht vorgehen, um zu vermeiden, daß nach dieser Reparatur die anderen wieder zu wackeln beginnen. Seit zwei Tagen denke ich an nichts anderes als an den vierten Akt[12]. Die Idee mit der Orchesterintroduktion bei geschlossenem Vorhang mit den Rufen aus dem Hintergrund gefällt mir sehr, sie ist von großem Nutzen, denn sie verbindet den Schluß des dritten Aktes wunderbar mit dem Beginn des vierten Aktes und faßt die Geschehnisse der beiden letzten Akte innerhalb einer rasch ablaufenden, gerafften und äußerst dramatischen Zeitspanne zusammen. Doch diese Idee genügt nicht. Die Szene zwischen Fiesco und Paolo kann nicht bleiben, wie sie ist.
> Man muß auch einige Stellen zwischen dem Dogen und Fiesco verändern. [...] Von den ersten Worten des Dogen im vierten Akt an muß man die nahende Katastrophe erahnen. Im alten Libretto erfreut sich Simone, wenn er sagt: *brando guerrier,* zu guter Gesundheit.
> Verdi-Boito, S. 40

All diese Änderungen werden ausgeführt, doch ergibt sich, daß dadurch vorangehende Szenen in ihrer Wirkung beeinträchtigt werden. Die Arbeit scheint kein Ende zu nehmen. Der letzte Brief, der den *Boccanegra* zum Inhalt hat, datiert vom 15. Februar 1881. Boito beginnt ihn mit den beunruhigenden Worten. „Lieber Maestro. *Wir sind noch nicht fertig!* – Dieselben Zweifel, die Sie quälten, quälten auch mich."[13] Die letzten Korrekturen werden vorgenommen und man verabredet ein persönliches Zusammentreffen in Mailand. Neben der mühsamen Revision werden die obligaten Probleme mit den Sängern diskutiert. Im November 1880 hat Ricordi Verdi – im Glauben, dadurch dessen Arbeitslust oder -geschwindigkeit erhöhen zu können – eine Liste mit Sängervorschlägen zugesandt. Am 20. November antwortet ihm Verdi:

> „*Entweder die Opern für die Sänger: oder die Sänger für die Opern".*
> Ein altes Axiom, das kein Impresario je in die Praxis umzusetzen verstand, und ohne das es im Theater keinen Erfolg gibt.
> Ihr habt gewiß ein gutes Ensemble für die Scala zusammengestellt, aber es ist für den *Boccanegra* nicht geeignet. Euer Bariton[14] dürfte ein junger Mann sein. Er mag Stimme, Talent und Gefühl haben, soviel Ihr nur

wollt, aber er wird niemals die Ruhe, die gesetzte Haltung und die gewisse szenische Autorität haben, die für die Rolle des *Simone* unerläßlich sind. Es ist eine anstrengende Partie, wie die des Rigoletto, aber tausendmal schwerer als diese. Im Rigoletto *ist die Rolle fix und fertig*, und mit ein wenig Stimme und Gefühl kommt man recht gut weg. Für den Boccanegra genügen Stimme und Gefühl aber nicht.

Für den Fiesco würde man eine tiefe Stimme, in der tiefen Lage hörbar bis zum F, brauchen, er muß etwas Unerbittliches, Prophetisches in der Stimme haben: alles Dinge, die die ein wenig leere und zu baritonale Stimme von De Restke nicht hat. Auch die D'Angeri wäre wegen der Kraft ihrer Stimme, ihrer Persönlichkeit für die Rolle eines bescheidenen, zurückgezogen [lebenden] Mädchens, einer Art jungen Nonne, nicht geeignet. Ich glaube, daß die D'Angeri selbst mit dieser Rolle nicht glücklich wäre. Verdi-Ricordi I, S. 69 f.

Vier Tage später antwortet ihm Ricordi:

G. Ricordi an Verdi; Mailand, 24. November 1880

Ich habe mir gestern abend erlaubt (lachen Sie nicht!!) aufmerksam den Boccanegra zu lesen!… was für eine schöne Musik!… und wie schade, daß sie nicht bekannt ist. Aber ich mußte mich überzeugen, daß das, was Sie über die d'Angeri sagen, sehr wohl begründet ist. – Es stimmt, daß ich sie Wunder habe vollbringen und manchmal Rosenlikör aus einer Rübe habe pressen sehen. – Vom Stimmmaterial her fände ich keine geeigneter als die d'Angeri; was den gesanglichen Ausdruck und die Gestaltung der Rolle betrifft, weiß ich nicht, was man aus ihr herausholen kann… und wenn Sie diese Künstlerin besser kennen würden, könnten Sie darüber entscheiden. – Betreffs Salvati meine ich, daß er Talent und Stimme hat, um auch in ganz schwierigen Partien wie der des Simone zu reüssieren – vor allem, wenn er einen guten Dirigenten hat, kann er, glaube ich, jedem Anspruch genügen. – De Reszke, falls Sie ihn seit einiger Zeit nicht gehört haben, hat sehr große stimmliche Fortschritte gemacht und ist auf der Bühne immer ein prachtvoller Schauspieler.

Als Typus für die Amelia würde ich nur eine Künstlerin sehen… die *Borghi-Mamo*[15]: sie ist häßlich, trotzdem ist sie anbetungswürdig auf der Bühne… sie hat ein einschmeichelndes Timbre, Talent ersten Ranges!…wir haben all diese wertvollen Vorzüge… trotzdem sitzen wir in der Klemme… die allgemeine Tessitura der Oper ist zu hoch für sie. Wenn Sie glauben, daß sich dem abhelfen ließe, würde *mit Sicherheit keine besser* imstande sein, Ihre Musik mit den Anpassungen, die Sie machen könnten, zu interpretieren. Verdi-Ricordi I, S. 74

Verdi ist von Giulios Argumenten nicht überzeugt. Am 2. Dezember 1880 präzisiert er Ricordi gegenüber seine Wünsche:

O weh, o weh! Wenn wir anfangen, über die Vorzüge dieses oder jenes Sängers zu diskutieren, verlieren wir wertvolle Zeit und bringen nichts zustande. […] Dem Boccanegra fehlt es an *Theatralik*! In der *Forza* sind die Partien fertig gestaltet; im Boccanegra müssen sie alle erst gestaltet werden. Vor allem also große Darsteller. Eine Stimme aus Stahl für den

Fiesco. Ein bescheidenes, ruhiges, schlankes und ätherisches Mädchen für die Amelia. Eine leidenschaftliche, feurige und stolze Seele, ruhig, würdevoll und feierlich in der äußeren Erscheinung (sehr schwer zu verwirklichen) für den *Boccanegra.* Wir werden sie nicht finden: ich weiß das wohl: aber wenigstens etwas, das dem nahekommt…

Verdi-Ricordi I, S. 84

Die Diskussionen gehen weiter:

G. Ricordi an Verdi; Mailand, 4. Dezember 1880
Ich bin ganz Ihrer Meinung über Maurel[16]: aber dieser Künstler hat schon dreimal an der Scala gesungen: er wurde sehr geschätzt, war dem Publikum sympathisch, aber die Stimme war für die Größe des Theaters immer ungenügend. Meinen Sie, daß ich mich informieren soll?

Verdi-Ricordi I, S. 85

Es ist für die Partie des Boccanegra also keine Rede mehr von Federico Salvati, sondern von Victor Maurel, der am 19. März 1870 an der Scala debütierte (*Il Guarany* von Gomes), danach am 26. Dezember 1872 die Saison 1872–73 mit Marchettis *Ruy Blas* eröffnete und anschließend (Februar und März 1873) in Gomes' *Fosca* und Wagners *Lohengrin* (Telramund) auftrat. Bevor er in der Boccanegra-Premiere zum Einsatz kommt, singt er im Jänner 1881 den Don Carlo im *Ernani.*

Verdi an G. Ricordi; Genua, 5. Dezember 1880
Es gibt als Sänger und Schauspieler nichts besseres als *Maurel.* Aber ich würde nicht wagen, ihn anzufordern und einer Impresa aufzuzwingen. Er ist verrückt oder besser gesagt: derart leicht erregbar, daß er imstande ist, Euch eine Premiere ausfallen zu lassen, wie er es bei der Aida in Paris getan hat.
Und der Baß?… – Ich wiederhole nochmals, die beiden Partien des *Fieschi* und des *Boccanegra* sind so schwer darzustellen wie keine andere Partie, und wenn diese Partien schwach [besetzt] sind, kann sich die Oper nicht durchsetzen. Versuchen wir nicht, die Schwierigkeiten mit *wenn* und *aber* zu vermeiden. Diese Oper ist an sich riskant. Mit zwei guten Darstellern für diese Partien und zwei guten Stimmen für die anderen kann die Oper ein Erfolg sein; sonst nicht. Besser wir überlegen uns das also gut, bevor wir uns auf das glatte Parkett wagen.

Verdi-Ricordi I, S. 86 f.

In einem Brief, der nach wie vor Detailänderungen an Versen zum Inhalt hat, zeigt Boito Ermüdungserscheinungen:

Boito an Verdi; Mailand, 16. Jänner 1881
Das Publikum ist außerdem ein Vieh, das alles frißt und auf diese Skrupel pfeift und darin hat es nicht unrecht.   Verdi-Boito, S. 34

In Giulios Abwesenheit spricht Verdi wegen der Besetzungsfragen Giulios Vater Tito an.

Verdi an Tito Ricordi; Genua, 6. Februar 1881
Ich sagte Giulio weiters, daß es nicht allein um *Maurel* geht, sondern daß ich die anderen hören muß, besonders *De Restke*, den ich trotz allem Guten, was über ihn gesagt wird, für diese Partie nicht geeignet finde. Ich habe von Anfang an gesagt, daß man irgendeinen anderen im Auge behalten müsse, aber nichts ist geschehen. Jetzt ist es zu spät und keine Zeit mehr, jemand zu finden, und daher werde ich die Oper nicht geben, wenn mir die Besetzung dieser Partien nicht geeignet erscheint.

Ich habe Giulio auch gesagt, daß für den *Paolo* ein Bariton erforderlich ist, der vor allem ein Schauspieler ist. Findet ihn sofort, weil ich ihn unbedingt zu hören wünsche. Wenn nicht sämtliche Partien vor den Proben feststehen, werde ich die Oper nicht geben.

Um zum Schluß zu kommen: Wenn Ihr Ernani gebt, komme ich, um ihn zu hören, und wir werden gleich eine Entscheidung treffen. Wenn man sich für ein *Ja* entscheidet, dann laßt Ihr mich den *Paolo* hören und wir legen alles für die Proben fest, für das Kopieren usw. usw... Wenn nicht, reise ich am nächsten Morgen sofort ab...   Verdi-Ricordi I, S. 120

Auf den Proben kommt es zu Intrigen und Eifersüchteleien zwischen dem sich als Star gerierenden Maurel und Francesco Tamagno.

G. Ricordi an Verdi; Mailand, 19. Februar 1881
Frage Tamagno-Maurel: ist absolut erledigt, man spricht nicht mehr davon: übrigens hatte ich es erraten!... es waren einige Bemerkungen Maurels, Tamagno prompt hinterbracht!... der Grund des Verdrusses. – Jetzt geht alles ordnungsgemäß seinen Weg: Tamagno war wirklich erkältet und mußte das Bett hüten; aber er ist schon auf dem Wege der Besserung. *Amen*!...   Verdi-Ricordi I, S. 134

Am 24. März 1881 findet die von Franco Faccio geleitete, umjubelte Premiere an der Scala statt. Tags darauf berichtet Verdi über ihren Ausgang:

Verdi an Arrivabene; Mailand, 25. März 1881
Schon vor der Aufführung von gestern abend hätte ich Dir gesagt, wenn ich Zeit gehabt hätte, Dir zu schreiben, daß es mir schien, die kaputten Beine dieses alten *Boccanegra* gut repariert zu haben.

Der Erfolg von gestern abend bestärkt mich in dieser Meinung. Also, eine ausgezeichnete Aufführung von Seiten aller: hervorragende Leistung des Protagonisten; ausgezeichneter Erfolg.   Alberti, S. 283

Die Interpreten, die Verdi nun doch zufriedenstellen konnten, sind die Sopranistin Anna D'Angeri (Amelia), der Bassist Édouard de Reszke (Fiesco) und zwei herausragende Sänger: der Bariton Victor Maurel (Simon Boccanegra), der der erste Jago in *Otello* und der erste Falstaff sein wird, sowie der Tenor Francesco Tamagno (Gabriele Adorno), der den Otello aus der Taufe heben wird. Sowohl von Tamagno als auch von Maurel (sowie von de Reszke) existieren Tondokumente, die ein Bild ihres vokalen Standards geben und von beträchtlicher musikhistorischer Bedeutung sind. Von beiden Sängern wird anläßlich der *Otello*-Premiere ausführlich die Rede sein.

Die Sängerin der Amelia, **Anna D'Angeri,** stammte aus einer österreichischen Adelsfamilie und wurde 1853 als Anna Angermeyer de Redenburg in Wien geboren, wo sie am Konservatorium von Mathilde Marchesi ausgebildet wurde. Sie debütierte 1872 in Meyerbeers *L'africana* in Mantua und machte eine rasche Karriere in Italien (Venedig, Mailand, Rom, Florenz, Triest) und im Ausland, so am k.k. Hofoperntheater in Wien und an der Londoner Covent Garden Opera.

Sie war insbesondere in Verdi-Rollen erfolgreich: sie sang die Elisabetta im *Don Carlo* und die Aida, die Elvira im *Ernani*, die Leonora im *Trovatore*, die Elena in den *Vespri*, aber auch Rollen wie die Norma, die Lucrezia Borgia, die Ortrud im *Lohengrin* und die Venus im *Tannhäuser*, die beiden letzteren Rollen bei den englischen Erstaufführungen in London. Sie wirkte an der Uraufführung von Gomes' *Maria Tudor* (Mailand 1879) und von Ponchiellis *Il figliuol prodigo* (Mailand 1880) mit. Verdi zog sie für die Desdemona in Betracht, mußte aber erfahren, daß die Sängerin 1881 ihre Karriere aufgegeben hatte. Sie ehelichte Vittorio Dalem, den Direktor des Teatro Rossetti in Triest, wo sie 1907 starb.

Ihr Sopran besaß eine dramatische Komponente, die ihr die Interpretation von Rollen wie die Ortrud gestattete, konnte aber trotz Verdis Bedenken so zurückgenommen werden, daß sie das Mädchenhafte ihrer Rolle im *Boccanegra* auszudrücken imstande war.

Der Bassist **Édouard de Reszke** (Warschau 1853 – Garnek 1917) war der Bruder des großen Tenors Jean de Reszke. Er studierte u.a bei zwei Verdi-Baritonen – Filippo Coletti und Francesco Steller – und debütierte 1876 am Théâtre Italien als König in der Pariser Erstaufführung von *Aida*. Verdi war in der Vorstellung und gratulierte dem Sänger, nicht ohne zu bemerken, daß er mehr wie der Sohn von Amneris ausgesehen habe als wie ihr Vater. 1879 debütierte er an der Scala, 1880 an der Londoner Covent Garden Opera, beide Male in Massenets *Le roi de Lahore*. Sein umfangreiches Repertoire umfaßte die Baßrollen in den Uraufführungen von Catalanis *Elda*, von Gomes' *Maria Tudor* und Ponchiellis *Il figliuol prodigo*, sowie in *La sonnambula*, *Il barbiere di Siviglia*, *Ernani*, *La Gioconda*, *Hérodiade*, *Le Cid*, *Faust*, *Roméo et Juliette*, *L'africaine*, *Don Giovanni* (Leporello), Rubinsteins *Der Dämon*, die er an den großen europäischen und nordamerikanischen Häusern mit großem Erfolg sang, oft zusammen mit seinem Bruder. Seine riesige Gestalt und sein dröhnendes Organ prädestinierten ihn darüber hinaus für das Wagner-Fach: er sang Daland (*Der fliegende Holländer*), König Heinrich (*Lohengrin*), Hans Sachs (*Meistersinger*), König Marke (*Tristan*), Wanderer (*Siegfried*) und Hagen (*Götterdämmerung*). Er beendete seine Karriere 1903, war zwei Jahre lang in London als Lehrer tätig und kehrte dann in seine polnische Heimat zurück.

Die wenigen überlieferten Tondokumente des Sängers sind nicht geeignet, mehr als ein nur verschwommenes Bild seiner Stimme zu vermitteln. Auf der Aufnahme von Silvas Arie „Infelice, e tu credevi"[17] aus *Ernani* (1903) ist nicht viel mehr als ein baritonal gefärbtes, für einen Baß recht hell vokalisiertes Raunen zu vernehmen, das keinen Schluß darauf zuläßt, ob der überlebensgroße Sänger jene „Stimme aus Stahl" besaß, die Verdi für den Fiesco vorschwebte. Ob sich der Komponist in Ermangelung einer Idealbesetzung mit de Reszke nur begnügte oder ob der durch die Aufnahme vermittelte enttäuschende Eindruck durch die Stimmverfassung des Sängers, der aufgrund exzessiver Lebensgewohnheiten seine Karriere (für einen Bassisten) sehr früh beendete, hervorgerufen wird, ist nicht mehr eruierbar.

Der Dirigent der Aufführung war **Franco Faccio** (Verona 1840 – Monza 1891). Er studierte ab 1855 am Mailänder Konservatorium, wo eine lebenslange Freundschaft mit Arrigo Boito begann. Die erste Zusammenarbeit der beiden Freunde war 1860 eine durch den Tod eines Studienkollegen inspirierte patriotische Kantate, *Il quattro giugno* (Text von Boito, Musik von beiden gemeinsam), die so begeistert aufgenommen wurde, daß sie 1861 *Le sorelle d'Italia* folgen ließen, ein gegen die österreichische Fremdherrschaft gerichtetes patriotisches Panegyrikus. Der lokale Ruhm der beiden öffnete ihnen die Tore zu den Mailänder Salons, darunter zu jenem von Clarina Maffei. Ihr unübersehbares Talent sowie ihr Wille zur Erneuerung der italienischen Musik trug ihnen beim Studienabschluß ein Stipendium von je 2.000 Lire für einen Studienaufenthalt im Ausland ein.

Mit Empfehlungsschreiben ausgestattet, werden sie in Paris von Gounod, Rossini, Berlioz und Verdi empfangen. Während Boito die Ehre zuteil wird, für Verdi den Text zum *Inno delle nazioni* verfassen zu dürfen, arbeitet Faccio an seiner ersten Oper, *I profughi fiamminghi*, auf ein dreiaktiges Libretto von Emilio Praga, und kehrt nach Mailand zurück, um die Aufführung an der Scala vorzubereiten (die Oper wird kühl aufgenommen und erreicht nur fünf Vorstellungen). Währenddessen arbeitet Boito bereits an seinem *Mefistofele*. 1865 gipfelt die Zusammenarbeit der beiden Freunde in der Aufführung von Faccios zweiter Oper, *Amleto* (Genua, Teatro Carlo Felice, 30. Mai 1865), deren Text von Boito

Der Dirigent Franco Faccio

stammt. Die Zustimmung zu diesem Werk ist geteilt. 1866 schließen sich Faccio und Boito Garibaldi an. Nach Ende dieses kurzen militärischen Abenteuers debutiert Faccio als Dirigent (*Un ballo in maschera* in Venedig) und unternimmt 1867–68 eine Tournée durch Skandinavien, um Erfahrungen als Operndirigent zu sammeln. Diese erfolgreiche Lehrzeit trägt ihm im Herbst 1868 eine Dirigentenstelle am Mailänder Teatro Carcano ein. Gleichzeitig wird er als Professor für Komposition ans Mailänder Konservatorium berufen (diesen Posten wird er zehn Jahre lang ausfüllen). Schon im Jahr darauf wird er als Dirigent an die Scala berufen, deren künstlerischer Leiter und erster Dirigent er 1871 wird. Nach dem neuerlichen Mißerfolg seines *Amleto* an der Scala (eine einzige Vorstellung am 9. Februar 1871), beschließt er, das Komponieren ganz bleiben zu lassen und sich nur mehr dem Dirigieren zu widmen.

1872 dirigiert er mit großem Erfolg die italienische Erstaufführung der *Aida*, im selben Jahr in Brescia die Revision der *Forza del destino*, 1878 in Bologna den *Don Carlo*, beides denkwürdige Aufführungen. Der

Höhepunkt seiner bis 1889 währenden Tätigkeit an der Scala ist die Uraufführung des *Otello* 1887, wie auch Folgevorstellungen der Oper in Rom, Venedig und Bologna. Zwar sind Verdis Opern die von Faccio am häufigsten dirigierten Werke, doch leitet er auch etliche Uraufführungen von jungen italienischen Komponisten: *I lituani, La Gioconda* und *Il figliuol prodigo* von Ponchielli, *Dejanice* und *Edmea* von Catalani, sowie *Le villi* und *Edgar* von Puccini. Er betreut auch wichtige Aufführungen von Webers *Freischütz* und Wagners *Lohengrin*, sowie Opern von Bizet und Massenet. Daneben vernachläßigt er das symphonische Repertoire nicht und dirigiert auf seinen Gastspielreisen nach Paris, Zürich und Madrid neben den Opern auch zahlreiche Symphoniekonzerte, in die er Werke zeitgenössischer italienischer Komponisten aufnimmt.

1889 erleidet Faccio einen gesundheitlichen Zusammenbruch. Er kann gerade noch am 26. Dezember zur Saisoneröffnung die Erstaufführung von Wagners *Meistersingern* an der Scala und im Jänner 1890 die Wiederaufnahme des *Simon Boccanegra* dirigieren, dann muß er von der Scala beurlaubt werden. Verdi verschafft ihm zum Broterwerb den Posten des Direktors des Konservatoriums in Parma. Als er die dort anfallenden Arbeiten auch nicht mehr bewältigen kann, wird Boito am 19. Mai zum *direttore onorario*, zum Ehrendirektor des Konservatoriums ernannt, damit Faccio sein Gehalt weiter beziehen kann. Faccio wird auf Betreiben Boitos in ein Sanatorium in Graz eingeliefert, wo man an ihm Syphilis im Endstadium diagnostiziert. Er wird in einer Heilanstalt in Monza gepflegt und stirbt am 21. Juli 1891 in Verona.

Verdi setzte sich für Faccio immer wieder als für „einen unserer besten Musiker" ein. Zum größten Bedauern des Komponisten erlebte Faccio die Uraufführung des *Falstaff* (1893) nicht mehr, deren Leitung ihm zugedacht gewesen wäre. Wie der beinahe im gleichen Alter qualvoll an Darmkrebs verstorbene Angelo Mariani war Faccio der zu seiner Zeit bedeutendste Dirigent Italiens. Sein Können und sein Ruhm waren so groß, daß George Bernard Shaw ihn neben Hans Richter, Felix Mottl und Hermann Levi stellte.

Der neue *Boccanegra* wird an der Scala zehn Mal mit gutem Erfolg aufgeführt, er kann sich aber an anderen Häusern nur langsam durchsetzen. Wien spielt die neue Fassung 1882[18] in deutscher Übersetzung, 1883 dirigiert sie Faccio am Pariser Théâtre Italien (wieder mit Maurel und de Reszke, sowie mit Fidès Devriès und Ottavio Nouvelli), 1887 folgt Lissabon, 1889 Buenos Aires und Montevideo, 1890 Madrid und 1891 Triest. Erst als Folge der Verdi-Renaissance setzt sich die Oper international durch und wird fester Bestandteil der Spielpläne.

Im Hinblick auf den bereits mehrmals erwähnten *Otello* – in dessen Vorbereitungszeit die Revision des *Simon Boccanegra* fällt – kann die Aussage getroffen werden, daß Verdi mit dem „neuen" *Boccanegra* eine Vorahnung dieses Werks vermittelt: Der Monolog des Paolo, der sich selbst verfluchen muß, ist ein Mittelding zwischen dem Selbstgespräch des von Monterone (und indirekt von sich selbst) mit einem Fluch belegten Rigoletto („Pari siamo") und dem Monolog des Jago (Credo). Zu Recht wird Paolo als Keimzelle des Jago bezeichnet. Ebenso gibt der dramatische Ausbruch des Boccanegra („Plebe, patrizi, popolo") einen Vorgeschmack auf die Szenen des Otello im 3. Akt dieser Oper. Und schließlich: Eine gute *Boccanegra*-Besetzung (Amelia-Gabriele-Boccanegra) kann auch eine gute *Otello*-Besetzung sein. Doch ist es noch lange nicht so weit.

Otello

Nach dem erfolgreichen Probegalopp mit dem neuen Librettisten sollte jetzt der Realisierung des „Schokolade"-Projekts nichts mehr im Wege stehen. Das *Otello*-Libretto liegt seit 18. November 1879 in Verdis Schublade, und aus dem ehemals heftigen Verdi-Kritiker Boito ist einer der enthusiastischesten Bewunderer des Komponisten geworden. Boito hat sich als phantasiebegabter, sprachgewandter, theatererfahrener, perfektionistischer Librettist erwiesen, der sein beträchtliches Talent uneigennützig in den Dienst des Komponisten stellt. Der ist im Bewußtsein der Öffentlichkeit inzwischen zu einem Mythos geworden, wohl auch deshalb, weil man allgemein der Meinung ist, er habe die Produktion neuer Opern eingestellt und seine Karriere endgültig beendet, ein Umstand, der wie der Tod eines Künstlers der Legendenbildung durchaus förderlich ist.

Die 1870er Jahre bedeuten für Verdi nicht nur künstlerisch eine Zeit des Umbruchs: Abgesehen von der ménage à trois mit der Stolz und den daraus resultierenden häuslichen Spannungen zerbrechen aus verschiedenen Gründen etliche seiner Freundschaften. Oft ist in irgendeiner Weise Geld mit im Spiel. Du Locle, Escudier und De Sanctis sind in Ungnade gefallen, letzterer, weil er ein Darlehen Verdis in der Höhe von 25.000 Lire nicht zurückzahlen kann. Dann stellt sich heraus, daß Corticelli die Ersparnisse zweier Bediensteter von Sant'Agata bei Spekulationen verloren hat: Er wird sofort entlassen und begeht wenige Tage danach einen Selbstmordversuch. Zu allem Überfluß stellt sich auch noch heraus, daß das Verlagshaus Ricordi den Komponisten jahrelang bei den Abrechnungen betrogen hat. Nach etlichem Hin und Her akzeptiert Verdi eine einmalige Zahlung in der Höhe von 50.000 Lire.

> Verdi an Piroli; Sant'Agata, 29. Dezember 1875
> Ich habe die Angelegenheit mit dem Haus Ricordi beigelegt. Man bezahlt mir 50.000 Lire. Das ist nicht der Betrag, den man mir schuldet, aber mehr als das ist nicht drinnen. Das Malheur ist, daß zwischen uns die Beziehungen nicht mehr so sein werden wie in der Vergangenheit.
> Carteggi III, S. 115 f.

Hierin sollte Verdi gründlich irren: **Giulio Ricordi** (Mailand 1840–1912), der Vertreter der dritten Generation der Verlegerfamilie, der 1863 in die Firma eingetreten war, übernahm zu dieser Zeit in zunehmendem Ausmaß die Leitung des Verlagshauses. Mit ihm kommt Verdi besser aus als mit dessen Großvater Giovanni (1785 – 1853) und

Giulio Ricordi.

Vater Tito (1811 – 1888) und vertraut ihm in künstlerischen Belangen auch mehr. Sein Comeback als Opernkomponist ist weitgehend Giulio Ricordis Bemühungen zu verdanken.

Giulio war ein kleiner, schlanker, eleganter, hochintelligenter Mann von rascher Auffassungsgabe, großer Bildung und einer Vielfalt von Talenten: Er war ein gleichermaßen begabter Komponist[19], Schriftsteller und Maler, er erwarb sich Lorbeeren als Offizier und hatte Handschlagsqualität. Er beschränkte sich nicht auf seine Verlegeraufgaben, sondern war auch in den Gremien der Mailänder Scala omnipräsent und einflußreich. In seinem Büro gaben sich Sänger, Dirigenten, Impresari, Komponisten und Librettisten die Klinke in die Hand und vertrauten auf seine Beziehungen und seine Macht. Wenn ein Gegner zu präpotent auftrat, wurde er in der von ihm revitalisierten hauseigenen „Gazzetta Musicale"[20] niedergemacht. Die junge italienische Komponistengeneration von Boito, Catalani, Ponchielli bis zu Puccini ging durch Ricordis Hände, er hatte ein gutes Auge für neue Talente, wenngleich manche seiner Versuche musikverlegerischer Einflußnahme – bisweilen zum Wohle des Werks – scheiterten.[21] Er scheute auch vor unternehmerischen Druckmitteln nicht zurück: Zur Förderung Puccinis stellte er Opernhäusern, die Verdis *Falstaff* aufführen wollten, das Aufführungsmaterial nur dann zur Verfügung, wenn sie sich auch verpflichteten, Puccinis *Manon Lescaut* aufzuführen. Er fusionierte mit dem Verlagshaus Lucca, kaufte die Bestände Escudiers auf und eröffnete Niederlassungen in Leipzig (1901) und New York (1911). Sein Sohn Tito II (1865–1933) übernahm nach dem Tod Giulios die Firma. Er stand Puccini weniger positiv gegenüber, förderte dafür aber Komponisten wie Zandonai, Montemezzi und Alfano. Er trat 1919 zurück und widmete sich der Regie und dem Theatermanagement. Nach ihm wurde das Haus von Familienfremden geführt, heute gehört es zur BMG (Bertelsmann Music Group).

Der Abwechslung halber komponiert Verdi im Herbst 1879[22] ein **Pater noster** und ein **Ave Maria**. Es mag überraschen, daß der antiklerikal eingestellte Komponist Sakralmusik komponiert: Er erinnert sich am Ende seiner Karriere (das er selbst für gekommen erachtet) wohl seiner Anfänge in der Dorfkirche von Le Roncole und der großen Tradition der italienischen Kirchenmusik. Der Geist Palestrinas, den Verdi seit jeher bewundert, wird ihn später auch bei der Komposition der *Quattro pezzi sacri* begleiten. Das *Pater noster* ist für fünfstimmigen Chor (erster und zweiter Sopran, Alt, Tenor, Baß) a cappella geschrieben, auf eine italienische Übersetzung Dantes[23] aus dem Lateinischen („volgarizzato da Dante", wie in Verdis Autograph und in der Partitur angemerkt ist), wie man annahm. Der (ebenfalls Dante zugeschriebene[24]) *Ave Maria*-Text ist für Sopransolo und Streichorchester komponiert. Es ist eine im Tonfall einfach gehaltene Komposition, die auf Desdemonas Ave Maria im *Otello* vorausweist (es ist nicht identisch mit dem *Ave Maria* in den *Quattro pezzi sacri*). Beide Kompositionen werden am 18. April 1880 in einem von Franco Faccio dirigierten Wohltätigkeitskonzert in Mailand uraufgeführt: „Ein schöner Chor von mehr als 350 Stimmen hat die wenigen Noten des *Pater* hervorgehoben, und ein gutes Streicherorchester mit Dämpfern hat das *Ave* zur Wirkung gebracht", schreibt Verdi am 3. Mai 1880 an seinen Freund Ferdinand Hiller.[25]

Seit dem Abendessen Verdis und Giuseppinas mit Ricordi und Faccio im Juni 1879 hat der Gedanke an *Otello* Verdi nicht mehr losgelassen. Wie im Theaterambiente üblich, können Geheimnisse keine solchen bleiben: In der September/Oktober-Ausgabe der „Rassegna Musicale" in der „Nuova Antologia" von 1879 werden erste Spekulationen über eine *Otello*-Oper Verdis veröffentlicht. Wie zur Bestätigung dieser Meldung schreibt Verdi am 6. Jänner 1880 an seinen Freund, den Maler Domenico Morelli[26], der ihm eine Skizze für *Re Lear* (das Sujet ist noch immer nicht ad acta gelegt) geschickt hat:

> Warum machst Du[27] nicht das *pendant* zu dieser Skizze mit einer Szene aus *Otello*?
> Zum Beisp.: wenn *Otello Desdemona* erwürgt; oder noch besser (das wäre etwas ganz Neues), wenn *Otello*, von Eifersucht gequält, ohnmächtig wird, und Jago ihn mit einem höllischen Lächeln betrachtet und sagt: *tu dein Werk, mein Gift...*
> Was für ein Figur [ist dieser] *Jago*!!!
> Also? Was sagst Du? Copialettere, S. 693

Postwendend antwortet Morelli.

> Morelli an Verdi; Neapel, 8. Jänner 1880
> Jago, der den ohnmächtigen Otello betrachtet: was für eine schöne Situation. Jago mit dem Gesicht eines rechtschaffenen Mannes. Ich habe einen Priester gefunden, der genau er sein könnte – wenn es mir gelingt, schicke ich ihn Euch – nicht den Priester, sondern eine von mir bekleckste Leinwand. Aber was für Noten werdet Ihr für diese Situation gefunden haben! Wenn ich daran denke, fühle ich mich ganz, ganz klein und möchte nichts mehr mit Farben zu tun haben, ich möchte ein Sänger sein, um ein ganzes Theater schaudern zu machen, auch wenn es voll von dummen Leuten sein sollte. Carteggi I, S. 290

Und einen Monat später:

> Verdi an Morelli; Genua, 7. Februar 1880
> Gut, sehr gut, bestens, ausgezeichnet! *Jago* mit dem Aussehen eines Biedermanns!

Du hast ins Schwarze getroffen! Oh, ich wußte es wohl, ich war dessen sicher. Mich dünkt, diesen *Pfaffen* zu sehen, das heißt diesen *Jago* mit dem Gesicht eines rechtschaffenen Mannes! Also rasch; mach ein paar Pinselstriche, und schick mir diese *bekleckste Leinwand*. Los, los... rasch, rasch... Inspiration... wie es kommt, so kommt es... mach es nicht für die Maler... mach es für einen Musiker!... [...]

Also vorwärts mit dieser Kleckserei!

Schön die Szene der knienden Fratres: *La Vergine degli Angeli*[28] etc., das ist aber ein Opernstoff. Dieser *Jago* ist Shakespeare, er ist die Menschheit, das heißt ein Teil der Menschheit, das Häßliche.

Copialettere, S. 693 f.

Mehr als ein Jahr später wird die Darstellung der Figuren weiter diskutiert.

Morelli an Verdi; undatiert [September 1881]

Wenn Shakespeare ihn [Jago] nicht als Soldaten gemacht hätte oder ihn wenigstens nicht hätte sagen lassen, daß er im Krieg gewesen ist, wäre ich freier, ihm das Jesuitentum ins Gesicht oder in die Figur zu stempeln. [...]

Jetzt treffe ich auf eine weitere Schwierigkeit; ich habe diese Szene in einem Zimmer der Festung konzipiert, weil es in der Übersetzung Michels heißt: *Un appartement dans le château*. [...]

Otello sollte nicht wie ein Türke gekleidet sein, das ist ein Fehler: er möge ruhig etwas Orientalisches haben, aber venezianisch gekleidet sein. Das ist wunderschön mit hellen Farben (die Mohren wählen immer helle und starke Farben, niemals schwarz für ihre Kleidung). Jago muß schwarz gekleidet sein, wenn er über ihn [Otello] gebeugt steht, im Begriff, ihm zu helfen, betrübt.

Aber... aber... Ihr versteht mehr von dem, was ich sage. Nun, im englischen Original habe ich gefunden, daß die Szene: *before the castle* spielt – und in Hugos Übersetzung: *devant le château*.

Was sollen wir machen? Im Theater kommt es nicht darauf an. Das Publikum ist gewöhnt, gewisse Änderungen als notwendig für die Vorstellung zu betrachten. Aber dieselben Änderungen könnten in der Malerei Bestialitäten genannt werden. [...]

Was meint Ihr dazu? Copialettere, S. 695 f.

Verdi an Morelli; Sant'Agata, 24. September 1881

Was meint Ihr dazu?... das sind die Worte aus Deinem letzten Brief... Ich meine, wenn ich Domenico Morelli hieße und eine Szene aus *Otello* machen wollte, und zwar die, in der *Otello* ohnmächtig wird, würde ich mir über die Szenenanweisung: „*Vor der Festung*" überhaupt nicht den Kopf zerbrechen. In dem Libretto, das Boito für mich gemacht hat, spielt diese Szenen *drinnen*, und ich bin damit sehr zufrieden. *Drinnen* oder *draußen*, das ist unwesentlich. Diesbezüglich muß man es schon deshalb nicht so genau nehmen, weil die *mise en scène* zu Shaspeares Zeiten bekanntlich so war... wie es der Zufall wollte! – Daß Jago schwarz gekleidet ist, schwarz wie seine Seele, kann gar nicht besser sein; aber ich verstehe nicht, warum du Otello venezianisch kleiden würdest! Ich weiß sehr wohl, daß dieser General im Dienste der Serenissima[29] unter dem Namen Otello niemand anderer war als ein Venezianer namens Giacomo Moro[30]. Da aber Sig. Guglielmo[31] einen *Mohren* haben wollte, so soll er sich darum kümmern, der Sig. Guglielmo. Otello als Türke gekleidet, das wird sich nicht gut machen; aber weshalb sollte er sich als Äthiopier gekleidet, ohne den üblichen Turban, nicht gut machen? Beim Typus des Jago ist die Sache schon schwieriger. Du möchtest eine kleine Gestalt mit (wie Du sagst) wenig entwickelten Gliedmaßen und, wenn ich recht verstanden habe, eine jener schlauen, tückischen, ich möchte sagen: *scharfkantigen* Figuren. Wenn Du ihn so empfindest, mach ihn so. Aber wenn ich ein Schauspieler wäre und Jago darstellen müßte, hätte ich lieber eine eher magere und hochgewachsene Gestalt, schmale Lippen, kleine, nahe beieinanderliegende Augen wie die Affen, eine hohe, fliehende Stirn und einen ausgeprägten Hinterkopf; ein zerstreutes, *nonchalantes*, allem gegenüber gleichgültiges, skeptisches und beißendes Gehabe; er müßte das Gute wie das Böse leichthin sagen, so, als dächte er an etwas ganz anderes als an das, was er sagt; so, daß er, wenn ihm jemand den Vorwurf machen sollte: „*Was Du sagst, was Du vorschlägst, ist eine Gemeinheit*", antworten könnte: „*Wirklich?... das hätte ich nicht gedacht... sprechen wir nicht mehr davon!...*" Eine Person wie diese kann alle täuschen, bis zu einem gewissen Grad auch die eigene Frau. Eine kleine, tückische Gestalt erweckt bei allen Verdacht und täuscht niemanden! – *Amen*. Lache ruhig, ich lache ja selbst über dieses ganze Geschwätz!... Aber ob Jago klein oder groß ist, und Otello Türke oder Venezianer, mach es, wie Du willst; es wird in jedem Fall gut sein. Denk nur nicht zuviel darüber nach. Los, los, los... schnell...

Copialettere, S. 317 f.

Während Verdi sich die Figuren der Oper bereits bildhaft detailliert vorstellt, hat der Theaterpraktiker Boito erkannt, daß einige grundlegende Änderungen an Shakespeares Drama[32] notwendig sind, um es operngerecht aufzubereiten: Er streicht den ersten Akt mit seiner Vorgeschichte und mit ihm die Figur des Brabantio, Desdemonas Vater, und komprimiert das Wesentliche seines Inhalts in wenige Zeilen im Liebesduett Otello-Dedesmona, das den ersten Akt beschließt. Boito hätte gewünscht, während des Duetts Jago auf der Bühne zu haben und ihn zynische Kommentare abgeben zu lassen. Doch Verdi besteht darauf, daß das Liebesduett ein solches bleibt und Jago erst zu einem späteren Zeitpunkt in die Beziehung eingreift. Boito erfindet das Credo Jagos, läßt ihn Dinge sagen, die den Charakter der Figur klarmachen und die bei Shakespeare nicht so deutlich sind. Er schafft die Möglichkeit für ein großes Ensemble (Finale III), aus einer Situation, die bei Shakespeare auf kein Ensemble schließen läßt: wenn Otello seine Gattin vor den versammelten Botschaftern demütigt. Einem solchen statischen Concertato steht Verdi skeptisch gegenüber, und seine ersten Ideen dazu sind als nicht geglückt zu bezeichnen. Doch dann kommt Boito der Gedanke, Otello nach dem Abgang der Botschafter ohnmächtig zusammenbrechen zu lassen (eine Szene, die sich bei Shakespeare an anderer Stelle findet) und mit einem höhnischen Kommentar Jagos zu beenden. Das findet Verdi gut. Er kann zwar vorerst noch kein Gefühl für das Ensemble aufbringen, doch er wird es dann so komponieren. Und Boitos, oder besser: Verdis Finale der Oper hat der ansonsten im wesentlichen Shakespeare getreuen Vorlage gegenüber den Vorteil, nach Desdemonas Tod rascher und verständlicher abzulaufen.

Die vorbereitenden Arbeiten zu *Otello* und dessen Entstehung erfolgen nicht kontinuierlich. Sie werden immer wieder unterbrochen: durch die Arbeit an der *Boccanegra*-Revision, durch *Mefistofele*-Aufführungen, durch die *Don Carlo*-Revision. Auch scheint eine Epoche, der Verdi selbst angehört, in deprimierender Weise mit dem Tod eines gleichaltrigen Kollegen zu Ende zu gehen:

> Verdi an G. Ricordi; 14. Februar 1883
> Traurig. Traurig. Traurig.
> Wagner ist tot!
> Als ich gestern die Depesche las, war ich darüber, ich möchte sagen, bestürzt! Keine Frage. – Es ist eine große Persönlichkeit, die dahingeht! Ein Name, der einen machtvolle Spur in der Geschichte der Kunst hinterläßt!
> Copialettere, S. 323

Ein anschauliches Bild von Verdi und dem Leben in Sant'Agata gibt ein Bericht von Heinrich Hölscher[33], der Verdi 1877 auf dem Niederrheinischen Musikfest kennengelernt hatte. Verdis Freund „Ferdinand Hiller, der Leiter der Konzerte, hatte den berühmtesten Komponisten Italiens eingeladen, sein „Requiem", das eben im Triumphzug durch Europa gezogen war, selbst zu dirigieren." Verdi hatte für die Proben Hiller um „einen Herrn oder eine Dame des Chors" gebeten, „mit denen er sich auf französisch verständigen könne. Hiller erwiderte, daß wohl sämtliche Mitglieder des Chors (etwas 600 Personen) französisch sprächen, da alle der besseren Gesellschaft angehörten. Hiller wußte aber auch zufällig, daß ich italienisch sprach und er schlug mich als Dolmetsch vor." Hölscher entsprach seiner Aufgabe zur allgemeinen Zufriedenheit und versprach dem Ehepaar Verdi „unter Handschlag", daß er es in Italien besuchen würde. Als sich Hölscher „einige Jahre" später auf einer Italienreise befindet, löst er sein Versprechen ein und besucht die Verdis in Sant'Agata.[34]

> Verdi war trotz seiner siebenzig Jahre noch ein sehr rüstiger, tätiger Mann. Tief gefurcht war sein Gesicht, leuchtend sein schwarzes Auge[35], Bart- und Haupthaare waren meliert. Etwas unendlich Mildes und Vornehmes sprach aus seinem ganzen Wesen. Der Ruhm hat ihn nicht eitel

gemacht, bescheiden lehnte er immer jedes Lob ab.[36] Von Natur aus schweigsam und verschlossen, konnte er in Gesellschaft recht vergnügt und lustig sein. Ich habe das oftmals beobachten können. Nie sprach er von seinen Erfolgen, ja bei seiner großen Bescheidenheit wollte er auch nicht von anderen gelobt sein. Was mich aber seltsam anmutete, war, daß in seinem Hause während meiner ganzen Anwesenheit überhaupt niemals von Musik gesprochen wurde, so daß es schien, als ob es geradezu verpönt sei, darüber zu reden. Wenn Verdi auf dem Lande in der Sommerfrische weilte, wollte er eben nur Landwirt sein, worauf er stolz war. [...]

Verdi besaß in der Umgegend einen großen Komplex von Landgütern. Fast täglich ritt oder fuhr er zu seinen Pächtern, um sich mit ihnen zu besprechen oder nach dem Rechten zu sehen. [...]

Nur vormittags arbeitete Verdi einige Stunden an einem neuen Werke (ich glaube an „Otello"), zusammen mit seinem Freunde Arrigo Boito, der das Libretto geschrieben hatte, in seinem Arbeitszimmer. Nur wenige Auserwählte, zu denen ich leider nicht gehörte, durften die Schwelle dieses Heiligtums überschreiten. [...]

Seltene Photographie Verdis (entstanden zu Beginn der 1880er Jahre), eigenhändig gezeichnet mit „Genua, 10. April 1897 – G. Verdi."

Verdi war neben Garibaldi damals der populärste Mann Italiens. Auf einem Ausfluge konnte ich mich davon überzeugen, welche Liebe und Verehrung ihm seine Volksgenossen entgegenbrachten. Man mußte es selbst gesehen haben, wie die Leute aus den Häusern herbeieilten, sobald sie ihn erkannt hatten, wie Frauen und Kinder sich an den „Signor Professore Verdi", wie er dort genannt wurde, herandrängten, um ihm die Hand zu küssen.

Im Hause Verdis war ein stetes Kommen und Gehen wie in einem Gasthof, so daß sämtliche Logierzimmer fast immer besetzt waren. Bei meiner Ankunft waren grade abgereist: Adelaide Ristori, Italiens größte Tragödin, sowie Pauline Lucca, zur Zeit die beste deutsche „Aida" in Wien, wie sie vor Jahren in Berlin die „Troubadour-Leonore" kreiert hat. Ich traf noch den Komponisten Arrigo Boito an, dessen Oper „Mefistofele" auch in Deutschland rühmlichst bekannt wurde; sodann den Kapellmeister Mascheroni, den gewaltigen Othello-Tenoristen Tamagno. [...]

Der Lieblingsaufenthalt der Hausbewohner war die schöne, große Loggia. Sie lag an der Gartenseite, zu dem man auf einer bequemen Marmortreppe hinabstieg. Als wir wieder einmal dort um den Kaffeetisch versammelt waren, fuhren zwei elegante Equipagen vor, denen die Königin Margherita „la bella" von Italien in Begleitung ihrer Palastdame Gräfin Villamaria und ihres Kammerherrn Marchese Guiccioli entstiegen. Der Hausherr, der ihr entgegengeeilt war, führte sie, ihrem Wunsche gemäß, zu uns in die Loggia. Nachdem die Königin nach überaus freundlicher Begrüßung die dort Versammelten gebeten hatte, sich in keiner Weise stören zu lassen, nahm sie zwischen dem Ehepaar Verdi Platz. Sie war gekommen, um ihrem hochverehrten Maëstro auf der Durchreise einen kurzen Besuch abzustatten. Anfangs hatte sie nur Auge und Ohr für ihn, später zog sie auch die anderen Anwesenden in ein Gespräch, und als sie erfuhr, daß ich ein Deutscher war, richtete sie auch an mich das Wort. [...] Ebenso still und unauffällig, wie die Königin gekommen war, verließ sie uns.

Victor Maurel, in seinem Verhalten Felice Varesi nicht unähnlich, der seinerzeit die Neuigkeiten über den *Macbeth* voreilig hinausposaunte, ärgert Verdi schon zu Beginn der Arbeit.

Verdi an G. Ricordi; Genua, 24. März 1883
Ich lese heute morgen im Fanfulla: „Maurel hat uns auch noch erzählt, daß Verdi für die Musikwelt die größten Überraschungen vorbereitet und daß er den jungen Zukunftsmusikern mit seinem Jago usw. usw. die größten Lehren erteilen wird."

Gott behüte mich davor!

Es ist nie meine Absicht gewesen und wird es nie sein, jemandem eine Lehre zu erteilen. Ich bewundere ohne schulmäßige Vorurteile alles, was mir gefällt, ich mache es, wie ich es fühle; und ich lasse alle anderen machen, was sie wollen.

Übrigens habe ich bis jetzt noch nichts von diesem *Jago* oder vielmehr *Otello* niedergeschrieben und weiß nicht, was ich später machen werde. [...]

P.S. Verfaßt in diesem Sinne einen kurzen Artikel; oder veröffentlicht meine Worte in irgendeiner großen Zeitung, so bald wie möglich.

Copialettere, S. 699

Zur Zeit dieses Briefes beginnt der siebzigjährige Komponist mit der Komposition des *Otello*. Ein Mißverständnis droht das Projekt schon in dieser Phase scheitern zu lassen. Ein sensationslüsterner Journalist erhascht bei einem Bankett in Neapel anläßlich der dortigen Erstaufführung des *Mefistofele* einen Halbsatz Boitos und interpretiert ihn auf seine Weise. Verdi muß lesen, daß Boito Bedauern darüber geäußert habe, den *Otello* nicht selbst komponieren zu können. Sofort will er, mißtrauischer und verletzlicher denn je, Boito das Libretto zurückgeben. Er will Faccio brieflich als Vermittler einschalten, der erhält abwesenheitsbedingt den Brief mit Verspätung, inzwischen besucht Boito Verdi in Genua, ohne die Angelegenheit, über die er zu seinem Ärger in einer römischen Zeitung gelesen hat, mit einem Wort zu erwähnen, erst vier Wochen später erfährt er von Verdis Absicht und ist zutiefst bestürzt. In einem ausführlichen, klugen Brief[37] versucht er, vornehm argumentierend, Verdi von der Dummheit des Journalisten und der Unbegründetheit seiner Verstimmung zu überzeugen und schließt:

> Um Himmels willen, geben Sie den *Otello* nicht auf, geben Sie ihn nicht auf. Er ist für sie prädestiniert, schreiben Sie ihn, sie haben schon begonnen, daran zu arbeiten und ich war schon guten Mutes und hoffte schon, ihn eines nicht fernen Tages fertiggestellt zu sehen.
>
> Sie sind gesünder als ich, stärker als ich, wir haben Armdrücken gemacht und mein Arm gab unter dem Ihrem nach, Ihr Leben ist ruhig und heiter, greifen Sie wieder zur Feder und schreiben Sie mir bald: *Lieber Boito, ändert mir freundlicherweise diese Verse* etc. etc. und ich werde sie sofort mit Freude ändern und für Sie arbeiten, ich, der ich nicht für mich [selbst] zu arbeiten verstehe, denn Sie leben in der wahren und wirklichen Welt der Kunst, ich in der Welt der Halluzinationen.

Verdi repliziert kühl, er begreift nicht, weshalb Boito in Genua nicht auf den Vorfall zu sprechen gekommen ist. Er fühlt sich plötzlich zu alt, gibt vor zu befürchten, das Publikum könne ihm „Genug!" zurufen. Boito verhält sich klug und diplomatisch, drängt den Komponisten nicht. Die Zeit vergeht, nur langsam kehrt Verdi gedanklich zum *Otello* zurück. Darüber ist das Jahr 1884 vergangen.

Das Jahr 1885 verstreicht gemächlich. Verdi kommt öfter mit Boito zusammen, um am *Otello* zu arbeiten. Ende April läßt sich der Maestro in Mailand von einem amerikanischen Zahnarzt fünf Zähne und eine Zahnwurzel ziehen, im Mai empfängt er Amilcare Ponchielli in Sant'Agata, im Juni fährt er mit Giuseppina auf Kur nach Montecatini, am 5.

Oktober teilt er Boito mit, daß er den vierten Akt beendet habe. Er hat die Oper in Schaffensschüben geschrieben, wobei sich Perioden betriebsamer schöpferischer Aktivität mit Zeiten quälender Inaktivität abwechselten. Boito kommt zwecks Klärung von Details nach Sant'Agata, im November fährt Verdi nach Wien, um Italien bei einem internationalen Kongreß zur Festlegung eines einheitlichen Kammertons zu vertreten.

Im Dezember trifft ein Brief des Baritons Victor Maurel ein. Die in schwülstigem Stil gefaßte Unterwürfigkeit steht darin in merkwürdigem Gegensatz zu der eitlen Selbstgefälligkeit des Sängers, mit der er ein in dieser Form nie abgegebenes Versprechen Verdis dreist einfordert:

> Maurel an Verdi; Paris, 22. Dezember 1885
> Lieber und hochverehrter Maestro!
> In der Musik- und Theaterwelt von Paris gibt es zur Zeit nur eine große Neuigkeit, die in den Zeitungen steht; hier ist sie:
> Verdi hat seinen Jago fertiggestellt!
> Die Ehre zu beanspruchen, als erster diese seltsame und komplexe Figur zu interpretieren, der Ihr erhabenes Genie musikalische Gedanken und Wendungen einzuhauchen verstand, ist ein Dankesbeweis, an den ich mich stolz erinnere und erinnern werde. Tatsächlich versprachen Sie mir nach einer Probe von *Simon Boccanegra*, um mir für den Eifer und die Begeisterung zu danken, mit denen ich meine Rolle interpretierte, eine Rolle nur für mich zu schreiben.
> Wenn Gott mir Gesundheit gibt, sagten Sie zu mir, werde ich für Sie JAGO schreiben! Ich glaube der Ehre nicht unwürdig zu sein, die Sie meinen wenigen Eigenschaften als anständigem und überzeugtem Künstler freundlicherweise zuteil werden ließen. Es freut mich, Ihnen mitzuteilen – und dies mit der künstlerischen Gewissenhaftigkeit, die Sie an mir schätzengelernt haben –, daß meine stimmlichen Mittel noch nie so stark und solide wie heute gewesen sind. [...]
> Ich hoffe, lieber und hochverehrter Maestro, daß Sie Ihr Versprechen mir gegenüber einhalten werden.   Copialettere, S. 330

Aus Verdis Antwort wird der reale Hintergrund solch überbordender Sängereitelkeit ersichtlich:

> Verdi an Maurel; Genua, 30. Dezember 1885
> *Otello* ist nicht vollständig fertig, wie behauptet worden ist, aber er ist recht weit gediehen. Ich beeile mich nicht, die Arbeit fertigzustellen, weil ich bis jetzt nicht daran gedacht habe und auch jetzt nicht daran denke, ihn aufführen zu lassen. Die Verhältnisse an unseren Theatern sind so, daß der Impresario, selbst wenn er einen Erfolg erzielt, aufgrund der exorbitanten Kosten für die Künstler und die *mise en scène* fast immer einen Verlust erleiden muß. Ich will also keine Gewissensbisse haben, wenn ich mit einer meiner Opern irgendjemand Anlaß gebe, sich zu ruinieren. So bleibt denn alles weiter in Schwebe zwischen Himmel und Erde wie Mohammeds Grab, und ich kann mich zu keiner praktischen Entscheidung aufraffen.

Ehe ich den Brief beende, möchte ich ein Mißverständnis aufklären und richtigstellen. Ich glaube nicht, Ihnen je versprochen zu haben, die Partie des *Jago* für Sie zu schreiben. Es ist nicht meine Gewohnheit, etwas zu versprechen, was ich nicht mit Sicherheit halten kann. Aber ich könnte Ihnen sehr wohl gesagt haben, daß die Partie des *Jago* eine von denen sein würde, die vielleicht niemand besser darstellen könnte als Sie. Wenn ich das gesagt habe, bestätige ich diese Aussage. Das enthält jedoch kein Versprechen; es wäre nur ein Wunsch, der sich durchaus verwirklichen ließe, falls ihn nicht unvorhersehbare Umstände verhindern sollten.

Sprechen wir also vorläufig nicht vom *Otello*. Erlauben Sie mir, mein lieber Maurel, Ihnen als Ihr aufrichtiger Bewunderer meine Glückwünsche zum neuen Jahr zu übermitteln. Copialettere, S. 331

Während Maurel, ungeachtet seines Verhaltens, als Interpret des Jago mehr oder minder feststeht, schaut Verdi nach einer geeigneten Sängerin für die Partie der Desdemona aus. Wie sich in den kommenden Jahren bei *Otello*-Aufführungen herausstellen wird, stellt die Besetzung dieser Rolle das größte Problem dar.

Auch die Besetzung der Titelrolle ist schwierig.

Verdi an G. Ricordi; Genua, 18. Jänner 1886
Nach unserem gestrigen Gespräch habe ich Lust bekommen, noch einmal durchzusehen, was ich aus dem *Otello* gemacht habe... und die Tenorpartie erschreckte mich.

In vieler Hinsicht würde Tamagno sehr gut passen, aber in vieler anderer nicht! Da gibt es breite, lange Legato-Phrasen, die im *mezza voce* zu singen sind, was ihm unmöglich ist. Und was schlimmer ist, der erste Akt und (was noch schlimmer ist) der vierte Akt würden kalt zu Ende gehen!! Es gibt da eine kurze, aber breit angelegte Melodie und dann noch sehr wichtige Phrasen (nachdem er sich tödlich verwundet hat) im *mezza voce*... und auf die kann man nicht verzichten!

Das macht mir große Sorgen! Wenn ich nur schon fertig wäre! Und wenn man ihn hören könnte... bevor man entscheidet? Man muß das überlegen. Abbiati IV, S. 273 f.

Giulio Ricordi beantwortete diesen Tamagno in Frage stellenden Brief am nächsten Tag:

G. Ricordi an Verdi; Mailand, 19. Jänner 1886
Auch ich habe gedacht, daß die einzigen zwei möglichen Tenöre Masini oder Tamagno wären – ich tendierte eher zu Letzterem, da alles in allem genommen Otello einen gewissen Hang zu Kraft und Gewalttätigkeit haben muß – aber nach dem, was Sie mir schreiben, muß man die Dinge anders betrachten. Sicherlich übertrifft Masini Tamagno tausendfach an Wohllaut des Gesanges: Sie werden sich aber entsinnen, daß seine *H* und, wenn man so will, auch seine *B* etwas verschleiert, etwas schwach sind: ich habe ihn aber seit vielen Jahren nicht mehr gehört und weiß nicht, ob er diesen Mangel noch hat. [...]

Bei Tamagno habe ich einige eigenartige Unregelmäßigkeiten beob-
achtet: denn ein paar Mal gelang es ihm nicht, so zu phrasieren, wie Sie
mir in Ihrem Brief sagen, andere Male wieder tat er es. Da ich Ihnen des
Abends schreibe, werde ich Ihnen erst morgen früh zwei Stücke schicken,
die Sie sich ansehen können (ich schicke sie, weil Sie sie mit Sicherheit
nicht haben) und die ich von Tamagno sehr gut gesungen gehört habe,
ohne stimmliche Anstrengung und mit Anmut: es sind die Romanze aus
dem *Profeta* und die aus dem *Figliuol prodigo*.

Autograph im Archiv von Sant'Agata.

Die Antwort Verdis erfolgt postwendend :

Verdi an G. Ricordi; Freitag [Genua, 22. Jänner 1886]
Ich glaube gern, daß unser Tenor [Tamagno] bei den zwei Stücken,
die Ihr mir geschickt habt, gut weggekommen ist. In dem Stück von May-
erbeer gibt es am Schluß die hohen *B*, die so gut für ihn sind. In dem anderen Stück von Ponchielli, das mehr *cantabile* als das erstere ist, hat er ebenfalls ein paar *Fis* und *Gis* und dazu am Schluß die letzten Noten, die ihm
gut liegen.
Beim *Otello* ist es nicht so. Nachdem er festgestellt hat, daß Desdemona unschuldig getötet wurde, bekommt Otello keine Luft mehr; er ist
erschöpft, physisch und moralisch am Ende: er kann und darf nur noch
mit halberloschener, verschleierter Stimme singen... diese letztere ist mit
Sicherheit eine Eigenschaft, die Tamagno nicht hat. Er muß immer mit
voller Stimme singen, sonst wird sein Ton häßlich, unsicher, unsauber...
Das ist etwas sehr Ernstes, was mir sehr zu denken gibt! Lieber will
ich die Oper nicht aufführen, wenn diese Stelle der Partitur nicht herauskommen kann.
Ach, wenn Ihr 8 Tage eher gekommen wäret, hätte ich selber mit
Tamagno sprechen und mich mit ihm verständigen können.

Abbiati IV, S. 274

Am Tag zuvor hat Verdi an Boito geschrieben:

Verdi an Boito; Genua, 21. Jänner 1886
Man spricht, man schreibt mir immer von *Jago*!!! Ich habe eine gute
Antwort = *Otello, pas Jago, n'est pas fini* [Otello, und nicht Jago, ist noch
nicht fertig], man sagt und schreibt mir auch weiterhin *Jago Jago* – Er ist
zwar (das ist wahr) der Dämon, der alles in Bewegung setzt; doch ist Otello
derjenige, der handelt = *Er liebt, er ist eifersüchtig, er tötet und er tötet
sich selbst.* Was mich anlangt, würde ich es für Heuchelei halten, die Oper
nicht *Otello* zu nennen. Ich ziehe es vor, daß man von mir sagt: „*Er wollte
mit dem Giganten*[38] *ringen und ist dabei unterlegen*", als: „*Er wollte sich
hinter dem Titel Jago verstecken*". – Wenn Ihr meiner Meinung seid, wollen wir also anfangen, die Oper *Otello* zu nennen, teilt das auch gleich
Giulio mit.   Verdi-Boito, S. 99 f.

Am 23. Jänner 1886 beantwortet Giulio Ricordi Verdis Brief vom
22. Jänner. Verdis Antwort ist verlorengegangenen. Dieser Brief an
Ricordi dürfte Tamagno zu folgendem Schreiben bewogen haben:

Tamagno an Verdi; Mailand, 29. Jänner 1886
Hochverehrter Signor Commendatore,
Die Dankbarkeit, die ich Ihnen gegenüber hege, ermutigt mich, diese Zeilen niederzuschreiben, um Ihnen auf irgendeine Art die Genugtuung auszudrücken, die ich angesichts der Ehre empfinde, die Hochwohlgeboren geneigt waren, mir zuteilwerden zu lassen, als Sie mich zum Protagonisten der *ersehnten neuen Oper Otello* erwählten, in der ich hoffe, meine Partie so ausführen zu können, wie es eine derart große Oper erfordert.
Copialettere, S. 342

Diesen sowohl voreiligen wie salbungsvoll-devoten Brief, mit dem Tamagno versucht, leichten Druck auf Verdi auszuüben, ihm die Partie des Otello zu übertragen, beantwortet der Komponist mit leise ironischem Unterton; eine eigenhändige Abschrift davon sendet er an Giulio Ricordi.

Verdi an Tamagno; Genua, 31. Jänner 1886
Lieber Tamagno,
Ich freue mich von der Befriedigung zu hören, die Ihr empfindet, wenn Ihr die Partie des *Otello* übernehmen würdet; gleichzeitig muß ich mich aber über die Leute beklagen, die in meinem Namen Versprechungen gemacht haben, die sie nicht machen konnten.
Ich habe die Oper nicht fertiggestellt, und auch wenn sie fertig wäre, bin ich absolut nicht entschlossen, sie aufführen zu lassen. Ich habe sie allein zu meinem Vergnügen geschrieben, ohne die Absicht, sie zu veröffentlichen, und in diesem Augenblick kann weder ich noch sonst jemand sagen, wie man verfahren wird! Eine weitere Schwierigkeit kommt hinzu, nämlich die geeigneten Künstler für die verschiedenen Partien zu finden. Ihr wißt besser als ich, daß ein noch so tüchtiger bedeutender Künstler sich nicht für alle Partien eignet, und ich will da niemand bloßstellen, schon gar nicht Euch! Nun denn, mein lieber Tamagno (und das soll ein Geheimnis zwischen uns bleiben), wenn Ihr von Madrid zurückkommt, treffen wir uns in Genua oder sonstwo und dann sprechen und diskutieren wir offen und ehrlich. Vorerst keine Entscheidung, um so weniger als ich, ich wiederhole es, nicht *fertig* bin und nicht ausdrücklich versprochen habe, die Oper aufführen zu lassen. Copialettere, S. 342 f.

Im Februar 1886 hört sich Verdi in Mailand die von Giulio Ricordi empfohlene Gemma Bellincioni an. Sie entspricht nicht seinen Vorstellungen. Franco Faccio hat die Sopranistin Romilda Pantaleoni, mit der er befreundet ist, vermutlich über Verdis Eindrücke informiert. In einem Brief vom 27. Februar 1886 schreibt die Sängerin ihrem Bruder Alceo, überzeugt, daß sie die Desdemona sein wird.

Am 14. März berichtet Muzio an Ricordi, daß Verdi ihm soeben „das Schlußduett des ersten Aktes zum zweiten Mal vorgespielt hat, das einzige Stück, das ich noch nicht gehört habe, da er es dieser Tage fertiggestellt hat."[39] Einige Tage darauf fährt Verdi nach Paris, „ein wenig, um Maurel zu hören, ein wenig, um zu sehen, ob sie [dort] noch verrückter sind als früher, ein wenig, um mich zu bewegen."[40] Im April berichtet Muzio an Ricordi: „der Maestro ist [wegen Maurel] nicht mehr besorgt, sein Gesicht hat sich aufgeheitert, er ist bester Laune und spielt und singt wieder und wieder und deklamiert einige Stellen aus der Partie des Jago, die, wie er sagt, [von Maurel] wunderbar interpretiert sein werden."[41]

Im Sommer 1886 stirbt Clarina Maffei. Verdi ist untröstlich über den Tod der Freundin, mit der er seit 44 Jahren innig befreundet war, und beklagt diesen Verlust in mehreren Briefen an Freunde und Bekannte. Franco Faccio besucht ihn in Sant'Agata, wo der Komponist mit dem Dirigenten die Partie der Desdemona durchgeht. Inzwischen hat Ricordi in Sachen Desdemona-Besetzung seine Meinung geändert. Er rückt von der Bellincioni ab und setzt sich für die Pantaleoni ein. Er verweist auf ihre Leistung in Puccinis *Le Villi*:

> G. Ricordi, an Verdi; 18. August 1886
> Die einzige neue Oper, in der sie die anmutige, naiv-herzliche Rolle eines jungen Mädchens interpretierte, war *Le Villi*, deren Erfolg an der Scala, das ist wahr, der Pantaleoni zu verdanken ist, da die anderen Partien mittelmäßig [gesungen] waren. Ich für mein Teil bin sicher, daß diese Künstlerin Sie zufriedenstellen wird, weil sie große Intelligenz und musikalische Intuition hat – darüber hinaus war sie so klug, keinen Vertrag mehr anzunehmen, um an der Scala gut bei Stimme zu sein, und das beweist, wie gut sie die Bedeutung ihrer Verpflichtung versteht.
> Autograph im Archiv von Sant'Agata.

Ricordi deutet es an: Die in Frage kommenden Sänger sind sich der musikhistorischen Bedeutung der Uraufführung des *Otello* bewußt und nehmen sogar mögliche Karrierenachteile und finanzielle Einbußen gerne in Kauf, nur um bei der bedeutenden Premiere (des aus damaliger Sicht wahrscheinlich letzten Meisterwerks Verdis) mitwirken zu dürfen.

Die Pantaleoni besucht Verdi zusammen mit Giulio Ricordi am 29. August 1886 in Sant'Agata. Über die Arbeit berichtet Verdi dem Dirigenten Faccio folgendes:

> Verdi an Faccio; Sant'Agata, 2. September 1886
> Frau Pantaleoni ist soeben abgereist und hat mir zu der Hoffnung Anlaß gegeben, daß sie gegen Mitte Oktober wiederkommen wird, sobald ihre Partie gänzlich kopiert, besser gesagt gedruckt sein wird. Ich habe Giulio den vierten Akt übergeben, in dem Desdemona den größten und schwierigsten Teil [zu singen] hat. Das Lied von der Weide bereitet dem Komponisten ebenso wie der ausführenden Künstlerin größte Schwierigkeiten. Sie sollte, wie die Allerheiligste Dreifaltigkeit, drei Stimmen haben: eine für Desdemona, eine andere für Barbara (die Magd) und eine dritte für das ‚Salce, salce, salce'.

Frau Pantaleonis Stimme, die an dramatische Partien gewöhnt ist, wird bei hohen Noten etwas zu scharf; sie legt sozusagen zuviel Metall hinein. Wenn sie sich daran gewöhnen könnte, mit etwas mehr Kopfstimme zu singen, würde ihr das *smorzato* leichter gelingen, und ihre Stimme wäre auch sicherer und würde besser sitzen.

Ich habe ihr geraten, dies zu tun, und Ihr mit Eurem Einfluß solltet Ihr denselben Rat geben. Außerdem ist es nicht immer wahr, daß ihr D ein so schlechter Ton ist, wie Sie sagen. Es gibt eine Stelle, bei der es ihr bestens gelingt:

[Es folgt ein Tonbeispiel: Salce, salce, salce, mit der Bezeichnung *ppppp*]

Diese Phrase wird dreimal wiederholt. Das letzte Mal gelingt sie ihr gut, die beiden anderen Male weniger.

Ich habe Euch offen gesagt, was ich denke, und sage Euch nochmals, daß sie in der Partie der Desdemona – auch wenn sie nicht ganz zu ihrer Empfindungsweise und ihrer Stimme paßt – bei ihrem großen Talent und Bühneninstinkt, mit gutem Willen und Studium bestens reüssieren wird... Beachtet außerdem, daß sie viele, viele Dinge meisterhaft ausführt. Adieu; ich weiß nicht, was ich Euch in so großer Eile geschrieben habe. Versucht, es zu verstehen.   Morazzoni, S. 44 f.

Eine Woche später weist Verdi auf einen interessanten Umstand hin:

> Verdi an Boito; Donnerstag [Sant'Agata, 9. September 1886]
> Gestern bin ich die drei Hauptrollen *einzeln* durchgegangen, um zu sehen, ob sie aus einem Guß sind und sich folgerichtig entwickeln... *sie tun es*!! Und eine merkwürdige Sache! Die Partie des Jago könnte man, abgesehen von einigen *éclats*, zur Gänze im mezza voce singen!
> Verdi-Boito, S. 116

Im Oktober 1886 kommt die Pantaleoni zum zweiten Mal nach Sant'Agata, um ihre Partie mit Verdi durchzuarbeiten.

> Romilda Pantaleoni an Alceo Pantaleoni; Abano, 29. Oktober 1886
> Gestern abend bin ich aus Busseto zurückgekehrt, wo ich zwölf Tage verbrachte, um mich an den erhabenen Harmonien dieses großen Alten zu erfreuen! Wenn Du die himmlischen Sachen und die Kraft dieses Künstlers erleben könntest! Es scheint unmöglich, daß dies alles von einem Mann erschaffen wurde, der über *siebzig* ist! Und welche Zartheit und Tiefe ist im Blick dieses Genies! Er ließ mich täglich zweimal studieren, morgens und spät abends! Und ich versichere Dir, daß ich mit ihm die unerhörten Schönheiten jener süßen und gleichzeitig machtvollen Melodien gründlich erforscht habe; ich glaube wirklich, daß ich mit dieser Oper zum Höhepunkt meines Ruhmes gelangen werde! Ich bin glücklich, erhoben und überaus stolz auf die große Ehre, die mir zuteil wird, sowohl wegen der Oper als auch wegen der Partie der Desdemona, die zu kreieren ich ausgewählt wurde und auch, weil ich im Hause Verdi von ihm und seiner werten Gemahlin mit der vergnüglichsten und selten erlebten Ungezwungenheit behandelt wurde... im Hause dieses Erhabenen. Und wie war er schließlich mit mir zufrieden, als ich ihn begriffen hatte und ihm die Par-

tie so vorsang, wie er es wollte, mit allen Feinheiten, allen Schattierungen und dem Ausdruck, wie er es mir gezeigt hatte!

Verdi-Boito, S. 354

Mit derselben Post berichtet Verdi über die Sopranistin an Faccio:

> Verdi an Faccio; Sant'Agata, 29. Oktober 1886
> Wie Ihr wißt, ist Signora Pantaleoni gestern abgereist. Sie beherrscht die ganze Partie ausgezeichnet und wird, wenn die *Sterne* und die Einstellung des Publikums der Oper an jenem Abend nicht feindlich gesonnen sind, wohl an allen Stellen Wirkung erzielen. Sehr gute Wirkungen im Quartett, noch mehr im Duett und Finale des dritten Aktes und im gesamten vierten. Sie braucht kein Lampenfieber zu haben. Ihre Töne werden sehr schön sein, wenn sie weniger scharf und immer mit *Kopfstimme* singt, wie ich ihr übrigens auch an vielen anderen Stellen zu singen geraten habe. Wenn es etwas auszusetzen gibt, ist es in der Szene des ersten Aktes. Dort ist etwas Leichteres, Duftigeres und, sagen wir es ruhig: Sinnlicheres vonnöten, wie es die Situation und die Verse erfordern. Ihre *Solo*-Phrasen singt sie ausgezeichnet, aber mit zu viel Ausdruck und zu dramatisch. Wir werden jedoch weitere Proben abhalten und den rechten Ausdruck schon finden.
> Unter uns gesagt, wenn Ihr die Partie mit ihr durchgeht, sagt ihr, sie soll soviel wie möglich mit Kopfstimme singen.
> Und jetzt, mein lieber Faccio, bitte ich Euch dringlich, Tamagno (sobald er eingetroffen ist) seine Partie studieren zu lassen. Er ist im Notenlesen so schlampig, daß mir wirklich daran liegt, ihn die Partie mit einem wirklichen Musiker studieren zu lassen, der ihm die Noten mit dem richtigen Wert und Tempo beibringen kann. Für den Ausdruck des Chores sorgen wir später, wenn ich Euch alle meine Absichten betreffs des Gesanges, der Bühne usw. usw. mitgeteilt haben werde.

Morazzoni, 44 f.

Nachdem Verdi die Sopranistin instruiert hat, sorgt er sich wegen Tamagno.

> Faccio an Verdi; Mailand, 31. Oktober 1886
> Sie sind also nicht unzufrieden mit der Pantaleoni! Oh! Welche Genugtuung für mich und welches Glück und welche Ehre für die so überaus bescheidene Künstlerin! Und wie dankbar sie Ihnen ist! [...]
> Sobald Tamagno eintrifft (das wird in ein paar Tagen sein), werde ich ihn studieren lassen und vor allem, wie Sie mit Recht wünschen, um die *musikalische Präzision* besorgt sein.

Abbiati IV, S. 295

Im Dezember erfährt Verdi, daß sein alter Freund Arrivabene erkrankt ist. Er versucht, ihm Mut zu machen, doch Arrivabene stirbt am 1. Jänner 1887, ohne die *Otello*-Premiere erlebt zu haben. Auch über diesen Verlust ist Verdi untröstlich, fast fünfzig Jahre war er mit Arrivabene befreundet, dessen Sohn ihm, dem letzten Wunsch des Verstorbe-

Brief Giuseppe Verdis an seinen Freund Opprandino Arrivabene.[5] (siehe Seite 472) nen nachkommend, die goldene Uhr des Vaters übersendet.

Die Proben sind unendlich harte Arbeit, sie finden unter Ausschluß der Öffentlichkeit statt. Man erzählt bewundernd von einer Probe, bei der der dreiundsiebzigjährige Komponist die anwesenden Sänger und Musiker im Bemühen, Tamagno vorzuzeigen, wie er sich zu töten habe, dadurch erschreckt, daß er selbst vormacht, wie Otello die Stufen vor dem Bett hinunterzustürzen hat. Auch zur Generalprobe läßt Verdi keine Kiebitze zu. Die in den Zeitungen erscheinenden Vorberichte sind auf Gerüchte und Mutmaßungen angewiesen.

Am Samstag, dem 5. Februar 1887, findet die triumphale Premiere des *Otello* an der Mailänder Scala statt. Die Kritiker, an ihrer Spitze Camille Bellaigue[42], teilen den Jubel des aus aller Welt angereisten Publikums und zeigen sich der neuen Musiksprache Verdis gewachsen.

Nicht alle Besucher der ersten Vorstellungen sind jedoch gleicherweise von den Leistungen der Interpreten überzeugt, wie aus dem folgenden (gekürzten) Bericht der amerikanischen Sängerin, Journalistin und Schriftstellerin Blanche Roosevelt zu entnehmen ist. Sie wurde 1853 als Tochter eines Senators in Sanduski, Ohio, geboren und ging in ganz jungen Jahren nach Mailand, um Gesang zu studieren. Aus dieser Zeit stammen ihre ersten journalistischen Versuche, u.a. ein 1875 in Paris (wo sie bei Pauline Viardot Gesang studierte) mit Giuseppe Verdi geführtes Interview.[43] 1876 debütierte sie unter dem Namen Blanche Rosavella am Londoner Covent Garden Opera House als Violetta in Verdis *La traviata*. Da ihre Stimme als nicht eben schön und ihre Intonation als mangelhaft empfunden wurde, hinterließ sie keinen günstigen Eindruck, obwohl sie außerordentlich hübsch war (Victor Hugo bezeichnete sie als „Schönheit und Genie aus der Neuen Welt"). In der Folge setzte sie ihre Gesangskarriere in Mailand, in Belgien, in Paris und den USA fort. Sie heiratete einen Italiener namens Macchetti, dem später der Adelstitel eines „Marchese d'Alligri" verliehen wurde. Im Alter von dreißig Jahren veröffentlichte sie ihr erstes Buch „Stage Struck; or, She Would Be an Opera Singer", in welchem sie u.a. die Gesangstechnik berühmter Lehrer ihrer Zeit (z. B. Lamperti) beschrieb. Sie starb 1898, 45jährig, an den Folgen von Verletzungen, die sie beim Umstürzen einer Reisekutsche erlitten hatte.[44]

Ihr Bericht aus „Otellopolis" [die Stadt Otellos, d.h. Mailand] war ursprünglich in Briefform an den Schriftsteller Wilkie Collins gerichtet; er wurde noch 1887 in Buchform in London veröffentlicht.

Otellopolis, 5. Februar 1887[45]
Die Piazza della Scala war sehenswert, und die Rufe „Viva Verdi! viva

Verdi!" waren so ohrenbetäubend, daß ich mich nach Watte für meine Ohren sehnte. Armer Verdi! Wäre er dagewesen, er wäre sicherlich in Stücke gerissen worden, denn die Menge unterscheidet in ihrer Begeisterung selten zwischen Glorifizierung und Mord. [...]

Nun, nach dem Abendessen – ich aß nicht, sondern schlang das Essen hinunter – brachen wir endlich zum Theater auf. Der Wagen mußte weggeschickt werden, lange bevor wir den Eingang erreicht hatten, denn die Pferde konnten sich keinen Weg durch die Menge bahnen. Bestenfalls konnten sich die Menschen einzeln durch einen Polizeikordon zum Eingang durchkämpfen. Ich rechnete damit, daß mir mein Kleid in Fetzen vom Leib gerissen würde; es gelang mir jedoch, heil hineinzugelangen, und erst einmal drinnen, war der Anblick unbeschreiblich. Die Scala hat nie zuvor solch ein Publikum gesehen, und obwohl es eine ganze Stunde vor Beginn der Vorstellung war, waren alle Plätze schon besetzt. [...]

Vom Parkett bis unters Dach war der riesige Zuschauerraum eine einzige Masse von erwartungsvollen Gesichtern, blitzenden Augen, funkelnden Toiletten und prächtigen Juwelen. Der italienische Hofstaat war ein Regenbogen von Farben, und Königin Margheritas Ehrendamen glichen einem Treibhaus-Bukett aus seltensten exotischen Blumen. Die Logen im ersten und im zweiten Rang waren so vollgestopft mit vornehmen Mailänderinnen, behangen mit glänzenden Juwelen und hauchdünnen Spitzen, daß das Haus wie in Licht getaucht war, bis ganz hoch hinauf, wo sich die oberste Galerie in einem exquisiten goldenen Gesims verlor. Der Schimmer von Diamantendiademen und Ansteckblumen warf lange Strahlen auf den schwarz ausgeschlagenen Hintergrund, während die neue elektrische Beleuchtung, eingefangen in mattweiße Kugeln, einen so unirdischen Glanz über das Publikum ausgoß, daß wir alle wie Gespenster aussahen, die sich aus irgendeinem bizarren Haufen Toter erhoben. Was das Parkett oder die „Sperrsitze" betrifft, so war es einfach wunderbar. Ich kenne keine Stadt in der Welt, die ein Schauspiel ähnlicher Brillanz zu bieten vermöchte. In erster Linie war es mit Offizieren vollgestopft – ohne Zweifel die stattlichsten Männer der Welt –, prächtig anzusehen in den unterschiedlichsten schmucken italienischen Uniformen: Stabsoffiziere in voller Gala und narbenübersäte Veteranen mit all ihren beeindruckenden Auszeichnungen. Und erst die Frauen – so hübsche Frauen, wie man sie nur in Italien sieht. Denn die Italiener sind, wenn man sie in Italien sieht, ein ansehnliches Volk; und pittoresk, mein lieber Freund, ist das einzig mögliche Wort, um sie zu beschreiben. Die Männer sehen überall gut aus; die Frauen mögen auf dem Corso nicht so brillieren, aber im Theater stellen sie die Frauen aller Nationen in den Schatten. [...]

Im allgemeinen könnte man glauben, daß Verdi bei Uraufführungen seine Opern selbst dirigiert, aber das ist falsch. Seit vierzig Jahren oder länger hat er, von wenigen Ausnahmen abgesehen, seinen Platz auf dem Sessel des Orchesterleiters nicht eingenommen. Bei dieser Gelegenheit wäre er wohl zu nervös gewesen, um so etwas zu wagen. Den Dirigentenposten in der Scala hat zur Zeit Franco Faccio inne, ein wunderbarer Musiker und Komponist, einer, der sein Orchester kennt wie ein Flötist seine Klappen, und der jahrelang Verdis Opern unter des Maestros Augen und nach dessen Anweisungen dirigiert hat. Faccios Erscheinen an dem Dirigentenplatz, den er so lange und so gut ausgefüllt hat, war das Signal für donnernden Applaus. Das Orchester stimmte sogleich einige wenige herrliche Akkorde an, die einen Sturm darstellen, worauf sich augenblicklich der Vorhang hob.

Das Bühnenbild, die Kostüme, der Chor und das Orchester waren nahezu vollkommen; die Besetzung war allerdings schwach. Victor Maurel ist der einzige wahre Künstler in der Oper, und er ist Franzose. Was Stimme, Darstellung, Erscheinung und Kostüme anbelangt, ist er das Idealbild dessen, was ein Opernsänger sein sollte, sowie das Ideal dessen, was ein Opern-Jago sein kann. Er sang, wie sich selbst seine besten Freunde nie hätten träumen lassen, daß er singen könnte, und sein Spiel war jene vollendete Arbeit, wie wir sie von ihm als Künstler immer gewohnt sind. Im Nu erwarb er sich die volle Sympathie des Publikums, und ich konnte nicht umhin, hier und da die Jagos, die wir in anderen Ländern gesehen hatten, mit den Jagos zu vergleichen, wie man sie in Italien sieht. Jago scheint beim Publikum sogar *persona grata* zu sein: die Eigenschaften, die bei den rechtschaffenen Angelsachsen einen Schauder des Entsetzens bewirken, werden von dieser leicht zu beeindruckenden Nation mit gelassener Befriedigung und Erleichterung aufgenommen. […] An Maurel wird man sich als einen der begabtesten Künstler erinnern, die wir je in Covent Garden gesehen haben. […] Tamagno, der Tenor, spielte den Othello, und er sah auch so aus, aber er sang nicht – er blökte.[46] Desdemona habe ich in der Literaturgeschichte nie besonders gemocht, und die jetzige Darstellerin der Rolle ließ mich an all meine tausend ungesühnten Vergehen denken, die ich Brabantios Tochter zur Last gelegt hatte. Madame Pantaleone ist eine vortreffliche Person, doch als Desdemona hätte sie am Abend zuvor bei der Generalprobe erwürgt werden sollen. Ihre Stimme ist von Natur aus fein und dramatisch, doch sie weiß nicht mehr von der reinen Kunst des Gesangs als ich von der Wissenschaft der Astronomie. Sie hat eine abscheuliche Tongebung in der Mittellage; die hohen Töne sind klar, aber selten richtig intoniert. Die Othellos Gattin zugedachte schöne Musik muß sehr widerstandsfähig sein, daß sie in ihren Händen beziehungsweise in ihrer Kehle nicht ausdruckslos geworden ist. Die Erscheinung der Madame Pantaleone ist gleichfalls unvorteilhaft; sie ist klein, schielt leicht und ist von einer äußeren Unansehnlichkeit, was die ohnehin schon unscheinbare Desdemona noch zwergenhafter erscheinen läßt. Im ersten und im dritten Akt spielte sie sehr gut, weniger gut aber im letzten. Von den anderen Sängern möchte ich noch sagen, daß die Petrovich als Emilia verdientermaßen ausgepfiffen wurde; V. Fornari als Roderigo war für das Werk weder hilfreich noch schädlich; und M. Paroli als Cassio war ein leidlich guter zweiter Tenor; er kann wenigstens singen, aber die Natur hat ihn offensichtlich nie dazu auserkoren, an der Scala zu singen.

Die Ovationen für Verdi und Boito erreichten den Gipfel der Begeisterung. Verdi wurde ein silbernes Album mit den Unterschriften und Visitenkarten aller Bürger Mailands überreicht. Er wurde zwanzigmal herausgerufen, und bei den letzten Herausrufen wurden Hüte und Taschentücher geschwenkt, und das Haus stand wie ein Mann auf. Die Emotionen waren unbeschreiblich, und viele weinten. Verdis Wagen wurde von Bürgern zum Hotel gezogen. Man ließ ihn hochleben und brachte ihm Ständchen, und um fünf Uhr morgens hatte ich noch kein Auge zugetan wegen der Menge, die auf der Straße noch „Viva Verdi! viva Verdi!" sang und schrie. Wer vermag wohl zu sagen, ob dieser Ruf nicht seinen Widerhall in der ganzen Welt findet? Mit vierundsiebzig kann dieser zweite Eroberer zu Recht ausrufen: *Veni, vidi, vici, Verdi!*

Ganz ähnlich fiel die Meinung des Rezensenten der „Signale für die Musikalische Welt"[47] aus, der nach einer ausführlichen Werkbeschreibung kurz auf die Ausführenden und den Erfolg des Abends eingeht:

> Die Darstellung fiel nicht ganz so zur Zufriedenheit aus, wie man erwarten durfte. Den Haupterfolg unter den Sängern trug Sgr. Maurel als Jago, ein bewundernswerther Vertreter dieser Rolle, davon. Sgr. Tamagno verfügt über eine herrliche Tenorstimme und viel dramatische Verve im Vortrag, nach der geistigen Seite hin verstand er jedoch die Titelrolle nicht erschöpfend zu behandeln. Die Desdemona der Sgra. Pantaleoni, einer stimmbegabten und auch in schauspielerischer Beziehung gut veranlagten Künstlerin, verdient lebhafte Anerkennung. Nur kann man sich auch diese Rolle mit feineren Zügen ausgestattet denken. Die Chöre konnten im Wesentlichen befriedigen, das Orchester unter der intelligenten Leitung Sgr. Faccio's hielt sich sehr gut. An der *Mise en scène* und Ausstattung, die eine rechte Pracht entwickelte, war selbstverständlich nicht gespart worden.
>
> Nach beendigter Vorstellung dröhnte das Haus von Beifallssalven und begeisterten Zurufen ohne Ende, unzählige Male mußte Verdi, von Kränzen, Blumen= und Girlandenspenden fast überschüttet, den Dank des Publicums entgegennehmen. Im Ganzen kann man für ihn im Verlaufe des Abends 20 Hervorrufe, für Boito deren drei zählen.

Unter dem Titel „Othello=Geschichten" veröffentlichte dieselbe Zeitschrift[48] einen anschaulichen Artikel über die Uraufführung, abseits ernster Kritik:

> Ueber Verdi's Verhalten während der ersten Aufführung von „Othello" wird aus Mailand Folgendes berichtet:
>
> Der Zutritt zu den Coulissen war unter allen Umständen untersagt worden. Um acht Uhr[49] kam Verdi in schwarzem, zugeknöpftem Ueberrock mit den Herren Ricordi und Arrigo Boito an. Während des „Sturmes" rüttelte er an einer der Zinkplatten, die den Donner nachahmen. Nachdem der Chor Dacapo verlangt worden war, rief das Publicum nach Verdi, der den Künstlern mit der Hand ein Zeichen machte, daß er auf der Bühne nicht erscheinen wollte. Am Ende des ersten Actes reihten sich sämmtliche Sänger um ihn und beglückwünschten den Meister.
>
> Nichts Besonderes ist hinsichtlich des zweiten Actes zu sagen, dem der Componist, an eine Säule gelehnt, zuhörte. Herr Ricordi überbrachte ihm ein Telegramm vom König und der Königin mit deren besten Wünschen für den vollständigen Erfolg des „Othello".
>
> Nach Beendigung des Actes umarmte Verdi innig Maurel, um gleich darauf dasselbe bei Tamagno zu wiederholen, wovon ihn die Farbe im Gesichte Othello's jedoch schnell Abstand nehmen ließ.

Während des dritten Actes hielt sich der Maestro in der Nähe der Chöre und schlug mit dem Fuße den Tact. Nach dem von Frau Pantaleoni gesungenen Ave Maria rief Verdi der Künstlerin zu: „Bravo, Sie haben es wohl verstanden". Das schöne Vorspiel des vierten Actes mit den Contrabässen rief lebhafte Befriedigung in ihm hervor.

Im Allgemeinen war Verdi während der Aufführung vollkommen ruhig und gefaßt, vor dem Ende der Oper vielleicht ein bischen nervös.

Beim Weggang brachte ihm die ungeheure Menge, die ihn dicht gedrängt erwartete, eine begeisterte Ovation dar. Da ereignete sich ein beklagenswerter Vorfall, der diese Kundgebung verdorben hat: eine thierische Masse schirrte, alle Scheu bei Seite lassend, die Pferde ab und führte, den entrüstungsvollen Protesten Verdi's, der aussteigen wollte, zum Trotz, den Wagen nach dem Hôtel.

Der in einen Garten umgewandelte Vorhof des Hôtels strahlte von Licht. Im Wohnzimmer des Maestro war an der Salonwand ein prachtvolles, von Kränzen umgebenes und in Lebensgröße gemaltes Bildnis Verdi's aufgehängt.

Es war dies eine zarte Aufmerksamkeit des Hôtelbesitzers, der das Gemälde von einem renommirten Privatmaler hatte anfertigen lassen. Verdi, der sich vor Müdigkeit nicht halten konnte, erschien auf dem Balcon, um der Menge zu danken und sie zu bitten, sich zurückzuziehen.

Die Einnahme bei dieser ersten Aufführung hat sich auf 67000 Frcs. belaufen. Die zweite Vorstellung hat noch nicht stattfinden können: Herr Tamagno ist krank.

„Othello" dauert, genau berechnet, gerade zwei Stunden und fünf Minuten, und zwar der erste und zweite Act je 30, der dritte 40 und der letzte Act 25 Minuten. Uebrigens haben in Mailand eine größere Anzahl Musikdilettanten beschlossen, dem Maestro Verdi anläßlich der „Othello"-Aufführung eine große goldene Medaille mit entsprechender Widmung zu verehren. Soviel wir wissen, besitzt Verdi schon über 100 solcher Gedenkmünzen.

D e s d e m o n a ' s   T a s c h e n t u c h. Herr Ricordi, der Verleger von Verdi's „Othello", hat sich die Gunst ausgebeten, der Darstellerin der Desdemona, Frau Pantaleoni, das berühmte verhängnißvolle Taschentuch anbieten zu dürfen. Es ist dies ein Guipure[50]-Viereck in der Größe von dreißig Centimetern, das mit Gold und bunter Seide bedeckt ist. An den Stickereien haben die beiden ersten Mailänder Arbeiterinnen ein halbes Jahr gestickt. Wenn man das Ganze durch das Vergrößerungsglas ansieht, so erkennt man die in winzigen Stichen ausgeführten Porträts Verdi's und Boito's. In der Mitte ist der Name „Desdemona" in Weidenblättern eingestickt. Das Taschentuch, welches einen unermeßlichen Werth hat, ist tagsüber in der Garderobe der Pantaleoni zur öffentlichen Besichtigung ausgestellt.

Die zweite Buhne Italiens, welche „Othello" schon in nächster Zeit zur Aufführung bringen wird, ist das Apollo-Theater in Rom.

D i e   S t a d t   M a i l a n d   hat   V e r d i   zu ihrem Ehrenbürger ernannt!

Giulio Ricordi verfaßt kurz nach der Uraufführung des *Otello* eine „Disposizione scenica"[51], die den szenischen Ablauf der Scala-Inszenierung genau dokumentiert. Dieses mit fast dreihundert Skizzen ausgestattete detaillierte Regiebuch ist auch für Aufführungen an anderen Häusern, die die Oper nachspielen wollen, gedacht, findet aber als solches weniger Beachtung denn als musik- und theaterhistorisch wertvolle Dokumentation der Uraufführung der Oper. Der „Disposizione scenica" vorangestellt ist ein kommentiertes Personenverzeichnis Boitos[52], das seinerseits eingeleitet wird durch die zeitlos gültigen Anweisungen Hamlets an die Schauspieler.[53]

Mit der Uraufführung des *Otello* ist Verdis und Boitos Beschäftigung mit dem Werk keineswegs abgeschlossen: Aufführungen in verschiedenen Städten – darunter Brescia, Parma, Venedig, Rom, Neapel, London und Paris – sind geplant, die dabei auftretenden Probleme bleiben immer die gleichen. Während Boito und Du Locle an der französischen Übersetzung der Oper arbeiten, beschäftigen sich Verdi und Giulio Ricordi im Frühjahr 1887 mit der geplanten Pariser Aufführung des *Otello*. Dabei geht es nicht nur um das von Verdi als „Monströsität"[54] bezeichnete nachzukomponierende Ballett für den dritten Akt[55], wie es vom Pariser Publikum nach wie vor verlangt wird, sondern auch um die Besetzung der Partie der Desdemona. Die Ärgernisse Verdis mit den Franzosen sind so groß, daß die Verhandlungen abgebrochen und erst sieben Jahre später wieder aufgenommen werden. Mit dem Abbruch der Verhandlungen betraut der Maestro Emanuele Muzio, der in dieser Sache in Paris als Vertreter Verdis auftritt. Um sein Schreiben offiziell und vorweisbar zu gestalten, verzichtet Verdi auf das sonst im Verkehr mit Muzio verwendete vertrauliche „Du" und spricht ihn mit „Euch" an.

> Verdi an Muzio; Genua, 2. April 1887
> Da die Herren Direktoren der Opéra außer so vielen anderen Schwierigkeiten finden, daß Mad. Caron stimmlich nachgelassen hat, ihr die Tiefe fehlt und die Höhe ungenügend ist, und sie noch dazu auch *unrein* singt, kann und darf ich nicht darauf bestehen, eine Künstlerin zu engagieren, die ihre volle Mißbilligung hat.
> Ich insistiere nicht weiter; aber da ich im Personal der Opéra keine andere Künstlerin finde, die mir für die Partie der Desdemona zusagen würde, beauftrage ich Euch, die Herren Direktoren der Opéra in meinem Namen formell zu verständigen, daß von jetzt an alle Verhandlungen über *Otello* abgebrochen sind.　　　　　　　　　　　　Abbiati IV, S. 330

Auch anläßlich der Aufführung des *Otello* in Rom (16. April 1887), der Verdi nicht beiwohnen will, taucht wieder das leidige Desdemona-Problem auf:

Verdi an G. Ricordi; Genua, 22. April 1887

Beurteilt man *terre à terre* [genau besehen] den Charakter Desdemonas, die sich mißhandeln und ohrfeigen läßt und die, nachdem sie erwürgt wurde, noch verzeiht und sich dem Herrn anempfiehlt, so scheint sie dümmlich zu sein! Aber Desdemona ist keine Frau, sie ist ein Typus! Sie ist der Typus der Güte, der Resignation, der Aufopferung! Das sind Wesen, die für andere geboren sind, die sich ihres *Ich* nicht bewußt sind! Wesen, die es zum Teil gibt und die Shakespeare dichterisch behandelt und verklärt hat, indem er Desdemona, Cordelia, Julia etc. etc. schuf, Typen, die kein Pendant haben, außer vielleicht die Antigone im Theater der Antike.

So müßte man Desdemona auffassen! aber wer könnte das schon? [...]

Achtet auf die Gabbi in Venedig! Achtet auf Battistini in Neapel. Auch er kann kein guter Jago sein.   Abbiati IV, S. 331 f.

Monatelang ärgert sich Verdi über die Schwierigkeiten bei den Einstudierungen des *Otello* an verschiedenen Bühnen:

Verdi an G. Ricordi; Sant'Agata, 19. Mai 1887

Ach, dieser *Otello* macht mir viel Ärger! Und fast verfluche ich den Augenblick, als ich ihn weggab! Auf meinem Schreibtisch war er ein Trost, und jetzt ist er eine Hölle!

Das Projekt in London ist miserabel! Ganz schlecht das in Parma.[...]

Ich für meinen Teil bin mit dem Ergebnis in Venedig äußerst unzufrieden! Das erste, alleinige und einzige Thermometer für den Erfolg sind die Einnahmen!   Abbiati IV, S. 337 f.

Abgesehen von den leidigen, im Sinne Verdis schier unlösbaren Besetzungsfragen kommt es im Jänner 1888 zu Problemen mit den ersten deutschsprachigen Aufführungen des *Otello*.

Verdi an G. Ricordi; Genua, 22. Jänner 1888

Und jetzt sprechen wir Deutsch! Ich verstehe diese Sprache nicht, dessen ungeachtet sind mir in der deutschen Übersetzung des *Otello* ein paar Dinge aufgefallen, die nicht schön sind. Ganz und gar nicht! Im Lied von der Weide hat die Wiederholung des Wortes keinen Sinn und soll auch keinen haben: es ist eine undefinierte Stimme, die weder Desdemona noch Barbara gehört; es ist ein Klang, den man hört, der sich aber, ich würde sagen: nicht ändert... Und daher darf man an dieser Stelle nicht ,Grüne Weide' sagen, grün oder gelb! Seht zu, daß man immer nur ,*Weide, Weide, Weide*' sagt.

Schlimmer noch am Ende, wenn Otello *sagt ,Desdemona, Desdemona... ah morta morta morta!'*. Herzzerreißender und wahrer Ausruf! Der Übersetzer hat daraus eine weder schöne noch wahre Phrase gemacht... ,*Dolce morta cara*'[56] oder so etwas Ähnliches. Hier darf es weder eine poetische noch musikalische Phrase geben! ich selbst, sogar ich selbst war klug genug, nur Klänge zu machen, die fast keine Tonart haben!... Seht zu, daß der Übersetzer den Vers einrichte, wie er will, aber er möge dreimal *morta morta morta* sagen!   Abbiati IV, S. 356

Verdis Wünsche, von Giulio Ricordi auftragsgemäß weitergeleitet, bleiben unerfüllt. Die zu Recht beanstandeten Passagen in der deutschen Übersetzung von Max Kalbeck werden beibehalten und erst viel später von Walter Felsenstein Verdis Wünschen angepaßt.

Doch nicht nur Unerfreuliches geschieht um den *Otello*: Die Erstaufführung des *Othello* an der Wiener Hofoper am 14. März 1888 unter Hans Richter mit Hermann Winkelmann (Othello), Theodor Reichmann (Jago) und Antonia Schläger (Desdemona) wird zur größten Sensation seit der Einführung der elektrischen Beleuchtung 1887. Tags darauf meldet Giulio Ricordi telegrafisch nach Sant'Agata: „Mit unendlicher Freude teile ich Euch stürmischen vollkommenen großen Erfolg Otello Wien mit. – Sieben Vorhänge nach erstem Akt sechs zweitem acht drittem elf viertem – riesiger Eindruck – Herzliche Grüße Giulio."

Am 19. Februar 1889 wird der *Otello* an der Mailänder Scala wieder aufgenommen. Es gibt neuen Ärger mit dem Bühnenbild, dem Freudenfeuer, Instrumentengruppen („Das Solo der Kontrabässe ist bisher der Scala unwürdig gewesen.") und dem Chor. Bemerkenswert ist die folgende Anmerkung Verdis:

> Verdi an G. Ricordi; Genua, 1. Jänner 1889
> Was die Musik anlangt, sollte man weder bei den Farben noch bei den Tempi Korrekturen anbringen. Die Leute haben gut reden, wenn sie zu Unrecht verlangen, man müsse Konzessionen an die verschiedenen Stimmtimbres machen. Nein: Es gibt nur *eine einzige* Interpretation eines Kunstwerks, und es kann nur *eine einzige* geben.   Abbiati IV, S. 366

Wenige Tage später kommt der Maestro wieder auf Interpretationsprobleme, diesmal im Orchester, zu sprechen:

> Verdi an G. Ricordi; Genua, 6. Jänner 1889
> So wie es (von wenigen Ausnahmen abgesehen) keinen Komponisten gibt, der die eigene Musik nicht für die beste von allen hält, gibt es keinen Orchestermusiker, der sich nicht für einen Beethoven *manqué*[57] hält. Folglich müssen die Stimmführer Autorität und Energie haben und fähig sein zu sagen ‚Macht es so'. Ich billige auch nicht die Teilungen der Bratschen, der Celli und der [zweiten] Geigen. Diese drei Instrumentengruppen sind genau jene, die die harmonische Verbindung herstellen und stets gemeinsam begleiten. Bei den ersten Geigen ist es unwichtig, ob sie auf der einen oder anderen Seite sind, sofern sie nur gut spielen.   Abbiati IV, S. 354 f.

Die Wiederaufnahme des *Otello* an der Scala am 19. Februar 1889 ist ein Mißerfolg. Verdi ist bei Proben und Aufführung nicht anwesend, er behält Recht mit seiner Befürchtung, daß die Wiederaufnahme zu früh erfolgt und daher nutzlos ist. Die Sänger der 13 Vorstellungen heißen Aurelia Cataneo (Desdemona), Giuseppe Oxilia, dann N. Giannini (Otello), Victor Maurel (Jago).

Zweieinhalb Jahre später meldet sich Paris wieder wegen des *Otello*. An Eugène Bertrand, einen der designierten Direktoren der Opéra ab 1. Jänner 1892, richtet Verdi die folgende, in französischer Sprache gehaltene ausweichende Antwort, die in Hinsicht auf den von Verdi als Person (und Verhandlungspartner) ungeliebten Maurel ironischer Zwischentöne nicht entbehrt :

> Verdi an Eugène Bertrand; Sant'Agata, 27. Oktober 1891
> Sehr geehrt von Ihrer freundlichen Aufforderung, *Otello* an der Opéra herauszubringen, wüßte ich Ihnen zur Zeit keine Antwort zu geben, da ich nicht alle Künstler kenne, die diese Oper aufführen sollen. – Sie sprechen mir von M.lle Melba, die, wie ich weiß, eine Künstlerin ist; aber ich glaube nicht, daß die Rolle der *Desdemona* der Art ihres Talentes entsprechen würde. Und wer soll *Otello* sein? Das ist das Wichtigste. Außerdem sagen Sie mir, daß ich M. Maurel hier bald einmal sehen werde. Mit ihm könnte ich das also ausführlich besprechen.   Copialettere, S. 371

In der Zwischenzeit wird Verdi von Giulio Ricordi mit dem Vorschlag konfrontiert, den *Otello* an der Scala neuerlich wiederaufzunehmen. Zu dieser Zeit arbeitet Verdi am *Falstaff* und lehnt jede weitere Befassung mit der neuerlichen Wiederaufnahme des *Otello* an der Scala (15. Februar 1892) schlichtweg ab. Genauso lehnt er die Aufführung des *Otello* an der Pariser Opéra weiterhin ab. Sie kommt erst 1894 zustande, als der *Falstaff* in Paris an der Opéra-Comique (18. April) gegeben wird. Obwohl ein ungeschriebenes eisernes Gesetz verlangt, daß alle fremdsprachigen Opern an der Opéra in französischer Übersetzung bzw. Fassung gegeben werden, wird Verdi von der Direktion zu seiner größten Überraschung der Vorschlag gemacht, das Werk in italienischer Originalsprache zu geben. Dieser Vorschlag der Opéra kommt aus Konkurrenzangst zustande, aus dem Bestreben, den *Otello* um (fast) jeden Preis in Paris vorzustellen. Aus Verdis Antwort spricht seine Überraschung, die letztendlich dazu führt, daß er der Einstudierung zustimmt.

> Verdi an Pierre Gailhard; Genua, 31. Jänner 1894
> *Otello* an der Opéra auf italienisch?!!! Das überrascht und erstaunt mich!
> Ich bestreite nicht Ihr Recht, an der Opéra Werke auf italienisch zu geben; aber ich kann beim Gedanken an die Opéra, Ihr großes *Théâtre National*, nicht verstehen, wie man in dem Theater ein nicht französisches Werk geben kann! In dieser Mischung liegt etwas Unstimmiges und Schockierendes…: *Opéra* und *italienisches Werk*. Es ist durchaus wahr, daß man *Aida* auf italienisch gab, bevor sie auf französisch gegeben wurde; aber das war ein anderer Fall. *Aida* wurde in Paris zum ersten Mal in einem Theater gegeben, das ein rein italienisches war. Wenn *Otello* jetzt an der Opéra gegeben werden soll, glaube ich, daß er in französischer Übersetzung zu geben ist.   Copialettere, S. 388

Mit der ursprünglich geplanten Besetzung (Eva Tetrazzini, Francesco Tamagno, Giuseppe Kaschmann, italienischer Chor und italienisches Orchester, einstudiert von Duschamps, dem Orchesterchef von Monte Carlo) ist Verdi mehr als einverstanden, was bleibt, sind die Bedenken wegen der Sprache. Die Aufführung findet am 12. Oktober 1894 schließlich dann doch in der französischen Übersetzung statt, die Boito und Du Locle angefertigt haben. Unter der Leitung von Paul Taffanel singen Albert Saléza (Otello), Rose Caron (Desdemona) und Victor Maurel (Jago). Auch das Ballett, das Verdi schon Jahre zuvor als Monströsität verurteilt hat, kommt zur Aufführung. Der französische Präsident Casimir Périer nimmt an der Premiere teil, er verleiht Verdi nach dem ersten Akt das Große Band der Ehrenlegion. Obwohl die interessante Ballettmusik, für die Verdi ausführliche Studien unternahm, mehrfach auf Tonträger eingespielt wurde, hat bislang kein Theater diese Pariser Fassung der Oper aufgeführt.

Die erste Interpretin der Desdemona, jener Partie, deren Besetzung Verdi unerwartetes Kopfweh bereitete, war **Romilda Pantaleoni** (Udine 1847 – Mailand 1917), eine in Mailand (u.a. von Lamperti) ausgebildete Künstlerin, die 1868 am Mailänder Teatro Carcano in Jacopo Foronis *Margherita* debütiert hatte. Nach Auftritten in Rom, Genua, Modena, Neapel, Turin, Wien und Brescia betrat sie 1883 erstmals die Bühne der Scala als Gioconda. Sie übernahm Partien in zeitgenössischen Opern (in Erst- und Uraufführungen von Puccinis *Le villi* und *Edgar* und in der ihr gewidmeten *Marion Delorme* von Ponchielli), ebenso wie die Matilde (*Guglielmo Tell*), die Paolina (*Poliuto*), die Valentine (*Gli ugonotti*) an der Seite Tamagnos, die Selika (*L'africana*), Margherita (in *Faust* und *Mefistofele*), Santuzza (*Cavalleria rusticana*), Alice (*Roberto il diavolo*), Mignon und Elsa (*Lohengrin*). Ihre Verdi-Partien waren Lady Macbeth, Leonora (*Il trovatore* und *La forza del destino*), Amelia (*Un ballo in maschera*), Elisabetta di Valois (*Don Carlo*) und Aida.

Sie war, unbeschadet Roosevelts Häme, eine exzellente Singschauspielerin, die hinsichtlich Ausdrucksstärke und Bühnenpräsenz immer wieder mit Eleonora Duse verglichen wurde. Nach dem Tod Faccios, mit dem sie liiert gewesen war, zog sie sich 1891 von der Bühne zurück.

Der bedeutendste *Otello*-Darsteller bis zur Jahrhundertwende und der Protagonist der Uraufführung war der Tenor **Francesco Tamagno.**

> Tamagno hatte eine grandiose, ich möchte sagen einzigartige Stimme. Ein solcher Sänger wird in hundert Jahren nur einmal geboren. Hoch gewachsen und von ebenmäßiger Gestalt, war er ein ebenso schöner Künstler wie überragender Sänger. Seine Diktion war makellos – ich bin

nie mehr einem Sänger begegnet, der jedes Wort so präzise und deutlich prononciert hätte wie Tamagno.

Wer sich so begeistert über den Tenor äußert, ist der große Bassist Fjodor Schaljapin[58], der den Kollegen am 7. April 1901 in der umstrittenen Uraufführung (und gleichzeitig einzigen Aufführung) von Isidore de Laras Oper *Messalina* an der Mailänder Scala gehört hat (der Komponist hatte Tamagno angefleht, die Tenorpartie zu übernehmen, in der Hoffnung, der Sänger werde aufgrund seiner Leistung und seiner Beliebtheit die neue Oper zum Erfolg führen[59]).

Die Wirkung und enorme Popularität Tamagnos soll zeitgenössischen Berichten zufolge weniger auf die intellektuell durchdachte Subtilität seiner Interpretationen, als auf die ungeheure Vehemenz seines dramatischen Vortrags und das Volumen seiner Stimme, die „das Dach des Theaters wegfliegen ließ" (Austin Brereton über den Sänger) zurückzuführen gewesen sein. Ersteres stellt sich bei Abhören seiner Aufnahmen

Der Tenor Francesco Tamagno im Otello-Kostüm.

allerdings als falsch heraus. Auch deutet nichts auf die „shrill and nasal voice" oder das „magnificent screaming" hin, das George Bernard Shaw[60] bei Tamagnos Vortrag gehört haben will. Tamagnos Singen bleibt auch bei dramatischen Ausbrüchen immer kontrolliert, gerät nie in die Gefahr, zu forciertem Gebrüll zu werden. Diese Urteile erklären sich wohl auch daraus, daß wir zu Beginn des 21. Jahrhunderts Tamagno mit Ohren hören, die vom Verismo mit seinen Interpreten und der daraus entstandenen Gesangsschule mit ihrer praktischen Allerweltsexpressivität und dem routiniert-aufgeregten Allzweckpathos belastet sind, und ihn trotz der gewaltigen Stimmressourcen als feinsinnigen Stilisten erleben, während zu Ende des 19. Jahrhunderts Tamagno von vereinzelten Kritikern als Vokalist mit der Brechstange[61] erlebt wurde. (Dasselbe Schicksal wurde zu seiner Zeit dem ungeheuer beliebten Tenor Gilbert-Louis Duprez[62] zuteil, der im Vergleich zu den Verismo-Tenören des frühen 20. Jahrhunderts ein wahres Muster an vokaler Disziplin und stilistischer Raffinesse gewesen sein muß.)

Francesco Tamagno kam am 28. Dezember 1850 in Turin als Sohn eines Gastwirts zur Welt. Er besuchte das dortige Liceo Musicale und wurde von dessen Leiter, dem Komponisten, Dirigenten und Lehrer Carlo Pedrotti (Verona 1817–1893) als Chorist für das Teatro Regio ausgewählt. Als Solist debütierte er nach Ableistung seines Militärdienstes 1872[63] an diesem Theater als Comprimario in *La colpa del cuore* von Cortesi. Nach einer weiteren Nebenrolle in *Il Guarany* von Gomes sang er im Februar 1873 den Nearco in Donizettis *Poliuto*. Obwohl es sich bei dieser Partie um eine Nebenrolle handelt, gelang es ihm, auf sich aufmerksam zu machen, indem er sich willkürlich ein (harmonisch bedenkliches) schallendes hohes H (h') einlegte[64], was ihm eine spontane Ovation eintrug. 1874 trat er als Riccardo in Verdis *Un ballo in maschera* in Palermo erstmals mit großem Erfolg als Sänger einer Hauptrolle in Erscheinung. Es folgten der Poliuto (Titelrolle) und der Tenorpart in Rossinis *Stabat Mater*. In Ferrara sang er im Mai 1874 wiederum den Riccardo, sowie den Alvaro in *La forza del destino*. Im Oktober trat er in Rovigo als Roberto in Meyerbeers *Roberto il diavolo* und als Tebaldo in Bellinis *I Capuleti e i Montecchi* auf. Der Erfolg wiederholte sich 1874–75 in Venedig (*Poliuto*, *Selvaggia* von Schira, *Il franco cacciatore* (Der Freischütz), *Lucia di Lammermoor*), worauf der Tenor in den Spielzeiten 1875–76 (*L'africana*, *Poliuto*, *Saffo*, *Lucia*, *Ernani*, *Lucrezia Borgia*, *Ruy Blas*, *Il Guarany*, *La traviata*, *Roberto il diavolo*, Flotows *Marta*) und 1876–77 (*Don Carlo*, *Il trovatore*, *Gli Ugonotti*, *Ernani*, *Aida*, *Messa da requiem* sowie etliche der Opern der ersten Spielzeit) an das Opernhaus in Barcelona engagiert wurde. Nach nur drei vollen Spielzeiten war Tamagno ein arrivierter und gefragter Sänger.

1877 trat er zum ersten Mal an der Mailänder Scala auf, an der er in weiteren acht Spielzeiten sang; seine Debutrolle war der Vasco da Gama in Meyerbeers *L'africana* (jene Rolle, mit der er im Sommer 1878 auch am Teatro Colón in Buenos Aires debutiert), in derselben Saison übernahm er die Hauptrolle in *Fosca* von Carlos Gomes. In der Folgesaison sang er an der Scala den Don Carlo in der Revision von Verdis gleichnamiger Oper, sowie in Massenets *Il re di Lahore* und in der Uraufführung von *Maria Tudor* von Gomes. Zu dieser Zeit begann er, auch Südamerika zu bereisen, wo er hauptsächlich am Teatro Colón in Buenos Aires auftrat. Sein endgültiger Durchbruch erfolgte an der Scala in der Saison 1880–81, als er die Tenorrollen in Ponchiellis *Il figliuol prodigo,* in *Ernani* und in der Erstaufführung der Umarbeitung von *Simon Boccanegra* übernahm.

Neben den genannten Rollen sang er die Hauptrollen in *Guglielmo Tell*, in Meyerbeers *Gli ugonotti* und in dessen *Il profeta*, in Boitos *Mefistofele, Lucia di Lammermoor*, Massenets *Hérodiade*, Saint-Säens' *Sanson e Dalila, Carmen, Il trovatore* und *Aida*. Seine Karriere führte ihn nach London und Paris, Monte Carlo und Wien, St. Petersburg und Moskau, Rio de Janeiro und Prag; 1897 absolvierte er eine Deutschlandtournée (Berlin, Dresden, München, Köln). Er war einer der höchstbezahlten Sänger seiner Zeit: 1889 erhielt er am Teatro San Carlo in Neapel pro Auftritt 8.000 Lire. Da der fleißige Sänger, seiner Herkunft eingedenk, von extremer Sparsamkeit war[65], gelang es ihm, ein großes Vermögen anzuhäufen.

Für den Einsatz Tamagnos in den Tenorpartien der Erstaufführung des überarbeiteten *Simon Boccanegra* und in der *Otello*-Uraufführung entschied sich Verdi (trotz anfänglicher Vorbehalte, die sich im nachhinein als unbegründet herausstellen sollten) wegen der stilistischen und gesangstechnischen Verfeinerung von Tamagnos Stimmittel und der daraus resultierenden künstlerischen Reife.

Tamagno setzte nach dem *Otello*-Triumph (1897 wird er in Paris seinen 400. Auftritt als Otello innerhalb von zehn Jahren feiern) seine Karriere mit dem erprobten Repertoire (*L'ebrea, La Gioconda, Lucrezia Borgia, Poliuto, Ernani, Aida, Cavalleria rusticana, Andrea Chénier* usw.) fort und fügte diesem in späteren Jahren weitere zeitgenössische Opern hinzu: *Marion Delorme* von Ponchielli (Mailand 1885), *Asrael* von Franchetti (Florenz 1889), *Edgar* von Puccini (Madrid 1891), *Guglielmo Swarten* von Gnaga (Genua 1892), *I Medici* von Leoncavallo (Mailand 1893), *Cavalleria rusticana* von Mascagni (Metropolitan Opera New York 1894–95), *Messaline* von de Lara (Monte Carlo 1899).

Sein Repertoire umfaßte insgesamt 53 Opernpartien sowie das übliche Konzertrepertoire. Seine rasche Auffassungsgabe und sein gutes musikalisches Gedächtnis erlaubten ihm, in den ersten drei Spielzeiten seiner Karriere (1874–76) je sieben neue Hauptrollen zu erarbeiten. Wie die überlieferten Plattenaufnahmen aus den Jahren 1903 und 1904 beweisen, war Tamagno zu dem Zeitpunkt, als er wegen einer Herzkrankheit nach einem Abschiedsauftritt im 2. und 3. Akt des *Poliuto* in Mailand (9. Juni 1904), drei Konzerten in Ostende (August 1904) und Turin (Dezember 1904) sowie zwei letzten Konzerten im Wiener Konzerthaus im Jänner und Februar 1905 seine Karriere beendete, noch im Vollbesitz seiner stimmlichen Mittel. Er erlag, erst fünfundfünfzigjährig, seinem Herzleiden und mehreren Schlaganfällen am 31. August 1905.

Auf den Aufnahmen Tamagnos hört man, hat man sich an das primitive Klangbild[66] gewöhnt, eine relativ hell, d.h. rein tenoral timbrierte, klare, nicht „gedeckte", d.h. künstlich abgedunkelte, in der Höhe trompetenähnlich durchdringende, stentorische Stimme mit enormer Durchschlagskraft, deutlicher Phrasierung, Diktion und Artikulation (der von heutigen Hörern in Tamagnos Repertoire erwartete aus dem Baritonfach kommende oder zumindest baritonal timbrierte Heldentenor[67] war zu Ende des 19. Jahrhunderts noch nicht en vogue) sowie einen Interpreten mit einem deutlichen Hang zur sinnfälligen Wortinterpretation. Auffallend ist die Perfektion, mit der der Sänger den Übergang bewältigt. Was bei Tamagnos Aufnahmen überrascht, ist die Flexibilität und Frische der Stimme, die zu unerwarteten dynamischen Schattierungen, Modulationen und Farben fähig ist.[68] Der (zu diesem Zeitpunkt gesundheitlich bereits angegriffene) Sänger hatte 1903 schon eine dreißigjährige Karriere in einem kräfteraubenden Repertoire hinter sich.

Von besonderem Interesse sind die *Otello*-Ausschnitte, die Tamagno aufgenommen hat (mit allen durch die Klavierbegleitung bedingten Abstrichen), weil sie aufgrund des relativ kurzen zeitlichen Abstandes von nur sechzehn Jahren zwischen Uraufführung und Aufnahme eine gewisse Berücksichtigung von Verdis Interpretationswünschen vermuten lassen. Der Auftritt Otellos im ersten Akt („Esultate! L'orgoglio musulmano sepolto è in mar") läßt akustisch eine überlebensgroße Gestalt erstehen: Dieser Otello ist keiner jener Tenöre, deren Todesangst vor dem hohen H für den Zuhörer erlebbar ist und die sich in panisches Forcieren oder unrhythmische Vokaltricks flüchten, sondern ein strahlender siegreicher Feldherr mit ebenso strahlender Höhe (und einer korrekt ausgeführten Acciaccatura vor dem h'). Otellos „Ora e per sempre addio" aus dem 2. Akt erscheint von besonderem Interesse: Tamagno nimmt es wesentlich breiter als in der Partitur vorgeschrieben (das *Alle-*

gro assai ritenuto ist dort mit 88 die Viertelnote angegeben), leistet sich den Luxus einiger eloquenter *rallentandi* und erzielt damit eine Wirkung des nostalgischen Abschiednehmens von seiner glorreichen Vergangenheit, die man erst dann richtig zu schätzen weiß, wenn man sich Arturo Toscaninis Einspielung mit Ramon Vinay anhört. Toscanini nimmt das Tempo rascher als vorgeschrieben (der italienische Musik- und Gesangskritiker Rodolfo Celletti bezeichnete den Dirigenten wegen solcher Eigenmächtigkeiten als „traditore di Verdi", als Verräter Verdis), vergibt durch das hektisch-martialische Gehabe die große Wirkung, behindert seinen Otello-Interpreten eindeutig in der Tongebung und „gewinnt", wie es der Pianist Glenn Gould scharfzüngig auf den Punkt brachte, wieder einmal „ein Hürdenrennen mit den Noten". In der Todesszene Otellos („Niun mi tema") erlebt man Tamagno wiederum als sensiblen, delikaten Interpreten, der die Farben und die Dynamik seines wortdeutlichen Singens bei aller Einfachheit des Vortrags phantasievoll der ergreifenden Situation anzupassen versteht.

Aus Verdi-Opern hat Tamagno noch zwei Ausschnitte aus *Il trovatore* aufgenommen[69]: Es handelt sich um den Auftritt Manricos „Deserto sulla terra", bei dem vor allem die breite Tempowahl und die nuancierte Tongebung sowie die erste gebrochene Phrase auffallen (ein Atem zwischen „sulla" und „terra"; an derselben Stelle atmet Tamagno auch in der zweiten Strophe). Die zweite Aufnahme ist „Di quella pira". Auch hier ist das Tempo nicht so konvulsivisch verhetzt wie heute vielfach üblich, sodaß man befürchten muß, Manricos Pferd, auf welchem er zur Mutter eilt, könne sich in der Panik die Beine brechen; man möchte Tamagnos Tempo im Vergleich dazu fast gemütlich nennen, dafür können die vorgeschriebenen Doppelschläge deutlich ausgeführt und die Stimme mit der fulminanten Höhe voll entfaltet werden (es ist aufgrund der schwankenden Umdrehungszahlen bei den Aufnahmen von 78er-Schellacks nicht eruierbar, ob Tamagno die Stretta im originalen C-Dur oder in H-Dur gesungen hat).

Auch die Arien aus den übrigen erwähnten Opern zeigen wie die Verdi-Ausschnitte den abwechslungsreichen, überlegten Vortrag eines großen Künstlers und Sängers der Spitzenklasse, der bei besserer Gesundheit noch etliche Jahre einer großen Karriere vor sich gehabt hätte. Arnoldos Arie aus dem 4. Akt von Rossinis *Guglielmo Tell*, eine von Tenören zu Recht gefürchtete Klippe, ist ein Meisterstück an poetischer Leichtigkeit des Vortrags. Geradezu fassungslos hört man den perfekten *passaggio di registro*, den Übergang f^1-fis^1-g^1 (den Gradmesser für einen gut singenden Tenor), die daran bruchlos anschließende freie, strahlende Höhe und die jugendliche Frische, mit der Tamagno Arie und

Cabaletta bewältigt. (Auch wenn der Tenor beide Stücke um einen Halbton tiefer aufgenommen haben sollte, könnte das die Bewunderung nicht schmälern.) Man wünscht sich, die Aufnahmen wären einige Jahre später unter verbesserten Aufnahmebedingungen entstanden, denn manchmal kann man sich des Gefühls nicht erwehren, daß Tamagno, den Wünschen der Aufnahmetechniker Folge leistend, bei großen Klangentladungen weiter vom Aufnahmetrichter zurücktrat, als technisch notwendig gewesen wäre.

---

[1] S. hiezu Kapitel IX.

[2] *Opera Pia Casa di Riposo per Musicisti*, so der vollständige offizielle Wortlaut der Institution.

[3] Nicht der damals vierundzwanzigjährige, in Catania lebende Giovanni Verga (mit *Cavalleria rusticana* und *La lupa* der Hauptvertreter des literarischen Verismo), sondern ein ansonsten unbekannter Namensvetter.

[4] Abbiati II, S. 764.

[5] Die Duse wählte als nächsten Lebenspartner Gabriele D'Annunzio, den sie nach vier Jahren enttäuscht verließ.

[6] Verdi schreibt „inventare il vero", was in der Literatur für gewöhnlich mit „die Wahrheit erfinden" übersetzt wurde. Es erscheint jedoch fraglich, ob man Wahrheit „erfinden" bzw. „nachahmen" kann.

[7] *Carteggio Verdi-Boito* (s. Quellennachweis u. bibliogr. Abkürzungen). Eine deutsche Ausgabe hat Hans Busch unabhängig von der italienischen vorgelegt. Die detaillierte musikwissenschaftliche Aufarbeitung findet sich in der zweibändigen italienischen Ausgabe.

[8] Verdi-Boito, S. 11

[9] F. PETRARCA, *Familiarum rerum liber XIV.5 und XI.8*.

[10] Francesco Petrarca (Arezzo 1304 – Arquà, Padua 1374). Italienischer Dichter und Humanist, der in lateinischer und italienischer Sprache schrieb. Sein berühmtestes Werk ist die Gedichtesammlung *Canzoniere*, ein wichtiger Beitrag zur Entwicklung einer italienischen literarischen Sprache. Zahllose Gedichte von Petrarca wurden vertont, u.a. von Palestrina, Monteverdi, Caccini, Haydn, Schubert, Liszt, Castelnuovo-Tedesco, Moniuszko, Pfitzner, Pizzetti, Rota, Schönberg.

[11] Nr. 126 aus dem *Canzoniere*.

[12] Verdi und Boito bezeichnen den Prolog als 1. Akt, den 1. Akt als 2. Akt usw.

[13] Verdi-Boito, S. 46.

[14] Zu diesem Zeitpunkt ist der für den Boccanegra vorgesehene Bariton noch nicht Victor Maurel, sondern Federico Salvati, der dann als Paolo besetzt werden wird.

[15] Erminia Borghi Mamo (1855–1941), Sopran. Tochter der berühmten Altistin Adelaide Borghi-Mamo.

[16] S. Kapitel XIII.

[17] Bis zur Erstellung der kritischen Edition des *Ernani* sang man traditionell einen falschen Text: Infelice, e *tuo* credevi.

[18] In diesem Jahr hört Johannes Brahms eine Aufführung des *Simon Boccanegra* an der Wiener Hofoper und kommentiert die für ihn neue Musik mit den Worten: „Da ist doch überall etwas Talentiertes, Packendes drin!" Er beschäftigt sich aber nicht näher mit dem Werk, und gibt es „nach einiger Zeit" auf, „zu erforschen, was das [Libretto] bedeuten soll".

[19] Von ihm sind drei Bühnenwerke (davon zwei Operetten), Ballettmusiken, symphonische Kompositionen, Kammermusik, Klaviermusik und Lieder überliefert.

[20] Giulio hatte die „Gazzetta Musicale", die sein Vater abgeschafft hatte, 1866 wieder zum Leben erweckt. 1902 wandelte er sie in „Musica e musicisti" um, 1906 in „Ars et Labor".

[21] Die von ihm geforderte Umarbeitung des seiner Meinung nach „völlig verfehlten" dritten Aktes von Puccinis *Tosca* kam nicht zustande.

[22] Das Entstehungsdatum beruht auf nicht gesicherten Vermutungen.

[23] Dante Alighieri (Florenz 1265 – Ravenna 1321), Autor des Gedichtepos *La divina commedia* (Die göttliche Komödie), eines der bedeutendsten Werke der Weltliteratur. Er machte die *lingua volgare*, die italienische Volkssprache, zur Literatursprache. Der auch politisch aktive Dichter hoffte auf ein vereinigtes Europa unter der Führung eines aufgeklärten Kaisers.

[24] Tatsächlich handelt es sich um Paraphrasen der lateinischen Gebetstexte vom Ende des XIV. Jahrhunderts, die Antonio de' Beccari da Ferrara zugeschrieben werden. Vgl. hiezu Verdi-Boito, S. 5.

[25] In: Carteggi II, S. 335.

[26] Domenico Morelli (1826–1901). Neapolitanischer Maler, den Verdi bei der Uraufführung von *Un ballo in maschera* (1859) kennenlernte und der damals Verdis Portrait malte. Seit Anfang 1880 beschäftigten sich Verdi und Morelli mit Darstellungen von Szenen aus *Otello*.

[27] Während Verdi Morelli duzte, blieb Morelli in seinen Briefen bei dem respektvollen „voi" (Ihr).

[28] Die Szene von Morellis Gemälde „Il Venerdì Santo" (Karfreitag) erinnerte Verdi an *La forza del destino*.

[29] Republik Venedig.

[30] Das italienische Substantiv *moro* (Mohr, Maure) kann sowohl als Familienname (in Venetien und Friaul, aber auch in Apulien sehr verbreitet), als auch als Beiname (wie z.B. bei dem Sforza-Herzog *Lodovico il Moro*, der wegen seines dunklen Hautfarbe so genannt wurde) verstanden werden.

[31] Signor Guglielmo (= Herr Wilhelm): William Shakespeare.

[32] Boito benutzt als Arbeitsgrundlage nicht Shakespeares Originaltext, sondern die italienische Übersetzung von Carlo Rusconi und die (damals neueste) französische Übersetzung von François-Victor Hugo, dem Sohn von Victor Hugo.

[33] *Erinnerungen an Verdi. Von Heinrich Hölscher, Godesberg-Berlin.* In: „Allgemeine Musik-Zeitung – Wochenschrift für das Musikleben der Gegenwart", 25. Juni 1926, S. 559 ff.

[34] Hölschers Besuch ist nicht genau datierbar. Sein Hinweis auf Verdis „siebenzig Jahre", die Arbeit am *Otello* und „den gewaltigen Othello-Tenoristen Tamagno" würde auf die Jahre 1883–1887 hindeuten, der Hinweis auf die Anwesenheit Mascheronis und die Bemerkung am Ende seines Berichtes „Kurze Zeit nachher starb Signora Verdi" wiederum auf den Zeitraum zwischen 1892 und 1897.

[35] Verdi hatte blaugraue Augen.

[36] In Hölschers Bericht fällt eine fast wörtliche Übereinstimmung mit einem Text des Kritikers Eduard Hanslick auf (*Begegnung mit Verdi und seinem Falstaff in Rom*. In: E. Hanslick, *Aus meinem Leben*, Bd. 2, Zehntes Buch, Berlin 1894, S. 283 f.). Dort heißt es: „Es leuchtet etwas unendlich Mildes, Bescheidenes und in der Bescheidenheit Vornehmes aus dem Wesen dieses Mannes, den der Ruhm nicht eitel, die Würde nicht hochfahrend, das Alter nicht launisch gemacht hat. Tief gefurcht ist sein Gesicht, das schwarze Auge tiefliegend, der Bart weiß – dennoch läßt die aufrechte Haltung und die wohltönende Stimme ihn nicht so alt erscheinen."

[37] Boito an Verdi; Mailand, Samstag [April 1884]. In: Carteggi II, S. 100 ff.

[38] Shakespeare.

[39] Abbiati IV, S. 279.

[40] Abbiati IV, S. 280.

[41] a.a.O.

[42] Camille Bellaigue (Paris 1858 – 1930), studierte Rechtswissenschaften und Musik am Pariser Conservatoire. Kritiker u.a. bei „La Revue des deux mondes".

[43] B. ROOSEVELT: *Verdi, Milan und „Othello"*, Being a short Life of Verdi, with Letters written about Milan and the new opera of Othello, Ward & Downey, London, 1887. (Kapitel XV: *My first interview with Verdi*; ursprünglich 1875 in der „Chicago Times" veröffentlicht.)

[44] Roosevelts Biographie und ihr Interview mit Verdi in: Conati, Interviste, S. 90 ff.

[45] Der vollständige englische Text findet sich in: Osborne, S. 412 ff.

[46] Tamagno laborierte bei der Premiere an einer Kehlkopfentzündung.

[47] Fünfundvierzigster Jahrgang. Nr. 15. Leipzig, Februar 1887, S. 227.

[48] *Signale für die Musikalische Welt*. Fünfundvierzigster Jahrgang. Nr. 17. Leipzig, Februar 1887. S. 257 f.

[49] Die Vorstellung begann um 20 Uhr 15.

[50] Spitzenstickerei mit gedrehter Seide.

[51] Vgl. J.A. HEPOKOSKI – M. VIALE FERRERO, *„Otello" di Giuseppe Verdi. Disposizione scenica*, Ricordi, Milano 1990.

[52] In: Verdi-Boito, S. 369 ff. Vgl. hiezu: Ch. SPRINGER: *Aus Boitos kommentiertem Personenverzeichnis* (auszugsweise deutsche Übersetzung), sowie: *Verdis Personengestaltung, Anmerkungen zur Otello-Musik*, beides im Programmheft der Wiener Staatsoper zu *Otello*, 1987.

[53] W. SHAKESPEARE, *Hamlet*, Szene IX.

[54] Brief an G. Ricordi; Genua, 25. März 1887.

[55] Ursprünglich war es anders geplant: „Eine gute Idee, das Ballett im zweiten Akt zu machen, man wird zufrieden sein. Wohlgemerkt darf das *ballet* nur für die Opéra dienen. Für anderswo bleibt der Otello so, wie er jetzt ist, oder besser gesagt, wie er morgen sein wird, oder, nachdem, wie ich hoffe, die letzte Note der Instrumentierung fertig ist." Verdi an Boito; Sant'Agata; 29. Oktober 1886. In: Verdi-Boito, S. 116.

[56] In der Übersetzung von Max Kalbeck: „Ach! Süßes todtes Liebchen!"

[57] Für einen verkannten Beethoven.

[58] F. SCHALJAPIN, *Aus meinem Leben*, Verlag Philipp Reclam jun., Leipzig 1972, S. 259.

[59] De Lara hatte sich verschätzt: Die Oper war ein Mißerfolg.

[60] Dan H. Laurence (Hsg.), *Shaw's Music*, London, The Bodley Head, 1981, vol. I, S. 711 bzw. 768.

[61] Vgl. hiezu auch Blanche Roosevelts Bericht über die *Otello*-Premiere.

[62] Es sei an das Urteil Rossinis erinnert, der Duprez' mit Bruststimme gesungenes hohes C als „Schrei eines Kapauns, dem die Gurgel durchgeschnitten wird" empfand.

[63] Die oft kolportierte Jahresangabe 1870 ist unrichtig.

[64] In der Phrase: „Chiedimi il sangue mio / l'anima no / che l'anima è di Dio".

[65] Maurice Grau berichtete, daß der Sänger, dem für die Schiffsreise nach Amerika zu seinem dortigen Debut ein Billett erster Klasse bezahlt wurde, dieses gegen ein solches zweiter Klasse umtauschte und die Differenz einsteckte. In: Giulio Gatti-Casazza, *Memories of the Opera*, New York 1941, S. 195 f.

[66] Die Aufnahmen entstanden nicht in einem Studio, sondern in Tamagnos Villa.

[67] Der bedeutendste Vertreter dieses Stimmtypus war Lauritz Melchior, der seine Karriere als Bariton begonnen hatte, und fand später seine Fortsetzung in Ramon Vinay, der ebenfalls als Bariton begonnen hatte, dann neben französischen und italienischen Partien das deutsche Heldenfach sang und zu Ende seiner Karriere wieder ins Baritonfach zurückkehrte. Carlo Bergonzi, der seine Karriere ebenfalls als Bariton begonnen hatte, zählt nicht zu diesem Stimmtypus: Er war kein

Heldentenor und sang das Baritonfach nur kurz und sozusagen irrtümlich. Die frühen *baritenori* waren keine heldisch auftrumpfenden Sänger, auch weil sie noch mit kleineren Orchestern konfrontiert waren.

[68] Von Sängern dieses Fachs ist man heute fast gewöhnt, sie nur in einem Dynamikbereich zwischen *mezzoforte* und *fortissimo* singen zu hören. Schattierungen wie *piano* oder gar *pianissimo*, aber auch die in ihrer Wirkung ungemein suggestive *messa di voce* (das bruchlose An- und Abschwellen ein und derselben Note) sind eine Kunst, die von Interpreten dieses Repertoires kaum gepflegt wird.

[69] Die Ausschnitte aus *Andrea Chénier, Guglielmo Tell, Il profeta, Sansone e Dalila* und *Erodiade* sind deshalb keineswegs von geringerem Interesse.

Falstaff – Victor Maurel – Antonio Pini-Corsi – Edoardo Garbin – Adelina Stehle – Emma Zilli – Giuseppina Pasqua – *Quattro pezzi sacri*

Falstaff

Kaum ist das Wunder des *Otello* vollbracht, wird Verdi sofort bestürmt, eine weitere neue Oper zu komponieren. Die Gerüchteküche will wissen, daß er sich bereits wieder ans Komponieren gemacht habe. Die Scala schlägt ihm als Sujet eine komische Oper nach dem *Don Quixote*[1]-Sujet vor, doch Verdi zieht sich zu seinem Bauernleben nach Sant'Agata zurück. Er beschäftigt sich mit seinen Ländereien, mit seinen landwirtschaftlichen Angelegenheiten und mit einem philanthropischen Projekt: dem von ihm erbauten Spital in Villanova nahe Sant'Agata. Persönlich überwacht der Komponist den Bau und die Einrichtung des Objekts, er selbst stellt das ärztliche Personal ein. Neun Monate nach der *Otello*-Uraufführung, am 6. November 1887, öffnet das Spital seine Pforten, bald sind die dringend benötigten Betten belegt. Das Ansinnen, das Spital nach ihm zu benennen, lehnt der Komponist entrüstet ab. Bis heute ist auf dem Gebäude nur „Ospedale" zu lesen.

Sein soziales Gewissen lebt Verdi auch auf anderer Ebene aus. In der Poebene herrscht eine wirtschaftliche Depression, viele Bauern ziehen auf Arbeitssuche in die Städte. Um diesen Trend zu bekämpfen und die Leute am Abwandern zu hindern, senkt Verdi auf seinen Gütern die Pachten, investiert in die Höfe, beschäftigt sich intensiv mit Melioration durch Einführung eines neuen Bewässerungssystems und schafft dadurch in der Region Arbeit. All das nimmt ihn sehr in Anspruch. Die Musik scheint vergessen.

1889 gilt es, das Fünfzigjahr-Jubiläum seiner ersten Oper, *Oberto conte di San Bonifacio*, zu feiern. Die Zeitungen sind voll von Meldungen über bevorstehende Ehrungen und Verdi wendet sich an Giulio Ricordi, um zu versuchen, diese ihm verhaßten Feierlichkeiten abzuwenden. Am Jahrestag der *Oberto*-Uraufführung, dem 17. November 1889, wird der Erstling gegen Verdis Willen an der Scala aufgeführt. Aus Protest bleibt er in Sant'Agata, doch auch dort erreichen ihn die Gratulationen in Form von Tausenden von Glückwunschschreiben.

Zu diesem Zeitpunkt ist der ruhelos betriebsame Sechsundsiebzigjährige allerdings schon wieder künstlerisch aktiv. Im Juli hat Boito ihm einen Librettoentwurf mit dem Titel *Falstaff* zugesandt. Verdi ist begeistert.

Verdi an Boito; Montecatini, 6. Juli 1889
Ausgezeichnet! Ausgezeichnet!

Bevor ich Euren Entwurf las, habe ich die Lustigen Weiber von Windsor[2] und die beiden Teile aus Heinrich IV. und Heinrich V. nochmals gelesen; und ich kann nur wiederholen *ausgezeichnet*, denn man konnte es nicht besser machen als Ihr es gemacht habt.

Schade (es ist nicht Eure Schuld), daß sich das Interesse nicht bis zum Ende steigert. Der Höhepunkt ist im Finale des zweiten Aktes; und das Auftauchen von Falstaffs Gesicht zwischen der Wäsche usw. ist ein wahrhaft komischer Einfall. [...]

Die beiden Wasser- und Feuerproben genügen, um Falstaff gehörig zu bestrafen: trotzdem hätte es mir gefallen, ihn auch tüchtig durchgeprügelt zu sehen –

Ich sage das nur so hin... achtet nicht auf meine Worte. Nun haben wir einander wohl anderes mitzuteilen, da dieser *Falstaff* oder *Weiber*, der vor zwei Tagen noch im Reich der Träume war, Gestalt annimmt und Realität werden kann! Wann? Wie?... Wer weiß!!

Verdi-Boito, S. 142

Über Nacht kommen dem euphorischen Komponisten Zweifel.

Verdi an Boito; Montecatini, 7. Juli 1889
Solange man in der Welt der Gedanken herumschweift, lächelt einem alles zu, wenn man aber zur praktischen Durchführung einen Fuß auf den Boden setzt, tauchen Zweifel und Verzagtheit auf.

Habt Ihr beim Entwerfen des Falstaff je an die enorme Anzahl meiner Jahre gedacht? Ich weiß wohl, daß Ihr mir mit einer Übertreibung meines Gesundheitszustandes, der gut, hervorragend, robust ist, antworten werdet... Und so mag es sein: dennoch werdet Ihr mir zustimmen, daß man mich großer Vermessenheit zeihen könnte, wenn ich mir eine solche große Verpflichtung auflade! – Und wenn ich der Anstrengung nicht gewachsen wäre?! – Und wenn ich die Musik nicht fertigstellen könnte? –

Dann hättet Ihr Zeit und Mühe unnütz vergeudet! Das möchte ich nicht, um alles Gold der Welt. Dieser Gedanke ist mir unerträglich; und umso unerträglicher, wenn Ihr wegen des Verfassens des Falstaff den Nerone zwar nicht aufgeben, aber Eure Gedanken davon ablenken würdet oder den Fertigstellungstermin hinausschieben müßtet.

Wie sollen also diese Hindernisse überwunden werden?... Habt Ihr meinen Gründen einen guten Grund entgegenzusetzen? Ich wünschte es, aber ich glaube es nicht. Denken wir trotzdem darüber nach (und achtet darauf, daß Ihr nichts tut, was Eurer Karriere schaden könnte), und wenn Ihr nur einen Grund Eurerseits fändet, und ich eine Methode, zehn Jahre von meinen Schultern abzuschütteln, dann... Welche Freude! Zum Publikum sagen zu können:

„Wir sind noch da!!
Jetzt ist die Reihe an uns!!"

Verdi-Boito, S. 143

Boito wird den *Nerone* bis zu seinem Tod (1918) nicht fertigstellen. Er bestärkt Verdi in seiner unzweifelhaft vorhandenen Absicht, den

Falstaff zu komponieren. Sofort stimmt der Komponist, ungeachtet aller Zweifel, zu.

> Verdi an Boito; Montecatini, 10. Juli 1889
> Amen; so möge es geschehen!
> Machen wir also Falstaff! Denken wir für den Moment nicht an Hindernisse, an Alter, an Krankheiten!.
> Auch ich möchte darüber das tiefste *Geheimnis* bewahren: auch ich unterstreiche das Wort dreimal, um Euch zu sagen, daß niemand etwas erfahren darf!... Aber langsam.. Peppina wußte es, glaube ich, vor uns!... Habt keine Zweifel: Sie wird das Geheimnis bewahren – Wenn Frauen diese Eigenschaft haben, haben sie sie stärker als wir.
>
> Verdi-Boito, S. 147

Das Geheimnis kann vorerst tatsächlich bewahrt werden, denn nicht einmal Ricordi erfährt von dem Unternehmen. Umgehend treten Verdi und Boito in detaillierte Diskussionen über den Handlungsablauf ein. Im August verlangt Boito seinen Original-Librettoentwurf von Verdi zurück. Der hat sich bereits ans Komponieren gemacht. Er hat sich Kontrapunktübungen vorgenommen, wie in seiner Jugend, als er bei Lavigna studierte.

> Verdi an Boito; Sant'Agata, 18. August 1889
> Ich hoffe, Ihr arbeitet? Das Merkwürdigste ist, daß auch ich arbeite!... Ich amüsiere mich damit, Fugen[3] zu machen!... Jawohl: eine Fuge... und eine *komische Fuge...* die sich im Falstaff gut ausmachen würde!... Aber wieso eine komische Fuge? warum komisch? werdet Ihr sagen... Ich weiß nicht *wie*, noch *warum*, aber es ist eine *komische Fuge!*
>
> Verdi-Boito, S. 153

Am 4. November kommt Boito nach Sant'Agata. Er bringt den ersten und zweiten Akt des Falstaff mit. Den Winter über entsteht der dritte Akt. Opern über die Figur des Falstaff, an denen er sich orientieren könnte, gibt es genug: Die wichtigsten sind der für Wien geschriebene *Falstaff, ossia Le tre burle* (1799) von Antonio Salieri, der für den großen Bassisten Luigi Lablache komponierte *Falstaff* (1838) von Michael William Balfe und *Die lustigen Weiber von Windsor* (1849) von Otto Nicolai. Boito tut, was zum Teil auch schon die Librettisten Balfes und Salieris getan haben: er strafft Shakespeares *The Merry Wives of Windsor*, reduziert die zwanzig Personen des Theaterstücks auf zehn (singende) Opernfiguren[4] und rückt die Figur der Mistress Ford in den Vordergrund. Außerdem greift er auf Szenen aus Shakespeares *Heinrich IV.* zurück.

Seit der *Otello*-Premiere hat die Beziehung zwischen Librettist und Komponist familiäre Züge angenommen. Verdi behandelt Boito trotz des Altersunterschiedes mit brüderlichen Gefühlen, während Boito keine

Scheu zeigt, den Älteren wie einen Gleichaltrigen zu behandeln, eine Haltung, die zu einer erkennbaren Verjüngung Verdis beiträgt.

Am 18. Oktober 1889 unterzeichnet Verdi einen Kaufvertrag für ein Grundstück am Rande Mailands, auf dem er die *Casa di riposo*, sein Alterheim für Musiker errichten lassen wird. Den Vertrag mit dem Architekten, Boitos Bruder Camillo, hat er bereits am 14. Jänner 1889 unterschrieben.

Am 8. März liefert Boito den dritten Akt des *Falstaff*-Librettos ab. Verdis Reaktion:

> Verdi an Boito; Genua, 8. März 1890
> Nehmt das an...[5] nicht als Entgelt, sondern zum Zeichen der Dankbarkeit, daß Ihr für mich diesen wunderbaren Falstaff geschrieben habt.
> Wenn ich es nicht schaffen sollte, die Musik fertigzustellen, bleibt die Dichtung des Falstaff Euer Eigentum. Verdi-Boito, S. 160

Neun Tage später hat Verdi den ersten Akt fertiggestellt, „ohne jede Änderung in der Dichtung; so wie Ihr ihn mir gegeben habt", ein deutlicher Hinweis auf Boitos Arbeitsqualität. „Ich glaube, dasselbe wird im zweiten Akt der Fall sein, bis auf ein paar Striche im Ensemble, wie Ihr selber sagtet."[6] Im Frühjahr bleibt der *Falstaff* liegen, Faccio geht es inzwischen gesundheitlich sehr schlecht, es besteht keine Hoffnung mehr auf seine Genesung. Nach einem kurzen Aufenthalt in Montecatini im Juli kehren die Verdis nach Sant'Agata zurück. Die Arbeit geht im Herbst langsam voran.

> Verdi an Boito; Sant'Agata, 6. Oktober 1890
> Ich habe wenig gearbeitet, aber einiges habe ich gemacht.
> Es quälte mich das Sonett[7] im dritten Akt; und um den Gedanken daran aus dem Kopf zu kriegen, habe ich den zweiten Akt weggelegt und bin ab diesem Sonett, eine Note nach der anderen, bis zum Ende gekommen --
> Es ist nur ein Entwurf! und wer weiß, wieviel neu gemacht werden muß! Das werden wir später sehen. Verdi-Boito, S. 176

Am 14. November stirbt Verdis Freund Piroli in Rom, am 27. November der getreue Muzio in Paris. Die durch die beiden Verluste erlittene Erschütterung hindert Verdi an der Arbeit. Am 26. November lädt Verdi die Familie Ricordi und Boito zu einem Essen ins Hôtel de Milan ein. Boito erhebt sich und bringt einen Trinkspruch aus: Auf die Gesundheit des *pancione* (Dickwanst). Ricordi ist wie vom Blitz getroffen. Das wohlgehütete, jetzt gelüftete Geheimnis wird sofort im „Corriere della sera" veröffentlicht und macht seinen Weg um die Welt: „Verdi komponiert den *Falstaff*!!!" Journalisten und Musikfachleute belagern Verdi um

Verdi und Boito. Mailand,
Giardino Perego, 1892[6].
(siehe Seite 472)

hinaus auch ein wenig Gefühl vorhanden ist."[19] Adelina Stehle wird sich für die Nannetta als glückliche Wahl herausstellen. Sie wird den Fenton der Premiere im selben Jahr heiraten und mit ihm als Mimì-Rodolfo-Gespann (in Puccinis *La Bohème*) Italien bereisen. Ricordi schlägt für die Alice Ford die Sopranistin Emma Zilli vor.

> Verdi an G. Ricordi; Montecatini, 14. Juli 1892
> Was mich verzweifeln läßt, ist die Künstlerin für die Alice! Die Colonnese und die Busi also nichts! Die Zilli die beste von allen? Wir Armen! Auch ich erkannte, daß in ihrer Stimme etwas Gutes vorhanden war, aber ich fiel aus allen Wolken, als ich die Stücke aus Aida hörte, die doch ihr Paradestück ist.
> Auch wenn es uns gelänge, den gesamten Rest [der Besetzung] zu finden, könnte man ein neues Experiment mit der Zilli machen. Ich könnte zwei Ausschnitte aus der Oper kopieren lassen; sie mit ihr zwei, drei oder vier Mal durchstudieren und dann eine Entscheidung treffen! Was meint Ihr?
> Abbiati IV, S. 447

Letztendlich wird die Wahl auf Emma Zilli fallen. Giuseppina Pasqua erweist sich bei ersten Kontakten mit Verdi als sehr intelligente Sängerin. Sie hat keine Primadonnenallüren, die sich in einem Wunsch nach einer großen Arie niederschlagen, und wird eine ideale Quickly sein. Sie wird rasch in den Kreis, der sich um Verdi bei den Kuraufenthalten in Montecatini gebildet hat, aufgenommen. Für den Ford kann der Bariton Antonio Pini-Corsi gewonnen werden, der anfänglich nicht frei zu sein scheint. Den Part des Fenton übernimmt Edoardo Garbin, gegen dessen musikalische und gesangliche Qualifikation Verdi heftige Bedenken hat. Auch die wichtigen Nebenrollensänger werden festgelegt. Es fehlt nur noch der Protagonist.

> Verdi an G. Ricordi; Sant'Agata, 30. August 1892
> Im Telegramm von heute morgen habe ich Euch gesagt „Sagt alles ab"! Ich wiederhole dieselbe Worte: „Sagt alles ab"… nicht einmal, sondern zwanzigmal!
> Das Kommen von Monsieur Maurel beunruhigte mich, und ich erwartete übermäßge Forderungen; aber ich glaubte nicht, daß er (von allem Übrigen abgesehen) so weit gehen würde zu fordern, in bestimmten erstrangigen Theatern der alleinige erste Interpret zu sein, und sich auf diese Weise unserer Oper zu bemächtigen. Und wir?… Wer sind wir?… Und Er! Wer ist Er?… In 50 Jahren Theaterfron ist mir so etwas noch nie untergekommen! Das ist eine Forderung, für die es keine Worte gibt und die keine Diskussion zuläßt!
> Hier darf man nicht zaudern und muß die Forderung Maurels veröffentlichen, ebenso wie mein Telegramm, und hinzufügen: *aus diesem Grund kann man Falstaff nicht aufführen.* Ihr werdet das etwas stark finden! Es ist meines Erachtens der einzige Entschluß, den in der gegenwärtigen Lage zu fassen Sinn hat. […] Habt keine Angst. Besprecht Euch mit Boito und geht auf diesem Weg weiter… Die Karten auf den Tisch. Kein Entgegenkommen! Da es nun einmal so weit gekommen ist, muß man bis zum Äußersten gehen! Abbiati IV, S. 454

Maurel hat aus den Erfahrungen mit Verdi anläßlich des *Otello* nichts gelernt und legt jetzt ein noch dreisteres Gehabe an den Tag. Verdi ist außer sich.

> Verdi an G. Ricordi; Sant'Agata, 31. August 1892
> Zögert keinen Augenblick, alle Verhandlungen abzubrechen. Meine Eigenliebe ist durch die Forderungen Maurels zu sehr getroffen. Wie? Ein Sänger, sei er, wer er will, will in mein Arbeitszimmer kommen, um sich meiner Oper zu bemächtigen, die noch nicht fertig ist und mir sagen: „Ich werde Eure Oper singen, aber danach will ich der erste Interpret in den ersten Theatern sein… London, Madrid etc."
> Ich billige auch die Honorarbedingungen nicht. Man wird sagen, daß mich das nichts angeht, aber ich will nicht, daß man sagt, daß die Impresa mit einer neuen Oper von mir Geld verloren hat (Maurel kennt meine diesbezüglichen Ideen seit längerem!). Ich billige auch nicht die L. 10.000 für die Proben! *C'est trop fort!* Was für ein Präzedenzfall!!
> Abbiati IV, S. 454

Über Nacht überlegt er sich die Sache nochmals.

> Verdi an G. Ricordi; Sant'Agata, 1. September 1892
>
> Vergeuden wir unsere Zeit nicht mit Briefen und Telegrammen!!
>
> Erlaubt mir, Euch zu sagen, daß Ihr alle ein bißchen verrückt und aus dem Häuschen seid. Ich bin nicht aus dem Häuschen und kann nicht zulassen, daß mich jemand meines Eigentums beraubt; darum wiederhole ich nochmals:
>
> 1. Keine Verpflichtung, *Falstaff* aufzuführen, wo es anderen paßt.
> 2. Keine exorbitanten Gagen für die Künstler;
> 3. Keine bezahlten Proben.
>
> Zu 1. Angenommen, daß ich es nach den Aufführungen an der Scala für gut befände, ein paar Änderungen anzubringen, könnte ich gestatten, daß ein Künstler daherkäme und mir sagte „Ich habe keine Zeit zu warten und *will* die Oper in Madrid, in London machen"? Bei Gott, das wäre etwas stark!!
>
> Zu 2. Ich will nicht, daß die Impresa trotz eines Erfolgs durch eine meiner *neuen* Opern Geld verliert!
>
> Zu 3. Das wäre ein verhängnisvoller Präzedenzfall! Ein besonders für die Proben des *Falstaff* geschaffener Präzedenzfall!!
>
> Ich sagte Euch von Anfang an, daß Ihr alle verrückt seid, und sage jetzt, daß auch Maurel verrückt ist. Sieht er nicht ein, daß er sich, wenn das Libretto des *Falstaff* gut und die Musik erträglich ist, und wenn er diese *rôle* derart überlegen gibt, von selbst durchsetzen wird, ohne Forderungen, die ihm nichts nützen und andere verletzen?
>
> Madame Maurel, die so intelligent ist, jetzt aber ein bißchen irritiert und nervös ist, wird mir nicht recht geben: nach einem Monat wird sie aber sagen: „*Le maitre avait raison!*"[20] Machen wir reinen Tisch. Ich verlange einfach, Herr meiner Sachen zu sein und niemand zu ruinieren. Wenn man mich vor die Wahl stellen würde: Entweder Ihr akzeptiert diese Bedingungen oder Ihr verbrennt die Partitur, dann würde ich sofort ein Feuer anzünden und Falstaff samt seinem Bauch eigenhändig auf den Scheiterhaufen legen.
>
> P.S. Erlaubt mir Euch zu sagen, daß Ihr in dieser Angelegenheit etwas zu sehr mit *Samthandschuhen* vorgegangen seid. Man hätte sofort *casser les vitres*[21] und die Verhandlungen abbrechen müssen.
>
> Abbiati IV, S. 455 f.

Maurel fährt nach Sant'Agata, um mit Verdi zu verhandeln und seine Forderungen durchzusetzen. Er hat es mit einem fast Neunundsiebzigjährigen zu tun, der seine Position unbeirrt vertritt und keine Konzessionen macht, eine Haltung, die Maurel aufgrund der ihm zugeschriebenen hohen Intelligenz eigentlich bereits kennen müßte.

> Verdi an Teresina Stolz; Sant'Agata, 9. September 1892
>
> Wißt Ihr was? Ich habe eine infernalische Woche mit Maurel hinter mir. Seine Forderungen waren derart unverschämt, übertrieben, unglaublich, daß mir nichts anderes übrigblieb, als alles zum Teufel zu schicken. Viertausend Lire pro Abend! Bezahlte Proben mit zehntausend Lire! Das

alleinige Recht, den *Falstaff* in Mailand, Florenz, Rom, Madrid, Amerika etc. etc. zu singen!

Da habe ich ihm die Krallen gezeigt und gesagt: „Die Oper gehört mir, und ich trete keine Rechte von meinem Eigentum ab. Ich werde Euch auch keine bezahlten Proben zugestehen, denn das ist noch nie dagewesen; ich will nicht, daß ein Impresario, und sei es auch nur Piontelli[22], durch eine Oper von mir ruiniert wird." Abbiati IV, S. 457

Der September fliegt nur so dahin. Verdi überarbeitet einige Stellen im zweiten Akt, die ihn nicht restlos überzeugen. Der dritte Akt ist fertig. Giulio Ricordi druckt inzwischen das Libretto und legt Verdi das Manuskript des Klavierauszugs des ersten Aktes zur Überprüfung vor. Langsam nähert sich das Datum der Uraufführung.

Verdi an G. Ricordi; Sant'Agata, 18. September 1892

Der Falstaff kann in den ersten Februartagen herauskommen, wenn ich das Theater am 2. Januar 1893 vollständig zu meiner Verfügung habe. Was die Proben angeht, wird man es so machen, wie man es auch sonst immer gemacht hat. Nur die Generalprobe wird man anders machen müssen als sonst. Noch nie habe ich an der Scala eine Generalprobe bekommen können, wie sie an diesem Theater sein müßte. Ich werde mich nicht beklagen, aber sofern irgend etwas fehlen sollte, werde ich das Theater verlassen, und Ihr müßt dann die Partitur zurückziehen.

Abbiati IV, S. 459

Zum Wohle seiner Oper überwindet sich Verdi und gibt Maurel Ratschläge für das Rollenstudium.

Verdi an Maurel; Genua, 8. November 1892

Zur Stunde werdet Ihr von dem Verlagshaus Ricordi einige Nummern des *Falstaff* erhalten haben; jeden Augenblick werdet Ihr den Rest bekommen.

Ich bewundere das Studium im allgemeinen, und ich bewundere im besonderen dasjenige, das Ihr mit der Person des Falstaff treibt. Aber seid auf der Hut, *in der Kunst ist das Vorherrschen der reflektiven Tendenzen ein Zeichen von Dekadenz.* Das will heißen, wenn die Kunst zu einer Wissenschaft wird, dann ergibt sich daraus etwas Kitschiges, das weder Kunst noch Wissenschaft ist. *Gut machen,* ja; *zuviel machen,* nein! Ihr in Frankreich pflegt zu sagen: „Ne cherchez pas midi à quatorze heures!"[23] Das ist völlig richtig.

Strengt Eure Stimme also nicht bis zur äußersten Grenze an und begnügt Euch mit der, die Ihr habt.

Überanstrengt Euch also nicht, um Eure Stimme zu vervollkommnen, und seid zufrieden mit der, die Ihr habt. Bei Eurem großen Talent als Singschauspieler, bei dem Akzent und der Aussprache, die Ihr habt, wird die Figur Falstaffs, habt Ihr die Partie erst einmal gelernt, als vollkommene Schöpfung zutage treten, ohne daß Ihr Euch das Hirn zermartert und ohne Studien zu betreiben, die Euch schaden könnten. Lernt ein wenig und auf recht baldiges Wiedersehen.[24]

Im November beginnen die Klavierproben unter Verdis Leitung. Er benutzt den Klavierauszug, den Ricordi vorbereiten hat lassen, und notiert darin eine ganze Reihe von Änderungen und Korrekturen. Dieses Exemplar des Klavierauszugs wird Verdi Mascheroni schenken, der ihn seinerseits der Bibliothek des Mailänder Konservatoriums hinterläßt.[25] Die *Falstaff*-Partitur wird bereits vor der Uraufführung gedruckt.

Die Premierensänger Victor Maurel (Falstaff), Antonio Pini-Corsi (Ford), Adelina Stehle (Nannetta), Edoardo Garbin (Fenton), Virginia Guerrini (Meg Page) und Vittorio Arimondi (Pistola) haben eines gemeinsam: Von ihnen allen existieren Tondokumente.

Wie Tamagno im Tenorfach war der unbestrittene Star seiner Zeit im Baritonfach, besonders in Verdi-Rollen, **Victor Maurel.** Er wurde 1848 in Marseille geboren (es ist witzig gesagt worden, daß seine Geburt im Revolutionsjahr möglicherweise ein Hinweis auf seinen Charakter ist). Nach Gesangsstudien am Konservatorium seiner Heimatstadt und in Paris debutierte er 1867 (als Neunzehnjähriger) in Marseille in der Titelpartie von Rossinis *Guillaume Tell*. Am 11. März 1867 debutierte er an der Pariser Opéra als einer der flandrischen Deputierten in der *Don Carlos*-Uraufführung, schon 1868 sang er an diesem Haus den Luna in Verdis *Il trovatore* und den Nevers in Meyerbeers *Les Huguenots*, wenig später den Nelusko in *L'Africaine* und den Alphonse XI. in *La favorite*. Dem jugendlichen Debut folgte ein rascher Aufstieg mit europaweiten Engagements. Da er sich in seinen Karrierefortschritten in Frankreich von seinem berühmten älteren Kollegen Jean-Baptiste Faure[26] beeinträchtigt wähnte, ging er 1869 nach Italien. Bereits 1870 trat er erstmals an der Mailänder Scala auf, und zwar in der Uraufführung von Gomes' *Il Guarany*. Drei Jahre später nahm er an der nächsten Uraufführung einer Gomes-Oper, *Fosca*, teil. Zwischen 1873 und 1904 trat er mit Unterbrechungen immer wieder am Londoner Royal Opera House, Covent Garden, auf. Dort sang er 1875 den Telramund in der Londoner Erstaufführung des *Lohengrin*, sowie 1876 den Wolfram in der Erstaufführung des *Tannhäuser* und sogar den Holländer.

Seine amerikanische Karriere begann Maurel 1873 mit *Ernani*, einen Monat später mit der Erstaufführung der *Aida* in New York, in der er den Amonasro sang. Der erst Fünfundzwanzigjährige zählte weltweit nun zu den bedeutendsten Baritonen des italienischen Faches. Er verteilte seine Auftritte auf Metropolen dreier Kontinente: Er sang in Wien und Berlin, in Mailand und Monte Carlo, in Kairo und London, in Moskau und St. Petersburg, in Barcelona und Madrid, in Lissabon und New York. 1879 kehrte er an die Opéra zurück, an der er regelmäßig bis

1894 auftrat. Unter seinen berühmtesten Rollen dort waren der Hamlet, der Don Giovanni, Méphistophélès (*Faust*) und Alphonse (*La favorite*).

1883 wurde er ins Direktorium des Pariser Théâtre des Italiens berufen: Trotz der dort engagierten exzeptionellen Sänger (unter ihnen, neben Maurel selbst, Größen wie Felia Litvinne, Edouard de Reszke und Julián Gayarre) endete das Opernhaus nach nur zwei Jahren in einem finanziellen Desaster, es mußte schließen und wurde nie mehr wiedereröffnet. An diesem Haus sang er 1884 in der Pariser Erstaufführung von Massenets *Hérodiade*.

Zu Verdi hatte Maurel eine besondere Affinität: Bereits 1871 vertraute ihm der Komponist den Posa in der Erstaufführung des *Don Carlo* in Neapel an. 1872 sang er *La forza del destino* und *Un ballo in maschera*. 1881 trat er in der Mailänder Erstaufführung der Revision des *Simon Boccanegra* in der Titelpartie auf. 1887 nahm er an der Uraufführung des *Otello* teil, den Jago sang er auch bei den Erstaufführungen 1887 in Paris und 1888 in London, sowie 1894 an der New Yorker Metropolitan Opera (seine Antrittsrolle an diesem Haus, an dem er in drei Jahren in 60 Vorstellungen 12 Partien sang). 1893 war er an der Scala der erste *Falstaff*, 1894 begeisterte er in dieser Rolle das Publikum in Paris, im Jahr darauf in New York. Neben den erwähnten Rollen sang er auch den Luna (*Il trovatore*) und den Renato (*Un ballo in maschera*), sowie den Rigoletto (bei seinen ersten *Rigoletto*-Auftritten in Italien waren Publikum und Kritik mehr als überrascht, als Maurel die Stretta „Sì, vendetta" mit dumpfer, geradezu geflüsterter Tongebung begann[27]).

Bereits seit längerem zum Star und im Umgang dreist bis unausstehlich geworden, verlangte er 1892 anläßlich der Uraufführung der *Pagliacci*[28] in Mailand, bei der er für die ursprünglich arienlose Partie des Tonio engagiert war, von Ruggiero Leoncavallo eine Arie. Der Forderung verlieh er, wenig sympathisch, dadurch Nachdruck, daß er für den Fall ihrer Nichterfüllung mit dem Ausstieg aus der Premiere drohte: Das ist in Kürze nicht nur das Psychogramm eines Sängers mit überdimensionalem Ego[29], sondern die Entstehungsgeschichte des berühmten Prologs, den Maurel leider nicht aufgenommen hat. Solange Maurel die Partie sang, war es übrigens Tonio (und nicht Canio), der die Schlußworte der Oper – „La commedia è finita" – sagte.

Maurels Repertoire umfaßte nicht nur verschiedene Stilrichtungen, sondern innerhalb des Baritonfachs auch verschiedene Stimmkategorien, vom lyrischen über das dramatische Fach bis hin zum Baßbaritonfach: Er sang den Don Giovanni, den Almaviva oder auch den Figaro in *Le nozze di Figaro*, den Papageno und den Escamillo, den Belcore in *L'elisir d'amore*, den Valentin und den Méphistophélès in Gounods *Faust*, den

Nelusco in Meyerbeers *L'Africaine*, den Hamlet in Thomas' gleichnamiger Oper und sogar den Assur in Rossinis *Semiramide*.

1904 trat Maurel von der Bühne ab. Er, der vor der Entscheidung, Sänger zu werden, mit dem Architektenberuf geliebäugelt hatte, versuchte sich als Maler (er entwarf 1919 die Bühnenbilder für die Produktion von Gounods *Mireille* an der Metropolitan Opera) und Schauspieler, eröffnete in Paris eine Gesangsschule, die er 1909 nach New York verlegte, und verfaßte neben einer Autobiographie[30] auch Gesangslehrwerke und Bücher über die Inszenierungen von *Otello* (Rom 1888) und *Don Juan* (Paris (1896); darüber hinaus hielt er auch Vorträge über Operngesang und –inszenierungen.[31] Noch 1909 trat er in Paris mit Schülern in privatem Rahmen auf: in Grétrys *Le Tableau parlant*, der Dirigent der Aufführung war ein gewisser Thomas Beecham.

Von den zwanzig Titeln, die Maurel aufgenommen hat, betreffen nur ganz wenige sein Verdi-Repertoire: Es existieren eine Aufnahme von Falstaffs kurzem Solo „Quand'ero paggio" (1907), das wegen seiner Kürze vor einem nach Wiederholung rufenden Pseudopublikum im Studio einmal in italienischer und einmal in französischer Sprache wiederholt wird, sowie drei verschiedene Aufnahmen von Jagos Traumerzählung „Era la notte" (zwei verschiedene von 1903, eine von 1904). Die übrigen Aufnahmen sind das mit musikalischen Fehlern vorgetragene Ständchen aus *Don Giovanni* sowie eine Arie des Thoas aus Glucks *Iphigénie en Tauride*; der Rest ist wenig aufschlußreiches Liedmaterial verschiedener Provenienz.

An das Abhören der Aufnahmen geht man am besten völlig unvoreingenommen heran. Nach der Lektüre von Maurels Kritiken erwartet man einen genialen Interpreten mit einer miserablen Stimme. Man wird in beider Hinsicht enttäuscht: Man erlebt zwar einen hörbar intelligenten, aber keinesfalls überragenden Interpreten, der mit wenn nicht wirklich überwältigenden, so doch sehr angenehm klingenden stimmlichen Mitteln agiert. Zum Zeitpunkt der Aufnahmen hatte Maurel mehr als fünfunddreißig Karrierejahre mit einer daraus folgenden natürlichen Abnützung der Stimme hinter sich. Wenn auf dem Höhepunkt seiner Karriere Maurels vokale Fähigkeiten eindeutig hinter seine darstellerischen Fähigkeiten gereiht wurden, wie zum Beispiel in der „New York Times", in der er als „truly great singing actor" bezeichnet wird, jedoch mit der Einschränkung „his voice is no more than good"[32], deutet das nur darauf hin, daß er weniger mit der Stimme, denn als Schauspieler agierte. In den meisten zeitgenössischen Berichten werden sein rhetorischer Ausdruck und seine Diktion – die allerdings im Italienischen von einem schweren französischen Akzent (mit nasalen Vokalverfärbungen

Victor Maurel im Jago-Kostüm mit dem widerwillig posierenden Verdi in Maurels Garderobe anläßlich einer Otello-Aufführung an der Pariser Opéra 1894.

und Einfach- statt Doppelkonsonanten) beeinträchtigt wird – gelobt, beides ist auf den Aufnahmen in diesem Ausmaß nicht zu erkennen. Verdi hat hier offensichtlich Abstriche gemacht, indem er für seine Zwecke den talentierten Singschauspieler vor den reinen Vokalisten stellte.

Gleichwohl sind Ausdruck und Interpretation die hervorstechendsten Merkmale in den Verdi-Aufnahmen: In der Traumerzählung Jagos spielt Maurel geschickt mit dynamischen Schattierungen und Stimmfarben und zeigt ein gutes Falsett, das man leicht auch für ein Mezzavoce nehmen könnte. Den virtuosen Menschen-Manipulator hört man aus dieser vokal biederen Darstellung Jagos allerdings nicht heraus. Das Falstaff-Solo bringt er chansonartig, abwechslungsreich und witzig-charmant. Daß dieser Eindruck auf der Bühne durch ein herausragendes Schauspieltalent noch verstärkt wurde, ist offensichtlich. Dennoch wird das Vergnügen an der Aufnahme getrübt durch die verfärbte Diktion (siehe oben) und durch Textfehler (zweimal „del mio lieti (statt: lieto) maggio"), die durch gedankenlose Routine oder mangelnde Italienischkenntnisse verursacht sind. Man kann sich des Eindrucks nicht erwehren, daß Maurel sich erst bei der Wiederholung in französischer Sprache richtig in seinem Element fühlt und genau weiß, wovon er singt.

Daß Verdi für die Maurel zugefallenen Aufgaben nicht den großen Bariton Mattia Battistini (1856 – 1928) heranzog, der mit einem Maurel an Klangschönheit bei weitem überlegenen Organ noch dazu ein herausragender Stilist und eleganter Interpret, ein Bollwerk gegen die vokalen Unsitten der Verismosänger war, mag an Maurels überragendem Schauspieltalent gelegen sein. Es überrascht, daß der sonst nicht so tolerante Verdi den mühseligen Umgang mit Maurel, den er erklärtermaßen menschlich nicht mochte, ertrug (ein köstliches Dokument dieser Beziehung ist das Photo, auf dem der sichtlich mürrische Komponist mit dem als Person ungeliebten, ihn listig beäugenden Bariton anläßlich einer *Otello*-Vorstellung 1894 in Paris widerwillig posiert). Wie anhand von Battistinis 117 Aufnahmen leicht zu überprüfen ist, übertrifft dieser seinen französischen Kollegen in jeder Hinsicht: Stimmqualität, Gesangstechnik, Legato, Phrasierung, Eloquenz, gesanglicher Gestus, Eleganz des Vortrags, alles steht qualitativ eine Stufe höher. Als Battistini in Spanien den Jago sang, wurde seine Leistung kommentiert mit „Er ist die Schönheit des Bösen."[33] Der Schluß, daß Maurel von Verdi Battistini vorgezogen wurde, weil der Komponist ihn für einen besseren Vokalisten befand, ist unzutreffend: Maurels Einsatz ist nur durch die größere histrionische Erfahrung und die starke Bühnenpräsenz des Singschauspielers zu erklären, dem gegenüber der elegante Stilist Battistini im Hintertreffen war.

Der aus einer Sängerfamilie stammende Bariton **Antonio Pini-Corsi** (Zara (Zadar) 1858 – Mailand 1918) debütierte 1878 in Cremona als Dandini in *La cenerentola*, konzentrierte seine Karriere über zehn Jahre lang auf Italien und spezialisierte sich dabei auf Bufforollen in Opern von Rossini und Donizetti (Figaro und Bartolo in *Il barbiere di Siviglia, L'italiana in Algeri, Il conte Ory, Don Pasquale, La figlia del reggimento*). 1884 wagte er sich erstmals an eine dramatische Rolle, den Rigoletto, jene Rolle, mit welcher der vielseitige Sänger auch 1893 an der Mailänder Scala debütierte. Er sang an diesem Haus im selben Jahr in der Erstaufführung von Giordanos *Siberia* sowie den Ford (den er auch in Triest, Genua, Madrid, Berlin, Wien, Rom, Venedig, Brescia, New York und London verkörperte), trat 1894 in Franchettis *Cristoforo Colombo* auf, sang 1904 den Don Pasquale, 1905 den Bartolo in *Le nozze di Figaro* und im *Barbiere di Siviglia*, 1906 den Lord Rocburg in *Fra Diavolo*, den Ottokar im *Freischütz*, Franchettis *La figlia di Jorio*, wiederum den Ford und 1916 abermals den Bartolo im *Barbiere*. 1906 war er in Turin der erste Schaunard in *La Bohème*, zwischen 1909 und 1914 trat er an der New Yorker Met in Charakterrollen (Mesner in *Tosca*, Masetto usw.) auf. Er gastierte in Buenos Aires, Wien, Berlin und Monte Carlo. Zu seinem Repertoire gehörten der Beckmesser in *Die Meistersinger von Nürnberg*, der Alberich in *Rheingold* und *Siegfried*, der Lescaut in Puccinis *Manon Lescaut* und der Leporello, aber auch Werke von Franchetti, Giordano und Mancinelli. 1917 beendete er in Mailand mit Rossinis *Signor Bruschino* seine Karriere.

Von ihm sind zahlreiche interessante Tondokumente überliefert, fast ausschließlich aus dem Buffo-Repertoire. Da sie aus dem letzten Jahrzehnt seiner langen Karriere stammen, zeigen sie zwar leichte stimmliche Ermüdungserscheinungen, vor allem aber die Stärken des Sängers: klare, plastische Diktion, phantasievolle, freie Phrasierung, erstaunliche aspirationsfreie Koloraturen, fein nuancierte Gestaltung, Persönlichkeit. Pini-Corsi ist das beste Beispiel dafür, daß man Komik nicht mit Possenreißerei, Drückern, Gicksern und Kichern erzielt, sondern mit der fein abschattierten Färbung des gesungenen Wortes.

Der Tenor **Edoardo Garbin** (Padua 1865 – Brescia 1943) debutierte nach seinem in Mailand absolvierten Gesangsstudium 1891 in Vicenza als Alvaro in *La forza del destino*. Nach Auftritten am Mailänder Teatro dal Verme, am San Carlo in Neapel (*Rigoletto*-Herzog) und in Genua (in der Uraufführung von Franchettis *Cristoforo Colombo*, 1892) wurde er 1893 an die Scala engagiert. Nachdem er den Fenton auch in Genua, Triest, Venedig und Palermo gesungen hatte, wechselte er ins Zwischenfach und wandte sich hauptsächlich Verismo-Opern zu, wobei er aber erkennen ließ, daß seine gesangstechnische und stilistische Schulung eindeutig dem 19. Jahrhundert entstammte. Er sang den Des Grieux in Puccinis *Manon Lescaut* und Massenets *Manon*, den Cavaradossi, Maurizio (*Adriana Lecouvreur*), Pinkerton (*Madama Butterfly*), Turiddu, Andrea Chénier, Osaka (*Iris*), Enzo (*La Gioconda*), Don José (*Carmen*), Lohengrin, sowie die Tenorprotagonisten in *La Wally, Germania* (Franchetti), *Zazà, Fedora, Giovanni Gallurese* (Montemezzi). Seine Karriere führte ihn an die großen italienischen Bühnen, sowie nach Wien, Berlin, Lissabon, Barcelona, London, Paris, Odessa, Warschau und Buenos Aires.

Seine zahlreichen Tondokumente decken fast ausschließlich das Verismo-Repertoire ab und zeigen einen Tenor, der lyrische Eleganz des Vortrags mit (manchmal leicht forcierter) Vehemenz zu verbinden versteht. Nur zwei Aufnahmen (*La bohème, Adriana Lecouvreur*) hat der Tenor mit seiner Frau **Adelina Stehle** (Graz 1861 – Mailand 1945) gemacht, der Nannetta der *Falstaff*-Uraufführung, mit der er ein beliebtes Duo bildete, das in Opern wie *La bohème* und *Manon Lescaut* äußerst erfolgreich war. Sie war die Tochter eines österreichischen Militärkapellmeisters, studierte wie ihr Gatte in Mailand und debutierte 1881 in *La sonnambula*. Auch sie war eine ausgesprochene Verismo-Sängerin, obwohl sie zunächst Opern wie *I Capuleti e i Montecchi* (Bellini), *Il matrimonio segreto* (Cimarosa), *Orfeo ed Euridice* (Gluck – Euridice und Amor), *Rigoletto, La traviata, Gli Ugonotti* (Margherita di Valois), *Guglielmo Tell* (Matilde), *Amleto* (Ofelia) oder *Lohengrin* (Elsa) interpretiert hatte. Danach sang sie die Sopranpartien in Opern wie *Pagliacci*, *I Medici* (Leoncavallo), *La Wally, Guglielmo Ratcliff* und *Silvano* (Mascagni), *La pellegrina* (Filippo Clementi), *Manon Lescaut, Adriana Lecouvreur, Fedora*.

In den ersten Jahren ihrer Karriere bis zum *Falstaff* wurden ihre reine, süße, „himmlische" Tongebung und ihre stilistischen Fähigkeiten gerühmt, Eigenschaften, die sie beibehielt, als sie sich ins lyrische und Spinto-Fach wagte. Die jederzeit kontrollierte Tonproduktion, der suggestive Ausdruck, die feine Wortakzentuierung, die Eleganz des Vortrags auch bei dramatischen Ausbrüchen der schauspielerisch hochbegabten Sopranistin sind Qualitäten, die man bei späteren Vertreterinnen ihres Faches vergeblich sucht. Nach Ende ihrer Karriere war sie als Gesangslehrerin tätig, ihre berühmteste Schülerin war Giannina Arangi-Lombardi. Ihren Lebensabend brachte die Sängerin, die bedauerlicherweise keine einzige Solo-Aufnahme hinterlassen hat, in der *Casa di riposo* in Mailand zu.

Die Stimmen von Emma Zilli[34] (Alice), Giuseppina Pasqua[35] (Quickly), Giovanni Paroli (Dr. Cajus) und Paolo Pelagalli-Rossetti (Bardolfo) sind akustisch nicht dokumentiert.

Die am 9. Februar 1893 an der Scala stattfindende Uraufführung des *Falstaff* ist ein mondänes Ereignis, dem des *Otello* vergleichbar. Die junge Komponistengeneration ist durch Puccini und Mascagni vertreten, aus ganz Europa sind Korrespondenten angereist, um über das Werk zu berichten, Letizia Bonaparte, die Gattin von Amadeus, Herzog von Aosta, ist ebenso anwesend wie hohe Vertreter der Politik, aus der schreibenden Gilde interessieren sich der Dichter Giosuè Carducci und der Librettist Giuseppe Giacosa für die neue Oper.

Wie leicht vorherzusehen war, ist die Premiere ein Triumph. Einige Stücke, darunter Falstaffs „Quand'ero paggio" werden wiederholt, die Kritiken sind einhellig begeistert, können aber eine leichte Ratlosigkeit nicht verbergen. Doch noch ist *Falstaff* nicht die Oper, die wir heute kennen. Es ist das Finale II, von dem Verdi nicht restlos überzeugt ist, ebenso wie der Schluß des ersten Bildes des dritten Aktes. Beide Stellen werden nach längerem Hin und Her, nach Diskussionen über einen Takt im Finale II, der möglicherweise fehlt, in die endgültige Form gebracht und kommen am 15. April in Rom im Beisein des italienischen Königspaares

Die Interpreten der Falstaff-Uraufführung.

erstmals zur Aufführung. Weitere kleinere Änderungen im dritten Akt werden für die Pariser Erstaufführung im Mai 1894 durchgeführt, Boito muß dafür einige Textergänzungen auf Französisch liefern, die dann auf Italienisch übersetzt werden.

Erst jetzt liegt *Falstaff* in seiner endgültigen Form vor. Obwohl er unwidersprochen allgemein als großes Meisterwerk anerkannt und bis heute fester Bestandteil der Spielpläne der internationalen Opernhäuser ist, erlangte er trotz seiner Qualitäten niemals die Popularität anderer Opern Verdis. Vielleicht liegt es daran, daß Verdis und Boitos Falstaff nicht mehr der biersaufende fluchende Raufbold Shakespeares, sondern ein weintrinkender, feinsinniger mediterraner Verwandter dieser Figur ist, der seine adelige Herkunft nicht verleugnen kann, wie überhaupt die fein lächelnde Philosophie Falstaffs auch ihrem nordischen Pendant gegenüber ins Hintertreffen gerät, Wagners *Die Meistersinger von Nürnberg* mit ihrem teilweise groben Mainzer-Karnevals-Humor, mit denen Verdis opus magnum manchmal – völlig unzutreffend – verglichen wurde. So kann Cosima Wagner selbstverständlich keinen wirklichen Unterschied zwischen dem *Trovatore* und dem *Falstaff* erkennen, während Richard Strauss[36] im *Falstaff* eines der größten Meisterwerke aller Zeiten sieht.

Bei *Falstaff* sind es überhaupt vorwiegend Komponisten, die das Werk richtig einzuschätzen vermögen, Musikkritiker verrennen sich in ihrer Beurteilung oft völlig. Wie viele Zeitgenossen ist auch Eduard Hanslick, der Verdis frühere Opern mit schöner Regelmäßigkeit in oft beleidigender Weise verriß, von der geistreichen musikalischen Ironie des *Falstaff* völlig überfordert:

> Während der Aufführung wurde mir eines immer klarer: In Deutschland stehen zur Einbürgerung von Verdis „*Falstaff*" „*Die lustigen Weiber von Windsor*" von Otto Nicolai als ein Hindernis gegenüber, das schwer zu nehmen sein wird. Als Totalerscheinung spielt Nicolai gewiß eine sehr bescheidene Figur neben Verdi. [...] Aber in dieser Oper steigerte und konzentrierte sich die ganze Kraft seines [Nicolais] Talents so bedeutend, sowohl nach der dramatischen wie nach der rein musikalischen Seite hin, daß nur die blanke Ungerechtigkeit sie geringschätzen könnte. Gegenüber der moderneren, einheitlicheren Form der Verdischen Oper hat die Nicolaische jedenfalls mehr musikalische Substanz. Nach meiner Empfindung sind die besten Nummern aus den „Lustigen Weibern" den analogen Szenen in Verdis „Falstaff" musikalisch entschieden überlegen.
>
> *Begegnung mit Verdi und seinem Falstaff in Rom.*
> In: E. HANSLICK, *Aus meinem Leben,* Bd. 2,
> Berlin 1894, S. 288 f.

Deutlich verständiger äußert sich der englische Komponist Charles Villiers Stanford:

> Ein Blick in die Partitur genügt, um zu erkennen, daß sie die komödiantische Schwester des tragischen *Otello* ist, geschrieben nach dem gleichen „fortschrittlichen" Grundgedanken, doch womöglich noch kompromißloser in ihren Einzelheiten als die Tragödie, die ihr vorausging. Es gibt in ihr überhaupt keine Konzession an volkstümliche Effekte, kaum ein Teilstück, das aus seiner Umgebung losgelöst werden könnte. [...] Das ganze Opus ist so sonnig wie des Komponisten Garten in Busseto. Kristallklar im Aufbau, abwechselnd zart und explosiv, humorvoll und geistreich, ohne eine Spur von Extravaganz oder eine Note von Gemeinheit. Jeder Akt rollt blitzschnell ab, ohne Unterbrechung, fast ohne langsame *Tempi*; und der allgemeine Eindruck ist nicht der einer Oper, die zum musikalischen Effekt oder zur Glorifizierung der Sänger geschrieben wurde, sondern der einer bewundernswerten Komödie, zu deren Illustrierung, Akzentuierung und Idealisierung die Musik beigetragen hat. Auf der Titelseite ist mit Fug und Recht angegeben: *Commedia lirica.*
>
> C.V. STANFORD, *Studies and Memories,*
> Constable, London, 1908. Zit. in: Weaver, S. 247.

Als Verdi von einer in Brescia geplanten Aufführung des Falstaff hört, wendet er sich an Ricordi:

Verdi an G. Ricordi; 29. März 1893
Ich habe gesehen, daß in Brescia *Falstaff* und [Puccinis] *Manon* angekündigt sind. Das ist ein Fehler! Eine [Oper] wird die andere umbringen! Gebt nur *Manon* allein, ich brauche keine Karriere [mehr] zu machen und freue mich, wenn andere davon profitieren.

Conati, Verdi, S. 126.

Am 12. August 1893 wird *Falstaff* im Teatro Grande in Brescia unter der Leitung Mascheronis aufgeführt. Die Besetzung ist bis auf den Sänger des Falstaff (Arturo Pessina) und der Mrs. Quickly ident mit der Uraufführungsbesetzung der Scala. Anläßlich dieser Aufführung äußert Verdi:

Verdi an G. Ricordi; 2. September 1893
Ich war immer und bin nach wie vor der Meinung, daß Falstaff eine überaus leicht aufzuführende Oper ist; und daß alle, oder fast alle sie nach einigen wenigen Anweisungen ausführen können. Der Beweis dafür ist, daß sich trotz ihres geringen Talents zwei präsentable *Falstaff* gefunden haben, vom ersten [= Uraufführungssänger] abgesehen. Es gibt zwanzig [Baritone], die den Ford gut singen können (wenn auch nicht so gut wie Pini); und viele [Damen], die die lustigen Weiber singen können.

Conati, Interviste, S. 345.

Zwei Wochen später ist Verdi hörbar erleichtert:

Verdi an Mascheroni; Sant'Agata, 16. August 1893
„Auch das wäre geschafft", sagte der Kerl, der seinen Vater ermordet hatte!! Wir haben niemand ermordet; vielmehr haben wir die Ohren des guten Publikums ein wenig geschunden; aber da es sich darüber nicht beschwert, ist es nicht schlimm!… Aber, aber Ihr werdet mir nach der fünften oder sechsten Vorstellung etwas über die Kassa sagen. Mein Kompliment jedenfalls für alle… bravi, bravissimi und Euch: *zehn Punkte!!*[37] *Amen!*

P.S. Ach, ich vergaß, Euch zu sagen, daß ich hocherfreut bin, mich im Protagonisten [Pessina] getäuscht zu haben! Ich bin hocherfreut über seinen Erfolg! Ich weiß aber, daß er abscheulich *geschminkt* war!

Ach, die italienischen Künstler!! In ihrer blöden Aufgeblasenheit lassen sie sich zu diesen Albernheiten herab und machen ihre Sache lieber schlecht als so wie die anderen. Und er hatte ein Vorbild [Maurel], das vor allem in dieser Hinsicht unübertrefflich ist!

Abbiati IV, S. 512

In einer für Verdis Briefe atypischen, nur dem berühmten Einlageblatt[38], das Arturo Toscanini 1921 im *Falstaff*-Partiturautograph fand, vergleichbaren Weltabschiedsstimmung ist der folgende Brief abgefaßt.

Verdi an Emma Zilli; Genua, 15. Dezember 1893
Ein Jahr ist vergangen seit der Zeit der Arbeiten am *Falstaff*, zuerst in meinem Haus, dann im Foyer der Scala. Eine herrliche Zeit voller Enthusiasmus, in der man nur Kunst atmete! Und ich erinnere mich der Augen-

blicke heiterer Erregung und auch... Erinnert Ihr Euch an den dritten Abend des *Falstaff*? Ich verabschiedete mich von Euch allen; und Ihr alle wart ein wenig gerührt, besonders Ihr und die Pasqua... Malt Euch aus, was für ein Gruß der meine war, der sagte: „Wir werden uns als Künstler nicht wiedersehen!!!"

Wir haben uns zwar danach noch getroffen, sowohl in Mailand wie in Genua und Rom; aber die Erinnerung ging immer zu jenem dritten Abend zurück, der besagte:

Alles ist zu Ende!

Ihr Glückliche, Ihr habt noch eine lange Karriere vor Euch; und ich wünsche sie Euch immer glänzend, wie Ihr sie verdient.

Copialettere, S. 721

Hier täuscht sich Verdi in tragischer Weise. Emma Zilli wird im Jänner 1901, im Alter von nur 37 Jahren, nach glänzendem Karrierebeginn, auf einer Tournée in Kuba einer Gelbfieberinfektion erliegen.

Im Jahr der Uraufführung wird *Falstaff* in Genua, Venedig, Turin, Triest, Berlin, Wien, Buenos Aires, Rio de Janeiro, São Paulo, Stuttgart (in deutscher Übersetzung von Max Kalbeck) aufgeführt, 1894 folgen Neapel, Florenz, Bologna, St. Petersburg (in russischer Übersetzung), Madrid, Lissabon, Hamburg (hier dirigiert Gustav Mahler), Köln, Leipzig, Dresden, München, London und Paris. Hier findet die Aufführung am 18. April 1894 an der Opéra Comique in Anwesenheit Verdis statt, der mit ihrer Qualität und Aufnahme zufrieden ist. Nach seiner Rückkehr muß er wieder von Eskapaden Maurels hören.

> Verdi an G. Ricordi; Mailand, 1. Juni 1894
>
> Ich erhalte einen Brief aus Paris, in dem man mir schreibt, daß Maurel sich erlaubt hat, hier und da im *Falstaff* Striche zu machen. Und was noch schlimmer ist, er nimmt einmal hier, einmal da ein Stück heraus, je nach Laune, wie als Experiment und um zu beurteilen, welche Stellen wert sind, geduldet zu werden, und welche zu vergessen sind! Und dann spricht man von Kunst... von Großer Kunst!!... Was für ein Witz!! Auf diese Art werden die Opern nichts weiter als Etüden, um Stimme, Gesang oder Geste (selbstverständlich eine manierierte) irgend eines Künstlers zur Geltung zu bringen.
>
> Man fragt mich außerdem, ob ich diese Striche autorisiert habe! O nein! O nein! Ich bin ohne Bedauern damit einverstanden, wenn meine Opern nicht aufgeführt werden; aber wenn sie aufgeführt werden, verlange ich, daß es so sei, wie ich sie mir vorgestellt habe. Deshalb wende ich mich an Euch, meinen Verleger, und berufe mich auf den Vertrag, der zwischen uns in dieser Hinsicht existiert. Erklärt der Direktion der Opéra-Comique also in meinem Namen, daß *Falstaff* komplett aufgeführt werden muß, wie am Abend der ersten Aufführung. Abbiati IV, S. 544

Der *Falstaff* wird auf der ganzen Welt gespielt, Verdis Zeit verstreicht friedlich, er empfängt Besuche und beschäftigt sich mit allem möglichen. Die Anfrage des Generals Menotti Garibaldi, des erstgeborenen Sohnes Garibaldis, der ihn als Vorsitzender des Komitees für den XXV. Jahrestag der Befreiung Roms um die Komposition einer Hymne auf Verse Carduccis ersucht, bescheidet er wie immer abschlägig. Mascheroni besucht ihn und bemerkt etwas.

> Verdi an Mascheroni; Genua, 21. April 1895
> Ihr sagt, Ihr hättet auf meinem Schreibtisch einige Partiturblätter entdeckt!... Vielleicht ist es wahr! Ich wollte ein *Te Deum* schreiben!! Eine *Danksagung* nicht für mich, sondern für das Publikum, weil es nach so vielen Jahren davon befreit ist, weitere Opern von mir zu hören!!
> Abbiati IV, S. 572

Für die Wintersaison 1898–99 ist eine Wiederaufnahme *des Falstaff* an der Scala mit Antonio Scotti in der Titelrolle und Arturo Toscanini als Dirigent angekündigt. Verdi ist wie üblich skeptisch.

> Verdi an G. Ricordi; Genua, 27. Februar 1899
> Über die Scala kann ich Euch nur meine alten Ansichten wiederholen, bescheidene, aber vielleicht nützliche und meines Erachtens aufgrund der derzeitigen Umstände mögliche Ansichten. Wenn Toscanini nicht erfahren ist, so sind es die anderen noch weniger. In Kürze die Wiederaufnahme des *Falstaff*. Alles steht dem entgegen. Der Falstaff mag gut sein (vielleicht!), aber Alice ist es nicht... Und merkt Euch, daß die Hauptfigur des *Falstaff* nicht Falstaff ist, sondern Alice.
> Was, zum Teufel, sage ich da? Vergeudete Zeit! Ich will nichts gesagt haben und lebt wohl. Abbiati IV, S. 637 f.

Am 11. März 1899 findet die Aufführung des *Falstaff* an der Scala unter Toscanini statt, der Antonio Scotti gestattete, „Quand'ero paggio" zweimal zu wiederholen.

> Verdi an G. Ricordi; Genua, 18. März 1899
> Ich habe einen Artikel von Euch gelesen (*Falstaff*). Kurz und bündig, wunderschön. Wenn die Dinge so liegen, wie Ihr schreibt, dann kehren wir besser zu den bescheidenen Dirigenten von früher zurück (da gab es noch einen Rolla, Festa, De Giovanni etc.).
> Als ich angefangen habe, die Musikwelt mit meinen Sünden zu schockieren, da gab es die Kalamität mit den Primadonnen und den Rondós, heute gibt es die Tyrannei der Orchesterleiter! Schlecht, schlecht! Doch weniger schlecht das erstere!! Abbiati IV, S. 638

Verdi hat mit *Otello* und *Falstaff* Meisterwerke geschaffen, die weit in die Musikgeschichte vorausweisen. Während Wagner mit seiner Opernsymphonik in eine Sackgasse geriet und an Nachfolgern nur Wagner-Epigonen produzierte, ist der Nachklang Verdis in Werken von Puccini, Richard Strauss, Britten, Poulenc und Strawinsky nachweisbar und wird von diesen nicht bestritten.

Von der Opernbühne verabschiedet sich Verdi mit der Schlußfuge des *Falstaff*. Ihre Anfangsworte „Tutto nel mondo è burla" werden mit gedankenloser Selbstverständlichkeit im Deutschen immer wieder mit „Alles ist Spaß auf Erden" wiedergegeben, als ob das Hochpreisen von Unernst und menschlicher Dummheit die krönende Botschaft der Oper wäre. Doch „burla" hat auch die Bedeutungen „Nichtigkeit, Kleinigkeit, Lappalie", was angesichts des musikalischen Verlaufs der Fuge und der in der Vordergrund tretenden Textpassage „Tutti gabbati!" bestätigt wird. Das strahlende C-Dur des Finales geht ruckartig nach Es-Dur über, trübt sich nach a-Moll ein und bricht plötzlich mit einem verminderten Septakkord wie betroffen fragend ab. In c-Moll setzt Falstaff erst nach einer Pause wieder ein und nimmt den Gedanken „Tutti gabbati!" („Ein jeder wird betrogen / hintergangen / geprellt / ausgelacht / verhöhnt!", dies die Hauptbedeutungen des Verbs „gabbare") wieder auf. Aber wenn es zum angesprochenen allgemeinen Schlußgelächter kommt („Ma ride ben chi ride la risata final" – „Es lacht am besten, wer als letzter lacht"), wenn also Verdi als letzter lacht, lacht er nicht am besten, schon gar nicht am heitersten oder gar am lautesten: er lächelt fein, mit der pessimistischen, gebrochenen Heiterkeit des Wissenden.

Nach dem *Falstaff* hofft man, ohne das Alter des Komponisten zu bedenken, Verdi und Boito würden eine weitere Shakespeare-Oper schreiben. Boito hat Shakespeares *Antonius und Kleopatra* für Eleonora Duse ins Italienische übersetzt, er schlägt Verdi diesen Stoff vor. Er denkt auch über den *König Lear* nach und beginnt sogar, an der ersten Szene zu schreiben. Doch Verdi hält den *Falstaff* vermutlich für einen idealen Karriereabschluß und Giuseppina läßt Boito wissen, daß ihrer Ansicht nach Verdi jetzt zu alt und zu müde sei, um ein neuerliches Wagnis in Angriff zu nehmen.

Quattro pezzi sacri

Zwischen dem 3. und dem 6. Dezember 1894 komponiert Verdi ein Lied, *Pietà Signor*, auf Worte, die Arrigo Boito aus dem Text des *Agnus Dei* adaptiert hat. Die Einkünfte aus der Komposition kommen den Opfern des Erdbebens von 1894 in Sizilien und Kalabrien zugute.

Die zumeist als zusammengehörender Zyklus rezipierten und als solcher aufgeführten *Quattro pezzi sacri* entstehen über mehrere Jahre. Verdi gestattet zwar am 1. Juni 1897 die gemeinsame Veröffentlichung der Stücke, zieht jedoch bei den ersten Aufführungen das *Ave Maria* zurück. Die *Laudi alla Vergine Maria* nach einem Text aus dem letzten

Gesang des ‚Paradiso' aus Dantes *Divina commedia* und das *Ave Maria* werden in den Jahren 1886 bis 1889 komponiert. Im April 1895 beginnt er die Komposition des *Te Deum,* ab 21. Februar 1896 schreibt er es in Partitur nieder. Das *Stabat mater* entsteht ab Juni 1896, kurz, nachdem Verdi bei einem Blitzbesuch in Mailand 400.000 Lire auf der Bank für die Errichtung der *Casa di riposo* deponiert hat. Die einzelnen Kompositionen werden üblicherweise nicht in der chronologischen Reihenfolge ihres Entstehens, sondern in folgender Abfolge aufgeführt:

1. *Ave Maria. Scala enigmatica armonizzata a 4 voci miste, sole.* (Vierstimmiger gemischter Chor, a cappella)

2. *Stabat Mater per coro a 4 voci miste ed orchestra.* (Vierstimmiger gemischter Chor mit Orchester)

3. *Laudi alla Vergine Maria, tratte dall'ultimo Canto del „Paradiso" di Dante, per 4 voci femminili, sole.* (Vierstimmiger Frauenchor oder vier Solostimmen: zwei Soprane, zwei Alt, a cappella)

4. *Te Deum per doppio coro a 4 voci miste ed orchestra.* (Doppelter vierstimmiger gemischter Chor mit Orchester).

Bis zur Uraufführung des Werks widmet sich Verdi der Überwachung der Bauarbeiten an der *Casa di riposo.* Den Architekten Camillo Boito behandelt er dabei wie einen seiner Librettisten: Er schlägt Änderungen vor und setzt sich für Verbesserungen ein. So lehnt er beispielsweise die in der Planung vorgesehenen Gemeinschaftsschlafsäle ab und bestimmt, daß jeder Heimbewohner sein eigenes privates Schlafzimmer bekommt. Für die Erhaltung und den Betrieb der *Casa di riposo* trifft Verdi testamentarische Vorkehrungen.

Anfang Jänner 1897 erleidet Verdi einen Schlaganfall, von dem er sich aber rasch wieder erholt. Der Vorfall wird geheimgehalten. Im Herbst 1897 laboriert Giuseppina, deren Allgemeinbefinden seit längerem zu wünschen übrig läßt, an einer Bronchitis, die sie mehrere Wochen ans Bett fesselt. Am 11. November 1897 erkrankt sie an einer Lungenentzündung und stirbt am 14. November 1897 in Verdis Beisein.

Verdi ist völlig gebrochen. Giuseppina hat seine Karriere von Anfang an begleitet und auch stürmische Zeiten an seiner Seite überdauert. Am 16. November verläßt der Sarg mit Giuseppinas Leichnam Sant'Agata, Verdi begleitet ihn barhäuptig zu Fuß. Am selben Tag findet die Einsegnung in der kleinen Kirche von Sant'Agata statt, dann wird der Sarg mit dem Zug von Fiorenzuola nach Mailand überführt, wo die provisorische Beisetzung am Cimitero Monumentale, dem größten Friedhof Mailands, erfolgt, in Anwesenheit des Mailänder Bürgermeisters, der Familie Ricordi und Boitos, der soeben aus Paris zurückgekehrt ist, wo er Verhandlungen wegen der Aufführung der *Quattro pezzi sacri* geführt hat. Ihre endgültige Ruhestätte wird Giuseppina an der Seite ihres Mannes in der *Casa di riposo* in Mailand finden.

Aus Mailand insistieren Boito und Ricordi, der in Sant'Agata allein zurückgebliebene Verdi möge sich in ihrer Nähe in Mailand niederlassen. Der ist aber unentschlossen:

> Verdi an Boito; Sant'Agata, o.D. [Ende November/Anfang Dezember 1897]
> Meine Hand zittert und schreibt Euch nur mit Mühe, um Euch vielmals für Euren so lieben und guten Brief zu danken. Ihr habt leicht reden… aber ich bin halb taub, halb blind, kann kaum sprechen und kann mich auf keine Weise beschäftigen… Dazu kommen noch weitere Unpäßlichkeiten, die Ihr kennt… Wegen Mailand ist noch nichts entschieden, und ich kann mich nicht entscheiden!… Ich drücke Euch die Hand von Herzen, und ich weiß, daß ich sie einem braven Mann, in des Wortes ganzer Bedeutung, drücke.   Abbiati IV, S. 619

Weihnachten 1897 verbringt Verdi mit Teresina Stolz und der Familie Carrara in Sant'Agata (diese Personen werden nach Giuseppinas Tod in Zukunft um Verdi sein, zu ihnen kommen noch Giuditta Ricordi und Peppina Carrara). Zu den Feiertagen kommt auch Boito auf Besuch. Anfang 1898 beaufsichtigt Verdi in Mailand den Druck der *Quattro pezzi sacri* und übersiedelt danach wieder nach Genua. Er empfängt Besuche und korrespondiert mit Freunden. Auch jetzt bleiben ihm Ärgernisse nicht erspart. Eine Cousine, die sich eben verheiratet hat und die den Verdis viel zu verdanken hat, drückt ihm ihre Dankbarkeit nur in zwei dürren Zeilchen aus. Verdi geht mit sich selbst ins Gericht:

> Verdi an Teresina Stolz; Genua, o.D.
> Dummkopf! Alter Dummkopf! Obwohl du so viel über die menschlichen Angelegenheiten und Leidenschaften nachgedacht hast, hast du noch nicht begriffen, daß Dankbarkeit nur eine Konvention ist und im Herzen nicht existiert?… Ohne mich und die Arme, die nicht mehr ist [Giuseppina], wäre sie [die Cousine] eine armselige Bäuerin, die nicht einmal jeden Tag eine Suppe auf dem Tisch hätte!   Abbiati IV, S. 620

Die ersten Monate 1898 gehen über der Korrespondenz über die *Pezzi sacri* (ohne das *Ave Maria* derzeit drei an der Zahl) dahin. Am 20. März möchte Verdi nach Paris aufbrechen, um der Uraufführung beizuwohnen, doch die Ärzte untersagen ihm eine solch lange und anstrengende Reise. Am 7. April 1898 werden die *Pezzi sacri* im Conservatoire in Paris uraufgeführt, ihr Schöpfer wird von Boito vertreten. Zwischen 22. und 25. April besucht Arturo Toscanini im Palazzo Doria in Genua den Komponisten, den er elf Jahre zuvor bei den ersten *Otello*-Aufführungen an der Scala kurz kennengelernt hat, als er im Orchester das zweite Cello spielte. Jetzt will er von ihm Anweisungen zu den *Pezzi sacri*, deren Aufführung in Turin bevorsteht.[39] Verdi ist mit Toscaninis Interpretationsansatz zufrieden, am 26. Mai findet die Aufführung in Turin unter so großem Beifall statt, daß Toscanini die *Laudi* wiederholen muß.

Den Sommer verbringt Verdi nach einem kurzen Mailandbesuch mit Teresina Stolz in Montecatini, wo er sich von dem berühmten Arzt Prof. Pietro Grocco untersuchen läßt.

> Verdi an G. Ricordi; Montecatini, 15. Juli 1898
> Es geht mir wie immer, weder schlecht, noch gut. Grocco hat mir gesagt, das heißt er hat mir zu verstehen gegeben, daß es nichts Ernstes ist. [...]
> Ansonsten trinke ich weißes, schwarzes, gelbes, salzhaltiges Wasser mit allen Farben und Geschmäcken, und esse wie immer. *Amen.*
> Abbiati IV, S. 631

Dann kehrt er nach Sant'Agata zurück. Dort erfährt er aus dem „Corriere", daß das Mailänder Konservatorium, das ihm seinerzeit die Aufnahme verweigert hat, sich nach ihm benennen will. Er beklagt sich wütend bei Ricordi.

> Verdi an G. Ricordi; Sant'Agata, 9. August 1898
> Bei Gott, das fehlte noch, einen armen Teufel wie mich zu quälen, der sonst keinen Wunsch hat als in Ruhe gelassen zu werden und in Ruhe zu sterben! Aber nein! auch das ist mir versagt! Was habe ich Böses getan, um derart gequält zu werden!?? Abbiati IV, S. 632

Kurz darauf wendet er sich mit offiziellen Worten an den Verleger, damit dieser seinen Wunsch weiterleite.

> Verdi an G. Ricordi; Sant'Agata, 13. August 1898
> Konservatorium „Giuseppe Verdi" ist ein Mißklang! Ein Konservatorium hat (ich übertreibe nicht) ein Attentat auf meine Existenz verübt, und ich muß sogar die Erinnerung daran meiden. Und wenn dieser Heilige von meinem Schwiegervater nach Anhören des Urteils der Propheten des Konservatoriums vom Juni 1832 zu mir gesagt hätte: „Ich sehe, daß die Musik nichts für Dich ist: es ist zwecklos, Zeit zu vergeuden und Geld auszugeben. Geh in Dein Geburtsdorf zurück, werde wieder Organist, bestelle das Land und stirb in Frieden", wäre das nur natürlich gewesen.
> Abbiati IV, S. 632

Weder Verdi noch Ricordi werden sich durchsetzen: Das Konservatorium profitiert von dem großen Namen des Abgewiesenen und benennt sich nach ihm, wohl in der Überzeugung, ihm damit eine Ehre erwiesen zu haben.

Im September kommt es in Sant'Agata zu einem schrecklichen Unfall: Giuseppina Bellin, ein junges Dienstmädchen, wird von einem

Schuß getötet, den Angiolino, der siebzehnjährige Sohn von Maria Carrara Verdi[40] abgegeben haben soll. Seine Version des Geschehens, gemäß derer sich der Schuß beim Reinigen des Gewehrs gelöst habe, wird vom Gericht aufgrund der Umstände für wenig glaubhaft erachtet, man hegt den Verdacht, er habe als Sündenbock für jemand herhalten müssen, vielleicht sogar für seinen Vater.[41] Er erhält eine Strafe von 38 Tagen Gefängnis, eine Geldstrafe von 41 Lire, und wird zum Ersatz der Gerichtskosten und zum Schadenersatz verurteilt. Verdi ist außer sich.

Am 13. November 1898 findet die Erstaufführung der *Quattro pezzi sacri* in Wien statt, unter der Leitung von Richard von Perger. Es ist dies die offizielle Premiere des *Ave Maria*[42] und somit der kompletten *Quattro pezzi sacri.*

Anfang Dezember fährt Verdi, immerhin inzwischen über 85 Jahre alt, nach Mailand, von wo er am 9. Februar 1899 nach Genua übersiedelt. Mitte Mai fährt er wieder nach Mailand, Anfang Juni kehrt er nach Sant'Agata zurück. Nach einmonatigem Aufenthalt in seiner Villa fährt er Anfang Juli wieder mit Teresina Stolz zur Kur nach Montecatini, im September berichtet die „Gazzetta musicale di Milano" von einem Mailandbesuch Verdis, der sich jetzt um den Innenausbau der *Casa di riposo* kümmert. Im September erfährt Verdi aus der Zeitung, daß König Umberto ihm den höchsten italienischen Orden[43] verleihen will.

> Verdi an Baccelli; 29. September 1899
> Exzellenz! Die Zeitungen schreiben neuerlich von einer hohen Ehrung, die mir anläßlich meines bevorstehenden Geburtstages verliehen werden soll. Ich bin kein Politiker, sondern nur ein einfacher Künstler, der derart hohe Ambitionen weder hat noch haben kann.
> Wenn es aber etwas gibt, das ich mir wünsche, wäre es, nach meinem Tod zusammen mit meiner armen Frau in der Kapelle des Musikerheims, das ich gerade in Mailand erbauen lasse, begraben zu werden.
> Meine Frau ruht seit fast zwei Jahren provisorisch auf einem separaten Teil des Friedhofs in Mailand. Darf ich hoffen? Ich wende mich an Eure Exzellenz und appelliere an Ihre immerwährende Güte mir gegenüber, damit dem einzigen Wunsch Genüge getan wird, der mir in meinem beschwerlichen Alter noch auszusprechen bleibt. Meine Dankbarkeit wird nicht lange dauern, aber sie wird unermeßlich, unsagbar sein.
> Abbiati IV, S. 649

Diesmal wird seinem Wunsch entsprochen und die Erlaubnis erteilt.

Seit Anfang 1900 fühlt Verdi seine Kräfte schwinden: „Ich esse wenig, schlafe wenig, schreibe wenig und langweile mich sehr! Oh der Müßiggang! Wie abscheulich!"[44]

Am 14. Mai 1900 macht Verdi in Mailand sein Testament.[45] Er setzt seine Adoptivtochter Filomena Maria Verdi, verehelichte Carrara, zur

Universalerbin ein, bedenkt zahlreiche wohltätige Institutionen und seine Bediensteten, hinterläßt das von ihm errichtete Spital in Villanova der Gemeinde Villanova, vermacht Grundstücke und Bauernhöfe Verwandten und deren Nachkommen. Die Villa in Sant'Agata wird an seine Universalerbin gehen, deren Nachkommen die zum Museum umgestaltete Villa noch heute besitzen und betreiben. Die Rechte an seinen Opern vermacht er der *Casa di riposo*, damit der Betrieb dieses Künstleraltersheims auch nach seinem Tod aufrechterhalten werden kann.[46] Weiters macht es Verdi seiner Universalerbin und deren Rechtsnachfolgern zur Pflicht, Villa und Garten in Sant'Agata in dem Zustand zu belassen, in dem sie sich zu dieser Zeit befinden. Sein Begräbnis wünscht er äußerst bescheiden und ohne Gesang und Musik. Er verbietet die Bekanntgabe seines Todes unter Verwendung der üblichen Floskeln, am Tage nach seinem Tode sollen tausend Lire an die Dorfarmen von Sant'Agata verteilt werden. Zu Testamentsvollstreckern setzt er Dr. Angelo Carrara und dessen Sohn Alberto, den Mann seiner Universalerbin, ein.

Das Jahr 1900 geht ruhig zwischen Genua, Mailand, Montecatini und Sant'Agata dahin. Am 12. November empfängt Verdi in Sant'Agata den Komponisten und Musikwissenschafter Giovanni Tebaldini, damals Direktor des Konservatoriums in Parma, der in seinen Erinnerungen folgendes Erlebnis hervorhebt:

> Obwohl der Tag eiskalt war, ging der Maestro rascher und ungezwungener denn je nach dem Essen [...] in den Garten hinaus. [...] Einige Bauern waren im Begriff, einen großen Magnolienbaum mit Äxten umzuschneiden [...]. „Diese Magnolie", sagte mir Verdi, „habe ich mit meinen eigenen Händen gepflanzt, als ich das erste Mal nach Sant'Agata kam. Jetzt nimmt sie zuviel Platz weg und riecht zu stark. Ich lasse sie wegschneiden!" Kurz darauf stürzte der Baum unter den Axtschlägen [...] zu Boden. Ich weiß nicht weshalb, aber in diesem Augenblick verspürte ich einen Stich im Herzen. In der alten gefällten Pflanze meinte ich das Symbol für bevorstehendes Unheil zu erkennen! Meine Vorahnung war richtig gewesen. [...] Einen Monat später lebte dieser große Mann nicht mehr!
>
> Conati, Interviste, S. 360 f.

Am 4. Dezember 1900 bricht Verdi zum letzten Mal nach Mailand auf. Er wird Sant'Agata nicht mehr wiedersehen. Seine Freunde sind um ihn. Weihnachten verbringt er in der Gesellschaft Boitos, der Ricordis und einiger Freunde. Teresina Stolz schreibt an Maria Waldmann Massari, die im Begriff ist, Großmutter zu werden: „Unserem lieben Maestro geht es trotz seiner 87 Jahre gut; er ist gut bei Appetit, schläft gut, fährt oft im Wagen aus, hin und wieder geht er zu Fuß, er klagt über seine Beine, er würde gerne lange Spaziergänge machen, aber die Beine versagen ihm den Dienst!... Sonst ist er bei guter Laune, er liebt die Geselligkeit sehr, und jeden Abend versammeln sich bei ihm viele seiner Freunde. Im März wird er nach Genua abreisen... Unsere Scala wird mit viel Glanz eröffnet und nächstes Jahr werden wir endlich den so sehr erwarteten *Nerone* von Boito haben...“[47] – Zwei fromme Wünsche, beide werden Illusion bleiben: Boito wird den *Nerone* bei seinem Tod 1918 unvollendet (und unaufgeführt) hinterlassen, und Verdi wird auch Genua nicht wiedersehen.

Wegen der Kälte verläßt Verdi das Hotel in Mailand nicht. In seinen letzten Briefen an Giuseppinas Schwester Barberina Strepponi und an Giuseppe De Amicis klagt er, daß er seinen Sessel nicht verlassen könne, daß das Schreiben ihn ermüde, daß er nicht lebe, sondern nur mehr dahinvegetiere und nicht wüßte, weshalb er noch auf der Welt sei.

Am Morgen des 21. Jänner 1901, nach dem Besuch seines Arztes, beginnt Verdi, als er sich in seiner Suite im Grand Hôtel et de Milan, auf dem Bett sitzend gerade seine Weste zuknöpfen will, zu zittern. Als das Dienstmädchen ihm helfen will, sagt er noch: „Ein Knopf mehr, ein Knopf weniger...“ und fällt bewußtlos rücklings auf das Bett zurück. Der Hotelarzt wird herbeigerufen, er diagnostiziert einen Schlaganfall, der den Maestro rechts halbseitig gelähmt hat. Verdis Augen zeigen keine Reaktion auf Licht, doch in den Händen und Armen ist noch Bewegung. Seine Atmung ist regelmäßig, seine Gesichtsfarbe gut. Aus Rücksicht auf den Maestro wird auf der Straße vor dem Hotel Stroh ausgelegt, um das Geräusch der Pferdewagen zu dämpfen, sie werden angewiesen, ganz langsam zu fahren, andere Fahrzeuge werden umgeleitet, die Straßenbahnfahrer dürfen im Hotelbereich nicht klingeln. Der Hoteleigentümer Spatz[48] schließt das Hotel für ankommende Gäste und richtet im Erdgeschoß des Gebäudes ein Pressebüro ein, das regelmäßig Bulletins über Verdis Zustand herausgibt. Die italienische Königsfamilie wird in stündlichen Telegrammen informiert. Das Geschehen wird im Bewußtsein der italienischen Öffentlichkeit kurz von der Nachricht über das Ableben von Queen Victoria überschattet. Genesungswünsche treffen ein, von Ministern, Senatoren, Abgeordneten, Freunden und Bewunderern aus aller Welt. Am 26. Jänner sieht es so aus, als würde Verdi den Tag nicht überleben. Er erhält die letzte Ölung, um 16 Uhr beschließen die Ärzte, keine Bulletins mehr herauszugeben. Um 18 Uhr setzt Verdis Atmung aus, kurz darauf beginnt er wieder zu atmen. Niemand darf das Hotel betreten, alle Läden werden geschlossen, die Außenbeleuchtung des Hotels wird abgeschaltet. Um 23 Uhr teilen die Ärzte den Angehörigen mit, daß Verdis Koma irreversibel sei. Um 2 Uhr morgens verliert Teresina Stolz, selbst nicht gesund, das Bewußtsein und wird in einem anderen Zimmer der Suite ärztlich versorgt und zu Bett gebracht.

Um 2 Uhr 50 morgens, nach sechstägigem Todeskampf, stirbt Verdi am Sonntag, den 27. Jänner 1901. Herbeigeeilt sind Maria Carrara Verdi, Arrigo Boito, Giuseppe Giacosa, Giulio und Giuditta Ricordi, Prof. Pietro Grocco, die Ärzte Dr. Caporali, Dr. Odescalchi und Dr. Bertarelli und der Rechtsanwalt Campanari. Giuseppe Spatz, kalkweiß im Gesicht, wortlos weinend und hilflos gestikulierend, tritt aus der Suite auf den Treppenabsatz hinaus. Die anwesenden Journalisten verstehen, verlassen das Hotel, um sich in ihre Redaktionen zu begeben, binnen weniger Minuten versammelt sich eine schweigende Menge vor dem Hotel. Bis zum Morgengrauen werden die Kirchen und die Fahnen der Stadt mit Trauerschleifen versehen. Drei Tage lang bleiben die meisten Mailänder Geschäfte „wegen nationaler Trauer geschlossen". Die Zeitungen erscheinen mit Trauerrändern, Sonderausgaben und Beilagen werden veröffentlicht. Opernhäuser, Theater und Konzertsäle schließen. Nur wenige Stunden nach Verdis Tod tritt der Senat zu einer Trauersitzung zusammen, den nächsten Tag widmet die Abgeordnetenkammer ihrem früheren Mitglied.

Verdis testamentarisch verfügtem Wunsch nach einem „äußerst bescheidenen Begräbnis" wird vorerst entsprochen, als sein Leichnam am 30. Jänner 1901 provisorisch an der Seite Giuseppinas am Mailänder „Cimitero Monumentale" beigesetzt wird. Am 27. Februar 1901 kommt es dann anläßlich der Überführung Verdis und Giuseppinas in die *Casa di riposo* zu einem offiziellen Staatsbegräbnis. Eine Menge von über dreihunderttausend Menschen säumt die Straßen, ein von Arturo Toscanini dirigierter achthundertzwanzigköpfiger Chor singt auf dem Friedhof unter Orchesterbegleitung den Gefangenenchor aus *Nabucco*: Va, pensiero, sull'ali dorate. Beim Eintreffen des Trauerzugs in der *Casa di riposo* erklingt das Miserere aus dem *Trovatore*. Die beiden Särge werden in der Gruft unterhalb der Kapelle der *Casa di riposo* beigesetzt. Eine Gedenkplatte an der Wand der Gruft erinnert an Verdis erste Gattin Margherita Barezzi und die Kinder Icilio und Virginia.

Italien und die Welt hat Verdi als das erkannt und gewürdigt, was er war: als genialen Komponisten, großzügigen Menschenfreund und vorbildlichen Patrioten, der an der Errichtung des modernen Italien aktiv mitgewirkt hat. Seine Werke wie seine Briefe geben Zeugnis davon, daß sich das Gute durchsetzen und Bestand haben kann, auch wenn er kurz vor seinem siebzigsten Geburtstag zu dem Schluß gekommen war:

> Verdi an Clarina Maffei; 11. Oktober 1883[49]
> Die Jahre werden allmählich wirklich zu viele und ich denke... ich denke, daß das Leben die dümmste Sache der Welt ist, und, was noch

schlimmer ist, die unnützeste. Was tut man? Was werden wir tun? Alles in allem gibt es nur eine einzige, demütigende und überaus betrübliche Antwort:

NICHTS!

1 Als *Don Quichote* 1910 von Jules Massenet vertont.

2 In der italienischen Übersetzung von Carlo Rusconi.

3 Ob es sich dabei schon um die Schlußfuge des *Falstaff* handelt, ist nicht bekannt.

4 Es treten noch drei stumme Figuren auf: der Wirt, Falstaffs Page Robin und ein Page Fords.

5 Verdis Gepflogenheiten entsprechend dürfte es sich um einen Scheck gehandelt haben.

6 Verdi an Boito; Genua, 17. März 1890. In: Verdi-Boito, S. 163.

7 Fentons Sonett.

8 Unübersetzbare Gattungsbezeichnung. Das ital. Adjektiv „lirico" hat im Zusammenhang mit Musiktheater die Bedeutung „Opern-" (z.B.: musica lirica – Opernmusik, cantante lirico – Opernsänger), während das ital. Substantiv „la lirica" einfach „Oper" als Gattung bedeutet.

9 Verdi an G. Ricordi; Genua, 19. März 1891. In: Abbiati IV, S. 418.

10 Adolf Hohenstein (St. Petersburg 1854 – ?). Maler, Zeichner. Er kam 1880 nach Mailand und übernahm bei Ricordi bald die künstlerische Leitung der Druckerei, die Lithographien und Plakate herstellte. Er arbeitete später in Düsseldof und Bonn.

11 Da der Pachtvertrag für die Scala erneuert werden mußte, hatte die Gemeinde Mailand eine Kommission eingerichtet, die einen Nachfolger Faccios als Hauptdirigent und künstlerischen Leiter der Scala zu ernennen hatte. Die Wahl fiel auf Edoardo Mascheroni, der zwei Jahre später die *Falstaff*-Uraufführung einstudierte und dirigierte.

12 Edoardo Mascheroni (Mailand 1852 – Ghirla, Varese 1941) studierte in Mailand und debütierte 1870 in Brescia mit *Macbeth* und *Un ballo in maschera*. Er arbeitete in Livorno, Bologna, ab 1884 in Rom, wo er 1885 die italienische Erstaufführung des *Fidelio* dirigierte. Er leitete die Uraufführungen von Catalanis *Loreley* (Turin 1890) und *La Wally* (1892) sowie Franchettis *Fior d'Alpe*. Später weitete er seine Tätigkeit auf Spanien und Südamerika aus. 1925 zog er sich zurück. Verdi bezeichnete Mascheroni scherzhaft als den „dritten Autor" des *Falstaff*.

[13] Verdi an Boito; Sant'Agata, 1. Mai 1891. In: Verdi-Boito, S. 186.

[14] Sie zieht die Fäden.

[15] Der Tenor Angelo Masini, der bei der *Requiem*-Tournée gute Figur gemacht hatte. Er hätte bei den ersten Proben nicht anwesend sein können, da er zu der Zeit in St. Petersburg engagiert war.

[16] Verdi wurde von Giuseppina und anderen oft als „orso" (Bär) bezeichnet, weil er mürrisch und angriffslustig war und gerne einzelgängerisch und zurückgezogen lebte.

[17] *Crispino e la comare* von Luigi Ricci (Venedig 1850), nach einem Libretto von F.M. Piave.

[18] Verdi an G. Ricordi; Sant'Agata, 17. Juni 1892. In: Abbiati IV, S. 445.

[19] a.a.O.

[20] Der Maestro hatte recht.

[21] Sich kein Blatt vor den Mund nehmen.

[22] Luigi Piontelli, der damalige Impresario der Scala, den Verdi nicht leiden konnte.

[23] Wir wollen die Dinge nicht komplizieren.

[24] In: V. MAUREL, *Zehn Jahre aus meinem Künstlerleben. 1887–1897*. Deutsch von Lilli Lehmann-Kalisch. Raabe & Plothow, Berlin 1899.

[25] Dieser Klavierauszug mit Verdis Eintragungen wurde musikwissenschaftlich aufgearbeitet in: G. BARBLAN, *Un prezioso spartito del Falstaff*, Edizione della Scala, Milano 1957.

[26] S. Kapitel X.

[27] Ein Effekt, den auch Felice Varesi eingesetzt hatte.

[28] Leoncavallo hatte sich an den berühmten Sänger gewandt, damit dieser seine Oper *Pagliaccio*, wie sie damals noch hieß, dem Verleger Sonzogno zur Uraufführung empfehle. Maurel war der Meinung, daß die Partie des Tonio ebenso wichtig sei wie die des Canio und verlangte, daß die Oper deshalb *Pagliacci* genannt würde.

[29] „The ego swam out of him at every performance and pervaded the house. Without doubt he was a little vain, a little pompous and not a little self-glorified", so sah der amerikanische Kritiker W.J. Turner den Bariton, den er allerdings auch als „the greatest of singing actors" bezeichnete.

[30] V. MAUREL, *Dix ans de carrière*, Paris 1897.

[31] Dazu G.B. Shaw bissig: „The rôle of lecturer was never better acted since lecturing began."

[32] I. KOLODIN, *The Story of the Metropolitan Opera*, New York 1966, S. 117.

[33] In: F. PALMEGIANI, *Mattia Battistini. Il re dei baritoni*, Milano, Stampa d'Oggi, o.D., (ca. 1949), S. 50.

[34] Die Sopranistin EMMA ZILLI (Fagnana, Udine 1864 – Havanna 1901) hatte 1887 in Ferrara debutiert (Paolina in *Poliuto*) und hierauf rasch eine europaweite Karriere gemacht. Seit 1889 trat sie an der Mailänder Scala auf (Antrittsrolle: Camille in Hérolds *Zampa*). Sie sang die Aida (Verona 1890, Ravenna 1891), die Amelia in *Un ballo in maschera* (Ravenna 1891) und die Amelia im *Simon Boccanegra* (Brescia 1892). Sie war eine ausdrucksstarke Singschauspielerin, die großes Interesse für den Verismo und Puccinis Werke zeigte (sie sang u.a. die Fidelia in *Edgar* und die Titelrolle in *Manon Lescaut*). Eine Gelbfieberinfektion, die sie sich auf einer Mittel- und Südamerika-Tournée zuzog, beendete ihr Leben frühzeitig.

[35] Die Mezzosopranistin GIUSEPPINA PASQUA (Perugia 1855 – Bologna 1930) hatte ihre Karriere 1869 (als Vierzehnjährige) als Koloratursopran begonnen (Oscar in *Un ballo in maschera*) und trat auch in diesem Fach auf, wie z.B. in Palermo als Margherita in *Gli ugonotti*. Maria Waldmann erkannte jedoch, daß es sich um einen Mezzosopran handelte, und veranlaßte die Sängerin zu einem neuerlichen Studium bei Luigia Abbadia. Sie debütierte 1872 nochmals (als Annetta im *Freischütz* an der Mailänder Scala) und hatte ab diesem Zeitpunkt große Erfolge an den wichtigen italienischen Häusern, sowie in Moskau, London, München, Madrid, Lissabon, Barcelona, St. Petersburg. In ihrem Repertoire hatte sie von Verdi *Un ballo in maschera*, *La forza del destino*, *Don Carlo* und *Aida*, sowie die Hauptrollen in *La favorita*, *La Gioconda*, *Il profeta*, *Saffo*, *Lucre-*

zia Borgia, Lohengrin, Carmen, Mignon, Don Carlo, Il trovatore und *Aida.*

36 Richard Strauss übersandte Verdi am 18. Jänner 1895 einen Klavierauszug seines 1894 uraufgeführten Erstlingswerks *Guntram* als Geschenk, zusammen mit einem in köstlich fehlerhaftem Italienisch abgefaßten Schreiben. Verdi ersuchte hierauf Giulio Ricordi um Informationen: „Der Maestro heißt *Richard Strauss*, und sagt mir, wenn Ihr es wißt, ob er derselbe ist wie der Autor der Walzer." Zit. in Conati, Interviste, S. 283.

37 Die Skala der Schulnoten geht in Italien von 1 bis 10, wobei 10 die beste Note ist.

38 Eine Textpassage Boitos paraphrasierend schrieb Verdi auf ein Blatt: „Tutto è finito. / Va, va vecchio John. / Cammina per la tua via / Fin che tu puoi. / Divertente tipo di briccone / Eternamente vero sotto / Maschera diversa in ogni / Tempo, in ogni luogo. / Va, va, / Cammina, cammina, / Addio." (Alles ist zu Ende. Geh, geh, alter John. Geh deinen Weg, solange du kannst. Lustiger Typus des Schelms, ewig wahr in verschiedenen Masken, zu allen Zeiten, an allen Orten. Geh, geh, lauf, lauf. Leb wohl.)

39 Auf Toscaninis Frage, weshalb am Ende des *Te Deum* eine für das Publikum unsichtbare Solostimme zum Einsatz kommt, antwortet Verdi in Mailänder Dialekt: „È l'ümanità che ha paüra dell'inferno." (Das ist die Menschheit, die Angst vor der Hölle hat.) In: G. Depanis, [*Verdi a Torino – Una visita di Toscanini a Verdi*], in: *I Concerti Popolari ed il Teatro Regio di Torino. Quindici anni di vita musicale. Appunti – Ricordi*, Società Tipografico-Editrice Nazionale, Torino 1914–15, vol. II, cap. XVII, S. 234 ff. Zit. in Conati, Interviste, S. 296.

40 S. Kapitel X.

41 Vgl. Phillips-Matz, S. 749.

42 Auf Ricordis Ersuchen, das *Ave Maria* veröffentlichen zu dürfen, hatte Verdi ihm am 19. Juli 1895 geantwortet: „Es ist müßig, darüber zu sprechen. Es war ein Scherz und ist sozusagen eine reine Schulaufgabe." Und später: „Das ist keine echte Musik, es ist eine *tour de force*, eine Scharade." Zit. in: Conati, Verdi, S. 130.

43 Collare dell'Annunziata – die Halskette des Annunziatenordens.

44 Verdi an G. Ricordi; Genua, 29. März 1900. In: Conati, Verdi, S. 136.

45 Wegen des kompletten Textes des Testaments s. Copialettere, S. 724 ff., Abbiati IV, S. 653 ff. oder Gatti, S. 793 ff.

46 Die *Casa di riposo* ist heute noch in Betrieb. Daniel Schmid hat 1984 unter dem Titel *Il bacio di Tosca* eine berührende Filmdokumentation darüber vorgelegt.

47 Abbiati IV, S. 666.

48 Giuseppe Spatz ist der Vater von Olga Spatz, die seit 1896 mit dem Komponisten Umberto Giordano verheiratet ist.

49 Copialettere, S. 503.

Zwei Primadonnen – Das Ende einer Epoche

Adelina Patti

> Hier gibt es nichts Neues, abgesehen von drei Vorstellungen der Patti, die unbeschreibliche Begeisterung auslösten. Verdienterweise, weil sie eine so vollendete Künstlernatur ist, daß es vielleicht noch niemals ihresgleichen gegeben hat! Oh! Oh! Und die Malibran? Eine ganz Große, aber nicht immer gleichmäßig! Manchmal sublim und manchmal geschmacklos! Ihr Gesangsstil war nicht ganz rein, ihr Spiel nicht immer einwandfrei, die Stimme in der Höhe schrill?!... Trotz alledem, eine ganz große, wunderbare Künstlerin. Aber die Patti ist vollkommener. Eine wunderbare Stimme, ein ganz reiner Gesangsstil; eine hervorragende Schauspielerin mit einem *Charme* und einer *Natürlichkeit*, die niemand sonst hat!...

Wer sich in einem Brief vom 27. Dezember 1877 so vorbehaltslos begeistert über die Sopranistin Adelina Patti äußert und sie sogar über die gefeierte Maria Malibran[1] stellt, ist niemand geringerer als Giuseppe Verdi[2], der sie einige Tage zuvor in Genua als Violetta in *La traviata* gehört hat. (Die Patti hatte erst im November desselben Jahres ihr Italien-Debut an der Mailänder Scala gegeben, ebenfalls in *La traviata*.)

Adelina Patti war nicht nur eine der bedeutendsten Sopranistinnen der zweiten Hälfte des 19. Jahrhunderts, ihre Gesangskunst ist auch durch akustische Aufnahmen von insgesamt 27 Titeln (einige davon wurden mehrfach aufgenommen) dokumentiert und dadurch heute noch nachvollziehbar. Diese Tondokumente sind unendlich wertvoll, trotz einiger Einschränkungen: Erstens, sie stammen aus der Frühzeit der Schallplatte und wurden in keinem professionellen Studio, sondern am Wohnsitz der Sängerin aufgenommen und wirken deshalb beim ersten Abhören archaisch und daher etwas gewöhnungsbedürftig. Zweitens, die Patti hatte ihre Karriere bereits einige Jahre zuvor – mehr oder minder – beendet und war zum Zeitpunkt der Aufnahmen (im Dezember 1905 und Juni 1906) fast bzw. über dreiundsechzig Jahre alt. Daß sie damals ihren Zenit bereits überschritten hatte, ist unüberhörbar. Trotz allem: Wenn man berücksichtigt, daß die damalige Aufnahmetechnik alle Frequenzen über 4.000 Hz[3] glatt wegschnitt, sodaß bei der Wiedergabe der aufgezeichneten Stimme keine Obertöne und kaum Vibrato zu hören sind, was zu einer Ausbleichung des Timbres führt, hat man eine – wohl auch aufgrund eines nach dem damaligen Modediktat eng geschnürten Korsetts und offensichtlicher Nervosität bei den kaum mehr als improvisierten Aufnahmesitzungen – zwar manchmal etwas kurzatmig geführte (siehe die erste gebrochene Phrase in „Casta diva"), jedoch erstaunlich frisch wirkende Sopranstimme (mit einem hörbaren Bruch am Übergang zum Brustregister) vor sich. Auch das Mißtrauen, das die Primadonna dem neuen Medium entgegenbrachte und erst bei der zweiten Aufnahmesitzung ablegte, für die sie sich ernsthaft vorbereitete, trug nicht zur Professionalität der Aufnahmearbeit bei, wie sie beispielsweise bei Enrico Caruso Anwendung fand. Was aber, und darauf kam es Verdi vor allem an, viel wichtiger ist: Man begegnet einer Sängerin, deren starke Persönlichkeit und exquisite Gestaltung trotz altersbedingter Einschränkungen[4] (fehlende Noten bei schnellen Verzierungen, wie zum Beispiel in Zerlinas hektisch vorgetragenem „Batti, batti, o bel Masetto", gebrochene Phrasen, Transpositionen) auch heute noch erlebbar sind.

Sie phrasiert in einer lebendigen, scheinbar spontanen und textbezogen intelligenten Weise, legt eine erlesene Interpretationsphantasie an den Tag, und macht damit die auch von Verdi empfundene Faszination deutlich, die damals wie heute wirkt: Die freie und unforcierte Tongebung (abgesehen von einigen altersbedingt angestrengten Höhen), der perfekte Ansatz, die runde Mittellage, die rhythmische und dynamische Flexibilität ihres Singens (die heutige metronomverliebte Toscanini-Epigonen unter den Dirigenten zum Wohle steriler Interpretationen niemals durchgehen lassen würden), genauso wie die wohldosierten Rubati und Portamenti, die Fähigkeit des nuancierten Wechsels zwischen nostalgisch-wehmütigen (siehe die *Sonnambula*-Arie) und spanisch-schmissigen Stimmfarben (siehe „La Calasera" von Sebastián Yradier), der wunderbare Triller[5] (den man in solcher mechanikferner Deutlichkeit bei gleichzeitiger seidiger Weichheit kaum je wiedergehört hat) und die Eloquenz ihrer vokal-musikalischen Darstellung (wie in der *Sonnambula*- und der *Mignon*-Arie) sprechen eine ganz eigene, heute nahezu unbekannte Sprache. Es entsteht der Eindruck, man höre das Echo einer längst vergangenen Epoche mit einer den Ohren des beginnenden 21. Jahrhunderts unbekannten, von manchen ungerechtfertigterweise als obsolet empfundenen Gesangs- und Interpretationskunst, sowie zum ersten Mal einen richtig ausgeführten, musikalisch sinnvollen Triller[6]. Man ist geneigt, der Sängerin zuzustimmen, die, wie ihr Klavierbegleiter Landon Ronald überlieferte, beim erstmaligen Abhören ihrer Aufnahmen ausgerufen haben soll: „Ah! mon Dieu, maintenant je comprends pourquoi je suis Patti. Ah, oui. Quelle voix! Quelle artiste! Enfin, je comprends tout!"[7] Die scheinbare Unbescheidenheit ist wohl auf das erstmalige Hörerlebnis der eigenen Stimme zurückzuführen. Über die Sängerin, bei der all diese Qualitäten fünfunddreißig Jahre vorher naturgemäß wesentlich ausgeprägter waren, schrieb Verdi:

Verdi an Giulio Ricordi; Paris, 12. April 1870

Wunderbar die Patti im *Rigoletto* und in *La traviata*; der Rest miserabel. In den anderen Theatern alles unter dem Mittelmaß, abgesehen von der Opéra Comique, wo es einen guten Chor und vor allem ein ausgezeichnetes Orchester gibt. Abbiati III, 336

Detaillierter äußerte er sich siebeneinhalb Jahre später über die Sängerin:

Verdi an Giulio Ricordi; Sant'Agata, 6. November[8] 1877
Lieber Giulio,
Ich lese den Brief, den Ihr an Corticelli geschrieben habt, und antworte Euch darauf. Ich weiß nicht, ob man mit dem Engagement der Patti beabsichtigt, *Aida* zu geben. Wenn das so wäre, könnt Ihr Euch vorstellen, daß ich damit zufrieden wäre; mit dem Rest aber nicht!

Ein großer Erfolg also! Das mußte ja sein! Ihr habt sie vor zehn Jahren gehört, und jetzt ruft Ihr aus: *„was für eine Veränderung"*; Ihr irrt Euch! Die Patti war damals dieselbe wie heute: vollkommene Gestaltung; vollkommene Ausgewogenheit zwischen Gesang und Darstellung; *geborene* Künstlerin in der ganzen Bedeutung des Wortes.

Als ich sie zum ersten Mal (sie war 18 Jahre alt) in London hörte, erstaunten mich nicht nur ihre wunderbare Darstellung, sondern einige szenische Momente, in denen sie sich als große Schauspielerin zeigte. Ich erinnere mich ihrer keuschen und schamhaften Haltung, wenn sie sich in der *Sonnambula* auf das Bett des Soldaten legt, und wenn sie in *Don Giovanni* entehrt aus dem Zimmer des Wüstlings kommt. Ich erinnere mich an ein bestimmtes stummes Spiel während der Arie des *Don Bartolo* im *Barbiere*; und mehr als an alles andere an das Rezitativ vor dem Quartett im *Rigoletto*, wenn der Vater, auf den Liebhaber in der Taverne weisend, zu ihr sagt „E l'ami sempre" und sie *„Io l'amo"* antwortet.[9] Kein Ausdruck könnte die sublime Wirkung dieses Wortes wiedergeben, wie sie es aussprach. Dies und anderes konnte sie schon vor zehn Jahren. Aber viele wollten das damals nicht zugeben, und Ihr habt es so gemacht wie Euer Publikum: *Ihr* wolltet sie gemacht haben, als ob das ganze Publikum Europas, das verrückt nach ihr ist, absolut nichts verstünde! *Aber wir sind wir... Mailand... das erste Theater in der Welt!...*[10] Meint Ihr nicht , daß dies alles etwas zu sehr dem so verabscheuten *chez nous* der Franzosen ähnelt? Und überhaupt: das Erste Theater der Welt!? Ich kenne fünf oder sechs dieser Ersten Theater, und ausgerechnet in denen macht man am häufigsten schlechte Musik. Und, *inter nos*, gebt nur zu, was das vor sechs Jahren für ein mittelmäßiges Orchester war, was für ein armseliger Chor; was für eine miserable Technik, grauenhafte Beleuchtung, unmögliche Requisiten das waren. Eine *mise en scène* war etwas *Unbekanntes...* Gott sei Dank! Heute sind die Dinge etwas besser, aber nicht viel, sogar recht wenig! Inzwischen sitzt das gute Publikum im Theater, überzeugt, im erhabensten Tempel der Kunst zu sein, und gibt ein Urteil ab! (Immer ein falsches, wenn es nicht aufgrund seiner [eigenen] Eindrücke urteilt.[11]) Dieses Publikum, das morgen zum Beispiel einer armseligen Sängerin wie der Fossa[12] herzlich applaudiert, wird beim Erscheinen der Patti kalt bleiben. Dieses Publikum, das so oft zahllosen mittelmäßigen Mittelmäßigkeiten wiederholt heftig applaudiert hat, wird der Patti nach der Cavatine der *Traviata* – einer beispiellosen Leistung – kaum die Gnade eines Herausrufes gewähren... Ach, Publikum, Publikum, Publikum!!...

Wenn Ihr die Patti seht, grüßt sie vielmals von mir und auch von meiner Frau. Ich sende ihr nicht das übliche „ich gratuliere", weil mir scheint, daß das für die Patti bestimmt das Nutzloseste von der Welt wäre; sie weiß außerdem, und zwar recht gut, daß ich nicht auf den Erfolg in Mailand gewartet habe, sondern daß ich sie, seitdem ich sie zum ersten Mal (fast als Kind) in London hörte, für eine wunderbare Sängerin und Schauspielerin gehalten habe. [Sie ist] eine Ausnahmeerscheinung in der Kunst. Grüßt sie also und weiter nichts.   Copialettere, 624 f.

Ähnlich äußert sich der Wiener Kritiker Eduard Hanslick, als er über die noch nicht Vierzigjährige schrieb:

Sie gibt sich weder der Leidenschaft hin, Tremolo zu singen, noch klingt ihre Stimme eine Note undeutlich oder etwa angestrengt. Sie besitzt völlig das fast verlorene Geheimnis guter italienischer Sänger: den Ton voll und stark produzieren zu können, ohne dabei zu schreien. Auch ihr Spiel hat die restlose Einfachheit einer graziösen Natur behalten. Übersättigung mit Rollen, die sie vielleicht hundertmal gesungen hat, brachte sie niemals in Versuchung, etwa um jeden Preis Tricks der Komödie oder der Neuheit zu versuchen.[13]

Ganz anders klingen die Einwände, die Giulio Ricordi 1880, drei Jahre vor dem vierzigsten Geburtstag der Sängerin, Verdi gegenüber vorbrachte. Zu berücksichtigen ist dabei allerdings der Umstand, daß bei Verdis musikalisch hochgebildetem und hörerfahrenem Verleger anläßlich der Besetzung der *Boccanegra*-Überarbeitung Geschäftsinteressen im Spiel sind:

G. Ricordi an Verdi; Mailand, 24. November 1880
Und die Patti?... da gibt es viele *Pro und Kontra*: zuallererst der Friseur Nicolini![14]... und was den Stimmumfang anbelangt, liegt der Fall wie bei der Borghi-Mamo, wenn nicht noch schlechter; denn die Patti transponiert nunmehr in allen Opern ihre Stücke nach unten; und wenn sie bei Koloraturpassagen auch noch Höhen riskiert, so kann sie diese in dramatischen und akzentuierten Phrasen nicht aushalten. Dazu kommt noch, daß ihre Forderungen jetzt auf 15.000 Francs gestiegen sind... pro Abend!!... eine für italienische Opernhäuser absolut unmögliche Summe, die man keinem Impresario zumuten kann.   Carteggi IV, 205

Keinerlei Geschäftsinteressen hingegen hatte der Theaterpraktiker Emanuele Muzio, der die dreiundvierzigjährige Diva als halb abgetakelte Gesangsgreisin portraitiert:

Muzio an Verdi; Nizza, 14 . Februar 1886

Gestern abend sang die Patti in der *Traviata*, ich muß aber sagen, daß sich die 43 Jahre, die sie vorgestern (am 12.) vollendet hat, im Gesicht und in der Kehle zeigen. Der Atem ist kurz, sie bricht andauernd die Phrasen und in der Mittellage hat sie sehr wenig Legato. Sie verwendet häufig Portamenti, sowohl nach oben wie nach unten, und um Ihnen ein Beispiel zu geben, den Anfang des Adagios der Kavatine *Ah forse è lui* singt sie folgendermaßen. Ich muß Ihnen nicht sagen, wie es geschrieben ist. Sie aber singt [es folgen einige Notenbeispiele, die anzeigen, wie die Patti die Melodie zu sehr verschmiert].

Die Kadenz ist [singt sie] gut und einfach: sie wurde wenig beklatscht, weil das Publikum eine *tour de force* erwartete. Die Cabaletta sang sie mit viel Brio, aber die Staccato-Noten haben nicht mehr den silbrigen Klang wie in früheren Jahren, und der Triller, den sie aushält, wenn sie in die Quinten über dem *Ges* kommt, ist kurz wegen des Atems, und erzeugte keine große Wirkung.

Im zweiten Akt singt sie das Solo im Duett *Dite alla giovane* superb mit intensivem und tiefem Gefühl: das war der Teil, den sie vom ganzen Abend am besten sang.

Im letzten Akt sang sie das *Addio del passato*, und ich übertreibe nicht, so:[15] [das heißt nur mit Müh und Not, mit kurz angeschlagenen Noten].

Mit diesem Luftholen möchte sie die Atemnot darstellen, sie sang nur eine Strophe; nach dem Adagio *Parigi o cara* springt sie direkt zum Finale, zum Auftritt Germonts.

Ich rede nicht von anderen gewaltigen Strichen[16], besonders im Duett mit dem Bariton.

Die Patti wurde mehrmals hervorgerufen, aber ohne Begeisterung; das Theater war nicht überfüllt und die Einnahmen erreichten beinahe 20^m (= 20.000) Francs.

Die Impresa gab mit den 14^m für die Patti, den Autorenrechten und den Abgaben für die Armen 16^m aus; zu viel Risiko, um nur 4^m Profit einzustreichen.

Ich fürchte, daß die Vorstellung am Mittwoch (*Barbiere*) noch weniger bringen wird. *Carteggi IV, 223*

Es fällt auf, daß die Einwände Muzios mit den Eindrücken übereinstimmen, die man aus den zwanzig Jahren später entstandenen Aufnahmen gewinnt und die man geneigt ist, dem Alter der Sängerin und sonstigen widrigen Umständen zuzuschreiben. Die beanstandeten Fehler taten aber ihrer Karriere keinen Abbruch.

Wie verlief die Karriere der Sängerin? Geboren wurde Adelina Patti (Madrid 1843 – Craig-y-Nos Castle, Wales, 1919) in eine Sängerfamilie. Der Geburtsort Madrid ergab sich aufgrund eines Engagements des Vaters, des Tenors Salvatore Patti und der Mutter, der Sopranistin Caterina Chiesa Barilli. Die Legende will wissen, daß Vater und Mutter am Vorabend der Geburt Adelinas als Pollione und Norma auf der Bühne

Die von Verdi bewunderte
Sopranistin Adelina Patti.

gestanden haben sollen (einigen Variationen dieser Legende zufolge soll sie sogar während dieser Vorstellung zur Welt gekommen sei). 1847 übersiedelte die Familie mit ihren acht Kindern (zwei Schwestern wurden ebenfalls Sängerinnen, ein Bruder Geiger und Dirigent) nach New York, wo die Patti von ihrem Schwager Moritz (Maurice) Strakosch ausgebildet wurde. Mit acht Jahren trat sie in New York das erste Mal öffentlich auf (sie sang das Rondo aus *La sonnambula*), bereiste in der Folge fünf Jahre lang Nordamerika mit Konzerten, legte hierauf eine zweijährige Studienpause ein, nach der sie 1857 wieder auf Tournée ging, um 1859, wiederum in New York, (als Sechzehnjährige!) als *Lucia di Lammermoor* zu debutieren. Der sensationelle Erfolg führte 1860 zu weiteren Opernauftritten, darunter in New Orleans als Flotows *Martha*, als Leonora in *Il trovatore* und als Valentine in Meyerbeers *Les Huguenots*. In ihrer Debutsaison sang sie Hauptrollen in sechzehn verschiedenen Opern, darunter Werke wie *I puritani, Don Pasquale, Rigoletto, Ernani, Linda di Chamounix, Elisir d'amore, La traviata* und *Don Giovanni*.

1861 kam sie nach Europa, wo sie mit triumphalem Erfolg an der Londoner Covent Garden Opera als Amina in *La sonnambula* debutierte. An diesem Haus sollte sie fünfundzwanzig Jahre lang in einer ununterbrochenen Serie auftreten, wobei sie dreißig Hauptrollen in Opern von Rossini, Bellini, Donizetti, Gounod, Meyerbeer und Verdi sang. Als höchstbezahlte Primadonna ihrer Zeit[17] gastierte sie an allen großen Opernhäusern in Nord- und Südamerika, Europa und Rußland, führte daneben ein bewegtes Privatleben (sie war dreimal verheiratet), nahm 1899 mit ihrem dritten, erst 28jährigen Ehemann, Baron Rolf Cederström, ihren letzten Wohnsitz in dem Schloß Craig-y-Nos in Wales, in dem sie auch ein kleines privates Opernhaus errichten ließ, trat 1907 im Pariser Privattheater des berühmten Tenors Jean de Reszke, mit dem sie oft gesungen hatte, zum letzten Mal auf einer Bühne auf, und nahm 1914 mit einem Benefiz-Konzert zugunsten des Roten Kreuzes in London endgültig von der Öffentlichkeit Abschied. Die berühmten Kolleginnen Nellie Melba und Lilli Lehmann attestierten der Patti ihren überlegenen sängerischen und künstlerischen Rang, Luisa Tetrazzini, in der die Patti ihre Nachfolgerin sah, kniete trotz ihrer mehr als stattlichen Figur in der Londoner Royal Albert Hall öffentlich vor der großen Sängerin nieder.

Eine Einordnung der Patti in eine – zu ihrer Zeit inexistente – Stimmkategorie ist schwierig: Ihre Bandbreite ging von reinen Koloraturpartien wie Amina in *La sonnambula* oder Elvira in *I puritani* bis hin zu heute als lyrisch oder lyrisch-dramatisch eingestuften Partien wie Verdis Aida, Giovanna d'Arco, Violetta Valéry, *Ernani*-Elvira und *Trovatore*-Leonora oder Bizets Carmen und Mozarts Donna Anna. Daß eine Rosina in Rossinis *Il barbiere di Siviglia* (die ihre Arie dem Komponisten vorsang, worauf dieser wegen der überbordend hinzugefügten virtuosen Verzierungen süffisant nach dem Autor des Stücks fragte), als Aida, Leonora oder Carmen auftritt, ist ein heute nahezu undenkbares Wagnis, das auf der Bühne zuletzt von Maria Callas in Angriff genommen wurde. Diese Exkurse in das schwerere Repertoire beschädigten die Stimme aber offenbar nicht nachhaltig, wenngleich sich der in ihrer Jugend bis zum f³ reichende Stimmumfang in späteren Jahren naturgemäß reduzierte. Heute würde man sie vermutlich als lyrischen Sopran mit Koloratur einstufen. Für die Kategorie lyrischer Sopran wiederum sprechen die Äußerungen Hanslicks ([sie kann] „den Ton voll und stark produzieren") und Verdis, der ihrer Aida-Interpretation freudig zustimmte, was er bei einem leichten Koloratursopran sicher nicht getan hätte. Ihr Repertoire umfaßte Rollen in 39 Opern von 18 Komponisten, darunter Verdi mit 7 Opern, Donizetti und Rossini mit jeweils 5, Meyerbeer mit 4, Gounod mit 3.[18]

Heinrich Hölscher, der über einen Besuch bei Verdi in Sant'Agata berichtete[19], traf bei seinem Aufenthalt auch Adelina Patti an und schildert seine Eindrücke überaus anschaulich:

> Adelina Patti, die Königin des Gesanges, wie sie allgemein genannt wurde, hatte ihr Gastspiel durch Italien beendet und wünschte ihren hochverehrten Verdi vor ihrer Rückkehr nach England zu begrüßen. [...]
>
> Die Patti, der man überall wie einer Königin huldigte, reiste auch wie eine Fürstin, in eigenem Salonwagen mit Dienerschaft. Von Mailand aus, wo sie dies alles zurückgelassen hatte, machte sie einen kurzen Abstecher nach St. Agata, nur begleitet von ihrer deutschen Gesellschafterin und ihrer Zofe. Verdi war seinem Liebling eine Strecke Weges entgegengefahren. In seinem Heim wurden Vorbereitungen zum festlichen Empfang getroffen. Der Garten sollte abends illuminiert werden, und schon schaukelten eine Unmenge von farbigen Lampions an den Bäumen. Die Gäste trafen aber so spät ein, daß die geplante Illumination unterbleiben mußte, zumal sich auch die Patti wegen Ermüdung sogleich zurückzog. Erst am folgenden Tage bekamen wir die Gefeierte zu Gesicht.
>
> Ich hatte geglaubt, einer blasierten, durch die überschwenglichsten Huldigungen verwöhnten, unnahbaren Diva zu begegnen und fand zu meiner angenehmen Ueberraschung eine bescheidene, entzückend liebenswürdige, wenn auch vornehme Frau (ein Gegensatz zu Tamagno, der unfreundlich und eingebildet war). Man konnte in ihrem distinguierten Benehmen die ci-devant Marquise erkennen. Anfangs ziemlich schweigsam, taute sie langsam auf und ließ später in vier Sprachen mit voller Geläufigkeit die Raketen und Feuerkugeln ihres Geistes sprühen, wobei sie lieblich mit ihren schönen großen Augen spielte. Meine Tischnachbarin, ihre Gesellschafterin, vertraute mir an, daß ihre Herrin sieben Sprachen vollkommen beherrsche. Als ich der Patti später meine Bewunderung darüber ausdrückte, meinte sie bescheiden, daß dies kein Kunststück für den sei, der oft und längere Zeit in den betreffenden Ländern zugebracht habe.
>
> Da wir später als gewöhnlich zur Tafel gegangen waren und länger als sonst dabei verweilt hatten, war die Dunkelheit bereits eingetreten, als wir in den Garten zogen, in dem der Tee eingenommen werden sollte. Der ganze Park prangte bereits im Lichte von tausend Lampions. Die plätschernden Fontänen verbreiteten eine wohltuende Kühle und die in voller Blüte stehenden Orangenbäume erfüllten die Luft mit berauschendem Duft. Leider zog sich die Diva früh zurück, da sie am folgenden Morgen zeitig abreisen wollte. Wir übrigen blieben noch beisammen, da wir die erquickende Sternennacht genießen wollten. Wir waren alle in angeregter, poetischer Stimmung, besonders der Maëstro selber. Zu schnell vergingen die schönen Stunden! Als wir endlich aufbrechen wollten, vernahmen wir Mandolinenklänge, die aus dem offenen Balkonzimmer des ersten Stockwerkes, wo der gefeierte Gast wohnte, zu uns herunter drangen. Wer beschreibt unser Erstaunen und unsere freudige Ueberraschung, als nach

einigen Akkorden die himmlische Stimme der Patti einsetzte und die Arie der „Gilda" („caro nome") aus Rigoletto erklang, mit ihren Nachtigallen-Trillern und halsbrechenden Kadenzen, welche die Sängerin spielend überwand. Ich hörte, wie Verdi mehrmals für sich hin sprach: „Sì, sì, la mia unica Gilda"! Nach dem Schluß dieser Arie ging die Begleitung in das Bach-Gounodsche „Ave Maria" über. Wie wundervoll drangen die getragenen Töne in die Nacht hinaus! Nichts Herrlicheres als die Süßigkeit dieser klaren, zum Fortissimo anschwellenden und in ersterbendem Pianissimo verhallenden Stimme! Wir waren so ergriffen, daß niemand von uns ein lautes Zeichen des Beifalls wagte. Dem Maëstro rannen die Tränen über die Wangen. Ich habe die Patti später noch oft in ihren glänzendsten Rollen auf der Bühne und im Konzert gehört, aber nie wieder hat sie mich so entzückt und begeistert wie in dieser märchenhaften Mondnacht unter dem tiefblauen Himmel Italiens.

Erinnerungen an Verdi. Von Heinrich Hölscher,
Godesberg-Berlin. In: „Allgemeine Musik-Zeitung –
Wochenschrift für das Musikleben der Gegenwart",
25. Juni 1926, S. 560 f.

Eine weitere – einer völlig anderen Ästhetik als die Patti verbundene – Sängerin, die ebenfalls in einer Verdi-Rolle (als Violetta in *La traviata*) Berühmtheit erlangt hatte und als Besetzung für die Desdemona in der Uraufführung des *Otello* in Betracht gezogen wurde, war die Sopranistin

Gemma Bellincioni

Gestern habe ich sie gesehen und gehört. Wenn ich zehn Jahre jünger wäre, hätte ich mich schon in sie verliebt. Sie ist so hübsch, sie ist groß, schlank, jung, elegant, dunkel, geschmeidig; und mit blondem Haar wäre sie vielleicht sogar noch schöner, weil in dem Gesicht viel Anmut ist und es Sympathie ausstrahlt; auch das Publikum verspürt diese Ausstrahlung und hat Freude daran, ihr zu applaudieren, und es applaudiert ihr über Gebühr, denn schließlich ist dieses sympathische Mädchen noch keine Künstlerin, und ich weiß nicht, ob sie je eine sein wird.

Die Stimme ist sympathisch und schlank wie die Gestalt, aber es ist keine wirkliche Bühnenstimme; sie hat ein dünnes Timbre, das das Publikum erreicht, ohne einen bleibenden Eindruck zu hinterlassen. Die quasi pastorale Partie der Alice[20] liegt diesem Fräulein recht gut, ein paar Phrasen singt sie hie und da ganz nett und auch mit einem gewissen Elan oder vielmehr mit einer gewissen vom glücklichen Zufall abhängigen Kühnheit, die ihr, wie ich glaube, das Vertrauen in ihre attraktive Erscheinung verleiht. Wirkliches dramatisches Gefühl, wirkliche Spontaneität und kraftvolle Accentuierung scheint sie mir nicht zu besitzen, ihre Gesten sind offensichtlich vom Schauspiellehrer eingelernt, und die Phrasierung ihres Gesangs dürfte die getreue Nachahmung dessen sein, was ihr ein gewisser Lamperti[21] beigebracht hat, und das ist klar ersichtlich. Alles, was sie auf der Bühne tut, kommt mir wie eine Leihgabe von irgendjemand anderem vor.

Verzeichnen wir zwei gute Eigenschaften: sie hat eine gute (aber nicht sehr gute) Aussprache und sieht sehr wenig auf den Dirigenten. Wenn ich Faccio wäre, würde ich gegen diese gute Eigenschaft protestieren, aber sie ist jedenfalls ein Beweis dafür, daß etwas Musikalisches in diesem Mädchen steckt. Etwas; aber wirklich künstlerischen Schwung scheint es mir da nicht zu geben.

Ich war in einer Loge nahe der Bühne und also in der Lage, die Kraft ihrer Stimme und die Klarheit ihres Ausdrucks eher optimistisch zu beurteilen. Am Ende des Abends habe ich bemerkt, daß ich ihr immer *beim Singen zusah*. Das beweist die Anmut ihres Gesichts und ihrer Gestalt und die Weiße ihrer Zähne, aber nichts weiter. Schade! Aber ich glaube nicht, daß die Bellincioni geboren wurde, um auf der Insel Zypern erwürgt zu werden. Schade! Der Bericht ist beendet. Verdi-Boito, S. 97 f.

Arrigo Boito, der auf Verdis Wunsch diese Eindrücke von Gemma Bellincioni auf der Suche nach einer geeigneten Desdemona für die Uraufführung des *Otello* am 20. Jänner 1886 an den Komponisten weiterleitet, erweist sich hier nicht nur als brillanter Formulierer, sondern als mindestens ebenso brillanter Gesangsexperte. Er erfaßt, wie sich beim Abhören der Aufnahmen der Sängerin herausstellt, den Kern ihres Singens. Dennoch widerspricht eine Äußerung Giulio Ricordis (Brief an Verdi vom 11. Jänner 1886) seinem Eindruck: „Betreffs der Bellincioni, die ich nicht kannte und zum ersten Mal in der Hauptprobe und Generalprobe hörte, muß ich wirklich sagen, daß sie mir einen außerordentlichen Eindruck gemacht hat, den ich mit dem der Patti in ihren guten Zeiten vergleichen möchte."

Nach Ricordis Beschreibung erwartet man eine Sängerin mit ähnlichen vokalen und gesangstechnischen Qualitäten wie Adelina Patti, man begegnet aber staunend einer ausgesprochen veristischen Sängerin mit diversen gesanglichen und stimmlichen Mankos.

Wenn man nach der ersten Überraschung die Karriere der Sängerin Revue passieren läßt, wird das Staunen nicht geringer: Gemma Cesira Matilda Bellincioni (Como 1864 – Neapel 1950) wurde in eine Sängerfamilie geboren: Die Mutter, Carlotta Soroldini, von der sie auch ausgebildet wurde, war selbst Altistin, der Vater, Cesare Bellincioni, ein bekannter Bassist (*basso comico*). Sie debütierte als Kind 1870 im Teatro Filodrammatico in Mailand in einem musikalischen Scherzo von A. Salvini, *Richelieu a sei anni*, und sang eine kleine Arie, die „eigens für sie vom jungen Maestro Luigi Ricci komponiert wurde". Zu ihrem eigentlichen Debut kam es 1880, als sie sich mit ihrem Vater, der für *Tutti in maschera* von Carlo Pedrotti am Teatro Nuovo engagiert war, in Neapel aufhielt. Sie sprang dort buchstäblich von einem Tag auf den anderen für die erkrankte Hauptrollensängerin ein und erntete sofort hervorragende

Kritiken. Nach weiteren Gesangsstudien bei der Sopranistin Luigia Ponti Dell'Armi und dem Bariton Giovanni Corsi trat sie bald in Foggia, Verona und am Teatro dei Fiorentini in Neapel auf. Sie sang Partien wie die Titelpartie in Meyerbeers *Dinorah*, Desdemona (im *Otello* von Rossini), Oscar (*Un ballo in maschera*), Elvira (*I puritani*).

1882 wurde sie von dem berühmten Tenor Enrico Tamberlick für eine sechsmonatige Tournée engagiert. Tamberlick ermutigte sie dazu, ihre „eigenwilligen" Interpretationen fortzusetzen. Auf die Empfehlung des nicht minder berühmten Tenors Julián Gayarre wurde sie in Spanien als Lucia (*Lucia di Lammermoor*) und Amina (*La sonnambula*) engagiert. Berühmtheit erlangte sie 1884 mit einer *Traviata*-Interpretation am Teatro Argentina in Rom. Dorthin engagierte der Impresario, Musikkritiker und Komponist Gino Monaldi (der auch mehrere Bücher über Verdi vorgelegt hat) die Zwanzigjährige. Er erinnerte sich 45 Jahre später:

> Die von der Bellincioni ausgelöste Begeisterung war unbeschreiblich. Es schien, als ob niemand zuvor je Violetta gesehen oder gehört hätte, so anders als alle anderen war die Violetta, die uns die Bellincioni zeigte. Es ist nicht angebracht zu diskutieren, ob die Sängerin immer im Einklang mit der Schauspielerin war, ob erstere einige Wünsche als Darstellerin offenließ, oder ob zweitere auf der Suche nach Bühnenwirkung und gewissen stimmlichen Effekten übertrieb: sicher ist, daß daß ihre Suggestionskraft außergewöhnlich war.
>
> Gino Monaldi, *Cantanti celebri*, Roma 1929.

Monaldi versteigt sich aber auch zu einer veristischen und naturalistischen Deutung der Verdi-Partitur, was Schlüsse auf den Interpretationsansatz der Bellincioni zuläßt. Ein Hinweis darauf liegt auch in dem Kritikerlob ihrer „sincerità di espressione".[22] Die erwähnten Kritikerurteile erklären möglicherweise auch die laue Aufnahme ihres Scala-Debuts 1886 als Isabella in Meyerbeers *Robert le diable* und ihrer *Traviata* an der Scala im selben Jahr.

1886 begegnete sie ihrem späteren Mann, dem Tenor Roberto Stagno (Palermo 1840 – Genua 1897), einem Sänger, der seine Karriere mit Werken von Rossini, Meyerbeer und Verdi (*Otello*) gemacht hatte und sich in den letzten Jahren seiner Tätigkeit auf Verismo-Opern verlegte. 1887 zog Verdi sie für die Desdemona der *Otello*-Uraufführung in Betracht, übertrug diese Aufgabe aber letztendlich doch Romilda Pantaleoni.

Im Verismo, diesem ihrem Temperament entsprechenden verlokkenden Weg, der sich letztlich für viele Sänger als Sackgasse herausstellte, fand die Bellincioni ihre wahre Berufung: Sie war 1890, an der Seite ihres Mannes Roberto Stagno, der den Turiddu sang, im Teatro

Costanzi in Rom die erste Santuzza in *Cavalleria rusticana*. Ihr Erfolg ließ die Vertreter des Verismo nach der für diesen Stil idealen Interpretin rufen: Mascagni wollte sie für *L'amico Fritz* (1891), Tasca für *A Santa Lucia* (1891), Giordano 1892 für die Hauptrolle in *Mala vita*, der wohl veristischesten aller Verismo-Opern: Es ist die in der Gegenwart von 1892 handelnde Geschichte von Cristina, der in den kränklichen Vito verliebten neapolitanischen Bordell-Prostituierten, und ihrem Mann Annetiello, der sie zu ihrem Beruf zwingt, um seine Geliebte Amalia aushalten zu können. Während die Oper in Neapel (anders als das Theaterstück von Salvatore Di Giacomo, das Bilder des neapolitanischen Lebens beinhaltet, die in der Oper zwangsläufig fehlen müssen) einen Skandal provozierte, da sich die Neapolitaner von der Unterschichtsstudie verunglimpft fühlten, war das Werk zuerst in Wien und anschließend in Deutschland ein enormer Erfolg, der aber nur kurzlebig war.

Samara holte die Bellincioni für *Martire* (1894), De Lara für *Moïna* (1897) und 1898, ein Jahr nach dem Tode ihres Mannes, wiederum Giordano für seine *Fedora* am Teatro Lirico in Mailand (an der Auswahl ihres Tenorpartners Enrico Caruso, einer damals noch unbekannten Größe, war sie maßgeblich beteiligt). Zu den vielen Opern, in denen sie auftrat, zählen Eintagsfliegen wie *Nozze istriane* (Smareglia), *Zazà* (Leoncavallo), *Sapho* (Massenet), *La Cabrera* (Dupont), *Lorenza* (Mascheroni), *Vita brettone* (Mugnone), *Marcella* (Giordano), aber auch Bleibendes wie *Tosca*.

Die Stationen ihrer Karriere waren Wien und Budapest, London und Amsterdam, Berlin und Hamburg, Monte Carlo und Paris, Dresden und Warschau, Buenos Aires und Odessa, Bukarest und Rom, Mailand und Neapel. Um die Jahrhundertwende machten sich erste stimmliche Verschleißerscheinungen bemerkbar, die lange Abstände zwischen den Auftritten erforderlich machten, was die Sängerin jedoch nicht daran hinderte, in der in Turin stattfindenden Konkurrenzpremiere von Richard Strauss' *Salome*, wenige Tage vor der als italienische Erstaufführung geplanten Produktion, die Arturo Toscanini an der Mailänder Scala dirigierte, unter der Leitung des Komponisten als Salome aufzutreten (sie war die erste Salome, die selbst tanzte). 1911 trat sie in Paris mit dieser Rolle (die sie über hundert Mal sang) von der Bühne ab und widmete sich bis 1914 in Berlin, danach zwei Jahre lang in Rom am Conservatorio di S. Cecilia dem Unterrichten.

Ab 1916 versuchte sie sich drei Jahre lang als Filmschauspielerin und gründete 1918 eine Filmproduktionsfirma („Gemma Film", die 1921 zu Ehren ihrer Tochter in „Biancagemma Film" umgetauft wurde). 1930 gründete sie in Wien eine Gesangsschule, an der sie zwei Jahre lang unterrichtete. 1932 übersiedelte sie nach Siena, 1934 nach Neapel, wo sie bis zu ihrem Tod am Konservatorium unterrichtete. Sie veröffentlichte auch zwei Bücher.[23] Ihre Tochter Bianca Stagno-Bellincioni (Budapest 1888 – Rom 1981), die nach ihrem Debut in Graz 1913 selbst eine Karriere als Sängerin machte, verfaßte eine Biographie ihrer Eltern.[24]

Akustisch entsteht das Bild einer dramatischen Sängerin, die sich in erster Linie auf den Ausdruck und erst in zweiter Linie auf den Gesang konzentriert. Ihre Dramatik beruht nicht auf einer dramatischen Stimme, sondern auf dem dramatischen Vortrag (und Spiel). Ihr Singen ist nicht als Produktion von schönen Tönen mit darin eingebettetem Ausdruck, sondern als reine Suche nach konzentriertem Ausdruck zu verstehen, wobei (fast) alle Mittel vokaler Interpretation zur Anwendung kommen. Ihre oft geradezu von innen heraus glühende vokal-darstellerische Energie triumphiert über stimmliche Mankos, die – in geringerem Ausmaß als zur Zeit der Aufnahmen – auch in ihren besten Zeiten vorhanden gewesen sein dürften und die sie gar nicht erst zu kaschieren versucht.

Nur drei Aufnahmen mit Musik von Verdi liegen vor: Zweimal „Ah! fors'è lui" aus *La traviata* (Mailand 1903 und Paris 1905), einmal Desdemonas Ave Maria aus *Otello* (Paris 1905).

In der ersten *Traviata*–Aufnahme hört man eine etwas unruhig flakkernde Sopranstimme mit einem schnellen Vibrato. Mit Sicherheit hat die Stimme in natura nicht so extrem geklungen wie auf diesen Tonträgern, deren primitive Aufnahmetechnik, es sei nochmals erwähnt, nicht nur alle Frequenzen über ca. 4.000 Hz wegschnitt, sondern ein vorhandenes starkes Vibrato noch zusätzlich verstärkte. Die Höhe klingt dünn, der Vortrag ist rhythmisch sehr frei, manchmal fast unsicher, jedoch jederzeit voll nuancierter Empfindung, die Intonation nicht immer ganz sauber. Die frei angebrachten Verzierungen und die Kadenz sind von exquisiter Schönheit. Die Aufnahme vermittelt den Eindruck einer Sängerin, die sich durch das enge Korsett der Musik eingeengt zu fühlen scheint und lieber wie eine Schauspielerin frei deklamieren würde. Wie hätte Verdi wohl die Freiheiten, die sich der Sopran bei der Aufnahme nahm, beurteilt?

In der zweiten *Traviata*-Aufnahme akzentuiert sich der Eindruck des unruhigen Vibratos so sehr, daß es vom Triller kaum zu unterscheiden ist. Auch diese Aufnahme leidet mit Sicherheit ebenfalls unter der Aufnahmetechnik. Nicht vergessen werden darf außerdem, daß Gemma Bellincioni zum Zeitpunkt der Aufnahmen ihren Zenit bereits überschritten hatte.

Auch bei Desdemonas „Ave Maria" wird die Linienführung des Gebets durch das Vibrato beeinträchtigt. Die Sängerin betont die Brustresonanzen sehr, was den Eindruck der dünnen Mittellage und Höhe verstärkt. Man gewinnt den Eindruck, soweit es nach den Aufnahmen beurteilt werden kann, daß der Ton nicht *sul fiato*, auf dem Atem, produziert wird und daß die Positionierung des Tons in die oberen Resonanzräume oft Glückssache ist.

Von beträchtlichem Interesse sind die Aufnahmen von Arien aus *Fedora, Mefistofele, Tosca, Cavalleria rusticana, Mignon, Carmen, La Bohème* und *Faust*. Wenn wir, Boitos Autorenschaft halber, die Arie Margheritas aus *Mefistofele* – „L'altra notte in fondo al mare" – herausgreifen, hört man gleich zu Beginn eine gebrochene Phrase (Atem zwischen „in fondo" und „al mare"), dann etliche rhythmische Ungenauigkeiten und frei behandelte Notenwerte sowie übereilt gesungene, manchmal approximativ klingende Verzierungen. Das schnelle Vibrato erscheint bisweilen unkontrolliert und hört sich wie stößiger Atem an. Bellincioni verfügt über einen guten Triller, läßt aber – offenbar aus Gründen des Ausdrucks – einen hörbaren Bruch am unteren Übergang hören, der wie ein verhaltener Jodler klingt. Insgesamt vermittelt die Aufnahme aber ungekünstelt Gretchens Seelenzustand, wie überhaupt der darstellerische Impetus der Sängerin ihre Gesangskunst überwiegt.

Es ist unüberhörbar, daß schon zu Verdis Lebzeiten ein Hang zum Naturalismus einsetzte, nicht nur in den Kompositionen des aufkommenden Verismo, sondern auch im Gesangsstil der Interpreten, die ihre Errungenschaften, oder was sie dafür hielten, auch in einem Repertoire anwandten, das für naturalistische Interpretationen denkbar ungeeignet ist. Zum Teil kann man dieses Phänomen auch auf Aufnahmen von Premierensängern Verdis wie Edoardo Garbin oder Adelina Stehle beobachten (Francesco Tamagno und Antonio Pini-Corsi bilden die Ausnahmen). Dieser Trend verstärkte sich in den ersten Jahrzehnten des 20. Jahrhunderts so sehr, daß man beispielsweise *Norma* jahrzehntelang, wie es Rodolfo Celletti formulierte, immer nur wie *Cavalleria rusticana* oder *La Gioconda* gesungen hören konnte.[25] Trotz vereinzelter bedeutender Stilisten in dieser Zeit bedurfte es des Aufkommens von Ausnahmeerscheinungen wie Maria Callas in den 1950er Jahren, Alfredo Kraus in den 1960er Jahren oder Renato Bruson in den 1970er Jahren, um den Interpretationen der italienischen Opern des 19. Jahrhunderts jenen Stil wiederzugeben, in dem sie gedacht und komponiert worden waren. Das bedeutet aber nicht, daß man daraus gelernt oder Schlüsse gezogen hätte: Bedeutende, in verschiedenen Stilbereichen immer wieder auftauchende Einzelerscheinungen bleiben solche, ihre Epigonen, die nicht immer als solche erkannt werden, halten nur den sogenannten Betrieb aufrecht.

Womit sich der Kreis schließt: siehe Prolog.

Die Sopranistin
Gemma Bellincioni.

---

1 Maria Felicita Malibran (Paris 1808 – Manchester 1836), Mezzosopran. Sie zählte wie ihr Vater, der Tenor Manuel García (1775–1832), ihre Schwester, die Altistin Pauline Viardot-García (1821–1910) und ihr Bruder, der Bariton und Gesangslehrer Manuel García jr. (1805–1906) zu den herausragenden Sängern ihrer Zeit. Sie debutierte 1825, wurde mit Rossini-Alt-Partien berühmt, sang aber auch Sopranrollen wie die Maria Stuarda, die Norma, die Amina in *La sonnambula*, die *Fidelio*-Leonore oder die Susanna in *Le nozze di Figaro*. Sie starb achtundzwanzigjährig an den Folgen eines Reitunfalls.

2 Brief an Arrivabene; Genua, 27. Dezember 1877. In: Alberti, S. 205.

3 Ungefährer Richtwert.

4 „Sie sang", wie es der New Yorker Gesangsexperte und Kritiker Herman Klein formulierte, „nur mehr mit den *beaux restes* ihrer Stimme." Klein betonte aber auch, daß Patti mit einer klassischen *voix sombrée* (einer Gesangstechnik mit gedeckter, abgedunkelter Tongebung, im Gegensatz zur *voix blanche*, der offenen, hellen Tonproduktion) sang, der die Aufnahmen in keiner Weise gerecht würden. In: H. KLEIN, *The Reign of Patti*, London 1920.

[5] „The trill and flourish at the beginning of the Jewel Song has never been executed by any other singer with such elegance and finesse." In: M. SCOTT, *The Record of Singing, Part I.* London, Duckworth, 1977. S. 23.

[6] Vgl. hiezu: Ch. SPRINGER, *Der Triller erobert die Welt? – Einige Aspekte des Trillers in Instrumental- und Vokalmusik.* In: *Studi e ricerche per Marcello Conati*, a cura di Marco Capra, Libreria Musicale Italiana, Lucca 2000.

[7] „Oh, mein Gott! Jetzt verstehe ich, weshalb ich die Patti bin. Oh ja! Was für eine Stimme! Was für eine Künstlerin! Endlich verstehe ich das alles!" In: L. RONALD, *Variations on a Personal Theme*, London 1922, S. 104.

[8] Verdi schreibt irrtümlich „Oktober". Die Patti hatte die Violetta am 3. November an der Scala gesungen, Giulio Ricordi berichtete Verdi darüber einen oder zwei Tage später.

[9] Verdi zitiert den Text aus dem Gedächtnis ungenau. Rigoletto fragt: „E l'ami?", worauf Gilda antwortet: „Sempre!" Darauf Rigoletto: „Pure tempo a guarirne t'ho lasciato", dann erst sagt Gilda: „Io l'amo".

[10] Verdi schreibt diesen Satz im Mailänder Dialekt: „Ma nun sem nun... Milanes... el prim teater del mond!"

[11] Verdi spielt damit auf Zuhörer an, die ihr Urteil aufgrund von Zeitungskritiken abgeben.

[12] Amalia Fossa (Neapel 1852 – Florenz 1911). Sie debutierte als Oscar im *Ballo* in Lissabon. Zeitgenossen befanden, daß ihr „prachtvoller und mächtiger dramatischer Sopran" auch über die „für das Koloraturfach notwendige Beweglichkeit" verfügte. Sie sang u.a. die Margherita im *Mefistofele* (Triest 1868) und die Aida (Madrid 1874). Sie trat in Wien und London auf.

[13] E. HANSLICK, *Musikalische Stationen (Der „Modernen Oper" II. Theil)*, Berlin 1901, kapitel II. „Adelina Patti", S. 13 ff.

[14] Der Tenor Ernest Nicolini (eigentlich Ernst Nicolas, 1833–1999), Pattis zweiter Mann, der sie auf ihren Tourneen begleitete und fürsorglich betreute, von Ricordi abschätzig beurteilt.

[15] Im Original schreibt Muzio ein Notenbeispiel, das bei Alberti in der eckigen Klammer erläutert wird.

[16] Muzio spricht wörtlich von *tagli cesarei*, also von „Kaiserschnitten".

[17] Als sie auf einer Amerika-Tournée in den 1880er Jahren von einem Journalisten darauf angesprochen wurde, daß sie an einem Abend mehr als der Präsident der Vereinigten Staaten im ganzen Jahr verdiene, nämlich 5.000 Dollar, antwortete sie kühl: „Nun, dann soll doch *er* singen!"

[18] Details zu Biographie, Repertoire usw. in: J.F. CONE, *Adelina Patti. Queen of Hearts*, Scolar Press 1994.

[19] S. Kapitel XII.

[20] In Meyerbeers *Robert le diable*.

[21] Giovanni Battista Lamperti (Mailand 1839 – Berlin 1910), Sohn des Francesco Lamperti, Gesangslehrer, zu dessen Schülern u.a. der Tenor Roberto Stagno, der Gatte Bellincionis, oder Marcella Sembrich zählten.

[22] Echtheit des Ausdrucks. Zit. in: *The Record Collector*, XVI, S. 199 f.

[23] G. BELLINCIONI, *Scuola di canto*, Paris 1912. – G.B., *Io e il palcoscenico. Trenta e un anno di vita artistica*, Milano 1920.

[24] B. STAGNO-BELLINCIONI, *Roberto Stagno e Gemma Bellincioni intimi*, Firenze 1943.

[25] *Processo alla Callas*, Roundtable-Diskussion mit Fedele D'Amico, Rodolfo Celletti, Eugenio Gara, Giorgio Gualerzi, Luchino Visconti, Gianandrea Gavazzeni. In: *Radiocorriere TV*, 30. November 1969. Veröffentlicht in: *Opera*, September 1970, und *Opera 1950–2000, A celebration of the first 50 years*, S. 46.

Danksagung

Für verschiedene Unterlagen, Hinweise, Auskünfte und Ratschläge danke ich: Prof. Dr. Otto Biba (Direktor von Archiv, Bibliothek und Sammlungen der Gesellschaft der Musikfreunde in Wien), Kammersänger Renato Bruson (Rom), Giuseppe Castagnetti (Mailand), Gottfried Cervenka (Wien), Dorothea Hunger (Musiksammlung der Österreichischen Nationalbibliothek, Wien), Prof. Dr. Pierluigi Petrobelli (Direktor des Istituto Nazionale di Studi Verdiani, Parma), Prof. Mag. Franz-Leo Popp (Direktor der Literar-Mechana, Wien), Helmut Riccadonna (Deutsch-Wagram), Giuseppe Sabbatini (Rom), Sylvia Sabeditsch (Oesterreichische Nationalbank, Wien), Dr. Georg Springer (Geschäftsführer der Bundestheater-Holding, Wien), Mag. Dr. Adriana Vignazia (Wien), Mag. Christoph Wagner-Trenkwitz (Wiener Staatsoper), Erich Wirl (Wien).

Für die Genehmigung, in deutscher Sprache bislang unveröffentlichte Dokumente sowie Bilder aus dem Archiv von Sant'Agata zu veröffentlichen, habe ich Dr. Gabriella und Dr. Alberto Carrara Verdi (Busseto) zu danken.

Eine unschätzbare Hilfe war mir Lina Re vom Istituto Nazionale di Studi Verdiani in Parma, die unermüdlich seltenes Material besorgte, Transkriptionen anfertigte und ausgefallenste Fragen zu beantworten wußte.

Zwei Personen möchte ich an dieser Stelle ganz besonders danken: Meiner Frau, Dipl.Dolm. Christine Springer, die das Zustandekommen des aufwendigen Projektes tatkräftig unterstützte, wertvolle Anregungen beitrug und bei der Klärung von zahlreichen Übersetzungsfragen eine bedeutende Hilfe war, und meinem Freund M° Marcello Conati (Mailand), der mit seinem enzyklopädischen Fachwissen und seiner langen Erfahrung auf dem Fachgebiet Verdi mir jederzeit (in wörtlichem Sinn) mit zahllosen Auskünften, Anregungen, Literaturhinweisen und Vorschlägen zur Seite stand, verschiedenstes – zum Teil unveröffentlichtes – Material, Artikel und Kongreßunterlagen zur Verfügung stellte und bei der Auswahl und Beschaffung seltener Quellen in der italienischen Fachliteratur hilfreich war.

Im Verlag Holzhausen bin ich dessen Leiter Heribert Steinbauer und Dr. Reingard Grübl-Steinbauer zu tiefem Dank verpflichtet. Eine große Hilfe bei der Endredaktion war mir meine Lektorin, Dr. Marie-Theres Arnbom.

Bilderläuterungen

1 Verdis Gattin schenkte diese Photographie ihrem Mann anläßlich ihres 63. Geburtstages. Die Widmung lautet: „Al mio Verdi coll'affetto e la ammirazione d'un tempo! – Peppina – Sant'Agata, 8 7embre 1878". (Meinem Verdi mit der Zuneigung und der Bewunderung von einst! – Peppina – Sant'Agata, 8. September 1878)

2 "Le cinque giornate" – Der fünf Tage dauernde Aufstand in Mailand, bei welchem die Mailänder nach blutigen Kämpfen am 22. März 1848 die Österreicher aus der Porta Tosa vertrieben, die seit damals Porta Vittoria heißt.

3 Das einem(r) Unbekannten gewidmete, von Verdi mit „Neapel, 18. Februar 1863" datierte Albumblatt mit einem Ausschnitt aus Violettas Arie (I,3) weist Abweichungen von der veröffentlichten Version auf. Verdi schreibt hier „Di* quell'amor quell'amor che è l'anima** dell'universo intero misterioso misterioso altero croce croce e delizia croce e delizia delizia al cor". Im veröffentlichten Notentext heißt es: * „Ah quell'amor" und: ** „ch'è palpito". Im vorletzten Takt weicht auch die Melodieführung ab: statt „a-b-g" heißt es hier „b-a-g".

4 Das Manuskript (Genua, ca. 1883) enthält zwei verschiedene Textvorschläge Verdis zu derselben Stelle im Duett Filippo II – Rodrigo im 2. Akt des Don Carlo: „Aggiungere una nota in questa frase – Si toglie garbo al canto. – Fate così – (Notenzeile) – oh qual oh quale aurora sorge improvvisa in ciel – oppure meglio un endecasillabo – così – (Notenzeile) – Inaspettata aurora or sorge in cor – Trovate un bel verso, s'intende!" (In dieser Phrase eine Note hinzufügen – Dem Gesang wird die Schönheit genommen – Macht es so – (Notenzeile) – oh welcher oh welcher Hoffnungsschimmer erscheint plötzlich am Horizont – oder besser ein Elfsilber – so – Unerwartet taucht ein Hoffnungsschimmer im Herzen auf – Findet einen schönen Vers, wohlverstanden!) – Die Stelle heißt in der definitiven italienischen Übersetzung: „Inaspettata aurora in ciel appar" (wörtlich: „Unerwartet taucht ein Hoffnungsschimmer am Horizont auf"), im zweisprachigen Ricordi-Klavierauszug: „Ein neuer Tag erstrahlt im Morgenrot!"

5 Der Text des Briefes lautet: „St Agata 28 Dic 1873 – Caro Arrivabene – Come stai? e cosa fai? – Io ho lavorato tutt'oggi alla messa, e sospendo un momento per augurarti Salute, Buon umore, ancora cinquanta Primi d'anno e poi tutto quello che desideri. – Noi partiremo martedì per Genova per restarci tutto l'inverno. – Scrivimi costì e credimi sempre – aff. G. Verdi" (Sant'Agata, 28. Dezember 1873 – Lieber Arrivabene – Wie geht es Dir? und was machst Du? – Ich habe heute den ganzen Tag an der Messe [Messa da requiem] gearbeitet und unterbreche einen Augenblick, um Dir Gesundheit, gute Laune, noch fünfzig Neujahrstage und alles, was Dein Herz sonst noch begehrt, zu wünschen. – Wir fahren Dienstag nach Genua, um den ganzen Winter dort zu verbringen. – Schreib mir dorthin, herzlichst Dein G. Verdi)

6 Ende Juni 1892 trafen Verdi und Boito in Giulio Ricordis Wohnhaus in der Via Borgonuovo in Mailand zusammen. Ricordi hatte die Photografen Campanari und Ferrario beauftragt, im Giardino Perego, dem an das Haus angrenzenden Park, heimlich Photos von Verdi zu machen. Es entstand eine Reihe von Bildern, darunter zwei berühmte mit Boito (sie werden für gewöhnlich fälschlich mit „Verdi und Boito in Sant'Agata", manchmal auch mit dem Zusatz „zur Zeit des Otello" bezeichnet; im Sommer 1892 stellte Verdi gerade den Falstaff fertig).

Namensregister

Lutti, N. 205
Luzio, Emanuele 222

Mabellini, Teodulo 300
Macchetti, N. (Marchese d'Alligri) 400
MacNeil, Cornell 103
Maffei, Andrea 76, 81, 98, 107, 109, 110, 113, 119, 134, 140, 149, 150, 176, 281, 282
Maffei, Clar(in)a 43, 56, 75, 111, 146, 149, 159, 222, 250, 255, 259, 277, 286, 294, 295, 296, 299, 316, 328, 356, 359, 360, 368, 369, 370, 379, 396, 450
Maggioni, Manfredo 149, 153
Magnani, Luigi 303
Mahler, Gustav 18, 23, 221, 441
Maini, Ormondo 349, C 352, 361, 364
Malibran, Maria 14, 29, 34, 35, 177, 190, 455, 469
Mallinger, Mathilde 14, 22
Maltempi, A. 23
Malvezzi, Settimio 172, 174, C 183, 186,
Mameli, Goffredo 167, 182
Mancinelli, Luigi 369, 424, 436
Mancini, Giovanni Battista 9, 21
Manet, Édouard 315
Mann, Erika 366
Mann, Thomas 366
Manzocchi, N. 48
Manzoni, Alessandro 30, 76, 201, C 294 ff., B 295, 303, 337, 359, 360, 361, 367
Marchesi, Gustavo 302
Marchesi, Mathilde 319, C 328, 378
Marchesi, Salvatore 324, 328
Marchetti, Filippo 299, 320, 348, 352, 376
Marchionni, Carlotta 86
Margherita, Königin von Italien 390, 401
Mariani, Angelo 104, 181, 214, 217, 283, 287, 297, 298, 300, 307, 311, 317, 318, C 320 ff., B 321, 328, 344, 346, 347, 349, 350, 351, 381
Mariani-Masi, Maddalena 14
Marie Louise, Herzogin von Parma 28
Mariette, Auguste 333, C 334, 335, 338, 339,

340, 341, 342, 348
Mariette, Édouard 338, 340
Marini, Ignazio 31, 32, 33, C 34, 39, 43, 63, 73, 105, 107, 111, 112, 287, 347
Marini-Rainieri, Antonietta (s. Rainieri-Marini, Antonietta)
Mario C 88 f., 141, 276, 290
Marri Tonelli, Marta 149
Martin, George 282
Martin, Jean-Blaise 242
Marvini 222
Marzari, Carlo 183, 186, 187, 188, 191, 206, 207, 208, 209, 211, 212, 220,
Marzi, Brüder 253, 254, 257
Mascagni, Pietro 17, 21, 329, 412, 437, 466
Mascheroni, Edoardo 76, 390, 416, 424, 425, 431, 440, 442, C 451, 466
Masi, E. 104
Masini, Angelo 365, 393, 426, 452
Masini, Giacomo 27
Masini, N. 283
Massari, Galeazzo 351
Massenet, Jules 303, 347, 378, 381, 412, 432, 436, 451, 466
Massini, Pietro 31, 40, 43
Mathilde, Prinzessin von Frankreich 313
Maurel, Madame 429
Maurel, Victor 239, 261, 313, 376, 377, 381, 390, 392, 393, 396, 402, 403, 407, 408, 409, 415, 428, 429, 430, 431, C 431 ff., B 434, 440, 441, 452
Mayr, Simon 16, 40, 41, 42, 181, 364
Mazzini, Giuseppe 43, 76, 167, 169, 182, 290
Mazzucato, Alberto 169, 174, 190, 265, 322
Medini, Paolo 318, C 348
Medori, Giuseppina 206
Méhul, Étienne-Nicholas 242
Meilhac, Henri 333
Meini, Vincenzo 68, 76,
Melba, Nellie 328, 408, 461
Melchior, Lauritz 417
Mendelssohn Bartholdy, Felix 23, 44, 114, 139, 322
Mercadante, Saverio 16, 22, 33, 36, 45, 51,

Bildnachweis

Archivio storico del Teatro La Fenice, Venezia: 58, 69, 82, 216, 255

Archivio storico Ricordi, Milano: 380, 383, 427

Biblioteca della Cassa di Risparmio di Parma e Monte di Credito su Pegno di Busseto: 29

Camner, James (Hsg.), The Great Opera Stars in Historic Photographs: 343 Portraits from the 1850s to the 1940s, Dover Publications, Inc., New York, 1978: 137, 289, 410

Centro Nazionale Studi Manzoniani, Milano: 295

Civica Raccolta delle Stampe Achille Bertarelli - Castello Sforzesco - Milano: 49, 87, 100, 321

Fratelli Alinari, Firenze: 226

Museo del Risorgimento, Milano: 163

Museo Teatrale alla Scala, Milano: 73, 85, 123, 350, 363, 438

Privatbesitz: 214, 317, 389, 399

Sammlung Erich Wirl: 460

Stuart-Liff Collection: 469

Verdi. Eine Dokumentation, zusammengestellt und herausgegeben von William Weaver, Henschelverlag 1980: 135, 145, 434

Villa Sant'Agata, Busseto: 52, 159